Stern für Leser

Horst Stern

Stern

für

Leser

Tiere und Landschaften

Franckh'sche
Verlagshandlung
Stuttgart

Schutzumschlag von Edgar Dambacher
Beide Fotos zeigen den Verfasser nach Aufnahmen von Hugo Jehle
Das vordere Vorsatzfoto ist eine Aufnahme von Wolfgang Bechtle,
das hintere Vorsatzfoto stammt vom Verfasser

Dieser Band enthält u. a. Erzählungen aus den Werken:
Gesang der Regenwürmer (Mit der Natur per Du) und
In Tierkunde eine 1 (Mit den Tieren per Du)

Franckh'sche Verlagshandlung, W. Keller & Co., Stuttgart / 1973

Printed in Germany / Imprimé en Allemagne / ISBN 3-440-04017-8
LH 9-EI
Gesamtherstellung: Konrad Triltsch, Graphischer Betrieb, Würzburg

Stern für Leser

Vorwort

Wer, wie ich, dem Fernsehbild als seinem hauptsächlichsten Ausdrucksmittel bis hin zur Sprachlosigkeit ausgeliefert ist, kann auf die Dauer den Wunsch nicht unterdrücken, gelegentlich allein dem Wort als Medium zu vertrauen. Und so enthält dieses Buch auf meinen Wunsch hin nur zwei Fotografien, und sie sollen auch nur die beiden Themen verdeutlichen, die mich seit nunmehr zwanzig Jahren intensiv beschäftigen: Tiere und Landschaften.

Die Redlichkeit gebietet es, gleich hier zu sagen, daß dies kein wirklich neues Buch ist. Es ist eine selektive Zusammenstellung von Arbeiten, die in mehr als zehn Jahren in Buch- oder Zeitschriftenveröffentlichungen des KOSMOS erschienen. Daß sie inzwischen vergriffen, vom Markt sind, das ist der eine Grund, der den Verlag und mich bewog, diese oft verlangte Neuausgabe zu veranstalten. Der andere: Ich wollte endlich einmal Antwort geben auf die Frage, die mir, seit ich Fernsehfilme zoologischen und ökologischen Inhalts mache, immer wieder gestellt wird: Wie kam das alles?

Aus dieser letzteren Absicht erklärt sich auch das Stilgefälle zwischen den hier aufgenommenen frühen und späten Arbeiten. Sie reichen von meinen in die fünfziger Jahre zurückgehenden Tierfeuilletons, denen noch das naive Staunen des Neulings und der Zeitgeschmack einer von Vermenschlichung nicht immer freien Tierbetrachtung anhaften, bis hin zu neueren See- und Landschaftsstücken, die bei aller wissenschaftlichen Faktizität doch das Subjektive, das Literarische wohl auch, hart streifen. Dazwischen liegt noch die Zwitterform des ursprünglich nur gesprochenen, erst später gedruckten Wortes: tierkundliche Rundfunkvorträge, die ich jahrelang vorwiegend für die Schulen hielt. Doch ist die Zusammenbringung so unterschiedlicher Ausdrucksformen zwischen zwei Buchdeckeln, meine ich, gerechtfertigt: Es sind alles nur journalistische, unterschiedlichen Anlässen dienende Stilkleider für dieselbe Sache: die Natur.

Schließlich noch ist dies Buch eine gute Gelegenheit, Dank zu sagen meinem Freund Wolfgang Bechtle, dem heutigen Chefredakteur der Zeitschrift KOSMOS, weil er mich vor über 20 Jahren, als wir uns einen Schreibtisch in der Lokalredaktion der „Stuttgarter Nachrichten“ teilten, auf diesen Natur-Pfad stieß; und seinem und meinem ersten Buchverleger, Rolf Keller, der mich auf Pferde, in Flugzeuge und auf abenteuerliche Schiffe setzte, damit ich im Umgang mit vielerlei Tieren und Landschaften zu Erfahrungen käme, die im harten Geschäft des Journalismus Vorrang haben vor der dichterischen Phantasie.

Dies Buch enthält Tausende von nachprüfbaren Fakten, und ich bin darauf gefaßt, hier und da zum Nutzen einer Neuauflage korrigiert zu werden, denn die Wissenschaft ist heute von nahezu obszöner Fruchtbarkeit. Vor allem aber: Es reicht heute ein einziges Tier hin, mit seiner körperlichen und seelischen Zerfaserung ein langes Gelehrtenleben auszufüllen. Da ist der notgedrungen vielseitige Chronist verschenkt und hat nur den Trost, durch seine Arbeit nicht auch noch jene Definition bestätigen zu müssen, wonach ein Spezialist ein Mann ist, der von immer weniger immer mehr weiß, bis er schließlich von nichts alles weiß.

Nonnenhorn, im Februar 1973

9 „Ach, Sie sind Tierfreund?"

Ein offener Brief an einen jungen Menschen, der Tiere fotografieren möchte. Ihm wird geraten, dem Studium der Kameraprospekte die Beschäftigung mit der Zoologie vorangehen zu lassen, deren Epistel so erschreckende Titel tragen wie: „Über den Einfluß der monokularen und binokularen Sehweise auf die Lernfähigkeit von Gallus gallus domesticus". Worunter bloß ein Huhn zu verstehen ist.

Der Umgang mit Tieren ist nicht dazu angetan, den Menschen im Urteil seiner Artgenossen als ein ernst zu nehmendes Exemplar erscheinen zu lassen. Es sei denn, er wäre ein Professor der Zoologie, bei dem man es hinnimmt, ja, zu erwarten scheint, daß er Tisch und Bett mit Meerschweinchen, wenn nicht gar Schlimmerem, teilt, daß er in den Westentaschen Mehlwürmer oder Mäuseschädel aus Eulengewöllen mit sich herumträgt und Schriften liest, die Titel wie „Die Funktion und Variation der Spechtzunge" tragen.
Ist man aber ein schlichter Bürgersmann mit einem auf Gelderwerb gerichteten Beruf und hat man bis dato nach Feierabend das sacht dahinplätschernde Leben eines Mitläufers der Kunst und Kultur geführt, so sieht man sich, sobald man sein Interesse ernsthaft den Tieren zukehrt, unter Kollegen und Freunden alsbald dem Verdacht ausgesetzt, jenem so dummen wie überheblichen, oft kolportierten Wort nachzueifern, das abgeklärte „Persönlichkeiten des öffentlichen Lebens" gern zitieren, wenn ein Zeitungsmann sie fragt, warum sie die Einsamkeit ihrer späten Jahre mit einem Hund oder einem Kanarienvogel teilen: „Seit ich die Menschen kenne, liebe ich die Tiere."
Gerät man aber nicht in den Verdacht menschenfeindlicher Schrulligkeit, so hängt einem der Ruf an, ein sanfter Trottel zu sein. Ich habe einen Redaktionskollegen, der mir durchaus wohlgesinnt ist. Gelegentlich nun wird er von Leuten, die mich nur als Zeitungsschreiber kennen, gesprächsweise gefragt, „was denn das für einer" sei. „Ooch", pflegt mein Kollege dann zu sagen, „der ist soweit ganz nett. Neulich fuhr ich mal mit ihm in seinem Auto, und da lagen ein paar Steigeisen hinten drin, und auf dem Rücksitz fand ich ein Buch, ‚Die Genealogie der Mäuse'..." Es läßt sich denken, daß ein so charakterisierter Mensch sich hernach im Bewußtsein der Frager nicht anders ausnimmt als ein milder Fall von *Delirium tremens.*
Ich kann nicht sagen, daß die Lektüre eines Buches wie des eben genannten großes Vergnügen bereitet, aber leider kann man zu einer Rötelmaus, die uns im Wald hier und da einmal aus ihrem Loch heraus anschaut, nicht gut

sagen: „Und nun, Kleines, erzähle mir mal was von deinem Leben und deiner Stammesgeschichte!" Da muß man sich schon bei den Professoren Rat holen, denen es begreiflicherweise nicht darum geht, ihren Lesern ein ästhetisches Stilvergnügen zu bereiten.

Doch hätten Sie recht, sollten Sie einwenden, daß man, um eine Rötelmaus zu fotografieren, nicht unbedingt wissen müsse, wie es beispielsweise mit der Adaptionsfähigkeit ihrer Augen bestellt sei. Darauf könnte man zweifellos verzichten, hätte man sie erst einmal vor dem Objektiv der Kamera. Der Jammer ist nur, daß man sie da eben nicht hinbekommt, wenn man nicht weiß, wie ihre Sinne funktionieren. Und das gilt für jedes Tier.

Weit schlimmer wird die Sache noch, wenn man von den Tieren nicht nur ein Bild auf Zelluloid, sondern eines aus eigener Beobachtung gewinnen möchte. Da muß man sie schon ins Haus holen. Und das geht so: Sie gehen an einen Zeitungsstand und kaufen sich Tierzeitschriften. Darin finden sich viele, viele Anzeigen, so daß Sie den Eindruck gewinnen, der Tierhandel sei ein mit Macht aufstrebender Wirtschaftszweig. Aber das täuscht. Schaut man sich manche solcher Tierhandlungen mit eigenen Augen an, so ist man bedrückt von der armseligen Hinterhofatmosphäre, die dort meistens herrscht. Besucher mit empfindsamem Gemüt neigen dazu, spontan den ganzen Laden aufzukaufen, ihn in den nächsten Wald zu tragen und dort aufzulösen, damit die Tiere endlich in Luft und Sonne kommen. Es ist ein Jammer, wenn man ansehen muß, wie ein Vogelkäfig, zum Beispiel, der gerade groß genug für zwei Wellensittiche wäre, mit zehn bis fünfzehn frisch gefangenen Distelfinken, Girlitzen und Zeisigen vollgestopft ist, die sich, von Passanten vor der Schaufensterscheibe angegafft, tobend das Gefieder zerstoßen und sich gegenseitig mit Kot beschmutzen. Badewasser bekommen die Vögel oft wochenlang nicht, und kauft man — wider besseres Wissen und bloß aus Mitleid — ein paar solcher Hascherl, so hat man lange zu tun, ihnen das verdreckte Gefieder zu säubern. Und oft genug liegen sie bald darauf tot im Käfig, weil die früheren Käfiggenossen sie vom Futter wegbissen oder weil das Futter falsch oder schimmelig oder überhaupt nicht da war. So ein Piepmatz kostet den Händler im Einkauf oft nicht mehr als ein, zwei Mark. Wird er ihn nicht schnellstens los, braucht er mehr Futtergeld als er für den Vogel je bekommen wird. Und kostet Zeit etwa kein Geld? Zeit, um in einem solchen Laden Dutzende von Vögeln, Dutzende von Lurchen, Hunderte von Fischen und was weiß ich nicht noch alles zu pflegen?

Wir kommen vom Thema ab. Da lesen Sie also eine Anzeige: „Vkf. 1,0 Dompf., 1,1 Distelf., 0,1 Kreuzschn., 4,4 Schwarzpl. u. a. einh. Waldvg." Daß es sich um Dompfaffen, Distelfinken, Kreuzschnäbel, Schwarzplättchen

und andere einheimische Waldvögel * handelt, das kriegen Sie gerade noch mit. Schwieriger ist es schon mit den Zahlen vor den Namen. Es sind dies weder Gewichtsangaben noch etwa Noten für mehr oder minder guten Gesang. Die Ziffern geben vielmehr das Geschlecht und die Anzahl der Vögel bekannt: Vor dem Komma stehen die Männchen, dahinter die Weibchen. Der in unserem Fall zu verkaufende Dompfaff ist also Junggeselle, die Distelfinken sind ein Pärchen, der Kreuzschnabel ist eine Jungfer oder Witwe, und die Schwarzplättchen schließlich sind ein Doppelquartett.
Gut. Sie schreiben also hin. Und eines Sonntagabends ruft Sie der Bahnhof an, es seien „lebende Tiere“ für Sie eingetroffen. Tiere kommen nach einem geheimnisvollen Gesetz immer Sonntagabends an, wenn Sie gerade ins Kino oder ins Bett wollen. Und nun hängt alles Weitere davon ab, wie Ihre Frau über Tiere denkt. Denkt sie nicht gut über sie, so herrscht, während Sie sich die Schuhe anziehen, um dann zum Bahnhof zu fahren, eine Stimmung im Haus, als stünde der böseste Dauerbesuch zum Abholen auf dem Bahnsteig bereit. Denkt Ihre Frau aber gut über Tiere, so ist die Stimmung nicht besser, und wehe Ihnen, das Schuhband reißt in der Eile! „Nun mach doch schon, du Rohling!“ heißt es dann. „Willst du die armen Tiere denn in ihren Käfigen verhungern und verdursten lassen?“
Wie es dann, mit einem oder mehreren neuen Tieren im Haus, weitergeht, das lesen Sie, sollten Sie für Tierliebe praktischer Art anfällig sein, tunlichst in den einschlägigen Kapiteln dieses Buches nach, wo ich mir durch abschreckende Beispiele die größte Mühe geben will, Ihnen Ihre Zeit und Ihre Freunde zu erhalten, denn die eine wie die anderen gehen dahin, ohne daß Sie mehr zurückbehielten als einen mit Sorgen vollen Kopf.
Zeitungsredaktionen, die eine Foto-Ecke unterhalten, bekommen manchmal Briefe. „Sehr geehrte Herren!“ heißt es da. „Ich möchte Tierfotograf werden und stelle mir dieses herrlich vor. Was empfehlen Sie mir für eine Ausrüstung?“ Redakteure haben nie die Zeit, solche Briefe so zu beantworten, wie dies wohl nötig wäre. Hier aber, an dieser Stelle, kann ich mir die Zeit nehmen und schreiben:
Sehr geehrter Herr: Ehe wir auf Ihre Frage nach der technischen Ausrüstung eines Tierfotografen eingehen, möchten wir Ihnen ein paar kleine Geschichten erzählen.
Es gibt einen wunderschönen Vogel, der Flamingo heißt. Wer ihn nur in unseren Tiergärten gesehen hat, hat ihn in Wahrheit nicht gesehen, denn was

* Der Handel mit einheimischen Waldvögeln unterliegt heute dort, wo er noch nicht ganz und gar ungesetzlich ist, strenger Reglementierung. Man sollte, um den Bestand dieser nützlichen Tiere nicht zu gefährden, auch von heimlichen Angeboten keinen Gebrauch machen und die Beobachtung der Waldvögel in Gefangenschaft der Ornithologie überlassen.

dort auf gepflegtem Rasen und in ausgemauerten Teichen blaß und müde wie verblühende Lilien steht, ist so traurig anzuschauen wie ein ehemals kostbares Bild, das man aus seinem Rahmen riß und Bedingungen aussetzte, die seine Farben zerstörten.

Aber wir wußten, wo der Flamingo noch frei und in seiner ganzen farbigen Herrlichkeit auf Schwingen durch den Himmel zieht, die keine Tiergärtnerschere je stutzte, wir wußten, wo er sich paart, wo er brütet. Camargue heißt das Gebiet, und die Ornithologen Europas sprechen es aus, als sagten sie: Paradies. Es liegt in Frankreich, an seiner südlichsten Küste, wo sich die mächtige Rhône teilt und zwischen ihren Armen eine urweltlich einsame Landschaft hält. Schwarze Stiere ziehen hier durch den gleißenden Tag und die samtblaue Nacht, und an ihren Mäulern und Hufen haben sie das Salz, das dort unten die Luft, die Erde und das Wasser beizt. In den Pinien, landeinwärts, stehen hoch in den Kronen die Seidenreiher, und wenn der orgelnde Mistral ihnen das blendend weiße Schmuckgefieder zaust und sie herabzuwehen droht, dann fliegen sie in windgeschützte Lagunen und lauern unter dem flirrenden Filigran alter Tamarisken auf Fische. Nicht weit davon, in einer dicht über dem opalfarbenen Wasser aufragenden Lehmwand, brüten die Bienenfresser, kolibribunte, behende Vögel.

Das alles kannten wir. Nur die Flamingos, denen die Camargue letzte Heimat bei uns ist, die kannten wir nicht. Um sie zu sehen, um sie zu fotografieren, fuhren wir mehr als tausend Kilometer. Und nun, sehr geehrter Herr, hören Sie gut zu: Wir fuhren auch wieder mehr als tausend Kilometer zurück und hatten nichts von den paradiesischen Bildern gesehen, die wir uns von der Kolonie der brütenden Flamingos erhofft hatten. Nicht, daß sie nicht dagewesen wären, nicht, daß wir nicht alles versucht hätten, zu ihnen zu gelangen. Wir fuhren in die Saline, in deren abgesperrtem Bereich die Vögel leben. „Je regrette . . .", sagte Monsieur le directeur. „Ich bedaure. Fahren Sie nach Arles, dort wohnt der Professor, dem die Kolonie untersteht."

Wir fuhren nach Arles, der glutheißen Stadt Vincent van Goghs. Es war um die Mittagszeit. Verzagt wie die Schulbuben standen wir in der Studierstube des Professors. „Je regrette . . .", sagte Monsieur le professeur und strich sich seinen prächtigen weißen Kinnbart, den er unseretwegen von der Suppe hatte erheben müssen. „Sie wissen, messieurs, dieser mörderische Winter vor ein paar Jahren! Die Kolonie wurde um viele, viele Vögel dezimiert. Wir fanden Hunderte erfroren im Eis. Begreifen Sie bitte, daß wir jetzt, in der Brutzeit, keine Störung der Kolonie dulden können, durch nichts und niemanden. Je regrette . . ."

Und nun hören Sie noch einmal gut zu, sehr geehrter Herr: Zweitausend Kilometer zu fahren und einen Traum begraben, das ist bitter. Aber noch bitterer sind so entsetzliche Verluste unter Tieren, um deren Bestand man ohnehin bangen muß. Auch das sollte ein Tierfotograf begreifen lernen. Und verzichten. Denn er müßte sich der Fotos schämen, die ihm nur gelangen um den Preis vieler Flamingoeier, auf die sich die Möwen stürzten, als die brütenden Stelzvögel, von dem Eindringling gestört, ihre Nestmulden verließen.

Wir sahen die Kolonie als einen zartrosa Streifen weit hinten am Horizont, begnügten uns mit dem Anblick eines kleinen Trupps dieser Vögel, als sie gründelnd unter dem Ufer entlangzogen, und machten uns auf die lange, lange Heimfahrt.

Nun gut, werden Sie sagen. Schließlich müßten es keine Flamingos sein. Hirsche, zum Beispiel, wären doch auch schon sehr schön. Freilich, freilich — Hirsche sind auch sehr schön. Dürfen wir Ihnen noch eine kleine Geschichte erzählen?

Also dann: In einer Zeitung des Stuttgarter Gebiets erschien einmal eine Meldung mit der Überschrift: „Im Schönbuch schreien die Hirsche!“ Vermutlich war der Redakteur, der sie verfaßte, sehr stolz auf diese urige, dem Jägerdeutsch verpflichtete Zeile. Hätte er sie doch, samt der Meldung darunter, in den Papierkorb geworfen! Aber woher sollte er wissen, daß man den Hirschen in der Brunftzeit nichts Übleres antun kann, als ihnen ganze Scharen von Spaziergängern auf den Hals zu schicken, die für ihr Leben gern einmal einen richtigen Hirsch so gesehen hätten, wie sie ihn zu Hause, gestickt oder gemalt, über dem Sofa haben: mit vorgerecktem Hals, eine kleine Atemwolke in die neblige Luft stoßend.

Das ist ein durchaus berechtigtes Verlangen, und wir wollten ja nichts anderes. Nur wußten wir, daß man nicht hoffen darf, einen Hirsch zu sehen, wenn man sich mit Frau und Kind hinter einem Baum versteckt und seine Lieben zur Ruhe mahnt. Daß dann wir, die es doch besser wußten, dennoch einen Hirsch nicht anders als einen in der Ferne ziehenden Schatten zu sehen bekamen, obwohl wir den Revierförster kannten, obwohl er uns den besten Hochsitz anwies, obwohl wir Stunden um Stunden in die Dämmerung starrten, während uns der Nebel durch die Kleider kroch — das, sehr geehrter Herr, ist wieder so eine Sache, die noch vor der Technik des Fotografierens kommt, eine Sache, über die man Ihnen nichts sagt, wenn Sie im Laden viele Hundertmarkscheine allein für ein Teleobjektiv auf den Tisch legen, das noch keiner Maus imponiert, geschweige denn einem Hirsch.

Nun gut, sagen Sie unverdrossen. Es müßten ja keine Hirsche in der Brunft sein. Man wüßte doch, daß sie im Winter gleich rudelweise an die Futterplätze kämen, und da könnte doch jeder Knipser ein Bild fertigbringen!

Machen wir es kurz, denn wir wollen Sie nicht langweilen: Wir fuhren einmal ins Allgäu. Dreihundert Kilometer hin, dreihundert Kilometer her. Der Förster dort hatte uns angerufen. Noch gestern seien die Hirsche am Futterplatz gewesen. Wenn wir Bilder wollten, er würde uns erwarten. Und miteinander erwarteten wir dann die Hirsche. Sie kamen auch. Doch leider erst abends um acht, als man sie selbst mit den Augen nur noch als Schatten ausmachen konnte. Und als wir genauer hinsahen, waren es nicht einmal Hirsche, sondern Tiere, also weibliche Stücke; zwischen ihnen drängten sich ganze zwei Spießer!

Wie gesagt: Sechshundert Kilometer insgesamt, sehr geehrter Herr, und das einzige eindrucksvolle Bild, das wir sahen, war eine Omnibusladung voll amerikanischer Touristen, die am Straßenrand angetreten waren und alle, alle aus 1500 Meter Entfernung Schloß Neuschwanstein knipsten. Vor Lachen verloren wir zu allem hin noch Objektive, die unter Brüdern gut ihre 350 Mark wert waren.

Dies wird ein langer Brief, doch ist der Gegenstand wichtig genug. Darf's also noch etwas mehr sein? Da wäre dann noch die Geschichte vom Rotkehlchen, das keines war. Sie ist schnell erzählt.

Wir bummelten einmal um die Monatswende März/April durch den Wald. Es war die Zeit, wo viele Vögel, die uns im Herbst verlassen, in ihre Brutheimat zurückkehren, und in diesen Wochen tragen Leute, denen an der Natur etwas gelegen ist, ein Gefühl mit sich herum, das nahe verwandt ist jenem, welches einen Menschen bewegt, der zum Bahnhof marschiert, um liebe Bekannte zu empfangen. Da macht auch Regen nichts aus, und es regnete an jenem Tag nicht schlecht.

Wir standen unter einer tropfenden Kiefer und sahen einem kleinen Vogel zu, der sich, fünfzig Schritt weg von uns, in der Spitze einer jungen Birke schaukelte. Im Glas machten wir ihn als Rotkehlchen aus. Es stimmte: die kleine, dickliche Figur, der große rostrote Latz, das ausdrucksvolle dunkle Auge und der zarte Schnabel des Insektenfressers.

Befriedigt gingen wir nach Hause. Tatsächlich: befriedigt! Denn wir waren schon von vielen, vielen Waldgängen zurückgekommen, ohne etwas so Interessantes gesehen zu haben wie ein Rotkehlchen. Und ein Rotkehlchen ist, genau genommen, nicht eben viel. Doch muß man in den Holzplantagen, zu denen unsere Wälder langsam werden, Bescheidenheit lernen.

Vielleicht finden Sie es töricht, daß uns dies Rotkehlchen noch weiter in Gedanken beschäftigte. Wir riefen uns jede Einzelheit ins Gedächtnis zurück, und plötzlich kam der Zweifel: War das überhaupt ein Rotkehlchen? Dieser rostrote Brustlatz, hatte der eigentlich die vorgeschriebene blau schimmernde Einfassung? Und hörte er nicht unter dem Schnabel auf, statt, wie sich das bei einem richtigen Rotkehlchen gehört, auch das Auge noch einzuschließen?

Aber welcher Vogel, um Himmels willen, könnte so täuschend einem Rotkehlchen ähnlich sein? Den würde man doch kennen!
Viele Vogelbücher im Schrank haben den Nachteil, daß man auch in vielen Vogelbüchern liest, wenn solche Zweifel kommen, und Sie glauben gar nicht, wie schnell dabei ein halber Tag herumgeht, der dann nichts anderes einbrachte als die Erkenntnis, daß das „Rotkehlchen“ ein — Zwergfliegenschnäpper war.
Ist das nun eine Beschäftigung für Männer? Ist diese Frage — Rotkehlchen oder Zwergfliegenschnäpper? — so bedeutend, daß sie einen Mann peinigen kann? Das kommt darauf an, was ein Mann will. Will er, zum Beispiel, hübsche Mädchen in hübschen Kleidern fotografieren, so ist es für ihn schlimmstenfalls privat von Nachteil, die Flitzi mit der Fritzi verwechselt zu haben. Will er aber Tiere fotografieren und die Bilder gar noch veröffentlichen, so wird er, hat er ein Rotkehlchen mit einem Zwergfliegenschnäpper verwechselt, baß erstaunt sein, wie viele Zwergfliegenschnäpperkenner es doch gibt!
Und nun sagen Sie vielleicht, Sie möchten doch lieber kein Tierfotograf werden. Das ist schade, denn Sie stellen sich dieses nicht zu Unrecht herrlich vor ...

So sollte man einen solchen Brief wohl beantworten. Weil Redakteure dazu aber keine Zeit haben, werden Tierfotografen zumeist vor den Schaufenstern der Fotoläden geboren, in denen die verlockendsten Geräte blitzen. Und so kommen dann diese Anzeigen in den Zeitungen zustande: „Hochwertiges Teleobjektiv, 40 cm Brennweite, fabrikneu, umständehalber günstig zu verkaufen.“ Auf ähnliche Weise kriegte ich meines; ihm hatte noch nie ein Tier ins Auge geschaut. Der Umstände halber, die damit verbunden sind.

Halbstarker im Haus 16

Ein Mann baut ein Vogelhaus und lauscht des Nachts am Holz. Ein Kleiber zieht ein und wird von Menschen in dunklen Anzügen empfangen. Eine Kokosnuß wird zu einem Vogelbett umfunktioniert.

Wenn ein Mann, der diese Welt höchst selten vor neun Uhr morgens anschauenswert findet, sich eines Tages, und auch an allen anderen danach, schon früh um sieben den Schlaf aus den Augen reibt, um in der Küche ein Frühstück aus frisch gehäuteten Mehlwürmern, getrockneten Ameisenpuppen und ungesalzenem, weißem Käse zu bereiten, dann hat er einen Vogel.
Wenn ein Mann einiger Dolden Ebereschenbeeren wegen mit einem Messer in der hohlen Hand durch einen Wald schleicht, der übel beleumundet ist und dessen Anwohner daher stets bereit sind, jeden Waldläufer als einen Sittlichkeitsverbrecher zu erschlagen, dann hat er einen herrlichen Vogel.
Und wenn ein Mann, der zwei linke Hände hat und fünf Nägel krummhaut, bevor seine Frau den sechsten endlich gerade in die Wand kriegt, sich daranmacht, einen mannshohen alten Schrank nach (fast) allen Regeln der Schreiner- und Malerkunst in einen Flugkäfig umzubauen, dann hat er noch weit mehr als einen herrlichen Vogel. Dann hat er einen Kleiber.
Einen *Sitta europaea,* falls Ihnen dieser Name geläufiger sein sollte.
Im Ernst: Der Kleiber gehört ja nicht zu den einheimischen Waldvögeln, die ein Stadtmensch mit stundenweiser Waldbenutzung wenigstens dem Namen nach, wenn schon nicht vom Sehen her, kennt. Doch ist das kein Wunder, kommt dieser wahrlich komische Vogel doch weder, wie der Dompfaff, in einer Operette vor, noch ist er geeignet, unseren Dichtern einen treffenden Vergleich zum Menschengeschlecht zu liefern, denn kein deutscher Mann, ja nicht einmal ein anderer deutscher Vogel, fühlt sich, wie der Kleiber, immer dann am wohlsten, wenn seine Geschäfte ihn auf einen steil absteigenden Ast führen: Da läuft der Kleiber dann mit dem Kopf nach unten, auch senkrecht, wenn's sein muß, am Holz herab, verhält ruckhaft, sofern er der Meinung ist, hier müsse doch irgendwo, verflixt noch mal, der Wurm drin sein, und hämmert mit dem langen schwarzen Pfriemenschnabel (und einer größeren Anschlagzahl als eine Sekretärin sie zum Leben nötig hat) munter drauflos.
Zum Bettenbau in einem Baumstamm nach Art der echten Spechte ist er, der die Größe eines überschweren Sperlings erreicht, indessen nicht kräftig genug. Schaut der Kleiber aber doch einmal aus einer richtigen Spechthöhle heraus, so ist das pure Angabe, denn dann hat sich dieser Halbstarke, wie er das häufig tut, bloß in ein gemachtes Bett gesetzt, um darin seinen Jungen, deren sechs bis acht die Regel sind, die Wiege zu bereiten.

Nun haben solche Baumhöhlen aber häufig ein Loch, das weit größer ist, als es der Kleiber zum Ein- und Ausschlupfen braucht. Was er dagegen tut, hat ihm seinen Namen gegeben: Er kleibt (oder klebt) es bis auf einen Durchmesser von etwa dreieinhalb Zentimeter zu. Das macht er mit lehmiger Erde und seinem Speichel. Ist die Geschichte fertig und schön ausgetrocknet, so muß, wer bei ihm einbrechen will, schon Hammer und Meißel mitbringen. Hunderte, ja Tausende von Flügen sind bisweilen nötig, um so eine Mauer hochzuziehen, schon weil der Kleiber nichts von unserem modernen dünnwandigen Wohnungsbau hält; er mauert altmodisch solid, und hat er's einmal nicht nötig (in einem Meisenkasten etwa, dessen Loch die richtige Bauchweite schon hat), so frönt er seinem Trieb zuweilen, indem er dem Kasten ein paar kleine Türmchen aufsetzt, die dem Kundigen verraten, daß hier nicht etwa ordinäre Meisen wohnen, sondern sozial bessergestellte „Spechtmeisen", wie die Kleiber auch noch heißen.
Die Inneneinrichtung des Nestes scheint der Kleiber seiner Frau zu überlassen, die hauptsächlich Laub und Rindenstückchen als Mobiliar einträgt, während der Herr des zukünftigen Hauses entweder auf Insektenjagd geht oder im Gezweig nahebei sich und seiner Frau eins pfeift. Man kann nicht sagen, daß seine Stimme überwältigend schön sei. Zumeist begnügt er sich mit einem meisenartigen „sit-sit-sit" in Hochfrequenz, doch schwingt er sich gelegentlich zu einem weithin schallenden Flötenlied auf, das in Vogelbüchern gern mit einem ein bißchen albernen „tü-tü-tü" beschrieben wird, einer Lautmalerei, die schließlich auch auf eine Kleinautohupe zutreffen könnte. Doch wie dem auch sei — ein großer Sänger ist der Kleiber nicht.
Als ich den unsrigen bekam, hatte ich ihm nicht mehr zu bieten als einen Käfig, der in der Länge 100, in der Höhe 40 und in der Tiefe 30 Zentimeter maß. Diesem lebhaften Vogel aber wollte ich mehr bieten. Wolfgang Bechtle, damals der zoologische Mentor meiner frühen Jahre und Freund noch heute, schleifte mich in die etwas anrüchige Stuttgarter Altstadt. Mittags um zwölf; auf diese Zeitangabe lege ich Wert, damit Sie nichts Schlechtes von uns denken. Wir suchten alte Möbel. In der Tür eines einschlägigen Ladens saß eine Frau. Bechtle wies auf die Möbel, die sie bewachte, und fragte mit seinem ganzen preisdrückenden Charme: „Verzeihung, sind das da alte Möbel?" Denn sie sahen uns für gebrauchte fast zu vornehm aus. Ein indignierter Blick belehrte uns denn auch, daß es neue waren. Mit einem „Tschuldigung!" zogen wir uns zurück und tauchten alsbald, schlenkernde Damenhandtaschen geflissentlich übersehend und mit nichts als einem Vogel im Kopf, in einen Hinterhof ein, in dem garantiert alte Möbel aus allen Lagertüren guckten.
Und da stand er, mein Schrank!
„Echt Biedermeier!" pries ihn der herbeieilende Verkäufer und wischte sich

ehrfürchtig den dicken Staub vom Schrank an die Hose. Aber auch der zahllosen Wurmlöcher wegen bezweifelten wir die Stilechtheit nicht. Es war ein Eckschrank, dessen zwei Seitenwände in einem rechten Winkel zusammenliefen; vorn dran war eine rund verlaufende Tür. Es war schwer zu sagen, ob die Seitenwände die Tür oder die Tür die Seitenwände vor dem Zusammenbrechen bewahrten. Mich bestach jedoch die Form des Schrankes: Der Grundriß entsprach genau einem Eck Camembertkäse. So etwas ließ sich wunderbar platzsparend stellen, und ich konnte, was die Höhe anging, aufrecht darin stehen. Das mußte auch meinem Kleiber gefallen, selbst dann, wenn ihm das „echt Biedermeier" piepe sein sollte. Für 30 Mark wurden die Wurmlöcher mein.

Ich will Sie nicht langweilen mit den handwerklichen Nöten eines Mannes, dessen Erfahrung im Umgang mit Holz sich auf das Spitzen von Bleistiften beschränkt und dessen Frau, als ihr der Schrank ins Haus kam, mit seelischer Grausamkeit bemerkte, daß der Haufen Brennholz, der am Schluß des Umbaus wohl übrigbleiben werde, mit 30 Mark ganz gewiß zu teuer bezahlt sei. Nur soviel: ich blieb schließlich Sieger über die Tücken splitternder Leisten, schieflaufender Sägen, tropfender Lackpinsel und verwirrend vielfältiger Nagel- und Schraubensorten. Nach zehn langen Abenden in der Garage stellte ich meiner Familie einen Käfig in die gute Stube, der zwar nach Meinung meiner Frau unser wohlausgewogenes Möbelarrangement „zum Kippen" brachte, ansonsten aber als eine reife Bastelleistung angesprochen werden konnte.

Enttäuschend war eigentlich nur dies: Die Wurmlöcher waren alle noch drin. Ob's auch die Würmer noch waren, weiß ich nicht. Angestrengtes Horchen mit dem Ohr dicht am Holz und zu mitternächtlicher Stunde, welche als die von den Holzwürmern bevorzugte Mahl-Zeit gilt, brachte nach keiner Richtung Gewißheit. Ein Kunsthändler, von dem ich wußte, daß er ebenfalls mit altem Holz umging, wenn auch mit ungleich wertvollerem als ich, riet mir, es wie die Konservatoren von alten Holzschnitzereien zu machen: die Löcher mit einer Injektionsnadel und einem Spezialgift auszuspritzen und die mehrmonatige Beobachtung des Wurmsterbens durch eine genaue Buchführung über jedes einzelne Loch zu untermauern. Als er indessen vernahm, daß in meinem Fall nicht eine frühmittelalterliche Madonna, sondern lediglich ein Vogelkäfig, wenn auch einer mit Biedermeierstammbaum, von Würmern malträtiert werde, riet er mir dringend der Kosten und damit meines Eheglücks wegen von so wissenschaftlicher Prozedur ab. Ich stimmte ihm zu.

Wolfgang Bechtle ehrte mein Werk am Abend der Premiere, indem er in einem dunklen Anzug bei uns erschien, den selbst die Württembergischen Staatstheater im ganzen nur zweimal zu sehen bekommen hatten. Sein weißes, vorn bis zum Hosenbund gestärktes Hemd hatten mein Kleiber und ich schon nicht mehr verdient. Und so stießen wir Menschen denn gerührt mit einem 51er Beaujolais an und versammelten uns, wie bessere Leute vor dem Fernseher, vor dem erleuchteten Käfig, in dem der Kleiber auf einem dicken langen Ast herumturnte und so vertraut tat, als sei er unter Biedermeiermöbeln aufgewachsen.

Als er, mit den Füßen oben an der Drahtecke hängend und uns seine blaß orangefarbene Brust zukehrend, in elegantem Abschwung zielsicher auf einem viel tiefer angebrachten Sprungholz landete, auf dem er seine Kür mit einer gekonnten Riesenwelle beschloß, da hatte er seinen Namen weg: Theo Wied. Und was für den Turner Theo der Lorbeer ist, das ist für meinen Theo ein gut durchwachsener Mehlwurm. Hat er ihn 'runter, plustert er wohlig sein Gefieder auf, und dann erscheint an den Weichen, wo der schieferblaue Rücken beginnt, ein flaumiger Saum aus fuchsroten Federchen, der ihm gut zum weißen Kinn und dem schwarzen Augengürtel steht.

Das Herz im Leibe aber dreht es einem vor Rührung um, wenn man nachts an seinen Käfig tritt und ihn beim Schein einer schwachen Zimmerlampe schlafen sieht. Da hockt er dann, so groß wie eine Kinderfaust, auf einem dünnen Ast, das Gefieder ganz locker aufgeplustert, was ihm eine wunderschöne zartblaue Farbe verleiht. Der Kopf hängt ihm mit dem Kinn auf die Brust, wenn er ihn nicht gar unter einen Flügel gesteckt hat, und so schwankt er, wie ein Mensch, der auf unbequemem Stuhl ein Nickerchen macht, im Rhythmus der Atemzüge in Kopf-Schwanz-Richtung hin und her. Ich meinte sogar, ihn schnarchen zu hören. Auf Zehenspitzen schlich ich in mein Bett.

Als die erste Rührung vorbei war, besann ich mich darauf, daß Kleiber ja, wo immer möglich, zum Schlafen keinen Ast, sondern ein Loch aufsuchen. Den Versuch, ihm eines in ein Stück Baum zu bohren, gab ich nach der dritten Blase an den Fingern auf. Ich kaufte eine Kokosnuß, verteilte Milch und Fruchtfleisch an die Familie, sägte ein nicht zu großes Loch in die harte Schale und hängte sie als Himmelbett meinem Kleiber in den Käfig. Die erste Nacht verschmähte er sie; vielleicht roch sie ihm zu penetrant nach der Gummilösung, mit der ich einen Riß geklebt hatte. Die Nacht darauf lag er bereits drin, aufgerollt wie ein junger Hund in seiner Hütte, bloß stubenreiner. Das Klacksen findet bei ihm nicht im Bette statt.

Wenn Sie mich heute fragen, wie es meinem Kleiber weiter erging, muß ich die Antwort schuldig bleiben. Ich glaube jedoch, es ging ihm noch eine Zeitlang gut im Wald, in den ich ihn fliegen ließ, als seine Genossen anfingen, ihren Frühlingsruf hören zu lassen. Vielleicht erzählt er seinen Jungen auch eine unglaubliche Geschichte von einem Mann, der einen Vogel hatte: „Und denkt euch — selbst im tiefsten Winter noch wußte der Kerl, wo's fette Mehlwürmer gibt . . . tü-tü-tü . . .“

Ein Roter, doch ein sanfter

20

Ein Gimpel läßt sich von einem Kellner bedienen. Er wird gewogen und zu schwer befunden. Man pustet niemandem unter das Hemd!

Ich bin mit einem Gimpel befreundet.

„Das wundert mich gar nicht", sagt Bechtle dazu, „denn ihr zwei paßt zueinander: Bewegt ihr euch, der eine wie der andere, doch nur dann ohne Unlust, wenn etwas Ersprießliches dabei herauszuschauen verspricht. Etwa ein guter Bissen. Auch schlaft ihr beide nicht nur ausgesprochen gern, sondern auch gut und vor allem lange. Weiterhin seid ihr, legt man keine gar zu strengen Maßstäbe an, ausreichend musikalisch, überlaßt die anstrengenden Arien indessen lieber anderen Leuten. Dann habt ihr noch — um der Ehrlichkeit willen muß ich das sagen, auch wenn's dich schmerzt — die gleiche, leicht rundliche Figur. Schließlich wetzt ihr beide eure Schnäbel an allem, was euch in die Quere kommt, und pustet euch dabei auch wohl unnötig oft auf. Bloß im Baden, mein Lieber, da ist dir dein Gimpel über . . ."

Diese letzte Bosheit will ich nicht bestreiten, denn sich zweimal täglich bis an den Hals hinauf naß zu machen, das halte ich für übertrieben.

Womit Sie endlich wissen, wovon hier die Rede sein soll: von einem Dompfaff, der ordinär auch Gimpel, wissenschaftlich hingegen *Pyrrhula pyrrhula* genannt wird.

Man kann nicht sagen, daß die Freundschaft zwischen uns sehr poetisch begann: Um den überaus günstigen Preis von zwei Laubfröschen handelte ich ihn von Bechtle ein, und eigentlich hatte ich nur vor, den schönen Kerl zu fotografieren und ihn dann fliegen zu lassen. Doch im näheren Umgang mit ihm kamen mir bald Zweifel an seiner Tauglichkeit für ein Leben in der von Raubzeug bevölkerten Natur: Er war an Menschen gewöhnt, an Futter aus ihrer Hand. Außerdem ging das Jahr damals dem Ende zu. Außerdem pfiff er so schön sanft und kehlig, wie ich das nicht einmal auf einem Schlüssel fertigbringe. Außerdem hatte er beim Baden unsere schönen neuen Tapeten ohnehin schon verspritzt. Außerdem — aber was rede ich! Wir mochten uns, und so behielt ich ihn bei mir.

Der Gimpel trägt eine tiefschwarze Samtmütze. Das schöne dunkle Auge sitzt auch noch in diesem Schwarz, ebenso der gleichfarbige dicke Schnabel, dessen obere Hälfte Anstrengungen macht, in einen richtigen Raubvogelhaken auszulaufen, aber das muß man nicht ernst nehmen. Allen Respekt indessen verdient das prächtige Chemisett unseres Vogels, das sich ihm zart rot über die männlich breite Brust spannt und in einer reichlich tief herabgerutschten weißen Hose verschwindet. Der Oberrücken ist grau, das Flügeljackett wieder schwarz mit einer, wenn man so sagen darf, aufgesetzten weißen Tasche drauf. Die Rockschöße, also der Schwanz, sind wiederum schwarz. Dazu trägt der Dompfaff mittelbraune Langschäfter. Seine Frau gleicht ihm bis auf die Brust, die bei ihr, wie sich das ja auch gehört, anders aussieht: dunkelgrau. Von Rot keine Spur.

Die Dompfaffen bauen ihr Nest mit Vorliebe in dichte junge Fichten, meist nicht höher als anderthalb Meter. Aus den vier oder fünf blaßgrünen, gepunkteten Eiern schlüpfen dann Mitte Mai nach zwei Wochen Brutdauer die Jungen, deren Schnabel wie eine rohe Kaffeebohne aussieht. Sie wiegen meist nicht mehr als anderthalb Gramm. Sind sie dann zwei Wochen alt und hat sie bis dahin weder der Häher noch die Elster geholt, dann holt sie nicht selten ein Vogelbändiger, um sie zur Schallplatte abzurichten, die im Handel, einseitig mit einem Lied „bespielt", gut und gern 80 Mark, zweiseitig, also mit zwei Liedern, aber 120 Mark und mehr kostet.

Dompfaffen haben ein erstaunliches Talent, Lieder zu lernen, die ihnen nicht die Natur, sondern der Mensch eingegeben hat. Man hält die sträflicherweise aus dem Nest entnommenen jungen Vögel dazu in Klausur, damit sie nur hören, was sie lernen sollen, könnte es sonst doch sein, daß sie das Lied vom Fuchs, der die Gans gestohlen hat, pötzlich durch das Geräusch bereichern, das eine knarrende Tür verursacht, und so was drückt natürlich auf den Preis. Wenn man den Berichten gestrenger Gimpelkonzertkritiker glauben darf, dann memorieren Dompfaffen zwei ganze Menschenlieder, die sie weder verwechseln noch zu einer eigenen Komposition umformen. Doch scheint ein Zeremoniell damit verbunden zu sein: Man muß, will man derart dressierte Gimpel singen hören, an ihren Käfig treten und ein bis drei gemessene Verbeugungen vor ihnen machen, welche sie dann ihrerseits erwidern, um alsbald zum Gesange zu schreiten.

Ich werde den Verdacht nicht los, daß dieses Bestehen der Vögel auf Verbeugungen eine hintergründige Rache an ihren menschlichen Gesangspädagogen ist, denn angesichts eines vor einem Vogelkäfig dienernden Menschen kann man sich sehr wohl fragen, wer denn nun eigentlich der Gimpel ist — der drinnen oder der draußen.

Überhaupt Gimpel. Ich weiß nicht recht — meiner scheint keiner zu sein in dem Verstande, in dem wir dies Wort gemeinhin gebrauchen. Ich erzählte ja schon, daß er sich in der Regel nur dann willig bewegt, wenn sein hungriger Magen ihn dazu überredet. Mitunter aber tut er's nicht einmal dann, sondern bedient sich der Hilfe eines — Kellners.

Um das zu erklären, muß ich weiter ausholen. In dem großen Flugkäfig, in dem mein Gimpel logiert, wohnt auch noch der Kleiber aus dem vorhergehenden Kapitel, der von Natur aus gut bürgerlich veranlagt ist und nach dem

Grundsatz „Spare in der Zeit, so hast du in der Not" sich immer wieder einmal einen Sonnenblumenkern vom Munde abspart und irgendwo in einer Ritze versteckt, um ihn dann winters zu verzehren. Das tut er auch in der Gefangenschaft, obwohl er's hier gar nicht nötig hat. Doch mach einer was gegen die Triebe!

Mein Gimpel nun weiß diese Sparsamkeit des Kleibers sehr zu schätzen. Er hockt geruhsam hoch oben im Käfig und schaut mit schiefgelegtem Kopf interessiert zu, wie der Kleiber von weit unten her, wo das Futter steht, Sonnenblumenkerne herauftransportiert und dann oben, ganz in der Nähe des faulen Gimpels, versteckt. Kaum aber hat der Kleiber ihm den Schwanz zugekehrt, ist mein roter Schlauberger auch schon mit einem Hupfer, der nicht der Rede wert ist, am Versteck und polkt den Kern heraus, um ihn geruhsam aufzumachen und zu verzehren!

Der Kleiber wird keineswegs durch Schaden klug; Kern um Kern bringt er hinauf, und mitunter treibt es der Dompfaff so weit, daß er nicht einmal mehr wartet, bis der Kern versteckt ist, sondern ihn direkt dem heraufkletternden Kleiber aus dem, fast hätte ich gesagt: verblüfften Schnabel nimmt.

Man kann es dem Dompfaff eigentlich nicht verübeln, daß er es gimpelhaft findet, sich bei dieser Sachlage selber zum Futternapf hinabzubegeben. Es sollte mich auch nicht wundern, würde er eines Tages selbst zum Baden zu faul und begnügte sich mit der Brause, die der frischgewaschene Kleiber beim Gefiederputzen in seiner Nähe verspritzt!

Um meinen Dicken bei Figur zu halten, gestattete ich ihm von Zeit zu Zeit ein paar Runden im Zimmer. Daß er davon aber begeistert Gebrauch machte, kann ich wahrlich nicht sagen. Zumeist flog er aus dem Käfig schnurstracks an die gegenüberliegende Zimmerwand, wo auf einem Buchregal ein metallener Aschenbecher stand. Darin ließ er sich nach dem anstrengenden 4000-Millimeter-Flug wie erschöpft nieder. Das Äußerste, was er sich hier an Bewegung abrang, waren ein paar zehn Zentimeter hohe Hupfer, die den Aschenbecher jedesmal laut auf dem Holz poltern ließen.

Da wir gerade vom Essen reden — es ist ungemein wichtig, auch bei Stubenvögeln einem ungesunden, weil hinderlichen Bauch vorzubeugen. Die Tiere müssen ja nicht, wie draußen in der Freiheit, jedem Happen nachjagen, und wenn dann einer, wie mein Dompfaff, auch noch die paar Sprünge zum Futternapf verachtet und sich das Essen vom kellnernden Kleiber sozusagen ans Bett bringen läßt, dann heißt es aufpassen, daß besagter Bauch eine, wenn ich so sagen darf, gesunde Gesichtsfarbe behält. Man stellt das fest, indem man den der Fettsucht Verdächtigen in die hohle Hand nimmt und ihm das Federhemd vom Bauch wegpustet. Schimmert es unter der Haut so gelb wie die Brust einer Weihnachtsgans, dann ist es höchste Zeit für Diät. Der fettmachende

Hanf und auch die Sonnenblumenkerne müssen schleunigst von der Speisekarte gestrichen werden.
Nun hat aber mein Dompfaff dieses Pusten auf den Bauch gar nicht gern — sei es, daß er es unziemlich findet, sich so unters Hemd blasen zu lassen, sei es, daß er kitzelig ist. Er faucht dabei stets so, als wollte er sagen: „Du Gimpel könntest ja auch langsam wissen, daß kein Vogel es gern hat, in die Hand genommen zu werden! Das kannst du dir allenfalls bei einem Höhlenbrüter erlauben, der es gewohnt ist, sich in Löchern aufzuhalten!"
Und weil er damit so unrecht nicht hat, ging die Fleischbeschau hinfort anders vor sich: Der Dicke wurde zwar mit der Hand eingefangen, dann aber sofort in eine gut gelüftete Kaffeetüte gesetzt, die wir hinter ihm zukniffften. So kam er dann auf die Briefwaage. Man konnte wahrhaftig nicht sagen, daß der Dicke übermäßig glücklich aus dem Loch im Tütenboden guckte. Aber das läßt sich auch von mir nicht behaupten, wenn ich auf der Waage stehe.
Was schätzen Sie übrigens, wie schwer so ein Dompfaff wird? Ganze fünfundzwanzig Gramm, wenn er gut im Futter ist. Fünf Gramm Übergewicht sind bei uns daheim schon Gegenstand ernster Familiengespräche.
Apropos Futter: Der dicke Kegelschnabel des Gimpels sagt Ihnen schon, was er ist — ein Körnerfresser. Allerlei Sämereien sind sein Grundgericht. Zwischendurch beknabbert er Nadelholztriebe, aber auch Grünzeug, das man ihm besonders nach der Mauser geben muß, damit seine rote Weste nicht an Leuchtkraft verliert. Mein Gimpel fraß dazu noch Mehlwürmer für sein Leben gern, und dabei schmatzte er zum Weghören ordinär. Ein Spaß aber ist es, ihm beim Ausbeinen eines Sonnenblumenkerns zuzuschauen. Er nimmt das Ding in den Schnabel und jongliert es zwischen den scharfen Rändern unaufhörlich herum. So gleicht er einem Menschen, der einen heißen Bissen im Mund hat und nicht weiß, wozu er sich entschließen soll — zum Hinunterschlucken oder zum Ausspucken. Beim Dompfaff aber sieht man schließlich zur Rechten und zur Linken je eine halbe Hülse heruntersinken. Und dann wetzt er nach dem Verschlucken des inneren Kerns zufrieden seinen Schnabel. Fast hätte ich noch gesagt: und schaut dann auf die Uhr, ob's denn noch immer nicht Zeit zum Schlafengehen ist.

100 Gramm schlechte Laune 24

Frauen finden einen Siebenschläfer nicht selten zum Schreien, was nicht verwundert, wenn man erfährt, daß die Bundesbahn ihn als „Ratte“ deklariert, obwohl die alten Römer ihn schon mästeten und verspeisten.

Menschen, die täglich stundenweise ihre schlechte Laune spazierenführen wie andere Leute einen Hund, die sollten sich einmal einen Siebenschläfer halten und an ihm studieren, welchen Lachreiz man verbreitet, wenn man, wie dieser Nager, das Maul zu nichts anderem als zum Fressen und zum — nun ja: Maulen benutzt.

Ich sah sie zum erstenmal vor vielen Jahren im Haus von Freunden. Es stand mitten in einem verwilderten Park; nichts als hohe uralte Bäume schauten in die Fenster herein, und so war es die richtige Pension für eine kleine Herde von Siebenschläfern. Wer sie auch nur ein bißchen kennt, wird sich nicht wundern darüber, daß sie unter den vielen Räumen der alten Villa hauptsächlich einen als Standquartier wählten: die Küche.

Es traf sich einmal, daß ich der Frau des Hauses behilflich war, Geschirr vom Wohnzimmer in die Küche zu tragen. Der Weg dorthin führte über einen Korridor, und als wir vor der Küchentür standen, legte Waltraut, unsere Freundin, warnend den Zeigefinger auf die Lippen. Ich guckte dumm. Als die junge Frau dann auch noch das Ohr ans Holz der Tür legte und schließlich sogar anklopfte, als sei sie hier nicht zu Hause, glaubte ich zu begreifen.

„Wirklich, ihr habt eine vornehme Art, mit eurem Mädchen zu verkehren“, flüsterte ich beeindruckt. „Hat sie ihr Schätzle bei sich?“

Waltraut lächelte ein bißchen dünn, öffnete vorsichtig die Tür und machte „sch-sch“ ins Dunkle hinein, als gelte es, ein paar Hühner aus dem Weg zu scheuchen. „Siebenschläfer!“ sagte sie und knipste das Licht an.

Ich sah einen Aluminiumdeckel, wie von Geisterhand bewegt, von einem Topf auf dem Tisch heruntergleiten. Laut scheppernd landete er auf dem Boden. Waltraut schluckte einen Schrei hinunter und hieß mich, mit einem Griff in meinen Ärmel, horchen. Von irgendwoher kam ein Maulen, das sich am ehesten noch mit dem Geräusch einer alten Standuhr vergleichen ließ, die zum Schlagen ausholt. Ich hätte vor Lachen fast das kostbare Kaffeegeschirr fallen lassen.

Die junge Frau aber fand die Siebenschläfer, die in ihrer Küche herumschmarotzten, durchaus nicht so lächerlich. Unter vorsichtigen Blicken in die Runde erzählte sie mir, daß sie sich nicht nur angewöhnt habe, abends vor Betreten der Küche stets anzuklopfen, sondern auch jeden Topf, jeden Krug, jeden Behälter, in dem sich noch etwas Eßbares befand, vor Gebrauch mit weit ausgestreckten Armen zu schütteln. Und guckte dann, was vorkam, einmal ein Siebenschläfer über den Rand, so erschrak die Arme, obwohl sie damit gerechnet hatte, jedesmal so fürchterlich, daß der Topf, oder was immer es war, unfehlbar auf dem Boden landete. Und bei dem Krach dann maulten stets zwei: der Hausherr, der sich beim Essen, und der Siebenschläfer, der sich beim Fressen gestört fühlte. Der Terror, den die kleinen Nager auf die Frau ausübten, wurde natürlich nicht besser davon, daß wir sie damit immer wieder aufzogen.

Wenn ich übrigens sagte, daß ich in diesem Haus meinen ersten Siebenschläfer sah, so war das schamlos übertrieben. Denn als wir damals die Küche betraten und Licht machten, da war ein etwa zehn Zentimeter langer, buschiger grauer Schwanz, der plötzlich hinter einem Mülleimer verschwand, auch schon alles, was ich von dem Burschen zu sehen kriegte. Auch später hatte ich immer bloß Gelegenheit, die Spuren dieser Tiere mit vorzüglicher Hochachtung zu besichtigen: ein fünfmarkstückgroßes Loch zum Beispiel, das eines von ihnen in einem Haus auf der Schwäbischen Alb durch den fünf Zentimeter dicken Hartholzrahmen eines Kellerfensters genagt hatte, als sei das ein Pappenstiel; dann die traurigen Überreste eines hochliterarischen Buches in der Wohnung von Wolfgang Bechtle und schließlich noch den arg zerbissenen Finger seiner Schwiegermama, die sich durch diesen Literaturfresser mit Recht in ihrer Nachtruhe beeinträchtigt gefühlt und den Fehler begangen hatte, ihn mit bloßer Hand wieder in seinen Käfig bringen zu wollen, aus dem er sich regelmäßig zu befreien verstand.

Man sieht, es hat seine Tücken, Siebenschläfer zu halten. Dies ist aber der einzige Weg, will man sie beobachten und näher kennenlernen. Draußen, in unseren Laubwäldern, wird das immer nur zufällig gelingen, denn abgesehen davon, daß Siebenschläfer, ihrem Namen getreu, ab Ende September sieben Monate in Erdhöhlen, Mauerspalten und Baumlöchern verschlafen, tun sie dasselbe auch noch tagsüber während der verbleibenden fünf Frühlings- und Sommermonate. Erst nachts kommen sie ins Freie und schlagen sich dann die kleinen Bäuche voll auf eine Art, die man selbst in Tierkreisen nur als Völlerei bezeichnen kann. Bucheckernjahre vor allem sind auch Siebenschläferjahre. Zu anderen Zeiten mästen sie sich mit Eicheln, Kastanien und Nüssen. Süßes, saftiges Obst ist ihnen Kompott und Tischwein zugleich.

Nun kann es aber unter den Säugetieren eigentlich nur der Mensch wagen, sich einen Bauch anzufuttern, ohne die Beutelust seiner Feinde herauszufordern. Das Sprichwort „Selber essen macht fett“ ist nur bedingt wahr, wie sich am Siebenschläfer zeigte, der es seinem unverschämten Appetit verdankt, zu geschichtlicher Berühmtheit gekommen zu sein. Die alten Römer, die ja vom Schlafen und Tafeln nicht weniger hielten als der Siebenschläfer, bauten hohe,

glatte Mauern um ihre Buchenhaine, in denen er heimisch war. Dort hinein warfen sie den Tieren noch allerlei Kraftnahrung und sperrten sie, die ohnehin schon fett waren, zur Nachkur noch in große irdene Krüge, um sie darin bei geringer Bewegungsmöglichkeit vollends zu mästen. Solche Krüge sind in Herkulaneum die Menge ausgegraben worden.
Worauf diese Prozedur hinauslief, das ahnt man bereits: Die kleinen Fresser wurden von den großen, na sagen wir: gegessen. Einer ihrer Poeten, Martial, quälte sich, vermutlich nach solch einem Mahl, sogar einen Vers auf die Siebenschläfer ab, der nach herkömmlichem Tierschriftstellerbrauch in keiner Beschreibung dieser Nager fehlen darf. Ich werde mich hüten, mit diesem Brauch zu brechen; es könnte ja sonst jemand meinen, ich hätte Vater Brehm nicht gelesen, der den Vers ebenfalls aufsagte. Also dann:

> Winter, dich schlafen wir durch, und wir strotzen vor blühendem Fette
> Just in den Monden, wo uns nichts als der Schlummer ernährt.

Woraus hervorgeht, daß die Römer barbarisch genug waren, den armen Kerlen einer schnöden Freßlust wegen nicht einmal den Winterschlaf zu gönnen. Woraus aber auch hervorgeht, daß es, um etwas über die Lebensgewohnheiten des Siebenschläfers aussagen zu können, nicht genügt, ihn verspeist zu haben, sowenig man nach dem Verzehren eines Koteletts etwa auch schon weiß, ob das Grunzen eines Schweines wirklich von der Behaglichkeit kommt. Martial irrte nämlich, wenn er meinte, den Siebenschläfer ernähre in den Monaten des Winterschlafs lediglich der Schlummer. So wie mancher Mann mitten in der Nacht plötzlich wach wird und mit einem Hungergefühl unterm Nachthemd an den Kühlschrank tappt, so wachen auch die Siebenschläfer während ihrer Winterruhe von Zeit zu Zeit auf und tun sich gütlich an den Vorräten, die sie in weiser Selbsterkenntnis mit ins Bett nahmen. Sie brauchen nicht viel, und der weitaus größte Teil der eingetragenen Nahrung geht wohl erst kurz nach dem Erwachen im Frühling drauf, denn dann bricht die Liebe aus, und wer wollte da schwach auf den Beinen sein! Von diesen kurzen Wachpausen abgesehen, besorgt der Siebenschläfer das Schlafen indessen so gründlich wie das Fressen. Man hat ihn, der wie tot in seinem Winterquartier liegt, schon in die Hand genommen, ohne daß er davon erwachte.
Um so munterer sind die Tiere im Frühjahr. Wer im Garten einen Starkasten hängen hat und sich wundert, warum wohl die Stare selbst im Mai noch nicht eingezogen sind, der sollte mal auf die Leiter steigen und Nachschau halten. Nicht selten wird, wenn's schon Ende Mai ist, eine Handvoll nackter, noch blinder Siebenschläferjungen im Nest wuseln. Ein solcher, in vier Wochen ausgetragener Wurf kann bis zu sieben Stück haben, die bald schon von selber das Weite suchen.

Siebenschläfer

Wer zufällig einmal einen Siebenschläfer sieht, ohne diese Tiere zu kennen, der ist leicht geneigt, ihn für ein junges Eichhörnchen zu halten. Aber mit diesen großen Nagern haben unsere kleinen äußerlich eigentlich nur den langen buschigen Schwanz gemein, den sie überdies meist baumeln lassen oder nachziehen, während die Eichhörnchen den ihren ja oft steil aufwärts tragen. Größer als etwa 18 Zentimeter, den Schwanz nicht gerechnet, der bis zu 15 Zentimeter lang werden kann, wird der Siebenschläfer auch nicht, und dann ist sein Haarkleid nicht rötlich wie das des Eichhörnchens, sondern blaugrau; nur die Backen und der Bauch leuchten weiß. Die Tischmanieren aber decken sich wiederum mit denen ihrer großen Verwandten: Man hockt beim Futtern auf dem Gesäß, richtet sich auf und führt den Bissen mit den Vorderpfoten, die beim Siebenschläfer wie richtige kleine Hände aussehen und rosig schimmern, zum Mund.

Nimmt der Siebenschläfer diese Pose an, ohne mit Eßbarem beschäftigt zu sein, so hat er eine Wut im Bauch. Die Vorderpfoten liegen dann wie die sichernden Fäuste eines Boxers unterm Kinn, und aus der Kehle kommt bei geschlossenem Maul ein Schnarren, das, wie gesagt, sehr nach einer zum Schlagen ansetzenden Standuhr klingt. Falls Sie noch keine gehört haben, so stellen Sie sich dieses Schnarren am besten wie das Geräusch eines Autoanlassers bei 20 Grad Kälte vor. Nur leiser, versteht sich.

Eine Wut im Leib scheint ein Siebenschläfer so ziemlich immer zu haben, und ist der Anlaß kein Mensch, so ist's einer aus der eigenen Sippe. Ich hatte mal gleich zwei daheim. Der eine war ein alter Bock, jedenfalls meinte ich, so etwas gesehen zu haben. Der andere war ein noch junges Tier, das ich mir auf den Tip meines Sohnes hin vom Rektor seiner Schule für ein paar Tage auslieh. Diesem wackeren Schulmann namens Ruckhaberle sah ich übrigens auch den Trick ab, wie man einen Siebenschläfer ohne Gefahr für die eigenen Finger aus dem Käfig hebt: Man nehme eine Pappschachtel mit Deckel, spreize Ober- und Unterteil wie eine Kohlenzange auseinander und stülpe sie bei gleichzeitigem, vorsichtigem Schließen über den maulenden Nager. Er zieht seine Extremitäten von selber aus dem Bereich der klemmenden Schachtelränder ins Innere.

Nun sagt Wolfgang Bechtle, man könne jedem Siebenschläfer die flache Hand ohne Gefahr unter den Bauch schieben und ihn so aufheben. Schließe man die Hand nicht und mache man keine törichte, das Tier erschreckende Bewegung, könne nichts passieren. Ich will das gerne glauben, aber vorgemacht hat er's mir noch nicht *.

---

* Entschuldigung – er hat. Um nicht mit einem solchen Makel in die Literatur einzugehen, nahm er noch kurz vor dem Druck dieses Buches einen Siebenschläfer in die Hand. Ich werde den Wein, um den wir wetteten, zahlen müssen.

Wie auch immer — ich hatte gleich zwei Siebenschläfer in meinem Terrarium, und weil ich nichts Gutes ahnte, stellte ich mir das Glashaus nachts nahe ans Bett. Es kam, was kommen mußte: War das Verhältnis der beiden bei Tage noch angegangen, weil sie da meist ins Heu gekuschelt schliefen, so war nachts alle naselang der Teufel los! Dauernd stellten die zwei ihren schnarrenden Wecker an, saßen sich in Habachtstellung gegenüber, bissen sich auch mitunter und rasten nur so umher.
Mit dem Ruckhaberle-Trick fischte ich den Kleinen schließlich heraus und verbannte ihn mangels eines zweiten Käfigs in eine große, mit Heu ausgepolsterte hochkünstlerische Blumenvase. Den Alten aber schaffte ich in die Garage.
Und das war das letzte, was ich von ihm sah. Am nächsten Morgen war das Terrarium leer. Der Befreiungskünstler hatte die Blechklammern, welche die eine Glasscheibe am Metallgerüst des Terrariums festhielten, aufgebogen und war dann, mit der Nase nach frischer Luft suchend, unter der etwas klaffenden Garagentür hindurch in die Wälder hinter unserem Haus ausgewandert.
Ich muß sagen — wäre ich an seiner Stelle gewesen, ich hätte es nicht anders gemacht. Wozu steht man denn unter Naturschutz!

Ein paar Wochen darauf klingelte eines Sonntagabends bei uns das Telefon. Es war die Expreßgutausgabe des Stuttgarter Hauptbahnhofs.
„Schprech i mit Herrn Schtern?“ kam es aus dem Hörer. „Na kommet Se no ra zom Expreß ond holet Se des Kischtle ab — da, wo die Ratt dren isch!“
Ich sauste zum Bahnhof und nahm einen großen Gitterkäfig in Empfang. Innen drin hing ein Schlafhäuschen, und aus dem Einschlupfloch schaute mich mein neuer Siebenschläfer an, den die Bahnbeamten für eine Ratte gehalten hatten. Nach zehn Minuten zoologischer Aufklärung sowie nach Bezahlung von zwei Mark zwanzig Porto, oder wie immer man das nennt, durften wir beide abziehen.
Was meinen Sie wohl, wo der Kleine bei uns seither wohnt? In der Küche. Auf dem Kühlschrank. Wo denn sonst?

29 Wie eiskalt ist dies Händchen!

Ein Laubfrosch ärgert sich schwarz, fährt aus der Haut und schluckt mit den Augen. Es ist ferner von einer Kröte die Rede, die einen Massenmord entdecken half.

Sollte Sie je das unwiderstehliche Verlangen packen, einen Laubfrosch zu besitzen, so können Sie natürlich in den Wald gehen und sich einen suchen. Daß Sie aber auch einen finden werden, ist reichlich unwahrscheinlich, selbst dann, wenn Sie das noch unwahrscheinlichere Glück haben sollten, zufällig dort hinzuschauen, wo tatsächlich einer sitzt. Denn dann hat dieser raffinierte Grünrock Sie längst gesehen und tut nicht einmal einer Fliege wegen einen Rucker, der allein ihn von seiner Umgebung abheben und verraten könnte. Die Sippschaft der Laubfrösche treibt das Versteckspiel sogar so weit, daß es noch nicht einmal sicher ist, ob Sie einen an der Stelle erwischen, wo er im allgemeinen häufig aufzutreten pflegt: beim Zoohändler.
Aber vielleicht haben Sie Glück und tragen für drei Mark (Froschkinder die Hälfte) so ziemlich das Possierlichste heim, was man zwischen einem Maikäfer und einem Löwenbaby halten kann. Enttäuschen dürfte er Sie eigentlich nur dann, wenn Sie ihn anschafften, weil Sie mit dem amtlichen Wetterdienst unzufrieden waren. Denn wenn ich meinen Pippin den Kurzen richtig verstanden habe, dann ist ihm das Wetter beträchtlich gleichgültiger als mir.
Freilich war ich auch nicht herzlos genug, ihn so unterzubringen, wie man das vielerorts zum Zwecke einer Wettervorhersage aus der Froschperspektive für notwendig hält: in einem Einmachglas, versehen mit einem zwei Finger breiten Wasserstand und einer albernen Holzleiter, auf der ein Laubfrosch sich etwa so wohl fühlen dürfte wie unsereiner auf einem Baum, wo der Grünrock seine Sommerferien zu verbringen pflegt. Erst gegen den Spätherbst hin steigt er von den Baumkronen herab und hüpft einem Wasser zu. Hinein geht er allerdings noch nicht. Vielmehr macht er es sich zum Winterschlaf in einem Erdloch, einem Baumstumpf oder in sonst einem Unterschlupf bequem, wo ihn der Frost nicht beißen kann.
Der Tag der Arbeit dann, der 1. Mai, ist auch für ihn der späteste Termin, endlich wach zu werden und etwas für die Erhaltung der Art zu tun. Die Männchen stehen als erste auf; die Weibchen, die weitaus in der Minderheit sind, lassen die Pupillen noch ein paar Tage länger auf Null stehen. Dafür müssen sie auch im Wasser ihre Herren Männer während der Paarung zwei, drei Tage lang auf dem Buckel spazierenschwimmen. Ei und Same vereinigen sich auf diese äußere Weise.
Die Männchen quaken dann in metallisch hellen Stakkatotönen, ohne dabei auch nur das Maul zu öffnen. Die Luft, die durch die Nasenlöcher eingesogen

wird, schwingt zwischen Lunge und der unterm Kinn kugelig hervortretenden Schallblase hin und her. Sie können sich das so ähnlich wie ein schnelles Tennisspiel vorstellen, wobei der eine Schläger die Lunge, der andere die Schallblase ist; der Ball wäre dann die Luft und das Netz die Stimmritze, die den Ton macht, der nicht überall als Musik empfunden wird. Wer sich sommers mit Laubfröschen umgibt, muß schon arg liebe Nachbarn haben.
Einen Froschmann erkennt man, wenn er schreit, an dieser Schallblase, wenn er nicht schreit, am ungewaschenen dunklen Hals, der bei den Weibchen hell ist.
Was nach der Paarung kommt: Die senfkorngroßen, gelblichen Laubfroscheier sacken in schleimumhüllten Klumpen auf den Grund. Bis aus solch einem Ei aber (falls es nicht von anderen Wasserbewohnern gefressen wird) vom Keimling über die Larve und die Kaulquappe ein schwanzloses Fröschlein Land gewinnt, bis dahin wird es immerhin Ende Juli, Anfang August. Die alten Frösche aber interessiert dies nicht im geringsten. Zu dieser Zeit sitzen sie, weitab von den Laichplätzen, längst wieder auf dem Trockenen und vertreiben sich die Zeit und den Hunger mit Fliegenfangen.
Darin allerdings sind sie Meister. Was unsereiner mit einer Hand, auf der bequem zehn Laubfrösche Platz haben, nur gelegentlich und dann auch nur mit einem Trick schafft (Fliege nie von hinten kriegen wollen!), das macht der Laubfrosch so gewandt, daß er im Sprung auch noch eine in höchster fliegerischer Not wieder durchstartende Fliege erwischt. Und was mir am meisten imponiert: auch von hinten! War der Braten ein bißchen zu fett für ihn, so nimmt der Frosch auch wohl eine Hand zu Hilfe. Kinder, die ähnliche Tischsitten haben, sind beim Zuschauen ungemein angetan davon, daß außer ihnen noch ein Familienmitglied nichts von Messer und Gabel hält.

Wer einen Laubfrosch hat und die eigene Frau nicht fürchtet, der setze ihn mal, wie ich unseren Pippin, ab und zu an eine Fensterscheibe. Sie können ihn dort getrost sofort loslassen, denn er klebt am Glas wie ein Politiker an seinem Mandat. Auch wenn sich keine Fliegen an der Scheibe tummeln sollten, wird der Laubfrosch, der sich nicht gern die Sonne auf den stets schmutzig weißen Bauch scheinen läßt, auf der Suche nach Schatten vorführen, wie erstaunlich seine acht Finger und zehn Zehen funktionieren. An allen Endgliedern, Hand wie Fuß, sitzt eine winzige Verbreiterung, die etwa aussieht wie ein menschlicher Daumen, der vorn unter den Hammer geriet. Aus ihr tritt beim Aufsetzen eine Drüsenflüssigkeit, die den Frosch auch an der bestgeputzten Scheibe haften läßt.
Viel Kopfzerbrechen bereitete der Wissenschaft schon der Farbwechsel des Laubfrosches. Als ich unseren Pippin beim Händler aus einem moosgefüllten

Terrarium klaubte, war er auf dem Rücken schmutzigbraun marmoriert. Als er dann aber bei uns ein hohes Vollglasterrarium bezog, das mit frischem, feuchtem Moos und einem grünen Zweig möbliert war, da dauerte es nicht lange, und Pippin protzte mit dem leuchtendsten Grün, das ein Laubfrosch nur haben kann. Nicht ganz schwarz, aber doch sehr dunkel scheint er sich zu ärgern, wenn man ihn längere Zeit in die Hand nimmt, und wird's ihm zu warm, legt er Gelb an, und das bedeutet Gefahr: Mir wird's zu heiß! Von einer Schutzfärbung, also einer bewußten Anpassung an die Umgebung, will die Wissenschaft nichts wissen, eher schon billigt sie dem Laubfrosch Farbwechsel auslösende Gemütswerte zu, und da bin ich sehr dafür.
Übrigens hat der Frosch, im Gegensatz zu uns, etwas davon, wenn er in der Regel alle vierzehn Tage aus der Haut fährt. Er frißt sie nämlich. Aber dieser regelmäßige Kleiderwechsel tritt wohl nur bei freilebenden Laubfröschen ein. Pippin läuft schon länger in seinem Rock herum. Man hat beobachtet, daß sich die Burschen die alte Pelle in Fetzen wie ein Abziehbild vom Leib reißen und gleich ins Maul stopfen.

Im Herbst begann für Pippin und uns die fliegenlose, die schreckliche Zeit. Die ganze Familie irrte mit den vorsichtigen Schritten der Schlafwandler und den stieren Blicken der Goldsucher durchs Haus, alle Wände und Türen betrachtend, als hingen an ihnen die kostbarsten alten Meister. Aber ach, immer seltener wurden die Fliegen, immer seltener streckte einer von uns, auf Tische und Stühle kletternd, vorsichtig, vorsichtig die Hand aus, um eines der kostbar gewordenen Insekten zu fangen. Und die Angst, die wir ausstanden, unsere Opfer ja nicht tot in die Finger zu bekommen! Pippin nahm nur sich bewegende Happen, und er fiel nicht immer auf den Trick herein, mit dem wir ihn narrten, wenn wir eine tote Fliege vor seiner Nase an einem Bein zwischen Daumen und Zeigefinger zwirbelten. Mit Wehmut dachten wir an den vergangenen Sommer an der Costa Brava zurück, wo wir in einem Pinienwald Wiedehopfe beobachtet hatten, vor der Fliegenplage aber flüchten mußten.
Schließlich waren die Seufzer, die sich uns entrangen, wenn es einer gesichteten „Mucke" gelang, im letzten Moment doch noch einmal davonzukommen, nicht mehr mit anzuhören. Ich beschloß, Pippin an eine Ersatznahrung zu gewöhnen: Mehlwürmer, die wir der Vögel wegen im Haus hatten. Ich holte Pippin aus seinem Glashaus heraus und deckte ihm unseren Tisch mit einem weißen Papier. Er nahm zwar gelassen darauf Platz, schaute aber teilnahmslos dem Mehlwurm zu, der sich nicht weit vor seiner Nase krümmte. Alles Zureden war umsonst. Pippin hockte vor dem Braten wie ein Fakir, der aus Abscheu vor den Lüsten dieser Welt den Hungerstreik erwählte. Auch an den folgenden Tagen wurde das nicht anders.

Verzweifelt öffneten wir nachts alle Fenster, knipsten sämtliche Lampen an und hofften, durch das Licht die draußen schwärmenden Insekten in die Wohnung locken zu können. Während ich im Wohnraum Posten faßte, meldete meine Frau aus dem Badezimmer, daß ein paar Nachtfalter eingetroffen seien. Wir schlossen sofort Fenster und Türen, sammelten die Opfer ein und brachten sie unserem Pippin als Henkersmahlzeit dar, denn es war beschlossen worden, ihn zu seinem und unserem Wohle auszusetzen. Der Kleine mästete sich an den Faltern, und seine Nase sah hinterher aus, als hätte er Puderzucker genascht. Eine langbeinige Kohlschnake hatten wir auch erwischt, und der letzte Liebesdienst, den ich Pippin erwies, bestand darin, daß ich ihm am Morgen nach dem Nachtmahl zwei lange Schnakenbeine aus dem Maul nahm, die ihm wie ein melancholischer Chinesenbart auf die Brust hingen.
An einem kleinen Waldweg trennten wir uns. Es war noch zeitig genug im Jahr; er wird wohl ein Loch zum Überwintern gefunden haben.
Was ich noch sagen wollte: Falls Sie immer noch glauben, daß es regnen werde, wenn ein Laubfrosch ins Wasser geht, dann kann ich Ihnen nur sagen, was unser Pippin machte, als wir ihn mal bei Regen, den er, getrost hoch oben am Glase klebend, heraufziehen ließ, ins Freie stellten. Sie werden lachen: Der Regen war ihm viel zu naß, er ging halt — ins Wasser. Das aber, also den Regen prophezeien, wenn er schon da ist, das kann der amtliche Wetterdienst auch.
Und nun wollen Sie vielleicht gar keinen Laubfrosch mehr. Mir wäre das heute, Jahre später, sehr recht. Von zehn gefangenen Laubfröschen gelangen bestenfalls einer oder zwei lebend in den Handel. In der Po-Ebene, wo sie einmal häufig waren, verlud man sie mit der Schaufel und packte sie übereinander. Sie gingen zu Zehntausenden ein.

Eines Sonntags, es war im frühen März, verschafften wir uns und unserem Benzinesel ein bißchen Bewegung auf abseitigen Landstraßen. Während ich, den Blick auf die Straße gerichtet, über den saisonbedingten Schlaglochreichtum meditierte, sah ich plötzlich quer zur Fahrtrichtung etwas Kinderfaustgroßes einen Sprung tun. Da nun Steine nicht die Angewohnheit haben, von allein zu springen, mußte es wohl ein Frosch gewesen sein. Ich stieg auf die Bremse und hielt. Vor uns hockte ein Erdkrötenmännchen.
Mal sehen, dachte ich, wo der hin will. Die ganze Familie ging in die Hocke, halbkreisförmig um den Kröterich gruppiert, und folgte ihm in dieser ein bißchen lächerlich anzuschauenden Positur über die Straße hinweg, in den Chausseegraben hinein und weiter auf einen Wiesenstreifen, der die Straße von einem größeren Teich trennte.

Weder der Kröterich noch wir ahnten, daß wir im Begriff waren, in eine Geschichte hineinzuhüpfen, die zwei Tage darauf die höchste Behörde und den Polizeiapparat des Landes Baden-Württemberg auf die Beine bringen sollte.
Während wir noch am Teichufer um den Kröterich versammelt waren, hörten wir, vom Wasser her kommend, ein vielstimmiges leises Knurren, das mich lebhaft an die nächtlichen Schnarchkonzerte erinnerte, welche im nordafrikanischen Krieg oft genug aus den Wüstenzelten an mein postenstehendes Ohr gedrungen waren. Als wir uns dann dem Wasser zukehrten, trauten wir unseren Augen nicht: Keine zwei Meter vom Ufer entfernt lagen Hunderte von hochzeitmachenden Grasfröschen im seichten Wasser, schwimmend, tauchend, sich sonnend, die wenigen Weibchen umkämpfend und hie und da auch kopulierend. Zwischen ihnen schwammen schon dicke braune Laichbollen.
„Pfui Teifi!" entrüstete sich unser Dreijähriger angesichts dieser Liebesspiele und wandte sein Interesse einem ramponierten Fußball zu, der etwas abseits im Wasser lag.
Ich hatte, wie üblich, die Kamera zu Hause gelassen. Aber das machte nichts. Frösche treiben's zwar nur einmal im Jahr, dann aber ausgiebig. Sie würden anderntags auch noch dasein. Wir fuhren heim.

Am nächsten Morgen klingelte ich bei Wolfgang Bechtle. Es gelingt mir nicht oft, ihn noch mit einem Bein im Bett zu erwischen. Aber diesmal hatte es mich früher als ihn herausgetrieben. Mit verhaltenem Stolz und so beiläufig wie möglich sagte ich: „Bist du an einigen hundert Wasserfröschen interessiert?"
Er ließ die Morgenzeitung sinken, kratzte sich die Brust unterm Schlafanzug und schaute mich an, als sei er nicht sicher, ob ich die Frösche draußen im Auto hätte. „Wo?" fragte er. Ich sagte es ihm.
„Mein Lieber", sprach er darauf mit Würde, „es enttäuscht mich tief, daß du nach all den Mühen, die ich daran wandte, aus dir einen zoologisch gebildeten Menschen zu machen, von Wasserfröschen sprichst." Sein Ton lag auf *Wasser,* und er dozierte weiter: „Die echten Wasserfrösche sind die Grünfrösche, und die ignorieren jetzt im März noch das Frühlingswetter, wie du meine Lehren ignorierst. Sie pennen noch und denken nicht daran, vor Ende April aus ihren Winterquartieren zu kommen." Er griff wieder zur Zeitung.
Ich schluckte und murmelte etwas von Schwimmhäuten, die ich deutlich gesehen hätte. „Was ihr da gestern gefunden habt", sagte Bechtle, „sind Braunfrösche, und sie zerfallen in drei Arten: die Gras- oder Taufrösche . . ."
„Rana temporaria, nach dem dunklen Schläfenfleck so genannt", zitierte ich brav meinen Klingelhöfer.
„. . . die Moorfrösche . . ."

„Rana arvalis“, sagte ich gehorsam.
„. . . und die Springfrösche.“
„Rana dalmatina“, schloß ich die Nachhilfestunde.
Bechtle war leidlich versöhnt. „Und diese Braunfrösche“, fuhr er fort, „sind Landbewohner, die nur zum Laichen das Wasser aufsuchen. Sie sind die ersten, die im Frühjahr herauskommen. Dann folgen die Kröten, die ihre Eier nicht in Klumpen, sondern in durchsichtigen, bis zu fünf Meter langen Gallertschnüren absetzen, und dann erst erscheinen die grünen, die echten Wasserfrösche.“
„Ja, Herr Lehrer!“, sagte ich, und wir lachten schallend. Bechtle fuhr in seine Fotografier- und Baumkletterhosen, angelte sich seine Kanone zur Leica, und schon waren wir auf dem Weg zu meinem Froschteich.
„Respekt, Respekt!“, sagte Bechtle staunend, als er das Gequirle der Frösche im Wasser sah. Wir machten uns ans Fotografieren. Auf der Mattscheibe sah ich dann zum erstenmal, was ich nie recht hatte glauben wollen: daß diese Frösche mit den Augen schlucken!
Ich bemerkte, daß einer der Gesellen plötzlich die Lider schloß und die sonst hervorstehenden Augen tief in die Höhlen einzog. Kein Zweifel, er schluckte! Die Augen sind ja nur durch die Mundschleimhaut von der Mundhöhle getrennt, und ein Muskel gestattet es dem Grasfrosch, sie nach hinten und unten ins Maul zu ziehen, so daß sie das Herabschlingen der Nahrung durch Druck und Schub unterstützen. Ich mußte lachen. Aber das Lachen sollte mir vergehen.
Bechtle war inzwischen um den Teich herumgewandert, und vom anderen Ufer rief er mich plötzlich an: „Hast du die Sauerei hier schon gesehen?“ Wo er stand, lagen haufenweise greulich verstümmelte Frösche tot im Wasser. Man hatte ihnen die Beine ausgerissen und sie mit herausquellenden Eingeweiden in den Schlamm zurückgeworfen. Es war ein ekelerregendes Bild menschlicher Habgier und Grausamkeit.
Ein paar Einwohner des nahen Dorfes hatten sich inzwischen, angelockt durch unsere ungewöhnlichen Kameras, bei uns eingefunden, und sie erzählten, am Tage zuvor seien einige Leute dagewesen, die kein Hehl daraus gemacht hätten, daß sie Froschschenkel sammelten für französische Küchen im nahen Tübingen. Hundert Paar Schenkel brächten 20 Mark.
Uns kam die Galle hoch. Am nächsten Morgen stand die Geschichte, von Bechtle geschrieben, in einer großen Stuttgarter Zeitung. Die Wirkung war verblüffend. Nicht lange darauf meldete sich das Regierungspräsidium und erbat Einzelheiten. Die Landespolizei, der Bechtle nicht ganz zu Unrecht Nachlässigkeit vorgeworfen hatte, weil es ja nichts Neues war, daß solche Profitjäger Jahr für Jahr unsere Frösche auf das abscheulichste dezimieren,

drückte auf den Klingelknopf und leitete eine umfangreiche Fahndung ein. Man besichtigte den Tatort, vernahm Dorfbewohner — und am gleichen Tag noch hatte man den ersten der Froschmörder schon beim Kragen!
In dieser Gegend wenigstens dürften die Frösche hinfort ungestört Hochzeit feiern können, und sie danken es einem Krötenmännchen, das uns zu ihnen führte.

Eule im Schrank 36

Hier wird erzählt, wie es sich mit einer Dolche tragenden Eule in der Wohnung lebt, wie sie den Menschen buchstäblich die Haare vom Kopfe fraß, wie tote Mäuse mit der Post kamen, warum Eulen lautlos fliegen und vieles mehr, das schon die alten Griechen von Eulen nicht wußten.

Die alten Griechen, von denen man so viele kluge Sachen hört, sind, was Eulen angeht, auch nicht die Gescheitesten gewesen. Sie besahen sich diese komischen Käuze, wie sie dasaßen mit ihrem dicken Kopf, und sagten sich: Wer einen großen Kopf hat, der muß auch denken können, denn was sonst sollte wohl drin sein in diesem Kopf als Gehirn? Und diese Eulenaugen, die so ausdrucksvoll in die Runde schauen! Und diese unerschütterliche Ruhe, dieses unbewegliche, stundenlange Hocken auf einem Tempelsims — spricht das nicht alles dafür, daß die Eulen kluge, ja geradezu weise Tiere sind?

So dachten die alten Griechen. Und sie gaben ihrer Obergöttin Athene eine Eule als Symbol der Weisheit bei. Und seitdem plappert das jeder nach.

Ich habe mit einer Waldohreule weit über ein Jahr lang in derselben Stube zusammen gelebt. Mir kann man es glauben, wenn ich sage: Eulen sind lieb, aber dumm.

Ich meine das keineswegs verächtlich, denn vernünftige Leute, die der Natur gern erst einmal hinter die Kulissen schauen, bevor sie urteilen, haben von einer Eule noch nie erwartet, daß sie klug sei — klug im menschlichen Sinn. Es kommt nie etwas dabei heraus, wenn man Tiere mit Menschen vergleicht — tut man's, dann entstehen daraus höchstens Märchen. Tiere haben andere Fähigkeiten, so die Eulen, die nachts aus der Höhe eines Baumes eine Maus piepsen hören und im gleichen Augenblick wie der Blitz herabschießen und die Maus im Finstern greifen!

Aber davon später. Bleiben wir noch ein bißchen bei dem dicken Kopf der Eulen. Ich habe solchen Eulenkopf oft genug gekrault und weiß, daß man einen ausgewachsenen Männerfinger fast bis zur Hälfte im Kopfgefieder der Eulen verschwinden lassen kann, bevor man auf Knochen stößt. Der Eulenschädel ist sehr klein, ja winzig im Verhältnis zu seinem sichtbaren Umriß, der durch das lockere Gefieder bestimmt wird. Das Gehirn darin ist kaum der Rede wert, und deshalb tragen die vergleichsweise riesigen Augen nicht zur Intelligenz dieser Vögel bei, denn scharfes Sehen nützt in diesem Sinn nur dann etwas, wenn ein Gehirn da ist, das die Eindrücke, die das Auge aufnimmt, in Gedanken umwandelt — das aber kann nur der Mensch.

Eulen sind am Tage blind — das weiß doch jeder. Doch ist das ein ebenso törichtes Gerede wie die Behauptung von der Weisheit der Eule. Das Gegenteil ist wahr: Eulen sehen am Tage sogar ganz hervorragend und direkt in die Sonne hinein. Ich habe das bei meiner Agathe — so hieß die Ohreule, die bei uns zu Hause wohnte — oft genug beobachten können. Sie drehte prompt den Kopf, wenn sie draußen vor dem Fenster einen Vogel vorbeifliegen sah, und zwar auch dann, wenn sie dazu geradewegs in die grelle Sonne blicken mußte, vor deren Licht ich geblendet die Augen zumachte. Agathe blinzelte nicht einmal dabei.

Dann ist da noch das Rufen des Kauzes (der ja auch eine Eule ist). Sein *Kuwitt,* das er nachts hören läßt, haben die Menschen in ein *Komm mit* umgedeutet und ihm den Namen Totenvogel gegeben. Der Kranke, der diesen Ruf höre, müsse sterben, sagt man. Natürlich ist das purer Aberglaube. Bei mir zu Haus stößt der Wald bis fast an mein Schlafzimmer, und ich habe in diesem Zimmer schon öfters sterbenskrank gelegen — von zu vielem Wein. Und oft genug hat mir in solchen Nächten ein Kauz, der bei uns schon seit Jahren im Wald wohnt, sein *Komm mit* zum Fenster hereingerufen.

Mir schmeckt der Wein also immer noch. Und ich weiß auch, warum der Kauz vor meinem Fenster ruft: Nicht weit davon steht eine Straßenlaterne, um die herum in Sommernächten alle Insekten der Gegend zum Dorftanz antreten. Da läßt der Kauz sich dann auf einem Ast dichtbei nieder und verspeist einen dicken Brummer nach dem anderen. Und so wird auch der Aberglaube entstanden sein, denn in Krankenstuben brennt ja nicht selten die ganze Nacht hindurch das Licht, das die Insekten anzieht.

Agathe war eine geborene Stuttgarterin, und ihre Kinderstube stand in einem Stadtwald. Eines Frühsommertags war ihr diese Kinderstube, ein Nest hoch oben in einer Buche, zu eng geworden. Kleine Waldohreulen haben diesen Drang ins Freie schon zu einer Zeit, in der sie noch gar nicht fliegen können. Man nennt sie dann Ästlinge, weil sie die Gewohnheit haben, auf Ästen entlangzuwandern und sich irgendwo im Laub oder in den benadelten Zweigen zu verstecken. Und dort werden sie dann von den Altvögeln weitergefüttert.

Bei solchen Ausflügen kommt es natürlich immer wieder einmal vor, daß die kleinen Tolpatsche abstürzen. Meist passiert ihnen nichts dabei, da sie den Sturz mit flatternden Flügeln gut abbremsen können. Mit Füßen, Schnabel und Flügeln zugleich kletternd, retten sie sich dann wieder in sichere Höhen hinauf. Der Agathe aber war das nicht gelungen. Ein Hund hatte sie aufgestöbert, und sie konnte von Glück sagen, daß dieser Hund ein gut erzogener Jagdhund war, der sie bloß seinem Herrn, dem Stadtförster, anzeigte. Und so kam die Agathe in Menschenhand. Die Aufgabe, sie großzuziehen, fiel mir zu.

In einem Persilkarton hielt die kleine, rundum mit grauweißem Flaum befiederte Eule bei uns Einzug. Als ich hineingriff, um sie ans Licht des Tages zu holen, warf sie sich auf den Rücken und schlug nach Raubvogelart mit den schon nadelspitzen Fängen nach meiner Hand; ihr Krummschnabel machte wütend knapp-knapp, ein Geräusch, das ziemlich genau wie Fingerschnippen klingt.

Aber mir imponierte das nicht sehr. Ich sah, daß Agathe die Hosen im wahrsten Sinne des Wortes voll hatte. Sie trug nämlich wirklich an den Beinen bauschige Hosen aus kotbeschmutzten Federn. Ich holte sie also heraus und setzte sie in ihr neues Heim, einen geräumigen, schrankhohen Käfig, der mit dicken und dünnen Kiefernästen reich ausgestattet war und der kleinen Eule nicht nur genügend Sitzgelegenheit, sondern auch Deckung vor den ungewohnten Menschen bot.

Wenn man ein Tier ins Haus bekommt, so ist die erste und wichtigste Frage: Was frißt der Kerl? Waldohreulen ernähren sich fast ausschließlich von Mäusen, die, säuberlich zu Gulasch verarbeitet, den Jungen vom Altvogel serviert werden.

Nun kann man sich zwar heute per Telefon von der Petersilie bis zum Kaviar alles ins Haus kommen lassen, aber den Kaufmann, der auch Mäuse liefert, den gibt's noch nicht, und man hat ja keine Ahnung, wie selten Mäuse sind, wenn man sie dringend braucht. Kompliziert wurde die erste Mahlzeit der Agathe auch noch dadurch, daß sie an einem Samstagabend zu uns kam, als der Metzger schon geschlossen hatte. Also fuhr ich in meine Stammwirtschaft und schwatzte dem Wirt ein Pfund rohes Hackfleisch ab. Auf dem Heimweg wickelte ich es aus und rollte es in der Hosentasche herum, damit es die Eisschrankkälte verlor und jene Blutwärme annahm, die das Fleisch hat, das die Jungen draußen von den Altvögeln bekommen.

Zu Hause dann machte ich kleine runde Klopse aus dem Gehackten. Agathe sah mir dabei zu und fiepte begierig. Außerdem trampelte sie nach Art der Eulenkinder wie vor Ungeduld von einem Bein aufs andere. Doch als ich ihr dann endlich den ersten Hackfleischklops dicht vor den Krummschnabel hielt, machte sie keinerlei Anstalten zu fressen; sie öffnete nicht einmal den Schnabel. Ihr gut zuzureden, das versuchte ich erst gar nicht, denn die alte Waldohreule sagt zu ihren Jungen beim Füttern ja auch nicht: eins für den Papa und eins für die Mama ...

Tiefe Enttäuschung bei uns zu Haus. Ich hatte es schon zu oft erlebt, was es bedeutet, wenn Jungtiere in Menschenhand das Fressen verweigerten. Irgend etwas mußte ich falsch machen, irgendwie anders als die Eulenalte. Aber was? Und wo konnte ich das rasch erfahren? Es ist ja nicht so, daß man bloß in den Wald zu laufen braucht, um auch schon ein Eulennest zu finden, bei dem sich die Tischsitten dieser Vögel studieren ließen. Und man kann auch nicht den Hausarzt anrufen und ihn fragen, wie man Eulen füttert. Das schlimmste

aber: Ich hatte keine Zeit zu verlieren. Jungvögel brauchen häufig und regelmäßig Nahrung, wenn sie bei Kräften bleiben sollen.
In meiner Not entsann ich mich, irgendwo einmal gelesen zu haben, daß Eulen trotz ihrer hervorragenden Augen nichts sehen können, das sich unmittelbar vor ihrer Nase befindet. Und sehr im Gegensatz zu Vögeln, die die Augen seitlich am Kopf haben, sieht eine Eule auch nichts, was sich rechts, links und seitlich hinter ihrem Kopf abspielt; sie ist da jeder Gefahr schutzlos ausgeliefert, solange diese Gefahr sich absolut lautlos nähert, denn die Ohren der Eule, die sind nun wieder sehr, sehr gut.
Und noch eine Beobachtung, die ich in einem Zoo an Uhus gemacht hatte, kam mir zu Hilfe: Wenn ein Uhu frißt, wenn er sich zu der Beute hinabbeugt, die er in den Fängen hält, dann macht er die Augen zu und tastet sich mit dem Kopf seitlich an das Fleisch heran; verraten ihm die Barthaare an den Schnabelseiten, daß er den Braten unmittelbar in Bißnähe hat, dann schnappt er zu. Also führte ich meinen Hackfleischklops von der Seite an den Schnabel Agathes heran, bis er die Borsten dort kitzelte — und siehe da! Schon sperrte die kleine Eule das Maul auf, und schwupp war der Bissen weg! Von da ab funktionierte jede Fütterung tadellos.
Doch war Hackfleisch auf die Dauer nicht das Richtige. Freilich kriegt man damit zur Not wohl auch eine Eule groß, doch sind Mäuse für Eulen so wichtig wie für uns das rohe Gemüse. Es kommt dabei nicht so sehr auf das Fleisch an; sie brauchen vielmehr, wenn sie gesund bleiben sollen, regelmäßig das Fell und die Knochen ihrer Beutetiere.
Eulen haben nämlich einen Magen, in dem es etwas anders zugeht als in den Mägen der übrigen Raubvögel. Der Habicht, der Sperber, die Falken und Bussarde nehmen in der Regel nur das schiere Fleisch ihrer Beute, die sie vorher säuberlich rupfen. An Federn und kleinen Knochen fressen sie nur mit, was ihnen zufällig beim Kröpfen in den Hals kommt. Ganz anders die Eulen. Sie fressen ihre Mäuse ganz — höchstens daß sie sie vorher in mundgerechte Stücke reißen, doch tun sie das nicht immer. Ich habe später bei unserer Agathe nicht selten das Schwanzende einer Maus, die sie gerade hintergeschluckt hatte, noch eine Weile, wie eine gute Nachtischzigarre, zum Schnabel heraushängen sehen. (Übrigens darf man nie sagen, daß Eulen kröpfen; sie haben nämlich keinen Kropf wie die übrigen Raubvögel, die dadurch in der Lage sind, auf Vorrat zu fressen.)
Im Magen der Eule geht etwas sehr Merkwürdiges vor sich: Besser als jeder Metzgermeister das könnte, löst die Verdauung alles Fleisch und alle Sehnen restlos von den Knochen ab, bis sie so sauber und so blank sind wie das Skelett eines verendeten Kamels am Rande einer Wüstenpiste. Und dann kommt das Allermerkwürdigste: Das Mausgerippe samt Schädel (in dem kein Zähnchen

fehlt!) wird in das ebenfalls nicht verdaute Fell verpackt und wieder nach oben transportiert, bis es als Gewölle durch den Schnabel ausgeworfen wird.
Wer durch unsere Wälder geht, sollte die Augen auch auf den Boden gerichtet halten; es ist schon mal möglich, daß man an einen oder auch gleich an mehrere Bäume gerät, zu deren Füßen viele schwarze, kleinfingerlange, zigarillodicke Gebilde liegen. Das sind dann stets Eulengewölle, und die Wahrscheinlichkeit ist groß, daß droben im Baum eine Eule hockt und schläft. Man kann die Gewölle ruhig anfassen und aufpulen; sie riechen nicht übel, färben nicht und fühlen sich an wie nasser Filz; innen drin werden zumeist Knochenreste sein, ja ganze Mäuseschädel und unbeschädigte Gerippe. Die Fachleute können aus solchen Gewöllen ohne Schwierigkeiten entnehmen, was für eine Eule hier gefressen hat und wovon sie sich ernährt, denn im Gegensatz zum Bartgeier etwa, dessen Magen selbst einen klobigen Rinderwirbel auflöst, als wär's ein Bonbon, geben die Eulen nicht selten auch die papierdünnen Schädelchen der Spitzmäuse ohne Knacks wieder von sich.
Ob ihnen dieses Gewölle-Ausspucken, das bei natürlicher Ernährung alle 24 Stunden stattfindet, indessen Spaß macht, das möchte ich bezweifeln. Ich habe mir nie das Lachen verbeißen können, wenn unserer Agathe unter fürchterlichem Grimassenschneiden und Katzbuckeln so eine dunkle Brasil zum Hals herauskam.

Nachdem ich nun so viel schon über die Ernährung der Eulen erzählt habe, wird jeder sofort verstehen, daß mir nicht ganz wohl war bei der Hackfleischkost, die ich der kleinen Agathe zunächst geben mußte, denn die Mäusebeschaffung war noch im Stadium der Organisation und lief erst später richtig an.
Konnte ich dem Hackfleisch schon keine Knochen beimengen, so mußten doch wenigstens Haare her, um den Eulenmagen nach Betriebsanleitung der Natur in Bewegung zu halten. Ich blickte, ohne große Hoffnung, auf die Dauerwellen meiner Frau, doch was ich nicht zu hoffen gewagt hatte, das geschah: Sie griff seufzend zur Schere und schnipselte sich ein paar Locken ab. Ich nahm sie im Namen Agathes dankend entgegen und wickelte sie kunstvoll um die Hackfleischkugeln. Agathe nahm diese neuartige Nahrung mit einem Gleichmut, als hätte sie Fleisch mit Frauenhaar schon immer gern gefressen.
Doch leider frißt eine Eule im Laufe der Zeit mehr davon, als selbst eine schon verheiratete und darum nicht mehr ganz so eitle Frau herzugeben bereit ist. Die Mäuse aber ließen noch immer auf sich warten. Ich mußte mich nach einer anderen Haarquelle umsehen. Also kam unser Jüngster unter die Schere. Ihm machte das nichts aus, übersprang er auf diese Weise doch eine lästige Sitzung beim Friseur.

Von da ab gab unsere Agathe eine Weile hellblonde Gewölle von sich.
Die Farben wechselten noch öfter. Wolfgang Bechtle besaß einen wunderschönen Ararauna-Papagei, der zuvorkommenderweise einen Tick hatte: Er rupfte sich, vermutlich aus Langeweile, nach und nach alle seinem Schnabel erreichbaren Federn aus, bis er einem Brathuhn ähnlicher sah als einem Papagei. Diese Federn bekam ich geschenkt, und die Gewöllfarbe unserer Agathe wechselte nun zwischen himmelblau und eidottergelb.
Dann aber rollte endlich der Mäusenachschub. Freunde, Bekannte, Kollegen — alle wetteiferten sie darin, unsere Agathe zu mästen, und keine Mühe war den lieben Menschen zu groß. Ein Kollege von mir fuhr mit dem Roller im Regen acht Kilometer, um mir — in Seidenpapier verpackt und mit einem hübschen Bändchen verschnürt — eine Maus zu überreichen, die der Hund seiner Frau im Keller gefangen und höflicherweise nicht gefressen hatte. Eine Kollegin, deren Vater auf dem Lande wohnt, überwand mannhaft die dem weiblichen Geschlecht angeborene Furcht vor Mäusen und verpackte jeden Nager, den ihr Vater fing, in einer Schachtel und übergab solche Päckchen schaudernd der Post, denn mit den toten Mäusen in der Handtasche durch die Stadt zu fahren, dazu konnte sie sich denn doch nicht entschließen.
Bei solcher Kost gedieh Agathe prächtig. Mit drei Monaten, wenn ich mich recht erinnere, legte sie ihr Kindergefieder ab und mauserte sich nach und nach zu einer richtigen Waldohreule; sie bekam das rindenähnlich gemusterte, von cremeweiß bis schokoladenbraun schillernde Federkleid ihrer schönen Sippe, und auch die beiden Ohrbüschel wuchsen ihr, die sie mit ihrem großen Vetter, dem Uhu, gemeinsam hat. Allerdings darf man nicht glauben, daß in diesen Ohrbüscheln auf dem Katzenkopf der Eule auch die Ohren stecken. Die sind vielmehr, ganz wie bei uns, an den Seiten des Kopfes angebracht, tief in den Federn hinter einem Hautlappen versteckt, den man bei einer zahmen Eule ruhig einmal wie einen Orangenschnitz abklappen kann, um sich das Ohr anzuschauen.
Wie wenig beweglich das Auge der Eule ist, das habe ich schon gesagt, und wer wieder einmal irgendwo liest, daß Eulen fürchterlich mit den Augen rollen, der weiß jetzt, daß das nicht stimmt. Dieser Mangel an Augenbeweglichkeit wird aber durch das ungemein feine Ohr ausgeglichen, dem auch der leiseste Katzenschritt nicht entgeht. Hinzu kommt noch, daß der Eulenkopf sehr beweglich ist. Die Eule kann ihn bis zu 270 Grad drehen! Das ist so, als wenn man seine Nase — sagen wir mal: rechtsherum — nicht nur auf den Rücken, sondern noch weiter bis zur linken Schulter drehen könnte!
Überhaupt machen Eulen die seltsamsten Bewegungen. Unsere Agathe führte regelrechte Kriegstänze auf, indem sie den ganzen Körper über den sich beugenden und streckenden Beinen kreisen ließ; sie bewegte den Kopf in den un-

möglichsten Verrenkungen oder starrte plötzlich mit angespanntem Interesse lange und stur auf einen Fleck, an dem wir beim besten Willen nichts erkennen konnten. Und darin ließ sie sich durch nichts ablenken. Zwangen wir sie durch Händeklatschen dazu, zu uns her zu sehen, so drehte sie danach sofort den Kopf wieder in die Richtung, in der es für uns nichts zu sehen gab als eine weiße, fliegenlose Wand. Niemand konnte mir für dieses deutlich angespannte Starren ins Nichts bisher eine Erklärung geben. Ich vermute heute, daß der Eule auf diese Weise, indem sie also etwa ein Stück Erdboden starr fixiert, keine Bewegung darauf entgeht, die ein Beutetier verraten könnte. Stetes Schweifenlassen der Blicke könnte dagegen leicht dazu führen, daß die Eule einen Grashalm übersieht, der von einer Spitzmaus bewegt wurde.

Es ist klar, daß eine Eule mit so engem Familienanschluß wie unsere Agathe ihr Leben nicht im Käfig zubringen will, und so gaben wir ihr jeden Abend und jede Nacht Freiflug im Zimmer, denn abends werden Eulen, die ja Nachtvögel sind, lebendig, während sie den Tag mit Verdauen zubringen.

Doch bringt der Freiflug einer Eule in einem einigermaßen gepflegten Zimmer einige Sorgen mit sich, die nicht von jeder Hausfrau in Geduld ertragen werden. Wenn man eine Eule auch daran gewöhnen kann, Dauerwellen zu fressen, so kann man ihr doch nicht beibringen, wo das Klo in der Wohnung ist. Sie spritzt ihren kalkweißen Kot freigiebig in die Gegend. Zum Glück waltet hierin eine gewisse Regelmäßigkeit der Zeit und des Ortes, so daß wir das Schlimmste von den Möbeln und Teppichen abwenden konnten. Außerdem sorgten wir vor, wenn wir schlafen gingen. Wir bedeckten alle Stellen, die unserer Erfahrung nach gefährdet waren, mit Zeitungspapier. Bombenteppiche legen, nannten wir das. Und wenn zu jener Abendstunde Nachbarn bei uns hereinschauten, so fragten sie stets, ob bei uns morgen früh die Maler kämen.

Es liegt auf der Hand, daß eine Hausfrau schon sehr hart im Nehmen sein muß, wenn sie es duldet, daß man ihre Wohnung einer Eule wegen so zurichtet. Agathe muß etwas von diesem Opfermut meiner Frau geahnt haben, denn sie schloß sich ihr nach und nach sehr eng an. Kam ich abends nach Hause, so überraschte es mich bald nicht mehr, meine Frau im Sessel unter der Leselampe zu finden und auf ihrer Hand, die das Buch hielt, unsere Agathe sitzen zu sehen. Lag meine Frau auf der Couch, so dauerte es meist nicht lange, bis Agathe wie ein Segelflugzeug neben ihrem Kopf auf dem Kissen landete. Nie hat die Eule meine Frau dabei verletzt, obwohl die Krallen an den Fängen gut zwei Zentimeter lang und so spitz wie geschliffene Dolche waren. Es ist für eine Eule keine Kunst, diese Krallen in einem einzigen Zugriff durch eine menschliche Hand zu jagen, und auch der scharfe Krummschnabel kann gefährlich hacken.

Unseren jüngsten Sohn jedoch mußten wir vor der Eule sehr in acht nehmen. Betrat er das Zimmer und flog sie gerade frei, so setzte sie sofort zum Sturzflug auf ihn an, sauste hart über seinen Kopf hinweg und schlug dabei, wenn auch nicht sehr ernsthaft, mit den Fängen nach seinen Haaren. Auch lief sie ihm, wenn er barfuß ging, hinterdrein und versuchte, nach den kleinen Füßen zu greifen — möglicherweise hielt sie sie für rosige eßbare Meerschweinchen.
Die Lautlosigkeit der Sturzflüge war es vor allem, die uns daran hinderte, fremde Leute zu uns zu laden, wenn die Eule frei war. Ein Mensch, der mit einer Eule nicht zu leben gewohnt ist, kann gewaltig erschrecken, wenn er, ohne etwas gehört zu haben, plötzlich von einer wattig-weichen Schwinge gestreift wird. Andererseits gibt es kein besseres Mittel als eine Eule, wenn man einen Besuch, den man nicht haben will, loswerden möchte. Und auch in dieser Richtung bin ich unserer Agathe zu Dank verpflichtet.
Für den lautlosen Flug der Eulen, der uns die Tiere so gespenstisch macht, gibt es eine Erklärung. Ich habe häufig im Morgengrauen im Wald gestanden, inmitten einer Ansammlung von Waldohreulen, die auf hohen Buchen den Winter verbrachten, und jedesmal fror es mich nicht nur der Morgenkühle wegen, wenn die Eulen lautlos auf segelnden oder gemächlich rudernden Schwingen wie riesige Fledermäuse von der Nachtjagd heimkehrten und nach einigen Schleifen zwischen den Stämmen auf ihren Schlafästen aufbaumten.
Es gibt eine Erklärung für dieses lautlose Fliegen, sagte ich. Wenn man ein Brett durch die Luft sausen läßt, so macht das ein pfeifendes Geräusch; nimmt man aber einen großen Kamm und macht mit ihm die gleiche Bewegung, so wird das Geräusch weit geringer sein, weil die Luft nicht so abrupt geteilt wird wie im Falle des Brettes, sondern leichter durch die Kammzähne entweichen kann. Ähnlich wie ein solcher Kamm sind auch die Außenränder der Federn beschaffen, die der Eule an der Vorderseite der Flügel sitzen. Anderen Vögeln fehlt diese Zähnung, und deshalb pfeift es ganz schön, wenn ein Falke im Sturzflug herabsaust. Aber auch das übrige Gefieder der Eule ist viel, viel weicher als das der anderen Raubvögel. Die Natur hat die Eulen ganz auf Nachtjagd eingerichtet — eine Merkwürdigkeit, die ohne Beispiel ist unter Tieren, die, wie die Vögel, ganz auf das Auge eingestellt sind und so gut wie gar nicht auf die Nase.
Wo aber überhaupt kein Licht mehr ist, da kann auch eine Eule nicht fliegen. Sie hat keine Radareinrichtung wie die Fledermäuse, die auch in stockdunkler Nacht gegen kein noch so winziges Hindernis fliegen. Unsere Agathe flog zwar noch sicher in einem dunklen Zimmer, in dem ich mir dauernd die Schienbeine blaustieß, doch wenn ich die Läden vor die Fenster zog, und die Eule dann mit der Hand zum Abfliegen zwang, so rutschte sie an der nächsten Wand zu Boden und blieb da hocken, bis ich wieder Licht machte. Immerhin

bewegte sie sich noch sicher bei einem Licht, das auch der empfindlichste elektrische Belichtungsmesser nicht mehr registriert. Die Lichtstärke des Eulenauges beträgt etwa das Zehnfache des unsrigen.
Ich wollte zwar nur über die Waldohreule etwas erzählen, doch kann es nicht schaden, wenn wir auch noch ein bißchen was über die anderen Eulen hören, die es bei uns gibt, und das sind, von wenigen anderen Irrgästen abgesehen, in der Hauptsache nur sieben: die Waldohreule, die Schleiereule, der Waldkauz, der Steinkauz, der Sperlingskauz, die Sumpfohreule und der Uhu.
Der Uhu, diese weitaus größte unserer Eulen, ist bei uns in Deutschland so gut wie ausgestorben. In der Fränkischen Schweiz und im Elbsandsteingebirge Mitteldeutschlands soll es noch einige Brutpaare geben, über die die Eingeweihten aber mit Recht gegen jedermann Stillschweigen bewahren. Heute machen die Naturschützer an mehreren Orten der Bundesrepublik Versuche, in der Gefangenschaft geborene Uhus wieder an die Freiheit zu gewöhnen. Uhus vermehren sich in der Gefangenschaft unschwer, und so ist es weniger der geeignete Nachschub als vielmehr der Mangel an geeigneten Beutetieren, der diese Versuche oft scheitern läßt. Es lebt außerdem der Jäger in Beutekonkurrenz mit diesen großen Raubvögeln. Und auch die Unruhe in den Wäldern durch Arbeiter und Spaziergänger trägt zum Mißerfolg bei.
Die Sumpfohreule, die nächst größere, ist an Sümpfe gebunden und als reiner Nachtjäger sehr schwer zu beobachten.
Häufig und auf Abendspaziergängen immer wieder zu hören und zu sehen ist der Waldkauz, den es in brauner und grauer Ausführung gibt. Den Käuzen fehlen die Ohrbüschel des Uhus und der Waldohreule. Sie brüten sowohl in Baumhöhlen als auch in Gebäudelöchern, wenn diese auch mehr die Heimat der Schleiereulen sind, die sich aus dem Wald ganz heraushalten und mit Vorliebe Kirchtürme bewohnen. Der herzförmige weiße Schleier, den diese Eule ums Gesicht herum trägt, unterscheidet sie auf den ersten Blick von allen anderen Verwandten. Außerdem schnarcht sie ähnlich wie die Menschen, so daß sie aus einer schwäbischen Kirche ausquartiert werden mußte, weil dieses Schnarchen dem Pfarrer mißfiel, der zuerst ein Gemeindemitglied im Verdacht hatte …
Der David unter unseren Eulen ist der Sperlingskauz; er wird kaum größer als ein Star, nährt sich von Vögeln und hat im Bayerischen Wald noch eine gehütete Heimat. Der Steinkauz schließlich hat gelbe Augen wie ein Rauchverzehrer und darüber eine niedrige Stirn, die ihm ein etwas kriminelles Aussehen gibt. Aber das ist schon wieder menschlich gedacht. Der Steinkauz ist übrigens der eigentliche Vogel der griechischen Göttin Athene, von der ich zu Anfang erzählte. Man kann ihn oft genug am Tage frei sitzen sehen, da er offenes Gelände bevorzugt.

45 Eulen

Vielleicht sollte ich noch erzählen, was aus meiner Agathe geworden ist. Nachdem sie im Verlauf eines Jahres unsere Wohnung für den Maler reif gemacht hatte und ich eines Tages auch noch aus dem Wald ein altes, leeres Krähennest heimschleppte, um festzustellen, ob unsere Agathe auch wirklich eine Agathe und nicht vielleicht doch ein Agatherich sei, da hatte meine Frau genug. Ich durfte das Krähennest zwar noch eine Woche aufstellen, und Agathe hockte sich auch richtig wie zum Brüten hinein, als sie dann aber Anstalten machte, ihre Eier doch lieber in unseren Lampenschirm hineinzulegen, da war ihr Auszug beschlossene Sache.

Ich quartierte sie zunächst in einem großen Freigehege meines Gartens ein, damit sie sich an die frische Luft gewöhnen konnte, fütterte sie dort noch eine ganze Weile, machte sie mit Regen und Sonne, mit Nacht und Nebel vertraut — und ließ sie dann doch nicht frei. Sie war einfach zu zahm, mehr ein Haustier als eine wilde Eule, mit der sie bloß das Aussehen gemeinsam hatte. Also schenkte ich sie eines Tages einem Falkenhof.

Ich besuchte sie auch immer wieder einmal, doch kann ich nicht behaupten, daß sie mich freudig begrüßte.

Sie war eben eine richtige alte, griesgrämige Eule geworden ...

In diesem Kapitel wird berichtet, wie ein kleiner Turmfalke menschlichen Familienanschluß bekam und in die Schule ging, aus der er eines Tages trotz guter Führung hinausflog. Der geduldige Leser erfährt außerdem, daß er Augen haben müßte so groß wie Orangen, wollte er sehen können wie ein Falke.

Ich habe Turmfalken schon öfter bei mir im Garten zahm gemacht. Aber keiner war so zutraulich wie Kiki, ein Falkenmädchen, das diesen Namen von mir nach dem hellen Ruf der Turmfalken bekam. Kiki kam auf ziemlich abenteuerliche Weise in meine Hand. Eines Tages, es war im Frühsommer, läutete bei mir das Telefon. Ob ich nicht da und da hinkommen könne, fragte mich jemand sehr aufgeregt, da habe einer einen Vogel, und was für einen! — einen ganz großen, mit einem krummen Schnabel und ganz spitzigen Krallen. Braun sei er, und ob ich mir denken könne, was das wohl für einer sei — ein Habicht oder gar ein junger Adler? Ich konnte mir's zwar denken, sagte aber vorsichtshalber nichts. Wer will sich schon gern blamieren; es passieren die merkwürdigsten Sachen im Frühling, wenn die Kinderstuben aller Vögel voll oder schon wieder leer sind. Ich fuhr also zu der angegebenen Adresse. Das Haus stand in einer Siedlung, hatte einen Garten, und darin stand mitten auf einem betonierten Vorplatz eine Pappkiste, die manchmal zuckte, als habe sie den Teufel im Leib. Die Leute, die mich gerufen hatten, zeigten mit dem Finger drauf und sagten, da sei er drin, der Raubvogel. Ich hockte mich vor die Kiste, lupfte ein wenig den Deckel und sah zum erstenmal Kiki. Er war zwar in der Größe ausgewachsen, aber zwischen den braunen Rückenfedern sah noch überall der grauweiße Flaum hervor, der das Kinderkleid der Turmfalken ist. Alle kleinen Nestlinge der Turmfalken sehen aus, als hätte man sie in der Daunenfüllung eines Kopfkissens gewälzt.
Der kleine Krummschnabel war schwarz, die Wachshaut auf dem Oberschnabel, in dem die Nasenlöcher sitzen, hellgelb, und auch die Haut um die großen, tiefliegenden Augen war hellgelb, genau wie die dünnen Beinchen, die aus milchkaffeefarbenen Federhosen herauskamen und in sehr spitze, schwarze Krallen mündeten, drei Zehen nach vorn, eine nach hinten. Die helle Brust war dunkel getupft, der schöne lange Schwanz am Ende gebändert. Es gab gar keinen Zweifel — der gefangene Nestling vor mir war ein junger Turmfalke.
Sehr merkwürdig war die Art, wie er in Gefangenschaft geraten war. Er hatte sich den Menschen richtig aufgedrängt — was ihm offensichtlich schon wieder leid tat, denn ich mußte aufpassen, daß er mir beim Anschauen nicht durch den geöffneten Deckel der Pappkiste davonging. Mir wurde erzählt, daß ein

paar Kinder beim Spielen von einem Vogel erschreckt worden seien, der ganz tief auf sie herabgestoßen war und ganz offensichtlich auf einem Menschen hätte landen wollen. Nun hat auch ein Turmfalke immerhin eine Flügelspannweite von über einem halben Meter, und wenn sich so ein Vogel einem Menschen flügelschlagend nähert, so macht das nicht nur ganz schön Wind, es kann zaghaften Gemütern auch durchaus Furcht einjagen.

Während einer der Buben mit der Hand in Richtung auf den immer wieder anfliegenden Falken Abwehrbewegungen gemacht hatte, war der Vogel ungeniert auf dieser nach ihm wedelnden Hand gelandet, um dann auf ihr ganz plötzlich so friedlich wie ein schon in Gefangenschaft geborener Kanarienvogel sitzen zu bleiben. Da er auch keinerlei Anstalten machte, dem Buben die Augen auszuhacken oder ihm einen Finger abzubeißen, legte sich die Furcht rasch, und das merkwürdige Paar marschierte nach Hause, nicht schlecht bestaunt von allen, die es sahen.

Aber was tut man mit einem Vogel, von dem man nicht einmal weiß, wie er heißt, von dem man nicht sicher sein kann, ob er nicht selber sozusagen einen Vogel hat, also nicht ganz richtig im Kopfe ist. Denn nicht anders konnte man sich das komische Benehmen dieses Krummschnabels erklären. Verrückte aber sperrt man, bis der Doktor kommt, zur Sicherheit erst einmal ein. Also holte man eine Pappkiste, stülpte sie dem Falken listig über den Kopf, so daß er von der Hand abgestreift wurde und bald hilflos in seinem Gefängnis saß.

Und dann rief man den Doktor, und der Doktor war in diesem Fall ich. Mir war ziemlich klar, was hier gespielt wurde, denn es gab nur eine einzige Erklärung: Dieser Falke mußte ganz jung schon in Menschenhand geraten sein, vermutlich aus dem Nest herausgenommen, was nicht allzu schwer ist, weil Turmfalken weder selten noch heimlich sind. Jahr für Jahr werden viele, viele Nester von Menschen geleert und die kleinen Falken großgezogen. Sie kommen dann in den Tierhandel und landen bei Falknern oder in zoologischen Gärten und privaten Freigehegen.

Ja, und dann war Kiki seinem Pfleger wohl entflogen, hatte sich eine Weile in der Gegend herumgetrieben, Hunger bekommen und damit auch wieder den Drang zum Menschen, den er ja als Futterquelle kennengelernt hatte. Und weil man Falken auf die Hand kommen läßt, wenn man sie füttert, war es für Kiki das Selbstverständlichste von der Welt gewesen, sich auf die erste beste Hand zu setzen, die sich ihm entgegenstreckte, und das war halt die abwehrende Hand des Buben gewesen, der nicht schlecht staunte, als ich ihm die Vergangenheit seines Gefangenen erzählte, ohne den Vogel je zuvor gesehen zu haben. Aber das ist das Gute an Tieren: Wenn man sich mit ihnen lange genug abgibt, kann man meistens mit Sicherheit sagen, was sie in bestimmten

Situationen wohl machen oder nicht machen werden. Beim Menschen weiß man das nie, denn er hat einen Verstand, den er nicht selten dazu benützt, seine lieben Mitmenschen hinters Licht zu führen.
Ich nahm Kiki in dem Pappkarton mit nach Hause und gab ihm in meinem Garten die kleine Freiheit, um ihn nach und nach an die große zu gewöhnen. Also setzte ich den Falken in eine Volière, ein Freigehege von neun Quadratmetern Grundfläche und einer Höhe von über zwei Metern. Darin konnte er sich fliegend bewegen und durch den Draht hindurch die neue Umgebung betrachten. Er benahm sich so manierlich wie ein Gefängnisinsasse, der schon fünf Jahre abgebrummt hat und genau weiß, daß jeder Ausbruchsversuch bloß unnütze Kraftvergeudung ist.
Natürlich belohnte ich eine so gute Führung mit einem Brocken rohem Rinderherz, den Kiki, auf meiner Hand sitzend, in Seelenruhe aus meinen Fingern herauspickte. Der sehr spitze Krummschnabel riß Bröckchen um Bröckchen ab, während die Krallen das Fleisch festhielten, das ich oben zur Faust herausschauen ließ. Der kleine Kopf mit den großen Augen ruckte bei der Schluckbewegung jedesmal vor, und ich wußte, daß im Schlund jetzt viele Drüsen Schleim absonderten, um den Bissen durch den Hals in den Kropf zu befördern, wo die Nahrung aufgespeichert, eingeweicht und dann erst nach und nach an den Magen abgegeben wird. Man kann ganz deutlich sehen, wie sich beim Turmfalken ein voller Kropf zwischen Kopf und Brust unter den Federn vorwölbt. Es sieht aus wie ein nach oben verrutschter dicker Bauch.
Während der Falke frißt, kann man auch gut den Zweck des sogenannten Falkenzahns erkennen. Das ist nun kein Zahn von knochiger Substanz, wie es unsere Zähne sind. Vielmehr haben die Falken rechts und links am unteren Rand der oberen Schnabelhälfte, nahe der gekrümmten Spitze, zwei hakenartige Ausbuchtungen, die in entsprechende Vertiefungen in der unteren Schnabelhälfte passen. Diese kluge Einrichtung ist also der Falkenzahn, und sie ermöglicht es den Vögeln, das Fleisch wie mit Haken festzuhalten, während der Oberkörper sich aufrichtet und so die in den Füßen gehaltene Beute brockenweise zerreißt.
Im Magen dann scheiden sich die verdaulichen Nahrungsteile von den unverdaulichen. Federn, Haare, Knochen, Zähne und Horn werden wieder ausgespien, und man nennt diese Reste nach ihrem filzigen Äußeren auch bei den Falken Gewölle, genau wie bei den Eulen, von denen schon die Rede war.

Was für den Kriminalbeamten die Fingerabdrücke, das sind für den Vogelforscher diese Gewölle: man erkennt an beiden, was ihre Urheber verbrochen haben. Im Falle der Falken heißt das nach Menschenmoral, was sie gefressen haben. Aber so ist unwiderleglich beweisbar, daß die Turmfalken dem Menschen nur nützen können, denn sie ernähren sich ausschließlich von Mäusen, von denen jeder Vogel pro Tag drei bis vier Stück vertilgt — wenn er sie kriegen kann. Zum wahren Wohltäter aber wurde der Turmfalke früher in Maikäferjahren. Große Mengen dieser, den Blättern so schädlichen Brummer fraß er in sich hinein und spuckte die unverdaulichen Chitinreste, die einst den Panzer des Käfers bildeten, wieder aus. Heute ist der Maikäfer bei uns durch chemische Pflanzenschutzmittel so gut wie ausgerottet.

Er frißt also Mäuse, der Turmfalke, wenn er sie kriegen kann, was gar nicht so einfach ist. Eine Maus ist ja nur klein, und häufig ist sie auch noch durch Gras oder andern Bodenbewuchs getarnt. Der Turmfalke aber fliegt nicht nur rasch, sondern auch verhältnismäßig hoch; er jagt nicht im Tiefflug, wie oft genug der Sperber und der Habicht, auch geht er nicht, wie diese Strauchritter, in Zweig- oder Buschdickichte hinein. Trotzdem putzt er ganz schöne Mengen Mäuse von der Erdoberfläche weg. Wie macht er das?

Die Natur hat ihm zwei Fähigkeiten verliehen, die ganz erheblich zu seinem Jagderfolg beitragen. Da ist zunächst das Auge. Zwar liest man bei Karl May, daß das Falkenauge nicht selten einem besonders scharfäugigen Indianer den Ehrennamen gab, trotzdem aber glaube ich, daß man dadurch immer noch keine rechte Vorstellung von der wirklichen Bedeutung eines solchen Auges bekommen kann. Der sichtbare Teil dieses Auges ist ja beim Falken schon nicht gerade klein, dennoch macht dieser Teil nur etwa ein Drittel des ganzen Augapfels aus. Ich habe einmal eine Röntgenaufnahme von einem Turmfalkenkopf gesehen — er bestand fast nur aus Augen, und wollte man diese Verhältnisse auf einen menschlichen Kopf übertragen, so reichten die Augen von der Schädeldecke bis etwa auf den Unterkiefer hinab, und beide würden sich in der Kopfmitte auch fast noch berühren — Augäpfel also, von denen ein jeder die Größe einer überschweren Orange hätte.

Und so sind denn beim Turmfalken die Augen auch schwerer als das ganze Gehirn!

Es ist klar, daß man mit solchen Sehern auch einer Maus leicht auf die Spur kommt. Falken haben im Experiment schon aus 300 m Höhe eine sich bewegende Maus entdeckt. Schickte man einen Falken ins Kino, so könnte man den Film ruhig drei- bis viermal so schnell ablaufen lassen wie für uns Menschen, denn ein Falkenauge nimmt auch bei 150 Einzelbildern in der Sekunde noch jedes Bild gestochen scharf wahr. Wir würden bei solchem Tempo nur noch ein schmerzhaftes Flimmern vor Augen haben. In der Natur bieten sich einem solchen tollen Auge alle Bewegungen selbst dann noch wie mit der Zeitlupe aufgenommen dar, wenn dieses Auge fliegt.

Das andere Hilfsmittel, dessen sich der Turmfalke bei der Jagd bedient, haben bestimmt alle schon gesehen, auch wenn sie sich nichts dabei gedacht haben.

Wenn ich's jetzt sage, wird jeder sofort wissen, was ich meine: es ist der Rüttelflug, das Stillstehen des Falken in der Luft mit rudernden Flügeln gegen den Wind. Er heißt deshalb in manchen Gegenden sogar der Rüttelfalk.
Zehn, zwölf Meter hoch oder auch höher bezieht er auf diese Weise seinen Ausguck über einer mäuseverdächtigen Gegend, und zeigt sich ein kleiner Nager, faltet der Falke die Flügel ein wie ein Klappmesser und schießt nach unten. Die Fänge hält er vorgestreckt und beim Aufprall schließen sie sich sofort um die Beute. Das eigentliche Töten besorgt dann der Schnabel, denn nicht immer reichen die ziemlich schwachen Zehen des Turmfalken dazu aus. Der etwa gleichgroße Sperber hat da weit gefährlichere „Hände"! Und er ist es — nebenbei gesagt — der die Singvögel holt, nicht der Turmfalke, dem unwissende Leute dies oft in die Schuhe schieben. Dieser kleine Falke ist überhaupt nicht in der Lage, eine fliegende Beute zu schlagen, also geht er auch niemals an Tauben, die ja auch viel zu groß für ihn wären!

Doch zurück zu Kiki. Ich fütterte ihn gut heraus; sein zerschlissenes, lockeres Jugendkleid straffte und glättete sich, und fiel die Sonne darauf, glänzte er rostrot. Der kleine Kerl war munter und guter Dinge. Hatte er den Kropf voll, setzte er sich auf seine Stange, zog einen Fuß ins Bauchgefieder und machte ein Nickerchen, bei dem er sich auch dann nicht stören ließ, wenn ich dicht an ihn herantrat — höchstens daß er mich anblinzelte und dann wieder weiterdöste. Er ließ sich kraulen, knabberte mit dem Schnabel an meinem hingehaltenen Finger herum und zwickte mich, saß er mir auf der Schulter, auch mal ins Ohr oder flog mir in die Haare, wo er mir mit seinen Krallen oft den Kopf kräftiger kratzte, als es mir lieb war.
Aber er spielte auch allein — stieß auf Holzstückchen, Fellreste oder auch Kieselsteine, umkrallte sie, trug sie davon und vergaß sie wieder. Er versteckte Fleischreste, wenn es ihm gelang, sie mir aus der Faust zu zerren. Er badete im Wasser, das ich ihm hinstellte, obwohl Turmfalken gegen das Ungeziefer, das sie oft plagt, eigentlich lieber Sandbäder nehmen. Trinken indessen sah ich ihn nie. Er deckt seinen Bedarf an Feuchtigkeit aus dem Fleisch seiner Beute.
Kiki war ein lebhafter Bursche, aber am lebhaftesten an ihm war seine Verdauung — wie mit Kalk angestrichen sah die Wand aus, vor der er auf einem Ast seinen Platz hatte.
Gegen Ende des Sommers entschloß ich mich, ihn langsam an die große Freiheit zu gewöhnen. Eines Tages lockte ich ihn auf meine Faust, nahm ihm die leichten Falkenfesseln aus Leder ab, die ich ihm zum besseren Eingewöhnen angelegt hatte, und trug ihn aus dem Käfig hinaus in den Garten. Turmfalken werden ja auch von den Falknern oft gehalten; allerdings mehr zu Flugspielen.

Eine Weile gingen wir so spazieren, ohne daß Kiki Anstalten gemacht hätte, sich von meiner Hand abzuschwingen. Vermutlich hatte er nicht begriffen, daß die Fessel weg und der Weg frei war. Also half ich nach, indem ich ihn mit einem sanften, aber nachdrücklichen Ruck von der Hand warf. Ich sehe heute noch, wie er, schon im Abfliegen, den Kopf nach mir zurückdrehte, als wolle er sagen: Was soll denn dieser Unfug jetzt?
Kiki drehte, von meiner ganzen Familie mit Herzklopfen verfolgt, einige Runden über dem Garten und ließ sich dann in einem hohen Kirschbaum nieder — vielleicht zehn Meter über der Erde. Damit hatte ich gerechnet. Der Vogel war ja so zahm, daß er keinen Grund hatte, uns zu entfliehen. Ich hatte nie angenommen, daß er wie erlöst auf Nimmerwiedersehen davonstürmen würde. Und da saß er nun auch und überließ den Fortgang des Abenteuers Freiheit mir.
Er war hungrig. Ich hatte ihn mit Absicht noch nicht geatzt, denn ein hungriger Magen ist die beste Leine, an die man ein Tier binden kann. Also zog ich jetzt einen Brocken Rinderherz aus der Hosentasche, streckte ihn hin und trillerte den Pfiff, an den ich ihn in den Monaten zuvor immer im Zusammenhang mit dem Füttern von Nahrung gewöhnt hatte.
Ich brauchte nur einmal zu pfeifen, schon kam er mit rauschenden Sturzflugbremsen daher und saß mir wieder auf der Hand, wo er gleichmütig zu fressen begann. Die goldene Freiheit würdigte er keines Blickes. Ruhig ließ er sich in sein Gefängnis zurücktragen. Dieses Spiel spielten wir in den nächsten zwei Wochen täglich, und allmählich wurden die Ausflüge Kikis länger. Er war oft stundenlang nicht zu sehen. Wollten wir dann aus dem Garten zur Wohnung zurück, so stellte sich einer von uns — entweder meine Frau, einer meiner Buben oder auch ich — mit einem Brocken Fleisch in der Hand in Positur, trillerte den Freßpfiff und harrte der Dinge, die da kommen mußten. Und sie kamen auch immer, obwohl wir manchmal schon recht oft zu pfeifen hatten. Irgendwann aber stieß Kiki dann doch von irgendwoher herab auf die hingehaltene Hand und ließ sich zur Nachtruhe wieder einsperren.
Schließlich ließ ich ihn auch über Nacht draußen, und das ist immer der erste große Schritt zur endgültigen Trennung von einem Tier. Der Schlafplatz ist die feste Bindung, lockert man sie, lockert man auch das Band, das den Vogel an einen Ort bindet. In den ersten Nächten, die Kiki auswärts verbrachte, wußte ich immer noch, wo er sich zur Ruhe begab. Oft war es das Gitterwerk eines Hochspannungsmastes oder eine abgestorbene, laublose, hohe Buche. Ich ging abends, wenn ich nicht wußte, wo er war, unter diesen Stellen vorbei und entdeckte ihn auch meistens, sagte höflich gute Nacht zu ihm und ließ ihn allein. Tagsüber gaben wir ihm dann immer noch Nahrung, doch schränkten wir das mehr und mehr ein, um ihn zu zwingen, selber für sich zu sorgen.

Ja, und eines Tages dann pfiffen wir uns vergeblich die Seele aus dem Hals. Kiki kam nicht mehr. Zwei Wochen sah und hörte ich nichts von ihm, obwohl ich die Nase dauernd in der Luft hatte, wenn ich in der Nähe unseres Gartens spazierenging und jeden Falken anpfiff, der vorüberstrich. Dann tauchte er wieder auf — er hockte oben auf dem Dachfirst eines uns gegenüberliegenden Hauses und wußte offensichtlich nicht mehr so recht, ob er sich nun wie ein zahmer oder wie ein wilder Turmfalk benehmen sollte.

Ich überlegte rasch: rufst du ihn oder läßt du ihn zufrieden? Aber der Wunsch, ihn wieder auf der Hand zu spüren, war stärker als die Absicht, den Prozeß der Ausgewöhnung besser nicht zu stören. Ich trillerte und hielt die Hand hin ... nichts. Kiki saß auf dem Dach und rührte sich nicht. Ich trillerte wieder ... nichts. Ich trillerte noch oft und so laut, daß in der Nachbarschaft die Fenster aufgingen und die Leute sich das kostenlose Schauspiel eines vermeintlich Verrückten anschauten, der einem wilden Falken pfiff und ihm die Hand hinhielt.

Wie aber staunten sie — und ich mit ihnen! — als ganz plötzlich der Falke sich abstieß und in schnurgeradem, pfeilschnellem Sturz auf meine Hand zuschoß und sich auf ihr niederließ! — ein bißchen unwillig allerdings, denn sein suchender Schnabel fand an der gewohnten Stelle kein Fleisch.

Ich schaute mir den schönen Vogel noch einmal genau an, denn ich wußte, daß ich ihn zum letzten Mal auf der Hand hielt. Er fremdelte schon ganz deutlich. Die Wochen der Ausgewöhnung waren nicht spurlos an ihm vorübergegangen, und mir kam es so vor, als wäre er gegen seinen Willen und gezwungen nur von einem Reflex, den der Pfiff in ihm ausgelöst hatte, noch einmal zu mir gekommen.

Er schwang sich auch bald von der Hand wieder ab, und ich habe ihn niemals mehr gesehen. Es war ja die Zeit im Jahr, die auch in vielen Turmfalken den Trieb zum Wegflug in mildere Landstriche auslöst. Doch sind diese kleinen Falken bei uns keine ausgesprochenen Zugvögel wie die Stare etwa. Viele bleiben das ganze Jahr über bei uns oder beschränken sich auf Wanderungen, die sie nicht allzuweit von ihrem Standgebiet wegführen.

Das war die Geschichte von Kiki, die ich erzählen wollte. Und wenn er nicht durch die Schrotflinte eines Jägers, der ihn für einen Sperber hielt, oder durch das Luftgewehr eines gedankenlosen Nichtsnutzes zu Tode kam, erreichte er vielleicht das stattliche Greisenalter von zehn Jahren, denn mehr ist diesen Vögeln nicht beschieden, und da müssen sie schon sehr viel Glück gehabt haben. Im Durchschnitt werden Turmfalken nicht älter als zwei bis drei Jahre. Anhaltender Frost läßt sie sterben, und auf den Zügen in den Süden geht es ebenfalls nicht so sicher zu, wie bei der Bundesbahn.

Aber die Natur hat das alles bedacht und den kleinen Turmfalken mit der größten Fruchtbarkeit unter allen seinen Verwandten bedacht: fünf bis sechs Junge sind nichts Ungewöhnliches. Das ist ganz ähnlich wie bei den Meisen, die ungeheure Verluste erleiden, besonders in harten Wintern, wenn Schnee und Eis alle Nahrungsquellen verstopfen. Die Überlebenden veranstalten dafür im Frühjahr drauf gleich zwei Bruten, und nicht selten liegen jedesmal zehn kleine Meisen im Nest! Jede erwachsene Meise verzehnfacht sich im Jahr!
Bei der Wahl des Brutplatzes sind die Turmfalken nicht wählerisch. Sie gehen sowohl in verlassene Krähennester, die in Bäumen hängen, als auch in Felswände, in Turmnischen, ja sogar in niedrige Büsche, wenn das Gelände, wie an der See nicht selten, nichts Besseres zu bieten hat. Sie brüten sowohl einzeln als auch in ganzen Kolonien. Von einem Nestbau, wie ihn so viele andere Vögel mit großer Kunst betreiben, hält der Turmfalke gar nichts, und auch an einer Auspolsterung der Kinderstube ist ihm nichts gelegen; wenn's sich so ergibt, brütet er seine Jungen auf dem blanken Steinboden eines Mauerloches aus! Dazu braucht er ziemlich genau vier Wochen, und dann schlüpfen vier, fünf kleine grauweiße Federbällchen aus den starkgelben, tiefbraun gefleckten Eiern, reißen die Schnäbel auf und verlangen krachmachend etwas zu fressen.
Mäuseragout ist die Babynahrung vom ersten Tage an, doch nur das schiere Muskelfleisch, bei dem sie so gut gedeihen, daß sich ihr Anfangsgewicht von etwa 15 Gramm in vierzehn Tagen schon zum vollen Gewicht eines Turmfalken gesteigert hat, das je nach Geschlecht um 200 Gramm herum schwankt. Das ist ein ganz schönes Gewicht, wenn man bedenkt, daß die Knochen, wie bei vielen Vögeln, kein Mark enthalten, sondern nur Luft, damit das Fliegen leichter geht. Die Weibchen sind größer und schwerer, wie bei fast allen Greifvögeln, doch unterscheiden sie sich nicht nur darin von den Männchen. Bei den erwachsenen Turmfalken legt das Männchen im zweiten Jahr eine prächtigere Farbe an als das schlicht braun und schwarz melierte Weibchen. Die Herren Falken bekommen einen wunderhübsch grauhaarigen Kopf und Hinterhals, deren Tönung der Asche einer guten Zigarre ähnelt, und diese Farbe nimmt auch der Schwanz an, den unten, kurz vor dem weißen Saum, eine schwarze Querbinde ziert.

Zum Schluß noch ein Tip für den, der sich nützlich machen will und sich das Brutgeschäft der Turmfalken aus der Nähe anschauen möchte: Man bastelt aus alten Brettern — ja nicht aus neuen! — eine Brutkiste, die etwa einen halben Meter lang, gut dreißig Zentimeter tief und ebenso hoch ist. Sie muß einen Deckel haben, der sich zum Saubermachen hochklappen lassen

sollte. In die Vorderwand kommt ein Einflugloch von zehn auf zehn Zentimeter, aber nicht in die Mitte, sondern an eine Seite versetzt, und darunter gehört ein kleines Brettchen als Plattform zum Anfliegen.
Wenn diese Kiste knapp zehn Meter hoch an der Ostwand einer ruhig gelegenen Feldscheune aufgehängt wird, in deren Umgebung Turmfalken schon mal gesichtet worden sind, dann kann es gut sein, daß man Glück hat. Natürlich muß es Ehrensache sein, von den brütenden Falken jede Störung fernzuhalten und nicht etwa an einer Leiter zu ihnen hinaufzusteigen oder die Jungen gar aus dem Nest zu nehmen. Sie gingen todsicher ein.
Im Winter ist die beste Zeit, den Brutkasten zu basteln. Anfang März sollte er spätestens hängen, wenn auch die eigentliche Brutzeit erst Ende April beginnt. Doch dauert auch bei den Falken die Wohnungssuche ziemlich lange.

Auf diesen Seiten liest man, wie man es anstellt, noch klüger zu sein als Raben, wie und wo man sie beobachten kann und auf welche Weise ihnen beizubringen ist, dem Menschen aus der Hand zu fressen; auch treten andalusische Geier und reitende Büromenschen in dieser Geschichte auf.

Ich bin einmal mit ein paar anderen automüden Männern 400 Kilometer zu Pferd kreuz und quer durch das südspanische Bergland Andalusien geritten, und dabei fielen uns immer wieder die großen Scharen von Gänsegeiern auf, die hoch im Blau des Himmels ihre Kreise zogen, ohne eine Schwinge zu rühren. Zu gerne hätten wir diese massigen, tischhohen Vögel aus der Nähe beobachtet und fotografiert, doch ging das ohne sorgfältige Vorbereitungen nicht.
Wir besorgten uns also den Kadaver eines Esels und legten ihn im Hügelland zu Füßen des maurischen Bergnestes Arcos aus, unweit der berühmten Wein- und Pferdestadt Jerez de la Frontera. Unsere Pferde führten wir in eine Senke, hobbelten ihnen die Vorderfüße und ließen sie grasen. Dann schnallten wir unsere Regenponchos von den Sätteln ab und bauten aus ihnen, vierzig Meter vom Eselkadaver entfernt, einen zeltähnlichen Unterstand, für den wir mit dem armlangen Buschmesser erst einen Platz aus einer Kaktuswildnis herausschlagen mußten. Alsbald krochen wir in diese Deckung hinein, argwöhnisch beobachtet von den Geiern, die den Kadaver natürlich längst gesichtet hatten, doch sich der Menschen wegen nicht heruntertrauten. Ich wußte aus Erfahrung, daß die Vögel sich nicht bluffen lassen würden, wenn wir einfach unter dem Zelt verschwanden, und so wandte ich einen alten Trick an, der darauf beruhte, daß Vögel nicht zählen können.
Wir waren zu fünft, und ich machte meinen Freunden klar, daß nur drei von uns das bevorstehende Geierfrühstück beobachten könnten, weil nämlich zwei Männer nun auffällig und für die hoch über uns kreisenden Geier sichtbar vom Zelt weg zu den weitab grasenden Pferden gehen und dort bleiben müßten, wenn nicht das ganze Unternehmen schiefgehen sollte. Die Geier würden den Abmarsch der zwei Männer natürlich beobachten und daraus den Schluß ziehen, alle Menschen, die sie beim ausgelegten Aas gesehen hatten, seien nun weg, denn es ist ihnen nicht möglich, sich an den Fingern abzuzählen, daß fünf minus zwei ja drei mache, daß also drei Männer noch im Zelt hocken müssen.
Wir würfelten um die Plätze im Versteck, und die beiden Verlierer zogen betrübt, aber fair, von dannen. Wir andern im Zelt machten es uns so gemüt-

lich wie möglich und richteten uns auf stundenlanges Warten ein, denn die Geier mußten sich auch an das für sie fremde Zelt gewöhnen. Wir schlossen also sorgfältig die Sehschlitze und bewegten uns nicht.
So vergingen vielleicht zehn Minuten, als vom Aas her eine laute Vogelstimme hörbar wurde, die mich wie unter einem elektrischen Schlag hochfahren ließ, denn diese, mir wie kaum eine andere vertraute Tierstimme war die allerletzte, die ich hier erwartet hätte.
Meine Freunde, die von den Stimmen der Vögel nicht eben viel verstanden, hatten die Laute natürlich auch gehört, und weil nichts als Geier in der Luft über uns waren, meinten sie selbstverständlich, der erste und mutigste der großen Aasfresser sei auf dem Esel gelandet. Ich scheuchte sie jedoch von den Sehschlitzen, die sie schon öffnen wollten, weg und flüsterte ihnen zu: „Ihr braucht nicht rauszugucken. Es hockt noch kein Geier auf dem Esel. Was da jetzt am Aas herumpickt, ist ein bussardgroßer, von Kopf bis Fuß kohlschwarzer Vogel mit einem geradeverlaufenden, aber klobigen Schnabel. Mit einem Fernglas könnte man sehen, daß seine Augen von ganz dunklem Braun sind, daß sein Kehlgefieder fast einer Mähne gleicht und die Federn auf seinem Rücken und an seinen Flügeln im Sonnenlicht grünlich schimmern . . .“
Meine Freunde guckten mich an, als ob ich nicht mehr ganz bei Trost sei, was in der Hitze, die im Zelt herrschte, kein Wunder gewesen wäre. Ich hatte keinen Blick zum Zelt hinaus geworfen, behauptete aber, auf dem Aas säße ein Vogel, den sie, meiner Beschreibung nach, nie zuvor gesehen hatten, von dem sie nicht einmal etwas wußten. Also schob einer ganz vorsichtig sein Glas ins Freie und richtete es auf den Eselkadaver. Nach zehn Sekunden angestrengten Starrens dreht er das Gesicht ins Zelt zurück und flüsterte: „Er hat recht — ein riesiger schwarzer Vogel — sieht aus wie eine Krähe — aber viel, viel größer — hab ich nie gesehen — was ist das für ein Vieh?“
„Ein Kolkrabe“, sagte ich lässig, wie ein Medizinmann, dem gerade ein Zauber gelungen war. Nicht lange drauf kamen die Geier herab. Ich zählte 48 Stück, und wir sahen Bilder, die uns die Hitze und den Durst vergessen ließen.

Aber nicht von Geiern will ich erzählen, sondern vom Kolkraben, den ich nicht nur in verschwiegenen Alpentälern stunden- und tagelang beobachtet und fotografiert habe, sondern auch, in doppelter Ausführung, lange Zeit in meinem Garten hielt. Die sehr verschiedenen Stimmäußerungen dieser großen Vögel habe ich so genau im Ohr, daß es wirklich keine besondere Leistung war, meinen verblüfften Freunden damals am Eselkadaver einen Raben weiszusagen, den ich nie gesehen hatte.

Raben

Ich habe früher natürlich auch, genau wie jeder andere, in den Göttersagen vom einäugigen Wotan gelesen, dem obersten Gott der alten Germanen, der auf seinem achtbeinigen Hengst Sleipnir durch die Lüfte braust — immer begleitet von Raben. Und auch die Mär vom Kaiser Barbarossa hat mich immer sehr beeindruckt, der in Thüringen im Berg Kyffhäuser sitzt und wegen seines Bartes, welcher ihm, während er schlief, allmählich durch den Tisch wuchs, nicht mehr selber nachschauen kann, was draußen in der Welt so vor sich geht, und auch er hält sich Raben, die ihm das Morgenblatt ersetzen.
Überhaupt geistern die Raben durch Kinderlieder, Gedichte, Märchen, Romane und Novellen, und fast immer gelten diese Vögel als überaus kluge und geheimnisvolle Tiere, oft treten sie in Verbindung mit dem Tod auf — alles Dinge, zu denen ihr schwarzes Kleid und ihre Gewohnheit, unterschiedslos an Tier- und Menschenleichen zu gehen, wohl beigetragen haben. Die Raben sind die klassischen Galgenvögel. Ihr Ruf war von jeher schlecht, und so nimmt es nicht wunder, wenn der Mensch, der sich ja nur zu oft von seinem Gefühl statt von seinem Verstand leiten läßt, den Raben so lange mit Büchse und Gift auf den Balg rückte, bis diese Vögel in Deutschland so gut wie ausgestorben waren. Beschleunigt wurde dieses Rabensterben noch durch die Dreistigkeit dieser Vögel, mit der sie, besonders winters, die Nähe des Menschen und seiner Abfallhaufen regelrecht suchen. An der Ortseinfahrt nach Hindelang im Allgäu, dort wo die Straße nach Hinterstein abzweigt, befand sich ein Auffüllplatz, der von hohen Bäumen umstanden war. Diese Bäume waren in den Wintermonaten von Kolkraben dicht besetzt, die jede ruhige Minute auf dem Platz ausnutzten, um den Abfall nach Freßbarem zu durchstochern. Stünden diese Vögel heute in Deutschland nicht unter ganzjährigem Schutz — es wäre ein leichtes, sie zu dezimieren. Freilich trägt dieser Schutz auch zur Dreistigkeit der Raben bei. Wo man Dampf auf sie macht, ziehen sie sich schnell zurück und werden die scheuesten Vögel, die man sich denken kann.
Zur Brutzeit sind sie das ohnehin. Ich habe im Allgäu mit Hilfe eines Berufsjägers, der sein — allerdings riesiges — Revier wahrlich kannte, oft und lange vergeblich nach einem Rabenhorst gesucht, obwohl wir wußten, daß die Schwarzröcke Standvögel in dieser Gegend waren. Und so begnügte ich mich damit, die Raben bei ihrem Alltag zu beobachten. Was beileibe nicht einfach ist, wenn man nicht nur nahe herankommen, sondern die Vögel auch noch ganz natürlich, ohne Furcht vor dem Menschen, erleben will.

Toni Kögel, der hilfreiche bayerische Jäger, wählte mir als Versteck eine gottverlassene winzige Almhütte in über 1000 Meter Höhe aus. Da sie baufällig genug war, hatte ich keine Mühe, ein Loch für das Objektiv meiner

Kamera zu finden. Ich saß zwar kalt, denn es war Winter, aber sonst ganz komfortabel. Es fehlten eigentlich nur die Raben.
Aber natürlich wußten wir, daß wir ihnen schon was Freßbares bieten mußten, wollte ich hoffen, sie nahe genug zu mir herziehen zu können. Es traf sich gut, daß Toni in jenen Tagen einen schwachen Hirsch erlegte, der dem überreichen Rotwildbestand dort oben nichts Gutes zu vererben hatte. Toni brach ihn an Ort und Stelle auf, und dann schleppten wir die Eingeweide in zwei randvollen Eimern keuchend durch einen Gebirgsbach aufwärts. Vor der Almhütte angekommen, breiteten wir den in der kalten, klaren Winterluft dampfenden Inhalt der Eimer im Schnee aus, der sich alsbald blutig rot färbte und weithin leuchtete.
Noch während wir damit beschäftigt waren, hörten wir über uns die ersten Raben rufend heranziehen. Ich verzog mich schleunigst in die Hütte, während Toni laut pfeifend talwärts zog zu seinem Hirsch. Der Trick klappte auch diesmal. Da die Raben gesehen hatten, wie Toni wegging, waren sie überzeugt, daß sie nunmehr mit der riesigen Fleischportion da unten vor der Hütte allein waren. Lediglich die angeborene Vorsicht machte sie zunächst noch etwas zurückhaltend: die Eingeweide lagen für ihren Geschmack ein bißchen zu dicht an der Hütte. Nach fünf Minuten jedoch schwebte der erste der dicken schwarzen Brocken zur Landung ein, fuhr das Fahrgestell aus, spreizte die Beine mitten hinein in die stinkende Sauerei aus Därmen, Lunge und Pansen . . .
Raben sind ein ebenso futtergieriges wie futterneidisches Volk. Kaum sah das Geschwader, das noch in der Luft kreiste, wie der Frechling unten mit dem mächtigen Schnabel einen leckeren Darm aufpickte und ihn, weghüpfend, hinter sich herzog wie ein Seiler ein immer länger werdendes Seil, da fiel der ganze große Rabenhaufen auch schon brausend ein, und obwohl weit mehr Hirschgescheide da war, als selbst diese Vögel verzehren konnten, brachten alle von ihnen doch weit mehr Zeit als mit dem Fressen damit zu, sich gegenseitig fauchend und flügelschlagend vom Futter wegzubeißen.
Mir brannten die Augen vom angestrengten Starren. Das waren sie also, die Galgen-, Toten- und Sagenvögel, die Tiere, denen von der Literatur der Ruf des Geheimnisvollen angehängt worden war, denen man besondere Fähigkeiten im Umgang mit den Menschen angedichtet hatte. Ich fand die Raben um keinen Deut geheimnisvoller, sagenhafter, klüger oder dümmer als einen Haufen ordinärer Spatzen, die sich um einen ebenso ordinären Roßbollen streiten. Es waren Tiere. Nicht mehr und nicht weniger.
Wieviel Unheil hat doch der Mensch schon über die Tiere gebracht, indem er sie nach seiner Elle maß und sie entweder auf einen Thron hob, der ihnen nicht zukam, oder sie verfolgte aus Gründen, die so beschämend dumm wie falsch waren.

Der Schwarm vor meiner Hütte wurde immer größer, und ebenso das Geschrei und Gekrächze der Raben, so daß ich unbesorgt um Geräusche Filme wechseln, ja selbst die vor Kälte klammen Hände reiben konnte. Hier war auch die Gelegenheit, den Unterschied zwischen Krähen und Raben zu studieren, denn mittlerweile hatten sich auch die kleineren Vettern der Raben unter das raufende und fressende Volk gemischt.
Die Rabenkrähe, die auch bei uns am häufigsten ist, erreicht nur etwas mehr als die Hälfte der Größe eines Kolkraben. Man kann sie eigentlich nie mit dem Raben verwechseln, wenn man einmal beide gesehen hat. Der Schnabel des Raben ist auch wesentlich länger, höher und im Umfang klobiger. Auch die Stimmen unterscheiden sich stark. Die Krähe bringt eigentlich nur krächzende, mehr oder weniger heisere Laute hervor, während der Rabe über mehrere Rufe verfügt, die nicht nur in der Tonhöhe schwanken, sondern die auch für das Ohr eines Musikers sogar durchaus melodisch sind. Außerdem nimmt man, wenn man ganz nahe mit ungestörten Raben umgeht, ganz deutlich leise Stimmlaute wahr, die einem das Gefühl vermitteln, die Tiere plauderten miteinander. Das Geschrei eines zu Tode geängstigten Rabens schließlich ist so gellend, daß man sich die Ohren zuhalten möchte.
Aber auch das Flugbild ist sehr verschieden von dem der Krähen. Die unterschiedliche Größe mag wohl mit zunehmender Flughöhe an Unterscheidungskraft einbüßen, das Bild des Schwanzes dagegen nie. Bei den Krähen ist der Rand des Schwanzes leicht bogenförmig abgeflacht, der Kolkrabe steckt dagegen seinen Stoß nach hinten heraus, der an seinem Ende ganz klar keilförmig zugespitzt ist. Aber nur in den Alpen und in Schleswig-Holstein lohnt es sich noch, nach Kolkraben Ausschau zu halten. Anderswo bei uns gibt es sie meines Wissens nicht mehr.

Als ich nach vielen Stunden des Beobachtens und Fotografierens endlich die Hütte verließ, war es Nacht. Wäre ich bei Tage noch ins Freie getreten, hätte ich diesen Beobachtungsplatz nie wieder aufsuchen können, denn die Raben benahmen sich bei ihrer Mahlzeit ja nur deswegen so ungeniert, weil sie den Jäger von der Hütte hatten weglaufen sehen und nun überzeugt davon waren, sie sei leer. Als ich also halb erfroren ins Freie trat, waren die Raben längst in ihre Schlafbäume eingefallen und auch der letzte Kundschafter vom Himmel verschwunden.
Doch kaum stand ich draußen, fuhr mir ein gewaltiger Schreck in die Glieder: Keine 30 Schritt von mir entfernt stand regungslos ein Rudel Rotwild, das aus dem Wald auf die Lichtung ausgetreten war, auf der meine Hütte stand. Der Wind strich von ihnen zu mir, so daß sie mich nicht wittern konnten, und da sie mit meiner reglos verharrenden Form im Zwielicht der Winternacht

nichts anzufangen wußten, löste ich in ihnen auch nicht den Fluchttrieb aus. Ich zählte vier „Tiere", wie der Jäger die weiblichen Hirsche nennt, und drei Junghirsche. Ich konnte in der stillen Nacht deutlich das Aneinanderreiben der Haarkleider hören, wenn die Tiere, die eng zusammenstanden, sich bewegten.

Zwischen dem Rudel und mir befand sich ein kleiner Schneeberg, der entstanden war, als Toni und ich am Morgen den Eingang zur Hütte freigeschaufelt hatten. Ich ging also ganz, ganz langsam, wirklich nur millimeterweise, wie ein Indianer, in die Knie und ließ mich ebenso allmählich schließlich auf eine Hüfte nieder, bis ich hinter dem Schneeberg für die Hirsche verschwunden war, sie jedoch über den Rand hinweg weiter beobachten konnte. Mein Verschwinden in der Versenkung mußte mehrere Minuten gedauert haben, doch immer noch standen die Hirsche und äugten zu mir her. Endlich nahm die Leitkuh wieder Schritt auf, und das Rudel folgte ihr willig in einem Kreisbogen um mich herum, der Schneise zu, die dort zu den, vom Jäger angelegten Futterstellen führte. Doch bevor das Rudel die Schneise erreicht hatte, mußte der Wind ihm meine Witterung zugetragen haben, denn ich hörte, wie die schweren Tierleiber plötzlich krachend ins Unterholz brachen.

Ziemlich glücklich stampfte ich durch den Wald hinterdrein, dem Herdfeuer und dem Enzianschnaps im Jägerhaus entgegen. Ich wußte damals noch nicht, was ich heute weiß: daß es an vielen Orten in der Bundesrepublik, besonders aber im Alpenraum, viel zu viele Hirsche, Rehe und Gemsen gibt. Die Gründe dafür liegen nicht zuletzt beim Jäger, der die Rolle des ausgerotteten Wolfes nicht in dem Maße übernommen hat, wie es für das biologische Gleichgewicht nötig wäre. Er schießt nicht genügend weibliches Wild und Jungtiere ab. Lange Zeit waren die Jäger, insbesondere die Sonntagsjäger und die reinen Schießer, vorwiegend an der starken Trophäe, also an dem Geweih des männlichen Althirsches interessiert. Das Wild konnte sich ungehemmt vermehren, bis ihm in unseren, überwiegend der Holzfabrikation dienenden, pflanzlich verarmten Wäldern die Nahrung knapp wurde. Krankheiten waren nicht nur beim Wild die Folge.

Auch der Schutzwald in den höheren Lagen der Alpen geriet in eine Gefahr, die noch lange nicht gebannt ist: Das Wild frißt noch heute jedes nachwachsende Bäumchen ab, bevor es zum schützenden Baum werden kann, der den Regenanprall auf den Boden mildert und mit seinen Wurzeln Erde und Steine festhält. Man muß also mühsam von Hand nachpflanzen und die jungen Kulturen 30 Jahre lang mit Zäunen vor dem Wild schützen. Aber allmählich besinnen sich die Jäger auf ihre Pflichten und schießen vermehrt den ungesunden Überhang der Bestände ab. Es zeigt sich wieder einmal: Tierliebe ist gut, aber Tierwissen ist noch besser.

Ich hatte durch mehrmalige Besuche im Allgäu nun so viel von Kolkraben und ihrem Alltagsleben gesehen, daß ich neugierig geworden war auf ihr Benehmen im Umgang mit Menschen. Aber wo nimmt man Kolkraben her, die doch ganzjährig geschützt sind und weder getötet noch gefangen werden dürfen?

Dr. Neugebauer, der heutige Direktor des Stuttgarter Zoos Wilhelma, nannte mir einen Wiener Tierhändler, der Raben aus Jugoslawien importiert, wo sie nicht geschützt sind. Ein Brief genügte, und wenige Wochen drauf war ich Rabenvater, ein Spaß, der zwar groß, aber auch teuer war, kosteten die Raben doch schon damals das Stück runde 150 Mark. Ich gestehe, daß mich heute, viele Jahre später, das schlechte Gewissen plagt: Man soll den Handel mit Naturdenkmälern, wie es selten gewordene Vögel nun einmal sind, nicht auch noch ankurbeln, indem man solche Tiere kauft. Ich konnte damals nicht wirklich wissenschaftliche Zwecke für mich in Anspruch nehmen, vielmehr nur meine tiernärrische Neugier auf diese sagenhaften Vögel. Wie ich denn überhaupt sagen muß, daß nicht selten passionierte Tierfreunde, insbesondere Tierfotografen, mehr Schaden in der freilebenden Tierwelt anrichten als daß ihre Beobachtungen und Bilder ihr nützen. Man sollte die Tierbeobachtung der reinen Wissenschaft überlassen oder sich doch nur in enger Zusammenarbeit mit ihr freilebenden Tieren nähern, wie ich das heute mache.

Das große Gehege in meinem Garten nahm die beiden Tiere auf, doch merkte ich bald, daß sie mitnichten die handzahmen Gesellen waren, als die sie mir angepriesen worden waren. Sie tobten nicht schlecht, wenn man sich ihnen näherte, flogen gegen das Gitter, klammerten sich dort an und boten erbärmliche Bilder, die mich rasch mutlos machten. Es war klar, daß diesen Tieren vom Menschen noch nichts Gutes widerfahren war; sie hatten nichts als panische Angst vor ihm — eine Gemütslage, die natürlich denkbar ungeeignet ist, wenn man Beobachtungen machen will, weil Angst jede andere Regung überdeckt und verfälscht.

Also versuchte ich, wie man es bei Falken tut, die Tiere an den Menschen zu gewöhnen. Ich legte ihnen die weichen Lederfesseln an, stellte sie auf die Reck * und fütterte sie nur noch auf meiner Faust. Ich trug beide abwechselnd viele, viele Stunden dicht am Leib spazieren und schaffte es auch tatsächlich bei einem, daß er bald im freien Flug auf meine Faust kam und dort aufgerichtet und ohne Scheu seine Fleischbrocken verzehrte. Zwar kam auch der andere auf die Faust, doch trieb ihn nur der Hunger dort hinauf, und stets hielt er sich geduckt zum Absprung bereit. Ganz offensichtlich hatte er mir auch das Tragen an der Fessel verübelt, wenngleich ihn dies an die körper-

* Reck: ein aus Ästen gezimmertes Standgerüst für Beizvögel.

liche Nähe des Menschen gewöhnt hatte, denn auf der Faust eines ihm fremden Freundes von mir saß er viel freier als bei mir.

Der zutraulichere von beiden entwickelte bald eine ziemliche Frechheit im Umgang mit mir, und ich wußte nie so recht, ob ich seinem klobigen Schnabel, der aus dem muskulösen Genick heraus mit großer Kraft zustoßen konnte, auch trauen durfte, wenn er mir auf der Faust saß und wir beide uns dann Auge in Auge mustern konnten. Mir fielen die alten Geschichten ein von der Vorliebe der Raben für Augen, doch hat das wohl keine Bedeutung bei noch lebenden Wesen. Zwar trug ich oft genug übel schmerzende Stellen an den Händen davon, wenn die Raben nach ihnen hackten, sobald ich den Versuch machte, sie zu berühren; ins Gesicht jedoch sind sie mir mit dem Schnabel nie gefahren — im Gegenteil: Der zutraulichere von beiden nahm nicht selten mit dem Schnabel ganz sacht ein paar Haare von meinem Kopf auf und zog sie vorsichtig hindurch, ganz so, wie er es mit seinem Gefieder macht, wenn er es putzt und ordnet. Er verfuhr sogar zum Entsetzen meiner Frau mit meinen Augenwimpern auf diese Weise.

Eine ihrem Ruf gerecht werdende überragende Intelligenz hatte ich weder erwartet, noch vermochte ich sie zu entdecken. Sie reagierten im Grunde nicht anders auf Umwelteinflüsse als andere Tiere auch: Sie drohten dem Schwächeren und wichen dem Stärkeren, waren mutiger, wenn der Hunger sie trieb und fauler, wenn sie gefressen hatten. Weder begriffen sie, daß man durch ein Glasfenster nicht hindurch kann, noch lernten sie — ebensowenig wie die Raubvögel —, daß man mit einer Fessel am Bein nicht fortfliegen kann — Dinge, die ein Hund zum Beispiel spielend lernen würde. Geringste Veränderungen in ihrer Umgebung ängstigten sie bis zur Lächerlichkeit.

Sehr erfinderisch dagegen zeigten sie sich in allem, was mit dem Fressen zusammenhing. Es ist Rabenart, Futterbrocken zu verstecken. Die Vögel graben mit der Schnabelspitze ein kleines Loch, legen den Brocken hinein und decken ihn mit Laub oder Steinen zu. Ich habe auch oft genug beobachtet, daß sie lange Zeit danach ganz zielbewußt an solche Verstecke gingen und das Futter hervorholten, um es entweder zu fressen oder es woanders erneut zu verstecken. Meine zwei beobachteten sich bei dieser Versteckerei auch und stahlen sich dann gegenseitig das Futter aus den Verstecken weg. Erwischten sie sich dabei, so ließ der kleinere es bei einer Drohhaltung aus der Ferne bewenden, der größere aber, wenn er der Bestohlene war, ging sofort auf den kleinen los und hackte nach ihm.

Mit solchen Streitereien, aber auch mit friedlichen Zwischenspielen, in denen sie sich gegenseitig das Gefieder putzten und sich wie Liebesleute beschnäbelten, brachten sie bei mir ihre Tage zu. Ich wage es nicht, aus ihrem Verhalten bei mir auf das Verhalten der ganzen Art zu schließen, denn beide Raben verloren durch die vermutlich grausamen Jugenderlebnisse nie ganz die Scheu vor Menschen, so daß sich ihr Charakter nicht frei entwickeln konnte. Zudem bekam einer der Vögel bald einen übel wuchernden Pilz an der Schnabelhaut, den auch der Tierarzt nicht wegkurieren konnte. Eine Diphtherie trat hinzu, und bald ging er ein.

Ich war roh genug, ihn ausstopfen zu lassen, und so hängt er heute bei uns in der Wohnung an der Wand, wo ich manchmal noch ein paar Worte mit ihm rede ...

Der kleinere und zugleich zutraulichere von beiden aber lebt vermutlich heute noch. Ich gab ihn auf einen Falkenhof, der bereits einen Kolkraben hatte, und weil die Raben im Familienverband lebende Tiere sind und stets Anschluß brauchen, haben beide aneinander mehr Freude als jeder allein für sich.

Dort im Falkenhof leistete mein Rabe sich auch ein Stückchen, wie man es von einem Raben eigentlich erwartet. Der Falkenhof hatte eine auswärtige Veranstaltung vor, zu der einige Vögel des Hofes abkommandiert wurden, so auch mein Rabe. Doch als es zur Eröffnung ging, war er weg. Irgendwie hatte er es verstanden, sich frei zu machen und flog nun im Schwarzwald spazieren. Bedeutende Persönlichkeiten fuhren vor, und in den Begrüßungsreden sollte auch stets vom Kolkraben die Rede sein als von einem gewiß seltenen und schönen Vogel.

Wie man mir sagte, wurde dann die erste Rede gerade noch rechtzeitig von einem Rauschen unterbrochen, das von dem Flügelschlagen herrührte, mit dem mein Rabe sich auf seinem Platz niederließ, der für ihn im Programm vorgesehen war ...

In diesem Kapitel erfährt man wiederum, wie wenig Menschenliebe allein den Tieren nützt, dargetan am Beispiel einer Mardermama und ihrer Säuglinge; und es wird auch geklärt, ob Marder wirklich Stänker, Blutsauger und Eierdiebe sind; ferner liest man hier überrascht, daß die Freiheitsliebe der Tiere durch den Magen geht.

Jeder hat ganz gewiß schon gehört, was die Leute dem Marder so alles nachsagen. Es sind ausnahmslos ziemlich wüste Sachen. Er stinke wie der Teufel, heißt es, und außerdem sei er ein hundsgemeiner Dieb und Mörder, ein Massenmörder sogar, der sich nicht damit begnüge, aus einem Hühner- oder Karnickelstall, in den er sich geschmeidig wie eine Schlange hineingezwängt habe, ein Tier zu rauben; vielmehr töte er unterschiedslos die ganze Belegschaft und sauge seinen Opfern das Blut aus, wodurch er in einen Rausch gerate, der ihn fürchterlich mache. Und weiter, sagen die Leute, sei der Marder der infamste Eierdieb, den man sich denken könne.

So hat der Marder also einen ziemlich schlechten Ruf, und alle Welt, soweit sie auf zwei Beinen läuft, stellt ihm nach: mit Flinten und Fallen die Jäger, mit Fangeisen und Knüppeln die Bauern. Doch bevor wir uns daranmachen, diesen schlechten Ruf des Marders auf Wahrheit und Dichtung zu untersuchen, wollen wir uns ein bißchen in seiner Familiengeschichte umsehen; es gibt da nämlich Verwandte, die sich in Aussehen und Lebensweise durchaus voneinander unterscheiden, wenn's im Grunde auch die gleiche Sippschaft ist.

Wir haben bei uns in Deutschland zwei Arten: den Baummarder, den man seines schöneren Pelzes wegen auch den Edelmarder heißt, und dann den Steinmarder, und der ist es, der den Ruf der ganzen Familie ruiniert hat, denn er allein ist dem Menschen aus dem Wald heraus ins Offene gefolgt und hat sich dreist in Holzschuppen, Speichern und Scheuern niedergelassen, während sein Vetter, der Baummarder, im Walde blieb.

Wie Marder eigentlich aussehen? Also, sie haben etwa die Länge einer, na, sagen wir: Fahrradluftpumpe, und wenn man den Pumpgriff zu zwei Dritteln herauszieht, dann hat man auch noch die Schwanzlänge des Marders dazu. Der Körper dieser Tiere ist länglich rund, etwa so wie eine dichtbehaarte Salami und auch fast genauso hart, wenn der Marder seine Muskeln spannt. Die Beine sind nicht sehr lang und wirken eher tappig, doch steckt eine enorme Sprungkraft in ihnen. Jäger haben schon beobachtet, wie ein Baummarder hoch in den Wipfeln eine ganze Straße übersprang, indem er sich von einem Ast über vier Meter hinweg auf einen gegenüberliegenden Baum abschnellte!

Der Marderkopf ähnelt ein bißchen dem einer Maus, nur ist er eben weit

größer, etwa so groß wie die Faust eines Erstkläßlers. Die Schnauze ist länglich ausgezogen, der Nasenknopf beim Baummarder schwarz, beim Steinmarder fleischfarben; die Augen bei beiden leicht hervorstehend und pechschwarz ohne Zeichnung beim Steinmarder, mit blauschimmernder Pupille beim Baummarder, die Ohren sind dreieckig, Spitze nach oben, doch kaum über den Kopf hinausragend und am Rand oben rundum weiß.
Am schönsten aber ist die Kehlzeichnung der Tiere. Der Steinmarder trägt einen reinweißen Latz, der ihm vom Unterkiefer über die Oberbrust bis auf die Vorderläufe reicht und sich dort deutlich gabelt. Beim Baummarder dagegen ist dieser Latz nicht weiß, sondern eher gelb; auch gabelt er sich fast nie auf die Läufe herab, sondern hört oberhalb schon auf. Doch sind diese Hemdbrüste nie ein ganz sicheres Unterscheidungszeichen, weil sie sowohl in der Färbung als auch in der Zeichnung bei beiden Arten so oder so vorkommen. Eher schon läßt der Pelz Rückschlüsse zu bei der Frage Baummarder oder Steinmarder. Er ist dunkelbraun, ins Rötliche spielend beim Baummarder und schmutzigbraun, mehr nach Grau hin beim Steinmarder.
Wenn man aber ganz sichergehen will, so läßt man sich von einem Marder, den man trifft, mal Pfötchen geben. Ist die Pfote unten dicht behaart, hat man einen Kletterer und Waldläufer, also einen Baummarder vor sich; sehen aber aus den Haaren die nackten Ballen heraus, so handelt sich's um den Vetter Steinmarder. Der Schwanz schließlich ist bei beiden buschig und am stärksten etwa in der Mitte.
Ich könnte noch mehr Unterscheidungszeichen nennen, die Form der Zähne etwa, doch so genau, schätze ich, will es niemand wissen. Ich will lieber eine Geschichte erzählen, in der garantiert nicht geschwindelt wird. Die Geschichte von einem kleinen Steinmarder, den ich großgezogen habe.

Tiergeschichten fangen bei mir immer per Telefon an. Es klingelt, ich hebe ab und höre jemand fragen: „Sind Sie der Herr mit den Viechern?“ Das habe ich schon so oft gehört, daß ich immer weiß, was dann kommt: Irgend jemand hat irgendwo irgendwie irgendein Tier aufgefunden, hilflos, krank zumeist und dringend der Pflege bedürftig. Und diesmal war's eben ein Steinmarder. Bauern hatten im Frühjahr eine Marderfähe in einer Scheune aufgestöbert (Fähe nennt der Jäger die weiblichen Marder, Füchse und Dachse, während die männlichen Exemplare Rüden heißen). Und diese Marderfähe hatte Junge gehabt, drei Stück, jedes kaum mehr als daumenlang und noch blind.
Als die Bauern diese drei hilflosen kleinen Kerlchen sahen, zerstob ihr Zorn wie eine Schulklasse bei Ferienbeginn, und sie brachten es nicht über sich, die Jungen zu erschlagen, wie sie es zweifellos mit der Alten gemacht hätten, hätten sie sie nur erwischt.

Es fand sich jemand im Dorf, der bereit war, die Tierchen in Liebe aufzunehmen. Doch ist's bei der Aufzucht von Tieren, von wilden zumal, mit der Liebe allein noch nicht getan, man muß auch einen ganzen Haufen wissen. Als ich diese drei Marderbabys das erste Mal sah, lagen sie in einer heugepolsterten Holzkiste und fingen schon an, ihren Pflegeeltern ersten Kummer zu machen: mit der Flasche, die sie bekamen, klappte es nicht so ganz. Ich wollte das Trio mitnehmen und gab mir alle Mühe, heranwachsende Marder — und erwachsene gar! — als scheußliche Vielfraße zu schildern. Vergebens, sie waren so possierlich, und die netten Leute, denen sie gehörten, wollten sie partout nicht hergeben. Was ich gut verstehen konnte.
Als ich, nach einer Woche oder so, zum zweitenmal nach den Mardern schaute, lebte nur noch einer, ein kleines Mardermädchen, immer noch blind — was ganz normal war — und immer noch unfähig, sich auf den eigenen Beinen aufzurichten — was ganz und gar nicht normal war. Ich hatte diesmal keine Mühe, den letzten Überlebenden von den untröstlichen Pflegeeltern zu bekommen. Als erstes nahm ich den Schwächling aus dem Heu und stopfte ihn mir unter den Pullover, in die Brusttasche meines Hemdes, wo's schön warm war. So fuhr ich im Auto heim. Zu Hause kam in die Holzkiste unters Heu eine elektrische Heizplatte, wie man sie für tropische Echsen im Terrarium braucht, damit der Sand so warm bleibt wie am Nil. Diese regulierbare Platte ersetzte meinem Marderbaby die Wärme der fehlenden Geschwister. Und dann ging ich an die Lösung des Hauptproblems, nämlich der Sauberhaltung des Tieres. Man weiß ja: Auch Kleinvieh macht Mist, und den muß man wegbringen. Es kommt nur auf das Wie an. Ein einziger, geringer Fehler kann dem Tier das Leben kosten.
Die ersten Pflegeeltern meines Marders hatten alles — das Feste sowohl wie das Flüssige — laufen lassen, wie es eben kam. Und es kam ganz schön, kriegten die Lütten doch alle zwei Stunden einen Schoppen, und waren sie doch zu dritt gewesen. Mit aller Liebe war dann das Heu ausgewechselt und mit aller Liebe auch versucht worden, die sich gegenseitig benässenden Tierchen trockenzumachen. Dennoch: Erst verfilzte sich das Fell ein bißchen und hielt die Wärme nicht mehr richtig, und schließlich rochen die Marder auch, um nicht zu sagen: sie stanken.
Ein Bad wurde gerichtet, wieder mit viel Liebe und Wärme und allem guten Willen. Und dennoch war dies der Anfang vom Ende, denn das Schlimmste, das man einem jungen Tier antun kann, das ist ein Bad. Die damit verbundenen Temperaturschwankungen sind zu groß. Von dem Trio überlebte es, wie man schon weiß, nur einer, und bei dem machte ich's, wie es die alte Marderfähe auch macht. Wenigstens im Prinzip, denn meine Zunge wollte ich nicht gern dazu hergeben . . .

Ich will erzählen, wie das funktioniert. Die Jungen saugen sich an der Alten mit Milch voll, und dann macht die Mutter sich daran, jedem der Kleinen den Bauch zu lecken, und zwar sehr lange und sehr kräftig, immer vom Magen in Richtung After. Diese Massage verteilt die Nahrung und fördert die Verdauung, denn es dauert danach gar nicht mehr lange, und schon ist die Bescherung da, Urin, wie auch Kot, der bei der Milchnahrung völlig geruchlos ist.

Es tut mir leid, auch den Rest noch sagen zu müssen, obwohl's nicht sehr appetitlich ist. Doch wer die Natur betrachtet, darf nicht zimperlich sein, sonst lernt er nie was Gescheites, bleibt eine Suse und versteht alles nur halb. Also: die Mardermama schleckt das ganze Zeugs einfach weg.

Ich dachte lange über diesen Vorgang nach und versuchte dann, es der Fähe gleichzutun, doch mußte mein Marder sich anstelle der Zunge mit meinem Daumen begnügen. Nach jeder Mahlzeit, bestehend aus einigen Kubikzentimetern handwarmer Babynahrung aus der Apotheke, dargeboten und begierig genommen aus einem Puppenfläschchen mit einem Miniaturschnuller drauf, nahm ich den kleinen Wergel, der inzwischen schon ganz schön strampelte, in die linke Hand, Bauch nach außen, und fuhr ihm kräftig mit dem Daumen drüber weg, immer schön vom Brustbein bis zum Hinterausgang. Und siehe da — wie bestellt passierte es! In eine bereitgehaltene Papierserviette hinein. Es klappte immer. Und hinfort gedieh das kleine Fräulein prächtig. Nach fünf Wochen etwa gingen die Augenschlitze auf, und das Mädchen guckte veilchenblau, wenn auch noch verschwommen, in unsere gute Stube . . .

Man wird mir glauben, daß ich diese kleine Ferkelei nicht so ausführlich erzählt habe, weil ich sie besonders schön finde. Ich möchte auch nicht den ersten Pflegeeltern meines Marders wehe tun. Taten sie doch viel mehr, als die meisten sogenannten Tierfreunde zu tun bereit sind. Ich mußte dies alles so genau schildern, weil ich daran etwas klarmachen kann: Tierliebe ist eine wunderbare Sache, und nur Lumpen vergreifen sich an einem Tier, das sich nicht wehren kann. Doch nützt die ganze Liebe nichts, ja, sie kann sogar tödlich sein, wenn nicht sachliche Kenntnisse hinzutreten. Und die lernt man leider nicht in Schmökern, in denen die Tiere wie superkluge Menschen daherreden und ihre Jungen behandeln, wie die menschlichen Mamas ihre Kleinen behandeln — mit sehr viel Liebe. Aber Tiere handeln, was immer sie tun, nie aus Liebe, sondern ganz überwiegend aus Instinkten und Reflexen, programmiert in ihnen durch die Erfahrungen ihrer Vorfahren in einer langen, langen Stammesgeschichte, ganz und gar auf Zweckmäßigkeit, also auf Überleben ausgerichtet. Und wenn der Mensch hier eingreift, muß er die Natur nachahmen, nicht aber sich selbst.

Was frißt so ein Marder eigentlich, wenn die Mutter ihn nach etwa sieben Wochen nicht mehr säugt? Meinem träufelte ich zunächst Fleischbrühe in den Schoppen, dann blieb die alberne Puppenflasche weg, aus der Milch wurde Haferbrei, und da hinein kam erst Hackfleisch, dann Gulasch. Und zwar vom Pferd, denn wenn man weiß, daß ein Marderlümmel Tag für Tag ein starkes Viertelpfund Fleisch braucht und dazu noch jede Woche ein bis zwei Eier, von Gemüse und Obst gar nicht zu reden, dann überwindet man bald seine Scheu, beim Pferdemetzger vorzusprechen und Fleisch ohne Fett zu verlangen.
Die wilden Marderjungen kriegen von ihrer Mama bessere Sachen als Pferd, nämlich Geflügel oder rohen Mausschinken. Die Aufzucht der Marder fällt ja auch in die Zeit der Vogelbruten, und da richtet die Marderfähe nicht selten schweren Schaden an. Es gibt regelrechte Spezialisten unter den Alttieren, die alle Brutkästen abklappern und die Vögel, alte wie junge, des Nachts aus den Nistkästen und Baumhöhlen herausziehen. Der ausgewachsene Marder kann nämlich gut 20 Zentimeter weit mit der Pranke in ein solches Loch hineinreichen. Wenn man im Wald oder in Gärten einen Meisenkasten sieht, der oben am Dach einen balkonartigen, allseits geschlossenen Anbau hat, in dem unten das Loch ist, so daß der Vogel senkrecht nach oben einfliegen muß und erst durch diesen Balkon oder Korridor in seine eigentliche Höhle kommt, dann weiß man, daß hier in der Gegend Marder sind, gegen die man die Vögel zu schützen versucht. Der Weg durch das Loch und durch den Korridor ist zu lang für eine diebische Marderhand.
Wo dem Marder das Geflügel nicht erreichbar ist, versucht er die Eier zu bekommen. Er plündert die Nester der offen brütenden Vögel oder holt sich die Eier aus dem Hühnerstall, wenn der Bauer ihn nicht gut genug gesichert hat. Man fand im Quartier eines Steinmarders einmal 43 Hühnereier, die er Stück für Stück im Maul hergeschleppt hatte. Diese Art, ein Ei zu transportieren, hielt man lange für unmöglich; ein Hühnerei ist ja auch für ein Mardermaul ein ziemlich happiger Brocken. Und doch macht er es so und nicht anders. Ich habe meinem oft genug dabei zugeschaut, falls er es nicht vorzog, das Ei an Ort und Stelle oben mit den Zähnen anzubohren und es dann auszusüffeln.
Übrigens vergaß ich zu sagen, daß sich unter den 43 Eiern, von denen ich gerade sprach, auch drei aus Gips befanden, von der Art, wie man sie den Hühnern unterlegt, um sie zum Weitermachen zu ermuntern. Der Marder war halt nach dem Hennengeruch gegangen, der auch dem Gips anhaftete.
Daß er auch unter kleinem Hausgetier böses Unheil anrichten kann, dafür habe ich ein persönliches Erlebnis parat. Ein Freund von mir, der auch so ein Hospital und Durchgangslager für Wildtiere hat, besaß ebenfalls mal einen Steinmarder, einen Wildfang allerdings, den man in der Wilhelma in Stuttgart abgeliefert hatte. Wir hatten den Kerl im Auto abgeholt, wohlverwahrt in

einer Kiste, die wir erst in einem festen Gehege öffneten. Der braune Muskelblitz, der herausfuhr, wurde nie so recht zahm, wie es Tiere werden, die der Mensch aufzog.
Und eines Tages ließ mein Freund den Marder springen. Er sprang auch. Und zwar geradewegs in den Kaninchenstall des Nachbarn. Zwei Tage drauf bekam mein Freund von diesem Nachbarn eine Karte, auf der ihm das plötzliche und gewaltsame Hinsterben von sechs wertvollen Angorakaninchen mitgeteilt wurde. An der Urheberschaft gab es keinen Zweifel: Der Marder war auf den Kadavern schlafend angetroffen worden!

Sind nun die Marder auch rechte Luder, so gilt es doch als erwiesen, daß die Sache mit dem Blutrausch, den sie sich der Volksmeinung nach antrinken, nicht stimmt. Wo er mehrere Tiere erbeuten kann, frißt er nur das Gehirn. Alles andere läßt er liegen. Daß er massenweise tötet, hat seinen Grund wohl darin, daß ein Marder alles anspringt, was sich bewegt; meiner fällt sogar einen alten Besen an, wenn ich ihm den drehend hinhalte. Na, und wieviel Bewegung in einem Taubenschlag oder Hühnerstall herrscht, in den der Marder eingebrochen ist, das läßt sich denken!
Bleibt schließlich noch die Sache mit dem teuflischen Gestank, der dem Marder angeblich anhaftet. Also, ich hatte meinen über drei Jahre, und meine Nase ist nicht weniger empfindlich als die anderer Leute auch. Wenn ich sie dennoch unzählige Male meinem Marder in den seidenweichen Pelz gesteckt habe, so nur, weil ich beim besten Willen nie etwas anderes riechen konnte als eben den warmen, leicht strengen Geruch, den jedes Tier, auch der sauberste Haushund, nun mal an sich hat. Ich bin sogar sicher, daß der Geruch des Menschen einem Marder weit unangenehmer ist als umgekehrt, und auch dafür habe ich einen Beweis.
An einem schönen Sonntagmorgen ging ich vom Haus in meinen Garten hinüber, in dem das große Freigehege meines Marders steht. Er hat darin sein hoch aufgehängtes Schlafhäuschen, dazu einen grobrindigen Kletterbaum und eine kühle Höhle aus Steinen für heiße Tage. Als ich ins Gehege kam, saß er oben auf seiner Steinburg und lüftete sich den Pelz. Ich streckte wie üblich die Hand nach ihm aus, um ihn aufzunehmen. Das hatte ich tausendmal gemacht, und tausendmal hatte er sich willig in den Arm legen lassen. Doch diesmal fuhr er, kaum daß meine Fingerspitzen ihn berührt hatten, mit einem schrillen Keckern und giftig geöffnetem Fang auf die Hand los, die nackte Wut im Gesicht. Mit einem Satz war er in seinem Steinbau verschwunden.
Wer schon mal eine Maulschelle bekommen hat, ohne sich einer Schuld bewußt gewesen zu sein, der weiß etwa, wie mir zumute war. Ziemlich verwirrt

zog ich ab und schnupperte, in Gedanken nach einer Erklärung suchend, an meinen Fingern. Sie rochen so wunderschön nach Seife, war ich doch, kurz bevor ich zum Marder ging, gerade erst aus der Badewanne gestiegen. Und da fiel bei mir der Groschen: Das Bad war schuld! Ich hatte meinen dem Marder altvertrauten Geruch abgewaschen. Für seine Nase war ich jetzt ein Fremdling, ein abscheulich nach Lavendel duftendes Wesen, das man vorsichtshalber am besten erst mal anfauchte.

Als ich dies begriffen hatte, steckte ich meine rechte Hand ein paar Minuten lang in die Achselhöhle, wo der Mensch bekanntlich am stärksten nach Mensch riecht. Dann ging ich aufs neue zum Marder, der inzwischen wieder aus seinem Loch hervorgekommen war. Ich streckte die Hand nach ihm aus, und siehe da — er ließ sich aufnehmen wie eh und je, ohne eine Spur von Angst oder gar Wut zu zeigen.

Ein bißchen freilich ist an dem Gerede vom Mardergestank schon dran. Diese Kerle sind nämlich keineswegs sauber wie etwa die Dachse, die ja regelrechte Klosetts haben — Erdlöcher abseits der eigentlichen Wohnhöhle. Ein Dachsbau ist sauber von Kot. Ganz anders beim Marder. Er löst sich, wo es ihn gerade ankommt, und sei's im eigenen Lager. Macht man das bei gefangengehaltenen Mardern nicht täglich sauber oder wechselt das wildlebende Tier nicht häufiger den Schlafplatz, so kann es wohl sein, daß der Marder zuweilen nicht nach Veilchen duftet.

Meiner hat diesen Unfug übrigens aufgegeben: Sein Schlafzimmer, eine Kistenhöhle von etwa 30 Zentimetern im Quadrat, mit Heu gepolstert und durch einen Sack verdunkelt, hält er sauber. Ich finde seine Losung jetzt immer wieder mal in seinem Freßnapf. Vielleicht ist das seine Art, gegen das Pferdefleisch und den gelegentlichen Obsttag zu protestieren!

Die Marderrüden, also die männlichen Tiere, haben aber noch eine andere Duftquelle. Sie ist im After verborgen. Es sind zwei Analdrüsen, aus denen die Männchen in der Paarungszeit, also in den Sommermonaten, überall in ihren Revieren an Ästen, Baumstümpfen, Steinen und kleinen Erdhügeln Duftmarken absetzen. Diese Stellen sagen den anderen Rüden: Vorsicht, hier herrscht schon einer! Und den Weibchen: Hoppla, hier gibt's was zum Heiraten! So stark ist dieser Duft, daß ein winziger Tropfen auf die Hand genügt, sie trotz mehrmaligem energischem Waschen mit heißem Wasser und Seife noch heftig nach Marder riechen zu lassen.

Wir wissen jetzt also, daß nicht der Marder selbst stinkt, sondern nur seine Losung und die Duftmarken, die er draußen absetzt. Und damit wissen wir weit mehr als die meisten Leute, die bestenfalls schon mal vom ziemlich hohen Preis des Marderbalges gehört haben. Und das bringt uns zu einem Problem, das sich jeder überlegen sollte, der vielleicht mal in die Verlegenheit kommt, einen hilflosen kleinen Marder großziehen zu müssen: Was macht man später mit ihm? Aus dem kleinen wird ja bald ein großer, den man in der Wohnung nicht mehr halten kann. Abgesehen davon, daß Marder nicht stubenrein werden, zerstören sie im Nu Sessel, Tapeten, Vorhänge und Möbel. Auch sind sie unberechenbar in ihren Launen, selbst dem Pfleger gegenüber. Niemand in unserer Familie, der nicht schon mal die Marderzähne zu spüren bekommen hätte, und die sind so scharf, daß meist dem Biß das Blut folgt! Bei aller Zahmheit, die ein von klein auf in Menschenhand gewesener Marder an den Tag legt, bricht immer wieder einmal das Wildtier durch, und dann muß man sich hüten, ihm zu nahe zu kommen. Andererseits wieder hatte sich unser Exemplar sogar mit meinem Jagdhund befreundet, obwohl die beiden doch von Natur und Zucht her Todfeinde sind. Entweder sie nehmen überhaupt keine Notiz voneinander, oder sie beschnüffeln sich in aller Ruhe und Freundschaft. Wenn der Draht des Geheges sie trennt.

Besonders zutraulich ist unser Marder zur Nachtzeit, in der seine wilden Artgenossen nach verschlafenem Tag zu jagen beginnen. Kam ich, in seinem zweiten Lebensjahr, in sein Gehege, so brauchte ich mich oft nur still mitten hineinzustellen; es dauerte dann nicht lange, und der Muskelprotz sprang mir von seinem Kletterbaum mit einem Satz durch die Luft ins Genick, knabberte dann friedlich an meinem Ohrläppchen herum, steckte seine Nase in mein Haar und schlüpfte mir wohl auch mal unter den Mantel. Nur heftige Bewegungen muß man vermeiden, sonst springt das Tier erschrocken und schnell wie ein Gedanke von einem ab, wobei es meist brennende Kratzer von den nadelscharfen Krallen setzt. Es hat auch keinen Zweck, einen Marder etwa festhalten zu wollen, es sei denn, man packt ihn mit schweren Handschuhen brutal hinterm Kopf. Mit bloßen Händen aber darf man ihn sich nur ganz locker auf den Arm legen und muß ihm jederzeit die Möglichkeit lassen, abzuspringen. Durch andere Behandlung wird er handscheu, wie er denn überhaupt auch als zahmes Tier stets und ständig mißtrauisch bleibt. In den Händen spürt man es oft genug, wenn ihn etwas stutzig macht: Die Muskeln werden plötzlich hart wie Klaviersaiten und beginnen zu vibrieren, als liefe ein Strom durch sie hindurch. Dann ist es gut, jeden Griff, und sei er noch so liebevoll, sofort zu lockern, wenn man seine heile Haut behalten möchte.

Aber das ist das Schöne am Umgang mit solch einem Tier: Es ist frei von hündischer Furcht; es kann sich ganz beachtlich wehren, und man kommt mit ihm nur aus, wenn man weiß, was in ihm vorgeht.

Ich habe oft und lange überlegt, ob man einen Marder, der von Menschen mit der Flasche aufgezogen wurde, wohl wieder in die Freiheit entlassen kann. Ehrlich gesagt, ich traute mich nicht, obwohl ich meinen Marder lieber im

Wald als im Käfig gewußt hätte *. Ich fürchtete, daß er mangels Übung von klein auf nicht der geschickteste Jäger sein würde; wohl würde Hunger ihn das Nötige bald lehren, doch weiß ich, daß auch Tiere immer den bequemsten Weg gehen. Ein Adler, dem man regelmäßig die Atzung hinwirft, denkt nicht daran, seine Schwingen zu rühren und etwa aus purer Lust am Fliegen, wie die Menschen das immer glauben, sich in den Himmel zu schwingen. Der Löwe im Zoo empfindet es nicht als grausam, nicht mehr durch die Steppe preschen zu können, tut er das doch nur, um seine Nahrung zu jagen. Kriegt er sie am Spieß serviert, so ist ihm das sehr recht. Und so fürchtete ich, daß auch mein Marder, käme er in die Freiheit, die Maus- und Vogeljagd als zu anstrengend aufgeben und dem ersten besten Menschen bettelnd vor die Füße laufen würde.

Er starb nach fünf Jahren eines natürlichen, wenngleich frühen Todes. Ich begrub ihn im Garten.

---

* Ich habe mich schließlich getraut: ich ließ das Mardergehege nachts offen. Der Marder ging auch spazieren; sein Kot zeigte mir seine Wege. Morgens aber lag er stets wieder in seinem Kobel und schlief.

Hier wird erzählt, wie dem Verfasser einmal ein neugieriger wilder Jungfuchs fast in die Tasche stieg, und es wird auch beschrieben, wie Füchse wohnen und wie der Jäger sie jagt: mit Hund, Spaten und — was gewiß kein Jägerlatein ist — mit Tabakspfeifenqualm.

Wenn ich meine Erlebnisse mit Füchsen überdenke, so fällt es mir ziemlich schwer zu sagen, was mich damals stärker bewegte — der Wunsch zu lachen oder der Wunsch, mir die Nase zuzuhalten. Denn wenn etwas noch stärker ist als die Komik, die von Füchsen, besonders von Jungfüchsen ausgeht, dann ist es der Geruch, der in ihrem Umkreis herrscht.

Es ist keine große Kunst für einen Fuchs, einen Menschen zu riechen. Aber es ist auch keine Kunst für einen Menschen, einen Fuchsbau mit der Nase auszumachen. Der Frühsommer ist genau richtig, meine Behauptung auf ihre Richtigkeit nachzuprüfen. Um diese Zeit herum haben die Füchse ihre Jungen. Jetzt sind die Welpen halb ausgewachsen, und wenn die Alte tagsüber in Feld und Wald auf ihre Art beim Lebensmitteleinkauf ist, dann geht es vor dem Bau nicht viel anders zu als in der Pause auf dem Schulhof, wenn die Aufsicht fehlt. Da wird krakeelt und gerauft, da werden Ohrfeigen ausgeteilt, und da wird gestaucht und gekratzt — bis sich von weitem die Fuchsmutter mit einem kurzen Kläffen bemerkbar macht. Dann stiebt das junge Fuchsvolk sich überkugelnd in den Bau hinein, und wenn man überhaupt noch etwas von ihnen hört, dann ist es allenfalls ein Magenknurren.

Der Fuchsbau, sagte ich, verrät sich im Frühsommer durch den Geruch, der über ihm in der Luft hängt. Und so war es denn auch meine Nase, die mich einmal in der weiteren Umgebung von Stuttgart von einem Rübenacker weg in ein ziemlich lichtes, hochstämmiges Waldstück hineinzog.

Nicht wenige Jahre meines Lebens sind in ihrem Ablauf weitgehend durch Tiere bestimmt worden, und ich kann diese Jahre leicht in mehr oder weniger lange Perioden einteilen — in eine Salamanderperiode zum Beispiel, in der bei uns auf dem Tisch in der guten Stube, dort, wo feine Leute eine Spitzendecke und eine Kristallvase haben, ein müffelndes Aquarium stand mit einer dicken Feuersalamander-Mammi drin und zwei Dutzend ihrer Jungen, die entweder ziemlich eklige Röhrenwürmer oder sich gar gegenseitig auffraßen. Dann wieder gab es eine Kolkrabenperiode, unter der besonders mein Auto zu leiden hatte, weil ich die Garage für zwei jugoslawische Raben brauchte. Auch eine Eulenperiode hat es gegeben — ein ganzes Jahr lang, und die Sessel bei uns zeigten jahrelang die kalkigen Spuren an den Rückenlehnen, auf denen die Eule die Mäuse verdaute, die mir Freunde vom Lande mit der Post zuschickten.

Ja, und so gab es Marderperioden, Falkenperioden und Siebenschläferperioden. Zeiten, in denen mich der Dompfaff oder der Kernbeißer, der Hund oder das Pferd in Aufregung hielten. Die Zeit aber, von der ich jetzt erzählen will, die war vom Fuchs bestimmt.

Immer dem Geruch nach also lief ich in den lichten Wald hinein, aus dem der Wind herausstand. Und bald genug hatte ich vor Augen, was meine Nase so beleidigte: Zwei, drei Löcher, jedes nicht viel größer als das Bodenloch in der altmodischen Kaffeemütze meiner Mutter, führten leicht abwärts in einen mit Kiefern bestandenen Buckel hinein, den der Waldboden hier machte. Die Löcher waren ringsum und so weit man in sie hineinblicken konnte glattgeschliffen, und schaute man genau hin, so entdeckte man an einem runzligen Wurzelstrunk am oberen Rand des einen Lochs rötlichbraune Haare, die sich ein einschliefender Fuchs hier aus dem Pelz gerissen hatte.

Der Platz vor den Löchern, der leicht abfiel, war leergefegt von Baumnadeln, die sonst reichlich in der Gegend herumlagen. Hier, vor dem Fuchsbau, war der Boden blanker, nackter Lehm und hart wie eine Tenne. Bloß nicht so sauber. Ich ging ein paar Schritte abseits, drehte meine Nase aus dem Wind, um vom ärgsten Gestank verschont zu bleiben, zog ein Notizbuch aus der Tasche und notierte, was ich vor dem Bau so alles herumliegen sah. Ich zitiere mal, was ich damals aufschrieb:

Eine Kaninchenschulter, blank bis auf ein paar faulende Sehnen ... ein Hühnerkopf ... zwei zerbrochene, leere blaßgrüne Amseleier ... die Handschwinge eines Eichelhähers ... der Vorderlauf eines Junghasen ... der Schwanz eines marinierten Herings ... ein Kothaufen, deutlich sichtbar darin Fellreste von Mäusen ... mehrere Panzer von Maikäfern ... ein Entenschnabel mit Fliegen in den Nasenlöchern ... die Ständer und daran etwas verwesende Brusthaut eines größeren, braunfedrigen Vogels, einer Wachtel, schätze ich ... ein Saumagen, wie man ihn winters für die Spechte und Meisen in die Bäume hängt ... ein hartes, krummes Butterbrot mit Salamiresten ... ein Kaugummi (ein Kaugummi? Ungläubig hingegangen und näher beschaut — tatsächlich: ein Kaugummi!) ... der Unterkiefer eines Rehkitzes ... Rebhuhnfedern ... Rebhuhnfedern ... Rebhuhnfedern ...

Es steht noch mehr in meinem Notizbuch, aber auch was ich wiedergegeben habe, sagt schon mit Gewißheit zweierlei: Erstens: Füchse sind schädliche Tiere. Und das griechische Sprichwort stimmt, das da sagt, ein Fuchs wird nicht fromm, solange er auch nur einen Zahn noch hat. (Der Kaugummi freilich und das Salamibrot, die stammten nicht von einem Raubzug des Fuchses, sondern mit Sicherheit von einem Schulausflug, der am Fuchsbau vorbeiführte.) Zweitens: Füchse sind nützliche Tiere. Oder will jemand behaupten, daß die Vertilgung von Mäusen, die die Hauptnahrung des Fuchses ausmachen, keine nützliche Sache sei?

Füchse sind also schädlich, und Füchse sind nützlich. Und so ist das immer. Die Antwort auf die Frage, ob ein Tier nützlich oder schädlich ist, die hängt ganz davon ab, wen man befragt. Fragt man z. B. den Bauern nach dem Fuchs, so wird er an die Mäuseplage denken und den Fuchs für nützlich erklären. Vorausgesetzt natürlich, der Fuchs hat ihm nicht gerade erst gestern ein streunendes Huhn geholt. Und fragt man den Jäger, so wird der an die kranken Hasen, die verletzten Rehkitze und die flügellahmen Vögel denken, die der Fuchs als Gesundheitspolizist des Waldes sich holt. Und er wird ihn für nützlich erklären. Vorausgesetzt natürlich, der Fuchs hat nicht gerade erst gestern ein paar sorgfältig gehegte und für den Abschuß gepflegte Fasanen gegriffen. Dann wird er ihn wohl für schädlich erklären. Wenn man nun mich fragt, so möchte ich sagen, daß der Fuchs, wenn man ihn kurzhält, weder nützlich noch schädlich ist, ja, daß man ihn überhaupt nicht unter diesen Gesichtspunkten betrachten sollte. Er hat seinen rechtmäßigen Platz in der Natur, und er gehört allen und keinem. Es hat genug Leute gegeben, prominente Jäger unter ihnen, die ganz ernsthaft die restlose Ausrottung des Fuchses predigten. Sich so als Alleinherrscher über die Natur aufzuspielen, das finde ich ebenso dumm wie häßlich. Aber es wird dahin nicht kommen, obwohl man den Fuchs gerade in diesen Jahren mit Gas, das man in seine Baue leitet, fast an den Rand der Ausrottung zu bringen versucht hat. Wegen der Tollwut, die vom Osten her, wo man nur wenig jagt, zu uns eingeschleppt wird. Aber ganz wird man es zum Glück nicht schaffen, mit Gas nicht, mit der Flinte nicht und nicht mit dem Fangeisen, nicht mit Gift und nicht mit dem Knüppel, unter dem viele Jungfüchse ihr Leben lassen — wenn sie Glück haben. Denn nicht gar so selten wurde ihnen die Mutter weggeschossen, und die Jungen verhungerten elendiglich im Bau.

Doch wollte ich von viel erfreulicheren Dingen reden — von höchst lebendigen Jungfüchsen, mit denen ich an jenem stinkenden Bau ein Stückchen erlebte, das zu erzählen ich nicht wagen würde, hätte ich nicht drei Zeugen für die Wahrheit — so unglaublich und allen Erfahrungen mit Füchsen zuwiderlaufend es ist.

Die Speisekarte, die ich in meinem Notizbuch damals heimbrachte, hatte meinen tiernärrischen Freunden Appetit gemacht, und sie bestanden darauf, das nächste Mal mitzukommen. Ich konnte ein paar extra Hände auch gut gebrauchen, hatte ich doch vor, einige Fotos zu machen, und das geht mit Füchsen nicht so einfach. Man braucht ein schweres Stativ, lange Auslöserkabel und einen Blitz, denn dem Wald scheint die Sonne nur aufs Dach, nicht ins Innere.

Als wir ankamen und den Bau genau untersuchten, stellten wir bald genug fest, daß die Füchse da drinnen nicht nur unser Interesse gefunden hatten. In allen drei Löchern wuchsen unten, dort, wo die Füße der Füchse das Erdreich immer wieder ein bißchen auflockerten, ein paar einsame Grashalme aus dem sonst absolut nackten Boden, und diese Halme waren drei Tage zuvor, als ich dem Bau den ersten Besuch abgestattet hatte, noch nicht dort gewesen. Ich zupfte ein bißchen an ihnen und hatte sie auch schon in der Hand, denn Wurzeln hatten diese komischen Gräser nicht.

Wer sich im Wald auskennt, hat keine Mühe mit der richtigen Antwort: Es sind die Jäger, die solche Gräser in die Einfahrten der Fuchsbaue stecken, um daran erkennen zu können, aus welcher Röhre Reineke abends ausfährt. Es ist natürlich immer die, in der die eingesteckten Gräser durch den Bauch des darüberschliefenden Fuchses nach außen umgelegt wurden. Zeigen die Gräser aber einwärts, dann weiß man, daß er hier einfährt, daß man also hier nicht auf ihn mit der Büchse zu warten braucht.

Ich schaute mich in der Nähe des Baues noch ein bißchen weiter um und fand auch bald, was ich suchte: Hinter einem Hainbuchenbusch, der gute Deckung bot, baumelte von einem überhängenden Ast ein stabiler, langer Spinnwebfaden heraus, an dessen Ende, das sanft im Wind stand, eine doppelte Kiefernnadel angehängt war. Solch ein Pendel, das auch die leiseste Windbewegung noch sicher anzeigt, basteln sich nur Jäger, denn sie sind über die unglaublich feine Nase des Fuchses bestens im Bilde.

Es sollte also wohl den Füchsen im Bau an den Kragen gehen. Was mich nicht wunderte, wenn ich die Rebhuhnfedern betrachtete, die seit meinem letzten Besuch nicht weniger geworden waren. Vermutlich wollte man die Fuchsmutter abschießen und die Jungen dann ausgraben, um sie zu töten.

Ob nun die Jungfüchse, von denen ich erzähle, jemals ausgegraben und umgebracht wurden, das möchte ich bezweifeln. Man wird gleich hören, warum. Ich hatte mit Hilfe meiner Freunde meine Kamera aufgebaut, die Blitzkabel verlegt und dann die Zuschauer seitlich in die Büsche geschickt, wo sie nun in Deckung lagen und der Füchse harrten. Ich hockte mit dem Kamera-Auslöser in der Hand ziemlich ungeniert und unbesorgt um den Wind an einem Baum und wartete ebenfalls mit Geduld. Auf zwei, drei Stunden hatten wir uns eingerichtet. Und wenn wir uns nicht um Wind und nicht um Deckung kümmerten, so deshalb, weil das Gras in der einen Fuchseinfahrt mir verraten hatte, daß die Alte nicht mehr im Bau, sondern draußen beim Einholen von Mäusen oder gar Rebhühnern war. Es konnten also nur noch die Jungfüchse im Bau sein, und weil es schön warm und trocken war und die Nacht noch weit weg, mußten sie eigentlich zum Spielen herauskommen.

Meist glaubt man ja, daß die Füchse den ganzen Tag im Bau verschlafen und nur des Nachts zum Jagen erscheinen. In Wirklichkeit ist beinahe das Gegenteil der Fall, ausgenommen die Zeit, in der der Fuchs Junge hat. Normalerweise aber geht Reineke nur bei sehr nassem oder windigem Wetter tagsüber in den Bau. Ist es trocken und warm und scheint gar die Sonne, so verschläft er den Tag aufgerollt wie ein Hund auf einem Baumstumpf oder mit dem Rücken an einem warmen Stein. Es gibt nicht wenige Jäger, die einen schlafenden Fuchs schon mit einem Griff an den Schwanz wecken konnten, wenn sie es nur geschickt genug angestellt hatten.

Als die Schnaken anfingen, allmählich lästig zu werden, kollerte es endlich leise in der einen Röhre, und ein kleiner Erdklumpen rollte heraus. Wenn man mir einen Stecker in die Nasenlöcher gesteckt und elektrischen Strom hineingelassen hätte, wäre es mir nicht heftiger in die Knochen gefahren als in diesem Augenblick, wo ich wußte: Jetzt kommen sie! Und da war auch schon das erste kleine Fuchsgesicht — der Kopf nicht viel größer als eine Glühbirne, aber schon mit gefährlich blitzenden kleinen Beißerchen im Maul, das gähnend aufging, bis hinauf zu den Ohren, und eine hellrote, sich krümmende kleine Zunge sehen ließ.

Aber während der Kleine noch herzhaft gähnte und sich nach Hundeart streckte, bekam er von hinten einen solch heftigen Stoß, daß er kopfüber zum Loch herausschoß und vor den Bau rollte. Ich konnte kaum mit den Augen folgen, so schnell ging nun alles. Drei weitere kleine Füchse sausten heraus, und schon war die schönste Balgerei zu viert im Gange — keine zehn Meter von meinen Füßen weg. Und auch noch genau auf dem Kabel, das meine Blitzlampe, die halbhoch an einem Baumstamm hing, mit der Kamera verband.

Irgendwie fand ich es unpassend, daß Füchse, also doch durch und durch wilde, scheue Tiere, so gar keine Notiz von mir nahmen, obwohl ich ohne jede Deckung und in voller Sitzgröße vor ihnen hockte. Nun war das natürlich leicht zu erklären: Die Kleinen hatten noch keinerlei Erfahrung mit Menschen gemacht, und da der komische Mann da am Baum sich nicht rührte, sondern bloß merkwürdig roch, und da die vier auch viel zu sehr mit ihrer Balgerei beschäftigt waren, um von mir Notiz zu nehmen, zeigten sie keinerlei Angst. Auch als aus den Büschen, in denen meine Freunde lagen, fassungsloses Gemurmel hervortönte, ja sogar unterdrücktes Lachen laut wurde, änderte sich nichts am ungenierten Benehmen der Kleinen.

Ich konnte allmählich das Bedürfnis, mir Respekt zu verschaffen, nur noch schwer unterdrücken. Um wenigstens zu erreichen, daß die Kerle mal ausführlich zu mir herüberschauten, zog ich kräftig am Blitzkabel, auf dem sie sich balgten. Und da endlich fuhr ihnen der Schreck in die Glieder, sie stoben auseinander. Aber nur drei schlüpften ins Loch zurück, wo der Hintermann sich umdrehte und wie entrüstet zurückschaute, bevor auch er verschwand. Das Benehmen des vierten Jungfuchses aber beschäftigte mich so sehr, daß ich darüber, wie mir das leider schon so oft passiert ist, das Fotografieren vergaß.

Dieser vierte sprang nicht nur nicht mit seinen Brüdern in den sicheren Bau zurück, sondern fing sogar an, sich ganz langsam am Blitzkabel entlang zu mir her zu schnüffeln. Der schwarzlackierte Bandwurm, der da eben noch so lebendig gezuckt hatte, roch schon sehr merkwürdig, und der Kleine schien fest entschlossen zu sein herauszufinden, wo dies Ding wohl seinen Kopf oder wenigstens den Schwanz haben mochte. Während die winzige Fuchsnase das Kabel beroch und stupste, kam der Kleine unter spielerischen Luftsprüngen immer näher zu mir heran. Und schließlich stieß seine Nase an meine Schuhsohlen, zwischen denen das Kabel verschwand.

Ich hätte mir zu gern mit der Hand mal über die Augen gewischt, weil mir das Ganze allzu unwirklich vorkam. Mein Herz schlug im Hals, und Schweiß brach mir aus. Ich wagte nicht, mich zu rühren. Und deshalb schnupperte sich der kleine Fuchs von den Schuhen an der Hose entlang, bis er an meine rechte Hand stieß, die reglos auf dem Waldboden lag. Ich spürte deutlich nicht nur die nasse kleine Nase des Füchsleins, sondern auch die Zähne, die meinen Daumen auf seine Härte probierten.

Als es in meinen Stirnadern schmerzhaft zu pochen begann, fiel mir ein, daß ich vor einiger Zeit schon das Atmen eingestellt hatte. Ich ließ mit einem Seufzer die angestaute Luft heraus, schnaufte tief wieder ein — und hatte mich getäuscht in der Befürchtung, das könnte den Jungfuchs vertreiben. Er äugte interessiert zu dem tönenden Blasebalg hinauf und machte Anstalten, über meine Hand am Boden hinwegzusteigen, um meine abstehende Hosentasche zu untersuchen, die höchst angenehm nach Fleisch roch, denn ich pflegte in ihr das Hackfleisch anzuwärmen, das ich zu Hause meinem Turmfalken immer fütterte.

Leider kann ich, wenn ich bei der Wahrheit bleiben will, nicht mehr berichten, daß mir doch tatsächlich ein Fuchs schon einmal in die Tasche gestiegen ist. Denn während ich darauf wartete, kam aus dem Wald hinter meinem Rücken ein wildes, heiseres, wenn auch nur ganz kurzes Blaffen. Es war die Fuchsmutter, die heimkehrend Böses witterte und ihre Brut herrisch in den Bau zurückbefahl. Der Kleine hatte aber auch vor seiner Alten keinen gar so großen Respekt. Es pressierte ihm nicht sehr, dem Befehl nachzukommen. Zwar trollte er sich dem Loch zu, aber doch sehr gemütlich, so daß ich beschloß, ihn beim Einschlüpfen, falls er sich noch einmal umdrehen sollte, zu fotografieren. Fuchsbilder wirken ja meist nur dann echt, wenn man das Tier zusammen mit dem Eingangsloch aufs Bild bekommt. Andernfalls kann so ein Foto auch im Zoo oder in einem Privatgarten entstanden sein, und dann ist es keine Leistung gewesen.

Der Jungfuchs also schlüpfte ins Loch, drehte sich auch richtig, wie erwartet, noch einmal um, und ich drückte auf den Auslöser ... Ich hätte wetten mögen,

daß der Kleine, bevor er im Dunkel der Röhre verschwand, frech zu mir herübergegrinst hatte. Und er hätte auch allen Grund dazu gehabt, denn aus dem erhofften Bild war nichts geworden. Der Blitz hatte versagt. Als ich gleich danach das lange Kabel untersuchte, fand ich in der Isolierung die Spuren von kleinen Fuchszähnen. Offensichtlich hatte der Gauner das Kabel, als er sich daran zu mir entlanggerochen hatte, mit den Zähnen beschädigt. Wir haben vielleicht gelacht, als wir unseren Krempel zusammenpackten und uns aus dem Staube machten. Die alte Füchsin hatte inzwischen schon wieder geschreckt, und ihre Stimme klang schaurig durch den dunkel werdenden Wald.
Ich bin sicher, daß die Freundlichkeit, die der kleine Fuchs mir damals erwies, ihren gerechten Lohn gefunden hat. Wir hatten den ganzen Bau gründlich mit Menschenwitterung verseucht, und auch der Kleine muß durch den Kontakt mit mir für eine Fuchsmutter etwa so geduftet haben wie ein Junge für die Nase seiner Mama, wenn er mit Hundedreck an den Schuhen in ihre Küche kommt. In solchen Fällen greifen Füchsinnen zu einem Radikalmittel: Sie ziehen sofort um in einen anderen Bau, den sie stets vorsorglich zur Verfügung haben. Sind die Kleinen noch zu jung, um schon selber laufen zu können, dann nimmt die Alte sie einzeln ins Maul und trägt sie in die neue Wohnung. Bis man die Familie dort wieder aufgestöbert hat, dauert es eine Weile, und so bringt die Füchsin trotz Verfolgung nicht selten ihre Jungen über die Runden.

Strenggenommen bin ich meinem Thema noch nicht gerecht geworden, denn vom Fuchsbau selber, davon also, wie es drinnen aussieht, habe ich noch nicht viel erzählt. Aber es gibt da auch nicht sehr viel zu sagen, denn solche Baue sind so primitiv, daß jeder Jäger sie ohne große Mühe selbst anlegen kann. Das wird auch oft genug getan. Naturbaue haben den Nachteil, daß man den Verlauf ihrer Gänge und die Lage der Kessel, in denen die Füchse schlafen, nicht kennt. Hetzt man nun Hunde hinein, um den Fuchs zu sprengen, ihn also aus dem Bau zu treiben, damit man ihn draußen schießen kann, so kommt es nicht selten vor, daß der Hund tief in der Erde in einer Sackgasse festsitzt und vom empörten Hausbesitzer regelrecht eingemauert wird. Das passiert ganz besonders dann oft, wenn im Fuchsbau auch noch ein Dachs sitzt, denn der ist ein sehr flotter Totengräber. Da muß der Jäger sich sehr beeilen, wenn er mit dem Spaten seinen Hund retten will, der oft genug nicht nur sehr wertvoll ist, sondern natürlich auch die ganze Liebe seines Herrn hat. Nun grabe aber mal einer mit Aussicht auf Erfolg, wenn er nicht weiß, wo denn genau Fuchs und Hund oder Hund und Dachs stecken. Ich werde gleich erzählen, wie man das macht. Zuvor aber noch ein paar Worte über den Dachs.

Oft ist es so, daß der Dachs der Hauptmieter ist und der Fuchs zur Untermiete wohnt. Dann hat der Dachs den Bau auch gegraben, was er mit seinen dafür weit besser geeigneten Füßen viel schneller kann als der Fuchs. Auf die Dauer aber geht das Zusammenleben von Fuchs und Dachs nur selten gut aus. Eines Tages zieht der Dachs unter Protest aus, obwohl er das Recht und die Moral zweifellos auf seiner Seite hat. Der Dachs ist ein gesittetes Tier. Er hat eine Latrine, ein Erdklosett, das er benutzt, um den Bau sauberzuhalten. Der Fuchs dagegen ist in dieser Hinsicht nicht so penibel. Wo es ihn ankommt, da hockt er sich hin, und wenn es vor der Tür des Hausbesitzers ist.
Aber die Unverfrorenheit des Fuchses, mit der er jedes Haus bezieht, das andere gebaut haben, führt ihn zum gerechten Ausgleich auch oft ins Verderben. Meist sind es nämlich die vom Förster angelegten Kunstbaue, in denen der Fuchs sein Leben läßt. An einer geeigneten Stelle in einem Revier, das von Füchsen bewohnt wird, schachtet man einen dreiviertel Meter tiefen und zwei Spaten breiten Graben aus, der in Form eines Hufeisens verläuft, eines Hufeisens freilich von der Größe eines Wohnzimmers. Die Hufeisen-Enden, also die Ein- und die Ausfahrt, müssen abgeknickt werden, damit weder Licht noch Zugluft in den späteren Bau eindringen können. Zur Mitte hin fallen die Schächte ab, steigen aber irgendwo gemeinsam wieder an und bilden dann miteinander einen Kessel, die Schlafstube des Fuchses. Dieser Kessel muß höher liegen als die Röhren, damit er bei einlaufendem Regenwasser trocken bleibt und auch, weil die warme Luft bekanntlich nach oben steigt und so den Kessel etwas heizt. Wenn das alles bedacht und gemacht ist, werden Röhren und Kessel mit Ästen, Erde und Grasplaggen gut abgedeckt, alle Spuren sorgfältig verwischt und eine tote Krähe hingeworfen, damit der nach Menschenschweiß riechende Neubau einer Fuchsnase angenehm wird.
In einem Busch dichtbei versteckt der Jäger dann noch ein paar Holzpantoffeln, die er schön in Jauche getränkt hat und die er anzieht, wenn er von Zeit zu Zeit eine neue tote Krähe in den Bau wirft, denn so schnell kommt der Fuchs nicht.
Aber eines Tages ist er drin, und da der Jäger seine Grashalme in den Einfahrten hat und weil er sie auch Tag für Tag kontrolliert, weiß er Bescheid. Er versperrt das eine der beiden Löcher, schickt zum anderen seinen Hund hinein und reißt den Bau, dessen unterirdischen Verlauf er ja bestens kennt, an der Stelle auf, an der der Hund durch Lautgeben verrät, daß er den Fuchs fest hat. Springt der Fuchs dann nach oben ab, fährt ihm eine Handvoll Schrot in den Leib.
Bei Naturbauten ist das, ich sagte es schon, weit schwerer. Ich habe das einmal mitgemacht, dieses versuchsweise Aufgraben, dieses Probieren mit dem Spaten. Nie wieder! Wir waren seinerzeit vier kräftige Männer, zwei sehr erfahrene

Förster darunter, und wir schufteten einen lieben langen Tag — ohne einen einzigen Schwanz zu Gesicht zu bekommen. Blutblasen an den Fingern waren alles, was wir heimbrachten.

Fortschrittliche Jäger legen den Spaten weg und nehmen ein etwa zwei Meter langes Gasrohr, das sie wie einen Erdölbohrer an den vermuteten Sitzplätzen des Fuchses mit Hammerschlägen senkrecht in den Bau treiben. Das Rohr erfüllt mehrere Zwecke zugleich. Abgesehen davon, daß es weit leichter in große Tiefe zu treiben ist als ein Spaten, dient es einem eingebuddelten Hund auch als Luftröhre und Sprachrohr, durch das von oben die Stimme seines Herrn als Trost oder Anfeuerung kommt. Außerdem benutzt man das Rohr noch als Fuchshaarausreißer, indem man seinen unteren Rand mit der Feile schartig macht und das Rohr dann, wenn man es auf dem Buckel des vom Hund festgehaltenen Fuchses vermutet, hin und her dreht. Der schartige Rand rupft dann aus dem Fell des Fuchses Haarbüschel aus, und man kann am herausgezogenen Rohr feststellen, daß es sich an genau dieser Stelle lohnt, mit dem Spaten senkrecht auf den Fuchs hinabzugraben. Schließlich noch blasen die Jäger durch ein solches Rohr auch den Rauch ihrer Pfeife in den Bau hinein. Manch ein Fuchs, der durch nichts zum Springen zu bewegen war, ist schon entsetzt geflüchtet, wenn ihm ganz plötzlich der womöglich auch noch billige Knaster des Herrn Oberförsters genau in Augen und Nase geblasen wurde.

Und mit diesem starken, aber ganz gewiß wahren Tobak möchte ich mich für heute verabschieden.

Dieses kribbelige Kapitel erzählt von der Baukunst der Ameisen, insbesondere von ihrer verblüffenden Heizung; doch erfährt man auch erstaunt, daß Ameisen manchen Vögeln als Badewasser, den Soldaten zur Entlausung der Kleider und primitiven Völkern als Wundklammern dienen.

Für die meisten Leute sind Ameisen kein Grund zum Studium, sondern bestenfalls einer zum Kratzen. Man hält sie für lästiges, ja sogar unanständiges Gesindel, Krabbeltiere, die nichts Besseres zu tun haben, als einem friedlich rastenden Wandersmann ins Hosenbein zu kriechen und dort ihr eklig brennendes Geschäft zu verrichten. Meine Neugier auf alles, was mit Tieren zu tun hat, wurde im Falle der Ameisen auch nicht gerade beflügelt, als ich irgendwo las, es gebe von diesen Insekten fünfeinhalbtausend verschiedene Sorten.

Es blieb also auch bei mir, was die näheren Kenntnisse von den Ameisen anging, lange beim Kratzen. Das änderte sich erst, als ich vor ein paar Jahren mit einem Jäger einen Pirschgang durch ein Revier auf der Schwäbischen Alb bei Münsingen machte. Wir hatten nichts Ernstes oder Aufregendes vor und schon gar nicht das Schießen.

An einem Waldrand stießen wir auf einen großen Ameisenhaufen, bei dem es zuging wie auf dem Stuttgarter Hauptbahnhof abends um halb sechs. Alles lief durcheinander, trat sich auf die Füße, rempelte sich an und hetzte durch die Gegend, ganz planlos offenbar, doch schaute man genauer hin, so sah man aus der Höhe, in der sich unsere Augen ja über dem Gequirle befanden, durchaus bestimmte Strömungen, wie man ja auch hoch vom Bahnhofsturm aus erkennen kann, daß das Durcheinander der Menschen nur scheinbar ist, streben sie doch alle ganz bestimmten Bahnsteigen, Ausgängen oder auch den Toiletten zu.

Aber nicht dieses geregelte Durcheinander erregte mein Staunen. Das besorgte vielmehr mein Jägersmann. Er zog, ohne ein Wort zu verlieren, seinen grünen Rock aus, hängte ihn an einen Ast, streifte die Hosenträger herunter und auch noch das Hemd, holte tief Luft — und stieß dann den ganzen rechten Arm bis zur Schulter tief in den Ameisenhaufen hinein! Während mein Gesicht vor Überraschung ziemlich leer ausgesehen haben muß, verzog sich seines, als ob ihn ein Hund hinten an der Hose festhätte — was mich nicht verwunderte, denn das wußte ich von den Ameisen immerhin, daß sie in diesem Moment zu Tausenden ihr ätzendes Gift gegen seinen Arm spritzten. Mein Gott, mußte das brennen!

Aber dieses Brennen war offenbar der Sinn der Sache, jedenfalls erklärte mir der Grünrock das so, nachdem er den Arm wieder herausgezogen, die letzten wütenden Ameisen abgestreift und Hemd, Hosenträger und Rock wieder an Ort und Stelle gebracht hatte. So ein Bad, schnaufte er, sei das beste Mittel gegen Rheumatismus, der ihn seit Jahren schon in der rechten Schulter plage. Aber ich weiß bis heute nicht genau, ob diese Art von Behandlung etwas taugt, obwohl sie seit Jahrhunderten durch die Bücher geht. Ärzte, die ich befragte, zuckten vielsagend oder auch nichtssagend die Schultern. Einer erzählte mir statt zu antworten eine andere Ameisengeschichte, die noch weit abenteuerlicher ist. Bei einigen primitiven Völkern, sagte er, sei es üblich, die Ameisen als Wundklammern zu benutzen, und das gehe so: Man drückt die Wundränder zusammen und läßt dann mehrere bereitgehaltene Ameisen mit den zum Angriff geöffneten Kiefern darüberbeißen. Und dann säbelt man ihnen die Köpfe ab, damit ihnen diese brotlosen Assistenzarztsdienste nicht langweilig werden und sie enttäuscht die Kiefer lösen. Ist dann die Wunde schön verheilt, zupft man die Ameisenköpfe von der Narbe ab — ganz so, wie man das bei uns mit den Klammern in der Blinddarmnarbe macht.
Über so merkwürdigen Ameisen-Geschichten wurde meine Neugier wach. Ich fing an, mich für diese Insekten zu interessieren.

Ein Ameisenhaufen, der in unseren Wäldern ja nicht so selten ist, verrät immer eine spezielle Sorte von Ameisen, nämlich die Rote Waldameise, von der es eine große, eine mittlere und eine kleine Ausführung gibt. Wer einmal an einen Haufen gerät, den man mit Holzpfosten und einem Netz darüber geschützt hat, und an meinen rheumatischen Jägersmann denkt, der ist auf dem richtigen Weg zu einer Erklärung für diese Überdachung. Es leiden eben nicht nur Jäger an Rheuma, aber es sind auch nicht einmal die Rheumakranken, die den Roten Waldameisen am meisten nachstellen. In erster Linie tun das die Spechte. Ihre Nahrung besteht zum großen Teil aus Ameisen, und besonders in den Wintermonaten, wenn die Ameisen tief drinnen im Nest ruhen, bohren sich diese großen Vögel mit dem ganzen Körper armdicke Kanäle in die Ameisennester, und das aus der Winterruhe hochgescheuchte Insektenvolk läuft den Räubern direkt auf die klebrige Zunge. Tausend Ameisen verspeist ein Schwarzspecht am Tag, ohne davon Magenverstimmung zu kriegen. Was aber noch schlimmer ist: Durch die dicken Kanäle, die er in den Ameisenhaufen bohrt, dringt Frost oder Wasser ein und bringt auch die Tiere um, die nicht gefressen wurden. So können ganze Völker zugrunde gehen.
Als ich einige Zeit nach jenem denkwürdigen Reviergang auf der Alb wieder einmal mit dem Jäger zusammensaß und auf die Ameisen zu sprechen

kam, erzählte er mir schmunzelnd, daß nicht nur er oder die Spechte sich gern in Ameisen badeten. Die Wildschweine, sagte er, suhlen sich auch mit Vorliebe in den schön warmen Ameisenhaufen, in denen Temperaturen von 30 Grad Celsius nicht selten sind zu Zeiten, wenn es draußen sogar einer specknackigen Wildsau kühl ist. Und auch das Gekrabbel auf der Schwarte müsse den Borstenviechern wohl behagen, vermutete der Jäger. Oder sie hätten ein säuisches Rheuma, vermutete ich. Aber das hätte ich nicht sagen dürfen, denn von da ab mußte ich meinen Wein selber zahlen.

Der wenig zarte Vergleich zwischen Jäger und Wildsau war indessen so schrecklich abwegig nicht. Es gibt nämlich noch eine Ähnlichkeit im Verhalten von Mensch und Tier zu den Ameisen. In Kriegen ist es oft vorgekommen, daß die Soldaten, die von Läusen geplagt wurden, ihre Uniformröcke über einen Ameisenhaufen breiteten, worauf die Ameisen sich dann in Hundertschaften daran machten, die Läuse auch aus der verborgensten Falte und aus dem letzten Gefreitenwinkel noch herauszufressen.

Diese praktische Sitte kam vermutlich auf, weil man den Vögeln, besonders den Staren, aufmerksam zugeschaut hatte. Sie tun etwas, das man in der Vogelkunde „Einemsen“ nennt, und es geht so: Die Vögel greifen sich ein paar Ameisen mit dem Schnabel und halten sich die begreiflicherweise entrüstet Gift spritzenden Insekten unter die angehobenen Flügel. Das darunter blutsaugende Ungeziefer wird auf diese Weise gestört, wenn nicht gar vertrieben. Hat ein Vogel aber zu viele solcher Quälgeister und will eine lokale Behandlung nicht so recht wirken, dann badet er sich von Kopf bis Fuß in den Ameisen und hat auch nichts dagegen, wenn ihm diese Art von Badewasser in den Hals kommt.

Die Wissenschaftler glauben auch, daß die Vögel die Ameisensäure als eine Art von Haarwuchsmittel benutzen. Die Ausscheidungen der Ameisen sollen die Mauser der Vögel, also ihren jährlichen Federwechsel, in Gang bringen. Andere Wissenschaftler aber sagen, das alles sei ja ganz, ganz anders und nicht halb so originell. Den Vögeln seien die Gift spritzenden Ameisen bloß zu sauer, und deshalb wischen sie die Dinger erst einmal an der Federhose oder unter dem Ärmel ab, bevor sie sie fressen.

Ja, und vor all diesen Rheumakranken, vor all den Wärme suchenden Wildsäuen, den hungrigen Spechten, den verlausten Kriegern, den haarkranken Staren und noch vor vielen Feinden mehr möchte man die Waldameisen schützen. Das Naturschutzgesetz verbietet auch das unerlaubte Sammeln von Ameisenpuppen, die früher in riesigen Mengen für die Fischzucht, die Vogelhaltung und die Fasanerien zusammengetragen wurden oder die man in Spiritus einlegte, um Ameisensäure zum Einreiben zu erhalten. Vor dem Kriege importierte Deutschland aus Finnland Ameisenpuppen im Wert von einer Million Mark, und noch einmal so viele Puppen wurden in deutschen Wäldern gesammelt und dann verkauft.

Na und? mag sich jetzt mancher fragen und denken: Seien wir doch froh, daß diese nichtsnutzigen Krabbelvölker aussterben. Aber sie sind eben alles andere als zu nichts nutze. Ich habe Eichenbestände gesehen, die von Raupen völlig kahlgefressen worden waren. Aber in enger Nachbarschaft dieser Bäume standen Eichen, denen kein Blatt fehlte. Sie säumten eine Lichtung, auf der sich einige Ameisenvölker angesiedelt hatten. Einen besseren Beweis für die Nützlichkeit der Roten Waldameisen kann man nicht erbringen. Und darum also die Schutzzelte über ihren Nestern. Und darum die Gesetze, die das Puppensammeln kontrollieren. Und darum auch die Wachsamkeit der Förster und ihr Zorn auf jeden, der mit einem Spazierstock gedankenlos in einem Ameisennest herumstochert.

Doch wird es langsam Zeit, daß wir ins Nest hineinkommen. 30 Grad, sagte ich, kann ein Thermometer anzeigen, das man zwei Handbreiten tief einsteckt. Was nun ist das eigentlich, ein Ameisenhaufen? Neun von zehn Leuten, die man so fragt, antworten: Also, ein Ameisenhaufen, das ist halt ... das ist ein Haufen aus lauter Ameisen! Aber so einfach ist das nicht. Ein Ameisennest nimmt es in der Zweckmäßigkeit mit unseren Häusern durchaus auf, und in manchem übertrifft es sie bei weitem.

Herzstück eines Nestes der Roten Waldameise ist fast immer ein Stubben. Was das ist, weiß sicher jeder, nämlich ein Baumstumpf, und die Ameisen haben viele Gänge und Kammern in ihn hineingenagt. Darunter befindet sich, wenn man so will, der Keller, der nicht selten zwei Meter in die Tiefe geht. Er besteht aus einem weiteren Netz von Gängen, die ins Erdreich unter dem Stubben getrieben wurden. Was in diesen Gängen und Kammern so alles wohnt und sich abspielt, das kriegen wir später. Bleiben wir noch ein bißchen bei der Konstruktion des Hauses.

Über dem Stubben liegt ein Mantel aus grobem Baumaterial, wie es sich im Wald in jeder Menge und äußerst preiswert findet, also Aststückchen, Rindenbrocken, Wurzeln. Aber man hat in solchen Gerüsten auch schon mal ein einsames Kragenstäbchen, einen schiefgetretenen halben Stöckelabsatz und einen Brillenbügel gefunden — und warum auch nicht? Die Liederhalle in Stuttgart besteht ja auch nicht nur aus braven Backsteinen.

Gut. Es fehlt dem Ameisenhaus jetzt nur noch sozusagen der Putz. Und der besteht aus Baumnadeln, Grashalmen, Holzmulm, Harz — alles in allem etwa vier Pfund bei einem durchschnittlichen Haufen von einem Meter Höhe und anderthalb Meter Durchmesser.

Das sind ganz hübsche Maße: zwei Meter unter der Erde, einen darüber. Insgesamt genommen ist mein Gartenhaus auch nicht höher, und das war, als ich es baute, für drei Handwerker und mich schon eine ziemliche Plackerei. Zugegeben, Ameisen bauen nicht mit Balken, Brettern und Ziegeln. Aber sie sind auch ziemlich winzig — einen Daumennagel lang ungefähr, und ich meine keinen roten Daumennagel. Ein kleinfingerlanges Holzstück ist ein Riesenapparat für eine Ameise, von einem Stöckelabsatz nicht zu reden. Große Nester bestehen aus anderthalb Kubikmeter losem Baumaterial, und das liegt nicht alles schon fix und fertig in der Gegend herum. Das will geschleppt, gewendet, aufgerichtet, eingepaßt und, wenn es von oben herunterfällt, ohne Kran und Flaschenzug wieder hinaufgeschafft werden.
Ein Ameisenbauholz, das auch nur 40 Meter von der Baustelle entfernt liegt, ist zwei Tage lang unterwegs. Und die Transporteure, die es mit Beinen und Kiefern schleppen, wechseln sich schichtweise ab. Bei solchen Verhältnissen wäre es nicht verwunderlich, wenn die Ameisenhäuser noch unpünktlicher fertig würden als die Menschenhäuser. Daß sie überhaupt fertig werden, das liegt daran, daß es in Ameisenkreisen noch keine Handwerkerknappheit gibt. Und wenn sich 500 000 willige Arbeitskräfte ans Werk machen, bleiben die Terminüberschreitungen im Rahmen.
Ein Forscher, der gern rechnet, hat den Kuppelbau der Ameisen zum Pyramidenbau der alten Ägypter ins Verhältnis gesetzt und herausgebracht, daß, so betrachtet, eine Ameise 700mal leistungsfähiger ist als der Mensch.
Ja, und wenn das Haus fertig ist, dann gehen die Ameisen der üblichen Mauerfeuchtigkeit auf ihre ganz spezielle Art zu Leibe: Sie kehren das Innere der Mauern nach außen, damit die Sonne schön heran kann. Man kann ihnen zuschauen dabei, wenn man genügend innere Ruhe mitbringt und sich nicht daran stört, daß man hier und da von einer sich beim Schaffen gestört fühlenden Arbeiterin, na, sagen wir gesittet: benäßt wird. Das ist eben ihre Art zu sagen, daß das Betreten der Baustelle Unbefugten verboten ist.
Also, man kann das Umschichten des Ameisenhaufens sehen, und die Wuselei, die dabei herrscht, hat oberflächliche Menschen zu der Annahme verleitet, ein Ameisenhaufen sei halt nichts anderes, als ein Haufen über- und durcheinander krabbelnder Ameisen.
Wissenschaftler wollen es immer ganz genau wissen. Also ging einer von ihnen her und trug mit einer Spritzpistole auf einen fertigen Neubau eine dünne Schicht aus farbigem Lack auf. Als er vier Tage später zurückkehrte, war der Lack verschwunden. Nicht etwa, daß der Farbton, in dem man ihr Haus gestrichen hatte, den Ameisen nicht gefallen hätte — nein, im Zuge ihrer ihnen angeborenen Bautätigkeit hatten sie das Baumaterial ihres Nestes inzwischen gewendet: Die Lackschicht fand sich, als man sie suchte, in zehn

Zentimeter Tiefe wieder. Ja, und 30 Tage später war der Lack wieder ganz oben!

So ist es erklärlich, daß sich in einem Ameisenhaus niemals Schimmel an den Wänden festsetzt — was nicht jeder menschliche Hausbesitzer von seinem Eigenheim sagen kann. Es erklärt aber auch, warum man manchmal verlassene Ameisenhaufen findet. Ein Geburtenschwund oder ein Überfall durch gefräßige Spechte, eine Wildsau-Invasion oder zu viele rheumakranke Waldläufer führten dann zu einer so starken Verminderung eines Ameisenvolkes, daß die Überlebenden das Haus nicht mehr in Schuß halten, also nicht mehr wenden konnten. Die Nässe zog ein, und die Ameisen zogen aus.

Nun hängt aber die Größe eines Nestes, insbesondere seines oberirdischen Teils, also des eigentlichen Haufens, keineswegs allein von der Größe des darin wohnenden Ameisenvolkes ab. Diese klugen Tierchen bauen durchaus nach physikalisch-wissenschaftlichen Gesichtspunkten. Der Mensch, der sich ein Haus baut, prüft zuvor die Beschaffenheit des Bodens, vergewissert sich, wie es mit der Luftfeuchtigkeit der Gegend bestellt ist und von wo die Sonne ihm aufs Dach scheint, wenn sie scheint. Und für die Beantwortung all dieser Fragen zahlt er kräftig Honorar an die Herren Sachverständigen.

Die Ameisen bauen auch nach solchen Gesichtspunkten, aber sie haben all dies in sich, ohne Schule, selbst ohne Schulfunk. Ihr Instinkt sagt ihnen, daß an Plätzen, die sehr trocken sind und an denen kräftig die Sonne scheint, ein zu großes überirdisches Nest, also eine zu große Kuppel, fehl am Platze wäre, denn eine solche große Kuppel würde sich viel zu stark aufheizen. Also baut das Volk in die Tiefe und hält die Kuppel flach. Ist andererseits dem Bauplatz ein Wiesengrund benachbart, der Feuchtigkeit mit sich bringt, und spendet ein Laubwald kräftig Schatten, so bauen die Ameisen bis zu zweieinhalb Meter hoch, denn nur so können sie aus dem bißchen Sonne, das sie erreicht, genügend Wärme herausholen.

Auch dieses Nach-der-Sonne-Bauen hat ein Wissenschaftler bewiesen, indem er ein kleines Ameisenvolk in einem künstlichen Nest mit Hilfe einer starken Lampe schier zum Wahnsinn trieb: Kaum hatten die Tierchen ein hohes Haus errichtet, wie sie es in schattiger Natur lieben, da rückte der Mann ihnen mit seiner wärmenden Lampe nahe — und sie trugen den Bau wieder ab. Und als die Kuppel endlich klein und häßlich war, da stellte er die Lampe in den Schrank, worauf die Ärmsten wieder anfingen, ihr Haus neu aufzubauen.

Aber die Ameisen haben durchaus auch einfachere Mittel der Wärmeregulierung — Mittel, die uns Menschen ebenfalls nicht fremd sind. Wird es ihnen im Haus zu warm, so reißen sie, wie wir, Fenster und Türen auf, indem sie, dies jedoch nicht wie wir, Löcher in die Außenwand des Hauses machen. Sie haben dabei den Vorteil, daß ihre Fenster und Türen heute hier und morgen da sitzen dürfen, mal quer, mal hoch, mal rund — und keine Landschaftsschutzbehörde protestiert. Wird es ihnen dagegen zu kühl, machen sie Fenster und Türen wieder zu. Auch kennen sie noch andere Wege. Zum Beispiel tragen sie, wenn offene Fenster bei Hitze immer noch keine Kühlung bringen, ihre Brut ein oder zwei Stockwerke tiefer und, umgekehrt, bei Kühle höher. Und reicht auch das nicht zur Erhaltung der richtigen Bruttemperatur aus, ist es im Haus etwa immer noch zu frisch, wie das im Frühjahr bei uns ja häufig ist, so greifen die Ameisen zu einem Trick, der besonders denen zu denken geben wird, die zu Hause angehalten werden, Kohlen aus dem Keller in die Wohnung zu tragen. Die Ameisen sind uns da weit voraus, denn sie tragen keine Kohle, sie tragen gleich die Wärme. Wie das funktioniert?

Sagen wir mal, drinnen im Ameisenhaufen ist das Thermometer abgerutscht auf 20 Grad oder noch weniger. Das ist den Tierchen nicht genug, denn Ameisen mögen's heiß. Also schicken sie ein paar Kundschafter aufs Dach, damit die nachschauen, was denn bloß wieder mit der Sonne los ist. Nach kurzer Zeit kommen die Kundschafter ins Nest zurück und verbreiten durch Betrillern der anderen mit ihren Fühlern die Botschaft, daß die Sonne zwar scheine, aber leider ein bißchen schwach. Daraufhin krabbeln die Arbeiterinnen in dunklen Scharen nach draußen und ballen sich an Stellen zusammen, welche die Sonne bescheint.

Es dauert nicht lange, eine halbe Stunde vielleicht, dann hat sich so ein dunkler Ameisenhaufen auf 40 Grad aufgeheizt, und dann ist der Zeitpunkt gekommen, wo es zurück ins Nest geht: Jede der Arbeiterinnen trägt bis zu 40 Grad mit sich hinein und gibt sie drinnen an den fröstelnden Nachwuchs und an die Eier legende Königin ab.

Wenn das an einem zehnstündigen Frühlingssonnentag bei einem Volk von 500 000 Ameisen vier millionenmal geschieht, dann glaubt man ohne weiteres, daß auf diese Weise drinnen das Thermometer hoch geht. Man hat das auch noch in anderen Zahlen ausgedrückt: Eine Ameise wiegt im Durchschnitt 13,76 Milligramm. Damit kommen an einem solchen Tag 55 Kilo Ameisen mit einer Temperatur von 30 bis 40 Grad ins Nestinnere und haben dort 40 Gramm Luft und zwei Kilo Nestmaterial aufzuheizen.

Wenn ich hier immer von einem Thermometer im Nest rede, so ist das so abwegig nicht. Natürlich hängt bei den Ameisen so ein Instrument nicht an der Wand. Sie tragen es in sich. Eine Ameise ist in der Lage, eine Temperaturschwankung von einem viertel Grad wahrzunehmen, während der Mensch erst reagiert, wenn er Schweiß auf der Stirn oder einen Tropfen unter der Nase hat.

Tropische Weberameisen fertigen ihre Nester aus Blättern, und zwar so, daß sich mehrere Arbeiterinnen in einer Reihe auf ein Blatt stellen und mit den

Kiefern den Rand eines anderen Blattes zu sich heranziehen. Um nun beide Blätter miteinander zu verbinden, steht eine weitere Kette von Arbeiterinnen bereit, und jede von ihnen hält zwischen den Kiefern eine Larve, von der man mit Recht sagen kann, daß sie spinnt, und dies ganz wörtlich. Es tritt aus ihr ein seidiger Faden aus, und das macht diese Ameisenart sich zunutze. Die Arbeiterinnen also halten jede eine spinnende Larve zwischen den Kiefern, drücken sie ein bißchen, damit der Spinnfaden austritt, und führen sie dabei mit dem Kopf wackelnd hin und her, von Blattrand zu Blattrand — ganz so wie ein Weberschiffchen auf einem Webstuhl läuft. Auf diese Weise werden jeweils zwei Blätter fast nahtlos miteinander verbunden.
Ist das Ganze fertig, so sieht das Nest aus wie ein hübscher glänzender Karton aus leichter Pappe. Die Instinkt-Kunst dieser Ameisen geht aber noch weiter. Da ihnen nicht wie uns ein Baugerüst zur Verfügung steht, um ein hoch gelegenes Blatt mit einem tiefer gelegenen verbinden zu können, bauen sie sich ein solches Gerüst aus ihren eigenen Leibern, indem immer eine Ameise die andere packt und vor sich oder über sich hält, bis der Turm hoch genug und, falls in die Waagerechte gebaut werden soll, die Brücke lang genug ist.

Es gibt wenige Tiervölker, die komplizierter sind als die Ameisen, haben sie doch nicht nur einen sozialen Staat, sondern sogar auch einen sozialen Magen, also einen, in dem sie Leckerbissen für hungrige Mitbürger speichern, während sie sich selber aus einem zweiten, privaten Magen ernähren. Sie haben auch nicht nur, wie die Bienen, eine Königin, sondern mitunter mehrere, die sich — o Wunder — sogar vertragen. Sie haben Arbeiterinnen, die ein Muster an Fleiß sind, und sie haben Männer, die so primitiv sind, daß sie sich nicht einmal selber ernähren können, weshalb man sie auch gleich nach der Paarung verhungern läßt. Die Ameisen haben weiter Krieger, die sie auf Raub ausschicken, damit sie anderen Ameisen die Köpfe absäbeln, die Beine ausreißen und Sklaven heimbringen. Sogar Haustiere haben sie, Kühe von 69 verschiedenen Rassen, die sie durch Liebkosung mit den Fühlern melken, denen sie richtige Ställe bauen und die sie auf der Weide besuchen, wo sie sie durch Hirten bewachen lassen. Es sind dies die Blattläuse, die einen Honigseim ausscheiden, der den Ameisen köstlich mundet.
Aber sie haben noch weit mehr, die Ameisen, sie haben Gäste — Käfer vor allem — in ihren Nestern, die sie leiden mögen und dann gut behandeln, aber auch solche, die sie nicht leiden mögen und deshalb gern hinauswerfen möchten.
Das alles klingt sehr vertraut, sehr menschlich, und es hat auch nicht an Versuchen gefehlt, Ameisenarten mit Menschenstaaten zu vergleichen, doch führt

so etwas zu nichts. Es führt bestenfalls zu schöner Literatur und Dichtung, und irgendwo stimmt es dann doch nicht, und sei es bloß, weil es bei uns nicht, wie bei manchen Ameisen, üblich ist, daß der Gastgeber von einem unsympathischen Gast zu allem hin auch noch als Reittier benutzt wird. Es stimmt auch vieles andere nicht bei solchen Vergleichen zwischen Mensch und Ameise. Es stimmt zum Beispiel nicht, daß immer gleich auch bei uns die Handwerker da sind, wenn man sie braucht, daß auch unsere Straßen stets bestens in Schuß gehalten werden, die Kehrwoche peinlich beachtet und Leichen einfach zum Fenster hinausgeworfen oder, übler noch, im Keller weggepackt werden. Das alles gibt es bei den Ameisen und gibt es bei uns eben nicht. Der Ameisenstaat ist ein biologischer Staat, nicht ein gesellschaftlicher wie der menschliche, in dem es noch um ein bißchen mehr geht als nur ums Fressen und ums Kinderkriegen, wie wichtig das auch immer sein mag.

Ich habe es in meinen Schulfunksendungen oft so gehalten, daß ich gegen Schluß zu einem Experiment ermunterte, denn auch bei mir geht das Probieren über das Studieren. So habe ich erzählt, wie man auf einem Apfel die Anfangsbuchstaben seines Namens, ja sogar das eigene Foto wachsen lassen kann, wie man den Turmfalken mit einer Nestkiste ans Haus lockt oder wie man den fleischfressenden Sonnentau im Moor mit Leberkäs füttert und mit Steinchen zum besten hält. Ich wüßte auch im Zusammenhang mit dem Nest der Ameisen ein interessantes Experiment, aber ich bitte dringend, es nur auf einem Klassenausflug und nur unter Mitwirkung eines Lehrers zu machen.

Ich erzählte ja schon, daß die Waldameise, wenn sie sich bedroht fühlt, ihr Gift, das überwiegend aus Säure besteht, austreten läßt. Sie richtet sich dazu im allgemeinen senkrecht auf und hebt den Unterleib zwischen die Hinterbeine, auf denen sie steht, und zielt mit ihm in die Schußrichtung. Ja, und dann drückt sie ab. Das ist ihre Fernwaffe. Ist der Angreifer nahe genug, so beißt sie ihn auch. Das Giftspritzen kann man sehen. Wer Schneid hat, der hält seine Hand ganz dicht über einen Ameisenhaufen und scharrt mit einem Finger ein bißchen an der Außenwand herum. Das schadet den Ameisen gar nichts; es versetzt sie bloß in Erregung, und wenn diese Erregung stark genug ist, dann geht die Spritzerei los, und zwar so stark, daß die Hand über dem Haufen im Nu naß ist. Man kann die ausströmende Ameisensäure, die der Hand nicht viel ausmacht, die höchstens unter den Fingernägeln ein bißchen brennt, auch durchaus sehen, wenn man über das kleine Loch oben im Ameisenhaufen hinwegpeilt. Es schießt in feinem Nebel heraus und sieht nicht anders aus, als wenn da Hunderte von Zwergfeuerwehrmännern am Spritzen wären.

Weit interessanter noch ist es, wenn man einen kleinen Kerzenstummel oben auf den Ameisenhaufen stellt und dort anzündet. Man muß nicht fürchten, daß der Haufen in Brand gerät. Soweit lassen es die Ameisen gar nicht kommen. Die Hitze der Kerze ruft sie sofort auf den Plan, und schon richten sie sich auf, bringen ihre Hinterleiber in Stellung und versuchen, mit kräftigem Strahl die Kerze zu löschen.

Es geht nicht sehr friedlich zu in diesem Kapitel. Es ist ziemlich viel die Rede von rollenden Köpfen und abgehackten Beinen, von Gift und Mord und Totschlag. Die Darsteller sind Ameisen, von denen etliche Forscher glauben, sie könnten einmal, da unser Klima tropisch werde, die Erde beherrschen. Zum Glück glauben andere Forscher, es komme — ganz im Gegenteil — eine neue Eiszeit.

Es gibt nicht wenige ernsthafte Leute, die sind fest davon überzeugt, daß weder die Russen noch die Amerikaner eines Tages die Welt beherrschen werden, sondern die Insekten, vorneweg die Ameisen. Sie bewohnen heute schon die gesamte Erde zwischen beiden Polkreisen, und ihre Vermehrung ist ungeheuerlich. Die Termiten, die zwar keine Ameisen, aber ebenfalls Insekten sind, zeigen uns schon lange, wie aussichtslos der Kampf des Menschen gegen sie ist, denn sie verwüsten seine Felder, indem sie die Erde mit ihren Körpersäften vermengen und auf diese Weise steinhart und damit unfruchtbar werden lassen; sie zerfressen seine Anpflanzungen, höhlen seine Bäume aus und bringen durch ihre Bohrtätigkeit seine Häuser zum Einsturz. In den tropischen Ländern, die von Termiten bewohnt werden, gibt es menschliche Kampfbünde von der Größe und dem Organisationsreichtum unserer Tierschutzvereine, doch ist ihr Lebenszweck einzig und allein die Vernichtung der Termiten.

Daß die Termiten die Erde dort, wo sie sie bewohnen, tatsächlich beherrschen, dafür gibt es sehr sichtbare Zeichen. Ich sah ihre Nester in Ostafrika: steinharte Säulen, sechs Meter hoch und vom Umfang eines dicken Baumes. Gemessen an der Größe ihrer Bewohner sind diese Häuser wahre Wolkenkratzer, die unseren kühnsten Hochhäusern in nichts nachstehen, nicht einmal in der Klima-Anlage. Diese Herrschaftshäuser stehen lose über weite Ebenen hin verstreut. Anderswo lehnen sie sich wie die Orgelpfeifen dicht aneinander und bilden ungetüme Felsformationen, in denen es sich mit Pickel und Seil gut klettern ließe.

Nur das Klima ist es, das uns in Europa vor den Termiten bewahrt; sie kommen über die Länder des Mittelmeeres nicht hinaus — noch nicht, sagen die Fachleute, die an das kommende Zeitalter der Insekten glauben. Sie erwarten Klimaverschiebungen bei uns, ein Wandern der warmen Erdzonen zu den Polkappen hin, eine umgekehrte Eiszeit, die mit der Urgewalt von Ewigkeiten das Antlitz unserer Erde verwandeln, die Menschen aussterben und tropisches Gewürm herrschen lassen wird.

Zum Glück gibt es drei Gründe, die diesem Gespenst einer Machtergreifung durch die Insekten ein bißchen den Schrecken nehmen.

1. Es gibt Fachleute, die sagen so ziemlich das Gegenteil von dem voraus, was die eben zitierten Fachleute prophezeiten: Es komme, so sagen sie, eine neue Eiszeit.
2. Der größte Feind der Insekten sind die Insekten. Das ist wie bei den Menschen; sie sorgen durch blutige Kriege untereinander dafür, daß es ihrer nicht zu viele werden auf der Erde.
3. Was immer nun kommt — Eiszeit oder Insekten-Zeitalter, es kommt ganz bestimmt nicht vor den nächsten Schulzeugnissen; es hat also keinen Sinn, das Lernen einzustellen.

Bevor wir uns damit beschäftigen, zuzusehen, wie die Ameisen sich umbringen, müssen wir uns anschauen, wie sie leben. Einem rechten Zoologen fiele es niemals ein, in Bausch und Bogen von den Ameisen zu reden, denn er weiß, daß es rund 6000 bekannte Arten gibt, von denen die kleinste drei Millimeter, die größte drei Zentimeter mißt. Auch die Körpergestalt kann unglaublich unterschiedlich ausfallen: Von wanzenartig breiten, plumpen und kurzbeinigen Arten gibt es alle möglichen Übergänge zu spinnenhaft langbeinigen schlanken Ameisengestalten.
Zwar bilden alle Ameisen Staaten, aber die Staaten der einen verhalten sich zu den Staaten der anderen wie das Fürstentum Monaco zu China. Einige bauen kleine Nesthügel, andere große. Und dazwischen gibt es welche, die gehen unter Tag; ihre Nester im Erdinnern gleichen riesigen Bergwerken, die von Millionen Tieren bewohnt werden. Wieder andere Ameisen halten überhaupt nichts vom Hausbau; sie wandern durch die Gegend und lagern mal hier und mal dort. Es sind sogar riesige Ameisenvölker, die es wie die Zigeuner halten, und die Wanderameise hat ihren Namen von dieser Lebensart. Sie ist es auch, die dem Schreckgespenst der Ameisenherrschaft immer wieder neue Nahrung gibt. In gewaltigen Zügen zigeunern diese Ameisenvölker umher und vertreiben selbst so verhältnismäßig große Tiere wie Hasen, die sie oft genug ganz einfach überlaufen, mit ihren Leibern zudecken und ersticken. Und dann fressen sie sie auf, denn Ameisen sind auch Fleischfresser.
Die Straßen, auf denen die Ameisen ziehen, gleichen oft menschlichen Wanderwegen, so ausgetreten sind sie, und nicht zuletzt deshalb hat man die Ameisen die Infanterie unter den Insekten genannt, also das zu Fuß marschierende Heer. Im Gegensatz zu den Bienen etwa, die ja reine Fliegerstaaten bilden. Und so wie die Infanterie seit den Zeiten der Römer in straffer Ordnung sich überall dort die Erde unterwarf, wo man sie hinführte, so nahmen auch die Völker der Ameisen von der gesamten Erde außerhalb der Polgebiete Besitz. Es gibt so gut wie keine Stelle der festen Erdoberfläche, die nicht auch Ameisen beherbergt, sofern dort überhaupt Leben möglich ist.

Und Schranken wie Flüsse, Meeresarme oder Gebirge, die der Ameisen-Infanterie Einhalt gebieten, wurden oft genug dennoch überwunden, und zwar durch die mit Flügeln versehenen Weibchen. Ein einziges Weibchen genügt, um einen neuen Millionenstaat zu gründen. Jedes Weibchen trägt einen besonderen Behälter in sich, in dem sich der Samen befindet, den ein Ameisenmännchen bei der Befruchtung dort hineintat, und an diesem Samen hat das Weibchen für die Zeit seines fruchtbaren Lebens genug.
Bedenkt man nun, daß es Millionen befruchteter Ameisenweibchen gibt, die zur Zeit der großen Hochzeitsflüge in alle Winde ausschwärmen, so läßt sich leicht vorstellen, wie ungeheuerlich Ameisen sich vermehren. Das ist wie bei den Pflanzen auch: Unmassen von Keimen werden ausgesandt und vom Wind überallhin verweht. Sicher — Unmassen kommen auch um, aber wo der Zufall einen Keim (oder in unserem Fall: ein befruchtetes Ameisenweibchen) auf günstigen Boden fallen läßt, da kommt es zu einer neuen Pflanze oder zu einem neuen Staat. Fünfzig bis achtzig Jahre alt kann so ein Ameisenstaat werden, wenn er dafür sorgt, daß ihm die jungen, befruchteten Weibchen nicht ausgehen.

Die Versuchung ist groß, einen Ameisenstaat immer wieder mit einem Menschenstaat zu vergleichen, und das ist auch oft genug schon getan worden. Der Schweizer Zoologe August Forel schrieb zum Beispiel mit ingrimmigem Humor folgendes: „Unter den Ameisen findet man Weber, Schlächter, Tierzüchter, Maurer, Kartonfabrikanten, Bäcker, Pilzzüchter, Gärtner, Krieger und Pazifisten, Sklavenjäger, Diebe, Räuber und Parasiten; aber weder Professoren noch Volksredner, keine Bürokraten und Generale, nicht einmal Korporale, auch keine Kapitalisten und Spekulanten und ebensowenig Schwätzer. Lieber Leser, denke gut darüber nach . . .“
Und da er nun schon einmal beim — fragwürdigen — Vergleichen der Ameisen mit den Menschen war, stellte er auch gleich fest, daß die europäischen Ameisen die blutrünstigsten, den Krieg am meisten liebenden Ameisen der Welt sind. Und damit sind wir bei unserem Thema angelangt: dem Kampf der Ameisen untereinander.

Ein gutes Naturkundemuseum hat auch eine Ameisensammlung. Ihr Studium ist wie ein Gang durch ein Zeughaus, in dem die Waffen der Heere ausgestellt sind. Und so vielgestaltig wie die Mordwerkzeuge der Menschen sind auch die Waffen der Ameisen, worunter wir in erster Linie ihre Kiefer zu verstehen haben. Sie sind geweihartig dem Kopf vorgebaut und haben die abenteuerlichsten Formen. Da gibt es welche, die sehen aus wie zwei Sägeblätter; sie sind innen mit vielen kleinen Zähnen besetzt und so geformt, daß der Kopf eines Feindes maßgerecht hineinpaßt. Diese Waffe ist deshalb ganz vorzüglich geeignet, einer anderen Ameise den Kopf abzusägen — ein Kampfmittel, das sich in Ameisenkriegen größter Beliebtheit erfreut; nicht mal in den Türkenkriegen des Mittelalters sah man so viele Köpfe rollen wie noch heute auf einem Schlachtfeld der Ameisen.

Andere dieser Krabbeltiere haben Kiefer, die sehr den Steighaken ähneln, die sich die Telegrafenarbeiter unter die Füße schnallen, bevor sie an einer hölzernen Telegrafenstange hinaufklettern. Die Träger dieser schaurigen Waffen lieben es, ihren Gegnern das Hirn zu durchbohren, und da die Bohrwerkzeuge groß sind, das Hirn einer Ameise aber nur klein ist, hat auch diese Kampfesweise viel Erfolg.

Dann gibt es noch Ameisenkiefer, die funktionieren wie Zwickzangen von der Art, wie der Elektriker sie zum Kappen von Draht benutzt. Sie sind gut geeignet, anderen Ameisen die Beine abzuzwicken, und genau dazu werden sie auch gebraucht. Wieder andere Ameisen haben Kiefer, mit denen es sich vortrefflich mahlen läßt. Auch der Nußknackertyp ist vertreten, wie sich denn überhaupt kaum eine Zangenform denken läßt, die unter Ameisenkiefern nicht vertreten wäre.

Sie hauen, stechen, säbeln und schneiden aber nicht nur, sie schießen auch, diese lieben Tierchen, und zwar mit Gift. Zu diesem Zweck richten sie sich auf den hinteren Beinen in die Höhe, krümmen den Unterleib zwischen den Beinen hindurch nach oben und in die Richtung des Feindes und drücken ab. Heraus tritt dann ein kräftiger Strahl Ameisensäure, der auf Artgenossen oft tödlich wirkt. Nicht selten ist auch noch ein Stachel vorhanden, der so stark stechen kann, daß selbst die menschliche Haut ihm nicht standhält.

Es gibt unter den Ameisen aber noch schlimmere Waffen als Säbel und Gift. Ein paar Arten lassen im Kampf einen eklen Saft austreten, der an der Luft stark schäumt und alsbald so klebrig wie Baumharz wird. Dieses chemische Kampfmittel schmieren sie dem Gegner auf Kopf und Fühler. Dazu muß man wissen, daß diese Fühler den Ameisen Hände und Nase zugleich sind. Und mit diesem Tastriecher hat es eine ganz besondere Bewandtnis.

Bienen, Ameisen und Termiten schaffen mit diesem Sinnesorgan etwas, das uns schier unvorstellbar ist: Sie können damit Gegenstände gleichzeitig von mehreren Seiten her beriechen und sich auf diese Weise eine verläßliche Vorstellung davon verschaffen, wie der berochene Gegenstand aussieht, ob er rund ist also, Ecken hat, rauh oder glatt ist. Schneidet man einer Ameise die Fühler ab oder verklebt man sie, so wird das Tierchen hilflos, nicht viel anders als der Hund ja auch, der sofort jede Bindung an seinen Herrn verliert, wenn man ihm die Geruchsnerven durchtrennt.

Ameisen erkennen sich am Geruch, und deshalb befingern sie sich auch stets, wenn sie aufeinandertreffen. Es hat aber nicht nur jede Art einen bestimmten, freilich nur diesen Tieren zugänglichen Geruch, sondern jedes Nest riecht auch noch auf eine bestimmte Weise, so daß es einer Ameise nicht schwerfällt, selbst von einem Familienmitglied sofort zu sagen, ob es im eigenen Nest oder in einem fremden zuhause ist. Wenn man dies weiß, kann man sich vorstellen, wie hilflos eine Ameise ist, der ein Feind die „Nase“ mit einer Art von Leim verschmiert hat; sie kennt dann Freund und Feind nicht mehr und wird in ihrer Hilflosigkeit rasch ein Opfer der vielen Säbel, Zangen und Nußknacker, die auf einem Ameisenschlachtfeld wüten.

Man weiß nicht recht, warum Ameisen sich so wütend und oft bis zur Ausrottung bekriegen, es sei denn, man beantwortet diese Frage mit einer neuen Frage: Von was würden die Ameisen sich ernähren, wenn sie alle untereinander Frieden hielten? Ameisen sind auch Fleischfresser, und wer Fleisch frißt, muß töten.

Nun gibt es aber auch schwache Ameisenvölker, die nicht in der Lage sind, Kriege zu führen — gleichwohl müssen sie leben und ihre Brut pflegen. Wie machen sie das? Ihre Verteidigung beruht auf List. Können sie nicht flüchten, dann stellen sie sich tot; sie ziehen die Beine an den Leib und liegen wie kleine Aststückchen in der Gegend herum. Auch verstecken sie ihre Nester, indem sie die Eingänge mit Erde tarnen oder gar des Nachts durch kleine Holzbalken verrammeln. Auch stellen sie Wächter in diese Eingangslöcher, die sich im Kampf gegen Feinde immer wieder ablösen. Auf diese Weise kann der Dickschädel einer einzigen Soldatenameise natürlich eine ganze Feindesschar am Eintritt ins Nest hindern.

Nun ist aber auch ein Ameisennest kein Schlaraffenland, in dem einem die Nahrung in den Mund fliegt; wer fressen will, der muß irgendwann einmal hinaus in die weite Welt und sich die Nahrung holen. Und dabei werden die Völker der kampfschwachen Ameisen zu richtigen Dieben und Leichenfledderern. Auf einem Kampfplatz großer, wehrhafter Ameisen kann man sehen, wie einzelne, kleine Ameisen zwischen den kämpfenden großen Ameisen hin- und herwuseln und die Leichen, ja selbst die noch lebenden, schwerverwundeten Tiere hinwegtragen; und sie tun das nicht als eine Art von Sanitäter, und keineswegs auch bringen sie die Verwundeten in Sicherheit; sie tragen sie ganz im Gegenteil heim in die eigene Küche, wenn ich das so sagen darf. Und werden sie dabei von einer großen Ameise erwischt, so stellen sie sich sofort tot und mischen sich zwanglos unter die vielen Leichen, die eh schon in der Gegend herumliegen und nicht weiter auffallen.

Angriffskriege führen nur mächtige Ameisenvölker, und meist auch nur solche, die oberirdisch leben und deshalb auch — im Gegensatz zu den reinen

Erdameisen — besser sehen können. Sie kämpfen verbissen um Wiesen, Bäume und Pflanzflächen, und je zahlreicher sie sind, um so wütender beißen und schießen sie um sich. Da kommt es dann durchaus vor, daß zwei große Völker, die um eines Baumes mit Blattläusen willen aneinandergeraten, sich in tagelangen Kämpfen regelrecht ausrotten. Die schwachen Ameisen dann sind die lachenden Dritten, die schließlich die Blattläuse melken und sich zu dieser köstlichen Milch auch noch den Braten in Gestalt der Toten holen, die in Haufen herumliegen. Gefühlvolle Forscher haben es beklagt, daß die Ameisen wie die Menschen nichts aus der Nutzlosigkeit solcher Kriege lernen und Jahr für Jahr erneut aufeinander losgehen.

Es gibt in den Ameisenkriegen Kampfesweisen, die heute noch in jedem Lehrbuch menschlicher Kriegsführung stehen. Die blutrote Raubameise zum Beispiel denkt nicht daran, sich einem überlegenen Gegner in offener Feldschlacht zu stellen. Sie bildet einzelne Kampfgruppen, die sich heimlich von der Front absondern und die Erregung der Schlacht und die Deckung des Geländes dazu benutzen, um in den Rücken des Feindes zu gelangen. Von dorther rollen sie dann die feindliche Front auf und vereinigen sich mit ihren von vorn angreifenden Genossen.

Auch die Sicherung der Beute und des Nachschubs geschieht bei den Ameisen, wie es in den Kriegsanweisungen der Herren Schlieffen und Moltke steht. Das wird am Beispiel der afrikanischen Wanderameisen klar. Diese Fleischfresser räubern alle vierzehn Tage einen Jagdgrund von rund tausend Quadratmetern leer; danach findet sich darin kein Fliegen-Ei und kein Erdwurm mehr. Also müssen die Ameisen weiterziehen. Und zwar tun sie das mit ihrer gesamten Brut. Bevor sie aber ziehen, senden sie Kundschafter aus. Bald genug kommen diese zurück und trillern mit den Fühlern die Nachrichten herum, daß in fünfhundert Meter Entfernung, am Rande des jetzigen, leergefressenen Herrschaftsgebietes, ein anderes großes Ameisenvolk, ein seßhaftes noch dazu, sein riesiges Nest habe, und also wird beschlossen, dieses Nest auszurauben, um einmal Platz für die eigene Brut und zum anderen Fleisch für die hungrigen Mägen zu bekommen.

In gewaltigen Scharen ziehen die Truppen der Wanderameisen dann vor die Burg des Feindes. Es kommt zu wüsten Schlachten, und schließlich räumt der Gegner durch Flucht das Feld. Seine Brut wird von den Wanderameisen gefressen.

Die Sieger gehen nun daran, den weiten Weg, den die eigenen hilflosen Puppen ins neue Nest nehmen müssen, gegen Angriffe zu sichern, insbesondere auch gegen Angriffe aus der Luft durch Vögel. Überall dort, wo der Weg nicht durch natürlichen Pflanzenwuchs geschützt ist, da bauen die Arbeiter der

Wanderameisen Gewölbe aus Gräsern und Erde über den Weg, meterlange Galerien überziehen schließlich die Erde, und dann beginnt nach einer kurzen Ruhepause der eigentliche Umzug des Volkes ins neue Nest.

Bald kommen die Arbeiterinnen daher und tragen die Puppen und Larven mit sich, streng bewacht von den Soldaten des Volkes, die entlang dem ganzen Weg kampfbereit Spalier bilden. Sind die Larven in Sicherheit gebracht, folgt die Königin nach, die Männchen, die Hilfsameisen, die Gäste. Und wenn nach 24 Stunden der Zug ein Ende nimmt, dann schließen sich die Wächter, die Soldaten an und marschieren mit ins neue Lebensgebiet.

Man hat versucht, die Kopfzahl eines solchen ungeheuren Ameisenzuges festzustellen. In jeder Sekunde gingen sieben Trägerinnen mit ihrer Puppenlast am Zählenden vorüber, und so kam er, wenn er die mitgetragenen Puppen einrechnete, in 24 Stunden auf mehr als eine Million Tiere — nicht gerechnet die große Zahl der Truppen, die den Kampf geführt und gewonnen hatten und die schon vor diesem Umzug den Weg entlanggezogen waren. Man schätzt ein großes Volk der Wanderameise auf zwei Millionen Köpfe, und es gibt weit größere.

Ameisenforscher haben in liebevoller Kleinarbeit, die häufig ein langes Leben in Anspruch nahm, schreckliche Bilder von den Kampfesweisen der Ameisen gezeichnet, mit Einzelheiten, die oft genug an die Zweikämpfe erinnern, die von den Helden der griechischen Sage ausgefochten wurden. Ein mächtiger Ameisenkrieger wurde beobachtet, wie er mit den Kiefern einen nicht weniger großen Gegner am Genick packte und dann so gewaltig zubiß, daß der Feind in allen Gliedern zusammenzuckte und der abgeschnittene Kopf einige Zentimeter weit fortrollte. Hektor und Achill in Daumennagelgröße also, und die Erinnerung an sie lebt heute noch in den Zoologiebüchern fort, obwohl sie ihr Duell schon 1870 und auch nicht vor Troja, sondern auf einem Rasenstück vor der Züricher Universität austrugen.

Ich las auch noch von einem anderen Ameisenhelden. Bereits halb geköpft, das Haupt nur noch an Nervensträngen baumelnd, von Krämpfen befallen — so war er hinter seinen Kampfgenossen zurückgeblieben und hatte, der Arme, das Signal zum Rückzug nicht mitbekommen. Ganz allein wehrte er sich gegen die vielen Feinde, und dennoch wäre es ihm beinahe noch gelungen, einen seiner ärgsten Bedränger am Genick zu fassen. Doch die Überzahl der Feinde rang ihn schließlich zu Boden, und sie packten ihn und rissen ihn schmählich in Stücke.

In der vielfältigen Ameisenliteratur sind wahre Schlachtgemälde entworfen worden, die den Schilderungen aus den Indianerkriegen an Grausamkeit nicht nachstehen. Ich zitiere mal ein Stück aus einem wissenschaftlichen Ameisenbuch — es hört sich an wie ein Kapitel aus Karl May.

„Es entstand“, so lese ich, „eine starre, zehn Zentimeter tiefe Kampffront, an der allein die Kraft und Übermacht, nicht aber die taktische Geschicklichkeit entschied. So bildeten sie lange Ketten von zwei bis zehn ineinander verbissenen Tieren, und jede Partei, indem sie sich fest an den Boden klammerte, war mit allen Kräften bemüht, die Gegner zu sich herüberzureißen. Gleichzeitig überschütteten alle Tiere, welche ihren Hinterleib nach vorn zu drehen vermochten, die Gegner mit ihrem Gift. In der Hitze des Gefechts kam es auch vor, daß sich eine Ameise in der andern täuschte und eine Bundesgenossin überfiel. Fast immer aber konnte sie noch vor der Giftanwendung, dank ihrer Fühler, den Fehler erkennen und die also Vergewaltigte freilassen. Hatte eine Ameise im Verlauf der vielfältigen Kämpfe und infolge besonderer Unachtsamkeit aber doch einmal eine Freundin mit Gift überspritzt, so zahlte die Gefährtin es ihr mit gleicher Münze heim, und einer Feindin mochte es dann gelingen, die zwei unglücklich aneinandergeratenen Freundinnen auf die Feindseite hinüberzuziehen, wo sie dann vollends totgemacht wurden.“
Und weiter lese ich: „Nun aber schwoll das Kampfgewühl zum schrecklichen Gemetzel an. Eine Fläche von dreißig Quadratzentimetern war buchstäblich mit ineinander verbissenen, voll verzweifelter Wut kämpfenden Ameisen bedeckt. Und noch lange nach der Schlacht sah man Ameisen, die sich erbittert auf schon halbtote Gegner stürzten, selbst wenn nur noch deren vorderste Fühlerglieder schwach zitterten ... Nie aber stürzten sie sich allein auf den Feind. Es versuchten jeweils zwei oder drei zugleich eine Feindin am Boden festzuhalten, während eine weitere auf den Rücken der Unglücklichen stieg, und so lange zubiß, bis daß die Arme zusammenbrach und ihr Kopf davonrollte.“
Einer tropischen Ameisenart liegt das Kriegshandwerk so sehr im Blut, daß darüber alle anderen Fähigkeiten verkümmerten. Es ist die Amazonenameise, die so sehr zur Kriegerin geworden ist, daß ihr Kopf, der die fürchterliche Waffe der Kiefer trägt, nicht einmal mehr zum selbständigen Fressen taugt, nicht zu reden von Fertigkeiten wie Nestbau oder Brutpflege. Die Amazonenameisen müssen deshalb auf Sklavenjagd gehen, um sich Dienstmädchen zu besorgen, die ihnen Futter reichen, das Nest säubern und die Brut pflegen.
Für die Sklavenjagd haben sich bei ihnen spezielle Waffen herausgebildet; es sind die Kiefer, die sichelförmig gebogen und mit äußerst scharfen Spitzen versehen sind; die Innenränder sind ganz glatt. Sie taugen zu nichts anderem als dazu, anderen Ameisen die Köpfe zu durchbohren und deren Puppen wegzutragen. Das Hungergefühl löst bei den Amazonenameisen denn auch nicht den Trieb aus, zu fressen, sondern den Drang, die Sklaven aufzufordern, mit der Fütterung zu beginnen. Man könnte diesen Ameisen das schönste, reichlichste Futter vor die Köpfe streuen — sie würden verhungern, nähme man ihnen gleichzeitig die Sklaven fort.

Eine Kindesentführung mit dem Marmeladenglas. Man kann im eigenen Haus doch keine Kannibalen dulden. Augen wie Danziger Goldwasser.

Wenn man vier Vögel, drei Waldmäuse, zwei Siebenschläfer, einen Laubfrosch, zwei Kinder und eine Frau daheim hat, dann kommt es — das werden Sie zugeben — auf ein Dutzend Feuersalamander auch nicht mehr an.
Es schien mir eines zoologisch Interessierten unwürdig zu sein, diese Tiere nur von den Kartons einer Schuhfabrik her zu kennen, und so machte ich mich eines Sommertages mit einem gut gespülten Marmeladenglas auf den Weg in ein Wiesental, in das ein aus dem angrenzenden Wald kommendes Bächlein hineingluckert. Zu seinem Abstieg ins Tal bedient sich dieser kaum der Rede werte Bach einiger selbstgebauter Terrassen, auf denen er ebenso kalte wie klare Miniaturteiche bildet.
Diese Art von Wasser, verbunden mit tiefen Baumschatten, sei das Kindbett der Feuersalamander, belehrten mich amphibisch bewanderte Schriftsteller, und ich muß sagen, daß sie recht hatten. Binnen zehn Minuten schwammen zwölf streichholzlange Larven der Schwanzlurchgattung Salamandra in meinem Glas. Es tat ihrem Wohlbefinden keinen Abbruch, daß sie alsbald auf dem Boden meines Autos herumkrochen, wohin sie durch das Rumpeln über hundsmiserable Feldwege geraten waren; hatte ich es doch versäumt, für das Glas einen Deckel mitzubringen. Ich sammelte alle zwölf unter den Wagensitzen wieder ein, entfernte bei dieser Gelegenheit gleich einen alten Kaugummi meines Sohnes aus dem Gleitmechanismus eines Sitzes, fuhr heim und richtete den Larven in einem Aquarium auf meinem Schreibtisch das Quartier.

Ich möchte Ihre naturkundliche Bildung nicht mit dem Hinweis beleidigen, daß die Salamander, angeführt von dem schwarzgelben Feuersalamander, keine Molche sind, deren Lebenselement weit mehr das Wasser ist. Der Feuersalamander ist ein Landtier, denn seine Figur ist bar jeder Fischähnlichkeit und rundlich plump wie eine Oberländer Wurst; auch hat sein Schwanz nicht die Ruderblattform der Molchschwänze, sondern ist gleichfalls dick und nahezu rund.
Was sein weiteres Äußeres angeht, so wollen wir uns hier nicht an dem Streit der Gelehrten beteiligen, die sich nicht recht einig sind, ob der Feuersalamander nun gelbe Flecke auf schwarzem oder schwarze Flecke auf gelbem Grund hat. Man kennt sowohl Spielarten, bei denen das Gelb überwiegt, als auch solche, die fast rein schwarz sind. Auch ist das Gelb nicht immer gelb. Alte

Terrarianer schwärmen noch heute von einem Exemplar, das im Jahre 1913 auf einer Ausstellung in Stuttgart zu sehen war: Sein Gelb war ein prachtvolles Mennigrot von der Art, wie es den Bauch der Schiffe ziert.
Literaturbeflissene Menschen kommt leicht ein Gruseln an, wenn sie vom Feuersalamander hören. Sie erinnern sich daran, bei Plinius gelesen zu haben, daß dieser Schwanzlurch das größte Scheusal unter allem Giftgetier auf Erden sei, durchaus fähig, ganze Völkerschaften auszurotten, und das auch noch, wie Plinius mißbilligend bemerkt, ohne eine Spur von Reue. Aristoteles dann brachte das Märchen auf, der Feuersalamander könne jedes Feuer löschen, wie der griechische Weise ja auch die bis in unsere Tage hineinwirkende Geschichte in die Welt setzte, die Schwalben verkröchen sich winters im Schlamm, um darin bis zum Frühling zu schlafen.
Und so hat sich bis heute die Mär von der Feuerwehrkraft des Salamanders gehalten. In manchen Gegenden glaubt man noch immer fest, jeder Brand müsse im Nu verlöschen, werfe man nur einen Feuersalamander hinein. Zum Glück für die Tiere hat man sie meist nie zur Hand, wenn's irgendwo brennt, denn sie verbringen ihr Leben im Wald, wo er am finstersten ist, versteckt unter Wurzelwerk mit feuchtem Untergrund. Höchstens bei Regen macht der Feuersalamander tagsüber einen Gang vors Haus, wie er denn überhaupt die Feuchtigkeit nicht nur liebt, sondern geradezu braucht, um nicht einzugehen. Große Trockenheit läßt ihn einschrumpeln, seine Haut wird knittrig und welk; kommt aber Regen, so wirkt er alsbald wieder wohlgenährt, und seine Farben leuchten.
Die Schwerfälligkeit, mit der er sich bewegt, bestimmt auch die Art seiner Nahrung: Regenwürmer und Nacktschnecken vor allem, aber auch wohl mal eine Heuschrecke, die fahrlässig genug war, vor dem herankriechenden Tier nicht schnell genug davonzuhüpfen.
An der Giftigkeit des Feuersalamanders ist allerdings etwas dran. Packt man einen, so läßt er, wie die Kröten, eine Hautflüssigkeit austreten. Der Mensch aber muß einen derart beschmutzten Finger schon in die Nase stecken oder sich die Augen mit ihm reiben, will er die brennende Wirkung auf den Schleimhäuten verspüren. Kleingetier kann an diesem Gift jedoch sterben. Dem Hund oder dem Fuchs wird es nach einem Biß in den Feuersalamander schlimmstenfalls hundeübel. Und so hat der Feuersalamander vor allen seinen Nachbarn im Walde Ruh. Man nimmt an, daß hiermit auch seine auffallende schwarzgelbe Färbung zusammenhängt: Wer einmal von dieser unbekömmlichen Kost genascht hat, der soll wissen, daß ihm davon jedesmal aufs neue gelb im Gesicht, wenn nicht gar schwarz vor Augen wird.
Allein aus Gründen der Fortpflanzung geht der Landbewohner Feuersalamander ins flache Wasser. Freilich nur bis zum Bauch, wenigstens dann, wenn

es Zeit zum Kinderkriegen ist, und das ist es bei Salamanders im ganzen Sommer. Die Brust der Salamanderin liegt dabei auf einem Stein, und nach und nach schlüpfen ihr unterm Schwanz im Wasser die höchst lebendigen Larven heraus. Sie soll es bis auf über fünfzig Stück bringen.
Nur selten steckt eine Larve bei der Geburt noch in der Eihaut, und wenn, dann befreit sie sich daraus unmittelbar danach. Was von da an das Verhältnis zwischen den Jungen und den Alten angeht, so kann ich leider nicht mit rührenden Geschichten von Mutterliebe dienen, denn hier heißt's: Aus dem Bauche, aus dem Sinn! Die alten Salamander steigen alsbald wieder an Land und überlassen ihren Nachwuchs im Wasser sich selbst.
Wenn Sie eingangs lasen, daß die Larven, die ich aus dem Bach fischte, schon streichholzlang waren, Sie jetzt aber wissen, daß so ein Salamanderweibchen über fünfzig Stück davon in die Welt setzen kann, so können Sie sich ausrechnen, daß meine zwölf Pensionsgäste aus dem Gröbsten heraus waren, als sie bei mir einzogen. Trotzdem läßt sich nicht sagen, daß diese kleinen schmutziggrauen Flitzer die Schönheit ihrer Eltern auch nur ahnen ließen. Dem Körperbau nach allerdings waren es schon richtige kleine Salamander mit breitem, flachem Kopf, vier vollkommen ausgebildeten Beinen und Füßen sowie einem Schwanz, der nur am Ende etwas flossenartiger aussah, als dies bei den Alten der Fall ist. Die Iris schaut aus wie eines jener Partikelchen, die im Danziger Goldwasser herumschwimmen. Flecke von ebensolcher Größe und Farbe finden sich auch an den Achseln.

Was diese Larven aber zu Wassertieren macht, das sind die Kiemen, die rechts und links hinter dem Kopf abstehen und wie kleine Farnwedel aussehen. Auf ihr Eintrocknen, also das Umstellen auf Lungenatmung und damit auf die zweite, eigentliche Geburt des Feuersalamanders, wartete ich. Und weil der Mensch nie die Geduld der Natur hat, beschleunigte ich diese Metamorphose durch eine Wassertemperatur, die etwas über der des Baches lag, sowie durch kräftige Kost in Form von Tubifex, rötlichen, fadenförmigen Würmern, die man in ebenso preiswerten wie unappetitlichen Portionen kaufen kann. Meine Larven aber fanden diese sich windenden Gewürmknäuel köstlich. Sie fuhren mit den schnappenden Mäulern nur so hinein und waren danach so satt wie meine Frau, der das Abendbrot dann gar nicht mehr schmecken wollte.
Auf die Gefahr hin, auch Ihnen den Appetit zu verderben, muß ich noch schnell ein bißchen mehr von den Tafelfreuden der Feuersalamanderlarven erzählen. Eines Morgens entdeckte ich, daß dem einen Burschen ein anderer zum Hals heraushing. Der kleine Kannibale hatte im Dunkel der Nacht angefangen, seinen Bruder vom Schwanz her aufzufressen. Das Opfer war bereits tot, und offensichtlich wartete der Mörder darauf, daß das, was er schon

geschluckt hatte, durch die einsetzende Verdauung auf eine Größe und zu einer Konsistenz reduziert werde, die sich bequem herunterschlingen ließe.
„Du wirst diesem ekelhaften Gesellen sofort die Leiche aus dem Maul nehmen!" befahl meine Frau.
„Und für ein standesgemäßes Begräbnis sorgen", spottete ich ein bißchen ungeschickt, denn sie entrüstete sich: „Wie kannst du dich nur an solch einem Schauspiel weiden!"
Jetzt war ich beleidigt und hängte mir ein wissenschaftliches Mäntelchen um. „Was wir hier beobachten", dozierte ich, „ist eine Erkenntnis . . ."
„. . . die im Klingelhöfer dort in deinem Bücherregal auf Seite 426 schon beschrieben steht, du Angeber!"
Also hatte sie die Terrarienkunde gelesen, was mich einerseits zwar freute, andererseits aber daran hinderte, mein Interesse am Kannibalismus der Larven als einen Dienst an der Wissenschaft hinzustellen. Ich versuchte es mit Analogie zum menschlichen Verhalten: „Du läßt dir doch auch nicht gern ein Würstchen, das du angebissen hast, wieder wegnehmen."
„Es hängt mir aber auch nicht stundenlang aus dem Mund heraus, und überhaupt ist das ein alberner Vergleich. Es sei denn", schloß sie wütend, „ich fräße dich, du . . . du Würstchen!"
Ich trotzte ihrem Verlangen vierundzwanzig Stunden lang. Als dann die Mahlzeit, am zweiten Tag des Dramas, noch immer keine wesentlichen Fortschritte gemacht hatte, nahm ich dem Räuber die Beute aus dem Maul. Der so Geprellte zuckte zwar unwillig mit dem Schwanz, ließ aber doch los, als er in Gefahr geriet, von mir mitsamt seinem Opfer aus dem Wasser gezogen zu werden.
Später dann, als die meisten Larven schon als fertige Salamander an Land gestiegen waren, setzte ich die drei letzten Unvollendeten in ein anderes Glas, das ich eine Weile nicht beobachtete. Eines Morgens stellte ich fest, daß es nur noch ihrer zwei waren. Und da der dritte auch hinter dem Schrank nicht lag, auf dem das (offene) Glas stand, dürfte er wohl einem der beiden übriggebliebenen im Magen gelegen haben. Schwer, wie ich hoffte, wenngleich ich es bedauerte, nun nicht zu wissen, wie lange eine Kannibalenmahlzeit, geht sie ungestört wie in der Natur vor sich, eigentlich dauert.

Keine sechs Wochen nach dem Einzug dieser Gladiatoren bei mir war die ganze Sippschaft, von den zwei Ermordeten abgesehen, aus dem Wasser heraus. Draußen im Bach brauchen die Larven meist wesentlich länger dazu. Fünf Monate Entwicklungszeit sind nicht selten; manche überwintern sogar im Larvenstadium.
Die zweite Geburt des Feuersalamanders läßt sich gut beobachten. Schon ein

paar Tage vor dem Anlandgehen bekommen die Jungen die großen gelben Flecke der Alten, und das Grau dazwischen wandelt sich zu tiefem Schwarz. Plötzlich sind auch die Kiemen weg, und ein fertiger kleiner Feuersalamander steigt aus dem Wasser auf einen Stein, den man, macht man eine Feuersalamanderfabrik auf, keinesfalls vergessen darf, weil sonst die Tiere unweigerlich ertrinken.

Und dann kommt der Zeitpunkt, an dem man sich fragen muß, ob man wohl Spaß daran haben werde, mehrere Jahre lang zuzuschauen, wie die kleinen Salamander langsam zu großen werden, die ausgewachsen etwa zwanzig Zentimeter messen. Da dieser Spaß aber wegen der Lebensweise der Tiere fast ausschließlich ein nächtlicher ist, verzichtete ich weise auf das Anschauen des zweiten Teils der Reise eines Feuersalamanders von der Geburt bis zum Tode. Ich brachte die kleinen Kerle in den Wald zurück, und da ich mit ihrem Dank für Speis und Trank nicht gerechnet hatte, war die Enttäuschung über das Ende unserer Beziehungen auf beiden Seiten nicht groß.

Meine Frau, längst wieder mit mir und unseren damaligen Schützlingen versöhnt, hat, seit die Salamander aus dem Hause sind, schon ein paarmal gemeint, es wäre vielleicht doch ganz gut, wenn wir unsere Feuerversicherung erhöhen ließen.

Hier geht es um die Brut- und Nistgewohnheiten der Vögel, und man erfährt, woraus die Schwalbennester gemacht sind, die die Chinesen so gerne essen, liest auch von einer Eule, die eine Glühbirne bebrütet, und vom Specht, der 60mal am Tag laut trommelt, ohne sich das Hirn zu beschädigen; auch das Eisvogel-Karussell wird beschrieben.

Die Sturmschwalbe legt ein einziges Ei, das Rebhuhn 22. Der Fliegenschnäpper brütet 12 Tage, der Albatros 60. Das Ei des Schwarzspechts ist rein weiß, das Ei eines südamerikanischen Wildhuhns tief schwarz.
Wiegt das Ei eines Kolibris ein Viertel Gramm, so setzt der Vogel Strauß eines von drei Pfund in den Sand. Und während diese drei Pfund noch nicht einmal zwei Prozent seines Körpergewichts sind, macht das Ei des Zaunkönigs 14 Prozent seines Eigengewichts aus.
Der Kuckuck wiegt genau wie die Bekassine rund 100 Gramm; das Kuckucksei wiegt aber nur drei Gramm, während das der Bekassine 16 Gramm schwer ist. Ein Höckerschwan, neu geboren, ist doppelt so groß wie das Ei, dem er eben entschlüpfte.
Aus den Eiern der Großfußhühner kommen Junge, die noch mit den Eierschalen hinter den Ohren das Weite suchen und ohne elterliche Fürsorge aufwachsen. Junge Gänse dagegen hängen der Alten ein volles Jahr lang an der Federschürze.
Das Eierlegen findet bei den meisten Vogelarten frühmorgens statt. Nur der Kuckuck, der Schlamper, tut's am Nachmittag. Die Waldkauzeier sind rund, die Kiebitzeier spitzig, die Lummeneier birnenförmig.
Vögel mit harten Füßen haben Eier mit dicken Schalen, Vögel mit weichen Füßen Eier mit dünnen Schalen.
Unbebrütete Eier sinken auf den Grund, wenn man sie ins Wasser legt. Bebrütete Eier dagegen tauchen um so höher auf, je reifer sie sind.

Es gibt zwei ganz große Gruppen in der Vogelwelt. Einmal die einen, die am Boden brüten, und dann die anderen, die mit ihrem Nest in die Höhe gegangen sind. Wer zuerst da war, die Hochbrüter oder die Bodenbrüter, das weiß kein Mensch. Durch alle Brutgewohnheiten aber zieht sich deutlich wie ein roter Faden der Wunsch der Vögel, sich und die Jungen unsichtbar zu machen.
Nun sollte man meinen, wenn das so sei, dann gäbe es nichts Dümmeres, als ein Nest platt auf den Boden zu bauen, wo es jeder Mensch finden und zertreten kann. Aber so einfach ist das mit dem Finden nicht. Es fängt schon da-

mit an, daß die Bodenbrüter in aller Regel kein richtiges Nest auf den Boden stellen, das allerdings auffallen müßte, sondern ganz einfach ihre Eier in eine gescharrte Mulde legen — in den Dünensand zum Beispiel, wie viele Seevögel. Und die Mulden sind meist noch mit Gräsern und holzigem Gestrüpp aus der unmittelbaren Umgebung getarnt, so daß sie sich unauffällig dem Boden anpassen. Und dann die Eier! So raffiniert sind sie in den herrlichsten Tarnfarben gesprenkelt und gestreift, daß man schon sehr, sehr genau hinschauen muß, wenn man ein Gelege erkennen will. Mich haben die Wächter in den Vogelschutzkolonien an der See oft genug zum Narren gehalten, indem sie mich an so ein Gelege führten, mit dem Finger daraufwiesen und sich dann ausschütten wollten vor Lachen, weil ich sozusagen vor Eiern das Nest nicht sah. Wer es nicht erlebt hat, glaubt es nicht.

Manche Bodenbrüter lassen es aber gar nicht so weit kommen. Sie wenden eine List an, die jeder hervorrufen kann, der mal zur Brutzeit in unseren Küstengegenden spazierengeht. Da erlebt man es, daß ein Regenpfeifer beispielsweise einem plötzlich vor den Füßen hochflattert und auch noch jämmerlich quakt. Der arme Kerl, denkt man dann, was hat er bloß! Ist er verletzt? Der fliegt ja so komisch! ... Und der Regenpfeifer taumelt tatsächlich immer vom Boden ein bißchen in die Luft und wieder zurück auf den Boden. Er läßt den einen Flügel hängen und schreit und schreit, als wäre der Koch mit der Bratpfanne hinter ihm her.

Aber der Vogel ist nicht auf unser Mitleid aus, ganz im Gegenteil möchte er uns sagen: Nun komm schon und greif mich, du siehst doch, daß ich ein Körperbehinderter bin, und es macht euch Menschen doch Spaß, uns zu fangen, wenn ihr uns kriegen könnt.

Ja, und so laufen die Lausbuben und die heimlichen Eiersucher und die ahnungslosen Spaziergänger immer weiter hinter dem lahmenden Regenpfeifer her, immer weiter weg von seinem Nest ... und mehr hat der Vogel nicht gewollt. Keine Rede davon, daß er krank ist. Keine Rede aber auch davon, daß er raffiniert ist. Er weiß nicht, was er da tut. Er hält uns in aller Unschuld zum Narren. Die Natur hat ihm diese List eingebaut, so wie sie auf den Eiern die Tarnfarbe wachsen läßt oder die Haare auf unserem Kopf, damit das Gehirn darunter selbst im Sommer schön kühl zum Lernen bleibt.

Klettern wir also zur Auflockerung ein bißchen auf die Bäume, wo die eigentlichen Nester sind. Da wir alle anständige Burschen sind, muß ich niemandem sagen, daß diese Aufforderung, auf die Bäume zu klettern, nicht wörtlich zu nehmen ist. In der Brutzeit, also im Mai und Juni hauptsächlich, klettern bloß die miesen kleinen Feiglinge in die Bäume und vergreifen sich an wehrlosen Vögeln und ihren Eiern. Die wirklich Schneidigen steigen erst auf, wenn später die Äpfel und die Birnen reif sind, denn der Bauer, dem sie gehören, der

weiß sich mit dem Knüppel besser zu wehren als ein Buchfink mit seinem Schnäbelchen.
Manche Vögel greifen übrigens tatsächlich den Menschen an, wenn er ihrem Nest zu nahe kommt. Mir ist mal eine Singdrossel aus einer mannshohen Weißdornhecke mehrmals so giftig ins Gesicht geflogen, daß ich schleunigst Reißaus nahm. Sie drehte zwar wenige Zentimeter vor meinen Augen immer wieder ab, und die Lehrbücher sagen auch, es handele sich immer nur um Scheinangriffe, aber ich hatte den Eindruck, daß meine spezielle Drossel diese klugen Bücher nicht gelesen hatte.
An einem anderen Beispiel wird klar, daß Mut nichts mit Körpergröße zu tun hat. Der Adler nämlich, der einen so großen Schnabel hat, daß ein Zaunkönig glatt darin übernachten könnte, und der Dolche an den Füßen trägt, mit denen er den Fuchs, das Schaf und die Ziege abmurksen kann, dieser Adler läßt seine Brut sofort im Stich und fliegt auf und davon, wenn ein Kletterer seinem Nest in den Felsen zu nahe kommt. Doch nur ein Dummkopf nennt ihn deswegen feige. Ein Tier, das Generationen lang so beschossen wurde, dem man immer und immer wieder die Jungen raubte, dessen Federn man sich immer wieder an den Hut steckte, solch ein Tier kann beim besten Willen am Menschen nur eine Seite schätzen: die Rückseite.

Ob die Vögel auch in den Nestern schlafen, die sie sich bauen? Die meisten Leute glauben das. Aber es stimmt nicht. Nur wenige Arten können sich von ihrer Kinderstube auch als Erwachsene nicht trennen. Die breite Masse des Vogelvolks aber übernachtet schlicht und einfach im Freien — auf Ästen, in Büschen und Sträuchern oder auch am Boden. Manche lieben dabei die Einsamkeit, andere fühlen sich nur wohl, wenn's bei ihnen am Abend zugeht wie auf einem Campingplatz an der Riviera im August.
So gesellig sind zum Beispiel die Stare veranlagt. Sie fallen abends, gegen Ende der Saison, zu Tausenden und Abertausenden im Schilfrohr der Seen ein. Da kann man sehen, wie dichte schwarze Wolken sich ins Rohr senken, und man meint, jetzt breche der ganze so dünnstämmige Wald zusammen. Fällt dann ein Schuß, so hebt sich die Starenwolke wie ein großer, im Wind wehender schwarzer Mantel in die Luft, und ein Geschrei ist damit verbunden, das man weithin hört.

Es ist nur wenigen Spezialisten möglich, einem Nest sofort anzusehen, wie der Mieter mit Namen heißt. Zwar gibt es einige Vögel, die so unverwechselbare Nester bauen, daß fast jeder Sonntagsspaziergänger richtig tippt, etwa bei der Schwalbe und dem Storch; meist aber geht ein wildes Raten los, und dann werden ordinäre Krähen leicht zu sehr seltenen Raben, Bussarde zu

Habichten und harmlose Milane gar zu kühnen Adlern. Bevor man aber so ins Blaue hineinphantasiert, ist es immer besser, erst mal ein bißchen nachzudenken.

Nicht ganz schlecht ist die Regel, daß die Vögel meist dort ihre Nester bauen, wo sie sich zumeist aufhalten. Und also wird ein Turmfalke etwa, dessen Tummelplatz der hohe Himmel ist, ganz sicher sein Nest nicht auf den Boden stellen. Und umgekehrt wird ein Wiesenpieper, der viel auf den Beinen ist, nicht in hohen Bäumen bauen. Diese Regel hat auch zwischen Himmel und Erde noch ihre Gültigkeit. Der Drosselrohrsänger turnt viel im Rohr herum, und also baut er da auch sein Nest hinein, über dem Wasser freilich, nicht an seiner Oberfläche — diesen Platz überläßt er den Vögeln, die auf dem Wasser auch leben, also den Rohrdommeln, den Bläßhühnern, den Tauchern, den Enten. Vögel, die in mannshohen Hecken zu Hause sind, wie der Dorndreher, die nisten auch in mannshohen Hecken und gehen nicht hoch in die Bäume.

Man muß natürlich auch über diese Regel ein bißchen nachdenken. Nehmen wir die Lerche. Man könnte ja zu Recht sagen, daß es kaum einen anderen Vogel gibt, der so zum Sinnbild des jubelnden Höhenflugs geworden ist wie gerade die Lerche. Doch wo baut sie ihr Nest? Am Boden, im staubigen Acker. Aber lassen wir uns nicht täuschen: Der Jubelflug der Lerchen ist eine reine Frühjahrstollheit; da gehen Herr und Frau Lerche trillernd aneinander hoch und ziehen unsere Aufmerksamkeit auf sich. Sind aber die Lerchenkinder mal da, dann werden die Herrschaften bedeutend ruhiger und gehen ihrem täglichen Wurmerwerb auf den Feldern nach. Lerchen sind überwiegend Bodenvögel.

Oft hilft es bei der Bestimmung eines Nestes auch, wenn man nach dem Kot der Vögel sucht. Ein Krähennest und ein Eulennest zum Beispiel sehen nicht sehr verschieden voneinander aus, was kein Wunder ist, denn Eulen brüten in Krähennestern. Wer nun ein bißchen sucht und nachdenkt, kann sich eine Blamage oder, als Beringer, eine anstrengende Kletterpartie in eine haushohe Kiefer ersparen. Raubvögel haben einen weit ätzenderen Kot als die Singvögel, zu denen man merkwürdigerweise auch die krächzenden Krähen zählt, und dieser Kot sieht im trockenen Zustand weiß wie Kalk aus. Bei Eulen ist es aber noch viel leichter. Man braucht bloß unter dem Baum, in dem man ein fragliches Nest sieht, nach Gewöllen zu suchen, nach den unverdaulichen Nahrungsresten, die das Fell und die Schädelknochen von Mäusen enthalten. Solche schwarzen Zigarren liegen unter den Nist- oder Schlafbäumen der Eulen in Mengen herum, denn die Vögel müssen jeden Tag so ein Ding ausspucken, wenn sie nicht gesundheitlichen Schaden nehmen wollen.

Es gibt weit über 500 Vogelarten allein in Europa. Ich kann bloß wie der Storch über die Wiese gehen und hier mal etwas Interessantes aufpicken und dort etwas weniger Interessantes nach kurzer Betrachtung des Lehrwerts auf die Seite werfen.

Picken wir also ein bißchen an den Schwalben, die ja noch weniger Scheu vor dem Menschen zeigen als die Störche. Sie kleben uns ihre Nester unter die Dächer und in die Ställe, wo der Bauer nicht vergessen darf, ein Fenster offenzulassen für die ein- und ausfliegenden Vögel. Bei den Schwalben ist es das Futter, das den Nestplatz bestimmt. Es sind vor allem die Fliegen, die es dort in Schwärmen gibt, wo auf den Straßen weniger die Autos Öl als vielmehr die Kühe Mist verlieren.

Die Architekten der Rauchschwalben heißen Geduld und Spucke. Kleine Lehmklumpen werden von den Vögeln mit klebrigem Speichel überzogen, mit Gräsern und Haaren vermengt und auf einem Sims zu einer runden Wand aufgemauert, die bald steinhart wird. Die Mehlschwalbe dagegen, die von der Rauchschwalbe leicht durch die fehlenden langen Schwanzspieße zu unterscheiden ist, eine reinweiße Weste und gefiederte Hosen anhat, klebt ihr Nest draußen an die Dorfhäuser, und sie mauert es bis auf ein kleines Flugloch zu, während ja das Nest ihrer Verwandten oben ganz offen ist. Von diesem Flugloch wird erzählt, daß die Mehlschwalbe es wohl mal ganz zumauert, nämlich dann, wenn eine nicht schüchterne Spätzin den Neubau ohne Genehmigung bezog. Aber ich habe meine Zweifel, ob ein Spatz sich das gefallen läßt.

Die Schwalbennester, die in chinesischen Restaurants angeboten werden, stammen ganz gewiß nicht aus einem schwäbischen Dorf; nicht so sehr wegen der Haare, die unsere Schwalben in ihre Nester einbauen — ein paar Haare in der Suppe sind ja so ungewöhnlich nicht; die Nester unserer Schwalben sind vor allem deswegen auch für einen Chinesen, der alte Eier liebt, nicht geeignet, weil aus ihnen, wenn man sie zum Kochen ins Wasser täte, kaum ein Fettauge, dafür aber viel läuseartiges Ungeziefer herauskäme. Kein anderes Vogelnest ist so voller Blutsauger wie das Schwalbennest. Was die Chinesen essen, das stammt auch nicht aus China, sondern aus Indien. Es ist das Nest der Salangane, eines Vogels, der mit unserem Mauersegler verwandt ist. Die Salangane bauen ihre Nester aus schierem Speichel und kleben sie in Form von Viertelkugeln an die Wände. Ich habe so etwas noch nie probiert, denn Spucke halte ich nicht mal dann für etwas Besonderes, wenn sie aus Indien kommt.

Speichel ist überhaupt ein beliebter Baustoff unter Vögeln. Eine Singdrossel zum Beispiel — das ist die mit der gefleckten Brust — sammelt morsches Holz, das es ja in Baumstümpfen reichlich gibt, zerbeißt es und mischt so lange Speichel unter den Mulm, bis er breiig wird. Dann streicht sie Erde drunter und trägt diesen Mörtel klümpchenweise in ihr Nest, um die Innenwände damit zu verputzen. Und dann hockt sie sich hinein und dreht und

wendet sich so lange, bis der Putz schön glatt ist und den Wänden eben anliegt. Ist alles trocken, dann hat die Drossel einen Napf im Nest, der nicht viel anders aussieht als die leere Schale einer halben Kokosnuß, nur ist der Nestnapf natürlich nicht so hart.
Andere Vögel wieder sind sehr nachlässig im Nestbau. Manche sogar so sehr, daß sie ein fremdes Nest beziehen, ohne es auszubessern, obwohl es vom Jahr zuvor stammt und reichlich baufällig ist. Die Falken tun sich darin ganz besonders hervor. Ihnen gefallen die Krähennester; Alter und Zustand kümmern sie wenig. Es kommt nicht selten vor, daß solche Nestruinen unter dem brütenden Vogel oder auch unter seinen Jungen zusammenbrechen und in die Tiefe stürzen.
Auch unsere Eulen bauen ihre Nester nicht mehr selber. Sie überlassen das ebenfalls den Krähen, und weil es davon so viele gibt, herrscht für die Baufaulen nie Mangel an Nistgelegenheit. Manche Eulen sind aber noch weit anspruchsloser. In einem Kirchturm auf der Schwäbischen Alb, dessen Glockenstuhl von einem Kauz als Wohnung bezogen worden war und in den ich einmal hinaufkletterte, fand ich die Eier eines Kauzes auf dem blanken Holzboden.
Schleiereulen, die auch in Kirchtürmen nisten, zerrupfen manchmal wenigstens noch die Gewölle, die sie ausgespuckt haben, und machen ihren Jungen das Bett aus ausgelutschten Mausfellresten. Ganz komisch aber benahm sich eine Waldohreule, die ich ein Jahr lang bei mir zu Hause in der Wohnung hatte. Sie war als kleines Wollknäuel von einem Försterhund in Degerloch aufgespürt und mir zum Aufziehen anvertraut worden. Diese Eule suchte sich, als sie ein Jahr alt geworden war und in sich den Drang zur Mutterschaft spürte, ausgerechnet die obere Öffnung eines Stehlampenschirms als Nistplatz aus, und die Glühbirne darin war ihr zum Bebrüten gut genug; sie verzichtete darauf, ein eigenes Ei zu legen.
Es kommt öfter vor, daß sich Vögel absonderliche Nistplätze aussuchen. Ich hörte von einem Austernfischer, der seine Eier auf einem Bahnkörper abgelegt hatte. Immer wenn eine Bahn kam, stand er beleidigt auf, ging beiseite, bis das ratternde Ungetüm vorbei war, und hockte sich dann wieder auf die Eier. Austernfischer sind hochbeinige, langschnäbelige Vögel, die an den Küsten zu Hause sind.
Andere Vögel haben einen anderen Vogel, so der Star, denn er trägt Blüten in sein Nest. Aber nur der ledige Star tut das, nicht der verheiratete, und die Versuchung liegt nahe, das Vorbild hierfür bei den menschlichen Ehemännern zu suchen, die ihren Frauen ja, wie man so hört, auch nur Blumen bringen, solange sie noch nicht mit ihnen verheiratet sind. Aber von solchen Vergleichen will die strenge Ornithologie, wie die Wissenschaft von den Vögeln

heißt, mit Recht nichts wissen. Sie sagt, so etwas gebe es halt; es gebe sogar Stieglitznester, die ganz mit Vergißmeinnichtblüten tapeziert waren — warum aber, das wisse man nicht.

Es gibt Wildtauben, die in Kaninchenhöhlen brüten. Auch die Dohle geht in solche Baue und durchlöchert damit wieder einmal die Regel, daß die Vögel ihre Nester mit Vorliebe in den Lebensräumen bauen, in denen sie heimisch sind. Am ärgsten treibt es da die Brandgans, die sogar in den Fuchsbau zum Brüten geht.

Über Vogelwohnungen zu reden und den Specht zu vergessen geht nicht an. Reden wir also vom Specht. Wer so einem kleinen Kerl mal dabei zugeschaut hat, wie er seinen Schnabel mit voller Wucht und mit weitem Schwung aus dem Genick heraus gegen das Holz eines Baumes schlägt, daß es weithin durch den Wald hallt, der fragt sich, wie ein Kopf so etwas aushält, ohne schwerste Gehirnerschütterungen davonzutragen. Es ist ja nicht viel anders, als wenn wir mit voller Wucht den Schädel gegen eine Wand schlügen.

Nun muß man außerdem noch wissen, daß der große Buntspecht am Tag bis zu 600mal trommelt, und Trommeln heißt ja nicht: einmal zuschlagen, es heißt, einen richtigen Wirbel machen. Keineswegs haut der Specht nur einmal auf die Pauke, versetzt das Holz in Schwingungen und hält dann nur noch den Schnabel dagegen, damit es trommelt. Das hat man früher geglaubt, weil man sich nicht vorstellen konnte, daß der Specht jeden Schlag einzeln führt. Aber er tut es, und bei solch einem Wirbel haut der Schnabel sechs- bis zehnmal in einer halben Sekunde zu. Das schaffen wir nicht einmal dann, wenn wir mit allen fünf Fingern einer Hand so schnell wie möglich auf den Tisch trommeln.

Daß der Specht sich dabei nicht um den Verstand bringt, das liegt in der besonderen Beschaffenheit seines Kopfes. Sein Schnabel ist nicht wie bei anderen Vögeln starr mit der Hirnschale verwachsen; es besteht da nur ein lokkerer Zusammenhang. Jeder Schlag, den er führt, wird durch einen komplizierten Mechanismus im Knochenbau gebrochen und seiner Schockwirkung beraubt.

Beim Höhlenbau sind die Schnabelhiebe, die er führt, noch weit stärker als beim Trommeln (das dem Specht übrigens das Singen ersetzt). Spielt er Zimmermann, dann holt er mit dem Kopf weit aus und haut den Schnabel wie ein gewiegter Holzfäller immer in dieselbe Kerbe. Bis zu fünfzehn Hiebe sind nötig, um einen Span von drei Zentimeter Länge auszuhauen. Von links und von rechts fallen die Hiebe, und das Loch wird tiefer und tiefer. Wenn es voller Späne ist, nimmt der Specht den Schnabel und fegt sie heraus, daß es nur so stäubt. Nicht selten heißt es bei ihm erst nach einer Stunde harter Arbeit:

Mach mal Pause. Und dann geht's weiter — bis zu sechs Stunden am Tag. Und alles ohne Gerüst. Mit den Füßen krallt er sich wie mit Steigeisen in der Rinde fest, und der kurze, sehr harte Schwanz stützt ihn unten gegen den Baum ab.

Das ist kein Geschäft für Frauen, sondern harte Männerarbeit, und so ist es bei den Spechten auch überwiegend das Männchen, das die Höhlen baut. Das Weibchen kommt nur hin und wieder mal zur Baustelle geflogen, steckt prüfend den Kopf ins Loch und verschwindet wieder auf einen Nachbarast, um sich zu putzen.

Kämpfe an der Baustelle mit Staren und Kleibern, die ja auch Höhlenbrüter sind, kommen oft vor. Sie hätten sich gern ins gemachte Nest gesetzt, aber da ist mit dem Specht nicht zu spaßen. Sein Schnabel kann eine fürchterliche Waffe sein, und er benützt sie rücksichtslos.

Nach drei Wochen ist die Höhle fertig, und es geht ans Eierlegen. Auch die Spechte legen die Eier aufs blanke Holz. Reinweiß sind sie, wie es bei Höhlenbrütern üblich ist, denn die Farbigkeit der Eier aller offen brütenden Vögel ist ja kein Schmuck, sondern Tarnung. In einer Höhle aber braucht sich ein Ei nicht zu tarnen.

Stecken wir unsere Nase noch in eine andere höchst interessante Bruthöhle, in die des Eisvogels. Dieser etwa starengroße, einem zu groß gewordenen Kolibri ähnlich sehende, knallbunte Vogel mit dem dicken Kopf, dem langen Schnabel und dem Stummelschwanz ist sehr selten, und weiß ein Vogelkundler vom Standort eines Eisvogels, so gilt das unter Brüdern soviel wie eine richtige Zahlenreihe im Lotto.

Eisvögel sind Fischfresser. Sie tauchen im steilen Sturz ins Wasser unserer Flüsse und Bäche und greifen sich kleine bis mittlere Fische heraus. Ihre Wohnungen bauen sie in die lehmigen Steilwände der Ufer. Die Höhle liegt tief drinnen und ist mit der Außenwelt nur durch eine enge, unterarmlange Röhre verbunden, durch die die Altvögel zu den Jungen gelangen. Ein halbes Dutzend Vogelkinder ist bei ihnen nichts Ungewöhnliches, und früher hat man sich oft gefragt, wie es denn möglich sein kann, daß die fütternden Alten in dem dunklen Loch die Nahrung gerecht an alle verteilen und daß nicht der eine oder andere, vielleicht schwächere Nestling übergangen wird und verhungert.

Oscar Heinroth, ein großer Berliner Zoo-Direktor und Vogelforscher, war es, der dem Rätsel die Lösung gab. Er ist berühmt geworden, weil er so ziemlich alle Vögel, die es bei uns gibt, vom Ei auf großgezogen, beobachtet, fotografiert und in dicken, schönen Büchern beschrieben hat, die man längst nicht mehr kaufen kann. Eines Tages waren die Eisvögel dran. Freunde brachten ihm sechs gerade aus dem Ei gekrochene Junge, und er setzte sie in einen mittleren Blumentopf. Aus dem oberen Rand des Topfes brach er ein Stückchen heraus, so daß eine tiefe Scharte entstand, durch die gerade eines der Eisvogeljungen den Kopf herausstecken konnte. Dann stülpte er über den Topf eine Röhre aus schwarzer Pappe, schnitt vorne eine Art Ofenrohrloch hinein und klebte, auch aus schwarzer Pappe, eine waagerechte Röhre davor. Und diese Röhre mündete innen genau vor dem ausgeschnittenen Rand des Blumentopfes.

Der Zweck dieses Gebildes war klar: Es sollte die Eisvogelwohnung so naturgetreu wie möglich nachahmen. Der Blumentopf ersetzte die eigentliche Höhle in der Lehmwand, und das Ofenrohr täuschte die Röhre vor, durch die die fütternden Alten zu den Jungen gelangen.

Heinroth stellte nun bald fest, daß immer dann, wenn er die Röhre durch die davorgehaltene Hand verschloß und es somit innen drin dunkel wurde, just das Eisvogeljunge, das mit dem Kopf vor dem Loch lag, gierig den Schnabel aufsperrte und nach Futter verlangte. Es wußte aus Instinkt: Wenn's duster wird hier drinnen, dann sitzt die Mama mit Fisch in der Röhre und verdeckt das Licht. Gab Heinroth dem Jungen dann einen kleinen Fisch, dann rückte der so Abgespeiste wie der Zeiger auf der Uhr eine Nummer weiter und machte dem Nächsten Platz, der nun seinerseits mit dem Kopf vor der Röhre lag und auf Vater oder Mutter mit dem Fisch wartete. Und nach diesem Prinzip ging das immer weiter. Jeder kam mal vors Loch und kriegte seinen Fisch. Keiner ging leer aus. Mogeln kam nie vor. Alle jungen Eisvögel gediehen prächtig. Heinroth gab der Geschichte den Namen „Das Eisvogel-Karussell" — und unter dieser Bezeichnung ist es berühmt geworden.

Sollte jemand per Zufall mal an das Loch einer Eisvogelröhre geraten, so kann ich ihn nur warnen davor, seine Nase hineinzustecken. Abgesehen davon, daß es aus dem Loch heraus ziemlich eklig nach Fisch riecht, kann es ihm passieren, daß er eine dünnflüssige Ladung Kot ins Gesicht gespritzt bekommt, denn nicht nur die Fütterung geschieht bei den Eisvögeln nach dem Karussell-Prinzip, sondern auch ihr Gegenteil, die Darmentleerung. Vögel verdauen ja sehr rasch, und wenn ein gefütterter Vogel die Karussellrunde hinter sich hat und wieder vor das Loch gewandert ist, dann ist es Zeit für einen kräftigen Kotstrahl. Der Kleine bringt also Loch und Loch zur Deckung und drückt ab. Danach dreht er sich wieder um und wartet auf neue Nahrung.

Dieses Kapitel erzählt, wie es kommt, daß die Vögel vorwärts fliegen, obwohl ihre Flügel doch auf und ab schlagen; auch klärt es den interessierten Leser auf, wieso Bussarde, Adler und Möwen fliegen können, ohne überhaupt die Flügel zu rühren; schließlich hört man erstaunt, daß Bienen vor dem Flug die richtige Menge Treibstoff tanken.

Wenn es einmal wieder ein gebratenes Huhn gibt, dann sollte man sich statt des schieren Brustfleisches einen knochigen Flügel auf den Teller legen lassen. Das hat zwei Vorteile: Erstens wird man wegen solcher Bescheidenheit gelobt; zweitens kriegt man nicht nur etwas Gutes in den Magen, sondern auch etwas Wissenswertes in den Kopf, nämlich, wenn man meinem Rat folgt und den fein säuberlich abgeknabberten Flügel einmal näher betrachtet.
Die meisten Menschen haben keine Ahnung, wie der Flügel eines Vogels eigentlich funktioniert, geschweige denn, wie er unter den Federn aussieht. Ehrlich gesagt, auch mich hat das Fleisch der Hühner lange Zeit weit mehr interessiert als die Knochen. Bis mir dann eines Tages, als ich zufällig einer fliegenden Krähe hinterdreinschaute, der Gedanke kam, daß der Vogelflug doch eigentlich voller Widersprüche stecke, ja, daß er genaugenommen überhaupt nicht funktionieren dürfe.
Bleiben wir einmal bei der Krähe. Jeder hat bestimmt schon gesehen, wie sie fliegt: Ziemlich gemächlich schlägt sie beide Flügel senkrecht auf und ab. Trotzdem aber bewegt sie sich waagerecht vorwärts, statt in Übereinstimmung mit der Richtung des Flügelschlags senkrecht aufwärts. Einen Propeller, der sie vorwärtszieht, hat sie nicht. Wie also funktioniert die Geschichte?
Bevor ich eine Antwort darauf riskiere, möchte ich alles noch ein bißchen mehr durcheinanderbringen. Wer einen kleineren ausgestopften Vogel hat, der so präpariert ist, daß er die Flügel wie im Flug wegspreizt, der sollte ihn einmal auf eine Briefwaage stellen.
Ist die Waage mit dem Vogel darauf zur Ruhe gekommen, nimmt man einen Blasebalg und pustet den Vogel aus nicht zu großer Entfernung genau von vorn und in Höhe der ausgebreiteten Flügel an. Man wird sehen, daß sich der ausgestopfte Vogel plötzlich senkrecht in die Luft hebt und daß die Waage dadurch ein leichteres Gewicht anzeigt! Wie aber ist das nun wieder möglich? Die Krähe, von der wir eben sprachen, schlägt mit den Flügeln senkrecht, fliegt aber waagerecht. Unseren ausgestopften Vogel haben wir waagerecht angepustet, er bewegt sich aber senkrecht nach oben!
Es versteht sich, daß man entsprechende Messungen nicht am lebenden Vogel

in der Luft machen kann. Aber das ist auch gar nicht nötig. Es genügt vollauf, einen Vogelflügel in einem Windkanal aufzustellen. Das ist eine Art von Tunnel, in den man Luft hineinbläst. Mißt man nun den Druck der Luft, die über und unter dem Flügel vorbeistreicht, hat man des Rätsels Lösung sofort. Über dem Flügel herrscht ein Unterdruck, ein Sog, der am Flügel zieht und ihn in die Höhe hebt. Unter dem Flügel aber tritt das Gegenteil ein, ein Überdruck, der den Vogel heben will.

Diese Druckverhältnisse kämen natürlich nicht zustande, wenn der Vogelflügel brettartig platt wäre, denn dann würde die Luft einfach wirkungslos drüber und drunter vorbeistreichen. Ein Vogelflügel aber ist ganz deutlich nach oben gewölbt, während er unten hohl ist. Sein vorderer Rand, in dem die Knochen eingebettet liegen, ist rundlich verdickt. Hinten, wo ja nur die Federspitzen sind, ist der Flügel entsprechend dünn. Es ist die reinste Stromlinienform, die sich denken läßt, und auch unsere schnittigsten Autos kommen da nicht mit, denn irgendwo haben sie alle eben doch eine Ecke oder einen Kofferraumdeckel, hinter dem sich Luftwirbel bilden. Und Luftwirbel sind Bremsen, die ein Auto wie mit Händen festhalten wollen.

Man kann solche Wirbel sehr schön studieren, wenn man seine Hosen mal in der Sonne ausklopft, so daß sich eine kräftige Staubwolke bildet. Wenn man dann durch diese Wolke eine senkrecht gehaltene Hand hindurchführt, so sieht man ganz deutlich, wie hinter ihr der Staub in Wirbeln Purzelbaum schießt. Flöge aber ein Vogel durch die Hosenstaubwolke hindurch, so gäbe es diese Wirbel nicht, denn nicht nur der Vogelflügel ist rein stromlinienförmig, der Vogelkörper ist es auch. Dafür sorgen die Federn, denn der nackte Vogel ist ja eine ziemlich eckige Angelegenheit, wie man vom Brathuhn her weiß. Erst die Federn geben dem Vogel die Form, die ihn mit dem geringsten Widerstand durch die Luft schießen läßt.

Es könnte nun natürlich jemand sagen: Schön und gut, dieser Wind von vorn, der dem Vogel Auftrieb gibt. Wo aber nimmt er diesen Auftrieb her, wenn es windstill ist? Die Antwort darauf ist nicht schwer: Gibt es keinen Wind, dann macht sich der Vogel eben welchen, indem er die Flügel regt und vorwärts fliegt. Dadurch entsteht Fahrtwind, den man auf dem Fahrrad ja auch dann spürt, wenn sich kein Lüftchen regt.

Und damit sind wir wieder bei unserer Krähe angelangt, die vorwärts fliegt, obwohl ihre Flügel auf- und abwärts schlagen. Um diesen scheinbaren Widerspruch zu lösen, ist es nützlich, wenn man sich des abgenagten Hühnerflügels entsinnt. Da ist deutlich zu sehen, daß so ein Flügel, genau wie der menschliche Arm, aus drei Teilen besteht: einem dicken Knochen — das ist der Oberarm; an ihm sitzen zwei parallel zueinander liegende dünnere Knochen,

die den Unterarm bilden; und daran angewachsen sind die Handknochen, die beim Vogel jedoch weder so zahlreich noch so hochbeweglich ausgebildet sind wie in der menschlichen Hand.
Dieser Knochenbau teilt den befiederten Vogelflügel in zwei Gefiedergruppen: erstens die körpernahen, an Ober- und Unterarm angewachsenen sogenannten Armschwingen und die zum Flügelende hin gelegenen, an den Handknochen sitzenden Handschwingen.
Diese Handschwingen nun kann der Vogel beim Niederschlagen seiner Flügel so drehen, daß ihre gewölbte Oberfläche nach vorne und oben zeigt, also genau wie die Hände, wenn man sie beim Brustschwimmen durchs Wasser führt. Die Vogelflügel führen also keinen rein senkrechten Auf- und Abschlag aus, und in der Verdrehung der Handschwinge gegenüber der Armschwinge liegt die Erklärung für den Vorwärtsflug bei auf und ab schlagenden Flügeln. Die Armschwinge trägt den Vogel, die Handschwinge treibt ihn voran. Anders gesagt: Die breiten, dem Körper am nächsten sitzenden Armschwingen sind die Tragflächen des Vogels, die außen sitzenden Handschwingen aber bilden den vortreibenden Propeller.
Es ist interessant zu bemerken, daß die Methode des Vogelfluges zum ersten Mal nicht in der Luft, sondern im Wasser vorkam: Der Rochen, der plattfischartig den Visionen der Zukunftsfilmemacher von fliegenden Untertassen gleicht, zeigt exakt Schwimmbewegungen, die wie Zeitlupenaufnahmen vom komplizierten Flügelschlag der Vögel aussehen. Diese Bemerkung ist nicht verwunderlich, wenn man weiß, daß sich alle Landtiere, also auch die Vögel, aus erdgeschichtlich früheren Wasserbewohnern entwickelten.
Bevor ich nun mehr vom Fliegen der Vögel erzähle, vom Starten und Landen, Gleiten und Segeln, vom Bremsen und Beschleunigen, müssen wir uns ein bißchen mit einer Sache befassen, die diese ganzen Flugkunststücke überhaupt erst möglich macht. Ich meine natürlich die Vogelfeder.
Sie hat in der Mitte einen luftgefüllten Schaft, der zu beiden Seiten die sogenannte Federfahne trägt. Wenn man mit vorsichtigem Finger einmal gegen diese Fahne stupst, so spürt man einen Widerstand, der erst bei stärkerem Druck nachgibt, bis die Fahne schließlich in ganzer Breite einreißt. Mit bloßem Auge ist nicht zu erkennen, was die Federfahne so elastisch zusammenhält; das Mikroskop aber enthüllt es.
Vom Federschaft zweigen, aufwärtssteigend wie am Christbaum, beiderseits Federäste ab, und diese Äste sind, wiederum wie beim Christbaum, sozusagen benadelt. Doch heißen die Nadeln hier Bogen- und Hakenstrahlen, und diese beiden Namen deuten die Lösung schon an. Jeder Bogenstrahl hat an seinem einen Rand eine gebogene Kante, eine Art von Dachrinne, in die hinein die wie Finger gekrümmten Haken des nachbarlichen Hakenstrahls greifen. Auf

diese sinnvolle Weise, gegen die ein Reißverschluß eine primitive Sache ist, verzahnt sich die ganze Feder, so daß der Wind sie nicht aufplustern und wirkungslos machen kann. Auch Wasser kann nicht hindurch, weder Regen- noch Seewasser.

Doch ist das alles noch viel komplizierter, denn die Häkchen können in der Dachrinne bis zu einem gewissen Grad hin und her gleiten, damit die Feder auch unter Druck elastisch bleibt. Daß diese Häkchen schließlich nicht aus der Rinne herausrutschen, dafür wiederum sorgen rutschhemmende Buckel am Ende der Dachrinne, in denen die Häkchen abgebremst hängenbleiben wie ein Autorad in einer Serie von Schlaglöchern.

Nun sollte man meinen, daß die Natur damit zufrieden sein könnte, ein solches Wunder von Horngespinst einmal im Leben eines Vogels geschaffen zu haben — aber nein! Die Vögel werfen ihre Federn jedes Jahr fast vollständig ab und produzieren neue. 25 000 Stück zum Beispiel der Schwan, und die hat er allein am Körper — die Flügelfedern sind dabei noch nicht einmal gerechnet.

Feder ist keineswegs gleich Feder. Da gibt es die Konturfedern, die den Körper der Vögel umgeben, und die Federn des Großgefieders, die an den Flügeln und am Schwanz sitzen; sie sind härter, länger und schmäler als die Körperfedern. Außerdem haben diese Federn nicht selten zusätzlich zu ihrer inneren Verzahnung noch Reibflächen, die verhüten, daß die wie in einem Fächer liegenden Federn im Flug auseinandergleiten und so die tragende Luft hindurchlassen.

Die Härte dieser Flügelfedern bringt es mit sich, daß sie laut pfeifen, wenn der Vogel die Luft mit den Flügeln peitscht. Bei den Höckerschwänen hört man dieses pfeifende Geräusch schon dann, wenn man die heranfliegenden Vögel noch gar nicht sieht. Nun stört dieses Geräusch die meisten Vögel nicht und schon gar nicht den Schwan, der seine Nahrung ja nicht fliegend, sondern schwimmend sucht.

Zum Hungertod aber führte ein solches Flügelgeräusch bei der Eule, die ja nachts jagt und jeder Maus schon von weitem sagen würde, daß es Zeit wird, sich im Loch zu verkriechen. Also ist die Außenkante dieser harten Federn bei der Eule gezahnt, so daß die Luft hindurchstreichen kann wie durch einen Kamm, ohne Lärm zu verursachen. Hinzu kommt, daß die Eulen das weichste Gefieder aller Vögel haben, und so bemerkt man eine Eule, die einem über den Kopf hinwegstreicht, höchstens am Luftzug, nicht aber am Fluggeräusch.

Wer sich auf seinen Pflichtspaziergängen langweilen sollte, der schaue nur einmal in die Luft. Möglicherweise kreist da gerade ein Bussard, und an seiner

Art zu fliegen kann man leicht eine ebenso bekannte wie uns verwandte Eigenschaft entdecken, die da heißt: Nur sich nicht anstrengen, wenn es sich vermeiden läßt!

Der Bussard rührt keinen Flügel; er hält beide nur ausgebreitet, und doch kommt er dabei nicht nur von der Stelle — er steigt sogar in weiten Spiralen immer höher! Von Wind ist indessen keine Spur. Wie macht der Bussard das?

Des Rätsels Lösung ist sehr einfach: Eine Waldlichtung, über der sich dies anstrengungslose Fliegen oft abspielt, erwärmt sich in der Sonne viel rascher als Boden, der mit Bäumen bewachsen ist, also steigt die Luft über der Waldblöße in die Höhe, denn warme Luft will immer hinauf. Es gibt viele Beispiele dafür. In der Stube ist es im Winter, wenn geheizt wird, unter der Decke immer wärmer als auf dem Fußboden. Ein Papierfetzen, der über ein offenes Feuer gerät, wird sofort in die Höhe gewirbelt. In Arabien wird nach diesem Prinzip sogar die Belüftung ganzer Häuser besorgt; man baut zwei Kaminschächte in sie ein — den einen auf der kühlen Schattenseite des Hauses, den anderen auf der heißen Sonnenseite. Durch den Schattenkamin sinkt frische, kühle Luft ins Haus und steigt verbraucht durch den Sonnenkamin wieder nach oben hinaus.

Der Bussard und mit ihm alle aufs Segeln angewiesenen Vögel wie der Adler, die Geier, die Möwen, kennen diesen Trick ebenfalls, und so kann man beobachten, wie der Bussard in der fallenden Luft über dem Wald herabsinkt, dabei Schwung holt und in die aufsteigende Warmluft über der Lichtung eintaucht. Natürlich steigt diese Warmluft nicht bis in alle Ewigkeit in den Himmel hinein, und ihre Hubkraft erlischt durch Abkühlung in größerer Höhe schließlich ganz. Das ist dann der Zeitpunkt, an dem der Bussard zum Gleitflug in die Tiefe übergeht und sich irgendwo in der Nähe eine neue Waldlichtung mit aufsteigender Warmluft sucht. So wechselt er über weite Strekken hinweg stets sozusagen den Fahrstuhl, ohne auch nur einmal einen Flügel zu bewegen.

Und ist es kein warmer Aufwind, so ist es bestimmt der Aufwind, der über einem Hang in die Höhe steigt. Er kommt dadurch zustande, daß der Wind, der über die Ebene weht, auf einen solchen Berghang trifft und von ihm nach oben geleitet wird. Meister dieses Hangfluges sind die Möwen. Wer in den Ferien einmal an die See kommt, kann das gut beobachten, besonders an steilen Dünenküsten, wie die Insel Sylt sie hat. Der von See kommende Wind wird an den Dünen aufwärts geleitet, und oben auf ihm drauf schaukeln mühelos die Möwen und äugen nach den Picknicktaschen der Urlauber. So groß ist diese Flugkunst der Möwen, daß sie einen Dünenhang nicht einmal brauchen. Schon die Bordwand eines Schiffes genügt ihnen, weil auch an ihr der Wind in die Höhe geleitet wird. Auf diese Weise erklärt sich, warum Möwen schon ein Schiff umfliegen können, das noch eine Tagesreise von einem Hafen entfernt ist. Solche weiten Ausflüge kosten die Vögel eben keine große Kraft.

Kunstflugmeister ist ganz zweifellos der Albatros, der größte unter den Meeresvögeln. Er wagt sich am weitesten von allen auf den Ozean hinaus, und er hat es in seiner Flugfertigkeit so weit gebracht, daß er weder eine Düne noch eine Schiffswand nötig hat. Er macht es allein mit dem Wind, der über den Weltmeeren ja nur selten knapp ist. Erfahrung hat ihn gelehrt, daß die Geschwindigkeit des Windes über dem Meer in verschiedenen Höhen sehr verschieden ist. Am langsamsten weht der Wind dicht über dem Wasser, weil er sich da an den Wellen reibt. Mit zunehmender Höhe aber nimmt auch seine Geschwindigkeit zu. Also segelt der Albatros in der schwachen Windzone abwärts bis dicht über die Wasseroberfläche, gewinnt dadurch Schwung und steigt gegen den Wind, der ihm zunehmend Auftrieb verleiht, wieder in die Höhe. Freilich kommt ihm dabei zustatten, daß die Spannweite seiner Flügel, also die Entfernung von Flügelspitze zu Flügelspitze, an die drei Meter mißt und daß diese Flügel so schmal sind wie die eines modernen Segelflugzeuges.

Auch die Geier beherrschen die Kunst des Gleitfluges vollkommen. Aus 1000 Meter Höhe können sie, abwärtsgleitend, 17 Kilometer zurücklegen — ohne einen einzigen Flügelschlag!

Die Störche verstehen sich auf das Geschäft der Windausnützung ebenfalls sehr gut, und keineswegs legen sie die 10 000 Kilometer ihrer Herbstreise von uns zu den sonnigen Gefilden Südafrikas aktiv fliegend zurück. Schon die Reiseroute des Storches hängt innig mit den Aufwinden zusammen. Kein Storch überfliegt nämlich das Mittelmeer anders als an den beiden schmalsten Stellen, also über Gibraltar in Spanien und über dem Bosporus in der Türkei. Adebar bleibt, solange es eben geht, über dem Festland. Nicht, weil er wasserscheu ist, sondern weil er die Aufwinde schätzt.

Was die Höhe angeht, in der die Vögel fliegen, so liegt der Durchschnitt auf der Wanderung bei 500 Meter und darunter. Höhenrekordinhaber ist die Wildgans mit nahezu 10 000 Meter. Den Mauersegler, der bei uns zwischen Juni und August um die Kirchtürme saust, hat man nahezu 5000 Meter hoch fliegen sehen, und dieser Höhe entspricht auch seine Ausdauer. Mauersegler, die Junge zu füttern haben, sind Tag für Tag bis zu 1000 Kilometer fliegenfangenderweise unterwegs, und das ist etwa so, als ob die Mutter, um das Brot zu kaufen, täglich von Stuttgart nach Hannover und wieder zurück fahren müßte.

Da ich gerade von der Wildgans und vom Vogelzug sprach, fällt mir noch eine Merkwürdigkeit des Vogelflugs ein, und das ist die Keilform, in der besonders die Wildgänse, aber auch die Kraniche ziehen.

Fragt man nach der Erklärung für diese Flugweise, so hört man zumeist die Ansicht, die Vögel flögen halt im Windschatten des Vordermannes, um Kräfte zu sparen. Nach allem, was die Wissenschaft jedoch weiß, ist eher das Gegegenteil richtig: Weil nämlich der Vordermann durch den Flügelschlag viel Wind nach rückwärts schafft, bekommt der Hintermann auch viel Wind an die Flügel, und zwar in rhythmisch exakter Weise, so daß er sich darauf einstellen und diese zusätzlichen Kräfte für den eigenen Auftrieb ausnutzen kann. Man wird das gewiß leicht begreifen, wenn man sich des Versuchs erinnert, den man mit einem ausgestopften und von vorn angeblasenen Vogel auf der Waage machen kann. Vögel haben auf Grund ihres Körperbaus nichts gegen den Wind von vorn — sie brauchen ihn sogar. Erst wenn der Gegenwind so schnell ist wie die höchstmögliche Eigengeschwindigkeit des Vogels, hört das Fliegen nach vorwärts auf. Warum Gans und Kranich in Keilform fliegen, darauf komme ich auf Seite 176 noch einmal zu sprechen.

Bisher war bloß immer vom Vorwärtsflug die Rede, nicht aber davon, wie Vögel landen und starten, aufwärts und erdwärts fliegen oder wie sie die Kurve kriegen, die man sie manchmal beängstigend eng ziehen sieht. Höhen- und Tiefensteuer ist der Schwanz. Das ist nicht anders als beim Flugzeug auch, dessen Höhenruder ebenfalls hinten sitzt. Der Vogel kann aber etwas, das das Flugzeug nicht fertigbringt, nämlich die Flügel nach vorn oder nach hinten verschieben, und auch damit läßt sich die Höhe beeinflussen. Vorgenommene Flügel geben Höhensteuer, zurückgelegte leiten den Abwärtsflug ein. Das ist wunderbar zu sehen, wenn ein Turmfalke hoch aus der Luft auf einen Käfer oder eine Maus herabgeschossen kommt. Er knickt dann beide Flügel wie Taschenmesserklingen nach rückwärts ab, wodurch er hinten gehoben und förmlich in die Tiefe geworfen wird.

Beim Kurvenfliegen, besonders beim engen, stellen die Vögel einen Flügel senkrecht unter den Leib, so daß er wie das Schwert eines Segelbootes wirkt, das ja ebenfalls nicht nur vor dem Kentern bewahren soll, sondern auch beim Steuern mithilft. In Rechtskurven wird der rechte Flügel untergestellt, in Linkskurven umgekehrt der linke. Der Gegenflügel wirkt dabei um so aktiver; er vermehrt die Zahl der Schläge und drückt den Vogel so um den Anker des nach unten stehenden Flügels herum.

Der Start gelingt am besten von hoher Warte aus, denn da läßt der Vogel sich einfach fallen und ist mitten in der Luft, seinem Element. Vom Boden

aus geht die Sache schon schlechter, und wo immer möglich, wird der Start gegen den Wind gemacht, damit Luft unter die Flügel kommt, solange das eigene Tempo noch nicht ausreicht. Wasservögel nehmen einen regelrechten Anlauf, um den Körper aus dem bremsenden Naß herauszubringen.
Schlimm dran ist der Mauersegler. Er, der im Fliegen sogar ruht, ist so sehr auf ein Leben in der Luft eingestellt, daß seine Füße zu nicht viel mehr als zum Draufstehen und zum Festhalten geeignet sind. Es fehlt ihnen die Stemmkraft, und also ist er am Boden sehr hilflos. Zwar kommt er schließlich hoch, doch nicht sehr geschickt. Weshalb man ihn denn auch so gut wie niemals anders als in der Luft zu sehen bekommt.
Andere Vögel haben mit dem Landen ihre liebe Not. Der Schwan zum Beispiel. Ohne eine Wasserfläche kann er nicht ohne Gefahr auf die Erde zurück. Er ist zu schwer und seine Landegeschwindigkeit zu groß für den festen Boden; beides würde ihm die Beine, wenn nicht den Hals brechen. Wer je auf dem Bodensee oder dem Federsee bei Buchau einen Höckerschwan landend ins Wasser schießen sah und die Bugwelle bestaunte, die so ein weißes Vogelschiff vor sich her schiebt, der wird das ohne weiteres glauben. Nur auf glattem Ufersand sah ich diese Vögel schon landen.

Bevor wir die Vögel endgültig fliegen lassen, noch ein schneller Blick auf die Form ihrer Flügel. Es gibt zwei Hauptgruppen: die langen, schmalen, meist spitz endenden Flügel und die mehr gemütlich aussehenden runden und breiten. Aber man sollte von der Form nicht voreilig auf die Wendigkeit schließen, sind es doch gerade die Vögel mit den breiten, abgerundeten Schwingen, wie der Habicht sie hat, die zu den erstaunlichsten Wendungen fähig sind; sie haben eben große Bremsflächen zur Verfügung, die einen blitzschnellen Kurswechsel ermöglichen. Die Lang- und Spitzflügeligen hingegen, wie die Falken, sind meist Stoß- und Schnellflieger. Verpassen sie eine Beute beim ersten Zugriff, so lassen sie fast immer von ihr ab; sehr im Gegensatz zum Habicht, der auf der Jagd den Hasen durch alle Ackerfurchen hindurch und um jede Gehölzecke herum verfolgt.
Wer nun, nach allem, was wir über den Vogelflug gehört haben, der Meinung sein sollte, noch vollkommener als bei den Vögeln könne das Fliegen nicht mehr sein, der hat ganz und gar falsch gedacht. Es gibt nämlich weitaus bessere Flieger — die Insekten. Obwohl sie das Fliegen in der physikalischen Theorie nicht viel anders betreiben als die Vögel auch, bringen sie doch in der Praxis viel erstaunlichere Sachen fertig. Das beginnt schon mit der Zahl der Flügelschläge pro Sekunde. Die Krähe bringt es da auf nicht mehr als ein bis drei, die langsamsten unter den Insekten, die Tagfalter, aber immerhin schon auf 10. Beim Hirschkäfer sind es über 30 Schläge, beim Maikäfer 90,

bei der Biene 200 und bei der unerfreulichen Stechmücke sogar 300 in der Sekunde.

Natürlich gibt es auch fliegerische Stümper unter den Insekten, die Käfer zum Beispiel. Aber ein Meisterflieger wie die Libelle ist in der ganzen Vogelwelt unerreicht.

Sie hat vier Flügel, die paarweise gegenseitig schlagen. Werden also die Vorderflügel abwärts bewegt, gehen die Hinterflügel aufwärts. Es ist also immer ein Flügelpaar im Abschlag, und dieser Abschlag der Flügel ist es, der die Motorkraft für den Flug liefert. Die Libelle ist, sozusagen, zweimotorig, ein Motor liefert ihr immer Kraft. Seitwärtsfliegen, ja selbst Rückwärtsfliegen gehört durchaus zu ihrem Flugprogramm.

Die Insekten haben neben der Mehrmotorigkeit noch anderes mit Flugzeugen gemein. Man sieht sie nicht selten vor dem Flug mit den Flügeln zittern. Das ist nun nicht etwa ein beginnender Herzanfall oder ein juckender Rücken, sondern ein Warmlaufenlassen der Muskeln (und damit der Motoren) auf eine Temperatur von über 30 Grad. Und auch im Benzinverbrauch, wenn ich so sagen darf, sind sie nicht kleinlich, was sich bei der hohen Drehzahl der Motoren ja denken läßt. Eine Biene verbraucht in 15 Flugminuten etwa 2,6 Milligramm Zucker, und wenn sie sich zum Nektarsammeln auf die Reise macht, so tankt sie im Bienenstock vor dem Abflug die nötige Menge Betriebsstoff, den sie in Darm und Magen mitführt. Dabei schätzt sie durchaus richtig die Entfernung zu ihrem Ziel, auch wenn der Flug über mehrere Kilometer hinweggeht.

Zum Schluß will ich noch etwas über den seltsamsten Schwebeflug erzählen, den ich kenne. Das ist der im Volksmund so genannte Altweibersommer. Man kann ihn in milden, kaum bewegten Herbsttagen zuweilen beobachten. Weiße Fäden ziehen durch die Luft und landen nicht selten bei uns im Gesicht. Nun sind das nicht etwa vom Wind losgerissene Teile eines Spinnwebnetzes; vielmehr handelt es sich um Fäden, die ganz junge Spinnen aus ihrem Körper austreten ließen, bis der Faden eine Länge erreichte, die der Wind packen und mitnehmen konnte. Zusammen mit dem Faden geht dann auch die winzig kleine Spinne auf die Reise in einen neuen, noch nicht von Artgenossen bevölkerten Lebensraum.

Die Spinne muß keineswegs warten, bis ein Baum oder Strauch ihrem Flug ein Ende setzt; sie kann das Landen durchaus selbst besorgen, indem sie den Spinnfaden zu sich heraufzieht, aufknäuelt und so seine Tragfähigkeit vermindert und schließlich ganz aufhebt. Um dieser merkwürdigen Flugkunst der Spinnen die Krone aufzusetzen (und uns vom Thema Fliegen zu erlösen), sei noch gesagt, daß die kleine Spinne selbst die Kunst des Bussards und des

Adlers beherrscht, nämlich ohne jeden Wind, nur unter Ausnutzung warmer, aufsteigender Luft auf große Fahrt zu gehen, und wäre sie anfällig für Schnupfen, so könnte sie sich den selbst in 6000 Meter Höhe noch holen, wo doch die Luft weiß Gott rein sein sollte. Sie ist es aber nicht, denn in dieser Höhe fliegen noch Bakterien herum.

In diesem Kapitel wird von großen Merkwürdigkeiten berichtet: von Vögeln, die im Fliegen sozusagen schlafen, von Flamingos, die ein eingeschnapptes Fußgelenk nachts am Umkippen hindert, von Karpfen, die sich wundliegen, von Elefanten, die durch Ratten ermordet wurden, und schließlich vom Menschen, der aus ganz anderen Gründen gähnt, als man denkt.

Wer kann sich vorstellen, daß es einen Vogel gibt, dem die Nacht im wahrsten Sinne des Wortes im Fluge vergeht? Es ist der Mauersegler, der bei uns genau drei kurze Monate, nämlich von Anfang Mai bis Ende Juli, um die Kirchtürme fliegt. Er hat eine oberflächliche Ähnlichkeit mit den Schwalben und wird auch meist mit ihnen verwechselt. Doch fliegt er viel reißender mit seinen langen, schmalen, sichelartigen Flügeln, und er unterscheidet sich auch sonst in vielem von anderen Vögeln. So frißt er nur im Fliegen, denn seine Füße eignen sich bloß zum Ankrallen bei der Landung. Insekten sind seine einzige Nahrung, und regnet es einmal längere Zeit und ist das Wetter kühl, so daß das Muckenvolk nicht in der Luft ist, sondern sich in Fugen und Ritzen der Bäume und Häuser versteckt hält, dann fliegt der Mauersegler, der Junge zu füttern hat, bis zu tausend Kilometer am Tag. Und nützt ihm auch das nichts, ist das Schlechtwettergebiet riesengroß, dann kann der Mauersegler etwas, das unter Vögeln sehr ungewöhnlich ist: Er klammert sich zusammen mit seinen Leidensgenossen an das wettergeschützte Gebälk eines Kirchturms und hält dort eine Art von Winterschlaf, um Kräfte zu sparen. Sie schlafen dann so fest, diese Vögel, daß man sie mit der Hand vom Balken abnehmen kann.

Im Sommer 1948 war die Not der Mauersegler besonders im Bodenseegebiet groß. Vom 5. bis zum 7. Juli hatte es damals ununterbrochen geregnet, und die Vögel fanden deshalb tagelang keine Nahrung in der Luft. Alsbald sah man am Giebel einer Brauerei in Konstanz 200 Mauersegler in einer dicht geballten Traube hängen. In Radolfzell, an einer Hauswand, war es noch schlimmer. Eine Regenrinne lief senkrecht an ihr herab, an die zehn Meter lang, und über die ganze Rohrlänge hin hatten sich Mauersegler angeklammert — die ersten direkt an der Rinne, die anderen daneben an der Wand, denn die Tiere suchten die Wärme ihrer Leidensgenossen. Auf diese Weise war ein zehn Meter hohes, bis zu zwei Meter breites Band aus schlafenden, halb erstarrten Mauerseglern entstanden. Viele stürzten tot oder flugunfähig herab. Nahm man jedoch einen noch lebenden Vogel in die warme Stube und gab man ihm zu fressen, so wurde er schnell wieder putzmunter.

Es wird aber noch interessanter, und ich habe es schon angedeutet: Der Mauersegler kann sogar im Fluge schlafen. Den ersten Bericht hierüber lieferte ein Flugzeugführer im ersten Weltkrieg. Es war Vollmond, mitten in der Nacht, und der Pilot saß, wie das damals noch üblich war, hinter einem dürftigen Schutzschild in seiner offenen Maschine. Er hatte den Motor abgestellt, und im Gleitflug zog er in 3000 Meter Höhe seine Bahn, als ihm plötzlich ein großer Schwarm von Mauerseglern begegnete, der in Kompaniestärke geschlossen schlafend dahinsegelte. Einer der Vögel prallte mit dem Flugzeug zusammen und fiel ins Innere der offenen Maschine. Dort fand man ihn später und wußte deshalb sicher, daß es sich um Mauersegler gehandelt hatte, denen der Flieger begegnet war.

1951 griff der Schweizer Forscher Weitnauer diese Beobachtung wieder auf und prüfte sie nach. Er fand bald genug heraus, daß die nichtbrütenden Mauersegler, also sozusagen die Junggesellen, sich jeden Abend zu einer bestimmten Zeit sammelten und plötzlich nach oben stiegen. Selbst dem Auge, das ihnen durch ein starkes Fernglas nachschaute, entschwanden sie bald, so hoch flogen sie in den Abendhimmel hinein. Am frühen Morgen kamen sie dann ebenso geschlossen zum ersten Insektenfrühstück wieder herunter.

Aber damit war unser Schweizer Forscher nicht zufrieden. Er wollte es ganz genau wissen. Und so mietete er sich ein Flugzeug und stieg am nächsten Abend den zu Bett fliegenden Mauerseglern nach. Zwischen 1500 und 2000 Meter Höhe dann begegnete er immer wieder kleinen Schlaftrupps, bestehend aus drei bis fünfzig Vögeln, die segelnd der Nachtruhe pflegten. Und immer auf dem Bauch. Hätten sie sich mal auf den Rücken gedreht, wären sie vermutlich aus ihrem Himmelbett gefallen. Zweifellos ist der Mauersegler der am reinsten der Luft angepaßte Vogel überhaupt, der sich sogar im Fliegen paaren kann. Nachmittags, kurz vor sechs.

Wenn der Mensch müde ist, kann er eigentlich überall schlafen; es muß nicht unbedingt im eigenen Bett sein. Er kann's in jedem Hotel und in jeder Stadt, im Schlafwagen, im Flugzeug, im Sitzen, im Liegen und frühmorgens in der vollen Straßenbahn sogar im Stehen. Bei den Tieren ist das fast immer sehr anders, jedenfalls bei den wilden. Der Hase macht nicht heute ein Nickerchen im Kleefeld und morgen eines im Hafer. Er kehrt regelmäßig und oft jahrelang in die gleiche Sasse zurück, wie der Jäger die flache Mulde im Wetterschutz eines Baumes nennt. Und nur andauernde Störungen können ihn veranlassen, sich ein neues Nachtquartier zu suchen.

Der Fuchs döst wohl mal tagsüber in der Sonne auf einem Stamm oder einem Stein. Zum Schlafen aber, zum richtigen, tiefen Ausruhen, da geht er in seinen Bau unter die Erde. Der Dachs macht es genauso, aber nicht ohne vorher aufs Klo gegangen zu sein, das sich immer weitab von seinem Schlafloch befindet. Der Fuchs ist da nicht so reinlich, und deshalb kann der Dachs ihn auch nicht ausstehen. Die zwei, die häufig Nachbarn sind, können sich nicht riechen.

Bei den Vögeln ist es mit dem Schlafplatz nicht anders. Man sollte meinen, einer Eule könnte es doch ganz egal sein, in welchen der hunderttausend Bäume eines Waldes sie sich zum Schlafen hockt. Nichts dergleichen. Sie hat, wie viele andere Vögel, einen ganz bestimmten, sogenannten Schlafbaum, zu dem sie regelmäßig zurückkehrt. Bei Eulen ist solch ein Baum ganz besonders leicht zu finden, weil an seinem Fuß immer große Mengen Gewölle liegen.

In einem Stadtwald in Sichtweite des Stuttgarter Fernsehturms pflegte sich in jedem Winter eine große Schar von Ohreulen zu treffen. Wenn ich sie besuchen wollte, brauchte ich bloß bei Beginn der Morgendämmerung dorthin zu gehen, wo ich ihre Schlafbäume wußte. Da kamen sie dann bald dahergesegelt wie zur Landung einfallende Nachtjäger, drehten lautlos ein paar spukhafte Schleifen zwischen den Stämmen und ließen sich schließlich auf ihrem Stammplatz zum Verdauen und Schlafen nieder. Nicht mal das Anschlagen dieser Bäume mit einem Knüppel konnte sie vertreiben. Sie blinzelten dann bloß schläfrig aus der Höhe herab und klacksten verächtlich ihren kalkigen Kot auf den Störenfried herunter.

Das Schlafen in größerem Kreis ist unter Vögeln überhaupt sehr beliebt. Wer abends aufmerksam über die Felder wandert, besonders in den Wintermonaten, der wird nicht lange zu suchen haben, bis er auf ein phantastisches Bild stößt. Da steht dann irgendwo ziemlich frei ein alter dürrer Baum. Nebel zieht um ihn herum wie eine im Wind wehende Gardine, und durch das Gerippe der Äste hindurch sieht man die Sonne in einem verlaufenden Wasserfarbenrot untergehen. Aber sie ist nur die Kulisse für ein düsteres, an Galgen und Mittelalter erinnerndes Schauspiel, denn auf den Ästen hocken dicht bei dicht viele Nebelkrähen. Im Gegenlicht der untergehenden Sonne sind sie nichts als schwarze Silhouetten, die knurrende, krächzende Töne hervorgurgeln und wütend aufeinander loshacken, wenn sie einander gar zu nahe kommen. Aber langsam schlafen die Geräusche ein, und die schwarzen Vögel werden zugedeckt von der Dunkelheit der rasch hereinbrechenden Nacht. Riesige Krähenschwärme sieht man heute sehr gut an Herbstabenden in der Hannoveraner Eilenriede einfallen.

Weit phantastischere Bilder noch haben die Tropen zu bieten. Ich habe in Uganda, in Ostafrika, einmal mit der Kamera unter dem Schlafbaum einer großen Marabugesellschaft auf der Lauer gelegen. Marabus, die zur Familie der Störche gehören, werden ja gut und gern einen Meter groß. Breiten sie die Flügel aus, so können sie einen ausgewachsenen Mann, der am Boden läge, ganz bequem mit den Flügelspitzen an der Nase und an den Füßen zugleich kitzeln. Sie schreiten so gravitätisch wie altmodische, hochherrschaftliche Diener einher, und wenn sie einen Hupfer zur Seite machen, so sieht das so ungelenk aus, als wenn ein Opa eine Regenpfütze überspringt. Ihr nackter, grindiger Kopf und Hals mit dem wabbligen Kehlsack daran sind von einer Häßlichkeit, die schon nicht mehr abstoßend ist, sondern neugierig macht — man muß dauernd hingucken. Sie sind keine leidenschaftlichen Flieger. Sie gehen lieber zu Fuß, und sie tun das ganz ungeniert; wie Hunde strolchen sie durch die Krals der Eingeborenen, wo sie Nahrung finden.

Gegen Abend sah ich sie dann von allen Seiten gemütlich daherkommen, nicht anders als Büroangestellte, die nach Feierabend der Wohnung zustreben. Diese Wohnung der Marabus war eine riesige Dornakazie. Längst hatte der ätzende Kot der großen Vögel sie entlaubt; der Baum bestand nur aus Stamm und nackten Zweigen. Vierzig, fünfzig Meter davor hoben die Marabus sich schwerfällig wie überladene Transportmaschinen in die Luft, und jeder ruderte auf seinen angestammten Schlafplatz oben in der Akazie. Sie hielten einen ziemlich regelmäßigen Abstand voneinander, und gegen den sich schwefelgelb und purpur verfärbenden Abendhimmel nahmen die großen Vögel sich aus wie riesige Kerzen, die man der Akazie aufgesteckt hatte. Ich konnte mich nicht sattsehen an diesem Stück Urnatur, an einem Bild, für das man Tausende von Kilometern reisen muß ...

Während sich die großen Vögel für die Nachtruhe zurechtmachten und das Gefieder ordneten, dachte ich darüber nach, wie diese Burschen es wohl fertigbringen, eine ganze Nacht lang, womöglich noch bei Wind, sich auf einem schaukelnden Ast zu halten, ohne das Gleichgewicht zu verlieren, ohne die Zehen zu öffnen.

Wenn wir vor dem Einschlafen ein Stück Holz in die Hand nehmen, so fällt es zu Boden, sobald uns der Schlaf überkommt. Die Finger lösen sich. Warum lösen sich die Zehen der Vögel nicht? Die Antwort ist schrecklich einfach, wenn man sie kennt: Die Zehen können sich nicht lösen, weil eine Sehne sie ohne Zutun des Vogels krümmt. Vögel, die auf Bäumen übernachten, hocken sich in der Regel nieder; ihre Beine werden dabei wie ein großes Z eingeknickt, und um die beiden Ecken dieses Z, um das Knie- und das Fersengelenk herum also, zieht sich vom Becken her eine Art Kabel, eine Sehne, die bis zur Unterseite der Zehen führt. Drückt nun das Gewicht des Vogels die Z-Beine zusammen, so spannt sich die Sehne durch die Dehnung der Gelenke zwangsläufig und krümmt die nachgebenden Zehen. Und dabei bleibt es, solange der Vogel in der Hocke ist. Er kann die Zehen erst lösen, wenn er aufsteht.

Stelzvögel, wie die Flamingos, schlafen meist auf einem Bein. Damit nun dieser lange Haxen nicht im Schlaf abknickt, hat ihm die Natur ein Schnappgelenk eingebaut, wie wir es vom Taschenmesser her kennen. Durchgedrückt, schnappt das Gelenk ein und hält das lange, dünne Bein aufrecht wie eine ausgeklappte Messerklinge. Im Ngorongorokrater in Tanganjika, das auch in Ostafrika liegt, leben viele Flamingos. Es leben dort aber auch noch einige Massai. Das sind baumlange Angehörige eines Hirtenvolkes, das leider zum Aussterben verurteilt ist, weil es keinerlei Zivilisation annimmt. Diese Eingeborenen leben noch heute, mitten zwischen Autos und Flugzeugen, so primitiv wie vor Hunderten von Jahren. Diese Massai nun ruhen auch, während sie ihre Herden bewachen, oft auf einem Bein. Ich habe mir das genau angeschaut. Ein Klappgelenk jedoch wie die Flamingos haben sie nicht. Ihr Knie ist nicht anders gebaut als unseres. Das Abknicken verhindern sie in der Regel dadurch, daß sie sich die Sohle des hochgezogenen Fußes vorn auf die Kniescheibe setzen.

In den Zoos kann man an den Flamingos eine Schlafgewohnheit vieler Vögel studieren: Sie stecken den Kopf unter das Gefieder. Meist meinen die Zuschauer, sie tun das der Wärme wegen. Das stimmt aber nicht. Alle Vögel sind Augentiere; die Augen sind ihr empfindlichstes Organ; nur wenn sie es ganz und gar abschalten, es also in die Dunkelheit des Gefieders tun, ist die Welt für sie keine Reizquelle mehr, und sie können schlafen.

Bei anderen Tieren ist nicht das Auge das empfindlichste Organ; da sind es vielleicht die Ohren. So bei einigen Großohrfledermäusen, deren Hörwerkzeuge zu den feinsten Schallempfängern zählen, die sich denken lassen. Wenn diese Tiere schlafen wollen, dann falten sie die Ohrmuscheln ein. Und der Hund, dieses reine Nasentier, steckt den Riecher zwischen die Hinterkeulen, damit ihm der Duft aus der Küche nicht dauernd den Schlaf raubt.

Bei keinem Wildtier aber ist der Schlaf jemals so fest, daß man sich ihm nähern könnte, denn sonst wäre das Jagen und das Fangen solcher Tiere ein Kinderspiel. Tatsächlich aber gibt es nicht einmal sehr viele Fotos von schlafenden Waldtieren, denn immer bleibt im Hirn dieser Tiere ein Wecker angestellt, der sofort Alarm klingelt, wenn sich ein Feind nähert. Und ein Mensch ist in freier Wildbahn immer ein Feind, der größte sogar.

Wie wunderbar dieser Wecker funktioniert, das läßt sich am besten ablesen an der Tatsache, daß das schlafende Wildtier sehr genau unterscheidet zwischen harmlosen Annäherungen, von lieben Verwandten beispielsweise, und zwischen gefährlichen. Dieses Sichern, das selbst im Schlaf nicht aufhört, füllt das Leben eines Tieres noch weit mehr aus als der nächste Haupttrieb, das Fressen. Nur Haustiere können sich den tiefen Schlaf leisten. Man weiß ja, daß viele Besitzer von Wachhunden erst dann ruhig schlafen können, wenn sie eine Versicherung gegen Einbruch abgeschlossen haben. Und beißt so ein Hund doch einmal einen Fremden, dann war's bestimmt der Geldbriefträger.

Da wir gerade vom Bewachen reden, fällt mir eine Sache ein, bei der zur Abwechslung einmal nicht ein Tier den Schlaf des Menschen, sondern umgekehrt der Mensch den Tierschlaf bewachte. In Neumexiko gibt es eine Fledermausart, die millionenweise ganz bestimmte Höhlen aufsucht, um darin zu schlafen — und natürlich auch zu verdauen. Was bei diesem Verdauen abfiel, das war in der Menge so gewaltig, daß die Fledermaus ihren Namen daher bezog: Man nennt sie die Guano-Fledermaus.
Guano als Bezeichnung für Vogelkot ist gewiß bekannt. Man macht Dünger daraus. In einer solchen Höhle baute man pro Tag schon über vierzig Tonnen Guano ab. Während des amerikanischen Bürgerkriegs, als die Nord- und die Südstaaten sich der Negersklaven wegen die Köpfe blutig schlugen, da entdeckte man, wie fein sich aus dem Fledermausguano Salpeter gewinnen ließ, und Salpeter brauchte man dringend für die Herstellung von Schießpulver. Also stellte man schwerbewaffnete Posten vor die Höhlen der Guano-Fledermaus, damit ja niemand den Verdauungsschlaf dieser Tierchen störe. Und so ergab ein Schuß gewissermaßen den anderen...

Die Ente schläft, wie man überall beobachten kann, nicht selten mitten auf dem Wasser. Wie macht sie es, daß sie vom Wind oder von der Strömung nicht abgetrieben wird? Das ist wieder sehr einfach. Bei der Ente schläft eines der beiden Beine nicht mit. Sie streckt es nach unten ins Wasser und rudert damit leise und stetig vor sich hin. Auf diese Weise dreht sie sich ununterbrochen im Kreis, wie ein Boot, das nur mit einem Ruder bewegt wird.
Wie wörtlich das Wort „schlafen" bei einigen Tieren zu nehmen ist, steht wissenschaftlich dahin. Man weiß über die neurophysiologischen Zusammenhänge noch nicht sehr viel, zumindest muß man unterscheiden zwischen einem Dösen, während dem die Signale der Außenwelt durchaus noch wahrgenommen werden und das Gehirn mit Muskelsteuerung auf sie reagiert, und einem Tiefschlaf, dem sich ein Tier wohl nur in absoluter Gefahrlosigkeit der Umgebung hingibt.
Übrigens läßt sich bei Enten und Gänsen, wenn sie an Land schlafen gehen, sehr genau erkennen, ob sie bloß dösen oder ob sie fest schlafen. Dösen sie, so steckt der Kopf bloß bis zum Schnabelansatz im Gefieder — die schläfrigen Augen sind draußen. Es hat also keinen Zweck, sie für die Bratpfanne greifen zu wollen. Schlafen die Tiere aber fest, so stecken sie nicht nur die Nase, sondern auch die Augen noch unter ihr Daunenbett.

Da wir jetzt schon halb und halb im Wasser sind, können wir uns auch gleich den Schlaf der Fische ein bißchen ansehen. Sie sinken sehr häufig auf den Grund ab und verlieren ihre Farbe, wenn sie schlafen gehen. Haifische haben richtige Augenlider, die sie schließen können, und der Zitterwels dreht sich im Schlaf nicht selten gemütlich auf den Rücken. Karpfen, die in Zuchtbecken gehalten werden, verfallen manchmal in eine regelrechte Schlafsucht, und sie frönen ihr auf dem Grund so ausgiebig, daß sie sich wie die Säuglinge wundliegen. Leider kann man sie nicht gesundpudern, und so bleibt nur, sie in den Kochtopf zu stecken.

Das Absonderlichste an Schlafgewohnheit im Fischreich leistet sich aber der afrikanische Lungenfisch. Er ist ein Doppelatmer, hat also sowohl Kiemen als auch eine Lunge, und er kann deshalb im Wasser so gut atmen wie draußen an der Luft. Wie man nun weiß, ist es in Afrika sehr heiß, und da kommt es dann vor, daß die Wasserwohnung des Lungenfisches in der Sonne verdunstet und er auf dem Trockenen sitzt. Das stört ihn aber nur wenig. Er wühlt sich dann in den Schlamm ein, knäuelt sich zu einer Schlinge zusammen und scheidet ein Sekret aus, das ihn bald wie eine Cellophanhülle ganz und gar umgibt. Lediglich ein winziges Atemloch am Maul läßt er offen. Nach und nach nun trocknet der Schlamm ringsum immer mehr ein und wird schließlich steinhart. Dem Fisch ist das egal; er kann so etwas ohne Wundliegen und ohne Hunger monatelang aushalten. Irgendwann schickt der Himmel dann wieder Regen, der den Schlamm aufweicht und den Fluß füllt.

Oder aber ein europäischer Zoodirektor schickt einen Tierfänger, der den eingekapselten Lungenfisch mit einem langen Messer aus dem Schlamm heraussägt, und zwar so, daß der knochenharte Schlamm als handliche Transportkiste um den Fisch herumbleibt. So wird er auf die Reise geschickt. In Europa, im Aquarium, läßt man dann aus einer Gießkanne Wasser über die harte Schlammkiste laufen, bis sie aufgeweicht ist und der Lungenfisch sich wieder freischwimmen kann.

Während der Lungenfisch monatelang schlafen kann, ist es einer Delphinart nur möglich, jeweils kleine Nickerchen von höchstens 40 Sekunden Dauer zu machen. Das nämlich ist die Zeitspanne, die dieser Delphin unter Wasser bleiben kann. Danach muß er schleunigst an die Wasseroberfläche schwimmen, um Luft zu holen. Der Delphin ist ja kein Fisch, sondern ein Meeressäugetier.

Der Mensch verschläft den dritten Teil seines Lebens. Und mehr. Die Tiere dagegen bringen weit weniger Zeit mit Schlafen zu, und meist handelt es sich bei ihnen immer nur um einen Schlaf auf Stottern; kaum je verschlafen sie, wie der Mensch, acht bis zehn und mehr Stunden hintereinander. Und vom Meerschweinchen wird ernsthaft behauptet, daß es überhaupt nie schlafe.

Am sichersten sind wir über den Schlaf der Elefanten unterrichtet, den man in langen Versuchsserien im Zirkus festgestellt hat. Die Dickhäuter gehen, wie ich im Zirkus Knie oft beobachtete, spät ins Bett: Mitternacht wird es bei ihnen immer, und im Durchschnitt schlafen sie nicht mehr als zweieinviertel Stunden pro Nacht. Sie legen sich dazu etappenweise auf die Seite wie fast alle Säugetiere und stehen zwischendurch immer wieder mal auf, um Blase und Darm zu entleeren.

Diese Darmtätigkeit ist beim Elefanten überhaupt eine sehr merkwürdige Sache. Ich bin in Tanganjika einmal mit einem Großwildjäger einer Elefantenherde nachgepirscht, immer hübsch unter dem Wind, dessen Blasrichtung wir ständig mit naßgelecktem und in die Luft gehaltenem Zeigefinger kontrollierten. Elefanten sehen nur ein paar Meter weit gut; sie verlassen sich ganz auf ihre ebenso lange wie feine Nase und ihre großen Ohren. Sie können unheimlich gewandt und für ihren massigen Körper unglaublich leise und schnell durch die Baumsavanne ziehen. Zu Fuß hat man Mühe, ihnen zu folgen. Wir waren, als wir uns endlich der Herde auf wenige Meter genähert hatten, in Schweiß gebadet, und mehr als einmal hätten wir beim Pirschen die Herde wohl verloren, wenn nicht das Darmgewitter der Elefanten so unverschämt laut und über viele hundert Meter hinweg gut zu hören gewesen wäre. Es klingt nicht viel anders, als wenn man auf einer Kegelbahn alle Neune umwirft. Wer das noch nie von den dicken Bäuchen einer ganzen Herde gehört hat, der weiß beim ersten Mal nicht recht, ob er sich fürchten oder ob er lachen soll. Ein bißchen Fürchten ist auf alle Fälle angebrachter, denn mit wilden Elefanten ist nicht zu spaßen. Und wenn man einer Herde, die vielleicht sogar noch Jungtiere mit sich führt, auf einige Meter nahe gekommen ist und wenn da kein Graben mehr vorhanden ist wie im Zoo, dann meint man, das eigene Herz kullere nicht weniger laut als der Darm des Elefanten, der insgesamt 36 Meter lang ist und in 18 Stunden bis zu 350 Kilogramm Grünfutter transportieren muß.

Bei dieser Pirsch sah ich auch einen alten Bullen ein Nickerchen machen. Er stand im Schatten einer gewaltigen Schirmakazie und hatte den schweren Schädel auf die gewaltigen Stoßzähne gestützt, die sich ihrerseits wieder auf einem umgefallenen Stamm abstützten. Ich sah das Tier etwa drei Minuten lang unbeweglich so verharren; auch das sonst nie aufhörende Spiel der großen Ohren hatte er eingestellt. Kein Zweifel — er döste und hatte den Kopf wie eine Kamera aufs Stativ gestellt.

Im Jahre 1868 passierte im Zusammenhang mit dem Schlaf der Elefanten bei Hagenbeck eine furchtbare Geschichte. Damals war ein Transport mit mehreren Elefanten von einem italienischen Hafen her in neuntägiger Reise nach Hamburg gekommen. Die Tiere waren total erschöpft und legten sich nach der Ankunft und nachdem sie gefüttert worden waren, sofort zum Schlafen nieder.

Mitten in der Nacht gab es Alarm: Ein Elefant war tot, zwei andere lagen im Sterben. Die Fußsohlen der Tiere zeigten schwere Bißverletzungen, und das Blut rieselte unaufhaltsam aus diesen grausamen Wunden heraus. Als man die Bodenbretter aufhob, auf denen die Elefanten ihre Erschöpfung ausgeschlafen hatten, fand man 60 Ratten. Man erschlug sie alle. Sie hatten, unbemerkt von den Dickhäutern, die Fußsohlen der Elefanten durchfressen ...

Und jetzt ein paar Sätze über das Gähnen.

Jeder Mensch reißt am Tag mehrmals dazu den Mund auf. Warum er das tut, darüber haben sich nur wenige schon Gedanken gemacht. Genaugenommen ist das Gähnen keineswegs eine Unhöflichkeit des Gastes dem Gastgeber gegenüber, obwohl es überall so aufgefaßt wird, und weshalb jeder gut erzogene Mensch, den es überkommt, das Gähnen zu verstecken sucht. Man sollte es aber als ein Zeichen der Aufmerksamkeit werten, als einen Versuch des Menschen, ein Schlafbedürfnis, für das er nichts kann, aus Höflichkeit und Interesse niederzukämpfen.

Gähnen ist gesteigertes Aufnehmen von wach machendem Sauerstoff, und das oft mit dem Gähnen verbundene Räkeln soll verbrauchtes Blut aus den Muskeln herauspressen und Platz machen für frische Kraft.

Tiere gähnen nicht minder oft, selbst die Fische unter Wasser! Bei Hund und Katze, bei Löwe und Tiger läßt es sich genausogut beobachten wie beim Nilpferd und beim Krokodil. Und ein Großfußhuhn beginnt sogar das Leben mit einem herzhaften Gähnen. Selten oder nie aber ist bei den Tieren das Gähnen ein Hunger nach Sauerstoff, vielmehr kommt bei ihnen etwas ins Spiel, das der Mensch ebenfalls kennt: das gespielte Gähnen, etwa wenn man sich langweilt und es auch zeigen möchte; deutlicher noch: wenn man jemandem drohen will, ihm sagen will: Entweder du läßt mich sofort in Ruhe, oder ich werde ungemütlich!

Am ausgeprägtesten ist dieses Drohgähnen beim Nilpferd. Es ist schon ein erschreckender Anblick, wenn man in einem Boot den Nil hinunterfährt und plötzlich sieht, wie keine zwanzig Meter weg vom schwankenden Kahn ein Flußnilpferdbulle, der nach dem Elefanten das mächtigste Landtier ist, seinen gewaltigen Rachen meterhoch aus dem Wasser heraus aufklappt und Dolchzähne zeigt, die für einen so ausgesprochenen Vegetarier eigentlich unanständig grob sind.

Was sich aber aus dem Gähnen alles machen läßt, das zeigt das Beispiel der Zoo-Flußpferde. Weil der Mensch geneigt ist, ein aufgerissenes Maul auch als ein Zeichen von Hunger zu werten, steckte man den in Wirklichkeit drohen-

den Flußpferden immer dann was zu fressen zu, wenn sie das Maul aufklappten. Die Zoo-Flußpferde kamen rasch dahinter und merkten sich den Trick, und so wandelte sich bei ihnen das Drohen zum Betteln.
Tiere gähnen aber auch aus Verlegenheit. So der Hund, wenn man ihn nicht an die volle Futterschüssel läßt oder wenn man sich zum Ausgehen fertigmacht und ihm nicht durch Ergreifen der Leine eindeutig zu erkennen gibt, ob der Rex nun mitdarf oder nicht. Dann strecken sich die Hunde und gähnen, als wollten sie zu verstehen geben, daß ihnen das Fressen oder das Ausgehen sooo furchtbar wichtig nun auch wieder nicht sei ...
Beim Krokodil schließlich glaubt man, daß das Gähnen der Mundpflege diene, daß der weit aufgesperrte Rachen der Sonne und der Luft ausgesetzt werden soll, damit die Blutegel, die sich dem Krokodil im Maul festsetzen, austrocknen und abfallen. Seit ich diese abschreckenden Burschen in der Gegend des Viktoriasees an den steilen Nilufern beobachtet habe, glaube ich etwas ganz anderes. Vermutlich ist ihr Rachenaufreißen nichts anderes als das Hecheln der Hunde, nämlich eine Art von Abkühlungsversuch bei großer Hitze. Der Hund kann nicht schwitzen; er kann Verdunstungskälte nur im feuchten Maul bilden, und deshalb hängt er die Zunge so weit wie möglich in den Wind. Keineswegs will er dann immer saufen, wie viele Leute meinen. Und beim Krokodil wird es wohl nicht viel anders sein. Es ist ringsum von einem Schuppenpanzer umgeben — nur die großen Innenflächen des Rachens können Kühlung bringen und mithelfen, einen Hitzschlag zu vermeiden.

Vom Schwimmen und Tauchen der Tiere ist hier die Rede, insbesondere von der Schwimmblase der Fische, die den einen beim Atmen, den anderen beim Grunzen, noch anderen beim Hören und wieder anderen bei der Wettervorhersage behilflich ist; auch erfährt man, zu welchen Tricks die blasenlosen Meerestiere greifen, um nicht abzusacken.

Möglicherweise ist jemand anderer Meinung — aber ich habe noch immer gefunden, daß man im Leben am weitesten kommt, wenn einem statt kluger Antworten dumme Fragen einfallen. Und mir fallen dauernd dumme Fragen ein. Zum Beispiel diese: Wie kommt es eigentlich, daß ein Fisch schwimmen kann?

Geht man der Geschichte auf den Grund, so stellt sich rasch heraus, daß die Frage weniger dumm ist als vielmehr falsch, denn — und jetzt wird man lachen — Fische schwimmen überhaupt nicht! Schwimmen ist nämlich laut Lexikon „der Gleichgewichtszustand eines festen Körpers auf einer Flüssigkeitsoberfläche, in die er teilweise eintaucht".

Es schwimmt also ein Schiff, und es schwimmt auch der Mensch, der teilweise ins Wasser eintaucht. Dem Fisch aber geht das Wasser in aller Regel nicht bloß bis zum Hals. Ihm schlagen die Wellen über dem Kopf zusammen. Er ist nicht teilweise, er ist ganz ins Wasesr eingetaucht. Was also tut der Fisch, wenn das, was er tut, kein Schwimmen ist?

Er schwebt.

Natürlich ist das Wortklauberei, und das superkluge Lexikon, das ich befragte, gibt das auch unfreiwillig zu, denn das Körperorgan, das den Fischen das Schweben ermöglicht, heißt auch bei ihm die Schwimmblase.

Diese Schwimmblase der Fische ist ein Ding, auf das die Natur sich weit mehr einbilden könnte als der Mensch auf die Erfindung des Luftballons und des Zeppelins. Und die Hausfrauen ahnen zumeist nicht einmal, welch ein Wunderwerk sie achtlos, wenn nicht gar ein bißchen angeekelt, in den Abfalleimer werfen, nachdem sie es dem Festtagskarpfen aus dem Bauch geholt haben. Kann ein Luftballon oder ein Zeppelin nichts als schweben, so kann die Schwimmblase, diese weißliche, blau und rot geäderte, oft zweigeteilte Darmausstülpung der Fische, weit mehr. Nicht nur gleicht sie das Übergewicht des Fisches gegenüber dem Wasser aus, indem sie sich mehr oder weniger mit Gas aufpumpt — sie ist manchen Fischen auch noch beim Atmen behilflich, und einige geben mit ihrer Hilfe sogar Laute von sich; es sind eben doch nicht alle Fische stumm. Anderen wieder ist die Blase am Ohr angewachsen und als eine Art von Verstärker beim Hören nützlich. Sie ist mitunter ein zuverlässiges Barometer, das den Fischen sagt, ob's ein Gewitter geben wird, und schließlich noch kommt sie sogar geschlossen vor, ohne den geringsten Zugang zur Außenwelt, und dennoch nimmt sie Gas auf und gibt es wieder ab.

Ein Körper, sagen die Physiker, kann nur dann schwimmen, wenn seine Dichte kleiner ist als die des Wassers. Dehalb sackt ein Stein sofort ab, denn seine Dichte ist natürlich erheblich größer als die des Wassers. Es gibt nur eines, das selbst einen Stein schwimmen läßt: Luft. Der Bimsstein ist porös, also voller Luft, und deshalb schwimmt er. Segelboote werden unsinkbar gemacht, indem man ihnen allseits festverschlossene Luftkammern einbaut. Der Mensch, der nicht schwimmen kann, bindet sich einen luftgefüllten Gummischlauch um den Bauch, dessen Fett allein ihn noch nicht tragen würde. Luft läßt sogar Eisen schwimmen. Die dänischen Fischer bewahrten vor Erfindung des Kunststoffes ihre Netze vor dem Versinken, indem sie sie an viele kohlkopfgroße Eisenkugeln hängten, die innen hohl, also voller Luft waren.
Luft gibt jedem Körper Auftrieb. Luft schießt im Wasser sofort an die Oberfläche. Luft macht einen schweren Körper leicht und läßt ihn schwimmen.
Und bei so viel Gerede von Luft fällt mir schon wieder eine dumme Frage ein: Was ist eigentlich Luft? Wenn man's nicht allzu genau nimmt, dann ist Luft nur ein anderes Wort für Gas, denn Luft ist ein Gemisch aus Gasen, die die Erde umgeben. Und auch in den Schwimmblasen der Fische findet sich natürlich kein Gas, das nicht auch in unserer Luft enthalten wäre; nur die Zusammensetzung ist häufig anders.
Ende der Physikstunde.

Am besten begreift man die Funktion der Schwimmblase, wenn man in einem Zoo durch die Aquarien-Abteilung wandert und vor den herrlich bepflanzten und mit den seltensten Fischen besetzten Becken Beobachtungen anstellt. Da gibt es Fische, die stehen auf halber Höhe zwischen Grund und Oberfläche regungslos im Wasser. Selbst wenn man nicht das geringste von solch einem Fisch weiß, kann man unbesorgt wetten, daß er eine Schwimmblase hat, mit deren Hilfe er sich leichter gemacht, sich genau das Gewicht des Wassers gegeben hat, so daß er in ihm still steht, als wäre er ein Teil dieses Elements. Doch hätte eine solche Wette natürlich nur dann einen Sinn, wenn es auch Fische gäbe, die keine Schwimmblase haben.
Es gibt tatsächlich Fische ohne Schwimmblasen, und es sind nicht einmal wenige. Das ist zum Beispiel die Flunder, die so platt ist, daß eine brauchbare Schwimmblase in ihr gar keinen Raum hätte. Und also sackt sie auf den

Grund ab, wo sie träge ihr Leben verbringt. Das allzu lebhafte, von blitzschnellen Wendungen durchsetzte Schwimmen ist ihr ein Greuel. Dabei ist sie als Junges ein durchaus normales, aufrecht schwimmendes Fischchen, das erst mit zunehmendem Alter ganz und gar in die Breite geht und sich für ein dauerndes Leben auf einer Seite entscheidet. Selbst den Augen bleibt nichts anderes übrig, als sich dieser neuen Körper- und Lebensform anzupassen. Zunächst sitzen die Augen der Flunder, wie sich das gehört, zu beiden Seiten des Kopfes. Wenn jedoch der Fisch älter und damit platter wird, bleibt dem Auge auf der Unterseite keine andere Wahl, als sich zu seinem obenliegenden Zwilling auf die Wanderschaft zu machen.
Es gibt nur eine einzige Möglichkeit für schwimmblasenlose Fische, ihr Absinken auf den Grund zu verhindern: Sie müssen Tempo aufnehmen und ruhelos im Wasser umherjagen. So macht es der Haifisch, dem die Schwimmblase, diese innere Luftmatratze, ebenfalls fehlt. Und so machen es die Wale, die ja Säugetiere, also keine Fische sind, denn sie bringen lebende Junge zur Welt, die — nebenbei bemerkt — beim Blauwal bei der Geburt schon sieben Meter lang sind, täglich durch das Einspritzen der sehr fetten Muttermilch zwei Zentner zunehmen und jeden Monat um einen Meter größer werden, bis sie schließlich 30 Meter Länge und 100 000 Kilo Gewicht erreicht haben.

Doch kehren wir zur Schwimmblase zurück. Sie ist eine Darmausstülpung im Bereich des Schlundes, und bei den Fischkindern, die frisch aus dem Ei gekrochen sind, hat die Blase immer eine Art von Luftröhre, einen Luftgang, mit dessen Hilfe der kleine Fisch sich die Blase zum ersten Mal aufpumpt. Er schwimmt dazu nach oben und schnappt ganz einfach Luft. Gelingt ihm diese Erstfüllung nicht, geht er zugrunde. Das haben die Menschen, die immer alles ganz genau wissen wollen, durch Versuche ermittelt, die zwar für die Versuchskaninchen nicht schön, für die Wissenschaft aber wohl unvermeidbar sind, nicht zuletzt auch deswegen, weil die Ergebnisse solcher Forschungen den Fischern zugänglich gemacht werden, die auf diese Weise so manches über ihre Beutetiere erfahren und damit in die Lage versetzt werden, das Fangen und Töten so menschlich wie möglich zu betreiben.
Ich habe einem solchen Versuch einmal in einem zoologischen Institut zugeschaut. Da hatte man ein Aquarium absolut luftdicht verschlossen, und in diesem Aquarium schwamm ein einsamer Süßwasserfisch — eine Elritze, glaube ich, war es. Dann ging man daran, die Luft, die sich zwischen Wasserspiegel und Aquariumdach befand, abzusaugen, so daß für die Elritze ein Zustand geschaffen wurde, der einem Heraufholen aus größerer Wassertiefe entsprach. Druckabnahme also. Die Elritze suchte diesem Aufwärtsgefühl durch lebhaf-

tes Abwärtsschwimmen entgegenzuwirken, doch die Druckabnahme war dafür zu groß. Es blieb dem Fisch nichts anderes übrig, als sozusagen Gas zu geben, es also aus der Blase zu entlassen — man konnte die Bläschen deutlich aus dem Mund entweichen sehen.
Darauf hatten die Wissenschaftler, denen ich zuschaute, nur gewartet. Als sich die Elritze durch Entleeren der Schwimmblase einigermaßen ins Gleichgewicht gebracht hatte, pumpten sie die abgesaugte Luft wieder ins Aquarium ein, und sogleich ging der Fisch wie ein groggy geschlagener Boxer im wahrsten Sinne des Wortes zu Boden: Mit leerer Schwimmblase war er für die wieder normalisierten Druckverhältnisse viel zu schwer. Doch gelang es uns nicht, das Tier auszuzählen: Es richtete alsbald die Schnauze aufwärts, schwamm mit einigen kräftigen Flossenbewegungen nach oben und schnappte gierig nach Luft: Die Blase wurde aufgetankt.
Doch das war nur der erste Teil des Versuches. Der zweite bestand darin, der Elritze, die man wieder dazu gebracht hatte, die Schwimmblase zu entleeren, das Auftanken an der Luft zu verwehren, indem man dicht unterhalb der Wasseroberfläche ein Gitter einschob. Taumelte die Elritze zu Boden, wurde sie lebensunfähig, ging sie ein? Nichts dergleichen! Ich konnte das Ende des Versuchs nicht abwarten, weil er mehrere Tage in Anspruch nahm, aber man versicherte mir, daß es nur wenige Tage dauern würde, bis die Elritze, obwohl sie keinerlei Zugang zur Außenluft hatte, wieder mit prallgefüllter Schwimmblase und gesund sozusagen wie ein Fisch im Wasser umherschwimmen werde!
Nun ist das keine besondere Sensation, weiß man in Fachkreisen doch, daß eine ganze Anzahl von Fischen mit Schwimmblasen ausgestattet sind, denen gleich nach der Geburt und im Anschluß an die erste Füllung der Luftgang verkümmert und deren Schwimmblase seither ohne jegliche direkte Verbindung zur Außenwelt ist. Sie brauchen das Luftschnappen nicht. Sie haben eine eingebaute Gasfabrik, wenn ich so sagen darf.
Zu ihnen gehört der Barsch. Man hat ihm schon in Versuchen mittels einer Spritze die Schwimmblase entleert. Und da sie allseits geschlossen ist, war sie durch Luftschnappen nicht zu füllen. Der Barsch probierte das auch gar nicht. Dennoch dauerte es nicht lange, bis die Blase wieder prall und funktionsfähig war wie eh und je.
Wenn ich haarklein erzählte, wie diese Gasfabrik funktioniert, würde allen bald die Lust an dieser Geschichte vergehen — so kompliziert, aber auch so unerforscht ist das alles. Man weiß nur, daß sogenannte Gasdrüsen daran beteiligt sind, die durch verwickelte chemische Prozesse im Blut und im Gewebe der Schwimmblasenwand den Gasdruck auf eine Stärke bringen, die ein Überströmen des Gases in die Blase möglich macht. Die Schwimmblasenwand, die

mit Blutgefäßen reichlich bedeckt ist, ist durchlässig dafür. Außerdem gibt es in ihr ein sogenanntes „Oval“. Das ist eine dünne, gasdurchlässige Stelle, die den Muskeln gehorcht. Durch sie kann der Barsch Gas ans Blut abgeben, wenn er die Füllung seiner Schwimmblase vermindern muß, um nach oben schwimmen zu können.

Man hat wohl schon von „trommelsüchtigen“ Fischen gehört. Das sind bedauernswerte Geschöpfe, die man so rasch aus der Tiefe an die Wasseroberfläche gerissen hat, daß ihnen keine Zeit verblieb, die Füllung der Schwimmblase zu vermindern. Durch keinen Wasserdruck mehr gehindert, kann das Gas in der Blase sich ausdehnen. Der vordere Fischkörper ist aufgetrieben, und nicht selten wird der Vorderdarm wie ein Sack zum Maul herausgepreßt. Schnelles Zurückwerfen ins Wasser nützt nichts. Man muß dem armen Fisch, wenn man ihn zu retten versuchen will, eine Nadel in die Seite stechen, damit das Gas entweichen kann.

Ein Fisch, dem diese Grausamkeit nur allzuoft widerfährt, hat durch die scheußliche Geschichte einen besonderen Namen bekommen: Es ist der Kilch, den man wegen der Auftreibung des Vorderkörpers durch die übermäßig ausgedehnte Schwimmblase auch den „Kropffelchen“ nennt.

Seitdem wir uns selber Schwimmflossen an die Füße schnallen, kann man uns wohl nicht mehr allzuviel erzählen über die Wirkungsweise der Fischflossen. Aber es gibt unter den Wasserbewohnern Schwimmkünstler, deren Stil fast ebenso unbekannt wie originell ist. Wer kann schon auf Anhieb erklären, wie zum Beispiel der Aal sich fortbewegt? Er schlängelt sich durchs Wasser, wird jeder sagen, den man danach fragt. Gut. Aber was genau heißt das?

Man muß sich klarmachen, daß der Aalkörper ganz von Wasser umgeben ist, und daß dieses Wasser ihn im gestreckten Zustand rechts und links umfaßt wie zwei nur mäßig nachgiebige Wände. Und von diesen Wänden drückt der Aal sich wechselseitig ab und vorwärts, indem er die durch die Schlängelbewegungen entstehenden gekurvten Körperflanken nicht anders benützt als wir beim Schwimmen die Füße, nämlich gegen die Wasserwand drückend.

Eine ganz merkwürdige Sorte von Schwimmern sind die Tintenfische, denen vorn am Kopf gewöhnlich acht Fangarme angewachsen sind. Doch sind es keineswegs diese Arme, die sie, wie man annehmen sollte, zum Schwimmen benutzen. Wenn sie sich nicht, wie die Kalmare, durch wellenförmige Bewegung ihrer wie Elefantenohren abstehenden Flossensäume durchs Wasser mühen, schalten sie auf Raketenantrieb um. Sie schlürfen dazu kräftig Wasser in sich hinein und pressen es dann durch starkes Zusammenziehen der Muskeln aus einer ins Wasser mündenden Röhre wieder aus. Diese Röhre ist durchaus einem Auspuff vergleichbar, und der Wasserstrahl, der daraus mit

großem Druck hervorschießt, treibt das Tier mit Macht durchs Wasser, und zwar rückwärts, weil der Auspuff am Kopf sitzt und nach vorne zeigt.
Es ist schon öfter vorgekommen, daß ein solcher Rückstoß den einen oder anderen Tintenfisch aus dem Wasser heraus und in hohem Bogen durch die Luft auf das Deck eines Schiffes trug. Wer so etwas hört und von dieser Schwimm-Methode der Tintenfische nichts weiß, der ist leicht geneigt, die Sache für Seemannsgarn zu halten, was sie aber nicht ist.
Nicht selten schießen die Tintenfische zusammen mit dem Wasser jene Farbwolke aus, die ihnen den Namen gab und die sie vor Feindsicht schützen soll. Dieser Trick wurde früher auch von Kriegsschiffen benutzt, die zu schwach waren, um sich dem Feind zu stellen. Sie ließen dann ungeheure Rauchwolken ab, hinter denen der Feind sie zwar vermuten, mit seinen Kanonen aber nicht anders als durch Zufall treffen konnte. Heute, im Zeitalter des Radar, dessen Strahlen jeden Nebel und jeden Rauch durchdringen, ist ein solcher Schutz sehr fragwürdig geworden.
Die Tintenfische aber haben Radar ja nicht zu fürchten; sie nebeln sich weiter mit Erfolg ein. Die Farbwolke hat selbst menschliche Taucher schon abgeschreckt, die einen Tintenfisch in einer Felshöhle aufspürten und ihn daraus mit der Harpune vertreiben wollten.
Einen Schwimmstil, der dem der Tintenfische verwandt ist, haben auch die Quallen, von denen viele Leute sich nicht vorstellen können, daß es Tiere sind, weil ihr pilzförmiger Schirm und die darunter hängenden langen, wie Seetang aussehenden Fang- und Freßwerkzeuge allzusehr an pflanzliche Wesen erinnern. Wenn sie im Meer treiben, ähneln sie sanft schwebenden Fallschirmen. Sie sind mitunter von großer Farbenpracht. An Land gespült indessen, gleichen sie einem unappetitlichen Haufen wabbliger Sülze, und schon der bloße Gedanke, man könnte versehentlich darauftreten, verursacht Brechreiz. Dabei bestehen diese Nesseltiere bis zu 98 Prozent aus nichts anderem als Wasser. Die verbleibenden zwei Prozent Substanz aber bilden einen Organismus, der an Kompliziertheit seinesgleichen sucht.
Was nun das Schwimmen der Quallen angeht, so ist die Methode höchst einfach: Ähnlich wie der Regenschirm mit Metallstäben, so ist der runde Schirm der Qualle mit Muskeln durchzogen, die es dem Tier gestatten, den Schirmdurchmesser rhythmisch zu verengen und dadurch das Wasser darunter wegzupressen. Es entsteht ein Rückstoß, der die Qualle vorantreibt. Und weil sie die Muskeln an verschiedenen Stellen des Schirms verschieden stark zusammenziehen kann, gewinnt sie auch Einfluß auf die Richtung, in die sie schwimmen will, etwa so wie ein Fallschirmspringer Einfluß auf sein Treiben nehmen kann, indem er an bestimmten Leinen zieht und zugleich unterstützend mit einem Bein rudert.

Und jetzt, im Anschluß an so glibbrige Tiere wie Quallen, auch noch Wanzen! Ich habe allerdings bloß Wasserwanzen im Sinn, die aber auch zu der Familie der „Tapetenflundern“ gehören, einer Familie übrigens, die 25 000 Verwandte hat. Zum Glück wohnen sie über die ganze Erde verstreut. Diese Wasserwanzen sind Künstler im Rückenschwimmen, ein Schwimmstil, der sonst im Tierreich eigentlich nur als Ausnahme vorkommt, etwa beim Hai, der sich, bevor er zubeißt, gelegentlich auf den Rücken dreht. Die Wasserwanze aber beliebt immer so zu schwimmen. Sie faltet die vier Vorderbeine gemütlich über der Brust, guckt mit riesigen Augen in den blauen Himmel und fährt die sehr langen Hinterbeine wie Ruder aus.

Diese langen Beine allein nun würden der Wanze aber noch nicht viel beim Schwimmen nützen. Erst die Haare daran geben der Sache den richtigen Dreh. Es sind unanständig dicht und lang behaarte Beine, und während die Wanze sie an sich zieht, legen die Haare sich fest an. Stößt das Tierchen die Beine dann aber schwimmend heraus, spreizen sich die Haare ab und machen richtige Ruderblätter aus den sonst ziemlich dünnen Stelzbeinen.

Mit diesem haarigen Prinzip bewegen sich noch andere Wasserinsekten fort, und es fällt ihnen um so leichter, als viele von ihnen bei weitem nicht das Gewicht des Wassers erreichen. Das trifft aber nicht für den Flohkrebs zu, den man auch im Laden, als Fischfutter, kaufen kann. Er muß sich im Wasser entweder bewegen oder untergehen; will er ausruhen, ist er gezwungen, sich ein Blatt zu suchen, auf dem er ein Nickerchen machen kann. Das Absinken verhindert er, indem er mit seinen Fühlern wie irr aufs Wasser einschlägt. Aber die Natur hatte Mitleid mit ihm. Als es ihn vom Land weg in die Teichmitte zog, also in eine für einen Floh beachtliche Ferne, da gab sie ihm ein leichteres Gewicht und eine schnittigere Figur als seinen Verwandten, die sich vom sicheren Ufer nie wegtrauten!

Ein bißchen über das Tauchen noch. Wenn ich Tauchen sage, so meine ich nicht das Schwimmen der Fische in größere Wassertiefen. Ich denke vielmehr an das Eintauchen ins Wasser durch Tiere, deren Lebensraum dieses Wasser eigentlich nicht ist. An Vögel also. Auch hier gibt es merkwürdige Sachen.

Da ist der Pelikan, ein Bursche, der noch größer wird als ein Schwan. Sieht man ihn watschelnd laufen, so hält man ihn für das Ungeschickteste, das der Natur je eingefallen ist. Und doch ist dieser plumpe Geselle ein vollendeter Segelflieger und ein kühner Taucher dazu.

Nun sind Fliegen und Tauchen eigentlich Fähigkeiten, die einander ausschließen, denn um fliegen zu können, muß ein so großer Vogel leicht sein, und das kann er nur, wenn er viel Luft enthält. So sind denn auch die Knochen des Pelikans weitgehend mit nichts als Luft gefüllt, und auch unter der Haut noch hat er große Luftsäcke. Streicht man ihm mit den Fingerspitzen über diese Haut, so fühlt sich das an wie eine mit Luft aufgeblasene Tüte aus Seidenpapier.

In dieser vielen Luft, die der Pelikan in sich hat, liegt aber auch sein größtes Problem, nämlich das Tauchen nach Fischen. Wer je versucht hat, einen Luftballon unter Wasser zu drücken, wird diese Not des Pelikans schnell begreifen. Und so hat denn auch nur der braune Meerespelikan, im Gegensatz zu seinem weißfarbigen Vetter, eine Tauchtechnik entwickelt. Er hebt sich in große Höhen hinauf und stürzt sich von da in steilem Sturzflug mit Wucht ins Wasser. Nur so kommt er in eine ausreichende Tiefe, denn anders würde er wie ein Korken sofort wieder nach oben schnellen.

Seine nichttauchenden Artgenossen jagen die Fische auf eine fast menschliche Weise. Sie bilden richtige Jagdgesellschaften, die in seichtem Wasser ein regelrechtes Kesseltreiben auf die Fische veranstalten.

Ganz vollendete Taucher aber sind die Pinguine, doch müssen sie diese Fähigkeit mit dem Totalverlust einer anderen bezahlen, denn obwohl sie Vögel sind, können sie doch nicht fliegen. Sie sind zu schwer; in ihren Knochen befindet sich keine Luft; ihre Flügel sind zu Flossen geworden, und ihr Federkleid ist eng wie eine Wollbadehose. Und die Flügelflossen schlagen bis zu 200mal in der Minute. So groß ist beim Pinguin die Anpassung ans Wasser, daß er an den hinteren Rändern seiner Stummelflügel schon keine Federn mehr, sondern Schuppen bildet.

Vom Fressen und Gefressenwerden, vom Jagen und Tarnen im Tierreich wird hier gehandelt; es treten auf: Löwen auf einem Parkplatz, Flundern im Klassenzimmer, eine Schnecke, die Tarnfarben mischt, eine Fliege, die eine Wespe mimt, Hühner, die vor einem Pfauenauge flüchten, und andere; ferner wird geklärt, ob der Hase wirklich mit offenen Augen schläft.

Es gibt einen Vogel, der den merkwürdigen Namen Ziegenmelker trägt. Die Bauern früherer Zeiten tauften ihn so, weil sie ihn im Verdacht hatten, sich ans Euter ihrer Ziegen zu hängen und sie als Milchbar zu benutzen.

Aber nicht dieser verleumderische Name ist es, der mich von diesem Vogel erzählen läßt. Sein Federkleid vielmehr habe ich im Sinn, und es soll den Anfang machen, wenn wir uns jetzt ein bißchen umschauen in der Kunst vieler Tiere, sich auf die merkwürdigste Weise so gut wie unsichtbar zu machen.

Vor ein paar Jahren stiefelte ich im Mündungsgebiet des Guadalquivirs herum, jenes großen spanischen Flusses, der in der Gegend von Sevilla in den Atlantik fließt. Ein Einheimischer, der mich führte, faßte mich plötzlich am Arm und wies auf einen Ast im schattigen Inneren eines niedrigen Baumes. Obwohl ich nicht ganz unerfahren im Aufspüren schwer auszumachender Tiere bin und angestrengt auf die Stelle starrte, die mein Führer mir wies, konnte ich nichts anderes entdecken als eben Baumrinde und ein unruhiges Geflirr aus Licht und Schatten. Der Spanier lachte und stieß schließlich mit einem Stock in den Baum hinein — und da sah ich einen knapp taubengroßen Vogel auffliegen, es war ein Ziegenmelker. Und jetzt wunderte ich mich sehr, den doch nicht gerade kleinen Vogel aus so naher Entfernung nicht gesehen zu haben. Es erging mir wie jemandem, dem man in einem Vexierbild eine verborgene Figur zeigte, die er vorher beim besten Willen nicht entdecken konnte.

Der Ziegenmelker hat ein Gefieder, das der Rinde eines Baumes, auf dem Licht und Schatten spielen, täuschend ähnlich sieht. Hinzu kommt, daß dieser Vogel, wenn er sich verbergen will, sich der Länge nach auf einen Ast setzt und sich eng an ihn drückt. Außerdem ist er klug genug, sich nicht durch frühes Auffliegen zu verraten. Flüchten tut er erst dann, wenn er sich entdeckt weiß und ein Feind direkt nach ihm stößt.

Andere Tiere haben wieder andere Tarnkappen. In Kenia in Ostafrika sah ich einmal einen Webervogel auf einem Feldweg nach Baumaterial für sein kunstvolles, rundum geschlossenes Nest suchen, das diese Vögel frei in die Dornakazien hängen, so daß die Bäume von weitem ausschauen, als habe

man sie mit großen Christbaumkugeln behängt. Der Vogel stocherte zwischen dem dürren Gras am Wegrand herum und hatte plötzlich einen vielleicht fünfzehn Zentimeter langen dünnen, vertrockneten Zweig im Schnabel, den er prüfend schüttelte, dann aber wieder achtlos beiseite schleuderte. Nachdem der Vogel fortgeflogen war, hob ich den kleinen dürren Ast auf und sah meinen Verdacht bestätigt: Es war eine Stabheuschrecke.
Diese Insekten haben einen mehr oder weniger runden walzenförmigen Körper und ebensolche Gliedmaßen, die sie, wenn sie sich unsichtbar machen wollen, an den Leib anlegen. Und dann werden sie so starr und steif wie unsereins in der Badehose im Schnee. Und in diesem Zustand macht es den Heuschrecken auch nichts aus, von einem Vogel aufgepickt und gebeutelt zu werden — ja, man kann einer erstarrten Stabheuschrecke die Beine und den halben Leib abhacken, ohne daß die Starre sich löst.
Livingstone, der große englische Afrikaforscher, muß von dieser Methode, einer tödlichen Gefahr zu entkommen, etwas gewußt haben, denn er verdankt ihr sein Leben. Als er auf einer seiner Reisen von einem Löwen angefallen und gepackt wurde, wehrte er sich nicht, sondern stellte sich tot, indem er kein einziges Glied rührte. Nicht einmal seinen Haaren erlaubte er, verräterisch zu Berge zu stehen. Der Löwe schüttelte ihn erstaunt wie die Katz die Maus, doch da diese merkwürdige Beute sich nicht rührte, ließt er sie schließlich fallen.

Da wir gerade von Löwen reden, muß ich noch etwas von Afrika erzählen. Nairobi ist die Hauptstadt von Kenia. Das größte Hotel in dieser modernen Stadt, ein Luxuskasten, wie wir nicht viel bessere haben, behauptet von sich in seinen Werbeschriften, daß es in Hörweite von Löwengebrüll liege. Damit meint das Hotel nun aber keine Löwen im Zoo, sondern richtige wilde Tiere in freier Wildbahn. Nun habe ich in diesem Hotel zwar ein paar Nächte geschlafen und außer dem Gebrüll von ein paar betrunkenen Gästen nichts gehört, was dem grollenden Donner eines brüllenden Löwen vergleichbar gewesen wäre, doch stimmt es tatsächlich, daß man in Nairobi bloß in ein Taxi zu steigen braucht, um etwas zu erleben, das einem niemand so recht glauben will, der es nicht selbst gesehen hat.
Nach zehn Minuten Fahrt, noch in Sichtweite der Stadt, durchfährt man das Eingangstor zum Nationalpark Nairobi. Feldwege führen kreuz und quer hindurch, aber man hat auch nichts dagegen, daß die Autos das Steppengras befahren, wenn sie die Tiere suchen, die gegen solche vierrädrigen Besucher nichts einzuwenden haben. Sie lassen die Wagen dicht an sich herankommen, denn es ist ihnen von einem Auto noch nie etwas Böses angetan worden. Niemand schießt aus einem Fahrzeug heraus, es sei denn mit einem Fotoapparat,

und selbst dort, wo in Afrika das Jagen erlaubt ist, außerhalb der Nationalparks, müssen die Jäger sich, wenn sie schießen wollen, dazu mindestens dreihundert Meter von ihrem Auto entfernen. Diese Vorschrift hat man erlassen, damit die Tiere niemals ein Kraftfahrzeug als etwas Gefährliches betrachten lernen und es deshalb angreifen. Das würde in ganz Afrika den Autoverkehr außerhalb der Städte zum Erliegen bringen, denn einem Nashorn oder gar einem Elefanten fällt es nicht schwer, aus so einem Auto im Nu einen Haufen verbeultes Blech zu machen.
Wenn man nun im Nationalpark von Nairobi die Löwen sucht, so ist das keineswegs eine einfache Sache. Das Gras, in dem sie tagsüber faul und satt herumliegen, ist von der Sonne gelblich verbrannt und hat ziemlich genau die Farbe des Löwenfells. Im Zoo fällt einem das nie so auf, weil die Tiere hier selten in ihrer richtigen Umgebung leben. Der Leopard mit seinem sehr lebhaft gefleckten Pelzmantel kommt uns im Zoo auffällig vor. In seiner heimischen Umgebung aber, im Licht- und Schattenspiel eines afrikanischen Akazienbaumes, ist er kaum zu sehen. Auch die auffälligsten der Steppentiere, die schwarz-weiß gestreiften Zebras, verschwimmen schon in gar nicht so großer Entfernung. Ganz wesentlich trägt dazu bei, daß kein horizontal verlaufender Fellstreifen die Rückenkontur der Zebras betont.
Jeder hat sicherlich schon Soldaten gesehen, die braun und grün gefleckte Tarnjacken tragen. Das ist ein Trick, den sie vor langer Zeit schon den Tieren abgeschaut haben. Diese bunten, unregelmäßigen Flecken lösen die Umrisse auf, an denen man einen Menschen oder ein Tier aus größerer Entfernung erkennt. Das beobachtende Auge wird von den großen Flecken gefesselt und von der Kontur abgelenkt. Im Krieg hat man ganze Häuser unsichtbar gemacht, indem man ihnen einen solchen gefleckten Tarnanstrich gab.
Man mag jetzt fragen, wie das denn mit den Elefanten sei, die dort doch auch leben, aber einfarbig grau sind und so groß wie ein Scheunentor noch dazu. Ich habe in Afrika so manchen Elefanten aus der Entfernung für den Schatten eines Baumes gehalten, unter dem so ein großer Bursche gern die Hitze des Mittags verdöst, und er verrät sich weit eher durch die laut polternden Verdauungsgeräusche in seinen Gedärmen als durch seine massige Figur. Außerdem hat der Elefant einen Tarnanstrich auch nicht so nötig, denn unter den Tieren Afrikas hat er keine Feinde. Daß der Mensch ihn mit Pfeil und Bogen und später mit dem Gewehr verfolgen würde, das war im Buch der Natur nicht vorgesehen.
Aber zurück zu unseren Löwen. Es gibt in den afrikanischen Parks nur eine sichere Methode, sie zu finden: Man schaut sich um, wo die meisten Autos auf einem Haufen stehen. Mitten zwischen ihnen liegen bestimmt ein paar Löwen herum. An einem Sonntag im Nairobi-Park zählte ich vierzig Autos an einer

solchen Stelle, und mein Taxichauffeur nahm ebenfalls sofort Kurs auf diesen einzigartigen Parkplatz.
Und da lag der König der Tiere denn auch, keine fünf Meter von den im Halbkreis um ihn versammelten Autos entfernt. Man konnte ihm bequem ins gähnend aufgerissene Maul schauen und feststellen, daß er einen Zahnstocher nötig hatte, um sich die letzten Reste der voraufgegangenen Zebramahlzeit aus den mächtigen, gelben Zähnen zu picken.
Ich drehte in aller Ruhe das Autofenster herunter und fotografierte den Löwen — seinen Schwanz bekam ich schon nicht mehr ganz mit aufs Bild, so nahe lag der prächtig bemähnte Kerl beim Wagen. Kein afrikanisches Tier läßt den Menschen, der im Auto sitzt, näher an sich heran als der Löwe. Er ist das Angestarrtwerden so gewohnt, daß es ihn schon langweilt, und so dreht er sich nicht selten mitten zwischen den Autos auf die Seite, streckt alle viere von sich und macht ein Nickerchen.
Aber wehe, es ließe sich jemand durch diese scheinbare Zahmheit täuschen und stiege aus dem Auto aus! Der Löwe griffe sofort an. Der Nairobi-Park ist nur gegen die Stadt hin durch einen schier endlos langen Zaun abgeschirmt. An seinen drei übrigen Seiten ist er offen. Die Tiere können gehen, wohin sie wollen. Sie sind wild, und sie sind frei. Aber sie haben begriffen, daß ihnen im Park nichts geschieht, und deshalb bleiben sie da. Niemand füttert sie, niemand pflegt sie. Der Mensch greift in ihr Leben kaum ein.
Er läßt sie nur in Frieden.

Nun muß man nicht unbedingt nach Afrika fahren, wenn man Tiere sehen will, die Meister des Tarnens sind. In unseren heimischen Sumpflandschaften, so am Federsee bei Buchau, lebt die große Rohrdommel, deren Ruf mit der Stimme eines Vogels überhaupt keine Ähnlichkeit mehr hat, sondern eher wie das dumpfe Grunzen eines Ochsen klingt. Ihre Wohnung ist das Rohr, in dem sie auch brütet. Wird sie dabei gestört, so reckt sie den Rumpf, den Hals und den Kopf samt Schnabel steil aufrecht in die Höhe und verhält sich in dieser Pfahlstellung ganz still. Dadurch und durch die schmutzig-gelbe Farbe des Gefieders bekommt der Vogel das harmlose Aussehen eines Schilfrohres, das man natürlich übersieht. Verstärkt wird diese Tarnung noch durch zwei helle Längsstreifen am Hals, die wiederum den Umriß auflösen. Wer sich nicht auskennt, wird die Rohrdommel nie entdecken — er kann ruhig auf Armlänge an ihr vorbeirudern und suchend in ihre Richtung starren.
Wer aber zu bequem ist, getarnte Tiere draußen in der Natur zu suchen, der kann auch in einen Zoo gehen. Besonders ein Aquarienhaus ist sehr lohnend. Da gibt es Plattfische, flunderartige Geschöpfe, deren Farbe sich so haargenau dem Sand- oder Steingrund anpaßt, daß man schon sehr genau hin-

schauen muß, wenn man diese platten Gesellen mit ihren nebeneinanderliegenden Glotzaugen entdecken will.

So eine Flunder kann aber noch mehr: Es bereitet ihr keine Schwierigkeit, ihre Körperfarbe dem wechselnden Aussehen des Meeresgrundes anzupassen. Sie ist weiß auf weißem Seesand; kommt sie aber auf einem dunklen Stein zur Ruhe, so färbt sie sich ebenfalls dunkel. Das macht sie mit Hilfe von Zellen, die in ihrer Haut eingebettet sind und Farbstoffe enthalten. Diese Zellen kann sie je nach Bedarf zusammenziehen, so daß entweder die hellen verschwinden und nur die dunklen sichtbar bleiben oder eben umgekehrt.

In Nordafrika lebt eine Lerche, deren Farbe genau dem Boden angepaßt ist, auf dem sie lebt. Und die Vögel kennen ihre Farbe ganz genau. Es war nämlich nicht möglich, die rötlich gefärbten Lerchen vom roten Sandboden weg auf weiße Kalkplateaus zu scheuchen, und umgekehrt waren die hellgefärbten Lerchen nicht willens, auf den roten Sandboden umzuziehen, weil sie dort jedem Feind sofort sichtbar geworden wären.

Im tropischen Urwald kriecht eine Schnecke herum, die sich sogar aufs Mischen von Farben versteht wie ein Malermeister. Sie hat ein blaues, durchscheinendes Gehäuse und einen giftgelben Körper. Wenn sie nun die im Urwald am besten geeignete Tarnfarbe Grün braucht, zieht sie einfach den gelben Leib in die blaue Schale. Und das ergibt eben Grün. Man kann es mit dem Malkasten leicht nachprüfen.

Natürlich dient die Tarnung den Tieren nicht nur als Schutz vor dem Gefressenwerden, sondern auch als Hilfsmittel, selber zu fressen, beim Jagen also. In tropischen Gewässern gibt es einen Blattfisch, der dem ins Wasser gefallenen Blatt eines Laubbaumes so ähnlich sieht, daß andere, kleine Fische prompt darauf hereinfallen. Er läßt sich harmlos zwischen sie sinken, um dann, wenn die Mahlzeit dicht vor seiner Nase schwimmt, einen zahnbewehrten Rachen aufzuklappen, der nicht mehr hergibt, was er einmal hat.

Eine Rochenart tarnt sich im Schlamm des Meeresgrundes und läßt elektrisch geladene Fühler wie Seepflanzen über sich hin und her schaukeln. Kommt dann etwas dem Rochen Zusagendes dahergeschwommen, kriegt es durch die Fühler einen betäubenden Schlag verpaßt, der dem Raubfisch die Mühe des Hinterherjagens erspart.

Die grüne Mamba Ostafrikas, eine der giftigsten Schlangen in den Tropen, ist auf einem Baum erst dann zu bemerken, wenn es zu spät ist, denn, nicht wahr, wer fürchtet sich schon vor einer Liane, die über einen Ast wächst? Eine Baumschlangenart, die von den Afrikanern Boomslang genannt wird, schaukelt sogar wie eine vom Wind bewegte, frei hängende Liane von einem Ast herab, an dem sie sich mit dem Schwanz festhält.

Das Nilkrokodil schwimmt unter Wasser an die Tränken der Antilopen und Gazellen heran, und seine wie Rinde geriffelte Schnauze, die mit den Nasenlöchern gerade eben die Wasseroberfläche durchstößt, sieht nicht anders aus als ein Stück Treibholz, mit dem der Nil übersät ist. Und schon klappt der gewaltige Rachen auf und zerrt eine unaufmerksame Gazelle in die Tiefe.
Gerade bei diesem Beispiel des getarnt jagenden Krokodils möchte ich eindringlich bitten, nicht in den Fehler der meisten Menschen zu verfallen und die Handlungsweise dieser Tiere zu vermenschlichen. Selbst das für unseren Geschmack wirklich abscheuliche Krokodil hat einen Anspruch auf Gerechtigkeit, denn wie alle Tiere jagt und tötet es nicht aus Spaß daran, sondern um satt zu werden. Ein Tier, das satt ist, tötet nicht, wenn es nicht angegriffen wird. In Afrika sah ich Gnus, die Lieblingsspeise der Löwen, dicht bei diesen großen Raubkatzen weiden; sie wußten, die Löwen sind satt, also sind sie harmlos, selbst wenn sie getarnt im Steppengras liegen.

Nun gibt es aber Tiere, denen gar nichts daran gelegen ist, unsichtbar zu sein. Bei ihnen ist ganz im Gegenteil alles aufs Auffallen angelegt, und Angabe ist für sie nicht nur das halbe, sondern oft genug das ganze Leben. Sie haben eine Färbung, die so grell oder so wild gemustert ist, daß sie an die abenteuerlichen Kriegsbemalungen der Indianer erinnert. Solche Farben im Gesicht und am Körper sollten ja auch, wie hier bei den Tieren, die Feinde erschrecken und in die Flucht schlagen helfen.
Auch Verstellungskünste sind nicht selten. Da gibt es zum Beispiel die Schwebfliege, die weder Gift noch Stachel hat und ein ganz harmloses Geschöpf ist. Doch hat sie eine schwarz-gelbe Färbung wie die Wespen, mit denen ja bekanntlich nicht gut Kirschen essen ist, weil sie ziemlich eklig stechen können, was dann dicke Beulen gibt. Das wissen nicht nur die Menschen, sondern auch viele Vögel, denen Insekten zur Nahrung dienen. Die Schwebfliege profitiert also von ihrem Kostüm. Doch ist ihr das noch nicht sicher genug. Wespen haben im Gegensatz zu ihr ziemlich große Fühler. Um diese nun einem Feind vorzutäuschen, hebt die Schwebfliege bei Gefahr die Vorderbeine an den Kopf, zittert mit ihnen wie mit Fühlern und hält sie auch ein wenig geknickt. Wie sie zu diesem Trick gekommen ist, das kann man leider nicht sagen. Sie tut es eben, ohne sich etwas dabei zu denken, denn dazu fehlt ihr das nötige Gehirn.
Schwarz-gelb scheint überhaupt eine Farbkombination zu sein, die so etwas Ähnliches wie ein Giftetikett auf einer Medizinflasche ist: Sie schreckt Schleckmäuler ab. Da ist der Feuersalamander, der im reinsten Schwarz und Gelb glänzt. Ich fand einmal einen auf einer Autostraße und rettete ihn vor dem Überfahrenwerden, indem ich ihn aufhob und in den feuchten Wald setzen

wollte, in den er ja gehört. Als ich ihn aber in der Hand hielt, fühlte ich, daß es ein Weibchen war, das kurz vor dem Kinderkriegen stand. Ich nahm das Tier mit nach Hause, bereitete ihm ein vorschriftsmäßiges Wochenbett aus einer halbtiefen Wasserschale und einem dicken Stein darin und schaute dann zu, wie der rundlichen Alten alsbald mehr als ein Dutzend quicklebendige, der Form nach fix und fertige Salamander aus dem Bauch ins Wasser flitzten.

Aber davon wollte ich eigentlich gar nicht erzählen, sondern vielmehr von der Wirkung der grellen schwarz-gelben Färbung auf einen Feind, der in diesem Fall mein Hund war. Als er den Salamander sah, ging er mit allen Anzeichen des Abscheus rückwärts und bellte so verlegen, wie Hunde das häufig tun, wenn sie nicht so recht wissen, mit wem sie es zu tun haben. Mancher Hund, der nicht ein reiner Stadthund ist, hat beim Umherstöbern wohl schon einmal in einen Salamander gebissen und den widerlichen Geschmack der Giftdrüsen kennengelernt, also läßt er in Zukunft die Zähne von allem, was schwarz-gelb glänzt.

Jeder hat bestimmt schon mal einen Schmetterling gesehen, der auf den Flügeln große dunkle Farbflecken hatte, die wie richtige Augen aussahen. Wer da nun meint, das sei nur eine interessante Farbspielerei, bei der sich die Natur nicht allzuviel gedacht habe, der täuscht sich.

Wer eine Schmetterlingssammlung hat, kann sich leicht ein Bild davon machen, wie sehr diese auffällige Zeichnung von praktischem Nutzen ist. Man braucht bloß einmal ein Pfauenauge an einer Vogelfutterstelle aufzuspannen, und man wird sich wundern über die Unruhe, ja die Angst, die unter den sonst so frechen kleinen Meisen ausbricht. Ich habe auch mal gesehen, wie ein Huhn laut gackernd davonstob, als es ein Pfauenauge, das sich im Hühnerhof niedergelassen hatte, anpicken wollte, und der Schmetterling daraufhin seine Flügelaugen aufschlug.

Wer hat schon einmal darüber nachgedacht, woher wohl das Wort „Drückeberger“ kommen mag und warum wir von einem Menschen, der einer Gefahr gerne aus dem Weg geht, sagen, daß er sich drückt? Das kommt alles von den Tieren her, besonders aber vom Hasen. Doch hat es nichts mit der berühmten Ängstlichkeit zu tun, die man den Hasen nachsagt, sondern vielmehr mit ihrer Angewohnheit, sich bei Gefahr zu drücken, und zwar ganz wörtlich. Sasse nennt der Jäger die flache Mulde, in der die Hasen sich gegen Wind und Wetter zusammenkauern. Hocken sie in so einer Sasse und geht man auf sie zu, so drücken sie sich reglos an den Boden und wackeln weder mit dem Schwanz noch mit den Ohren. Nicht selten entgehen sie auf diese Weise und auch durch ihr erdfarbenes Fell dem Blick ihres größten Feindes, nämlich des Menschen, dessen Nase ja zum Aufspüren von Wild nicht geeignet ist.

Ein sich drückender Hase hat die Augen offen, und weil er dann ohne jede Bewegung hockt, entstand das Märchen vom Hasen, der angeblich mit offenen Augen schläft. Das Gegenteil aber ist richtig: Der Hase ist ganz Auge und ganz Ohr, seine Muskeln sind gespannt wie Stahlfedern, und merkt er, daß ihn nur die Flucht noch retten kann, daß der Feind geradewegs auf ihn zukommt, daß die Entfernung sich zwischen ihm und dem, der ihm an den Balg will, ungemütlich verringert, dann schießt er mit einem gewaltigen Satz aus der Sasse heraus und ergreift, wie man so sagt, das Hasenpanier. Auch diese plötzliche Flucht hat dazu beigetragen, das Märchen aufzubringen, ein Hase schlafe mit offenen Augen und erwache erst in letzter Sekunde, um dann furchtbar erschreckt davonzusausen. Es ist in Wahrheit eine List des Hasen, die ihm freilich angeboren ist.

Aber auch Vögel drücken sich — Fasanen und Rebhühner zum Beispiel, die der Jäger ja mit seinem Hund aus dem Getreide oder aus dem Feldgehölz herausdrücken muß, um sie schießen zu können. Die Jungen der Bodenbrüter, der Seevögel vor allem, die ihre Eier ohne Nestbau einfach auf die Erde legen, lassen sich eher vom unachtsamen Fuß des Badegastes tottreten, bevor sie sich durch Davonlaufen verraten.

Ich fand in einer Zeitung einmal einen gezeichneten Witz, der im ersten Teil zeigte, wie ein Polizeibeamter mit seinem Hund in ein Zimmer ging, über dessen Tür das Schild „Verkleidungsraum“ hing. In der zweiten Abteilung des Witzes dann sah man Mann und Hund wieder herauskommen, und zwar maskiert. Der Polizist hatte einen Bart angeklebt, und auch aus dem ursprünglich glattrasierten Schäferhund war jetzt ein langhaariger Schnauzer geworden.

Wahrscheinlich wußte der Zeichner gar nicht, daß Tiere sich tatsächlich verkleiden. Zwar nicht die Hunde, aber die großen Dreieckskrabben beispielsweise, die auf dem Meeresboden herumschlurfen und sich Schwämme, Algen und Moostierchen suchen, um sie sich zum Zwecke der Tarnung an die spitzigen Haken zu hängen, die auf ihrer Rückenschale sitzen. Die Larve einer Wanzenart wirft sich Staub oder Sand auf den Rücken, um sich vom Erdboden nicht abzuheben und also nicht entdeckt und gefressen zu werden. Einige andere Krabbeltierchen benutzen ihren eigenen Kot zur Tarnung. Die Larven von Florfliegen pappen sich die Häute der Blattläuse, die sie ausgesogen haben, auf den Rücken. Köcherfliegenlarven haben ihren Namen daher, daß sie sich im Wasser, in dem sie leben, aus Blättern und Pflanzenstengeln einen richtigen Köcher bauen, den sie mit Spinnfäden verkitten.

Nur das Wichtigste muß ich noch sagen: Die List der Tiere ist niemals eine Tücke, und wer Tiere falsch nennt oder grausam, der wendet Begriffe auf sie an, die nur auf den Menschen passen, denn er allein weiß, was er tut.

Dieses Kapitel verschafft dem Leser Aufklärung über die Gründe, welche die Tiere bewegen, miteinander zu kämpfen. Der Mensch, der einsichtig ist, wird es nicht ohne Beschämung lesen. Doch kommen auch Dinge vor, die ihn berechtigen, sich für besser zu halten als die Tiere, erfährt er doch entrüstet, daß zum wahren Glück einer Fischehe zuweilen ein Hausfreund gehört.

Es ist so lange noch nicht her, da sah ich einmal den Tierfilm eines berühmten Mannes. Höhepunkt dieses Films war der dramatische Kampf eines Jaguars, einer großen südamerikanischen Raubkatze also, mit einer Riesenschlange. Die Sache spielte sich im seichten Wasser einer Dschungellagune ab, was die Wirkung der Bilder erheblich steigerte, denn das Wasser spritzte hoch auf unter den sich windenden Leibern, peitschenden Schwänzen und schlagenden Pranken. Nicht nur der Jaguar stöhnte leise, wenn die Riesenschlange den Ärmsten in den Schwitzkasten nahm, auch die Frauen im Kino um mich herum stöhnten vor innerer Erregung.
Ich weiß nicht mehr genau, wer den Kampf schließlich gewann; ich weiß nur, daß ich wohl so ziemlich der einzige in diesem Kino gewesen bin, der von der ganzen Sache kein Wort glaubte. Wenn es der berühmte Mann, der diesen Film machte, nicht selber gewußt hätte, dann hätte ich ihm wohl einen Brief geschrieben und ihm gesagt: Lieber Herr, zwar nicht unter Kinogängern, aber unter Waldläufern weiß man, daß in der Natur ein Kampf zwischen einem Jaguar und einer Riesenschlange nicht vorkommt, und daß Sie die Sache dennoch im Bild zeigten, das macht sie um keinen Deut glaubwürdiger. Sie haben sich einer List bedient, die ich aber durchschaue. Sie haben die beiden ungleichen Tiere zunächst einmal so lange in einer Kiste hungern lassen, bis die Schlange, die es doch wochenlang ohne Nahrung aushält, sich bereit finden mußte, selbst den Bären noch zu fressen, den Sie uns aufzubinden versuchen. Aber das hätte wohl immer noch nicht genügt, den Jaguar und die Schlange aufeinanderzuhetzen. Dazu bedurfte es eines durch geschicktes Filmen unsichtbaren Zaunes, der so eng um die beiden Tiere gezogen worden war, daß sie einfach aufeinander losgehen mußten, weiß man doch, daß wilde Tiere, wenn sie nicht mehr ausweichen können, sofort alles und jeden angreifen, der ihnen zu nahe kommt.
Ein solcher Kampf aber ist unnatürlich, denn es gibt ihn normalerweise nicht in der Weite der Natur. Man geht sich aus dem Weg. Warum sollte man sich auch prügeln? Der Jaguar jagt in der Regel hochläufiges, flüchtiges Wild, die Schlange hält sich an niederes Getier. Man frißt sich also, von gelegentlichen

Überschneidungen der Speisenkarte abgesehen, nicht gegenseitig das Revier leer. Man hörte auch noch nie, daß ein Jaguarmann einem Schlangenmann die Frau wegnahm, und also ist auch Konkurrenz in der Paarung kein Grund, sich zu schlagen.

Und damit haben wir die zwei wichtigsten Ursachen für Kämpfe im Tierreich schon kennengelernt: die Paarung und die Nahrung. Der dritte Kampfesgrund ist die Wohnung, also das Revier. Wenn man darüber ein bißchen nachdenkt, kommt man fast von allein zu dem Schluß, daß sich im Tierreich beinahe immer nur Artgenossen kämpfend an die Kehle gehen, weil nur sie sich beim Paaren, beim Fressen und im Wohnungsnehmen Konkurrenz machen. Tiere dagegen, die nicht artverwandt sind, gehen sich fast immer aus dem Weg, es kommt zwischen ihnen so gut wie nie zum Kampf. Es gibt Ausnahmen, aber sie sind so selten, daß sie nur die Regel bestätigen.

Und an der Wahrheit dieses Satzes, daß nämlich fast immer nur Artgenossen miteinander kämpfen, ändert sich auch dann nichts, wenn jetzt einer den Finger hebt und fragt: „Warum kämpft dann, bitte, der Löwe mit dem Zebra, wie ich das neulich erst in einer Illustrierten sah? War das etwa auch gestellt?"

Dazu kann ich nur sagen: Der Löwe kämpft eben nicht mit dem Zebra. Er jagt es, schlägt es nieder und frißt es. Daß er dabei auch mal einen kräftigen Tritt in den Bauch bekommt, das macht aus der Sache noch keinen Kampf. Kämpfen ist etwas ganz anderes. Im Tierkampf ist der Gegner niemals Beute, er soll ja nicht gefressen, er soll nicht einmal getötet werden und wird es meist auch nie; er soll bloß verjagt werden vom eigenen Tisch, von der eigenen Frau, aus der eigenen Wohnung.

Wer sich in den Gesichtern der Tiere auskennt und in ihnen zu lesen versteht, der kann selbst im Kinosessel beim Betrachten eines jagenden Löwen mit Sicherheit sagen, daß der Löwe keineswegs eine Wut im Bauch hat wie während eines Kampfes mit einem Nebenbuhler. Er hat bloß Hunger im Bauch, und also fehlen alle Anzeichen einer echten Kampfstimmung wie zurückgelegte Ohren, hochgezogene Lippen, böses Knurren und wütend verengte Augen. Im Löwen, der mit gewaltigen Sätzen dem flüchtenden Zebra hinterdreinspringt, herrschen vielmehr Gefühle vor, die sehr nahe jenen verwandt sind, die uns bewegen, wenn der Sonntagsbraten auf den Tisch kommt. Angenehme Gefühle also.

Aber auch im umgekehrten Fall, wenn ein echter Kampf in der Luft liegt und schließlich auch ausbricht, wenn die Haare oder die Federn der Gegner sich erst sträuben und dann unter den Hieben oder Bissen davonstieben, wenn Blut sogar fließt und die Sache aussieht, als könnte sie bloß mit dem Tod des einen enden, dann kommt die Natur daher, legt die Kämpfenden sozusagen an die Leine und sagt: Aufhören!

Man kann es gar nicht oft und laut genug sagen: Tiere sind nicht böse, nicht grausam, nicht bewußt quälerisch veranlagt wie nicht selten der Mensch. Der Kampf der Tiere zielt in der Regel, die von Ausnahmen bestätigt wird, nicht auf Vernichtung, sondern meist nur auf Vertreibung. Und bleibt doch einmal ein Tier tot auf dem Kampfplatz zurück, dann war das ganz und gar nicht normal: Dann traf der Platzhirsch nur versehentlich mit einer Geweihsprosse die Halsschlagader seines nach den Hirschkühen äugenden Beihirsches, dann war der Rehbock, der seinen Gegner zu Tode forkelte, alt und krank im Gehirn, dann war am Tode des Buntbarsches im Zimmer-Aquarium nicht der andere Buntbarsch schuld, der sein Opfer bis zur tödlichen Erschöpfung jagte, sondern der Aquariumbesitzer, der das Becken zu klein wählte, so daß sich die Gegner nicht, wie draußen im freien Wasser, aus dem Wege schwimmen konnten.
Ich habe in anderen Kapiteln über Kämpfe im Tierreich zwar viel über die Kampfesweisen der Tiere erzählt, so gut wie nichts aber über die verborgenen Ziele, die die Natur mit diesen Kämpfen verfolgt. Und so wie auch die Polizei sich nicht damit begnügt, festzustellen, daß in einem Altstadtlokal der Karl-Egon Bimsbauer den Emil Schmeckerle mit dem Messer erstach, sondern wissen will, wie das Mordmotiv denn wohl mit Vor- und Zunamen heißt — genauso, finde ich, muß man fragen, wozu es gut ist, daß Tiere übereinander herfallen. Und dann kommen die erstaunlichsten Sachen ans Tageslicht. Und von denen wollen wir doch noch ein bißchen reden, bevor wir zu den Fischen ins Wasser gehen.

Den Namen Darwin hat jeder schon gehört. Charles Darwin war ein englischer Biologe, der im vergangenen Jahrhundert lebte. Darwin ist der Mann, von dem immer behauptet wird, er habe zum Entsetzen aller anständigen Leute gesagt, der Mensch stamme vom Affen ab. Das ist nun eine böse Verleumdung, und zwar keineswegs des Menschen, sondern eines wahrhaft großen Naturwissenschaftlers, der lediglich die heute kaum mehr umstrittene Theorie aufstellte, Affe und Mensch hätten vor undenklichen Zeiten gemeinsame Vorfahren gehabt; irgendwann schließlich habe sich diese Uraltfamilie getrennt und in zwei Linien weiterentwickelt — in die der Menschenaffen und in die der Menschen. Wer es für sein Selbstbewußtsein nötig hat, der kann sich in jedem Zoo davon überzeugen, daß er zum klügeren Zweig der Familie gehört.
Aber nicht das ist es, weshalb ich den Namen Darwin ins Spiel brachte, und die Sache mit den Affen ist auch nicht eigentlich das, was ihn berühmt gemacht hat. Darwin brachte vielmehr in das naturwissenschaftliche Denken seiner Zeit die damals spektakuläre Ansicht hinein, die Entwicklung der Lebewesen auf

der Erde werde auch durch den Auslesekampf der Arten untereinander vorangetrieben. Seit Darwin sagt man (und ich vergröbere): Wenn, einmal angenommen, zwei Hirsche miteinander kämpfen, dann siegt der stärkere, der gesündere. Mit einem Wort: der biologisch bessere Hirsch, und damit ist er es, der den Preis bekommt, um den es in solchen Kämpfen geht, um die Hirschkühe, mit denen zusammen er dann neue Hirsche in die Welt setzt.

Nun ist das alles ganz gewiß richtig, aber dieser Sinn des Kampfes, die Auslese zum Zweck der gesunden Arterhaltung, das ist doch nur ein Teil dessen, was die Natur im Sinn hat, wenn sie die Tiere aufeinander losgehen läßt. Was würde wohl passieren, wenn beispielsweise alle Rehe so friedliche Wesen wären, wie sie das im Märchen immer sind? Dann wollte keines der Tiere mehr im Wald allein sein; alle würden zueinanderdrängen, und die Folge davon wäre, daß ein paar Wiesen und Waldstücke nur so wimmelten von Rehen, andere Räume hingegen leer wären. Man kann sich denken, wozu das führen müßte: zu Futtermangel dort, wo alle Rehe sind, und zu Futterüberfluß da, wo keine Rehe sind. Auch ansteckende Seuchen müßten ausbrechen, der sich von Tier zu Tier übertragende Wurmbefall zunehmen, kurz: Die Rehe wären auf dem besten Weg, sich selber durch Hunger und Krankheit auszurotten. Also hat die Natur es so eingerichtet, daß die Rehe (und viele andere Tiere mit ihnen) sich durch Unverträglichkeit und Kampf gegenseitig abstoßen, damit sie sich schön gleichmäßig über den gesamten Lebensraum verteilen, der geeignet ist, sie zu ernähren. (Außer Betracht muß hier bleiben, daß der Mensch erstens den Rehen den Lebensraum kürzte und zweitens sie nicht genügend bejagte und daß sie heute deshalb trotz normalen Kampfverhaltens sich massieren und verseucht sind.)

Wer noch immer Zweifel hat, möge sich vorstellen, wie es in einem Dorf wohl aussähe, in dem alle Einwohner Ärzte wären; es ginge ihnen sicherlich nicht gut, sie müßten ihre Pillen selber schlucken, und darum trachtet jeder Doktor, wie denn überhaupt jeder Spezialist, danach, in seinem Revier möglichst nicht zu viele Konkurrenten zu haben.

Auch unter den Tieren geschieht dieses Abstoßen voneinander nicht immer nur durch Handgreiflichkeiten, durch Kampf. Oft genügt die Drohung des unsichtbar bleibenden Revier-Inhabers schon, unerwünschten Zuzug aus der gleichen Spezialisten-Sippe fernzuhalten. Und da wird es manch einen sehr wundern, wenn er jetzt hört, daß zwei so sehr verschiedene Dinge wie das Singen der Vögel auf den Bäumen und das Beinaufheben der Hunde an den Bäumen zum Teil den gleichen Zweck verfolgen, nämlich allen Kollegen mitzuteilen: Hier ist besetzt, und wer's nicht glaubt, kriegt Keile! Und so singen die Vögel aus voller Brust denn auch nicht, weil sie so schrecklich musikliebend wären, sondern weil sie aus Instinkt wissen, daß der Nachbar zuhört

und sich wiederum aus Instinkt sagt: Mein Lieber, der Amselhahn da auf der Tanne schmettert aber ziemlich gewaltige Arien — muß der eine breite Brust haben, laß dich mit dem lieber nicht ein ...
Nicht so töricht wäre jetzt die Frage, woran ein Tier denn wohl die Grenzen erkennt, die das Revier eines anderen umziehen. Bei den Menschen gibt es zu diesem Zweck das Grundbuch, bei den Tieren aber natürlich nichts dergleichen. Auch geht keine Wildkatze jeden Morgen einmal um die Mauswiese und setzt alle drei Meter an einem Grashalm ein paar Tröpfchen Urin ab; kein Vogel fliegt dauernd zu den Grenzbäumen seines Reviers und singt auf ihnen. Freilich gibt es auch im Tierreich durchaus so etwas wie Grenzsteine: Fische zum Beispiel richten sich nach Grenzlinien, die sie von markanten Steinen unter Wasser oder von auffallenden Pflanzen herleiten. Diese Äußerlichkeiten sind aber nicht das Wichtigste. Das Grenzgefühl liegt vielmehr im Tier selber, und es entsteht dadurch, daß die Bereitschaft, um sein Revier zu kämpfen, im Mittelpunkt dieses Reviers am stärksten ausgeprägt ist, also bei der Höhle oder beim Nest. Größere Vögel greifen mitunter unbedenklich sogar den Menschen an, wenn er nach ihrem Nest greift, und mein halbzahmer Marder in meinem Garten biß wie wild nach meiner Hand, wenn ich sie in sein Schlafhaus steckte. Diese Kampfeswut aber nimmt immer mehr ab, je weiter entfernt von seinem Reviermittelpunkt das Tier sich befindet, je fremder, je unheimlicher ihm die Umgebung wird. Und dort ist die Reviergrenze, wo ein Tier sich, wenn es angegriffen wird von einem andern, zur Flucht wendet, statt sich zum Kampf zu stellen. Ein Huhn, das auf dem Viehmarkt gekauft wurde und in einen fremden Hühnerhof gebracht wird, das verkriecht sich erst einmal in der hintersten Ecke auch dann, wenn es in dem Hühnerhof, aus dem es kommt, das Oberhuhn war, das alle andern hackte. Seine Frechheit freilich wird mit zunehmender Gewöhnung an die neue Umgebung bald wiederaufleben, und es wird sich kämpfend auf der sozialen Hühnerleiter nach oben begeben. Das liest man bald noch genauer.

Die Stuttgarter Wilhelma hat in Europa die größte Korallenfisch-Sammlung. Korallenfische — das sind diese knallbunten, in den grellsten Farben daherkommenden Fische, bei denen jeder, der sie sieht, sich sofort fragt: Warum sind diese Fische bloß so herrlich bunt? Diese vor den Becken der Wilhelma so oft zu hörende Frage bedrückt besonders jene Besucher sehr, die sich als Aquarianer schon ein bißchen unter Fischen auskennen. Sie wissen nämlich, daß die andern Fische, die Buntbarsche, die Labyrinthfische, die Stichlinge, die Bitterlinge nur dann ihre Farben leuchten lassen, wenn sie auf Freiersflossen schwimmen oder wenn sie miteinander kämpfen. Ist die Erregung aber abgeklungen, sind die Fischkinder erst angekommen oder ist der Gegner in die Flucht geschlagen, dann verschwindet die Farbenpracht noch schneller als das Abendrot, wenn die Sonne untergegangen ist. Meist sind auch nur die Fischmänner fähig, Prachtkleider anzulegen, nicht dagegen die Weibchen und schon gar nicht die Jungen.

Ganz anders die Korallenfische. Sie machen sich keineswegs nur dann fein, wenn sie auf Brautschau sind; sie ziehen die bunte Uniform nicht nur an, wenn es in den Kampf geht — sie sind immer bunt, solange sie wach sind. Sie legen die Farben nicht einmal ab, wenn sie im Kampf besiegt wurden, und selbst der Tod hat eine Weile zu tun, ihnen die Farben abzuwaschen. Das ist bei den Männchen so und bei den Weibchen, ja selbst die kleinen Jungtiere unter den Korallenfischen sind schon so bunt — und oft noch bunter, noch angriffslustiger als die alten.

Bunt und angriffslustig — das sind die beiden Stichwörter zur Beantwortung der Frage nach dem Zweck dieser Farbenpracht. Konrad Lorenz, der große Wiener Tierforscher, dessen Erfahrungen mit Graugänsen und Dohlen Weltruhm haben und der in der Stille der bayerischen Seenlandschaft noch heute seine Forschungen betreibt, Konrad Lorenz kann es für sich in Anspruch nehmen, die Antwort, die wir suchen, meines Wissens als erster formuliert zu haben. Lorenz gehört zu den nicht allzu häufigen Wissenschaftlern, die sich draußen in der Natur überzeugen von der Richtigkeit dessen, was sie drinnen in der Studierstube sich so ausgedacht haben. Einer seiner Wahlsprüche heißt denn auch: Für einen Forscher gibt es nichts Besseres, als jeden Morgen zum Frühstück eine liebgewordene Theorie über Bord zu werfen — das erhält jung.

Lorenz also begnügte sich nicht damit, Korallenfische hinter Glas anzuschauen. Er fuhr nach Florida in Nordamerika, wo diese bunten kleinen Teufel zu Hause sind, band sich auf seine alten Tage Flossen an die Füße und einen Schnorchel vor die Nase und ging ins Wasser. Und da fiel ihm bald genug auf, daß unauffällig gefärbte Fische offensichtlich nichts gegeneinander einzuwenden haben; sie schwimmen friedlich in großen Schwärmen einher — sehr im Gegensatz zu den stark gefärbten, knallbunten Korallenfischen. Von ihnen sieht Lorenz immer nur ein einziges Exemplar für sich allein. Lassen wir ihn selber ein bißchen erzählen:

„Ich beobachte weiter, obwohl mir bei meinem reglosen Fesselballonleben trotz der Wärme des Wassers allmählich kühl wird. Und eben jetzt sehe ich in weiter Ferne, und das sind auch in sehr klarem Wasser nur 10—12 Meter, einen zweiten Beau Gregory ...“

Ich möchte Konrad Lorenz hier geschwind unterbrechen und etwas zu diesem Fischnamen sagen. Tiere heißen in wissenschaftlichen Büchern sehr oft mit dem Nachnamen nach dem Mann, der sie entdeckte, und der Entdecker dieses Korallenfisches hieß eben Gregory. Einen rechten Vornamen hatte der Fisch aber auch noch nicht, und so nannte man ihn einfach Beau; das ist französisch und heißt „schön“: der schöne Gregory also.

Und nun wieder zu Konrad Lorenz. Er sah also zusätzlich zu dem an seinem Schnorchelplatz ansässigen Beau Gregory plötzlich noch einen zweiten näher kommen, der ganz offensichtlich Futter suchte. „Der in meiner Nähe ansässige Beau“, sagt Lorenz, „kann den Eindringling erst viel später entdecken als ich von meiner hohen Warte aus und sieht ihn erst, als er auf etwa vier Meter herangekommen ist. Da aber schießt der Ansässige mit beispielloser Wut auf den Fremden zu, und obwohl dieser ein wenig größer ist als sein Angreifer, macht er sofort kehrt und flieht in angestrengten Schwimmstößen und in einem wilden Zickzack, das der Ortsansässige ihm durch seine tödlich ernst gemeinten Rammstöße aufzwingt, Stöße, deren jeder eine schwere Wunde setzen würde, wenn er träfe. Mindestens einer trifft, denn ich sehe eine blinkende Schuppe wie ein welkes Blatt zu Boden gaukeln. Als der Fremde im dämmernden Blaugrün der Ferne verschwunden ist, kehrt der Sieger prompt zu seiner Höhle zurück. Friedlich schlängelt er sich durch eine dichtgedrängte Herde junger Purpurmäuler hindurch, die dicht vor seinem Höhleneingang Futter suchen, und die völlige Gleichgültigkeit, mit der er diese Fische umgeht, erweckt den Eindruck, als vermeide er Steine oder andere bedeutungslose, unbelebte Hindernisse. Ja, selbst der kleine blaue Engel, ein Fisch, der ihm an Form und Farbe nicht unähnlich ist, erregt seine Angriffslust nicht im geringsten. Während ich die Korallenmauer hinaufklettere in die warme Luft und die goldene Sonne Floridas, formuliere ich das Geschaute in wenige kurze Sätze: Die schreiend bunten, plakatfarbigen Fische sind alle ortsansässig. Nur von ihnen habe ich gesehen, daß sie ein Revier verteidigen. Ihre wütende Angriffslust hat nur ihresgleichen zum Ziel; nie habe ich Fische zweier verschiedener Arten einander angreifen sehen und seien beide noch so kampflustig ...“

Und damit sind wir bei einer Erkenntnis angekommen, die wir vorhin schon einmal besprachen: Es muß nicht immer direkter Kampf sein, der gleichartige Tiere voneinander abstößt; eine Drohung kann genügen, und so können wir zu dem Gesang der Vögel nun auch noch die grelle Farbe der Korallenfische hinzufügen als Warnsignal, das andere von der gleichen Sippe einschüchtern und fernhalten soll.

Warum die Fische kämpfen, das wissen wir jetzt. Wie sie kämpfen, das muß ich noch erzählen. Nicht immer kommt es zu einer Schlägerei. Manchmal bleibt es beim Drohen, besonders dann, wenn der Klügere nachgibt, zu deutsch: wenn er Angst hat. Man kennt das ja vom Schulhof her. Der Fritz und der Karl haben Krach, nichts Aufregendes, und so rempeln sie sich bloß ein bißchen mit der Schulter, die Fäuste stecken noch unbeschäftigt in den Hosentaschen. „Du Flasche!“ sagt der Fritz zum Karl. „Selber eine!“ sagt der Karl zum Fritz. „Ich könnt dich an die Wand klatschen, aber ich bin ja im Tierschutzverein!“ protzt der Karl. Und der Fritz höhnt zurück: „Mensch, wenn ich tief Luft hole, liegst du mir quer vor der Nase!“ Aber während er das noch sagt, fällt ihm siedend heiß ein, daß der Karl ja neulich erst den Peter, der eine ganze Klasse höher ist, glatt aufs Kreuz gelegt hat, und so sagt er rasch: „Aber du hast Glück — es schellt gerade, und in Rechnen bist du schwach, geh lieber was lernen!“ Dreht sich wie gelangweilt um und geht davon. Er hat sein Gesicht gewahrt. Der Kampf bleibt aus.

So ist das oft auch bei den Fischen. An der Reviergrenze stellen sie sich drohend auf, nur ein paar Zentimeter trennen sie, sie spreizen die Kiemen ab, legen ihre Kriegsfarben an und schwimmen drohend aufeinander zu. Wenn dann einer vor der Angeberei des andern Angst bekommt und sich abwendet, ist alles gut. Es kommt nicht zum Kampf. Und nicht selten kann man erleben, wie sich die Rollen dann vertauschen. Der Ängstliche gewinnt zusehends an Mut, je mehr er auf dem Rückzug seiner Bruthöhle nahe kommt. Sollte sein Gegner dann so unklug sein, ihm nachzuschwimmen, so kann er sicher sein, daß aus dem Angsthasen von vorhin ein wilder Teufel wird, der nun ohne Zögern angreift. Und dieser Angriff wird meist schon deshalb erfolgreich sein und mit der kopflosen Flucht des eben noch stärkeren Fisches enden, weil diesem bei der Verfolgung mit zunehmender Entfernung von seiner Bruthöhle der Mut zu schwinden beginnt.

Es bleibt aber nicht immer beim bloßen Drohen. Die erste Stufe der Handgreiflichkeiten beginnt dann mit dem Schlagen des Schwanzes. Keineswegs aber hauen die Fische sich die Schwänze gegenseitig an die Köpfe; sie berühren sich mit ihnen nicht einmal; sie peitschen mit ihnen vielmehr das Wasser und schleudern sich auf diese Weise Druckwellen an die Köpfe, die meist sehr empfindlich sind und mit Schmerz reagieren.

Es gibt unter diesen Wasserwerfern Spezialisten, die aus großer Entfernung mit einem Schwanzschlag eine Druckwelle zum Gegner hin in Bewegung setzen und diese Welle nicht auf den andern Fisch, sondern unter ihn zielen. Wenn die Welle dann unter dem Bauch des Gegners ankommt, dann verursacht sie dort einen Sog, der ihn bis zu einem halben Meter in die Tiefe reißt.

Die nächste Kampfstufe schließlich bringt eine direkte Berührung der Gegner. Man hat, was nun kommt, schon mit dem bayerischen Fingerhakeln verglichen, bei dem zwei Männer über einen Tisch hinweg die Zeigefinger ihrer rechten Hände ineinanderhaken und dann versuchen, sich gegenseitig über den Tisch zu ziehen. Die Buntbarsche, von denen ich hier schon eine Weile rede, nehmen zu diesem Zweck das Maul. Wer nicht weiß, was hier vorgeht, der könnte beim Beobachten eines solchen Kampfes meinen, die beiden Fische küßten sich. In Wirklichkeit haben sie sich mit den Lippen gepackt und versuchen nun, den Gegner zu sich herzuzerren. Sie messen nicht nur ihre Kräfte bis zur Erschöpfung, sondern auch ihre Fähigkeit, möglichst lange ohne Schnaufen auszukommen, denn wer den andern gepackt hält, der kann nicht gleichzeitig auch noch atmen. Solche Kämpfe können stundenlang unentschieden hin und her gehen. Manche Buntbarsche zerren nicht, sondern schieben mit den verhakten Mäulern und gleichen dann zwei Lokomotiven, die man Bauch an Bauch aneinanderkoppelte und gleichzeitig anfahren ließ.

Nützt auch dieses Maulkämpfen nichts, kommt es auch auf diese Weise zu keiner Entscheidung, dann wird gerammt und mit den scharfen Zähnen geschnappt. Dabei können durchaus Flossenstücke und Schuppen in der Gegend herumfliegen; zu einer Katastrophe, zum Tod des einen, kommt es aber unter natürlichen Bedingungen nie. Im Aquarium freilich kann es passieren, daß ein Fisch den andern tötet. Dann war das Becken eben zu klein, der Schwächere konnte nicht durch Flucht den Kampf beenden.

Übrigens gibt es auch unter Fischen im Aquarium das, was man von den Hühnern kennt: eine Rangordnung nämlich, denn auch Fische kennen sich untereinander am Gesicht, und jeder weiß vom andern, ob er ausweichen muß oder ob er ihn ungestraft scheuchen darf; das hat man durch Kämpfe untereinander ausgemacht, und so kann man erleben, daß eigentlich nur der stärkste Fisch eines Aquariums ein Revier hat, in das kein anderer Fisch eindringen darf, ohne sofort Keile zu bekommen. Dieser Oberfisch aber kann ungehindert alle andern Reviere durchstreifen, und das gleiche macht jeder Fisch mit dem Revier des ihm unterlegenen Artgenossen. Man kann also sagen, daß auch Fische voreinander Bücklinge machen.

Zum Schluß möchte ich allen, die zu Hause Fische halten oder damit anfangen wollen, einen guten Rat geben: Ein Fisch-Ehepaar in einem Becken allein ist keineswegs der richtige Weg zur Ruhe im Wasser und zu einer glücklichen, mit vielen Fischkindern gesegneten Ehe. Es kann durchaus passieren, daß die Frau des Glashauses ihren Mann, wenn er der Schwächere ist, in Stücke reißt. Was einem solchen Fisch-Ehepaar zum wahren Glück fehlt, das ist ein Hausfreund, ein dritter Artgenosse, der sich als Prügelknabe eignet und an dem man die Kampfeslust, die man nun mal im Bauch hat, austoben kann. Zorn ist ja an sich nichts Schlechtes, sondern von der Natur zum Schutz der Familie vorgesehen. Gibt man diesem Zorn keine Möglichkeit, sich auszutoben, dann richtet er sich notfalls gegen die eigene Frau oder den eigenen Mann. Ist aber ein Prügelknabe da, dann herrscht Friede in der Ehe, und ist das Becken nicht zu klein, dann kann dem Blitzableiter auch nicht allzuviel passieren. Er braucht nur nach oben zu schwimmen, der Wasseroberfläche entgegen, da läßt man ihn zufrieden, denn der beste Platz in einem Aquarium ist eine gemütliche schummerige Ecke auf dem Grund. Von oben, das wissen sogar die Fische, kommt selten etwas Gutes.

Und ganz zum Schluß ein Vorschlag zu einem Versuch. Fische, sage ich, die einen Standort haben und nicht im Schwarm leben, greifen nur ihresgleichen an. Und woran erkennen sie sich schon von weitem? An ihren Farben. Wer's noch immer nicht glaubt, der kauft sich einen Stichling, einen sehr beliebten und hochinteressanten einheimischen Aquarienfisch. Ein Männchen muß es sein, ein Fisch, der in der Erregung einen roten Bauch bekommt. Zoohändler kennen sich da aus. Setzt man nun zu diesem Stichling ein paar andere Fische ein, so wird er sich nicht sehr daran stören. Er wird sich nicht einmal dann aufregen, wenn man eine täuschend nachgemachte Stichlingsattrappe, also einen künstlichen Stichling, zu ihm ins Becken läßt. Nimmt man aber eine etwa stichlingsgroße Metallscheibe, die mit einem Fisch nicht mehr Ähnlichkeit hat als eine dicke Zigarre, und malt dann diese Scheibe unten zur Hälfte rot an und senkt sie zu dem echten Stichling ins Wasser, dann kann man was erleben. Da geht der Stichling mit gestellten Stacheln drauflos wie der Stier aufs rote Tuch, und nimmt man ihm das Ding nicht weg, kommt er sicher vor Wut über seine Erfolglosigkeit im Gegenankämpfen um.

Unter uns gesagt: Wer so ein Modell nicht basteln mag, der hat vielleicht eine Schwester, die er nicht leiden kann, weil sie sich die Fingernägel so grell bemalt. Also, ich würde sie bitten, die Hand mit den rot angestrichenen Nägeln nach unten zum Stichling ins Wasser zu halten. Die Frage ist bloß, ob es klug ist, dabei in ihrer Reichweite zu bleiben. Man soll auch der Wissenschaft zuliebe den Wagemut nicht übertreiben.

Was passiert in der Regel zu Hause, wenn es dem Sohn einfallen sollte, beim Essen den angestammten Platz des Vaters einzunehmen und ihn auch auf Aufforderung nicht zu räumen? Es knallt, nicht wahr! Wenn das Huhn, das dann auf den Tisch kommt, reden könnte, würde es sagen: „Kenne ich gut, diesen Hickhack um die Tischordnung. Wie auf dem Hühnerhof, als ich noch jung statt knusprig war!“

Bis vor fünfzig Jahren oder so, da interessierten sich auch die Wissenschaftler mehr für die Hühnerbeine als für die Hühnerseele. Ein Huhn galt nun mal als dumm, sein Leben war kurz und bekleckert wie eine Hühnerleiter, und sein einziger Lebenszweck schien es zu sein, dem Menschen Abwechslung vom Schweinefleisch zu verschaffen.
Im wesentlichen ist das die Meinung der Leute auch heute noch, aber das Innenleben des Huhns, das ist jetzt literaturfähig geworden. Es gibt schon Bücher darüber, und das spricht heute — bei Hühnern wenigstens noch — für eine gewisse Bedeutung.
Vor 45 Jahren etwa kam das Gesellschaftsleben des Huhnes in Mode. Ein norwegischer Wissenschaftler mit dem schwierigen Namen Thorleif Schyelderup-Ebbe fing an, die arglos an Hühnern knabbernde Menschheit mit finsteren Geschichten aus dem Hühnerhof zu beunruhigen, indem er etwa schrieb: „Wenn man glaubt, daß die Einwohner eines Hühnerhofs gedankenlose, frohe Wesen seien, für die das tägliche Leben eine ungemischte Freude ist und die in Frieden miteinander und unbesorgt um die ganze Welt krähen, Eier legen und fressen, dann ist man auf dem Holzwege. Ein tiefer Ernst liegt über dem Hühnerhof, und die Hennen haben viel Kummer, viel Ärger und Angst auszustehen. Eine der ernstlichsten, bedeutungsvollsten, im Gesellschaftsleben wichtigsten Begebenheiten für die Hennen ist die Rauferei, dieser plötzliche, oft furchtbare Kampf zwischen zwei Geschöpfen, bei dem es sich meist entscheidet, welche von den beiden kämpfenden Hennen Herrscherin über die andere sein soll ...“
Natürlich geht es bei diesen Raufereien ums Fressen. Wenn freilich auch nicht so direkt, wie sich das anhört. Man beobachtet bei Hühnern nichts anderes als auf einem, na sagen wir: diplomatischen Empfang in Bonn auch: Da steht eine lange, lange Tafel, und es sind mit Sicherheit nicht mehr Leute geladen, als Futter für sie da ist. Es steht also fest, daß jeder etwas bekommt, und es steht auch fest, daß der am unteren Ende der Tafel gereichte Kaviar genauso langweilig schmeckt wie der am oberen Ende servierte. Warum also ist die

Frau Gesandte so böse, daß die Frau Botschafter drei Stühle weiter nach oben, zum Kopf der Tafel hin sitzt? Und warum giftet sich die Frau Botschafter dann so, daß die Frau Staatssekretär, obwohl ihr Mann, der Herr Staatssekretär, doch bloß im Bundespostministerium arbeitet, noch drei Stühle weiter oben sitzt?
Es geht nicht ums Futter, es geht um den Platz, an dem man futtert. Die Wissenschaft drückt das feiner aus. Es ist zwar auf den Hühnerstall bezogen, paßt aber auch auf die Diplomatie, die dieses Gegackere „Protokoll" nennt: „Die Verteidigung des Ranges innerhalb einer nach Schlaf- und Futterplatz in sich geschlossenen Schar hat den Vorrang gegenüber der Stillung des Hungers; sie ist auch wichtiger, diese Verteidigung, weil der Verlust des Ranges dazu führen kann, daß das rangniedere Tier immer wieder von der Futterstelle verdrängt wird. Ein altes Huhn, gleich, ob Hahn oder Henne, das aus Schwäche oder Krankheit kaum mehr Nahrung aufnimmt, rafft sich dennoch mit letzter Kraft zum Kampf auf, wenn ein im Rang tiefer stehendes Tier droht ..."

Das Theater um die besten Plätze beginnt bei den Hühnern schon zu einer Zeit, da sie noch die Eierschalen hinter den Ohren haben. Bereits drei Wochen alte Küken tun so, als gäbe es nichts Wichtigeres, als sich für den Kochtopf der Menschen stark zu machen. Da treffen sich zwei an der Futterschüssel, die so voll ist, daß sie schier überläuft. Trotzdem hackt das eine Küken nach dem andern Küken, und wie das so ist im Leben, eines von beiden gibt nach und weicht zurück. Daß das nachgebende Hühnchen auch, wie das Sprichwort sagt, das klügere ist, das kann man nicht sagen, es ist ganz im Gegenteil möglicherweise für den Rest seines Lebens das dümmere. Es braucht nämlich nur noch ein- oder zweimal dem Raufbold nachzugeben, dann liegt die Rangordnung fest: Der Raufbold steht in der Hühnerhof-Ordnung eine Stufe höher, hat den besseren Futterplatz erkämpft und ist von ihm später nur noch durch offenen Aufruhr des Schwächeren, durch blutigen Kampf zu vertreiben.
Und zu diesem Aufruhr kommt es dann auch bald. Eine Weile herrscht noch Friede unter den Junghühnern. Jeder weiß vom andern, ob er ihn hacken darf oder ob er es hinnehmen muß, gehackt zu werden. Das hat sich bislang fast alles ohne echten Kampf entschieden, spielerisch mehr, in Form von Andeutungen. Es war auch schon deshalb kein echtes Kräftemessen, weil sich die alten Hühner hier noch eingemischt haben. So was haben Sie in Ihrer Jugend ja auch schon erlebt: Da haut man dem Kerl, der einen nie abschreiben läßt, eine 'rein, und was hat man davon? Am nächsten Tag bringt er seinen Vater mit, und der ist ausgerechnet Steinklopfer von Beruf ...

Im Hühnerhof nun, wie gesagt, dauert der Friede nicht lange. Eines Tages wird es selbst einem dummen Huhn zu dumm, und es haut seinem hochnäsigen Nebensitzer, der bislang immer auf ihm herumgehackt hat, mit dem Schnabel auf den Kopf. Wer einmal zugeschaut hat, was daraufhin in einem Hühnerhof ausbricht, dem schmeckt für eine Weile Huhn nicht mehr.
Erst kämpfen nur zwei Tiere miteinander, aber noch während die flügelschlagend und federsträubend gegeneinanderfliegen, fällt es anderen Hühnern ein, daß sie ja eigentlich auch schon lange mal aufmucken wollten gegen eine Rangordnung, die sich in ihrer ersten dummen Jugendzeit mehr oder weniger zufällig ergeben hatte. Ein Kampf aller gegen alle bricht aus. Die Unteren möchten endlich wissen, warum die Oberen wohl was Besseres seien. Wer von einem Stärkeren die Jacke vollbekommt, der sucht sich einen neuen Gegner. Kann er auch den nicht unterkriegen, nimmt er den nächsten an, möglichst einen, der schon von einem anderen Hühnchen oder Hähnchen halb totgehackt worden ist, irgendwo wird sich doch ein Huhn finden, dem man es endlich mal zeigen kann!
Dieser Massenkampf, den man nicht begreift, wenn man seine Ursache nicht kennt, ist alles andere als lustig. Japsend, durch den geöffneten Schnabel hechelnd liegen die Vögel zuletzt am Boden, und nur ganz hinten in der Ecke des Hühnerhofs regt sich noch etwas: Zwei Junghähne sind es, sie liegen zwar auch schon darnieder, aber noch im Liegen hacken sie aufeinander ein, verdreckt, mit Blut verschmiert, mit glatzigen Köpfen, denn die Federn fahren im Hof herum.
Am nächsten Tag kriegen hier und da ein paar Unbelehrbare, die es partout nicht glauben wollen, daß sie ausgespielt haben, noch einen auf den Deckel. Aber dann ist Ruhe. Die Rangordnung im Hühnerhof steht fest. Grob gesagt hackt jetzt ein Huhn alle, und eines wird von allen anderen gehackt, und das ist ein wahrhaft armes Huhn und zu bedauern, wie auch der Mensch, der es eines Tages in der schummrigen Markthalle angedreht bekommt...

Nun ist ein Hühnerhof ein bißchen so wie eine Schulklasse: Man bleibt nicht ewig zusammen. Wer im Eierlegen das Klassenziel nicht erreicht, der zahlt mit dem Kopf. Neue kommen hinzu, und also gerät die mühsam erkämpfte Rangordnung immer wieder durcheinander. Ein Leben ohne Rang aber ist in Hühnerkreisen undenkbar, da muß man etwas tun. Es gibt in keinem Hühnerhof der Welt auch nur zwei zusammenlebende Hennen, die nicht ganz genau wissen, wer von ihnen die Oberhenne und wer die Unterhenne ist. Liegt ihr Rang nicht aus der Jugendzeit fest, trafen sie sich vielmehr erst später, sagen wir: eine Neue wird in ein Gehege gebracht, so muß diese Neue auch schon, bevor sie noch ein Grüß Gott gackern kann, beweisen, was in ihr

steckt. Und dafür gibt es drei Möglichkeiten. Für unseren Zweck hier ist es dabei gleichgültig, an welche der Stammhennen die Neue zuerst gerät; sie muß sich nacheinander mit allen raufen. Drei Möglichkeiten also gibt es, die Sache auszumachen.
Entweder erschrickt die eine Henne beim Anblick der andern so sehr, daß diese andere sich darüber verwundert und einen Mut faßt, den sie bei einem beherzteren Verhalten ihrer Gegnerin vielleicht gar nicht aufgebracht hätte. Ein Drohen gegenüber der Furchtsamen genügt. Es kommt nicht zum Kampf. Die ängstliche Henne hat für den Rest ihres Lebens bei der anderen ausgespielt.
Die zweite Möglichkeit ist, daß alle beide bei ihrer ersten Begegnung Angst haben. Dann entscheidet über ihre Stellung zueinander, wer als erste diese Angst überwinden kann und mit dem Mut der Verzweiflung auf die andere losgeht.
Die dritte Möglichkeit ist die klarste: Keine der beiden Hennen hat Angst vor der anderen; sie gehen sofort aufeinander los und kämpfen die Sache bis zur eindeutigen Niederlage einer Henne aus. Betrachtet man diese drei Hühnerhof-Turnierregeln, so kann man sagen: Es geht bei uns Menschen nicht anders zu. Erstens: Wer Angst zeigt, ist immer der Verlierer. Zweitens: Wer die Hosen zwar ebenfalls voll hat, aber im rechten Moment zu bluffen versteht, der kommt im Leben besser weg. Drittens: Der Stärkste hat immer recht.
Das alles ist zwar nicht sehr moralisch, aber, wie gesagt, menschlich. Man kann als gerecht denkender Mensch nur Trost finden bei dem Gedanken, daß es gerade für die kräftigsten Streithähne eine Art von Hühnerhölle gibt, die Wienerwald heißt.

Wer mir bis hierher gefolgt ist, der könnte erstens auf den Gedanken kommen, die Hackordnung der Hühner verlaufe ganz geradlinig, etwa so: Huhn A hackt Huhn B. Huhn C wird von Huhn A und Huhn B gehackt. Huhn D von den Hühnern A, B und C, und Huhn E gar, das letzte, von allen anderen. Und zweitens könnte man meinen, nur die Hennen seien die Streithansel, nicht aber die Hähne. Beide Meinungen sind falsch. Ich will sie nacheinander richtigstellen.
Bei den Hühnern ist es ja nicht so, daß der Sieger nach sportlichen Regeln, etwa wie beim Boxen, oder sagen wir besser: beim Fußball, ermittelt würde. Es gibt keine Ausscheidungskämpfe, keine Punktwertung und vor allem keine spielfreien Tage zum Ausruhen. Hühner benehmen sich beim Kampf wie die ersten Menschen, und so kann es durchaus sein, daß das stärkste Huhn eines Hofes nacheinander zwar alle aufs Kreuz legt, vom letzten, mickrigsten Huhn

aber k. o. geschlagen wird, weil es nach den vielen vorausgegangenen Kämpfen einfach die Kraft nicht mehr hatte, dem zwar schwachen, aber ausgeruhten Huhn zu widerstehen.
Es mag dies schwache Huhn eines gewesen sein, das vor lauter Angst überhaupt nicht kämpfte, sich also freiwillig ans Ende der Hühnergesellschaftsleiter begab, bis dann das schon wacklige Oberhuhn dahergetorkelt kam und einen so jammervollen Eindruck machte, daß selbst das Unterhuhn den Mut faßte, drauflloszuhacken. Und dann kann der kuriose Fall eintreten, daß am nächsten Tag das Oberhuhn zwar die ganze übrige Hennenschar tyrannisiert und in der Gegend herumscheucht, ausgerechnet aber vor dem schwächsten Hühnchen, das von allen anderen gehackt wird, Angst hat. Für eine längere Zeit jedenfalls.
Es muß nicht immer Schwäche sein, die die Geradlinigkeit der Hackordnung durchbricht. Ein an sich starkes Huhn, das neu ein fremdes Gehege betritt, ist fast immer furchtsam und leicht von anderen, einheimischen Hühnern in die Flucht zu schlagen und damit in die gesellschaftliche Ächtung. Das ist ja nicht nur bei den Hühnern so. Flüchtlinge hatten und haben es oft schwer, sich in kleinen Gemeinden ihrer neuen Heimat durchzusetzen. Und wenn man im Zirkus sieht, daß der Löwenbändiger stets vor seinen Löwen den Dressurkäfig betritt, so wird auch von ihm das gleiche Gesetz angewendet: Wer zuerst in einem Revier ist, der hat alle Vorteile in der Hand — wer nach ihm kommt, muß sich zunächst einmal fügen. Natürlich verhindert dies Gesetz nicht, daß ein neues Huhn später die Alteingesessenen der Reihe nach verprügelt; es verhindert auch nicht, daß ein Flüchtling in seiner neuen Heimatgemeinde sogar Bürgermeister wird, und es verhindert auch nicht, daß ein Löwenbändiger gelegentlich doch von seinen Löwen gefressen wird.

Und nun zu den Hähnen. Wenn ich bislang fast immer nur von Hennen sprach, so heißt das nicht, daß Hähne etwa nicht kämpften — im Gegenteil, sie kämpfen weit grausamer noch als die Hennen, aber die Regeln, nach denen das geschieht, die unterscheiden sich nur wenig von denen, nach denen sich die Hühnerweiber zanken. Haben es die Junghähne noch schwer, sich gegen die Hennen durchzusetzen, so ändert sich das sehr rasch, wenn sich der halbstarke Hahn zu einem ausgewachsenen mausert. Bisher verspürten die Hennen keine Hemmung, nach dem Junghahn zu hacken. Eines Tages aber wird es dem zu dumm; er duckt sich tief, spreizt die Flügel weg und macht sein grausames Hahnengesicht, das vom schwellenden Kamm geprägt wird. Fast immer flüchtet die Henne dann schreiend, zumal wenn der Hahn auf sie zuspringt; und die Sache ist oft erledigt, ohne daß der Hahn das Huhn auch nur berührt hätte. Das ist aber nicht immer so. Manchmal gerät so ein Junghahn

an eine resolute alte Hühnermama, die sich von so einem Hahn mit Hühnerbrust nicht bluffen läßt. Kaum hat der Hahn sich zum Angriff geduckt, da geht sie auch schon auf ihn los und verpaßt ihm Hiebe. Worauf dem Frühreifen dann nichts anderes übrigbleibt, als für ein Weilchen noch in den Kindergarten zurückzukehren.
Hähne unter sich, zumal wenn sie erwachsen sind, kämpfen mit großer Wut und Grausamkeit. Man weiß, daß in fernöstlichen Ländern Hahnenkämpfe so beliebt sind wie bei uns das Boxen etwa. Um die Sache noch blutiger zu machen, als es Hahnenkämpfe ohnehin oft schon sind, schnallt man den Rasenden auch noch rasiermesserscharfe Sporen an, denn die Tiere haben die Angewohnheit, sich im Luftsprung anzugehen und dabei mit dem spornbewehrten Fuß nach dem Kopf des Gegners zu schlagen. Zum Glück sind derartige Schaukämpfe bei uns verboten.

Tierfreunde könnten auf die Idee kommen, es müßte doch eigentlich einfach sein, diese Kämpfe im Hühnerhof zu unterbinden, etwa dadurch, daß man kämpfende Paare trennt und jedem Raufbold ausreichend Futter hinstellt. Aber damit wäre nichts anderes gewonnen, als daß vermutlich die gesamte Eierproduktion einschlafen würde. Wichtiger als Fressen, Eierlegen und Brüten ist für die Hühner die Festlegung der Rangordnung; sie sind in Gesellschaft unglücklich und zu keiner anderen Handlung fähig, wenn man sie daran hindert. Trennt man zwei kämpfende Hühner, so betrachten sie den Kampf als unentschieden; sie werden die nächste Gelegenheit, die sich ihnen bietet, dazu benutzen, um sich erneut an die Kehle zu fahren. Ein solch menschlicher Eingriff wäre nur ein Fall mehr, wo sich eine falsch verstandene, weil von keiner Sachkenntnis getrübte Tierliebe zum Nachteil der Tiere auswirkt.
Dabei ist es für den Menschen oft so einfach, das Verhalten von Tieren richtig zu deuten. Oft genügt es schon, wenn man — was gar nicht so schwer ist — die eigene gute Kinderstube vergißt und sich vorstellt, wie man sich wohl ohne sie aufführen würde. Da ist zum Beispiel unter den Hühnern die uns so gut vertraute Beobachtung zu machen, daß die Kämpfe unter den schwächeren Tieren meist weit grausamer sind als unter Höhergestellten, und kein Hühnertyrann kann so tyrannisch sein wie der, der nur einen einzigen Untergebenen hat. Seine Wut darüber, daß er von allen anderen schikaniert wird, dieser Wut läßt er nur nach unten hin freien Lauf.
Eine andere, uns bekannt vorkommende Beobachtung ist es, daß Hähne Hennen bevorzugen, die auf der Rangleiter ganz unten stehen; die aggressiven, stolzen Hühnerweiber, denen das Gackern wichtiger ist als das Eierlegen, die mag ein rechter Hahn nicht leiden, und sie müssen sich schon sehr demütigen, wenn sie auch etwas vom süßen Leben haben wollen.

Man soll selbst bei Hühnern nicht dauernd nur von ihren schlechten Seiten reden, und so will ich mich denn beeilen, ein paar verbleibende Seiten noch auf die feineren Regungen dieser Tiere zu verwenden, zu denen sie ganz zweifellos fähig sind. Es ist so gut wie gar nicht bekannt, daß Hühner im Gesicht erröten können, und zwar zumeist aus Gründen, aus denen auch unsere Mädchen und Frauen zu erröten pflegen. Im allgemeinen geht den Tieren die Fähigkeit des sprechenden Gesichtsausdrucks weitgehend ab, nimmt man so primitive Dinge wie Zähnefletschen und Drohgähnen aus. Und so ist es denn nicht zuletzt auch das sehr bewegliche Menschengesicht, das den Tieren zuweilen unheimlich wird und weshalb man in solchen Fällen gut daran tut, ihnen mit abgewandtem Gesicht entgegenzutreten, wenn man sie nicht erschrecken will. Ich besaß einmal eine Pferdestute, der ich von vorne her, Gesicht zu Gesicht, nie nahe treten durfte. Hatte ich sie bei solchen Gelegenheiten am Zügel in der Reitbahn, so trat sie aufgeregt rückwärts — weg von mir. Und das wurde immer schlimmer, je näher ich ihr zu kommen versuchte, ohne die Verbindung des Zügels wäre sie mir gewiß durchgegangen. Drehte ich dagegen mein Gesicht zur Seite, so ließ die Stute mich sofort ohne Anzeichen von Angst herankommen.

Hühner nun haben zwar wie wir kein bewegliches Gesicht, aber sie haben wie wir ein nacktes Gesicht. Auch ist ihre Gesichtshaut wie bei uns sehr dünn, so daß man das Blut durchscheinen sieht. Es ist ja bekanntlich die starke Durchblutung der Haut, die das Erröten verursacht.

Wann also erröten Hühner nun?

Eine Henne errötet, wenn sie erschreckt wird. Kreist zum Beispiel der Habicht oder der Sperber über der Gegend, in der sie ihre Küken führt, dann überzieht sich ihr Gesicht mit einer Erregung zeigenden Röte, und ich meine nicht die Röte ihres Kammes, denn der ist rot unabhängig von der Farbe des Gesichts. Ist die Gefahr vorbei, kehrt auch die gewohnte Wachsfarbe zurück.

Eine Henne errötet auch, wenn sie auf dem Nest sitzt und drückt — beim Eierlegen also. Die Anstrengung treibt ihr das Blut in die Wangen. Auch das Laufen in der Sonne rötet ihr die Gesichtshaut.

Starke Gemütsbewegungen lassen eine Henne ebenfalls erröten. Angst um das Leben, Freude über ein gutgelungenes Ei oder die Wut über eine Nachbarin drücken sich deutlich in der Färbung ihres Gesichts aus.

Nicht zuletzt aber hat die Hühnerliebe holdes Erröten zur Folge, und sehr ernst zu nehmende Wissenschaftler haben festgestellt, daß viele Hennen während der Paarung mit einem fremden, gerade erst im Hof angekommenen Hahn weit stärker erröten, als wenn sie's mit ihrem angestammten, altvertrauten Gockel treiben.

Ausgerechnet das als dumm verschriene Huhn ist das einzige Haustier des Menschen, das sich die Instinkte seiner wilden Vorfahren so ziemlich rein und unverfälscht bewahrt hat. Kein Wunder, daß die Wissenschaft, nachdem sie dies entdeckt hatte, das Haushuhn auch seelisch auszubeinen begann. Brust und Schlegel interessierten jetzt weniger, in den Vordergrund rückte, was bislang in den Mülleimer gewandert war: das Gehirn des Huhnes.

Man weiß schon länger, daß das Gehirn der Menschen und der Tiere von schwachen elektrischen Strömen durchflossen wird, daß ein Gehirn also auf Stromstöße hin dem Körper Befehle erteilt. Versetzt man einem Gehirn nun auf dem Operationsweg solche elektrischen Schläge, dann kann man feststellen, wo beispielsweise die Nase ihren Sitz im Gehirn hat oder das Auge oder die Kniescheibe, ein Wadenmuskel oder auch die Wut, in die einer gerät. Denn alle diese Dinge und noch viele mehr wohnen im Gehirn. Nicht die Nase riecht, strenggenommen, es riecht das Gehirn. Die Nase nimmt nur einen Duft auf, ohne aber damit etwas anfangen zu können; erst das Gehirn, das mit feinsten Nervendrähten an den Riecher angeschlossen ist, deutet den Duft und sagt dem, der da schnuppert: Das muß der Paul neben mir gewesen sein!

Die Kunst des interessierten Wissenschaftlers ist es nun, im Gehirn die Stellen ausfindig zu machen, an denen bestimmte Empfindungen oder Äußerungen ihren Sitz haben. Hat man dann die Stelle gefunden, an der der Zorn beispielsweise zu Hause ist, dann ist es nicht mehr allzu schwer, ein Tier in Wut geraten zu lassen, obwohl dieses Tier im Augenblick, da es Zorn zeigt, an nichts Böses denkt.

Katzen gehörten zu den ersten Tieren, die man mit Hilfe von schwachen Stromstößen, die man ihrem Hirn versetzte, zum Fauchen brachte, obwohl sie durch niemanden gereizt worden waren.

Die Gehirnmasse ist nicht empfindlich für Schmerz, obwohl alle anderen Schmerzen dem Körper von hier signalisiert werden, und wegen dieser Unempfindlichkeit kann man nicht sagen, es sei grausam, wenn die Wissenschaft einem Tier Elektrodennadeln ins Gehirn sticht. Hühnern hat man zu diesem Zweck zuvor ein Stückchen Knochen aus dem Schädel ausgebaut und durch einen gleich großen Deckel aus Kunststoff ersetzt. Dieser Deckel, der ein kleines verschließbares Loch hatte, wuchs anstandslos in den Hühnerschädel ein, ohne daß die derart operierten Tiere etwa das gezeigt hätten, was sie ja eigentlich nun hatten: einen Dachschaden. Durch diesen Deckel dann führte man eine haarfeine Elektrodennadel ein, ohne daß das Huhn das verspürte, denn das Gehirn selbst ist ja, wie wir nun wissen, ohne Empfindungen für Schmerzen. Feine Drähte führten zu einer Stromquelle, und dann ging es los. Futter ist immer das beste Mittel, ein Tier abzulenken. Also streute man dem

Versuchshuhn Futter hin und ließ es friedlich picken. Und dann schickte man Strom in die Drähte und damit über die Nadel ins Gehirn des Huhnes — nicht sehr viel, versteht sich, noch nicht einmal ein Volt, denn man wollte ja kein gebackenes Hirn. Aber diese geringe Strommenge genügte schon, das Huhn ziemlich merkwürdige Sachen machen zu lassen. Es hockte sich zum Beispiel hin, breitete das Gefieder aus und setzte sich auf einer Kükenschar nieder, die gar nicht da war. Wurde die Elektrodennadel in eine andere Stelle des Hirns gestochen, dann guckte das Huhn aufgeregt in die Luft und warnte vor einem Habicht, der eine schlichte Lampe war, die das Huhn auch gar nicht meinte. Der Strom in der Gehirnecke, aus der normalerweise diese Warnungen vor einem Raubvogel zu Stimmlauten werden, diese Gehirnecke war eben in Betrieb, und da warnte das Huhn halt.

Ein Hahn drohte bei 0,1 Volt, die man in sein Gehirn einströmen ließ, seiner Betreuerin, und als man diese Strommenge verdreifachte, da sprang er ihr ins Gesicht. Die Nadel in seinem Gehirn saß eben in der Stelle, von wo aus sein Kampfgefühl regiert wird.

Drehte man diesen Versuchshühnern dann den Strom ab, dann guckten sie dumm vor sich hin, wie jemand, der aus tiefem Schlaf erwacht und sich nicht sogleich zurechtfindet. Bald aber fingen sie wieder an, das Futter aufzupicken, das man ihnen hingestreut hatte und das sie, ohne es zu wollen, im Stich gelassen hatten, weil man sie fernlenkte.

Der Wissenschaftler, der diese Versuche anstellte — ein Professor namens von Holst —, wußte natürlich genau, daß man ihm, als diese Versuche bekannt wurden, sofort die hoffnungsvolle oder auch ängstliche Frage stellen würde, ob man solche Dinge wohl auch mit den Menschen machen könne. Der Professor sprach damals im Radio darüber. Ich fand, was er sagte, bei dem Arzt Erich Baeumer wiedergegeben, der wohl unter den modernen Hühnerforschern einer der erfahrensten ist. Baeumer rekapitulierte, was Holst damals zu dieser wichtigen Frage sagte: „Wie würde denn nun — wir haben es natürlich nicht getan — ein solches Reizexperiment beim Menschen ablaufen? Gesetzt den Fall, ich selber hätte so ein feines Reizdrähtchen in meinem Stammhirn, und zwar in meinem Zornzentrum, und während ich mit einem Gast zu Tische sitze, wird der Strom ohne mein Wissen eingeschaltet und langsam gesteigert. Das Ergebnis wäre, daß ich bei meinem Gegenüber unsympathische Manieren bemerke, er ißt hastig, redet mit vollem Mund, schmatzt, hat unsaubere Fingernägel — lauter Dinge, die ich vorher nicht bemerkte. Dann fällt mir ein, daß er zu meiner Frau unhöflich war; schließlich noch, bei stärkerer Reizung meines Zornzentrums, erinnere ich mich, wie hundsgemein er neulich bei anderen Leuten über mich geredet hat, und nun springe ich mit rotem Kopf auf und haue ihm eine Ohrfeige ...“

Soweit der Professor, der ein schönes Beispiel für die schon sprichwörtliche Zerstreutheit ist, die man seinem Berufsstand nachsagt; fallen anderen Leuten doch Dinge wie lautes Schmatzen, schmutzige Nägel und Unhöflichkeit gegenüber der Frau Gemahlin auch dann auf, wenn sie ohne eine Nadel im Hirn zu Tische sitzen.

Wer weiß schon, daß viele unserer Vögel deshalb südwärts ziehen, weil dort die Lebensmittelläden länger offen haben? Und wer kann sagen, warum die Störche das offene Mittelmeer meiden, warum die Zugvögel auch nachts nicht ihr Ziel verfehlen? Dies Kapitel gibt Antwort, und man liest auch kopfschüttelnd, daß der Wanderfalke auf Reisen nur halb so schnell ist wie eine Ente.

Der Oktober ist die Zeit, da man nachts am Rande der Städte Männern begegnen kann, die in einer Ackerfurche platt auf dem Rücken liegen und ein Fernglas auf den hoch stehenden Mond richten. Oder man trifft einen, der frei auf dem Feld steht und den Kopf so schief gelegt hält, daß sein eines Ohr auf das Sternbild des Großen Bären gerichtet ist.

Meistens machen die Leute, die einen solchen komischen Nachtwandler treffen, einen großen Bogen um ihn, denn sie halten ihn für schlicht verrückt, zumal er auch noch halblaut mit sich selber redet. Ich möchte jedoch allen raten, tapfer auf einen solchen Mann zuzugehen, ihm halblaut einen guten Abend zu wünschen und ihn sachverständig zu fragen, wie denn die lieben Vögelein heute abend so ziehen. Denn nur ein Vogelforscher kann es sein, der jetzt, um diese Jahreszeit, nachts in den Himmel hineinlauscht oder in den Mond guckt. Denn jetzt ziehen unsere Vögel wieder ihren südlichen Winterquartieren zu, jetzt beleben sich die Nächte mit Stimmengewirr und Flügelschlag.

Der Mann mit dem Ohr in der Luft murmelt fortwährend Vogelnamen vor sich hin; er erkennt die Tiere, die unsichtbar über ihm ziehen, an der Stimme. Und der mit dem Fernglas sieht sie sogar: Ihre Umrisse heben sich wie Scherenschnitte gegen die helle Scheibe des Mondes ab. Den Stimmenlauscher und den Mondgucker stört es nicht, daß die Kälte der Herbstnacht sie beißt, daß dem einen der Regen ins Ohr und dem anderen die krümelige Erde in den Kragen rieselt. Sie ziehen diese Art von Nachtleben jeder anderen vor; sie sind glücklich, und dies ist ihre schönste Jahreszeit.

Aber es gibt noch eindrucksvollere Möglichkeiten, die Erscheinungen des Vogelzuges zu studieren, und dazu richtet man sein Fernglas nicht nachts auf den Mond, sondern am Tage auf den Untersee zwischen Konstanz und der Insel Reichenau. Der Bodensee, den ja gewiß alle kennen, hat bekanntlich zwei lange wassergefüllte Eselsohren: Das eine heißt Überlinger See, das andere Untersee. Genau zwischen diesen beiden Ohren wohnt die alte Stadt Konstanz, und zu ihrer Hintertür heraus führt eine bald sehr schmal werdende Straße zur Reichenau hin, einer Insel, die schon lange keine mehr ist, führt doch ein für Autos befahrbarer, drei Kilometer langer Damm zu ihr hinüber.

Für die Herbstferien ist das gar kein schlechter Tip, den ich hiermit allen geben möchte. Man quartiert sich auf der Reichenau bei einem Fischer oder Gärtner ein und marschiert dann mit Fernglas und Gummigaloschen ins benachbarte Wollmatinger Ried. Das ist ein unter Naturschutz stehender Rohrurwald auf der deutschen Seite des Rheins, der bei Konstanz aus dem Obersee heraus und hier in den Untersee hineinfließt. Drüben, am nicht fernen anderen Ufer, liegt die Schweiz, und darum stöbern hier regelmäßig Zollstreifen mit Hunden durch die Gegend, um jeden beim Kragen zu nehmen, dem es etwa einfallen sollte, mit einem Boot billige Schweizer Zigaretten nach Deutschland einzuschmuggeln.
Ich habe schon öfters mit einem Fernglas hier im Rohr gehockt und plötzlichen Besuch von einem Zollbeamten bekommen. Da ist dann der beste Ausweis für redliche Absichten ein handfestes Wissen über die Vogelwelt am Untersee. Wer dem Zöllner erzählen kann, daß hier im Herbst bis zu 80 000 Schwimmvögel wohnen, Bläßhühner und vor allem viele Sorten Enten, der muß nicht die Hosentaschen nach außen kehren oder den mitgebrachten Brotbeutel öffnen. Und wer dem Beamten gar erzählen kann, daß die über 100 Höckerschwäne auf dem Untersee zwar wild leben, aber doch von Menschenhand eingesetzt wurden, oder wer gar weiß, daß der schwarze Vogel, der da mitten im Rhein auf dem großen Seezeichen hockt, keine Krähe ist, sondern ein Kormoran aus Holland, der muß nicht mal die Kennkarte vorzeigen. Mit respektvollem Gruß zieht der Zöllner weiter.
Woran man erkennt, daß es sich mitunter bezahlt macht, wenn man in der Schule gut aufgepaßt hat. Ich hoffe, daß ich alle davon überzeugen konnte und daß mir alle darum jetzt auch dann noch zuhören, wenn nicht mehr von Mondguckern, Schmugglern und Zollbeamten, sondern von den Wundern des Vogelzugs die Rede ist.

Daß viele Vögel ziehen, im Frühjahr zu uns her, im Herbst von uns weg, das weiß jeder. Warum sie aber ziehen, das weiß schon nicht mehr jeder. Und ganz genau — das möchte ich aber bloß leise sagen —, so ganz genau wissen es nicht einmal die Professoren. Die Eiszeit ist schuld, sagten die einen, denn das war so hübsch einleuchtend: Es war hundekalt bei uns, damals, vor ein paar zehntausend Jahren. Regenwürmer, Insekten und Samenkörner gab es nur tiefgekühlt oder gar nicht, und so flogen die hungernden Vögel halt davon — in freundlichere Regionen.
Aber das glaubte bald niemand mehr so uneingeschränkt, denn warum sollte ein Berliner Storch wohl an die 10 000 Kilometer bis nach Kapstadt in Südafrika fliegen, wenn das Eis schon weit vor dem nur 800 Kilometer entfernten Wien in der österreichischen Sonne geschmolzen war! (Daß es weder Wien

noch Berlin damals schon gab — das werden mir selbst die Berliner zugeben.) Ja, und so grübelte man bald über andere Ursachen für den Vogelzug. Heute meint man, daß die ganze Geschichte sich vererbt hat, und zwar so: Lange vor der Eiszeit schon gab es einen Wandertrieb in den Vögeln, und er wurde durch den Wechsel von warmen und kalten Jahreszeiten, vom Jahresgang der Sonnenstrahlen um die Erde ausgelöst. Vögel brauchen zum Fressen (und damit zum Leben) einen langen Tag; sie können sich nicht, wie wir und viele große Säugetiere, einmal zu Tisch setzen und ordentlich satt essen. Sie futtern wenig, aber dies wenige oft. Ihr Stoffwechsel, also der Durchgang der Nahrung durch den Körper, ist unheimlich schnell; man kann beinah drauf warten, daß das, was sie oben zu sich nehmen, unten verdaut wieder herauskommt. Wenn dann die Tage kürzer werden, gehen die Vögel mit dem Licht weiter und weiter nach Süden, weil da ihre Lebensmittelläden länger offen haben.

Nun machten das aber, meint man, nicht alle. Nicht wenige blieben und bleiben ja auch heute noch den Winter über bei uns. Aber das bezahlten sie nicht selten mit dem Tod, bestenfalls mit einer Schwächung ihrer Gesundheit, die dann auch aus ihren Jungen schon von klein auf nichts Rechtes werden ließ. Die Wandervögel aber, die im Frühjahr gesund und kräftig aus dem sonnigen Süden heimkehrten, die hatten auch gesunde, kräftige Kinder, denen sie nicht nur die Gesundheit vererbten, sondern auch die Klugheit, dem Winter auszuweichen.

Klugheit freilich ist so ganz das richtige Wort nicht. Denn sie lernen es ja nicht, sie haben es in sich. Der beste Beweis dafür ist der Mauersegler. Dieser schwarze Düsenjäger mit den Sichelflügeln, der um unsere Kirchtürme saust, der oft mit den Schwalben verwechselt wird, kommt ziemlich pünktlich am ersten Mai und macht sich ziemlich pünktlich am ersten August, also nach nur drei Monaten, schon wieder auf den Weg nach Südafrika. Man kann aber wahrlich nicht sagen, daß es am ersten August bei uns keine Mücken mehr gäbe.

Selbst Käfigvögel, denen der Wandertrieb im Blut liegt, beginnen regelmäßig, wenn ihre Zugzeit da ist, auf ihrer Sitzstange mit den Flügeln zu schlagen, obwohl doch ihr Freßnapf reichlich gefüllt ist und, wie sie wissen müßten, auch gefüllt bleibt. Man muß ihren Käfig dann mit weichen Tüchern ausschlagen, weil sie sich sonst an den Gitterstäben verletzen könnten. Ich hatte zu Haus mal einen dicken Kernbeißer in einem Stubenkäfig, und diesen Kernbeißer, aus dessen Sippe einige bei uns bleiben, während andere den Winter beispielsweise auf Mallorca verleben, packte im Herbst auch die Sehnsucht nach dem Süden. Er tat mir dann immer schrecklich leid, der Dicke, wenn er die halbe Nacht lang mit leise schwirrenden Flügeln wie ein startbereites Flugzeug mit laufenden Motoren auf der Piste seines Käfigbodens stand. Ich konnte ihm ja nicht sagen, daß er es bei mir in der warmen Stube und vor gefülltem Futternapf weit besser hatte als draußen auf dem gefährlichen Zug in den Süden.

Die Vögel erkaufen sich den ewigen Sommer nicht selten mit dem höchsten Preis, den ein Lebewesen zahlen kann: mit dem Leben. Wir wollen hier nicht reden von den Südländern, die mit Netz, Leimrute und Flinte in barbarischer Ignoranz unseren Singvögeln nachstellen. Die italienischen und spanischen Vogelmärkte sind berüchtigt. Bekannt sind auch die zwei Störche, die mit dreiviertel Meter langen Pfeilen, im Hals der eine und im Flügel der andere, aus Afrika nach Deutschland zurückkehrten; sie stehen ausgestopft in Museen in Rostock und Wittenberg.
Viel härter verfährt die Natur mit den ziehenden Vögeln. Bei Suez, das dem berühmten Kanal zwischen Asien und Afrika den Namen gab, wurden 200 tote Störche angeschwemmt, las ich in einem Buch des Stuttgarter Storchenvaters Professor Schüz. In Nordamerika fand man auf dem Eis zweier Seen 75 000 Ammern. Nach einem heftigen Sturm lagen zu Füßen eines Leuchtturms am Schwarzen Meer acht Zentner tote Wachteln. 89 000 Schwalben, die bei Wien von einem Wettersturz überrascht wurden und dem Hungertode nahe waren, konnte man nur retten, indem man sie in ein Flugzeug setzte und eilends nach Venedig brachte. Abertausende von Vögeln werden durch Stürme auf die Ozeane hinausgetrieben und verenden im Meer. Andere verdorren in der Glut der afrikanischen und asiatischen Wüsten. So fand man die Sinai-Wüste schon übersprenkelt mit toten oder sterbenden Störchen.
Vom Storch als Zugvogel weiß man überhaupt wohl am meisten, und das ist nicht zuletzt das Verdienst von Professor Ernst Schüz, der früher der ostpreußischen Vogelwarte Rossitten vorstand. Dem Storch kann es so leicht nicht passieren, daß das Meer sein Grab wird, denn er geht ihm so weit aus dem Weg, wie sein Zugweg es eben zuläßt. Die Störche überwintern ja in Afrika. Zwar führt nun kein reiner Landweg dorthin, doch immerhin gibt es zwei Stellen, die so eng sind, daß man gefahrlos hinüber- und herüberfliegen kann. Die eine Stelle ist der Bosporus, eine Meerenge, die die europäische von der asiatischen Türkei trennt, und die andere ist die Straße von Gibraltar, an der auf spanischem Boden die englische Festung liegt; sie ärgert die Spanier so sehr, daß spanische Landkarten einen weißen Fleck zeigen, wo der Felsen von Gibraltar steht. Über diese Engstellen des Mittel- und Marmarameeres ziehen die Störche nun hinüber und herüber. Sie nehmen ihre Abscheu vor dem Wasser so ernst, daß eine Streckenkarte der Storchenzüge einer Sanduhr ähnelt: Über und unter dem engen Hals strömt es breit heran

und heraus, im Hals selber aber drängelt sich Sandkorn an Sandkorn. Wenn die Störche ziehen, dann recken die Leute besonders am Bosporus die Hälse, denn was es über ihren Köpfen zu sehen gibt, das ist ein Naturschauspiel, mit dem verglichen ein Flugtag eine ganz schwache Sache ist. In großen Scharen rudern die Störche über die Meerengen — schwarz-weiß-rot vor dem Blau des Himmels. Und zwischen ihren Trupps segeln die Hundertschaften der Adler heran.

Nun ist es nicht so, daß die Störche, die Adler, die Bussarde etwa wasserscheu wären. Sie meiden das Meer aus einem ganz anderen Grund. Diese großen Vögel sind nicht nur auf ihre Muskelkraft, sondern auch auf die Tragkraft der Luft angewiesen, wenn sie nicht schnell ermüden wollen. Und also nützen sie Winde aus, die in die Höhe streben und auf denen sie segelnd Raum gewinnen. Aufwinde aber gibt es weniger über dem offenen Meer als vielmehr an seinen Küsten, seinen Steilküsten vor allem, an denen der Wind in die Höhe geleitet wird. Das von der Sonne glühende Land gibt der Geschichte den richtigen Aufwärtsdreh, denn warme Luft, das wissen die Buben von der Zigarette, die sie heimlich auf dem Klo probierten, die steigt nach oben, zum Fenster heraus — wo hoffentlich gerade die Mutter steht und ihnen ein paar hinter die Ohren gibt. Autoritär oder nicht.
Dieser Aufwinde wegen also halten sich die Störche und die Raubvögel über Land, und was die Störche angeht, so gibt es eine Landlinie, an der sie sich scheiden. Wer eine Europakarte hat und ein Lineal, der kann diese Linie ziemlich genau festlegen, wenn er die Städte Leiden (in Holland), Gießen (in Hessen), Würzburg (in Franken) und Kempten (in Bayern) mit einem Strich verbindet. Alle Störche westlich davon, also die Holländer, die Rheinländer, die Elsässer, die Württemberger, nehmen den Weg über Gibraltar — den selbst die spanischen Störche zum Kummer der Spanier nicht verschmähen. Alle Störche östlich unserer eben gezogenen Linie gehen über den Bosporus. In Nestern, die genau auf der Trennlinie stehen, gehen die Meinungen und damit auch die Wanderwege auseinander. Es kommt vor, daß von zwei Jungstörchen einer den Weg nach Westen, der andere den nach Osten nimmt.
1949 schätzte man, daß es noch etwa 174 000 europäische Störche gab. Aber nur 4000 davon waren Weststörche, und das überraschte niemanden, der sich schon einmal ein paar Gedanken um unsere Störche gemacht hat. Immer mehr Nester bleiben leer; in vielen Gegenden ist der Storch längst ausgestorben. Schuld daran ist neben einem launischen, feuchtkalten Brutklima auch unsere Zivilisation. Die Landschaft wird immer mehr verdrahtet. Jahr für Jahr werden die Leitungen der Hochspannungen, der Eisenbahn, der Post länger. Die Flüsse werden kanalisiert, so daß es den Fröschen davor graust.

Die Sümpfe werden trockengelegt. Der Storch gilt nicht mehr viel bei uns. Schon steht er in den zoologischen Gärten, und ein einheimisches Tier, das bei uns im Zoo steht, steht auf der Aussterbeliste. Um einen Sperling zu sehen oder eine Krähe, dafür zahlt doch keiner Geld. Zootier wird man, wenn man selten ist oder von weit her.

Über den Vogelzug sind zwei große Irrtümer im Schwange. Der eine ist, daß alle — oder fast alle — einheimischen Vögel den Winter in Afrika verbringen. Der andere ist, daß sie auf einigen wenigen, ganz bestimmten Luftstraßen dorthin ziehen.

Die Wahrheit aber fängt schon damit an, daß nur ganz wenige Vögel, nämlich nur die englischen, genau nach Süden ziehen. Alle andern ziehen nach Südwesten. Und sehr, sehr viele davon finden es schon lange vor Afrika sehr schön warm und nahrungsreich. Südfrankreich, Spanien, Oberitalien schon halten viele Arten fest, und rechnet man Nordafrika mehr zum mittelmeerischen als zum eigentlichen tropischen Afrika, so bleiben ziemlich genau ein Drittel, nämlich 52 von 152 Arten, im Mittelmeerraum. So macht es der Sperber, dem Südfrankreich und Nordspanien genügen, machen es Lachmöwen, die Westspanien ausreichend schön finden, und machen es Amseln, die es sich bei Valencia wohl sein lassen, und der Star, der den deutschen Touristen in der Alhambra von Granada Grüß Gott sagt. Der Rote Milan fühlt sich bei Herrn Tito in Jugoslawien sehr wohl, und auch der Schwarze Milan geht in ein passendes Winterquartier, nämlich zu den Negern von Südwestafrika. Bachstelze und Lerche überwintern in Tunesien und Libyen, die Wachtel im Sudan. Den Kranich zieht's an den Nil, Wiedehopf, Nachtigall, Rauchschwalbe und Pirol an den Kongo.

Und wie ist es mit den festen Luftstraßen? Damit ist es, als Regel, auch nichts. Unter den Vogelforschern hat sich das Wort „Breitfront“ durchgesetzt, und sie wollen damit sagen, daß die Mehrzahl der Vögel nicht auf schmalen Luftstraßenbändern zieht, sondern in der Richtung von Nordost nach Südwest quer über die ganze Breite der europäischen Landmasse hinweg. Es ist also nicht die Regel, daß die Familien sich sammeln, einem bestimmten Treffpunkt zustreben und dann in hellen Scharen auf einem bestimmten Weg einem bestimmten Ziel zustreben. Die Völkerwanderung der Zugvögel strömt vielmehr über ganz Europa hinweg, und wenn in diesen Nächten ein einsamer Vogelfreund das „Zipp“ der Singdrossel ins hochgehaltene Ohr bekommt, dann weiß er, daß über ihm allenfalls ein kleines Völkchen dieses amselgroßen Vogels mit der schön gesprenkelten Brust hinwegzieht, keinesfalls aber alle Singdrosseln seiner Gegend auf einer bestimmten Singdrosselstraße. Storch, Kranich und Wildgans machen eine Ausnahme. Beim Storch hörten wir, warum.

Und da ich gerade Kranich und Wildgans erwähne, möchte ich noch eine Bemerkung von Seite 120 ergänzen. Ich sagte, man wisse von Kranich und Gans, wie auch von der Ente, daß sie Formationsflieger seien. Mehrere Vögel bilden einen mit der Spitze in Flugrichtung zeigenden Keil, ein nach hinten offenes Dreieck, dessen einer Schenkel meist kürzer ist als der andere. Früher meinte man, die Vögel flögen so, weil sich hinter jedem eine Zone aus Windschatten bilde, die dem nachfolgenden Tier das Fliegen leichter mache; und schwer zu schaffen habe eigentlich nur der Spitzenreiter, weshalb er regelmäßig abgelöst werde.

Daran ist nur das mit dem Ablösen richtig. Das Hintereinanderfliegen mit seitlicher Versetzung hat zwei andere Gründe, auf die ein Vogelforscher kam, der Flieger war und den Verbandsflug studierte. Unmittelbar hinter einem jeden Vogel bilden sich mitunter Luftwirbel, in die hineinzugeraten der Nachfolger sich hütet, denn sie behindern ihn. Und deshalb setzt er sich seitlich hinter seinen Vordermann. Der Wind, der ihm dort vom Flügelschlag des Vordermannes an die linke oder rechte Schwinge geschafft wird, gibt ihm Auftrieb, weil sich am Vogelflügel, wie man von Seite 120 weiß, ein horizontaler Luftstrom in einen senkrechten Auftrieb versetzt.

Die Sache hat aber noch einen Grund: In dieser Flugposition kann jeder Vogel am besten mit den Augen Fühlung halten; insbesondere den Hintermann sieht er besser, wenn er seitlich von ihm statt genau vor ihm fliegt.

Zu solchen Tricks müssen die Vögel schon greifen, denn 20 000 Kilometer im Jahr ist eine Leistung, die sehr viele von uns nicht mal im Auto schaffen. 20 000 Kilometer, das ist der halbe Erdumfang, und doch ist das noch nichts, über das sich in Wandervogelkreisen prahlend der Schnabel aufreißen ließe. Die amerikanische Küstenseeschwalbe zum Beispiel hat ihren Brutplatz in der Arktis, also in der Nordpolgegend. Von dort zieht sie 17 000 Kilometer nach Süden, in die dann sommerlich warme Antarktis. Und kaum ist sie dort, macht sie sich wieder auf den Weg zurück: 34 000 Kilometer im Jahr.

Noch ein Rekord: Der pazifische Goldregenpfeifer brütet in West-Alaska, macht sich dann aber, wenn es dort kalt wird, nach Hawaii auf. Das sind 3300 Kilometer über den freien Ozean! Und was noch toller ist: Keiner kann sagen, wie dieser kleine Vogel die kleinen Inseln mitten in der unvorstellbar großen Wasserwüste dieses Weltmeeres findet!

Autonarren wird es interessieren, etwas über Reisedurchschnitte einheimischer Vögel zu erfahren. Und da zeigt sich wieder, daß es das Aussehen der Karosserie allein noch nicht macht. Der Wanderfalke, der es im Sturzflug, also sozusagen bergab, glatt auf 250 Stundenkilometer bringt, der schafft auf der Langstrecke, also sozusagen auf der Autobahn, nur 60. Und das ist genau die Hälfte des Reisetempos einer Ente, die doch überall als lahm verschrien ist.

Auch das Sportwagenmodell Sperber fliegt auf dem Zug nur 40 Kilometer in der Stunde und wird damit abgehängt von so plumpen Limousinen wie dem Buchfink, der 55 macht, dem Star, der 75 geht, und der Brieftaube, die gut auf 90 Sachen kommt. Der Porsche unter den Vögeln ist der Mauersegler. Er geht 150 bei halbem Gas, also auf der Langstrecke. Seine Spitze steht bei einer weit höheren Marke.

Ein bißchen enttäuschend ist dagegen die Tagesleistung der Wandervögel. Der Durchschnitt bei den Singvögeln liegt um 60 Kilometer herum. Der Storch kommt auf 200, also die Entfernung Stuttgart — München. 500 Kilometer am Tag, also etwa die Strecke Stuttgart — Göttingen, das ist das höchste. Die Schnepfen machen das, aber dann müssen auch sie rasten und das Fett in der Leber ergänzen, von dem sie zehren. Mehrtägige Ruhepausen sind an der Tagesordnung, wie es die Vögel überhaupt auf dem Wege von uns fort nicht so eilig haben; im Frühjahr, auf dem Weg zu uns, dagegen sehr. Der Storch — schon wieder der Storch — braucht nach Südafrika 100 Tage. Von dort zurück aber nur 50.

Und wie hoch fliegen unsere Wanderburschen? Die Schätzungen gingen über 10 000 Meter hinaus. Aber dann kam ein Forscher, der es genau wissen wollte. Er nahm in Flughaltung ausgestopfte Vögel der verschiedensten Größen in den Arm, kletterte damit in den Korb eines Luftballons, stieg hoch, hielt die verschiedenen Vögel in verschiedenen Höhen zum Ballonkorb hinaus und ließ einen Helfer am Boden notieren, nach welcher Zeit er welchen Vogel aus dem Auge verlor. So kam heraus, daß in 1500 Meter Höhe auch ein etwas größerer Vogel nicht mehr mit dem bloßen Menschenauge zu sehen ist. Und dann kam ein Forscher, der wollte es noch genauer wissen. Er steckte verschiedene Vögel unter eine Glasglocke und saugte mit Hilfe einer Luftpumpe die Luft heraus, bis sie so dünn war wie in sehr großen Höhen. Er notierte: Sperber erbricht sich und wird also luftkrank bei 388 mm Druck = 5000 Meter Höhe ... Lachmöve bei 348 mm Druck = 5800 Meter Höhe ... Turmfalke bei 278 mm Druck = 7500 Meter Höhe ... Und als er noch weiter pumpte, die Luft noch dünner machte, da starben die Vögel.

Und danach gingen die Schätzungen genauso falsch in die Tiefe, wie sie vor diesen Versuchen falsch in die Höhe gegangen waren. Unter 100 Meter, hieß es jetzt, sei die Regel.

Dann kamen der Krieg und die modernen Flugzeuge, und beide hatten hier ausnahmsweise auch einmal etwas Gutes. Man weiß jetzt nämlich durch exakte Messungen, daß Stare und Kiebitze bis zu 600 Meter hoch, Kraniche,

Tauben und Saatkrähen sogar bis zu 2500 Meter hoch angetroffen werden. Die Regel ist: Unter 200 Meter und nicht über 3000.

Und nun kommt ein Thema, um das ich mich gern herumdrücken würde, so kompliziert, so heikel, so unsicher ist alles, was damit zusammenhängt. Ich meine die uralte Frage: Wie orientieren sich die Vögel auf dem Zug? Wie finden sie bei Tag und bei Nacht, bei Sonne und bei Regen zu ihrem Ziel? Und wie finden sie zurück, auf dem gleichen Weg zumeist, doch auch auf einem ganz anderen?

Es gibt weniges in der Zoologie, das so umstritten ist. Weniges, mit dem man mehr experimentiert hätte. Professor Schüz hat drei Dutzend engbedruckte Seiten, die ich kenne, allein darauf verwandt, zu sagen, was man bis heute alles an Erklärungen und Versuchen aufgeboten hat für die erstaunliche Fähigkeit des Vogels, bei jedem Wetter, zu jeder Zeit sicher zum Ziel zu kommen, und man hat nichts vergessen: die Seele des Vogels nicht, die angeblich eine Befriedigung findet im zielstrebigen Flug; den Erdmagnetismus nicht, dessen Wirkungen man auf die Spur zu kommen hoffte mit kleinen Magneten, die man Vögeln einbaute; die Sonnenflecken nicht und nicht die Zentrifugalkraft der Erde, nicht die Ultrakurzwellen und nicht die Wetterfühligkeit, die auch der rheumakranke Mensch gut kennt. Und am Schluß schrieb Professor Schüz resignierend: „Abschließend ist also festzustellen: Es bestehen bisher keine ausreichenden Hinweise, daß beim Sichzurechtfinden der Vögel andere Sinnesorgane als das Auge mithelfen ...“

Nun ist das Vogelauge ja auch wahrhaftig ein kleines Wunder an Präzision. Ein Wanderfalke sieht auf 1000 Meter eine Taube sitzen, um nur ein Beispiel zu nennen. Trotzdem aber erklärt das Auge des Vogels nicht seine ans Wunderbare grenzende Fähigkeit, sich im Raum zurechtzufinden. Ein Sinnesorgan, das bislang nicht bekannt war, hat man im Vogel zwar nicht gefunden. Aber man fand eine Sinnesleistung, die über das Auge geht und die bis 1949, als der Forscher Gustav Kramer sie in Wilhelmshaven entdeckte, unbekannt war. Er fand heraus, daß der Star nach der Sonne steuert. Das war leicht zu beweisen mit Hilfe von Spiegeln, die dem Star im Käfig etwas Falsches vorspiegelten, nämlich eine Sonnenrichtung, aus der das Licht nicht in Wirklichkeit, sondern nur aus einem Spiegel kam. Die Stare waren in ihrem Richtungsstreben auf diese gefälschten Lichtstrahlen sogar zu dressieren.

Die wichtigste Erkenntnis aber war diese: Die Stare tragen eine Art von innerer Uhr in sich, die ihnen genau sagt, zu welcher Jahreszeit und zu welcher Stunde die Sonne in welchem Winkel auf den Ort trifft, der dem Vogel als Heimatplatz vertraut ist, und nach dieser Kombination aus Sonnenwinkel

und eingebauter astronomischer Uhr fliegt er. Er nimmt die Lichtrichtung auch bei leichter Wolkendecke wahr; und bei dichter Bewölkung, so mutmaßt man, tritt seine Zielstrebigkeit, sein Verharren in einer einmal eingeschlagenen Richtung ein, bis ein Aufreißen der Wolkendecke ihm eine neue Peilung erlaubt. Auch glaubt man, daß die Vögel, die sich nach Sonne und innerer Uhr orientieren, bei starker Bewölkung den Winkel, den der Wind zu ihrer Flugrichtung hat, als Korrekturhilfe benützen.
Diesen eingebauten Sonnenkompaß hat man inzwischen bewiesen. Brieftauben, die durch Futterdressuren bei einer Stellung ihrer Körperlängsachse im Winkel von 15 Grad zu einer sonnenähnlichen Lichtquelle in freudige Erregung zu versetzen waren, zeigten eine stets meßbare Herzbeschleunigung, wenn man sie in einem Rundhaus, durch dessen Stoffwand ein Scheinwerfer hindurchleuchtete, mittels Drehung auf einem Plattenteller in die Nähe dieses 15-Grad-Winkels zur Scheinwerfersonne brachte: Sie erkannten den futterverheißenden Winkel richtig.
Auch daß Zugvögel eine innere Uhr besitzen, die sie überhaupt erst befähigt, am Sonnenstand die Himmelsrichtung abzulesen, bewies man. Ihre innere, auf den heimatlichen Standort abgestimmte Uhr läßt sich leicht verstellen, wenn man die Tiere ein paar Tage und Nächte lang in einen Raum bringt, in dem der Sonnenauf- und -untergang durch eine künstliche Lichtquelle bewirkt wird, die einen Tag- und Nachtrhythmus vortäuscht, wie er etwa in den USA herrscht. Der Vogel stellt seine Uhr allmählich darauf ein. Läßt man ihn dann, sagen wir: in Göttingen, wo man diese Versuche machte, anschließend wieder frei, dann verirrt er sich auf dem Weg zum Schlag, weil die Sonne in Göttingen mittags um zwölf im Süden steht, die innere Uhr dem Vogel aber sagt, daß es, wie in den USA, erst sechs Uhr morgens ist, die Sonne also eigentlich im Osten stehen müßte.
Und nachts, wenn die Sonne weg ist? Da meint man, daß die letzte Peilung bei Sonnenuntergang genommen wird und die Vögel dann sozusagen mit festgebundenem Ruder weiterfliegen. Daß der Vogel zur Orientierung in die Sterne guckt, wenn sie leuchten, das wird angenommen. Daß er in den Mond zu diesem Zweck nicht guckt, daß der Mond eher eine verwirrende als eine orientierende Wirkung hat, das weiß man sicher. Es ist eines der wenigen Dinge, die man in dieser Frage sicher weiß. Und was man alles anstellt, um Licht in diese dunklen Dinge zu bringen, das zeigt ein Versuch, den man mit nachts fliegenden Brieftauben machte. Um sie überhaupt beobachten zu können in ihrem Richtungsverhalten, klebte man ihnen eine kleine, nur sieben Gramm schwere Batterie an den Kropf und ließ hinten am Schwanz hauchzarte Drähte vorbeilaufen, an denen fünf Zentimeter hinter der Taube ein leuchtendes Glühbirnchen geschleppt wurde. Aber auch am Schluß dieser un-

endlich mühevollen Versuche, nach vielen durchwachten Nächten, vielen Berechnungen und Messungen der Temperatur und des Windes steht der Satz: Eine Erklärung, die alle bisher bekannten Erscheinungsformen des Zielfliegens von Vögeln zu deuten vermag, haben wir bisher noch nicht...
Und so verabschiede ich mich für heute mit der zu denken gebenden Bemerkung, daß wir zwar wissen, wie man zum Mond fliegt, nicht aber, wie eine Gans nachts von Konstanz nach München findet...

Hier wird sehr Merkwürdiges vom Winterschlaf der Tiere erzählt, dargetan am Beispiel eines Igels, den der Verfasser mit List und Tücke zum ordnungsgemäßen Einschlafen brachte und dessen Schlaf er einen Winter lang behütete; auch eine leere Weinflasche spielt eine halbwissenschaftliche Rolle, und das Ganze endet mit einem Happy-End.

Es ist schon ein paar Jahre her, da ging ich eines Abends mit meinem Hund in den Gärten oberhalb von Rohracker am Stadtrand von Stuttgart spazieren. Es war Anfang September; die Trauben hingen noch an den Weinstöcken. Wenn man den Feldschütz gut kennt, kann man es riskieren, hier und da mal von den Trauben zu probieren. Und ich probierte. Während ich noch darüber nachdachte, daß es vielleicht doch besser sei, im kommenden Jahr den Wein aus einer sonnigeren Gegend zu kaufen, nahm mein Hund plötzlich die Nase tief und schoß davon.

Das Gute an Jagdhunden ist, daß sie einem herschleppen, was sie für brauchbar halten; man muß ihnen nicht hinterdreinlaufen. Als ich den Hund in einiger Entfernung kurz aufjaulen hörte, wußte ich, daß er diesmal weder einen alten Schuh noch eine halbverweste Krähe daherbringen würde. Und was er mir dann alsbald vor die Füße legte, war denn auch, wie ich vermutet hatte, ein stachelstarrender Igel. Es leuchtet ein, daß dem Hund in diesem Falle nichts anderes übrigblieb, als zur Belohnung für seine Apportierkunst das eigene Blut zu lecken, das ihm der Biß in den Igel auf den Fang getrieben hatte.

Ich hatte damals an Tieren gerade nichts Besonderes im Haus, und so beschloß ich, den Igel mitzunehmen, um ihm nach Möglichkeit dabei zuzuschauen, wie er sich in den Winterschlaf begab, dem die Igel ja zusammen mit Hamster, Ziesel und Fledermaus, mit Murmeltier, Siebenschläfer, Birkenmaus und Haselmaus ausgiebig frönen.

Obwohl Löcher in den Fingern von selber heilen, Löcher im Pullover aber gestopft werden müssen, zog ich aus naheliegenden Gründen meinen Pullover aus, legte ihn neben den Igel auf die Erde und rollte den unrasierten kleinen Kerl, der sich in seiner Kugelform nicht rührte, mit dem Fuß sanft auf den Pullover. Schnell war ein Bündel geknüpft, und Mann, Hund und Igel marschierten heim.

In der Nacht, die diesem Abend folgte, knuffte meine Frau mich aus dem Schlaf. „Mein Gott!“ raunte sie, „Einbrecher — höre doch!“

Und tatsächlich, aus der Küche kam ein unheimliches Rollen und Poltern. Mutig, wie ich ab und zu bin, schlich ich zur Küche, stieß, wie ich es im Kri-

minalfilm gesehen hatte, mit einem entschlossenen Ruck die Tür auf, machte Licht und suchte die Küche nach dem Bösewicht ab. Er saß hinterm Kohleneimer, aufgerollt zur Stachelkugel, und sah gelassen seiner Festnahme entgegen. In der Ecke gegenüber lag mit dem Bauch auf der Erde eine leere Weinflasche, und da wußte ich, woher das Rollen und Poltern gekommen war. Der Igel hatte die Flasche umgeworfen und an dem Krach Gefallen gefunden; also war er dazu übergegangen, mit der Pulle unermüdlich Kegel zu schieben. Mir war das sehr recht, denn nun wußte ich, daß der Hund den kleinen Kerl nicht verletzt hatte, und am nächsten Morgen, als ich wieder nach ihm schaute, war auch die flache Milchschale leer, die ich ihm hingestellt hatte, und auch das Hackfleisch war weg.
Igel machen kein langes Theater, wenn sie in Menschenhand kommen. Man kann an ihnen gut beobachten, wie sie die Furcht Stück um Stück ablegen. Es fängt damit an, daß sie das dumme Einrollen bleibenlassen, das jeglichem Austausch von Vertraulichkeiten so sehr im Wege ist. Die Festung öffnet sich, und die kleine Schnauze mit den Knopfaugen darüber bleibt draußen, zwar zunächst bloß um zu fauchen, aber immerhin. Der nächste Grad der Vertrautheit ist ein Boxkampf. Der Igel rollt sich, wenn die menschliche Hand sich ihm nähert, nicht mehr zur Halbkugel auf, sondern bleibt tapfer auf den Beinen und boxt mit dem ganzen Oberkörper nach der Hand. Nachdem er ein paar Runden haushoch gewonnen hat, nimmt er sozusagen die Deckung herunter und — läßt sich die Flöhe ablesen, die ihn so zahlreich bewohnen. Von da ab gehört er zur Familie.

Nun kommt es mir auf ein bißchen Milch und Hackfleisch für einen Igel nicht an, aber der Kerl sollte ja schlafen, nicht fressen. Zwar macht es einem Winterschläfer nichts aus, über Winter wach und munter zu bleiben, wenn es warm ist und das Fressen nicht ausgeht, doch die richtige Ordnung ist das nicht.
Bei dem Stuttgarter Professor Eisentraut, der den Winterschlaf nach allen Richtungen hin untersucht hat, hatte ich den Satz gelesen, daß der Winterschlaf erstens kein Schlaf sei und zweitens nichts mit dem Winter zu tun habe. Das war die Meinung eines Teils der Wissenschaft, und sie stützte ihre verblüffende Behauptung auf die Beobachtung, daß einerseits ein zu den Winterschläfern gehörendes Tier trotz Kälte, Dunkelheit und Nahrungsmangel oft nicht in den Winterschlaf verfalle und daß andererseits ein Winterschläfer, sperrt man ihn im Juli in den Kühlschrank, durchaus mitten im Sommer in den Winterschlaf geraten kann. Freilich läßt sich mit der Kühlschranktheorie auch das genaue Gegenteil beweisen: daß nämlich eben doch Kälte, also im allgemeinen winterliches Wetter, nötig sei, den Winterschlaf herbeizuführen.

Doch kümmern wir uns nicht um den Streit der Wissenschaft. Mein Igel bewies, daß fünfzehn Grad Kellertemperatur, verbunden mit Dunkelheit und einer Kiste voll Holzwolle, ihn angenehm winterschläfrig machten. In der Küche war's ihm zu warm gewesen, es roch ihm da auch wohl zu gut, und die Flöhe blieben auch zu munter. 20 Grad waren also nicht die kritische Temperatur bei ihm. Ich quartierte ihn ins Bad um, wo das Thermometer 15 Grad zeigte. Hier wurde der Igel nachts auffallend ruhig, er schien auch weniger zu atmen als in der Wärme, und das ist immer ein Zeichen dafür, daß die Schläfrigkeit oder die Lethargie eintritt, wie die Fachleute es nennen, wenn dem Igel das Kinn auf die Brust fällt wie einem alten Opa.

50mal in der Minute atmet ein hellwacher Igel aus und ein. Schon im normalen Schlaf, also im Sommer, schnauft der Igel aber nur noch etwa 20mal in der Minute. Im Winterschlaf aber holt er in der Minute höchstens achtmal Luft, mitunter sogar nur einmal, und manchmal setzt das Atmen minutenlang ganz aus. Auch das Herz schlägt bei den Winterschläfern langsamer. Ein Igelherz macht beim wachen Tier an die 200 Schläge pro Minute, beim winterschlafenden Igel aber nur etwa 20. So spart die Natur mit den Kräften der Tiere, die schlafend über den kalten, dunklen, nahrungsarmen Winter kommen.

Nun war ich mit meinem Igel nicht so vertraut, daß ich ihm das Ohr auf die Brust hätte legen können, um seine Herzschläge zu zählen; auch hätte er sich's schwerlich gefallen lassen, daß man ihm ein Fieberthermometer zwischen die Zähne, wenn nicht gar noch woanders hin geschoben hätte, um die Temperatur zu messen. An ihr aber läßt sich am sichersten ablesen, ob der Winterschlaf eingesetzt hat, denn der Winterschläfer paßt seine Innentemperatur der ihn umgebenden Lufttemperatur an. Das wird uns nachher noch ein bißchen genauer beschäftigen.

Herzschlag und Temperatur konnte ich also meinem Igel nicht messen; ich war ja damals auf wissenschaftliche Versuche nicht eingerichtet. (Später, in einem Fernsehfilm, holte ich das ausführlich mit EKG-Geräten nach.) Ich griff also zu einem anderen, wenn auch ganz und gar unwissenschaftlichen Mittel, um die Einschlafbereitschaft meines Igels zu testen. Ich stellte ihm wieder die leere Weinpulle ins Bad, mit der er bislang noch jede Nacht, wenn ich ihn ließ, leidenschaftlich Kegel geschoben hatte. Und siehe da: Im Badezimmer bei 15 Grad Lufttemperatur blieb alles ruhig. Kontrollbesuche zeigten Flasche und Igel im Ruhezustand.

Nun ist eine menschliche Wohnung nicht so ganz der richtige Ort für einen Igel, der in den Winterschlaf kommen möchte. Es herrscht zuviel Umtrieb hier, zuviel Lärm. Draußen, in der Natur, kriechen die Igel in Erdlöcher oder wühlen sich an geschützten Orten in große Laubhaufen ein. Also trug ich den meinen in den Keller, stellte Thermometer, Milchschale und Hackfleischbrett neben seine Kiste und harrte der Dinge, die meiner Meinung nach kommen mußten, nämlich Freßunlust, Einwühlen in die Holzwolle und endliches Einschlafen. Aber daraus wurde nichts. Das Thermometer zeigte zwar 15 Grad, doch mein Igel keine Neigung, von Milch und Hackfleisch zu lassen. Er putzte alles weg. Nun gilt allerdings bei winterschlafenden Tieren keineswegs die Erfahrung, daß man mit vollem Bauch nicht gut schläft. Eher ist das Gegenteil richtig; nie sind Winterschlaf haltende Tiere fetter als kurz vorm Zubettgehen, sozusagen. Fast platzt ihnen das Fell, besonders an der Schwanzwurzel, so viel Fett sitzt darunter. Ihr Körper ernährt sich davon während der langen, bis zu sieben Monate dauernden Schlafzeit. Nur der Hamster hat das, wie jedermann weiß, weniger nötig. Er nimmt große Vorräte an Getreide und Kartoffeln mit in seinen Erdbau, fährt Rüben ein, Erbsen, Bohnen und Möhren. Bis zu zwei Zentner, behaupten die von ihm bestohlenen Bauern erbost, aber das ist ungeheuer übertrieben. 15 Kilo dürften das höchste sein, das ein Hamster für einen Winter hamstert. Fressen aber kann er nicht einmal das, obwohl er etwa alle fünf Tage aufwacht und in seine Speisekammer geht.

Aber zurück zu meinem Igel. Weil ihm das Fressen mehr Spaß machte als das Schlafen, fuhr ich schweres Geschütz auf: Ich öffnete das Fenster und ließ kalte Nachtluft herein. Außerdem nahm ich das Fressen weg. Das Thermometer rutschte ’runter auf 12 Grad. „Tierquäler!“ schimpfte meine Frau, die nur unter einer warmen Daunendecke gut schläft. Es wollte ihr nicht einleuchten, daß ein Igel nur dann so richtig einduselt, wenn’s kalt ist um ihn herum. Und 12 Grad waren meinem Igel noch immer nicht kalt genug. Zwar hatte er, wie man so sagt, ganz schön müde Stellen im Gesicht und schien nicht mehr so recht bei sich zu sein, doch kroch er immer wieder aus seiner Holzwolle heraus und schleppte sie an seinen Stacheln in der Gegend herum. Probeweise vorgesetzte Milch nahm er gierig, auch Hackfleisch, und mir war klar, warum: Er fror und heizte mit der Nahrung seinen inneren Ofen an; er kämpfte gegen den Winterschlaf. Aber schlafen mußte er. Das gehört sich so für einen Igel. Von wissenschaftlicher Härte durchdrungen, ließ ich den Igel bei offenem Fenster und fallendem Thermometer zu Bett gehen und legte mich, nur um meine Frau zufriedenzustellen und ganz gegen meine Gewohnheit, mit klappernden Zähnen ebenfalls bei offenem Fenster schlafen.

Eines Morgens dann, als ich in den Keller kam und den Igel mit dem Thermometer anstieß, das nur noch sieben Grad zeigte, blieb das Fauchen, mit dem er sonst darauf zu antworten pflegte, aus. Er schlief, endlich, und tat, was die zoologischen Lehrbücher und die Professoren von einem ordentlichen Igel im Winter verlangen. Ich warf noch eine Lage Laub auf die Holzwolle, unter der er lag, räumte das Freßgeschirr ab und wünschte meinem Igel, obwohl's erst Anfang Oktober war, zur Sicherheit ein glückliches neues Jahr. Aber das war, wie sich bald zeigen sollte, viel zu weit voraus gedacht.

Zwei Wochen lang geschah nichts. Der Igel lag aufgerollt auf der Seite und schlief; die kleine Schnauze schaute aus einem Loch zwischen den Stacheln hervor. Er reagierte weder auf das Wegnehmen des Laubes und der Holzwolle noch auf ein Anstoßen mit dem Thermometer. Ich hätte ihn — wenn auch wohl nur kurz — gut in die Hand nehmen können, ohne daß er erwacht wäre. Man hat oft schon winterschlafende Hamster ausgegraben; und während auch der gerissenste Tierpfleger es nicht wagen würde, einem wachen Hamster mit bloßen Händen nahe zu kommen, weil die Nagezähne dieser stets schlecht gelaunten und bissigen Tiere böse Wunden reißen, so kann man doch einen winterschlafenden Hamster unbesorgt aus seinem aufgegrabenen Erdbau herausheben; er behält dabei die Kugelform bei, die er beim Einschlafen einnahm; der Kopf liegt tief auf der Brust, die Vorderfüße hält er angewinkelt wie ein schlafendes Baby, und auch die Hinterbeine sind eng an den Leib gezogen. Am spaßigsten sieht der schlafende Siebenschläfer aus; auch er ist zu einer Kugel zusammengerollt, hat die Nase wenig fein unter den Schwanz geklemmt und diesen, der ja buschig und lang ist wie bei einem kleinen Eichhörnchen, sich wie eine Decke über Kopf und Rücken gezogen.
Ganz anders schlafen die Fledermäuse. Der Unterschied fängt schon damit an, daß Fledermäuse nicht, wie in der Regel die meisten anderen Winterschläfer, einzeln schlafen, sondern in Gesellschaft. Es gibt Höhlen, in denen winters die Decken übersät sind mit Fledermäusen. Die Tiere haben sich mit den Krallen an ihren Füßen in Gesteinsritzen verankert und hängen mit dem Kopf nach unten tief schlafend von der Decke. In ihren Füßen ist eine Sperrvorrichtung eingebaut, die ein Abfallen verhindert und die doch keine Muskelkraft verlangt.
Noch aus einem anderen Grund sind winterschlafende Fledermäuse bemerkenswert. Von allen Warmblütern, auf deren unterster Stufe sie stehen, können sie sich am weitesten gefahrlos abkühlen. Bei warmblütigen Tieren, denen der Winterschlaf fremd ist, und also auch beim Menschen, tritt bereits bei einer Körpertemperatur von 20 Grad eine Lähmung des Atemzentrums ein, und der Tod ist die Folge. Anders herum führen Körpertemperaturen von mehr als 45 Grad ebenfalls zum Tod. Bei so hohem Fieber würde das Eiweiß in unseren Körperzellen gerinnen, und das läßt sich durch keine ärztliche Kunst rückgängig machen.
Die Winterschläfer nun vertragen nach unten hin eine ganze Menge mehr. Ihre Körpertemperatur gleicht sich der Außentemperatur an. Nehmen wir

den Igel. Klemmte man ihm im Sommer, wenn er mopsfidel Engerlinge und anderes Gewürm frißt, ein Fieberthermometer unter den Arm, so würde das etwa 35 Grad Celsius anzeigen. Dann kommt der Herbst. Die Temperatur fällt, und geht sie unter 17 Grad, dann sinkt die Körperwärme des Igels mit; er wird schläfrig, wie wir gesehen haben. Zunächst wehrt er sich dagegen. Er schnauft mehr, um seinem Blut mehr Sauerstoff und damit Wärme zuzuführen; auch frißt er, was er nur kann. Fällt das Thermometer aber weiter und nützt alles Schnaufen und Fressen nichts mehr, dann schläft der Igel ein. Atmung und Herztätigkeit lassen stark nach, bis sie nur noch andeutungsweise da sind. Die Körpertemperatur sinkt mit der Außentemperatur immer weiter.

Na gut, wird man sagen. Aber im Winter wird's ja doch kälter als plus acht Grad, die ein Keller haben mag. Was dann?

Dieser Einwand ist natürlich richtig. Ein warmblütiges Tier kann Körpertemperaturen unter null Grad nicht überleben, auch ein winterschlafender Warmblüter nicht. Beim Igel liegt die Grenze etwa bei einem Grad plus oder leicht darüber. Beim Hamster sind es vier Grad plus, beim Siebenschläfer ein Grad, beim Goldhamster zweieinhalb, beim Murmeltier drei. Alles ungefähr und — das darf man nicht durcheinanderbringen — auf die Körper-, nicht auf die Außentemperatur bezogen. Die Außentemperatur ist meist etwas niedriger noch.

Es gibt unter den Warmblütern nur eine Ausnahme von dieser Null-Grad-Regel, und das ist die Fledermaus; ihre Körpertemperatur kann unter diese sonst übliche Todesgrenze rutschen, ohne daß diese Tiere sterben. Bei einer Außentemperatur von minus 3,8 Grad errechnete man bei einer Mausohrfledermaus eine Bluttemperatur von minus 1,9 Grad, und sie ging daran nicht ein. Erst wenn die Außentemperatur auf minus fünf Grad und mehr absinkt, muß auch bei der Fledermaus etwas geschehen, wenn sie nicht sterben soll.

Was aber geschieht bei solchen Frostgraden, die ja im Winter alltäglich sind? Zunächst einmal muß man bedenken, daß die Winterschläfer sich in der Regel Quartiere suchen, die frostfrei sind. Fledermäuse versammeln sich in den Tiefen der Felshöhlen, in die der Frost nicht eindringt. Hamster, Ziesel und Murmeltiere vergraben sich metertief in der Erde, polstern ihre Schlafnester warm und weich aus und verrammeln die Eingänge von innen mit Erde und Steinen, so daß weder Wind noch Regen noch übermäßige Kälte eindringen können. Der Siebenschläfer geht meist in tiefe Erdlöcher. Der Igel wühlt sich in Wärme entwickelnde Laub- oder Misthaufen ein.

Trotzdem kann ein Temperatursturz vielen Winterschläfern gefährlich werden. Aber für diesen Fall hat die Natur vorgesorgt, und was wir Menschen heute an unseren Gas- und Ölheizungen und in unseren Autos haben, das haben wir den Tieren eigentlich bloß abgelauscht. Eine moderne Heizung brennt ja nicht dauernd auf vollen Touren. Man kann sie auf eine bestimmte, gewünschte Temperatur einstellen. Sagen wir: 22 Grad. Wenn die erreicht sind, schaltet sich die Heizung ab. Das ist aber nur erst der halbe Trick. Eine Weile lang ist es im Zimmer nun 22 Grad warm. Dann aber läßt der Herr Sohn, wie üblich, die Tür offen. Vom Korridor zieht's kalt herein, und das Thermometer beginnt zu fallen. Aber es kommt nicht weit, denn die Heizung springt von selber wieder an und bullert, bis die 22 Grad wieder da sind. Das Ding, das diesen Trick besorgt, heißt man Thermostat.

So ist es auch bei den Winterschläfern. Zwei Wochen lang, sagte ich vorhin, schlief mein Igel bombenfest. Zu Beginn der dritten Woche kontrollierte ich wie üblich die Schlafkiste, der aber nichts Besonderes anzusehen war. Holzwolle, Laub und Igel waren an ihrem Platz. Ich wollte schon wieder gehen, als sich der Strahl meiner Taschenlampe in einer kleinen Wasserpfütze spiegelte.

Unser Keller ist absolut trocken. Wo also kam das Wasser her? Als ich genauer zusah, entdeckte ich auf dem Zementboden kleine Fußspuren, die von der Pfütze weg zur Igelkiste führten. Der Igel hat ja keine Haare unter den Füßen, und die fünf Zehen sind hübsch abgespreizt. Man sieht den ganzen Fuß sehr deutlich. Ich schloß messerscharf, daß mein Igel wohl einen fürchterlichen Druck auf der Blase gehabt haben mußte, davon aufgewacht war und fluchend, wie ich von mir auf ihn schließen möchte, sich aus dem Bett gewälzt hatte. Ich lüftete vorsichtig seine Bettdecke, um ihn probehalber anzustoßen, als es mir auch schon aus der Kiste entgegenfauchte, schwach zwar, doch deutlich.

Ich dachte über dieses neue Problem nach, und bei einem Viertel Wein, was in einem Keller ja naheliegt, faßte ich den Entschluß, erneut von mir auf den Igel zu schließen. „Wenn du nachts 'raus mußt", so sprach ich zu mir selber, „was tust du dann, damit sich das Geschäft auch rentiert? Du gehst an den Eisschrank und frißt. Was aber tut der Igel? Kein Eisschrank. Also geht er vor Wut wieder in die Falle."

Bei diesem Stand meiner Überlegungen holte ich Milch und Hackfleisch, stellte es dem Igel vor die Kiste und verließ ihn. Am nächsten Morgen, als ich wiederkam, waren Milchteller und Fleischbrett leer. Na bitte.

Aber das wollte ich eigentlich gar nicht erzählen. Ich bin nämlich nicht sicher, ob der Blasendruck bei einem Winterschläfer tatsächlich als wissenschaftlich anerkannter Wecker funktioniert, wenn ich auch in einem zoologischen Buch diese Vermutung ausgesprochen fand, freilich vornehmer ausgedrückt, als ich die Sache erzählt habe. Aber eigentlich wollte ich von einem anderen Wecker

erzählen, der mit Sicherheit funktioniert: von jenem Temperaturregler nämlich, von dem wir vorhin schon sprachen.
Ich wäre wohl zu diesem Experiment bereit gewesen, denn mein Vertrauen in die Wissenschaft ist groß, doch meine Frau drohte mir die Scheidung an für den Fall, daß ich grausam genug sein sollte, unseren armen, von Blasendruck und Hunger ohnehin schon geplagten Igel nun auch noch nachts ins Freie zu stellen, wo mittlerweile Temperaturen von weniger als null Grad herrschten. Und also kann ich nur berichten, was die Forscher durch Experimente als sicher festgestellt haben: daß nämlich die Winterschläfer, wenn ihre Körpertemperatur die tödliche Null-Grad-Grenze zu erreichen droht, die Atmung beschleunigen, also ihren inneren Ofen anlaufen lassen. Das bewirkt das Wachmacherhormon Adrenalin aus dem Mark der Nebenniere. Auch dem Menschen, der unter Einfluß dieses Hormons erschrickt, wird plötzlich heiß. Die Tiere müssen dabei nicht unbedingt wach werden. Sie produzieren nur eben genug Wärme, um mit der fallenden Außentemperatur fertig werden zu können. Nur wenn es ganz schlimm kommt, wenn der Ofen zu stark angeheizt werden muß, dann erwachen die Tiere, um notfalls ein geschützteres Schlafquartier und wohl auch Nahrung suchen zu können. Und so hat man die meisten schon mitten im Winter draußen herumlaufen oder -fliegen sehen: den Hamster, den Igel, den Siebenschläfer, die Fledermaus.
Das Anlaufen des Ofens kann man sogar sehen. Wenn man einen Winterschläfer in eine warme Stube bringt, dann dauert es nicht lange, und das Tier beginnt zu zittern, die Muskeln fangen an, wie in Krämpfen zu zucken — es wird Wärme produziert. Maikäfer machen ja etwas Ähnliches, wenn sie vor dem Abflug die Flügel sozusagen im Leerlauf schwirren lassen, um den Muskelmotor warm zu bekommen für den eigentlichen Flug.
Das widernatürliche Erwachen der Winterschläfer geht sehr rasch vor sich. Bei einem Ziesel hat man es genau gemessen, mit Fieberthermometer im Maul. Nach 35 Minuten waren aus anfänglich acht 150 Atemzüge in der Minute geworden, aus 28 Herzschlägen 375 und aus sieben Grad Körpertemperatur 27. Der innere Ofen des Tieres brannte lichterloh. Und er schaltete prompt wieder ab, als man das Ziesel in die Kälte seines Schlafraumes zurückbrachte.

Nun sind ja beileibe nicht alle Tiere Warmblüter; es gibt da noch die riesig große Gruppe der sogenannten Wechselwarmen. Für sie alle ist es nichts Neues, nichts Außergewöhnliches, daß sich ihre Körpertemperatur der Außentemperatur anpaßt. Eine Giftschlange ist am gefährlichsten, wenn man ihr frühmorgens zu nahe kommt, zu einer Zeit, da sie im wahrsten Sinne des Wortes noch die Kühle der Nacht im Blut hat, also schwerfällig ist und sich

in ihrer Bewegungsfreiheit gehemmt fühlt. Da greift sie aus Angst leicht an, während sie nach dem morgendlichen Sonnenbad auf einem wärmenden Stein dem Menschen gern aus dem Weg geht.
Ich bin im Tessin, in der Südschweiz, in einer Schlangenfarm einmal schlotternd vor Angst in ein großes Frei-Terrarium gestiegen, in dem Dutzende von giftigen Vipern gefangengehalten wurden. Die Frau, die die Farm leitet und die mit diesen Viechern so lässig umgeht wie andere Damen bloß mit einer Handtasche aus ihnen, lachte mich aus: ob ich nicht wüßte, daß Schlangen vor der Erschütterung, die der menschliche Fuß auf der Erde auslöst, fliehen, wenn sie nur irgend können? Und tatsächlich: Zwischen dem niedrigen Gestrüpp, das den Boden des Terrariums bedeckte, konnte man sehen, wie sich die Schlangen drei, vier Meter vor meinen Füßen nach rechts und links teilten wie die Wogen des Roten Meeres vor dem Stab des Moses, als er sein Volk Israel aus Ägypten führte.
Madame Cetti, die Schlangenbändigerin, war klug genug, mir die Spritze mit dem Gegengift, die sie stets im Haus bereithält, erst hinterher zu zeigen.

Daß sich der Maikäfer vor dem Abflug aufheizt, sagte ich schon. Schmetterlinge machen es nicht anders. Wenn ein Wolfsmilchschwärmer seine Flügel im Leerlauf schwirren läßt, erwärmt er sich sehr rasch von neun auf 34 Grad. Der Schnellschwimmer Thunfisch hält seine Körpertemperatur durch das Spiel seiner Muskeln zehn Grad über der Temperatur des Wassers. Es ist klar, daß Tiere, die so wenig auf die Temperatur ihrer Umgebung achten müssen, es auch im Winter leichter haben als die Warmblüter. Und so gibt es da denn auch ganz erstaunliche Sachen. Ein Röhrenwurm holt sich selbst bei minus 270 Grad (die nicht mal der Südpol fertigbringt) noch keinen Körperdefekt, geschweige den Tod. Stechmücken werden spielend mit 40 Frostgraden fertig, einige Raupen überleben 20 Grad minus, eine Schildkröte fünf. Frösche und Eidechsen sind empfindlicher, und auch die Fische suchen tiefes Wasser auf, das eisfrei bleibt. Unsere Schnecken mauern im Winter ihr Haus regelrecht zu, indem sie es mit einem Deckel aus Kalk verschließen, den sie durch Drüsen absondern. Es ist nicht schwer, sich das im Winter anzusehen, denn man findet auf Spaziergängen immer wieder einmal eine in Winterstarre verfallene Schnecke.
Und dabei ist das Stichwort für die Überwinterung der wechselwarmen Tiere gefallen: Sie halten keinen Winterschlaf, sondern sie verfallen, wenn sie nicht wie viele Fische und einige Insekten wach und aktiv bleiben, in eine Winterstarre, in der das Leben nur mit ganz, ganz kleiner Flamme brennt.

Doch wird es langsam Zeit, daß wir wieder nach meinem Igel schauen. Es passierte nichts Aufregendes mehr. Alle zwei bis drei Wochen kam er zu sich, und wenn ich einen kleinen See im Keller fand, wußte ich, daß es wieder Zeit für Speis und Trank war. Ich stellte ihm Milch und Fleisch hin, er fraß davon, mal mehr, mal weniger, und ging wieder schlafen. Der Winter sorgte dafür, daß mein Keller die richtigen acht bis zehn Grad Temperatur behielt.

Dann kam der März und mit ihm die Sonne. Es war Zeit für den Igel, aufzustehen. Ich holte ihn aus dem Keller, brachte ihn samt Kiste in die etwas wärmere Garage, wo ihn auch schon mal die Sonne traf, und eines Nachts dann hörte ich mit großer Befriedigung die Weinflasche wieder rollen, die ich ihm zum Signalgeben hingestellt hatte. Der Igel war wach und munter. Ich hatte ihn gut durch den Winter gebracht und war sehr stolz auf mich.

Meine Freude bekam jedoch einen erheblichen Dämpfer, als ich dem Igel guten Morgen wünschen wollte. Er rollte sich sofort zusammen und stieß bösartige Zischlaute aus. Jede Vertrautheit, die er mir früher bewiesen hatte, war verschwunden. Er spielte wieder den wilden unrasierten Mann. Es beruhigte mich einigermaßen, in den klugen Büchern, die ich zu Rate zog, zu lesen, daß ein Verwildern der Tiere im Winterschlaf gar nicht so selten beobachtet werde. Das feindselige Benehmen meines Igels richtete sich also nicht gegen mich persönlich. Und schließlich mußte ich meiner Frau widerwillig recht geben, die an diesem Verhalten des Igels nichts Merkwürdiges fand; sie meinte, auch sie sei es gewöhnt, morgens aus einem unrasierten Gesicht heraus angeknurrt zu werden.

Beleidigt nahm ich meinen ebenfalls beleidigten Igel, wickelte ihn wieder in meinen alten Pullover, rief meinen Hund und trug den Stachelfritzen wieder dorthin, wo wir ihn hergeholt hatten: in die Gärten am Stuttgarter Frauenkopf.

Ein Buch, das auf Spannung hält, bringt mindestens eine Leiche. Und so wird denn auch in diesem Kapitel sehr viel gestorben: Moos erwürgt Bäume, Wasser vergiftet Bakterien, Sonnentau frißt Insekten. Der Tatort, das Hochmoor, ist eine Reise wert.

Ich wüßte einen Reisetip, der eine Fahrt bis halb an den Nordpol erspart. Dort oben, im hohen Norden, an der Küste des Eismeers, weit jenseits der Grenze, bis zu der noch ein richtiger Baum gedeihen kann, kümmert das pflanzliche Leben in Form von Zwergsträuchern, krüppligen Bäumen, Moosen und Flechten dahin. Hier scheint die Natur nicht leben und nicht sterben zu können. Die höheren Tiere halten sich heraus, und man könnte meinen, daß selbst die Vögel sich nicht trauen, in solcher Öde laut zu singen. In einem Trauerhaus macht man keinen Spektakel, und Trauer, so kommt es dem Menschen vor, ist die Grundstimmung der Tundra, wie man diese Landschaftsform nennt.

Daß eine solche arktische Pflanzenwelt im Schwarzwald zu besichtigen sei, nicht nachgemacht in einem Museum, sondern höchst lebendig, selber wachsend, sozusagen in Natur vorkommend, will niemand recht glauben. Freilich, in der Größe kann sich dieses Schaustück nicht mit den riesigen Weiten der Eismeertundra messen, und wer nicht Bescheid weiß oder nicht aufpaßt, der kann leicht an diesem Unikum von Schwarzwaldflora vorbeispazieren.

Östlich von Baden-Baden liegt Wildbad. Und ungefähr in der Mitte zwischen diesen beiden berühmten Badeorten, lediglich ein bißchen weiter südlich, liegt der Ort Kaltenbronn. Er heißt auch das „badische Jägerhaus", weil er das Herz eines der besten Hirschreviere ist, die wir noch haben. Sehr berühmte Leute haben in dieser Staatsjagd schon ihren kapitalen Hirsch geschossen, freilich auf Kosten des Waldes, der unter dem früher viel zu hohen Wildbestand erheblich litt, und es ist etwas daran an dem bösen Wort vom Rothirsch, der die vornehmste Art der Bestechung in Politik und Wirtschaft sei.

In Kaltenbronn also steigt man aus dem Bus oder aus dem Auto und macht sich auf zu einer Wanderung nach Klein-Arktis. Man hat nicht mehr als eine gute halbe Stunde zu gehen, in nordöstlicher Richtung, immer einem ordentlichen Weg und einem Schild nach, auf dem der Name Wildsee steht. Zuerst geht es an Waldwiesen entlang und an einem Gatter, hinter dem man echte badische Hirsche in Staatspension besichtigen kann. Dann kommt der Wald, aber er ist hier licht und hochstämmig, von Sonne durchflutet — wenn sie scheint. Nichts deutet darauf hin, daß sich die Landschaft alsbald radikal und auf den Meter bestimmbar ändern wird. Der Hochwald hört auf, urplötzlich,

obwohl nie eine Axt an ihn rührte. Eine dem Uneingeweihten nicht erkennbare Macht hat ihm das Leben entzogen. Die Vegetation, eben noch kraftvoll und in den Himmel strebend, vegetiert plötzlich nur noch vor sich hin und duckt sich an den Boden.
Wir sind im Wildseemoor.

Es ist schwer, diese Landschaft zu beschreiben. Eindringliche Schilderungen finden sich noch am ehesten in den Geographiebüchern des vorigen Jahrhunderts. Da heißt es so: „Der wilde See, ein See auf hohem Gebirg, in einer merkwürdig scheußlichen Gegend, an der Badenschen Grenze, liegt auf einer ziemlichen Ebene, die kahl und traurig ist, ohne Leben, nur Moos und Torf findet man hier; ein See ohne Fische, eine Luft ohne Vögel, eine Erde ohne Gewächs, eine Gegend ohne lebendiges Wesen, eine todte, erstarrte Natur, wie man sie nur in Norwegen finden sollte."
Nicht alles stimmt an dieser Schilderung, die von Scheu, ja, von Abscheu erfüllt ist. Scheußlich nämlich ist das Wildseemoor keineswegs, und weit sachlicher schon ist eine etwas spätere Beschreibung, in der es heißt: „Einen eigentümlichen, melancholischen Zug in der Landschaft der Schwarzwaldhöhen bilden die Hochseen, wie der ‚wilde See' zwischen Wildbad und Gernsbach; eine unheimliche, beinahe todte Natur umgibt diesen braunen, mit Moor- und Torfgründen umsäumten See, der mit unbewegtem Wasserspiegel auf der weitgedehnten Hochebene sich ausbreitet und in dessen Nähe aus der filzigen Moosdecke vereinzelt Legforchen ein kümmerliches Fortkommen sich erzwingen und graue, kranke, entnadelte Forchen wie Gerippe gespensterartig auftauchen."
Und an einer anderen Stelle liest man: „Oben zeigt sich das Gebirge mit undurchdringlichen, von Legforchen, Farnkräutern und Sumpfheidelbeeren bewachsenen Sümpfen und Mooren bedeckt und ist mit riesenhaften Trümmerfelsen ganz übersät. Da liegen die von Nixensagen umwobenen wilden Seen, mit schwarzem trägflutendem, fischleerem Wasser. Oft deckt sie tagelang dichtester Nebel, wenn aber die Gewölke zerreißen, so bieten sich ringshin prachtvollste Fernsichten."
Dieser wilde See, der, nüchtern betrachtet, nichts anderes als eine riesige Regenpfütze ist, ein großer Teich eigentlich mehr als ein See, heißt auf den Karten mal Wildsee und mal Hornsee — Hornsee nach dem benachbarten 910 Meter hohen Hornberg. Der Name Wildsee ist im Württembergischen jedoch geläufiger, und bei ihm wollen wir bleiben. Eine Regenpfütze ist er, sagte ich. Keine Quelle speist ihn, kein Fluß fließt in ihn hinein oder aus ihm heraus. Also muß es in dieser Gegend wohl ganz hübsch regnen, und das tut es denn auch. Der gesamte Schwarzwald ist ja schon nicht gerade nieder-

schlagsarm, sehr zum Kummer des Fremdenverkehrs, doch wäre dieser Wald ohne den Regen eben nicht, was er ist: eine, wie die Fachleute sagen, ozeanisch getönte Klimainsel von großer Heilkraft.
Was jedoch auf das Wildseemoor an Regen niedergeht, davon kann man sich erst eine Vorstellung machen, wenn man einen ausgezeichneten Kenner dieses Gebiets zitiert, Friedrich Fick aus Höfen an der Enz, dem ich für manche Auskunft Dank schulde. Er schreibt: „Auf die gesamte Moorfläche fallen — im Durchschnitt gesehen — jeden zweiten Tag nicht weniger als fünfzehn Millionen Liter oder fünfzehntausend Kubikmeter Wasser. Denkt man sich diese Wassermenge auf Zweispännerwagen mit je zwanzig Hektoliter verfrachtet, so ergibt das eine Wagenreihe von 45 Kilometer Länge, die, entlang der Bahnlinie aufgestellt, von Wildbad bis Vaihingen an der Enz reichen würde. Eine Wagenreihe von wahrhaft erstaunlicher Länge aber ergibt sich, wenn man den gesamten auf das Moor fallenden Jahresniederschlag auf diese Weise veranschaulicht. Der europäische Raum erweist sich für die Unterbringung unserer gedachten Wasserwagen dann schon als viel zu eng: Mit achttausend Kilometer Länge würde die Wagenreihe in Luftlinie von Wildbad bis Tomsk, also tief in die Weiten Sibiriens hinein vorstoßen. Durch dieses Bild wird der ungeheure Regenreichtum des Moorgebiets erst ins richtige Licht gerückt."

Das Wildseemoor ist ein Hochmoor. Natürlich, wird man sagen, wenn man auf der Karte gesehen hat, daß es um neunhundert Meter hoch liegt. Aber wer so denkt, der denkt falsch. Der Name Hochmoor hat mit der Höhenlage, also mit der Vorstellung, es müsse hoch in den Bergen liegen, überhaupt nichts zu tun. Ein Hochmoor kann durchaus im Flachland liegen, denn das Beiwort „hoch" in seinem Namen bezieht sich nicht auf den Meeresspiegel, von dem aus die Berge gemessen werden, sondern auf den Grundwasserspiegel in der Erde. Ein Niedermoor erhebt sich nicht über den Grundwasserspiegel hinaus. Ein Hochmoor dagegen wölbt sich wie das Glas einer Uhr von den Rändern zur Mitte hin in die Höhe, weit über den Grundwasserspiegel hinaus, und so ist denn auch das Wildseemoor fast kreisrund und in seiner Mitte, dort, wo der See liegt, am höchsten, nämlich 913 Meter. Es mißt zwei Kilometer im Durchmesser, und seine Außenränder fallen bis auf 883 Meter ab.
Ein Hochmoor fällt vom Himmel. Beinahe kann man's so sagen, wenn man an die Vorbedingung denkt: den vielen Regen nämlich, der nötig ist, damit es zur Moorbildung kommen kann. Aber das allein reicht noch nicht aus, denn Moor ist ja nicht gleich Morast. Moor ist nicht etwa Erde, die von dauerndem Regen aufgeweicht wurde. Wäre das so, dann hätte jede Bau-

stelle ein echtes Moor um sich herum, dann brauchte man, um diese Naturerscheinung zu studieren, nicht bis in den Schwarzwald zu fahren.

Moor ist nicht nur im Lautbild mit dem Wort Moos verwandt. Erst das Moos macht das Moor möglich, und zwar eine ganz bestimmte Sorte Moos. Es ist das Bleichmoos — eine aus drei Dutzend Verwandten bestehende Sippe, die dort, wo sie erst einmal Fuß gefaßt hat, den stärksten Baum ermordet. Das fängt ganz harmlos an. Die Pflänzchen tun sich zu kleinen, maulwurfsartigen Hügeln zusammen, die man Bulten nennt. Ihre Farbe ist blaßgrün, und trocknet man sie aus, erbleichen sie mehr und mehr. Sie sind saugfähig wie ein Schwamm. Sie vertragen eine unheimliche Menge Wasser. Das Zwanzig- bis Fünfzigfache ihres Trockengewichts können sie in sich aufnehmen. Man kann ihnen zuschauen dabei. Stellt man ein total ausgetrocknetes Bleichmoos mit dem unteren Ende in ein Wassergefäß, dann sieht man es gierig trinken, bis ihm das Wasser im wahrsten Sinne des Wortes zu Kopfe steigt. Schwer von Wasser, knickt der Kopf ab und läßt die Flüssigkeit wieder abfließen. Der Kreislauf ist perfekt: Bei anhaltender Nässe geht das überschüssige Wasser durch das Moos hindurch in den Boden. Bei Trockenheit wird es vom Moos aus dem Boden in die Höhe gesaugt.

Von der Brust abwärts — wenn ich so sagen darf — ist das Bleichmoos tot. Nur die oberen paar Zentimeter leben. Das tote Bleichmoos ist der Torf. Torf — das ist also nichts anderes als abgestorbene Pflanzen. Humusgestein, wie man es auch genannt hat.

Gut. Aber warum verfaulen diese toten Pflanzenteile nicht? In jedem anderen Boden sterben doch auch Pflanzen. Dort bilden sie aber keinen Torf. Dort verfaulen sie schlicht, lösen sich auf in Nichts, werden wieder zu Erde.

Zum Faulen gehören Bakterien. Das sind üble, mikroskopisch kleine Burschen, die man mit bloßem Auge nicht sehen kann, die man nicht hören, nicht riechen kann, die alles zersetzen, was ihnen in die Quere kommt. Sie machen die Milch zum Käse, die Hefe zum Bier. die Traube zum Wein, den Zahn zum Loch, den Kadaver zum Aas. Von ihnen wird man krank, und wenn die Ärzte sich ihrer bemächtigen, wird man durch sie auch wieder gesund. Ihre Zahl ist ungeheuer — ja ungeheuerlich. Eine einzige Bakterie kann in 24 Stunden mehrere Millionen Bakterienkinder kriegen. Sie leben in der Erde, im Wasser und in der Luft. Sie leben sogar im Erdöl. Nur in einem Bereich leben sie nicht: im Hochmoor.

Während die Torfmoose üppig in die Breite schießen und sich mit ihren Pflänzchen zu buckligen Teppichen verfilzen, scheiden sie Humussäuren ins Wasser aus, und diese Säuren sind für die meisten pflanzlichen Lebewesen das pure Gift. Nicht einmal die allesfressende Bakterie kann in solchem Wasser leben. Und so wächst der Torf, von keiner Faulheit angekränkelt, fleißig zu meterhohen Schichten an. Die jährliche Wachstumsrate beträgt einen Zentimeter.

Der Wildsee hat drei Meter Wassertiefe. Dann kommt eine Schlammschicht von einem Meter. Und dann kommen zwei Meter Torf. Und dann kommt Stein, Buntsandstein, auf dem das alles einmal begann. In irgendsoeiner Steinmulde sammelte sich das reichliche Regenwasser. Bleichmoossporen kamen dahergeflogen, siedelten sich an, fühlten sich pudelnaß und also pudelwohl, wuchsen zueinander, in die Breite, in die Höhe. Mit der Säure, die sie ausschieden, hielten sie sich nicht nur jede mitessende Pflanzenkonkurrenz vom Leib, sondern bewahrten das, was von ihnen starb, auch noch vor dem Verfaulen. So wächst das Moor in die Höhe. Nur ein stark geneigter Berghang kann ihm in seinem Drang auch zur Breite Halt gebieten, denn an einem abfallenden Hang, da kann das Moor das lebenswichtige Wasser nicht halten — es fließt ihm davon.

So sind die scharf umrissenen Grenzen der Hochmoore erklärbar, und daß sie fast immer kreisrund sind, hat seinen Grund im gleichmäßigen Wachsen des Torfmooses von der Mitte aus, wo alles begann, zu den Rändern hin. Und auch die Wölbung der Hochmoore nach Art eines Uhrglases findet so ihre Erklärung: In der Mitte ist die Verdunstung des Wassers am geringsten; da können die Moose am kräftigsten wachsen, sich aufwölben, verbreitern.

Aber wo das Leben am stärksten pulst, da ist auch der Tod am nächsten. So stark ist die Durchnässung des Mooses in der Mitte des Hochmoors, daß die mörderischen Pflanzen schließlich selber darin umkommen; irgendwann können sie das Wasser nicht mehr abgeben; sie ertrinken. Eine Mulde bildet sich, ein Kolk, wie man ein solches Loch nennt, und dieser Kolk füllt sich mehr und mehr mit Regenwasser; der Untergrund aus Torf weicht auf zu breiigem Schlamm, und wer messend eine Stange hineinsticht, der meint, der Kolk sei grundlos. Sein Wasser ist braun gefärbt wie abgestandener Tee, und kein Fisch kann in ihm leben, keine Pflanze in ihm gedeihen. Ein Reiskorn müßte darin umkommen wie in destilliertem Wasser, das ebenfalls keinerlei Nährstoffe in sich hat. So entstand der Wildsee, der größte Kolk, den wir in Deutschland haben — eine große tote Regenpfütze, die so traurig anzuschauen ist, daß der Himmel immer wieder in dicke Tränen ausbricht.

Ein blaues Lackmuspapier reagiert sehr empfindlich auf Säuren, indem es sich rot färbt. Hält man es an ein nasses Bleichmoos, wird das blaue Papier im Nu erröten. Es gibt nur wenige Pflanzen, die diesem Giftwasser und seiner Nährstoffarmut gewachsen sind. Und diese Überlebenden greifen sich ihre Nahrung nicht selten aus der Luft. Eine ganz Schlaue unter ihnen hat sich sogar aufs Fleischfressen verlegt. Ich meine den Sonnentau, der im Hochmoor, besonders an den Rändern, seine Heimat hat.

Er ist eine zierliche Rosettpflanze mit löffelartig runden Blättern. Sie wächst mitten zwischen dem Torfmoos, in einer durch und durch sterilen Umgebung. Ihre Wurzeln sitzen auf dem Torf, der Leichenschicht des Mooses, und das Wasser ringsum ist übersäuert, giftig. Aber das stört den Sonnentau wenig. Was ihn am Leben erhält, das ist seine Kunst, Fliegen zu fangen.

Jedes Blatt des Sonnentaus — er hat an die sechs — ist mit etwa 200 haarfeinen Fingern besetzt. Tentakel nennt man sie. An ihrem Ende sondern sie je einen Schleimtropfen ab, der in der Sonne glitzert wie Tau. Daher der Name. Wird nun ein Insekt von diesem trügerischen Tau angezogen und landet auf dem Blatt, so klebt es augenblicklich fest, und schon fangen die Finger allesamt an, sich über dem genarrten Opfer zu krümmen. Der Schleim verklebt dem Tierchen alle Atemlöcher, und es muß ersticken. Besonders diabolisch an der Sache ist, daß das Einkrümmen der Finger erst ausgelöst wird durch das Flattern des Insekts, das freizukommen versucht, und manchmal rollt sich sogar auch noch das Blatt über dem Opfer ein.

Dann beginnt die Verdauung der Beute. Und mitunter dauert das ein paar Tage. Die Drüsen des Sonnentaus scheiden jetzt einen Verdauungssaft aus, der an Schärfe dem der Raubvögel nicht nachsteht. Das Insekt wird aufgelöst wie der Würfelzucker im Kaffee und von den Fingern in die Pflanze hineingesaugt, in deren Bauch, wenn man das so nennen darf, danach richtige Fettkügelchen festzustellen sind. Oben auf dem Blatt, auf dem Teller also, bleiben nur die unverdaulichen Reste zurück. Teile des Chitinpanzers etwa, den viele Insekten tragen. Ja, und dann kommt der Regen und besorgt das Geschäft des Abwaschens ...

Das alles ist schon erstaunlich genug. Es kommt aber noch viel besser. Ich möchte raten, vom Wurstfrühstück, das man auf die Wanderung mitgenommen hat, einen winzigen, fleischigen Brocken aufzuheben. Stößt man nun auf einen hungrigen Sonnentau, so sollte man ihm die Wurst anbieten indem man den Brocken auf eins der Blätter legt. Die Finger werden sich zwar krümmen, aber sie werden das weit langsamer, ich möchte fast sagen: lustloser tun als über einer lebendigen Fliege.

Das sagt ziemlich genau zweierlei: erstens ist der Pflanze Frischfleisch lieber. Zweitens: da die Wurst nicht zappelt und nicht entweichen will, haben die Finger mit dem Zugreifen keine Eile. Heftige Berührungsreize sind also wirksamer.

Um den Aufenthalt im Moor so kurzweilig wie möglich zu machen, sollte man mit dem Sonnentau, sofern man einen findet, noch einen anderen Versuch machen. Man nehme eine Grashalmspitze oder ein winziges Stückchen Holz und lege es auf eines der Blätter. Zwar werden die Finger sich einkrümmen, aber nicht lange drauf sich entrüstet wieder aufrichten — man kann sie nicht bemogeln. Und eine chemische Untersuchung des Sekrets an den Enden der Finger würde zeigen, daß der Sonnentau nicht, wie bei einer gefangenen Fliege, Verdauungssäfte ausgeschieden hat. Es klebt lediglich der Fangschleim dran. Die Pflanze weiß also, wann es sich lohnt, den Magen in Betrieb zu setzen, und wann nicht.

Daß ein Gramm ein Gewicht ist, das der Mensch überhaupt nicht verspürt, wenn man es ihm auf die Hand legt, das weiß man. Und deshalb sind wir schon gar nicht in der Lage, uns vorzustellen, wie schwer, ober besser: wie leicht 0,000 822 Gramm sind. Das ist das Gewicht eines Kopfhaarstückchens, aber der Sonnentau reagierte sofort mit Einkrümmen der Finger, als man ihm dieses Haarstückchen auflegte.

Die Alchimisten, die Goldmacher des Mittelalters, waren der Meinung, der glitzernde Fangschleim des Sonnentaus sei der Stoff, der ihnen zur Herstellung des Goldes gerade noch fehlen würde. Und vor nicht langer Zeit soll die seltsame Pflanze in hinterwäldlerischen Moorgegenden als Amulett gegen Zahnweh, Wahnsinn und schwere Geburt getragen worden sein.

Mit dem vergifteten Wasser und dem Würgegriff des Bleichmooses sind aber noch lange nicht alle Feinde aufgezählt, die den anspruchsvolleren Pflanzen, den Bäumen voran, das Leben schwer, ja unmöglich machen. Nicht von ungefähr halten sich im Hochmoor in erster Linie Gewächse, die in den Eismeerregionen heimisch sind, denn ein kälteres Bett als das Hochmoor läßt sich schwerlich denken. Nur zwanzig Zentimeter unter der Mooroberfläche maß man an einem Herbsttag 22 Grad weniger als oben. In den Alpen muß man über 1500 Meter hoch steigen, wenn man Bodentemperaturen finden will, wie sie im Wildseemoor gang und gäbe sind. Das Eis hält sich hier bis weit in den Mai hinein.

Aber auch an der Oberfläche schon sind die Temperaturschwankungen enorm. Steckt man im Hochsommer ein Thermometer in ein Moospolster, so kann die Quecksilbersäule leicht auf dreißig Grad ansteigen. Läßt man das Thermometer stecken und hat man den Mut, nachts in diese einsame, wilde Gegend zurückzukehren, so kann es durchaus sein, daß das Thermometer null Grad anzeigt. Der mit Wasser übersättigte Moorboden kann eben keine Wärme speichern, und nachts setzt dann die Verdunstungskälte ein.

So sieht das Rückzugsgebiet aus, in dem sich arktische Pflanzen bei uns eine Bleibe bewahrt haben — Pflanzen, die in der Eiszeit vom nordischen Inlandeis nach hier verdrängt wurden.

Diese Pflanzen haben wegen des kümmerlichen Daseins, das sie fristen müssen, auch merkwürdige Lebensgewohnheiten angenommen. Wer nicht viel auf einmal fressen kann, der muß eben wenig über eine lange Zeit hinweg zu

sich nehmen. Pflanzen in reichem Boden sammeln in der schönen Jahreszeit die Kräfte, mit denen sie ruhend den Winter überstehen. Die Hochmoorpflanzen können sich eine solche dauernde Winterruhe nicht leisten; sie müssen, solange Schnee und Eis sie nicht daran hindern, durch die Wurzeln futtern, was der armselige Boden nur hergibt. Das Immergrün der Blätter herrscht vor; dicke Blatthäute und Wachsüberzüge wie bei der Blaubeere sind häufig. Die daraus resultierende mangelhafte Verdunstung, das Ausatmen, wird ausgeglichen durch einen ungeheuren Blattreichtum. An einer einzigen Heidekrautpflanze zählte man 75 000 Blätter.
Auch der Sauerstoff, den wir zum Leben so nötig brauchen wie die Pflanzen, ist knapp im Moorboden. Das Moos hält das Wasser fest, der Boden erstickt fast darunter, die Durchlüftung versagt, und so hat die Moorbirke zum Beispiel nicht selten Wurzeln, die über zwanzig Meter lang werden und nicht in die Tiefe gehen, sondern flach unter dem Boden entlangstreichen. Der Baum ist gezwungen, sich anzupassen oder zu sterben, also entwickelt er für die Wurzelatmung überdimensionale Lungen, die sich den Sauerstoff auch von weit her holen können.

Als ich den Wildsee das letztemal besuchte, setzte ich mich an seinem westlichen Ufer auf eine Baumleiche, die einen toten, weißgebleichten Ast dicht über dem Moorboden wie einen anklagenden Arm gegen das teebraune Wasser des Sees richtete. Achtet man darauf, so sieht man allenthalben solche Baumgerippe sich in den Himmel spießen. Wir Städter haben es ja verlernt, Zeugnisse vom Sterben in der Natur aus eigenem Wissen deuten und erklären zu können. Wir murmeln, wenn wir diese nackten, hautlosen Stümpfe sehen und nach ihrer Todesursache gefragt werden, verlegen etwas von Pilzkrankheit, von Sturm, von hohem Alter — und sind nie sicher, ob das auch wohl stimmen mag. Daß aber ein weiches Moos, ein Pflanzengebilde, das unter unserem Schuh demütig nachgibt, ein Moos, das uns Menschen als Inbegriff des Schmiegsamen, des Sanften gilt, daß ein solches Moos der heimtückische Mörder riesenhafter Bäume sein kann, das läuft unseren Vorstellungen von Ursache und Wirkung allzusehr zuwider; darauf kommen wir nicht. So zog ich denn einen Naturführer aus der Tasche und las nach über das Sterben der Bäume im Moor. Und der nüchtern-sachliche Text ließ nur zwischen den Zeilen die Dramatik eines Kampfes ahnen, der doppelt grausam ist, weil er lautlos vor sich geht.
„Die vermoosenden Waldbäume“, las ich da, „können durch ihre langen starken Wurzeln die nötigen Nährsalze aus dem tieferen Mineralgrund zunächst noch heraufholen. Aber sie bleiben doch schon in ihrer Entwicklung zurück. Je dichter die Moosdecke dann wird, desto schwieriger wird ihre Lage. Der

Waldboden wird durch die Bleichmoose immer mehr vernäßt und dadurch immer mehr von der Luft abgeschlossen. Die Sauerstoffarmut des Untergrundes nimmt zu. Bald kommt es für die Bäume zu Ernährungsstörungen. Das in den Bleichmoosen aufgespeicherte Wasser ist sauer und übt eine Giftwirkung aus. Dazu kommt noch eine Selbstvergiftung der Wurzeln, weil die Atmung bei mangelndem Sauerstoff Zwischenbildungen wie Ameisensäure hervorbringt. Die Wurzelspitzen sterben ab.“ An dieser Stelle bückte ich mich und riß ein Polster dieses tückischen Mooses aus. Es faßte sich lappig an wie nasse Watte. Unvorstellbar, daß dieses weiche, knochen- und zahnlose Gebilde mächtige Bäume morden sollte! Bäume, deren Holz lange nach ihrem Tode noch eisenhart ist ...

Ich las weiter: „Bald wölben sich die Bleichmoose zu polsterartigen Kissen auf, die sich wie ein Schwamm mit Wasser vollsaugen und die Luftzirkulation im Boden völlig unterbinden. Die Wurzeln ersticken. Die Bäume sterben ab. Die Zwerge der Pflanzenwelt besiegen durch ihre ungeheure Zahl die Mächtigen des Waldes. Noch stehen die Bäume in allen Altersstufen durcheinander, vom einjährigen Sämling bis zum ansehnlichen Baum. Nur eigentliche Riesen fehlen. Schon vor ihrer völligen Entwicklung erliegen sie. Darum finden wir ihre Leichen aus allen Lebensaltern. Zwischen den grünen Bäumen ragen überall die bleichen toten Stämme geisterhaft in die Luft. Bald sind noch Rinde und Zweige erhalten, bald Wipfel und Äste gebrochen, bald sind die in halber Höhe geknickten Strünke entrindet und gebleicht. Oft wieder liegen die Bäume der ganzen Länge nach auf dem Boden. Die zuletzt gestürzten sind noch ganz nackt und bloß und sperren den Weg durch das Dickicht. Die älteren sind teilweise von Bleichmoos überwachsen, so daß sie nur noch in den Rinnen zwischen den Moospolstern sichtbar sind. Andere sind ganz vom Moos begraben, so daß man sie erst erkennt, wenn sie beim Drauftreten krachend zerbrechen ...“

Ich steckte mein Buch wieder in die Tasche und machte mich nach Osten auf, um dort das eindrucksvollste Bild anzuschauen, das das Wildsee-Gebiet vom lautlosen Kampf des Moors gegen den Baum zu bieten hat: den Legforchenwald. Hier sieht man nicht den Tod der Bäume, hier glaubt man, ihr Sterben zu sehen, und das erschüttert weit mehr als das eigentliche Ende.

Der Legforchenwald im Osten des Wildseemoors ist der stärkste, wildeste Bestand dieser krüppligen Kiefer, den wir in Deutschland haben, und wer sich kletternd, fluchend, schwitzend durch das arm- und beindicke Gewirr der wie Schlangen am Boden kriechenden Bäume hindurchmüht, der weiß, wie sich ein Urwald anfühlt. Hier ist das Moor weitgehend trocken, und im Hochsommer verschlägt einem die wie mit Harz getränkte stickige Luft den Atem. Ein Verirren zwischen den sich wie im Schmerz windenden, aufbäumenden, an den Boden krallenden Baumkrüppeln ist stets möglich, und nicht selten klemmt man den Fuß zwischen den Stämmen ein, bricht man durch bis auf den Boden und läßt die eigene glatte Haut an der rissigen der Forchen zurück.

Diese Krüppel sind auch Greise, trotz ihres schmächtigen Umfangs. In einem Stamm von nur siebzehneinhalb Zentimeter Durchmesser, also einer Dicke, die zwei starke Männerhände umspannen können, wurden schon 152 Jahresringe gezählt. Die eigentlichen Zwerge dieser Bergkiefern, die Kuscheln, wachsen noch langsamer, denn sie stehen auf dem nassen Boden und also in vorderster Front im Kampf gegen das Moor. 115 Jahresringe fand man in einem Stämmchen, das noch keine fünf Zentimeter dick war. Selbst dreihundert Jahre sind in dieser beklemmenden Versammlung von Bäumen, die Zerrbilder ihrer Art sind, kein ungewöhnliches Alter.

Tritt man aber nur einen einzigen Meter aus diesem Jammerwald nach Osten heraus, so setzt wie mit einem Schlag wieder das volle Leben ein. Weißtannen und Kiefern voll strotzender Kraft streben geradleibig und ohne Verwachsungen in den Himmel. Saftiges Gras sprießt an den Waldrändern, und die Büsche zeigen das gewohnte, sich kugelrund entfaltende Bild. Das Moor ist zu Ende. Bunte Tafeln zeigen dem Wanderer den Weg in die freundliche Welt der Touristen und Badegäste im Wildbad.

Ich atmete ein bißchen auf und steckte mir das Hochmoor in Gestalt einer arktischen Rentierflechte erleichtert an den Hut ...

Es gibt in Deutschland eine Landschaft, die so selten und so interessant ist, daß man sie eingesperrt hält wie ein merkwürdiges Tier, und auch deshalb, damit der Mensch ihr nichts Schlimmeres antun kann, als sie zu besichtigen. Gemeint ist die Lüneburger Heide, jene sanft gebuckelte Gegend südlich von Hamburg, die von Schafen geschaffen, durch Kunstdünger fast zerstört und in Stuttgart gerettet wurde.

Das alles ist eine lange Geschichte, die ich nicht erzählen kann, ohne bei der Eiszeit anzufangen, denn bei der Eiszeit fängt so gut wie alles an, was mit unseren Landschaften zu tun hat. Das ging 600 000 Jahre vor unserer Zeitrechnung los und war 10 000 Jahre vor Christi Geburt zu Ende, auf ein paar Jahre hin oder her möchte ich mich nicht festlegen. So langsam, wie die Eiszeit vor sich ging, so harmlos fing auch alles an. Wenn es damals schon einen Wetterdienst gegeben hätte, so hätten unsere lieben Vorfahren, die in jener Zeit gerade anfingen, die Hände nicht nur zum Laufen, sondern auch zum Arbeiten und zum Essen zu benutzen, wohl erfahren, daß das Thermometer sank. Nicht sehr viel — zehn, zwölf Grad nur im Jahresmittel und verteilt über viele tausend Jahre; in einem Menschenalter wird man kaum etwas davon bemerkt haben. Es wurde halt im Sommer nicht mehr so richtig warm, und jeder Sommer geriet auch zu kurz, um den Schnee, der im Winter gefallen war, aufzutauen. Also blieb er liegen und verharschte. Firn nennt man, was dabei herauskommt. Und auf den Firnschnee fiel im nächsten Winter Neuschnee, und dieser Neuschnee konnte wieder nicht abtauen, weil auch der neue Sommer zu kalt und zu kurz war. Inzwischen war aus dem Firnschnee des vorigen Jahres Eis geworden, und so ging das Jahr für Jahr, Jahrzehnt für Jahrzehnt, Jahrhundert für Jahrhundert weiter.
Schließlich hielt es das allerunterste Eis unter dem gewaltigen Druck der darauf liegenden Schnee- und Eismassen nicht mehr aus — es fing an, nach Süden, talwärts zu wandern. Und damit entstand das, was wir heute einen Gletscher nennen. Es gibt diese Erscheinungen auch heute noch in den Alpen, den Rhônegletscher zum Beispiel und den Pasterzegletscher, aber das sind bei aller imponierenden Größe doch nur recht begrenzte Erscheinungen. Die Firngrenze, also die Grenze für den sozusagen altbackenen Schnee, diese Firngrenze liegt in den Alpen mit zweitausend Metern so hoch, daß sich keine weitverbreiteten Schneemassen sammeln können.
In der Eiszeit war das anders. Weil es überall kälter wurde, fielen in weiten Gebieten der Erde die Niederschläge als Schnee. Er häufte immer mächtigere Massen von Gletschereis auf, und die Gletscher begannen zu fließen. Sie über-

zogen Berg und Tal und quollen schließlich langsam, aber unaufhaltsam aus ihren Ursprungsgebieten hervor.

In den Alpen kamen sie aus den Firnbecken, die noch heute die großen Gletscher nähren. Das Eis folgte den Tälern, füllte sie aus und drang schließlich wie die Finger einer gespreizten Hand in das Vorland ein, wo diese gewaltige Eishand sich zu einer breiten Faust schloß.

Viel größer waren die Vereisungen in Nordeuropa. Sie lassen sich mit den gewaltigen Eisbildungen der Südpolgegend vergleichen, unter deren Eismassen ja auch ein alter Erdteil begraben liegt. Startpunkt der Eiswanderung in Nordeuropa waren die skandinavischen Hochgebirge, auf denen sich mit zunehmender Abkühlung kilometerdicke Eiskappen bildeten. Als geschlossene Front schob sich das Eis nach Süden vor, überquerte die Ostsee, füllte sie aus, vereinigte sich mit den Gletschern, die sich aus Nordirland und dem nördlichen Großbritannien heranschoben, und erreichte den Kontinent. Holland, Belgien, ganz Norddeutschland erstickten unter einem festen Eispanzer. In Deutschland setzten erst die Mittelgebirge dem Vorstoß ein Ende.

Als die Kälteperiode auf ihrem tiefsten Punkt angelangt war, reichte die geschlossene Eisdecke von Nordirland bis Sibirien, dreizehn Millionen Quadratkilometer groß und in ihrem Zentrum drei Kilometer dick. Auf dem Kölner Domplatz sah es aus wie am Südpol.

Vor der Eiswand lag eine breite Kältefront, eine polare Eis- und Kältewüste, die nur allmählich in eine armselige Krüppellandschaft überging. Unsere Mittelgebirge, vom Harz bis zur Schwäbischen Alb, waren nackt und tot, auf den Höhen des Schwarzwaldes lagen Gletscher. Die Temperaturen quälten sich selbst im Sommer kaum über null Grad. Der Boden war auf weite Strecken ständig gefroren und nur stellenweise mit Moosen und Zwergbirken bewachsen. Tiere und Pflanzen, die bis zum Beginn der Eiszeit in afrikanischer Wärme gelebt hatten, waren nach Süden ausgewichen — wo sich ihnen aber bald die vergletscherten Alpen wie eine Mauer entgegenstellten. In Nordamerika, wo die großen Gebirgszüge in Nord-Süd-Richtung angeordnet sind, war das Ausweichen einfacher, und so finden wir in den Vereinigten Staaten noch Pflanzen wie Magnolien, Hickory, Tulpenbaum und Schierlingstanne und auch Tiere, die bei uns damals erfroren sind. Mitteleuropa war bis zum Alpensüdrand baumlos. Die nördliche Waldgrenze lag in Südfrankreich. Unsere Nadelwälder wuchsen in Italien, und Laubbäume gab es nur noch in Südspanien, Sizilien und Griechenland.

Nun, die Gletscherberge haben sich längst verflüchtigt und ihre Reste in den Alpen fristen ein kümmerliches Dasein als Touristenattraktion. Was haben die Gletscher von vor 100 000 Jahren mit unserer Landschaft zu tun?

Gletscher fließen nicht nur, sie arbeiten auch, sie greifen bei ihrer Wanderung den Untergrund an, kratzen die Täler und Ebenen aus, schieben das lockere Erdreich vor sich her, zerschrammen das darunterliegende feste Gestein und schleifen alle Vorsprünge, Grate und Felsrücken ab, die sich ihnen in den Weg stellen. Verstärkt wird diese Wirkung durch eine Schicht von Schutt, Sand und Geröll, hart wie Beton, die mit dem Gletscher dahingleitet. Diese Schicht, unter ungeheurem Druck auf den Untergrund gepreßt, wirkt wie ein Schleifstein und erzeugt die berühmten Gletscherschliffe, gleichlaufende Kratzer im Fels. Tonnenschwere Gesteinsbrocken wurden von den Gletschern aus festem Untergrund herausgebrochen und mitgeschleppt. Denn all den Abraum — Gestein, Geröll und Sand — nimmt der Gletscher auf seiner Reise mit, über Hunderte von Kilometern. Die Findlinge aus Skandinavien, die schön abgeschliffen und poliert überall in Norddeutschland und besonders auch in der Lüneburger Heide herumliegen, erzählen von dieser langen Reise.

Wie schön wäre es, wenn es nur eine Eiszeit gegeben hätte — einmal hin, einmal zurück. Dann könnten wir alle Erscheinungen noch heute wie in einem Bilderbuch betrachten. Leider ist das nicht so. Während der Eiszeit gab es einen ständigen Wechsel von Kälte- und Wärmeperioden, und die eiszeitlichen Ablagerungen liegen so wirr über-, unter- und durcheinander, daß es oft unmöglich ist, die einzelnen Erscheinungen auseinanderzuhalten.

Und was hat das alles mit den Landschaften zu tun, in denen wir die Ferien verbringen? Viel! Die Seen beispielsweise, in denen wir baden, sind fast ausnahmslos eiszeitlichen Ursprungs — im Alpenvorland wie in Oberitalien, in Finnland wie in der Holsteinischen Schweiz. Die schönen Alpentäler, die wir durchwandern, bekamen ihre heutige Form in der Eiszeit. Die Fjorde Norwegens, die Schären Schwedens, die Küsten Finnlands und die Förden Schleswig-Holsteins, ja, die ganze Ostsee verdankt ihre heutige Form der Gletscherzeit. Und auch die sanften, vom Eis aufgeschütteten Buckel der Heide, von denen ich schon sprach. Und damit sind wir wieder bei unserem eigentlichen Thema.

Eine Eisdecke, die bei Hamburg noch tausend Meter dick war, eine solche gewaltige Eisdecke schob Sand, Kies und Steine vor sich her und stauchte dieses ganze Geröll, das man Endmoräne nennt, an der Stirnseite hoch. Und da blieb es liegen, als das Eis dem Klimawechsel nachgab und wieder zurückwich. Die Zeit und das Wetter schliffen die Buckel rund und hinterließen sanfte Hügellandschaften, wie auch die Heide eine ist.

Das Land erholte sich langsam. Wald, und zwar ein lichter Eichen- und Birkenwald, bedeckte weithin nach der letzten Vereisung die sandigen Böden der nordwestdeutschen Tiefebene. Kiefern gab es darin nur vereinzelt. Dieser lichte Wald bildete für den vorzeitlichen Menschen kein Hindernis. Als er seßhaft und zum Bauern wurde, mußte der Wald den Feldern weichen. Zuerst waren es nur kleine Flächen, die aus dem Wald herausgebrannt wurden. Wichtig war aber auch, genügend Weideland für das Vieh zu haben. Weiden wie heute gab es aber nicht; also trieb man das Vieh in den Wald. Es fraß das Laub und den Jungwuchs der Bäume. So konnte kein neuer Wald nachwachsen. Die alten Bäume brachte man auf eine einfache Art zum Sterben: Man ringelte sie, indem man die Rinde der Bäume so einschnitt, daß der Saftstrom unterbrochen wurde. Die Bäume starben ab, der Wald wurde immer lichter. So verwandelte sich der Urwald allmählich in einen riesigen Park.

Aus diesem stetigen Baumsterben zog eine Pflanze ihre Lebenskraft, die keinen Schatten vertragen kann, das Heidekraut, das genaugenommen kein Kraut ist, sondern ein Zwergstrauch mit holzigen Stengeln. Doch lassen wir ihm ruhig den alten falschen Namen. Überall breitete das Heidekraut sich aus. Bald fielen auch die letzten großen Bäume. Man brauchte Holz zum Bau von Schiffen und, in Lüneburg, zum Versieden von Salz. Ganze Hochwälder verbrauchten die Lüneburger jährlich. Sie pumpten eine salzhaltige Quelle ab und ließen auf riesigen Pfannen über großen Feuern das Wasser verdampfen.

Bad war nur noch eine kahle Landschaft übrig, die durchsetzt war mit einzelnen Waldinseln für das Bauholz, das man überall in den großen Fachwerkhäusern der Heide verarbeitet findet. „Sunder“ nannte man diese Wälder, eine Bezeichnung, die sich immer wieder auf Karten findet. Die Sunder waren gesperrt für das Vieh und durch einen großen Graben geschützt. Auch diese Gräben um die Wälder sind heute noch zu erkennen.

Die Heide, die sich wie eine riesige Unkrautsteppe zwischen Hamburg und Hannover ausgebreitet hatte, zwang unseren Vorfahren eine bestimmte Wirtschaftsform auf. Neben wenigen Rindern hielt man hauptsächlich Schafe. Diese Tiere sind die Heidschnucken.

Schnucken, das bedeutet naschen. Die Heidschnucke sucht naschend ihre Nahrung. Sie verbeißt das Heidekraut, das sich dadurch wieder weiterverzweigt und reicher blüht. Nur dem stachligen Wacholder tut sie nichts. Die schönen Wacholderbüsche sind also nichts anderes als ein besonders arges Unkraut — mit den Augen eines Heidebauern gesehen. Ein guter Schäfer hatte immer eine kleine Schaufel an seinem Hirtenstab, mit der er eifrig die kleinen Wacholdersämlinge ausstach. Und er hatte auch einen Haken an dieser Schäferschaufel; mit diesem Haken zog er sich die Schafe an den Hammelbeinen heran, beispielsweise wenn er sie scheren wollte.

Die Schnucken sind für die Heide, was der Rasenmäher für den Gärtner ist. Hätten die Schafe nicht die Heide bearbeitet, sie wäre schon nach 25 Jahren ausgewachsen gewesen, verholzt und abgestorben. Die Heide würgt nämlich ihre eigene Art ab, denn das Polster, das sie bildet, ist so dick, daß die Heidesamen keinen nährenden Boden finden können. Auch trocknen diese Polster sehr schnell aus und töten so die Sämlinge ab.

Noch eine andere Bodenwirtschaftsform diente der Erhaltung und Verjüngung der Heide: Man schlug mit einer großen Hacke das Wurzelpolster vom Boden los. Das nannte man „plaggen". Die abgeschlagenen Wurzeln, die Plaggen, wanderten als Einstreu in den Stall — ein Stall, der nur einmal im Jahr ausgemistet wurde. Diese Heidestreu kam später als wertvoller Mist auf die Felder. Kunstdünger gab es noch nicht. Wollten die Bauern also ihre Felder vergrößern und fruchtbar halten, mußten sie mehr plaggen. Bis zu achtzig zweispännige Wagenladungen voll Heide im Jahr hatte ein Schäfer zu schlagen. Es war also damals schon nichts mit dem gemütlichen Strümpfestricken der Schäfer.

Die geplaggten Stellen wurden sofort wieder von der Heide erobert. In dem blanken Boden konnten nun endlich die Heidesamen aufgehen. Man rechnet, daß ein Quadratmeter Heide, wenn das Kraut gut geblüht hat, ungefähr drei Millionen Heidesamen hervorbringt. Nach zwanzig Jahren war das Polster wieder so dicht, daß man es erneut abschlagen konnte.

Wenn man bedenkt, daß diese Wirtschaftsform fast zweitausend Jahre bestanden hat, dann ist die Heide mindestens hundertmal schon geschlagen worden. Hundertmal wurde die fruchtbare obere Humusschicht abgetragen; hundertmal wurden die Stoffe, die die Heide mühsam in zwanzig Jahren dem Boden entrissen hatte, um selbst leben zu können, erst in den Stall und dann auf die Felder gebracht. So wurden auf Kosten des uralten Waldbodens die Felder viele hundert Jahre fruchtbar gehalten.

In diesen Kreislauf gehören auch die Bienen. In der Bronzezeit lieferten sie das Wachs für die Gußformen, in denen unsere Vorfahren ihren Schmuck und ihr Handwerksgerät herstellten. Zudem waren die Bienen die einzigen Zuckerhersteller. Voraussetzung für eine gute Bienenweide aber war wieder die Tätigkeit der Schnucken, die beim Fressen und Laufen dafür sorgten, daß alle Spinngewebe, die den Bienen gefährlich werden konnten, vernichtet wurden. Die Bienen bedankten sich, indem sie die Heideblüten befruchteten, die wieder die abgeplaggten Stellen besiedelten und den Schafen Nahrung gaben.

Erst als durch Justus Liebig der Kunstdünger auf den Markt kam, fiel dieses durch Jahrhunderte so fein aufeinander eingespielte Wirtschaftssystem auseinander. Jetzt brauchte man den Plaggenmist nicht mehr; es genügte der Düngersack. Plötzlich ging auch die etwas harte Schnuckenwolle nicht mehr. Die Importwolle aus Australien gab der Zucht der Heideschafe den Todesstoß. Damit war auch das Todesurteil über die großen Heideflächen gesprochen. Gab es vor hundert Jahren noch 750 000 Heidschnucken, so sind es heute vielleicht noch zwanzigtausend, die auf den Heideflächen des Naturschutzgebietes weiden. Und Kenner munkeln, daß in den Restaurants der Heide nicht jeder Schnuckenbraten auch von der Heidschnucke stammt. Es gebe da gewisse Rezepte . . .

Es ist etwas ganz und gar Ungewöhnliches: Das Schaf und die Ziege sind in allen Teilen der Welt verschrien und werden bekämpft als gefürchtete Feinde des Waldes. In der Lüneburger Heide aber ist das Schaf zum wichtigen Helfer des Naturschutzes geworden. Nur seine Zähne sind es, die den Baumbewuchs niederhalten. Wo die Heide sich selbst überlassen blieb, da wucherte bald der Wald hoch, warf Schatten über das Heidekraut und tötete es. So ist es dem weitaus größten Teil der Heide ergangen. Eine Karte des Gebiets um den Heidemittelpunkt Wilsede herum zeigt ganz deutlich, wie die letzten Heideflächen schon vom Wald eingekesselt sind. Und es ist nicht einmal ein sehr schöner, ursprünglicher Wald, der die Heide schluckte. Heute ist die Birke zum Problem geworden. Ich kenne an der Universität Göttingen den Genetiker Klaus Stern, der jetzt darüber nachsinnt, wie er durch genetische Manipulation die überhandnehmenden Heidebirken kastriert, unfruchtbar macht, um sie zurückzudrängen, ohne sie mit Chemie vergiften zu müssen.

Es gibt übrigens Beweise dafür, daß die Heide uraltes Bauland ist, und diese Beweise sind in jeder ihrer Kiesgruben zu besichtigen.

Ich muß zur Erklärung ein bißchen arg botanisch und geologisch werden. Es geht aber rasch vorüber. Also: Dieses Kräutchen mit dem lateinischen Namen *Calluna vulgaris*, zu deutsch die gemeine Besenheide, wie unsere Heide richtig heißt (und nicht Erica oder Glockenheide), dieses Kraut also hat die Eigenschaft, sich ein eigenes, recht dichtes Humuspolster zu bilden. Das wieder übt durch seine starke Humussäure auf den Untergrund eine „versauernde", also eine vergiftende Wirkung aus. Die Humussäure löst in den oberen Schichten alle Mineralien, also alles Steinerne auf. Es bleibt ein Bleichsand zurück, lauter helle Sandkörner, die durchsetzt sind mit dunklen Humusteilchen. So erklärt sich die helle, mausgraue Farbe der Heidewege.

Wenn das Heidepolster verschwunden ist, wie meistens auf stark begangenen Wegen, dann werden die feinen Humusteilchen frei, die sich so nachhaltig in Schuhen und Strümpfen einnisten. Die zersetzten und gelösten Bodenbestandteile werden nun mit dem Regenwasser tiefer in den Boden gespült, und in dreißig bis vierzig Zentimeter Tiefe verbinden sie sich dann mit dem Sand dort unten zu einer festen, oft steinharten Kruste. Dies ist dann der Ortstein oder die Orterde. Jede Kiesgrube, jeder tief ausgewaschene Weg in der Heide zeigt dieses Bild.

Nimmt man einen flachen, scharfen Stein und schabt damit senkrecht nach unten, dann bekommt man oft den Beweis, daß hier früher Wald gestanden hat: Die wie schwarze Blitze senkrecht nach unten gehenden Bodenverfärbungen im hellen Sand sind nichts anderes als die alten Pfahlwurzeln der Eichen, die von der Orterde ausgefüllt wurden.
Es ist nützlich, sich die Lebensstationen der Heide als Beispiel dafür einzuprägen, wie das Gesicht unserer Erde sich radikal verändern kann, auch wenn unser Leben zu kurz ist, es deutlich wahrzunehmen. Zählen wir die Stationen der Heide noch einmal auf: Vor der Eiszeit leben bei uns tropische Tiere und Pflanzen. Dann kommt die Eiswüste, die Schutt und Lehm zurückläßt. Das Land erholt sich. Wald keimt auf und wird dicht und dichter. Dann geht der Mensch her und brennt ihn für sein Vieh nieder und holzt ihn für seine Häuser ab. Heidekraut sprießt in die Lichtungen hinein. Immer mehr tritt der Wald durch Viehzucht und Holzeinschlag zurück. Immer mehr dehnt die Heide sich aus. Das Schaf hält sie jung. Aber dann kommt der Rückschlag. Der Mensch erfindet den Kunstdünger. Das Schaf und sein Naturdung werden nicht mehr gebraucht. Die Heide erstickt an sich selbst und geht zurück. Der Wald erobert sich sein altes Gebiet wieder. Der Mensch pflanzt neu, was er zerstörte. Erst die anspruchslose Kiefer. Sie verbessert den Boden allmählich, und schon können auch Laubbäume nachwachsen. Der Urzustand ist bald wiederhergestellt. Die nächste Eiszeit kann kommen, und es gibt nicht wenige Wissenschaftler, die voll Überzeugung sagen: Das Eis kommt bestimmt.

Aber noch gibt es ja die Heide, wenn auch nur noch, wie ich ja schon sagte, sorgsam hinter Verbotstafeln gehalten wie ein seltenes Tier. Daß es sie wenigstens in Resten noch gibt, das ist das Verdienst von ein paar Stuttgarter Männern, an ihrer Spitze der Naturwissenschaftler Curt Floericke, der zum Kreis der heute noch in Stuttgart erscheinenden Zeitschrift KOSMOS gehörte. Floericke hatte der Heide 1910 einen Besuch gemacht, und der Naturwissenschaftler in ihm sah sehr bald den Todeskampf, in dem die Heide gegen Wald und Feld schon damals lag. Floericke war auch einer der ersten, die begriffen, daß der Zauber, der von dieser todtraurigen Landschaft ausgeht, mit ihrer Großflächigkeit steht und fällt. Und so schrieb er denn: „Kleine Stückchen Heidelandes, und mögen sie auch hundert Morgen groß sein, die vielleicht wohlmeinende Naturfreunde der Bodenkultur entziehen wollen, geben wohl eine Vorstellung von der Heide für den botanischen Unterricht, aber sie sind nicht die Heide selbst. Deren Grundstimmung liegt nur in den großen Formen, in dem endlos weiten, unbehinderten Überblick. Zu der Überzeugung, daß hier mit kleinem Flickwerk, mit der Erhaltung einzelner Wacholdergruppen, der Schonung von Findlingsblöcken und anderen Naturdenkmälern nichts getan ist, sondern daß hier unbedingt großzügig gearbeitet werden muß, zu dieser Überzeugung kommt man schon nach kurzem Aufenthalt."

Das Flickwerk, das Floericke im Sinn hatte, als er zu einer großzügigen Rettung der Heide aufrief, das war der hochberühmte Totengrund der Lüneburger Heide, den der Heidepastor Bode gerade noch davor retten konnte, daß er zu Bauland gemacht wurde. Dieser Totengrund, der so unwahrscheinlich still ist wie sein Name und von dem die Überlieferung falsch, aber schön sagt, daß die Leichenzüge der Heidebauern, die durch ihn hindurchführten, hier rastend verhielten, dieser Totengrund ist ein sanfter, weiter Talkessel, in dem locker verstreut kleine Gruppen von Wacholderbäumen stehen. Es gibt in Deutschland wenige Landschaften von so kleinem Ausmaß, die so schön und so berühmt sind.

Pastor Bode konnte 1906, fünf Minuten vor zwölf, bei einem Universitätsprofessor in Münster sechstausend Mark lockermachen und dafür den ganzen Totengrund im Namen des Professors kaufen. Dieser Professor verpflichtete sich, die Landschaft für immer den Naturfreunden unberührt zu erhalten, und dabei ist es geblieben bis auf den heutigen Tag. Wenigstens glauben das viele. In Wahrheit greift auch hier der Mensch mit chemischen Pflanzenschutzmitteln ein — ein Verfahren, das 1972 zu einem Podiumsgespräch auf dem Deutschen Biologentag kontrovers beitrug.

Ich habe mir den Totengrund schon öfters angeschaut. Wäre er heute noch zu kaufen, er würde nicht sechstausend, sondern 16 Millionen Mark kosten, so phantastisch schön wäre seine Lage für baulustige Hamburger Großkaufleute und Industrielle.

Der Totengrund also war 1906 schon gerettet. Aber das war nicht viel. Das war genaugenommen so gut wie gar nichts, eine reizvolle Naturoase in einer Kulturwüste, mehr nicht, und auch sie hätte sterben müssen, wenn die Kultivierung der Heide, die Aufforstung, die Ansiedlung von Industrie, die Bebauung so weitergegangen wären. Also rüstete sich der Heidepastor Bode zum nächsten Schlag gegen die Bodenspekulanten.

Da war der Wilseder Berg, ganze 169 Meter hoch, aber dennoch nicht nur der schöngeformte Nabel der Heide, sondern auch die höchste Erhebung im norddeutschen Tiefland. Der Göttinger Gelehrte Gauss, der der Mathematik einiges Bedeutende hinzugefügt hat, dieser Professor Gauss hatte von diesem Wilseder Berg aus 1828 angefangen, das Land trigonometrisch zu vermessen. Und noch früher hatte Napoleon auf diesem Berg einen Signalmast aufstellen lassen, der ein Glied in einer Signalmastkette von Osteuropa nach Paris war. Mit Hilfe von Zeigerarmen konnte man das ganze Alphabet zum nächsten Mast weitergeben, und so ließ der kriegführende Kaiser seiner Hauptstadt seine Siege, seine Grüße und seine Anpfiffe ausrichten.

Dieser Berg nun gehörte einer Bäuerin, die in Wilsede auf ihrem heute noch stehenden Hof saß; sie war schon sehr alt und dazu die letzte ihres Geschlechts, aber das hinderte sie nicht daran, so geldgierig zu sein, als habe sie noch ein langes, teures Leben vor sich. Als sie merkte, wie die spinneten Künstler und Gelehrten, die die Heide durchzogen und besangen, Appetit auf ihr Land und besonders auf ihren Berg bekamen, da schraubte sie ihre Forderungen höher und höher. Erst als die Stuttgarter und ihr neugegründeter Verein „Naturschutzpark" dem für sie verhandelnden Pastor Bode 100 000 Mark in die Tasche schoben, da gab die alte Bäuerin Land und Berg her. Und damit war das Herz des Heideparks vor den Spekulanten gerettet. Aber welche gewaltige Summe war das damals! Ganz Deutschland redete über diesen Preis, über den sich heute kein Mensch mehr aufregen würde, kosten doch auf den Stuttgarter Höhen schon ein paar lumpige Ar, die gerade groß genug sind, ein Haus, einen Garten und einen Swimming Pool zu tragen, 1,5 Millionen Mark und mehr.
Nachdem Totengrund und Wilseder Berg den Naturfreunden gehörten, ging der weitere Heideaufkauf rasch. Heute mißt der Park rund zwanzig Kilometer von Nord nach Süd und etwa zehn Kilometer von West nach Ost. Er ist zweihundert Quadratkilometer groß, sechzig Jahre alt und damit der älteste Naturpark Deutschlands. Für Autos ist er gesperrt; sie brausen heute auf der Autobahn an ihm entlang, und die meisten Leute, die in den Fahrzeugen sitzen, haben nicht einmal Augen für die Heide in ihrer schönsten Zeit — im August, wenn sie blüht und sich mit einem hochroten Schleier überzieht. Sie glüht dann wie eine Fiebernde, die nicht leben und nicht sterben kann und an deren Krankenlager die schwarzen stummen Gestalten der Wacholderbäume wie wartende Sargträger stehen. Man kann die Heide dann nicht ohne Traurigkeit betrachten.

Ein Quadratmeter Boden ist nicht viel. Der Mensch kann auf ihm nur liegen, wenn er die Knie unters Kinn zieht. Doch bietet ein Quadratmeter Wiese nicht nur unzähligen Gräsern und Blumen, sondern auch 94 200 Tieren Platz. Es können auch, auf dem Quadratmeter nebenan, dreißigtausend Stück mehr sein. Schließlich noch steht in diesem Kapitel viel Kurioses über Regenwürmer, Spinnen, Bienen, Grillen.

Die Wiese hat nicht Gott gemacht, sondern die Kuh. Man kann fast sagen, eine Wiese ist das, was man nicht wachsen läßt. Gäbe es das Maul der Kuh nicht oder nicht die Sense, dann gäbe es auch keine Wiese. Dann würden da wieder, wie früher, starke Bäume wachsen.

Im Wald fing die ganze Geschichte an. Die ersten Menschen legten im Wald die Bäume um, denn sie brauchten Holz zum Feuern und zum Bauen. Die Löcher im Wald, die auf diese Weise entstanden, die nennt man, wie nicht nur der Förster weiß, Lichtungen. Das Wort sagt alles: Auf diesen Kahlschlägen wird es licht. Und damit begann die Fettlebe für die Gräser, die im tiefen Schatten der Bäume auf keinen grünen Zweig kamen. Unter der Einwirkung der Sonne aber wuchsen sie.

Ja, und dann kamen die Kühe der ersten Menschen daher und fraßen alles kurz und klein. Natürlich fraßen sie dabei nicht nur die Gräser und die Blumen, sondern auch die Baumbabys, die zwischen ihnen wieder zu wachsen anfingen. Die Samen der umstehenden Bäume wurden ja immer wieder zwischen die Gräser geweht. Daß aus ihnen nichts wurde, dafür sorgten die Kühe. Und später dann der Mensch mit der Sense. Man fing nämlich sehr bald an, das Vieh von einem Teil des Graslandes fernzuhalten. Hatten die Gräser dann eine bestimmte Höhe erreicht, säbelte man sie ab, ließ sie trocknen und gab ihnen den Namen Heu. Und weil das früher im Monat Juli geschah, hieß dieser Monat der Heumond.

Seither ist die Wiese viel komplizierter geworden, und der Landmann lächelt bloß, wenn der Stadtmensch jedes Stück Grasland, das er nicht in der Samentüte gekauft und selbst gemacht hat, eine Wiese nennt. Das ist etwa so, als wenn einer für Omnibus und Sattelschlepper, für Lastwagen und Personenwagen bloß das eine Wort Auto hätte.

Unter den Wiesen gibt es an erster Stelle die Futterwiese. Sie wird in jedem Jahr mindestens einmal gemäht, meist öfter. Damit man sie aber überhaupt mähen kann, darf man sie nicht dauernd vom Vieh kurzfressen lassen. Futterwiesen sind Heulieferanten; sie versorgen das Vieh im Winter.

Dann kommt, als Unterabteilung, die Fettwiese. Man erkennt sie sehr einfach. Fährt man nämlich im Auto über Land und blicken sich die Insassen plötzlich mit schnuppernder Nase streng an, weil es im Wagen so merkwürdig riecht, dann handelt es sich bei der Wiese draußen um eine Fettwiese. Sie wird mit Jauche gedüngt, damit das Gras schön saftig und die Blumen schön bunt werden. Natürlich gefällt so ein Guß Jauche den Pflanzen sowenig wie unserer Nase. Und deshalb düngt man mit dieser Stinkbrühe auch nur in Gegenden, in denen viel Regen fällt, der sie verdünnt und für die Pflanzen bekömmlich macht. Wo der Regen weniger häufig ist, da streut der Bauer Stallmist auf die Wiese. Jauche oder Mist — die Wirkung bleibt etwa dieselbe. Beides liefert die schönsten Wiesen, die wir haben — eine Augenweide für uns im Sommer, eine Magenweide für das Vieh im Winter.
Dann kommt Wiese Nummer 3: die Magerwiese. Der Name sagt es eigentlich schon, daß diese Art von Wiese nicht gedüngt wird. Meist findet man sie in den Alpenländern, schwer zugänglich oder zu weit von den Höfen der Bauern entfernt. Das Anfahren von Jauche oder Mist wäre zu beschwerlich. Diese Wiesen sehen immer aus, als ob sie gerade vom Friseur kommen. Ihr Gras ist kurz und läßt sich nur einmal im Jahr mähen, und ziemlich spät im Jahr noch dazu, im Juli frühestens.
Nicht so fett zu leben, das bekommt nicht nur dem Menschen, das bekommt auch einer Wiese sehr gut. So wie auch die übermäßig dicken Menschen die abwechslungsreichsten meist nicht sind, so sind es auch die Fettwiesen nicht. Zwar leuchten sie prächtig in ihrem satten Grün und im knalligen Schmuck ihrer Blumen, aber auf den Magerwiesen ist dafür mehr der Zahl der Pflanzen nach geboten. Die Fettwiesen werden meist zweimal im Jahr gemäht, und das vertragen, zusammen mit der fetten Kost, nicht alle Pflanzen. Eine Fettwiese spezialisiert sich darum. Nicht so die Magerwiese. Sie kriegt die Sense nur einmal im Jahr, wenn überhaupt, zu spüren, und dazuhin noch so spät, daß die meisten Pflanzen dann mit der Entwicklung fertig sind.
Noch besser daran ist die vom Standpunkt der Nützlichkeit schäbigste aller Wiesen: die Streuwiese. Auf ihr wachsen Gräser, die zum Füttern nicht geeignet sind. Man läßt sie in Ruhe bis zum Spätherbst. Und was dann unter der Sense fällt, das ist meist schon verschrumpelt und braun. Es ist gerade gut genug, um dem Vieh im Stall untergestreut zu werden.

Und damit begeben wir uns wieder auf eine nahegelegene Wiese zurück, lassen uns aber nicht dabei erwischen. Ab Ende April ist es nämlich verboten, eine Wiese zu betreten. Um diese Zeit hat sie ihren sogenannten ersten Tiefstand überwunden; sie ist frisch begrünt und ändert nun von Woche zu Woche ihr Bild. Bald ist sie gelb von Kuhblumen, dann blaßblau vom Schaumkraut, dann zum zweitenmal gelb von Hahnenfuß und Löwenzahn. Und was dann kommt, darüber geraten sogar sachliche Botanikbücher ins Schwärmen, und das liest sich dann so: „Endlich folgt ein wunderbares Farbenspiel: Goldgelb erstrahlen die großen Blütensterne des Wiesenbockbarts, blau sind Glokkenblumen, Salbei und Storchenschnabel, rot die Licht- und Kuckucksnelken, Klee und Esparsetten, weiß die Wucherblume, das Lab- und das Hornkraut. Jede einzelne Art zeigt eine andere Abstufung des Farbtons. Die Wiese steht nun in höchster Pracht. Zuletzt entfalten die Gräser ihre Rispen und verhüllen all die Herrlichkeit unter ihrem goldbraunen Schleier."

Dann ist es Ende Juni. Und dann kommt der Bauer mit der Sense, und dem Spaziergänger wird nicht selten das Herz schwer, wenn er die ganze Herrlichkeit dahinsinken sieht. Der erste sogenannte Hochstand der Wiese ist vorbei. Es beginnt der zweite Tiefstand. Die Gräser fangen wieder von vorn an. Neben den abgemähten Halmen bilden sie neue aus, und das erklärt auch, warum man sagt, daß man einen Rasen kurzhalten müsse, wenn er dicht werden soll.

Die Sense oder der Rasenmäher, die das Wachstum nach oben immer wieder unterbrechen, zwingen die Pflanzen, neben den abgeschnittenen Halmen stets wieder neue hervorzubringen. Was nicht in die Höhe kann, geht eben in die Breite. Das Ergebnis ist schließlich ein richtiger Teppich, aus dem man große Stücke herausschneiden kann, ohne daß sie sich in ihre einzelnen Pflanzenbestandteile auflösen.

Die Wiese schließlich erreicht das, was der Landmann ihren zweiten Hochstand nennt. Er schafft aber weder in der Höhe noch in der Pracht der Farben die Leistung des ersten. Was jetzt noch blüht, das ist blaß und vom Sommer angekränkelt und heißt Bärenklau, Kohldistel, Augentrost und Teufelsabbiß. Es fällt der Sense um den 20. August herum zum Opfer. Die Wiese befindet sich in ihrem dritten Tiefstand. Die Herbstzeitlose bricht hervor, und wenn die Kühe abgefressen haben, was nun noch wächst, dann ist der vierte Tiefstand erreicht. Die Wiese geht schlafen. Der Winter ist nicht mehr weit.

Die Biene als Pollenträger ist für die Wiese wichtiger als die Kuh. Überhaupt steht die Kuh, was die Nützlichkeit betrifft, ganz hintenan bei einer Betrachtung der Tiere, die auf und in einer Wiese zu Hause sind. Weit vorne dran aber steht der Regenwurm.

Ich kann nicht sagen, daß ich in der Lage wäre, zu einem Regenwurm ein inneres Verhältnis herzustellen, obwohl ich schon einmal in einem Blumentopf oben auf dem Klavier welche hielt. Sie zogen vom vibrierenden tiefen Ton A abwärts stets die Köpfe ein, bei hohen Tönen dagegen nie. Ich war sehr stolz auf diesen Beweis für die Gehörlosigkeit, aber Erschütterungsempfindlichkeit der Regenwürmer. Bis ich dann sah, daß die Gärtner das schon lange wissen: Wenn sie die Würmer in Bewegung setzen wollen, hauen sie einfach mit dem flachen Spaten auf die Erde. Seither finde ich Klaviere noch unnützer.

Aber wo war ich stehengeblieben — richtig: Der Regenwurm also ist niemals gemeint, wenn der Mensch von Tierliebe spricht. Gäbe es nicht die Angler, so gäbe es wohl überhaupt keinen Menschen, der einen Regenwurm auch nur anfassen möchte. Am ehesten noch schätzt ihn der Landmann, wenn er auf der landwirtschaftlichen Hochschule war und gut aufgepaßt hat. Der Regenwurm ist tatsächlich ein ungemein nützliches Tier. Sehr vereinfacht kann man sagen, daß dieses Tier aus nichts anderem als aus Mund, Darm und After besteht. Und während es sich seinen Weg durchs obere Erdreich bohrt, schluckt es die Erde, die ihm dabei im Weg ist, in sich hinein. Der Darm entnimmt der Erde Nährstoffe, die das Tier zum Leben braucht, und der After krümelt die Erde wieder aus.

Dies Wort „krümeln“ umreißt die ganze Wichtigkeit des Regenwurms für den Boden. Die Erde wird gelockert, so daß Sauerstoff und Sickerwasser überall in sie eindringen können. Den Nutzen davon haben die Pflanzen.

Es gibt allein dreiunddreißig Arten Regenwürmer deutscher Nationalität. Manche werden zwei, manche dreißig Zentimeter lang. In Afrika gibt es Regenwürmer, die daumendick und zwei Meter lang geraten. Ein Kothaufen, den diese Riesenwürmer ablegen, wiegt getrocknet noch fast ein Pfund. Im Tal des Weißen Nils werfen wühlende Regenwürmer auf einer Fläche von tausend Quadratmetern in einer Nacht Erde im Gewicht von 110 Zentnern auf. Es müssen also wohl schon eine ganze Menge Regenwürmer im Boden herumkriechen. In der Schweiz errechnete man für tausend Quadratmeter Wiese 22 Millionen Stück. Nur in England scheint es selbst den Regenwürmern nicht zu schmecken. Der große Darwin errechnete für eine englische Wiese auf tausend Quadratmeter nur 667 250 Regenwürmer. Trotzdem: Aus diesen gewaltigen Wurmmengen läßt sich leicht die Nützlichkeit ablesen, die diese Tiere für die Belüftung und Bewässerung des Bodens haben.

Und damit könnte ich eigentlich aufhören, vom Regenwurm zu erzählen. Denn seine Bedeutung für die Wiese ist mit dem, was ich bisher sagte, grob gesprochen, schon erschöpft. Doch meine ich, daß es mehr interessiert, noch ein paar erstaunliche Dinge vom Regenwurm zu hören, als etwa einer Aufzählung der vielen Pflanzen zu lauschen, die es auf einer Wiese so gibt.

Daß Regenwürmer nicht sterben, wenn der Spaten, der in die Erde gestoßen wird, sie durchschneidet, das ist ein alter Hut. Das weiß jeder. Daß man die Teile aber wieder zusammenfügen kann, das wissen schon viele nicht mehr. Dabei ist das noch gar nichts. Es gibt auf diesem Gebiet viel Verrückteres.

Man hat aus drei verschiedenen Regenwürmern schon einen neuen gemacht, und dessen Kopf hatte gegen seinen Bauch und sein neues Hinterteil nichts einzuwenden. Kleine Würmer hat man verlängert, indem man ihnen Teile von anderen Regenwürmern einsetzte. Zu große Würmer wurden um einen Kopf oder zwei kürzer gemacht, ohne daß sie daran starben. Man ließ sogar schon zwei Schwänze aneinanderwachsen, und tatsächlich fraß solch ein Ungeheuer von Wurm fortan mit dem Hintern seines Kollegen. Auch hat man die einzelnen Teile schon verdreht, bevor man sie wieder aneinanderwachsen ließ. Das ging so weit, daß Würmer lebensfähig waren, bei denen der Bauch plötzlich an den Rücken stieß!

Ich möchte aber niemandem raten, so etwas auch einmal zu versuchen. Abgesehen davon, daß man selbst einen Regenwurm nicht quälen soll, würde so etwas niemals gelingen. Die Forscher, die die Versuche machten, von denen ich gerade erzählte, reinigten die Würmer erst einmal gründlich von innen, indem sie die Tiere zwischen feuchtes Fließpapier legten. Fing der arme Wurm schließlich vor Hunger an, Fließpapier zu fressen, und kam dann hinten, statt wie üblich Erde, sauberes Fließpapier heraus, dann war die Innenwäsche beendet. Feuchte Tücher besorgten das gleiche von außen. Dann kam ein Betäubungsbad, und dann wurde geschnitten und mit haarfeiner Seide wieder zusammengenäht. Es hat also keinen Sinn, zwei Wurmenden einfach aneinanderzuhalten und darauf zu warten, daß sie von allein zusammenwachsen.

Wer hat schon einen Regenwurm singen gehört? Niemand? Ich auch nicht. Aber sie singen. Jedenfalls behaupten das die Forscher. Vier Meter weit könne man's hören, sagen sie, wenn man das Ohr an die Erde lege. Ich habe das oft schon probiert, hörte aber bislang weder das Gras wachsen noch die Regenwürmer singen. Es sollen schmatzende Laute sein: di-di-di-di-di- und da-da-da-da-da- und du-du-du-du-du, doch bin ich sicher, daß ein Regenwurm, dem man dies vorsingt, sich vor Lachen krümmen würde über den Versuch, seine Stimme nachzuahmen.

Nach dem Regen kommen sie heraus aus ihren Erdlöchern. Das weiß jeder. Nur die Begründung, die man dafür immer hört, stimmt nicht. Es sei ihnen um die Feuchtigkeit zu tun, die sich nach dem Regen über die Erde breite und die diese Tiere brauchen, weil Austrocknung ihr Tod ist. Die Wahrheit ist ganz anders. Es ist nicht Wohlbehagen, das sie emportreibt, sondern Todesangst. Ein Regenwurm kann zwar wie ein Aal im Wasser leben, wenn es nur genug Sauerstoff enthält, aber er kann nicht in dem Sickerwasser leben, das nach einem Regen in seine Löcher und Gänge einläuft. Es hat nicht genügend Sauerstoff. Der Regenwurm müßte ersticken, käme er nicht heraus an die frische Luft. So groß ist seine Not, daß er eine ebenso große andere in Kauf nimmt, nämlich die Gefahr, am Licht zu sterben. Regenwürmer krümmen sich schmerzhaft zusammen, wenn man sie plötzlich grellem Licht aussetzt; es tötet sie, wenn sie zu lange darin verbleiben müssen.

Glaubt immer noch jemand, daß eine Wiese eine langweilige Sache sei? Man kann richtige kleine Abenteuer auf ihr erleben. Zum Beispiel mit Spinnen, die hier auch zu Hause sind. Ich habe mir einmal von einer Radnetzspinne auf einer Waldwiese einen halbstündigen Zirkusakt vorführen lassen, der mich mehr gefangennahm als das Fernsehprogramm, erstes oder zweites. Ich schnitt mir einen Haselnußstecken und setzte die Spinne, die ich mir aus dem Hosenbein geklaubt hatte, auf dem oberen Stockende ab. Die Vorstellung begann. Frau Spinne ließ einen langen Faden austreten, den sie am Stock festklebte. Das war ihr Sicherheitsgurt. Nun war sie angeschnallt. Von nun an konnte es ihr ziemlich egal sein, was ich mit dem Stock vorhatte.
Ich beschloß etwas ganz Schlimmes, nämlich den Stock mitten in eine große Wasserpfütze zu stecken, die der Regen auf dem Waldweg hinterlassen hatte. Auf diese Weise wollte ich ihr jeden Fluchtweg zu Fuß abschneiden. Frau Spinne ließ sich erst einmal an ihrem Faden senkrecht herunter, bis ihre Füße das Wasser berührten und naß wurden. Das störte sie offenbar sehr, denn im Nu war sie wieder oben, wo sie sehr angestrengt und sehr lange darüber nachzudenken schien, was sich wohl gegen diese menschliche Teufelei unternehmen ließe ...
Schließlich konnte man dies Nachdenken sogar sehen. Der rettende Gedanke trat der Spinne in Gestalt eines neuen Spinnfadens zum Hinterteil heraus, und sie ließ ihn frei in die Gegend fliegen. So ein Spinnfaden ist sehr, sehr leicht, und jedes noch so leise Lüftchen hebt ihn hoch. Je länger nun der Faden wurde, um so weiter wehte er wie ein langer Fühler vom Stock weg, auf dem die Spinne selber noch immer saß. Schließlich passierte, worauf das kluge Tierchen aus war: Der Faden verhakte sich an einer Brombeerranke. Doch merkte Frau Spinne das nicht sofort. Erst als sie mit den Beinen die Festigkeit des Fadens prüfte, nicht anders als ein Seiltänzer die Spannung seines Seils mit den Füßen abtastet, bevor er sich ihm anvertraut — nicht eher also, als die Spinne sich davon überzeugt hatte, daß der Faden irgendwo festsaß und nicht mehr haltlos in der Luft schwebte, gab sie sich zufrieden. Sie saß einen Augenblick still, als wollte sie sagen: Aha, es hat geklappt!
Nun war dieser Suchfaden aber eine ziemlich dünne Angelegenheit; die Spinne traute seiner Haltbarkeit wohl nicht so recht, denn sie hob ihre Spinnfabrik in die Höhe und klebte noch einen neuen Faden, der weit dicker war als der Suchfaden, oben an den Stock. Und dann erst schwang sie sich weg vom Stock in Richtung auf die Brombeerranke, an der ihr Suchfaden festsaß. Sie

machte das ganz raffiniert. Sie spulte nämlich den Suchfaden im gleichen Verhältnis wieder auf, wie sie den dicken Faden hinter sich austreten ließ. Der Suchfaden zur Brombeerranke wurde also immer kürzer, der dicke Faden hinter ihr aber immer länger. Der Zweck war klar: Riß der dünne Faden, dann klebte die Spinne mit dem dicken immer noch am Stock und konnte sich aus dem Wasser notfalls retten.
Als das Tierchen auf der rettenden Brombeerranke glücklich angekommen war, kappte es den dicken Sicherheitsfaden und schlug sich eilig seitwärts in die Büsche.
Ich war sehr beeindruckt. Auf so etwas wäre ich in gleicher Lage nie gekommen. Freilich hätte es mir auch nichts genützt, denn was immer Merkwürdiges bei meinem Nachdenken herauskommen mag — ein Spinnfaden sicher nie.

Nun geht es auf einer Wiese nicht nur komisch zu, sondern auch chemisch. Chemie ist eigentlich bloß im Schulzeugnis so richtig sichtbar, und da sieht sie meist schlecht aus. Wie also soll ich erklären, was ein gewöhnlicher Apfel schon in Chemie so alles kann?
Ein Apfel strömt ein Gas aus. Es heißt Äthylen, und die Chemiker behaupten, daß ein Teil Äthylen in 40 Millionen Teilen Luft noch ausreicht, um andere Pflanzen, die in der Nähe des Apfels wachsen, in ihrem Wachstum zu beeinflussen; das Gas hemmt ein Wachsen in die Länge und beschleunigt die Fruchtreife.
Es gibt noch einen anderen Wuchsstoff, den man nicht riechen, nicht hören und nicht sehen kann, der aber doch deutlich sichtbare Wirkungen erzielt. Er heißt Heteroauxin, was jedermann aber ganz egal sein kann, denn er kommt nicht einmal in der Schule vor. Heteroauxin läßt einen Pflanzenstengel sich krümmen, dergestalt, daß die Stengelseite, die von diesem Wuchsstoff beeinflußt wird, schneller wächst als die andere. Wie wenig von diesem Stoff dazu nötig ist, das ist nicht mehr vorstellbar: 0,000 000 000 000 01 Gramm. Mit nur einem Gramm könnte man alle Stengel einer bestimmten Pflanze auf einem viereckigen Feld mit 30 Kilometer Seitenlänge zum Biegen bringen, und zwar um drei Grad von der Senkrechten weg.

Es ist schade, daß der Mensch von heute die Wiese nur benutzt, um sich in ihr aufs Ohr zu legen. Er täte besser daran, das Ohr weit aufzusperren und sich von ihm leiten zu lassen. Zum Gesangsplatz der Grille, zum Beispiel, die auch in der Wiese zuhause ist. Sie wohnt in kleinen Erdlöchern, vor denen sie jeden Grashalm fein säuberlich abgebissen hat. Sticht ihr nun die Sonne ins Loch hinein, dann kommt sie heraus, mit dem dicken schwarzen Kopf, den langen Fühlern voraus. Hinten am Leib hat sie etwas sehr Merkwürdiges:

zwei lange Spieße, die wie alte Rittersporen nach hinten wegstehen. Der Fachmann erkennt daran, daß die Feldgrille zu den ältesten Tieren unter den Insekten gehört. Aber das nur nebenbei.
Weit interessanter ist es, der Grille beim Zirpen zuzuschauen. Man hört es deutlich. Aber wie macht sie das? Mit dem Hals? Mit einer Stimme? Keineswegs. Wer ihr scharf auf den Rücken schaut, der sieht es endlich. Eine zirpende Grille ist auf dem Rücken merkwürdig unscharf. Ein Hubschrauber, der über dem Rücken Propeller hat, muß von oben ganz ähnlich aussehen, wenn sich dieser Propeller bewegt. Und so ist es auch bei der Feldgrille. Sie singt mit den Flügeln. Unter dem rechten sitzt eine Art von Fiedelbogen — eine Leiste, die mit Zähnchen besetzt ist. Und dieser Fiedelbogen streicht, wenn die Grille die Flügel bewegt, über sogenannte Schrilladern, die auf dem anderen Flügel sitzen. Resonanzböden in den Flügeln, kleine Membranen, sorgen für den richtigen Krach, indem sie die Zirplaute verstärken.
Nur die Grillenmänner singen, und mit ihrem Gesang locken sie auch die Weibchen an. Man kann das gut ausprobieren, indem man sich drei Feldgrillen fängt — auf einem Ausflug sollte das einer ganzen Familie nicht schwerfallen, und zwar sucht man sich zwei Männchen und ein Weibchen. Das Weibchen hat hinten eine lange Legeröhre, daran erkennt man es. Dem einen Männchen verkleben wir mit einem ganz kleinen Tropfen Klebstoff die Flügel — das macht dem Tier nichts aus; der Leim geht bald wieder von alleine weg. Nun kann das Tierchen mit den Flügeln nicht mehr singen. Man setzt es, wie das andere Männchen auch, jedes für sich in eine kleine Schachtel, die man oben mit Nylon von einem Damenstrumpf überzieht. Das Weibchen bleibt frei. Stellen wir nun die Schachteln mit den Männern weit auseinander auf einen großen Tisch und warten ganz still, bis das unverklebte Männchen mit dem Zirpen beginnt.
Dann kann man sofort sehen, auf was die Frauen fliegen: auf Tenöre!

In diesem Kapitel, das von den Merkwürdigkeiten der Quellen und des Grundwassers handelt, wird unter anderem auch erklärt, wie es angehen kann, daß Ulm, Wien und Budapest nicht an der Donau, sondern am schwäbischen Krähenbach liegen. Ferner wird von der unglaublichen Tatsache berichtet, daß eine Quelle aus dem Mund nach Schnaps roch.

„Die Neckarquelle" war der Titel einer meiner Sendungen, womit mir die Herren vom Rundfunk etwas Schönes einbrockten, denn erstens ist die Neckarquelle bei Schwenningen keineswegs so ein klares, sprudelndes Ding, wie man sich gemeinhin eine Quelle vorzustellen pflegt, und zweitens ist sie auch nicht so furchtbar interessant, daß man eine halbe Stunde lang davon erzählen könnte. Sie ist, im Vertrauen gesagt, ein Moortümpel, und ginge die Landschaft dort nicht zum Glück ein bißchen bergab und brächte das Wasser in Schwung, dann gäbe es wahrscheinlich gar keinen Neckar, und die schwäbischen Dichter hätten sich allesamt und ausschließlich dem Wein hingeben müssen.

Da ist die Donau, die noch keine zwölf Kilometer von der Neckarwiege entfernt ihren Ursprung hat, eine weit spannendere Angelegenheit. Sie hat eine piekfeine, von einem Kaiser erbaute Quelle, die nur den kleinen Nachteil hat, daß sie nicht die Donau, sondern den Fremdenverkehr speist. Auch mündet die Donau nicht, wie man immer hört, im dreitausend Kilometer entfernten Schwarzen Meer, sondern im fünfzig Kilometer entfernten Bodensee.

Es liegt auf der Hand, daß ein so unseriöser Fluß eigentlich kein schwäbischer Fluß sein kann. Der Fluß der Schwaben ist der Neckar — basta. Und so hatten sie mir im Stuttgarter Sender die Donauquelle auch kurzerhand aus dem Titel herausgestrichen. Aber ich schmuggelte sie hinterrücks wieder herein.

Es ist ein merkwürdiges Gefühl, an der Quelle eines Flusses zu stehen. Und jeder reagiert anders. Der eine macht ein Gedicht darauf und überschreibt es „An der Quelle saß der Knabe". Oder so ähnlich. Das fiel mir ein, als ich neulich an der sogenannten Donauquelle in Donaueschingen stand. An ihr saß auch ein Knabe, aber kein Dichter hätte Freude an ihm gehabt. Der Knabe, den ich dort sitzen sah, der hatte einen starken Magnet an eine lange Schnur gebunden und warf ihn mit großer Treffsicherheit der jungen Donau immer wieder ins Gesicht. Denn unten auf dem Grund des Quellbeckens lagen viele Münzen, deutsche und ausländische. Die Touristen hatten sie hineingeworfen, rückwärts über die Schulter. Das ist ein Aberglaube, der an den römischen Brunnen seinen Anfang nahm. Es heißt, daß man in seinem Leben noch einmal an den Brunnen zurückkehren werde, in dessen Wasser man eine Münze warf. 93 Pfennig hatte der Lausbub schon im Hosensack, als ich hinzukam. Ausländisches Geld mitgezählt. Er hatte es umgerechnet. Devisenkurse waren ihm durchaus geläufig.

Aber wo war ich vom Thema abgekommen ... Ja, richtig: die Gefühle, die der Mensch an der Quelle eines Flusses hat. Der eine also, sagte ich, fühlt sich zu einem Gedicht inspiriert. Der andere eher zu einem Witz. Wie jener Wiener etwa, der einmal ein Brett vor das Abflußrohr des Donauquellbeckens hielt und sich freute, wie der Poldi und die Kathi daheim dumm gucken würden, „wenn morgen die Donau ausbleibt ..."

Was mich betrifft, so erinnert mich eine Flußquelle immer an jenen Augenblick in einem Krankenhaus, als eine Säuglingsschwester mir ein Bündel Windeln mit einem zerknitterten kleinen Gesicht darin hinhielt und sagte: „Das ist er, Ihr Herr Sohn!" Ich will nicht sagen, daß man es bezweifelt. Doch muß man schon die Phantasie zu Hilfe nehmen, wenn man es glauben will. Und so erging es mir auch im Schwenninger Moos, dem Ursprungsgebiet des Neckars.

Wo Schwenningen liegt, daß muß ich wohl niemandem sagen. Es liegt im Schwarzwald, wenn freilich auch noch lange nicht im schwärzesten. Baar heißt die Hochfläche zwischen Alb und Wald, und an ihrem Nordwestrand, zwischen dem Solbad Dürrheim und der Uhrenstadt Schwenningen, direkt an der Bundesstraße 27, die von Stuttgart und noch weiter her in die Schweiz nach Schaffhausen zieht, liegt das Schwenninger Moos.

Moos, das ist bloß ein treffenderes Wort für Moor, eine Landschaftsform, über die ich vorher ausgiebig berichtet habe. Es ist nicht groß, das Schwenninger Moos. In einer knappen Stunde kann man ganz gemütlich seine Grenzen ablaufen, die von einem ordentlichen Spazierweg markiert werden. Von diesem Weg abzuweichen, das empfiehlt sich nicht, denn um den Fuß herum gurgelt sofort eine schwarze Brühe hoch, und die Moos- und Graspolster federn wie Schaumgummi.

Diese Pflanze Moos nun, das weiß man, ist saugfähig wie ein Löschblatt, und es gibt Arten, die bis zum Zwanzigfachen ihres Trockengewichts Wasser in sich hineinsaugen können. Ein Moor also, das von einem solchen Moos beherrscht wird, liegt in der Landschaft wie ein gewaltiger, mit Regenwasser vollgesogener Schwamm, und es hat auch nicht selten die Form eines Schwammes — mehr oder weniger rund und zur Mitte hin sich aufwölbend. Man behält dieses Bild von einem gewaltigen Schwamm, der randvoll mit Wasser in der Landschaft liegt, am besten im Gedächtnis, denn anders wird es einem nie so recht klarwerden, wie der Neckarursprung funktioniert.

Gut. Kehren wir zur Pflanze Moos zurück. Irgendwann kriegt natürlich auch sie einmal den Hals so voll, daß sie kein Wasser mehr schlucken kann. Sie ersäuft sich in ihrer Gier selber, und das viele Wasser, in dem sie umkam, weicht nun den Boden darunter auf und macht ihn zum Morast. Ein Loch entsteht, und es wächst und wächst, weil die Pflanzen, die es umgeben, all ihr überschüssiges Wasser hineinlaufen lassen, bevor sie darin umkommen. Im Laufe der Zeit wird aus dem Loch ein Tümpel; aus dem Tümpel ein Teich; aus dem Teich ein See. Aber im Moor, das sagte ich schon weiter vorn, heißt ein See nicht See, sondern Kolk. Und solch ein Kolk im Schwenninger Moos ist auch die Wiege des Neckars.

Der kleine Moorsee liegt unmittelbar am Nordwestweg und schaut den Wanderer mit seinem großen braunen Auge ziemlich trüb und traurig an. Unbeweglich ruht der Spiegel. Es ist schwer zu verstehen, wie aus diesem Moorteich mit seinem fast schwarzen Wasser, das keinen Fisch ernährt und nur zu wenigen Pflanzen freundlich ist, einmal das klare, sprudelnde, über Steine hüpfende Wasser des jungen Neckars werden soll.

Aber rufen wir uns wieder unser Bild vom Schwamm ins Gedächtnis zurück. Der Kolk sitzt im Moor wie eine große Pore oben im Schwamm, die bis zum Rand voller Wasser steht und Verbindung hat zum übrigen vielen Wasser, das der Schwamm, sprich das Moor, enthält. Ließe man den Schwamm in Ruhe, so würde er sein Wasser behalten; nur an den Rändern, die tief liegen, liefe ein bißchen ab. Nimmt man jetzt aber eine Schere und schneidet vom Rand her eine Furche zur großen Pore des Schwamms, dann fängt das Wasser plötzlich an, in einem Rinnsal abzulaufen.

Am Nordrand des Kolks im Schwenninger Moos, dort, wo eine Holztafel im Wasser steht, die verkündet, daß der Neckar hier seinen Ursprung nimmt, da kann man sehen, wo der Mensch die Schere angesetzt hat: Ein Abflußgraben zieht sich aus dem Kolk heraus am Weg entlang — schnurgerade und allmählich breiter und tiefer werdend. Unmittelbar am Kolk noch hat man Mühe, den Abfluß zu erkennen. Man findet ihn deshalb so schwer, weil das Wasser tot zu sein scheint, bewegungslos wie in einem tiefen Brunnen. Aber das täuscht. Wenn man einen Grashalm abreißt und ihn auf die Wasseroberfläche wirft, dann sieht man deutlich, wie er in Richtung Norden, also in der Laufrichtung des Neckarbabys, davonschwimmt. Und langsam, langsam nimmt der Grashalm Fahrt auf. Je mehr er sich vom Kolk entfernt, desto schneller schwimmt er, desto schneller rinnt also das Wasser. Vierhundert Meter ungefähr geht es schnurgerade neben dem Weg her — ein Moorgraben, weiter nichts.

Aber dann, nach vierhundert Metern, da macht der Weg einen scharfen Knick nach Osten und wirft vor dem Neckar, der noch nicht einmal richtig laufen kann, einen unüberwindlichen Wall auf. Und der Neckar wäre auch wohl daran gestorben und mutlos ins Moorbett zurückgekrochen, hätte der Mensch nicht wieder nachgeholfen. Hier, an diesem Wegknick, kann man die erste Staustufe des Neckars betrachten. Sie ist freilich nicht so imposant anzuschauen wie die Schleusenungeheuer, die später die riesigen Lastkähne vom Rhein her nach Stuttgart hineinheben. Diese erste Staustufe ist nichts anderes als ein ordinäres Abflußrohr, das man durch den Erdwall, auf dem der Weg verläuft, hindurchgeführt hat — schräg nach unten, denn hinter dem Weg, wo das Moor aufhört, da fällt die Landschaft ziemlich rasch ab. Kein richtiger Hund könnte durch diese Röhre kriechen, so eng ist sie. Aber der Neckar, der geht glatt durch. Und auf der anderen Seite, da schnauft er zum erstenmal wie befreit auf und gibt glucksende Töne von sich, und ein ganz schönes Tempo legt er auch schon vor. Er hat endlich richtig laufen gelernt.

Wenn man das alles so überdenkt, dann könnte man sich natürlich fragen, wie lange dieser Schwamm, den man angeschnitten hat, so daß er Wasser blutet, denn Wasser hergeben kann. Mal müßte doch eigentlich Schluß sein, und dann hätten die Stuttgarter am Ende ihren „großkopfeten" Hafen umsonst gebaut. Aber ganz so einfach ist die Geschichte natürlich nicht. Erstens einmal geht einem Moor so schnell das Wasser nicht aus — kein Regentropfen, ja, nicht einmal der Tau der Nacht entgeht ihm —, alles wird gespeichert, und wie man weiß, regnet es bei uns ja meist auch ganz schön. Kurzum, das bißchen Wasser, das das Schwenninger Moos an den Neckar abgibt, das ist die Welt nicht, das wird wohl immer dasein. Von ihm allein könnte der Neckar natürlich auch nicht leben.

Jeder Fluß, und der Neckar macht da keine Ausnahme, hat ein großes Gebiet um sich herum, das ihm tributpflichtig ist. Das heißt, daß alles fließende Wasser in diesem Einzugsgebiet in ihn einmündet. Er ist das Finanzamt in der Natur, und die Steuerzahler, das sind die vielen Bäche und größeren Nebenflüsse, die der Neckar genauso wie jeder andere Fluß in sich hineinschluckt und so langsam dick und breit wird. Überhaupt ist der Neckar zusammen mit dem Rhein, der ihn dann schließlich schluckt, ein ziemlich gefräßiger Bursche und, ich muß das leider sagen, ein hinterlistiger Wasserklau noch dazu. Er hat die vielen Loblieder, die man ihm singt, kaum verdient. Rhein und Neckar haben nämlich die Donau regelrecht bestohlen und ihr das Wasser abgezapft, ja, ihre Zuflüsse regelrecht umgedreht, so daß die Donau in Württemberg nicht viel mehr ist als eine Ruine, wenn auch eine sehr schöne.

Das hängt mit der Lage der Hauptflüsse zusammen. Die Donau muß für ihre Höhenwanderung vom Schwarzwald zur Alb schwer büßen. Sie fließt bei Tuttlingen 650 und bei Ulm 470 Meter über dem Meeresspiegel. Der Rhein, zu dessen Kumpanen auch der Neckar gehört, fließt bei Basel aber nur in einer Höhe von 248 Metern und bei Mannheim sogar nur 88 Meter über dem Meeresspiegel. Die Landschaft fällt also von der Donau zum Rhein hin ab, wie sie auch nach der anderen Seite, zum Bodensee hin, abfällt, der ja auch mit dem Rhein verschwägert ist. Also läuft das meiste Wasser der Donau, dem Rhein und dem Neckar zu. Das ist so, als wenn man auf dem Tisch eine Tasse Kaffee umwirft und dann die Tischplatte anhebt. Wer am tiefsten Ende sitzt, der ist der Rhein und kriegt alles in den Schoß.

Die große europäische Wasserscheide verläuft hart am nördlichen Albrand enlang, und zwischen Donaueschingen, der Ursprungsstadt der Donau, und Schwenningen, wo der Neckar entspringt, da kann man sie besichtigen. Bei Grüningen, auf einer hohen Hügelwelle, steht eine schöne kleine Kapelle, von der man sich erzählt, daß ein Regentropfen, der auf ihre linke Dachseite falle, in der Donau und damit im Schwarzen Meer ende, während der Tropfen, der auf die rechte Dachseite gerate, zum Neckar und damit in die Nordsee rolle.

Wenn ich dazu etwas sagen darf: Ins Schwarze Meer gelangt der linksseitige Regentropfen auf alle Fälle nie, denn der Rhein, dieser Räuber, gräbt der Donau bald schon unterirdisch das ganze Wasser ab, und bereits hinter Tuttlingen, also keine dreißig Kilometer von der Donauwiege entfernt, hat sie das ganze Wasser gewechselt. Wir reden noch davon.

Dieser Kampf ums Wasser ist eigentlich schwer verständlich, wenn man bedenkt, daß es nichts so reichlich auf der Erde gibt wie eben Wasser. Das dumme ist halt nur, daß die Erde keine ebene Tischplatte, sondern ein ziemlich buckliges Wesen ist, und daß das Wasser immer den Drang nach unten hat. Könnte man allein das Meerwasser unseres Planeten gleichmäßig über die ganze Erdkugel verteilen, dann wäre die Erde rundum von einer zweitausend Meter hohen Wasserschicht bedeckt.

Aber das Meerwasser ist noch lange nicht alles Wasser dieser Welt. Die Erde ist an vielen Stellen auch noch unter der Haut gestrichen voll. Ich meine das Grundwasser. Hier hat die Sonne wieder einmal, wie bei allen lebenden Dingen auf der Erde, entscheidend die Hand im Spiel. Die Energie, die sie als Wärme ausstrahlt, macht unser Wetter, also den Wind, die Wolken, den Regen und den Schnee. Die Sonne läßt aus dem Meer Wasserdampf und Nebel aufsteigen, und sie kitzelt diese wasserhaltige Luft auch aus den Seen und den Flüssen, ja selbst aus den wassergetränkten Steinen heraus. Und dann kommt der Wind daher und treibt dies unsichtbar in der Luft schwebende Wasser, aber auch das sichtbare, nämlich die Wolken, dem Lande zu. Irgendwo hört diese Reise aber auf, und Endstation ist meist das Gebirge. An ihm steigen Wasserdampf und Wolken in die Höhe, kühlen sich oben ab und fallen als Regen oder Schnee wieder herab. Und dann fließen sie als Rinnsale, als Bäche, als Flüsse, als Ströme wieder dorthin, woher sie kamen — ins Meer zurück. Das ist ein ständiger Kreislauf, und er entwickelt unvorstellbar gewaltige Kräfte. Man hat ausgerechnet, daß die Wasserkraft der Erde in jeder Sekunde acht Milliarden PS erzeugt. Dennoch fängt in den Industrieländern das Wasser an, knapp zu werden. Längst filtern wir die schaurigsten Abwässer neu für den menschlichen Gebrauch.

Das Grundwasser, sagte ich, kommt auch aus der Luft. Die Niederschläge versickern und fließen in den Schichten der Erde herum, natürlich auch immer dem Gefälle nach, und nur eine undurchdringliche Gesteinsschicht setzt ihrem Drang nach unten ein Ende. So entstehen richtige Grundwasserbecken in der Erde, deren Boden wasserundurchlässiger Stein ist. Ganze Ströme entstehen, und sie münden manchmal in einer Quelle aus und kommen wieder ans Tageslicht. Das geschieht immer dann, wenn so ein Grundwasserstrom plötzlich von einem abfallenden Berghang geschnitten wird und plötzlich freiliegt wie ein eingebackener Schokoladestreifen in einer aufgeschnittenen Torte. Schichtquellen heißt man solche Wasseraustritte am Berghang, und sie sind wie Adern, die man mitsamt dem Arm oder Bein abgehackt hat und die jetzt ihren Inhalt versprudeln. Dann gibt es noch sogenannte Überfallquellen. Die verlieren ihr Wasser an den Rändern eines riesigen unterirdischen Grundwasserbeckens, eines Topfes also aus wasserundurchlässigem Gestein. Wird ein solcher Topfrand wieder von einem wasserdurchlässigen Hang geschnitten, so läuft das Wasser an solchen Stellen über und aus der Erde heraus. Man stellt sich das Funktionieren einer Überfallquelle am besten wie eine Kaffeekanne vor, die bis an den Rand voll ist. Die Kanne ist dann das Grundwasserbecken. Und jetzt stülpen wir ihr eine Wärmemütze aus Wolle über — das ist die Erde. Nun ist klar, daß diese durchlässige Mütze das Wasser nicht halten kann, wenn der Kanne neue Flüssigkeit zugeführt wird, durch Regen etwa, der von oben einsickert. Dann läuft die Kanne am Rand über, durch die Wolle der Mütze, die uns die Erdoberfläche versinnbildlicht, hindurch.
Es gibt noch andere Arten von Quellen. Aber nur eine Sorte will ich noch schildern. Das ist die Verwerfungsquelle. Man weiß ja, daß es in der Erdkruste immer wieder mal rumort, daß sich das Erdinnere gegeneinander verschiebt. Die Erde bebt, sagen wir dann. Wird nun bei einer solchen Verwerfung eine wasserundurchlässige Schicht wie ein Schleusentor vor einen Grundwasserstrom geschoben, dann staut sich das Wasser und sucht sich, immer an der Gesteinswand entlang, nach oben einen Weg ins Freie, denn unter der Erde geht es ja nicht weiter, und von hinten drückt das übrige Wasser nach. Und schon sagen wir: Sieh da, eine Quelle! Kommt das Wasser, das sie aus-

spuckt, aus großen Tiefen, wo es durch den Feuerofen, der da unten ständig brennt, erhitzt wurde, so bauen die Leute eine Badeanstalt drum herum und stellen ein Eintrittskartenhaus daneben. Und hat das Wasser, das aus der Erde kommt, auf seinem Weg nach oben unterwegs vielleicht sogar noch interessante Salze und andere Mineralstoffe in sich aufgelöst und mitgebracht, so ist das Heilbad schon fast fertig und die Kurtaxe fällig.

So, und jetzt wird es Zeit, daß ich die herausgestrichene Donau hier wieder einschmuggle.

Donaueschingen ist zweifellos eine schöne und eine bedeutende Stadt. Die Stadt der Donauquelle aber, das ist sie nicht, auch wenn man sie dort besichtigen kann. Zwischen dem Schloß der Fürsten von Fürstenberg und der Pfarrkirche hat Kaiser Wilhelm — ich glaube, es war der Zweite und Letzte — im Geschmack seiner auf Pomp bedachten Zeit ein kreisrundes Becken aufmauern lassen, eine Art Tempel mit steinernen Symbolfiguren und der ebenfalls in Stein gehauenen frommen Lüge, daß hier die Donau entspringe. Der Moorkolk, aus dem der Neckar kommt, nimmt sich dagegen höchst schäbig aus — wie ein Aschenputtel zu einer Prinzessin. Doch ist mir das Aschenputtel lieber. Es macht aus seiner Arme-Leute-Geburt kein Hehl. Und sieht man den Prunk, mit dem sich die Donau hier umgibt, so fragt man sich sofort mißtrauisch, was die Dame denn eigentlich zu verbergen habe. Ich bin der Sache im wahrsten Sinne des Wortes nachgegangen, nämlich durch den Fürstenbergschen Park hindurch bis zu der Stelle, wo die Donau tatsächlich ihren Anfang nimmt. Und da geht es weit weniger feierlich zu als an dem Quelltempel, den ein wenig galanter Schriftsteller einmal ein Fürstenbergsches Theaterspiel genannt hat.

An der Wiege der Donau duftete und lärmte, als ich sie das letztemal besuchte, ein ebenso großer wie häßlicher Schuttabladeplatz, und in ihrem Kinderbett lagen nicht, wie im pompösen Quelltempel beim Schloß, die Münzen der Touristen, sondern die Sperrmüllstücke der Stadt. Es war nicht schön anzuschauen, was sich am Zusammenfluß der Schwarzwaldflüsse Brigach und Breg, die die Donau bilden, dem Auge bot. Wie es da heute aussieht, kann ich nicht sagen.

Die Donau hat keine eigene Quelle, und was man dafür ausgibt, das ist ein unbedeutender Zufluß der Brigach. Aber die Donaueschinger halten fest zusammen, wenn einer kommt und die Echtheit der Quelle bezweifelt. Schon Tiberius, sagen sie, der spätere römische Kaiser, habe fünfzehn Jahre vor Christi Geburt an dieser Quelle gestanden und in ihr den Anfang der Donau verehrt. Aber daran läßt sich höchstens ablesen, daß der schöne Schein den Menschen seit jeher mehr gegolten hat als die nüchterne Wirklichkeit. Wer nach Donaueschingen kommen sollte, sollte sich nicht, wie fast alle Touristen, mit dem Besuch dieser Quelle begnügen, sondern dahin wandern, wo die Donau tatsächlich ihren Anfang nimmt.

War die Geburt schon nichts, so ist die Jugend der Donau noch weniger schön. Keine fünfundzwanzig Kilometer vom Ursprung entfernt fällt sie in etwa dreißig große Löcher hinein und ist sozusagen tot — verschwunden von der Erde, als habe es sie nie gegeben. Die Fische, die in ihr herumschwammen und auf eine gute Reise nach Tuttlingen, Sigmaringen und Ulm, wenn nicht gar nach Wien und Budapest hofften, die liegen zuckend auf dem Trockenen und müssen sterben. Von der Donau bleibt nur das leere Bett, und es gleicht einer geschotterten, im Bau befindlichen Straße weit mehr als einem Fluß. Die Brücken gucken unter erstaunt hochgezogenen Brauen in die Gegend und kommen sich albern vor. Wer in der Donau baden will, muß sich das Wasser mitbringen. Wir aber stehen um die Löcher zwischen Immendingen und Möhringen herum und fragen uns fassungslos: Wo, zum Kuckuck, ist die Donau hin?

Seit 25 000 Jahren geht das schon so. Aber erst 1719 ging man der Sache auf den Grund. Ein Herr Breuninger schrieb damals seine Vermutung nieder, die Donau wandere unter der Erde zwölf Kilometer nach Südosten, um in der Aachquelle wieder zutage zu treten und dem Bodensee und damit dem Rhein zuzufließen. Doch leider schrieb er's auf lateinisch auf, und das war auch damals schon eine schwere Sprache. Jedenfalls vergingen noch mehr als 150 Jahre, bis aus der Vermutung Gewißheit wurde. Am 22. September 1877, Punkt vier Uhr nachmittags, kippten die Gelehrten zwölf Zentner Schieferöl in eines der Löcher bei Immendingen. Und — o Wunder! — als sie sechzig Stunden später den gespannten Zeigefinger aus dem Wasser der Aachquelle zogen und wissensdurstig daran schleckten, hatten sie deutlich den Geschmack von Schieferöl auf der Zunge! Später machte man den gleichen Versuch mit Salz und mit Farbstoffen, und das Ergebnis blieb sich immer gleich: Nach zwanzig Stunden kamen die ersten Salz- oder Farbstoffspuren aus der Aachquelle heraus, nach sechzig Stunden der große Rest, und nach neunzig Stunden war das Wasser wieder klar.

Jetzt hub ein großes Rechnen an, und bald konnte man sagen, was heute an der Aachquelle wie eine Selbstverständlichkeit angeschrieben steht: Die Donau versickert zwischen Immendingen und Möhringen, um nach 55 Stunden und einem Fall von 183 Metern wieder aus der in Luftlinie zwölf Kilometer entfernten Aachquelle ans Tageslicht zu kommen. Von hier durchläuft sie den schönen Hegau und mündet bei Radolfzell in den Bodensee, wo gleich hinter der Insel Reichenau schon hungrig der Rhein auf das Donauwasser lauert. Keine Rede davon also, daß die Donau ins Schwarze Meer fließt. Was bis dahin gelangt, das ist das Wasser des Krähenbachs, das von der Baar herunter bei Möhringen ins trockene Bett der Donau fließt, und das Wasser der Elta, die bei Tuttlingen die Donau neu bildet.

Freilich ist das nur in den wasserarmen Monaten des Jahres so. Als ich im April einmal dort unten war, führte die Donau mehr Wasser, als die Löcher schlucken konnten. Brigach und Breg brachten den Schnee und den Regen des Schwarzwaldes herunter — da hatte es keine Not. Aber das ist nicht immer so. Zehn Monate im Jahr war die Donau zwischen Immendingen und Tuttlingen schon ohne Wasser, und Ulm, Wien und Budapest lagen am Krähenbach.

Man kann der Donau beim Versickern zuschauen. Schilder des Albvereins weisen dem neugierigen Wanderer den hübschen Weg von Tuttlingen oder von Immendingen her. Das Bild, das sich dann bietet, erinnert an eine Badewanne, aus der man den Stöpsel herauszog. 31 Löcher hat man gezählt, und sie sind groß genug, um den ganzen Fluß in zwei bis drei Stunden auszusaufen. So verwirrt ist die Donau über das, was ihr passiert, daß sie auf der rechten Uferseite plötzlich, wie um zu fliehen, kehrtmacht und in Richtung Donaueschingen zurückfließt. Aber das Schicksal ereilt auch ihren letzten Tropfen noch.

Etwa 650 Meter hoch liegen die Versickerungsstellen. Von da fällt das Land nach Süden ab wie ein angehobener Tisch. Der Quelltopf in Aach liegt weniger als fünfhundert Meter hoch. Die Erde dazwischen ist weißer Jura, ein klüftiges Kalkgestein, das nicht nur die Donau verschluckt, sondern auch alles Niederschlagswasser. Darum sind Juralandschaften nie dicht besiedelt; es fehlt an Wasser für die Bodenkultur. Und je älter das Juragestein wird, um so mehr gräbt es den Flüssen und den Menschen das Wasser ab, denn die Höhlen, Rinnen und Klüfte werden immer mehr ausgewaschen, nehmen das Wasser immer schneller auf. Die Aachquelle, die von der Donau mit gespeist wird, ist die stärkste Quelle Deutschlands. 10 000 Liter spuckt sie in der Sekunde aus. Man kann sich im Dorf Aach über den Quelltopf stellen, denn ein Steg führt darüber hinweg. Dann sieht man's unter sich wulstig brodeln, und man glaubt sofort, daß Taucher, die in die Quelle einzudringen versuchen, schon sehr bald wieder an die Wasseroberfläche geschleudert werden — der Druck des herausschießenden Wassers ist zu groß.

Wassersorgen sind die ältesten und die größten Sorgen der Älbler. Bei Tuttlingen liegt der Grundwasserspiegel bis zu hundert Meter unter dem Spiegel der Donau. Wer Wasser hat, der verteidigt es gegen den Nachbarn bis aufs Messer. Als die Idee aufkam, die Versickerungslöcher der Donau zuzustopfen, wie man eine Badewanne zustopft, da protestierten die Müller an der Aach gewaltig. Sie hätten ihre Mühlen schließen müssen. Die Aachquelle

wäre ohne das Wasser der Donau lange nicht, was sie heute ist. Die Wassermenge, die sie pro Sekunde hervorpreßt, entspricht dem gesamten Wasser, das der Neckar bei Tübingen führt!
Aber die württembergische Donau stirbt. Ein Blick auf die Karte zeigt sofort, wie die Todesursache heißt: der Rhein. Dieser andere große europäische Strom hält mit seinen Zuflüssen die junge Donau umklammert. Da ist im Süden der Donau der Bodensee und alles, was in ihn mündet, und der Neckar im Norden. Und alle, alle wollen sie das Wasser der Donau, die hoch auf einem Landrücken vom Schwarzwald zur Alb hinüberfließt. Erst ab Ulm, wo die kräftige Iller der Donau zu Hilfe kommt, kann sie sich sicher fühlen.

Man kann heute, 1973, nicht mehr nur idyllisch vom Neckar schreiben. Der Fluß der schwäbischen Dichter ist längst zur schwäbischen Kloake geworden, die bei Niedrigwasser mehr industrielle und kommunale Abwässer als Flußwasser führt. Deshalb gebar ein Professor Schmidt vom Verband der Gas- und Wasserwerke Baden-Württemberg die monströse Idee, für 500 Millionen Mark unter der Alb hindurch einen 74 Kilometer langen Stollen zu graben, der dem Bodensee pro Sekunde 25 Kubikmeter sauberes Wasser entnehmen und bei Tübingen dem verjauchten Neckar einleiten soll. Mit Recht hat sich allenthalben am biologisch notleidenden See heftiger Protest gegen diese Idee eines Technokraten erhoben, die er unter dem modischen Deckmantel „Umweltschutz" dem Steuerzahler verkaufen möchte.
In Wahrheit würde das Dreckwasser des Neckar lediglich verdünnt, nicht aber geklärt, wozu nur dreistufige Kläranlagen an den Zuflüssen in der Lage wären. Und durch die Hintertür eines 100-Millionen-Mark-Regulierwehrs, das mit diesem Projekt verbunden ist, käme vermutlich die von Wachstumsideologen seit Jahren herbeigesehnte Berufsschiffahrt vom Rhein in den Bodensee hinein. Und damit neue Industrien an seine ohnehin schon überlasteten Ufer. Es ist an der Zeit, allen technokratischen Umweltzerstörern, die sich einen Dreck um den Dreck scheren, den sie anderen Menschen zuleiten, Halt zu gebieten.

Was überhaupt ist das: Wasser? Was macht es zu Eis, zu Dampf — vor allem aber: was macht es blau?

Eine Naturbetrachtung, die nicht wenigstens einmal das Lot wirft auf den Grund der uns umgebenden Dinge, auf die atomare Struktur jeglicher Materie, bleibt Schwärmerei. Die vorchristlichen Atomisten Leukipp und Demokrit sagten: „Alle Dinge sind aus unteilbaren, dem Auge verborgenen Körpern zusammengesetzt, unendlich an Form und Zahl." Das Lexikon des Jahres 1972 sagt nichts anderes: „Alle Materie besteht aus Atomen." Aber die Atomforschung der letzten 150 Jahre begrub das 2000 Jahre alte Weltrezept unter gelehrtem Detailschutt, vor dem der Nichtphysiker mutlos kapituliert. Und so stammt die eingängigste Darstellung dessen, was die Atome durch ihre Gestalt und ihre Anordnung zueinander an dinglichen Verschiedenheiten bewirken, noch immer von Aristoteles (der an Atome nicht glaubte, ihren gedanklichen Unterbau aber als Kritiker, wie Kritik das oft an sich hat, ungemein schärfte): „Diese Atomisten behaupten, die Atome unterschieden sich wie das A vom N durch die Gestalt und wie das AN vom NA durch die Anordnung."

Wasser buchstabiert sich chemisch HOH, darin steckt zweimal das griechische *Hydrogen* für Wasserstoff und einmal das *Oxygen* für Sauerstoff: H_2O. Zwei Wasserstoff-Atome nehmen ein Sauerstoff-Atom in die Mitte und verbinden sich mit ihm zu etwas Neuem: einem Wassermolekül. Vor dieser Ehe zu dritt, nur locker gefügt und also gasförmig, paßten 27 Trillionen ($27 \cdot 10^{18}$) dieser Atome in den fingerhutgroßen Schraubbecher der Rumbuddel, die der Seemann in der Ölzeugtasche trägt. Das weit dichtere Zusammenrücken zu Wasser, das im Laboratoriumsversuch zu einem Knall führt, führte auch zu einer Zustandsänderung: Die Materie ging vom gasförmigen in den flüssigen Zustand über.

Wasser ist nicht naß. Das „köstliche Naß" ist das Wasser der Poeten. Nässe ist die Benennung eines Zustands, den Flüssiges verursachte. Wasser ist, zwischen 0 und 100 Grad Celsius, flüssig. Darunter werden die Wassermoleküle, unverrückbar fixiert, zu Eis; darüber, durch die Energie der Wärme in die Atmosphäre hinausgerissen, zu Wasserdampf.

Wenn Sie an einem Sommerabend einem tanzenden Mückenschwarm zuschauen, dann sehen Sie ziemlich genau, was sich in der oberen Hälfte Ihres halbvollen Benzinkanisters im Kofferraum abspielt. Jede Mücke repräsentiert eine Atomverbindung, ein Gasmolekül, und alle fliegen sie, weil keine nennenswerten Anziehungskräfte zwischen ihnen wirken, wild durcheinander. Bei 20 Grad Lufttemperatur ist die Geschwindigkeit der Moleküle freilich weit höher als die der tanzenden Mücken: 440 m/sec. Und da sie nicht aneinanderhängen, füllen sie, eben als Gas, jeden Raum voll aus. Ihr fortwährendes Anrennen gegen die Kanisterwände, das ist der Gasdruck. Und bei zunehmender Temperatur nimmt auch die Geschwindigkeit der Gasmoleküle zu. Die Mücken demonstrieren Ihnen die thermische Bewegung der Atome. Sie zeigen Ihnen, was das eigentlich ist: Wärme.

Und Ihr Bauch, mit dem Sie nach dem Kopfsprung aufs Wasser aufschlagen, der sagt Ihnen, um wie vieles die Wassermoleküle dichter gefügt sind als die Gasmoleküle.

Als ich im Sommer 1971 mein Boot in einem starken Meltemi, der das Ägäische Meer weithin mit Schaum bedeckte, von Paros nach Athen steuerte, wunderte ich mich über die nahezu schwarze Farbe dieses doch berühmt blauen Gewässers. Schwarz, trotz der von keiner dunklen Wolke verdeckten strahlenden Sonne? Man kann die Erklärung allein durch Nachdenken finden: Das hohe Reflexionsvermögen starker Schaumbildung wirft nahezu die Hälfte der Lichtstrahlen zurück.

Die Meinung, die Farbe des Meerwassers sei eine Spiegelung des Himmels in der Wasseroberfläche, ist nicht totzukriegen. Man hört sie sowohl auf Yachten, die durch die grüne Ostsee kreuzen, als auch auf Schiffen, die das Rote Meer befahren. Man muß, will man die Farbe des Meeres, oder überhaupt eines Gewässers, richtig sehen, ganz im Gegenteil jeden Reflex von Himmel oder Wolken zu vermeiden suchen.

Die Farbskala des sichtbaren Lichts geht vom kurzwelligen Violett über Indigo, Blau, Grün, Gelb und Orange zum langwelligen Rot. Ein Ölfleck auf dem Wasser beweist es. Der Regenbogen gar hängt die Sache an die große Glocke des Himmels: Regentropfen brechen die Strahlen der Sonne und zerlegen sie in ihre Spektralfarben (es sieht, übrigens, jeder einen anderen Regenbogen; der Mittelpunkt des bunten Kreisbogens liegt immer auf der Verlängerung der Achse, die von der Sonne im Rücken des Beobachters durch sein Auge läuft).

Die auf der Erde ankommende Sonnenstrahlung hat ihre höchste Intensität im Bereich des blauen Lichts; es kann im klaren Wasser in Tiefen von 100 m und darunter eindringen. An den Wassermolekülen zerstreut es sich, und was von ihm, wie der Ball von der Mauer, zurückgeworfen wird an die Oberfläche, das setzt sich zusammen zur Farbe des Meeres. Es ist das „Unterlicht" der Ozeanographen.

Blau ist die Farbe des klaren Tageshimmels, weil der kurzwellige blaue Anteil des Sonnenlichts auch an den Gasmolekülen der Luft sehr viel stärker gestreut, sozusagen breiter verstrichen wird als das langwellige Rot, das sich erst abends, bei tiefem Sonnenstand durchsetzt, weil der dann langgewordene

Weg durch den Dunst der Atmosphäre von den langen roten Wellen besser geschafft wird als von den kurzen blauen.

Ähnlich im Meer: In trüben Gewässern wird das blaue Licht vermehrt geschluckt. Hand in Hand damit gehen die Reflexionen, die von der Eigenfarbe der Trübstoffe kommen. Blau ist die Wüstenfarbe der Ozeane, die dort am blauesten sind, wo das Meer am wüstesten, am landfernsten, am klarsten ist. Das Binnenmeer Ostsee ist angefüllt mit Gelbstoffen: von Land eingeschwemmte Humusteilchen, die eine Verschiebung der Wasserfarbe, besonders an den Küsten, von Blau nach Grün bewirken.

Der La Plata erbricht unter dem Sog der südatlantischen Tide ungeheure Mengen Erde in den Ozean. Aus 11 000 m Jet-Höhe sieht das, auf dem tiefen Blau des Meeres, wie eine konturenscharf ins Riesenhafte gesteigerte gelbe Sprechblase vor dem grünen Gesicht Südamerikas aus. „Nice, isn't it!" begeisterte sich meine Sitznachbarin, eine propere Nordamerikanerin. „Very nice, indeed!" gab ich zurück, mußte ich doch nolens volens meine Naturbetrachtung in die Tiefe ihres sommerlichen Dekolletés verlegen, das sie mir im Herüberbeugen an mein kleines Fenster unter das bärtige Kinn hielt.

Very nice, très joli, wunderhübsch — das hat in den Sprechblasen, mit denen wir heute Gespräche bestreiten, gerade eben noch Platz.

Ich hatte, daher der Bart, in der Antarktis zu tun gehabt und war mit gefüllten Notizbüchern und den Taschen voller mineralischer, pflanzlicher und tierischer Merkwürdigkeiten auf dem Weg zurück aus der Eiszeit.

Nirgendwo sind die Erscheinungen der Hydrosphäre und der Atmosphäre, die die Welt des Seglers ausmachen, also Wasser und Wind, besser zu studieren als in der Antarktis, der eisigen Hochburg der Ozeanographen und Meteorologen. Hier liegt die Natur in ihren äußersten Extremen offen zutage, hier lassen sich die Naturgesetze besser lesen als in unseren gemäßigten Breiten, wo sie sich oft bis zur Unkenntlichkeit vermischen.

Am wüsten Grund dieser Erde, in ihrem südlichsten Süden, hängt wie der Korb am Raumballon ein Kontinent von außerirdischer Schönheit und Grausamkeit. Es belebt ihn nichts als das Donnern kalbender Gletscher, das Brutgeschrei der Pinguine, das Stöhnen der Robben und die Atemstöße der Wale in sturmgepeitschten Ozeanen. Seit wenigen Jahren erst mischt sich die Stimme des forschenden Menschen in dieses urweltliche Konzert. Ich sah beklommen das Blau der Eisküsten und ging auf dem Moränenschutt der Gletscherstraßen unter Möwen, Robben und Pinguinen einher wie unter meinesgleichen. Ich bin zurück aus der Eiszeit und ich habe Ihnen viel zu erzählen.

Bis in die moderne Zeit hinein war dieser vom Gewicht seines Eismantels in die Erdkruste zurückgepreßte Kontinent nichts als Spekulation: Der Hang der alten Griechen zur Symmetrie, zur Ordnung, zum Gleichgewicht ließ sie diese Landmasse als südlichen Gegenpol zum nördlichen Reich der ewigen Nebel vermuten, an das sie fest glaubten. Das Mittelalter nahm ihre Spekulation in Karten auf und füllte deren weiße Flecken mit märchenhafter Phantasie. Noch der aufgeklärte Franzose Yves Joseph de Kerguelen-Trémarec, der 1772 in jenem eisigen Atem segelte, den der Kontinent in Form von ablandigen Orkanen über den südlichen Ozean schickt, kehrte mit Berichten von einem Land zurück, dem er kühn den Namen „Südfrankreich" gegeben hatte, und er sparte nicht mit Vermutungen von Rubinen und Edelsteinen, von Wäldern und Marmorbrüchen, die nur Nebel und Stürme ihm verhängt hätten. Was er in Wahrheit gefunden hatte und was heute den Namen Kerguelen-Inseln führt, liegt weit ab vom Kontinent, noch im subantarktischen Bereich des Treibeises.

Der Wahrheit nahe kam noch im selben Jahr ein Seefahrer, der nur mit Kolumbus und Magellan in einem Atemzug genannt werden kann: James Cook. Er umsegelte die Packeisgrenze des gesamten Kontinents, von Schneestürmen gepeitscht und von Eisbergen bedroht, von Skorbut zerfressen, ohne Land gesehen zu haben. Sollte es, so schrieb er, einen antarktischen Kontinent geben, so sei er gewiß wüst und leer und ummantelt mit ewigem Eis; von einer Entdeckung habe die Welt nichts zu erwarten.

Die Entdeckung kam knapp fünfzig Jahre später mit theatralischem Effekt. Nathaniel Palmer, ein blutjunger nordamerikanischer Robbenfänger, segelte 1820 sein kleines Schiff „Hero" auf der Suche nach neuem Schlachtvieh bis vor die Küste der antarktischen Halbinsel, die sich wie ein Daumen von

der geballten Faust des Kontinents abspreizt und nach Südamerika weist. Zum erstenmal fiel der Blick eines Menschen auf die grünblauen Eiswände, die sich dreißig Meter senkrecht aus dem Meer erheben und den ganzen Kontinent umlaufen, wie James Cook es vorausgesagt hatte.
Nebel überfiel die „Hero“. Als er sich endlich wieder lichtete, fand Palmer sich mit seinem Robbenfänger zwischen zwei großen Kriegsschiffen, die gleich ihm vor Anker lagen. Nach Jahrmilliarden der absoluten Einsamkeit ein Tag des Flottenzeremoniells: Palmer steckte das Sternenbanner an die Gaffel, auf den Kriegsschiffen ging das Andreaskreuz hoch; Russen also und, wie Besuch und Gegenbesuch erwiesen, die Schiffe „Wostok“ und „Mirnij“ unter dem Befehl des Admirals Thaddeus von Bellinghausen.
Aber der seither währende Streit um die Entdeckerehre bekam einen dritten Teilnehmer: den Engländer Bransfield, einen Seeoffizier der britischen Krone, der in Valparaiso abkommandiert worden war, mit einem Handelsschiff die Südshetlands in Besitz zu nehmen, eine dem Kontinent vorgelagerte Inselkette, die von den Engländern entdeckt worden war. Bransfield kam im Januar 1820, zehn Monate vor den Amerikanern und den Russen, bis vor den Kontinent, doch ist strittig bis auf den heutigen Tag, ob es nicht die Trinity-Insel war, die er für das Festland hielt.
Müßig, dieser Streit? Nicht ganz. Wir werden noch sehen, wie die Begehrlichkeit der Nationen, fußend auf den Taten ihrer Seefahrer, sich in der Antarktis nur mühsam im Zaum hält. Wostok und Mirnij heißen heute demonstrativ die modernen wissenschaftlichen Stationen der Sowjets im Ostteil des Kontinents, und die Engländer haben einen anderen Namen für die antarktische Halbinsel als die Amerikaner. Und beiden wird sie streitig gemacht von den Argentiniern und den Chilenen, die sich auf eine päpstliche Bulle aus dem Jahr 1493 berufen, wonach den Lateinamerikanern alles Land westlich einer von Pol zu Pol gezogenen Linie gehöre, die bei den Kapverdischen Inseln verläuft. Der Haager Internationale Gerichtshof wendet unentschieden Akte um Akte.

Ich finde mein Tagebuch eine erfreulichere Lektüre:
... die erste Begegnung mit einem antarktischen Eisberg ist von gleich elementarer Kraft wie der erste Blick auf Meer oder Hochgebirge. Ich schätze die Höhe der Seen auf sechs Meter, das ist nicht viel für einen Wind von Beaufort 9 in der Drake-Straße, dem verrufenen Seeraum zwischen Kap Hoorn und der Antarktis, aber es reicht, um den Bug unseres Schiffes abenteuerlich steigen und im Absturz zischende Gischtfontänen aufwerfen zu lassen. Diese Pferdemanier des Schiffes bringt die Macht des Eisbergs, den ich im Glas habe, erst recht zur Geltung: Die See, in der auch ein gigantischer Tanker

noch rollen müßte, läßt den Eisberg unbewegt; sein Kiel, die ungeheure Unterwassermasse, macht das sichtbare eisige Hochplateau des Bergs zum stationären Fels, an dem die Brandung dreißig Meter hochleckt und doch den oberen Rand nicht erreicht. Dabei ist dieser Berg klein, nicht mehr als 120 Meter lang; es brachen von den Eismauern der Antarktisküste schon Berge ab, die 300 Kilometer in der Länge maßen und Jahr um Jahr durch den südlichen Ozean segelten, bis sie sich endlich zu Tode kalbten, Donner aussendend, Gischt aufwerfend, Wasser vereisend ...

Die Eisflanken haben kein Sonnenlicht nötig, um bläulich zu schimmern. Die Last von Jahrtausenden preßte den Schnee, mit dem alles beginnt, zu mineralisch hartem Eis, das im Zusammenprall Schiffsstahl aufreißt wie ein Messer das Pergament — kein guter Gedanke für eine stürmische Nacht in einem Seegebiet, das seit den längst vergangenen Tagen der Tiefwassersegler keinen Schiffsverkehr mehr kennt. Und was sollte Hilfe bei Wassertemperaturen um null Grad? Da schwindet das Bewußtsein in weniger als drei Minuten ...

Am Morgen kommt Land in Sicht: Elephant Island, wie ich höre. Der Strom hat uns hundert Meilen nach Ost versetzt, unser Landfall war eigentlich südlicher geplant; das ist die Folge eines Navigierens bei stets bedecktem Himmel, ohne Gestirnsmessung mit dem Sextanten, in Polnähe dazu, die den Kompaß irritiert, und nach Seekarten, die mit der Warnung vor Unstimmigkeiten in der Vermessung bedruckt sind. Die wahren Küstenlinien dieses Kontinents kennt noch niemand, und das Eis verändert ständig seine Kontur; Land, vom Druck des Eises befreit, steigt aus der plastisch-flüssigen Erdrinde wieder nach oben: Ich werde, so weiß ich aus der Literatur, Strände sehen, die vierzig Meter über dem Meeresspiegel liegen. Das sind Gefahren, von denen die technisierte, bürokratisierte Seefahrt der gemäßigten Breiten nichts mehr weiß.

Unser Kurs ist südlich, in die Bransfield-Straße hinein, die die Südshetland-Inseln vom Kontinent trennt. Die Szenerie ist nicht von dieser Welt. Das Eis kehrt uns eine Wand zu, die uns Stunde um Stunde begleitet; sie steigt dreißig Meter, mehr oder weniger, senkrecht an und hat die zerrissene Struktur eines Marmorbruches. Das Grünblau des dichten, luftarmen Eises geht nach oben in zunehmend weiße, firnige Schichten über und schwingt schließlich hinter klaffenden Rissen, die schon die Geburt neuer Eisberge anzeigen, in einem sanft landeinwärts steigenden Schneefeld aus. Die Gipfel der nicht allzu hohen Inselberge ragen aus diesem Eis- und Schneemantel an die dreihundert Meter heraus, ihre Flanken sind teilweise abgetaut, denn es ist, im Februar, hoher antarktischer Sommer. Und so liegen sie da wie riesige schwarz-weiß gefleckte Kühe auf schneebedeckter Weide, an den von Nebel umdampften Leibern die Schürfbahnen des Eises zeigend.

So zieht King George Island vorüber, die größte Insel der Südshetlands, doch noch während wir sie passieren, erinnert uns ein Zwischenfall daran, daß Eis auch diplomatische Glätte haben kann. Peter Scott, Engländer und wissenschaftlicher Führer unserer Exkursion, erhält von der Brücke einen Funkspruch zugestellt, der von der chilenischen Regierung in Santiago kommt: WELCOME TO CHILEAN ANTARCTICA.

Peter Scott kann kaum anders, als darin einen feinen Nadelstich zu sehen, der ihn stellvertretend für seine Nation daran erinnern soll, daß neben Argentinien auch Chile Englands Anspruch auf die antarktische Halbinsel und die ihr vorgelagerten Inseln leidenschaftlich bekämpft. Er wundert sich wohl auch über den bemerkenswerten Zufall der Übermittlung dieses Funkspruchs, just während wir eine Insel querab haben, die den Namen eines englischen Souveräns trägt. Und so abwegig ist das nicht: In Santiago weiß man drei Journalisten an Bord, einen Argentinier aus Buenos Aires, der mit den Angelsachsen nicht viel im Sinn hat, einen Mann von Londons BBC und mich.

Journalisten haben Sinn für zeitgerecht angebrachte Pointen, und Peter Scott ist just die rechte Persönlichkeit für einen höflichen kleinen Tiefschlag; ist er doch der Sohn des großen englischen Südpolforschers Rober Falcon Scott, der 1912 nach einem dramatischen Wettrennen zum Südpol gegen den Norweger Amundsen knapp unterlag und auf dem Rückweg, nur elf Meilen von seiner Basis entfernt, mit vier Gefährten den Tod im Eis fand.

„Ich wurde als Sohn einer Legende geboren“, hörte ich Peter Scott einmal sagen, aber ohne die Bitterkeit, die oft die Söhne großer Männer befällt; er hat einen weltweiten Ruf als Ornithologe; ist Illustrator seiner eigenen Veröffentlichungen; als leidenschaftlicher Konservator steht er dem World Wildlife Fund vor (und somit den Bankiers nahe); und schließlich noch ist er einer der großen Namen im internationalen Yachtsport. Man fand ihn in unserer Schiffsgesellschaft aus englischen und amerikanischen Wissenschaftsbeflissenen nicht allseits charming, eher insular-kühl, aber das mochte am Außenklima gelegen haben. Ich fand den großen Mann menschlich: Unter all den Fotografen mit den teuersten Telelinsen aus Wetzlar und Oberkochen handhabte unser Führer eine Kodak-Instamatic für 33 Mark und hörte, was das Filmwechseln anging, klugerweise auf seine hübsche Frau.

Bei Schneetreiben und auffrischenden Winden laufen wir Deception Island an, eine Vorposteninsel des Kontinents, die viel Gewalt gesehen hat, von der Natur und auch vom Menschen. Durch eine enge Einfahrt, deren Tücke bei Sturm ein Walfänger signalisiert, der seit fünfzig Jahren, in zwei Teile zerbrochen, am Fuß des Felsentores in der Brandung liegt, dampfen wir in ein riesiges Amphitheater ein. Mephisto hat die wüste Szene soeben verlassen;

man riecht noch den Schwefel eines Vulkanausbruchs, der sechs Wochen vor unserem Eintreffen die Eisflanken durch fliegende Asche schwarz färbte. Kreisrund, wohl achthundert Meter im Durchmesser, ein alter, abgesunkener Krater; die See drang in ihn ein, und auf sechzig Meter Tiefe werfen wir in ihm Anker.

Nathaniel Palmer fand diesen Naturhafen; auf unserem Ankerplatz lag 1820 seine winzige Brigg, mit der er westlich ins sommerlich offene Packeis segelte, wo er Antarctica proper, die höchste Landmasse der Erde, entdeckte.

Ein Boot setzt uns an Land. Die Baracken der britischen und der lateinamerikanischen Forschungsstation liegen verlassen, verschlossen; der Vulkanausbruch schlug die Wissenschaft in die Flucht. Wo das Wasser das heiße Land bespült, steigt Wasserdampf auf. 1921 war diese runde Bucht ein einziger Heißwasserkessel: Schiffe verloren die Farbe ihres Unterwasseranstrichs. Am Strand verrotten Berge von Walknochen aus der Zeit vor dem ersten Weltkrieg, als die Norweger hier eine riesige Trankocherei unterhielten.

Ein britischer Frachter schoß sie 1916 zusammen, denn es operierten deutsche Kaperschiffe in diesen Breiten, und man wollte ihnen diesen Stützpunkt nicht lassen. Die Trümmer der Kessel und Öfen liegen noch herum. Drei Mann unserer Besatzung schmieren mit Mennige ihre Namen an die Kessel, einer fährt eigens vom Schiff eine Leiter herüber, um durch die Größe der Buchstaben die eigene Nichtigkeit zu erhöhen. Und da steht es nun, JUAN ALVAREZ, zwei Meter hoch, rot und leuchtend, und strahlt über eine Bucht, aus der das heroische Zeitalter dieses Kontinents seinen Anfang nahm, eine Bucht, in der tausend Wale auf den Strand gezerrt und gefleddert worden sind.

Ihre Schlächter ruhen nahebei, auf einem kleinen Seemannsfriedhof, dessen windschiefe, im Frost geborstenen Kreuze skandinavische Namen tragen über Jahreszahlen zwischen 1890 und 1912. Sechzig, siebzig eisige Polarwinter gingen über die Toten hinweg. Es friert mich bei dem Gedanken, wie sehr die Aussicht auf ein Grab in dieser Weltgegend das Sterben des jungen Hilfssteuermanns dort verschärft haben muß. Drei Kormorane hocken schwarz und groß wie Raben auf den Kreuzen. Ich bin froh, daß das Boot mich holt.

An Bord erzählt der Kollege aus Buenos Aires, daß in dieser Bucht Schüsse fielen, als die Argentinier den Briten die Landung von Wissenschaftlern verweigern wollten — 1952! Und das vorher und nachher die verfeindeten Parteien den Streit um das Anrecht auf die antarktische Halbinsel hier in Deception austrugen, indem sie gegenseitig die besitzanzeigenden Bronzetafeln demontierten und die Nationalflaggen herunterholten.

Es ist gut, daß wir uns dem Kontinent nur langsam nähern; die Dramatik seiner geophysikalischen Fakten wäre bei rascher Annäherung, im Flugzeug etwa, so verzerrt wie für das Auge die zu nahe Breitleinwand des Kinos.

In der Sonne, die uns treu ist, seit wir das Festland nahe wissen, in Lufttemperaturen von drei Plusgraden fällt es schwer, sich die eigentliche Geißel der Antarktis vorzustellen: den Blizzard.

Antarktis, ich sagte es schon, ist nicht nur der kälteste, es ist auch der höchste Kontinent der Erde, ein Hochplateau aus Eis, das unsere Alpen, von ein paar Gipfeln abgesehen, unter sich begraben würde. Gebirgsketten, bis 5000 Meter hinaufreichend, durchziehen den Kontinent, und Gipfelriesen, die der Stolz jeder bayerischen Gemeinde wären, ragen aus dem Eis nicht anders hervor als die armseligen Mastspitzen versunkener Schiffe aus dem Meer. Auf dieser gewaltigen Hochlandmasse, die Australien gleich zweimal schlukken könnte, lebt nichts, kein Tier, kein Gras, kein Baum, kein Strauch. Es lebt dort, sein ein paar Jahren, nur der forschende Mensch, eingegraben in das Eis, versehen mit Ölheizung und Strom aus atomarer Kraft, mit konservierten Leckereien und Kriminalfilmen im täglichen Wechsel, mit Büchern der reinen Wissenschaft und der reinsten Pornographie, denn die Antarktis ist Männerland; die Frauen, die den Kontinent bislang, und nur im Sommer, betraten, sind noch leicht zu zählen; es überwinterten nur zwei, und sie gerieten sich prompt in die Haare; das Buch, das die eine darüber schrieb, handelt von wenig mehr. Männer überstehen die absolute, sechsmonatige Nacht der Polgegend aber auch nur besser, weil alle Nationen, die hier forschen, die Kandidaten vor der Entsendung zwischen Psychiatern und Ärzten Spießruten laufen lassen, um labile Typen auszuscheiden. Dennoch ist der verlorene, leere Blick der Überwinternden, das ziellose Starren in die Weite, den ablösenden Sommermannschaften nur zu gut bekannt.

Der Wetterforschung dient ein großer Teil dieser Stationen, denn die Weltwetter machende Kraft dieses Eisgiganten Antarktis ist groß. Vom Pol her, der markiert ist durch ein Sternenbanner am Mast und eingekreist von leeren Ölfässern, wälzt sich seewärts nicht nur das Eis unter dem Druck des eigenen Gewichts, es wälzt sich von hier oben herab zu den Meeren auch die kälteste Luft der Erde. Es herrscht hoher Druck, die kalte Luft sinkt herab, nimmt, indem sie über das Eis streicht, noch mehr Kälte auf und donnert schließlich mit doppelter, ja dreifacher Orkanstärke auf die Ozeane hinaus. Mit dem Oberflächenschnee des Hochplateaus gefüllt, sind diese Stürme die gefürchteten Blizzards, die Sicht und Atem nehmen; sie fegen mit dem infernalischen Lärm der Düsenflugzeuge einher und dulden in ihrer Bahn kein bewegliches Hindernis. Der Mensch kann sich ihrer nur auf den Knien erwehren.

Wir navigieren vorsichtig im Packeis, das zuweilen tückisch an den Schiffswänden knirscht. Pinguine treiben auf großen Schollen heran, eine Krabbenfresser-Robbe setzt auf einem kleinen Eisberg ihren Speck der brennenden Sonne aus. Erregung läuft durch das Schiff: Voraus tauchen die Häuser einer Station auf, die an der wilden Danco-Küste steht. Dies ist das Festland, Antarctica proper. Wir sind da.

Der Gedanke ist grauenhaft und übertrifft die Sensationen der literarischen Zukunftsvisionäre:
29 Millionen Kubikkilometer Eis lasten in einer durchschnittlichen Schicht von 2500 Meter Höhe auf der Antarktis, und es hält sie wenig mehr als die eigene Konsistenz auf ihm fest: Gebirgsketten, deren Gipfel 4000 Meter hoch und höher reichen, stecken bis zum Kragen im Eis und sind ihm längst keine Staumauer mehr. Eis ist überall — in jedem Tal, auf jedem Plateau, in jeder Schlucht, in jedem Spalt; und unter dem eigenen, schier unvorstellbaren Gewicht, das die Erdkruste eingedrückt hat wie der Fußballstiefel den Ball, setzt es sich von der Mitte her, vom geographischen Pol, in Bewegung.
Das Auge nimmt nichts davon wahr, so angespannt ich auch die Fluchtlinie der Eismauer entlangstarre, die wie hier, an der Stelle unserer Landung, 30 bis 40 Meter hoch in monotoner Großartigkeit fast den gesamten riesigen Kontinent umläuft. Das Ohr schon eher: ein leises Knistern ab und zu, das sich, ferne, zum Stöhnen steigert, zum Knarren einer in rostigen Angeln hängenden Tür; und nachts gelegentlich, noch ferner, der Donner, wenn der blaue Wall den Eisberg ins aufrauschende Meer kalbt. Die Instrumente der Forscher sagen es genau: Zwischen 15 und 500 Meter im Jahr schiebt sich der antarktische Eismantel von der Mitte her den Ozeanen zu. Kommen uns diese blaue Lava, diese 90 Prozent des Welteises auf den Hals?
Es gilt als ausgemacht, daß die Temperaturen am Grunde des Eismantels, dort, wo er dem Land aufliegt, sich um 0 Grad Celsius bewegen, also den Schmelzpunkt erreichen. Reibungswärme, so sagen die Pessimisten, erhöhe die Temperaturen noch, und so sei es wohl denkbar, daß sich die Antarktis ihres Eismantels mit der zunehmenden Geschwindigkeit einer Lawine entledige.
„Und dann was, bitte schön?“ frage ich einen der chilenischen Glaziologen, der seine Sprengladungen, mit denen sie Schallwellen zur Messung der Eisdicke aussenden, vor dem Vulkan auf der Insel Deception nach hier auf das Festland gerettet hat.
Es ist nicht einfach, ein Interview mit einem Mann zu führen, der beim Packen ist, aber wir können nicht warten, bis häusliche Ruhe in der Station eingekehrt ist, bis die Studierstuben für den heraufziehenden Winter gerichtet

sind. Unsere Schiffsführung ist voller Unruhe; man analysiert die Wetterberichte, an denen es nicht mangelt in der Antarktis, wo nächst den Pinguinen die Meteorologen die zahlreichste endemische Spezies sind. Das Jahr ist weit vorgeschritten, und das windstille Sonnenwetter, das uns bislang in Hemdsärmeln gehen ließ, dauert schon zu lange, um noch viel länger währen zu können. Kapitän Oliva erzählte in der Messe die Geschichte der „Kista Dan", eines Versorgungsschiffes unserer Größe und Beschaffenheit. Sie sei, so sagt er mit einem ominösen Blick auf den Wandkalender, der den 14. Februar zeigt, am 23. Februar 1954 auf dem Rückweg nach Australien in einen 90-Knoten-Wind geraten (eine allzu untertreibende Benennung eines Orkans der Stärke 17), quergeschlagen, und so trieb sie denn mit gefährlicher Schlagseite hilflos dahin, 30 Stunden lang, in einer Seegegend, in der Eisberge so häufig sind wie im englischen Kanal die Tanker. Doch rammte sie keinen der Giganten, sondern landete schließlich im offenen Packeis, das die Konsistenz von frisch angerührtem Zement hat, deswegen den Seegang dämpft und die „Kista Dan" wieder auf die Beine kommen ließ. „So, please, gentlemen — hurry up!"

Bei diesem „Beeilen Sie sich!", das ein Leitmotiv unserer ganzen Reise gewesen war und bleiben sollte, wurde mir klar, wie unverändert feindselig sich die Antarktis seit den Tagen ihrer Entdeckung dem Menschen zeigt, der ohne die Schiffsladungen voll spitzfindigster Ausrüstungsgegenstände kommt, die allein ihm ein Verweilen im Eis möglich machen. Für den kurzzeitigen Besucher dieser Weltgegend gilt 1968 nichts anderes, als was schon 1899 für ihm galt, da H. Arçtowski, der polnische Geologe einer belgischen Antarktis-Expedition, seufzend dies in sein Tagebuch schrieb: „Der Kapitän zeigte sich sehr zuvorkommend, doch mit einigem guten Willen hätten wir an vielen anderen Stellen noch landen und weit mehr geologisches Material sammeln können, als es uns möglich war. Bei dieser 18. Landung unserer Reise führte der Kapitän mich selber, doch für zehn Minuten nur! Einige wenige Ruderschläge brachten uns zum Ufer, nicht ohne die vertrauten Rufe ‚Hurry up, hurry up!' Ich gab Tellefsen einen Hammer und die Anweisung, hier und dort am Ufer zu sondieren, derweil ich eilig die Moräne hinaufkletterte, dabei im Laufen Gesteinsproben aufnehmend; mit dem Kompaß stellte ich rasch die Richtungen fest, blickte nach rechts, nach links, und rannte wieder hinab, um meinen Felsen im ganzen zu sehen — das ist die Art und Weise, in der geologische Untersuchungen in der Antarktis vonstatten gehen..."

„In aller Kürze also, Doctore: Was geschieht, wenn dieser Riese Antarktis seinen Eismantel abwirft?" Zwischen Möbelrücken und Bücherabstauben („Wo kommt in der Antarktis Staub her?") erfuhr ich etwa dies: 29 Millionen

Kubikkilometer Eis, schätzt man, sei das Gesamtvolumen. Ihm liegt diese Rechnung zugrunde: Die Durchschnittsdicke des dem Land aufliegenden Eismantels ist 2500 Meter, die des Schelfeises 588 Meter (Eis, das wohl Verbindung mit dem Festland hat, aber im Wasser liegt) — bei einer Gesamtgrundfläche von mehr als 11,5 Millionen Quadratkilometern. Dem stehen 360 Millionen Quadratkilometer Wasseroberfläche der Weltmeere gegenüber. Verteilte sich, mal angenommen, die Gesamtmasse des antarktischen Eises gleichmäßig über alle Meere der Erde, so wären sie mit einer Eisdecke von 80 Meter Stärke bedeckt. Dergleichen kann nicht eintreten, weiß man doch unter anderem, daß das Eis in den niedrigen Breiten der Erde zu Wasser werden muß. Aber zu wieviel Wasser?

Säbelte man von dieser gigantischen Eistorte eine Schicht von 31 Metern ab, so würde sie den Pegelstand aller Weltmeere um einen Meter anheben. Aufs Ganze gegangen, sähe die Weltkatastrophe so aus: Alle Häfen der Welt teilten das Schicksal Vinetas; sie würden in den Fluten versinken. Alle Küsten der Erde müßten ins Land zurückweichen; das Wasser käme zum Stehen erst an Stellen, die heute 60 bis 65 Meter über dem jetzigen Wasserspiegel liegen. Dabei sei, sagt mein Glaziologe, bei diesen Zahlen durchaus bedacht worden, daß die Dichte des Eises nur das 0,92fache des Wassers betrage und auch, daß große Teile der eisbedeckten Antarktis unter den Wasserspiegel abgesunken seien.

„Aber die isostatische Kompensation...?“ frage ich; ich habe meine Hausaufgaben gut gelernt. „Ach ja“, sagt er, „die isostatische Kompensation, das ist so: Die Erfahrung mit den jüngsten Eiszeiten der nördlichen Hemisphäre hat gelehrt, daß die Kontinente, die vom Eise befreit wurden, ansteigen. Es findet ein Lastwechsel statt, indem der Meeresgrund unter dem durch das schmelzende Eis vermehrten Wassergewicht absinkt — darum nicht 60, sondern nur 40 Meter Pegelanstieg. Natürlich in der Theorie. Eine solche Katastrophe ist nach allem, was wir über das antarktische Eis wissen, unwahrscheinlich. Erstens vermuten wir, daß die Temperaturen am Grunde des äußeren Eismantels kälter sind als unter dem Zentraleis, demnach unter dem Schmelzpunkt liegen. Das bewirkt eine Art Bremsung der von der Kontinentmitte herabdrückenden Eismassen; ein Lawineneffekt ist deshalb kaum zu befürchten. Und damit auch kein halber Weltuntergang. Der normale Abbau des Eises aber, wie wir ihn seit dem Höhepunkt der kontinentalen Vereisung im Pliozän, dem frühen Tertiär, vor 60 Millionen Jahren kennen, braucht uns nicht zu beunruhigen.“

„Und zweitens?“

„Zweitens — aber das ist eigentlich nicht mehr kausal — wissen wir nicht einmal, ob das Eis zu- oder abnimmt. Sie kennen das: Alles beginnt mit dem

Schnee. Er fällt, aber es ist zu kalt für ihn, um wegtauen zu können, er altert also zu Firn. Firn wird durch Druck von neuem Schneegewicht zu Eis, das ab 50 Meter Tiefe schon nicht mehr porös ist. Ab 150 Meter sind fast keine Luftblasen mehr im Material; hier beginnt das reine, mineralisch harte Eis... Madre dio'! Ich muß das Fenster wieder öffnen, was ist das heiß in dieser Antarktis — plus 8 Grad Celsius in der Sonne. Das glaubt Ihnen zu Haus kein Mensch..."

Der Herr Doktor aus Puerto Montt in Patagonien fährt fort: „Wenn Sie zur Byrd-Station unten im Süden kommen, dann werden Ihnen die Amerikaner ihren alten Trick vorführen. Mit einem Bohrer holen sie aus großen Tiefen niedliche Eiswürfel herauf, die jede Verunreinigung, wie zum Beispiel durch Vulkanasche, auf ewig bewahren. Daran dann lesen sie die Geschichte des Kontinents ab, wie die Geologen anderswo am Stein. Ich glaube, sie sind schon bei 400 nach Christi Geburt angekommen. Sie kippen Ihnen einen solchen Eiswürfel in den Whisky und sagen nonchalant: ‚Was sie da zischend entweichen hören, Sir, das ist die Luft, die Captain James Cook atmete, als er 1773 hier in der Gegend war...' — Aber was wollte ich denn sagen? ... ja so: Wir wissen also nicht sicher, ob das Eis hier zunimmt oder ab. Die Berechnungen schwanken zwischen plus 1,32 Millionen Millionen und minus 0,41 Millionen Millionen Tonnen pro Jahr. Darunter können Sie sich nichts vorstellen? Ich auch nicht. Ich weiß nur, daß pro Jahr zwischen 30 und 60 Zentimeter Schnee über dem Kontinent niedergehen. Etliches davon weht auf die Ozeane hinaus, das meiste wird zu neuem Eis gepreßt, zu einer Schicht von jährlich 10 bis 20 Zentimeter Höhe oder ein bis zwei Millionen Millionen Tonnen... Wir messen das mit Schallwellen, die von Explosionen ausgesendet werden — Sie wissen, durchs Eis gehen die Wellen leichter hindurch, am darunterliegenden Fels aber stoßen sie sich, seiner größeren Dichte wegen, wieder ab, werden gemessen, berechnet und so weiter... Ja, mit dem Echolot auch, häufiger sogar... und auch mit Hilfe von Stollen, die wir ins Eis treiben und kreuzweise mit Stützrohren versehen; an ihnen sind empfindliche Instrumente montiert, die den von oben kommenden Druck messen und auch das seitliche Wandern des Eises, dem Ozean zu... Und nun entschuldigen Sie mich wohl, ich habe zu tun... Adiós, Señor!"

Bis zur Byrd-Station kam ich nicht. Mein Eis im abendlichen Whisky stammte nicht aus der Zeit von James Cook, sondern aus dem Eisfach von Charly, dem Schiffsbar-Tender. Ich kam nur nach Palmer, der großen US-Station auf der Anvers-Insel, dicht vor dem Kontinent. Der Weg dorthin führt durch die Gerlache-Straße, so benannt nach dem Belgier De Gerlache, der Ende des 19. Jahrhunderts die „Belgica"-Expedition führte. Sein 250-t-Schiff fing sich in der zuschnappenden Falle des Packeises und trieb willenlos ein volles Jahr mit ihm dahin. Die Männer an Bord erlitten als erste die antarktische Winternacht, und nur die Beobachtung der Sterne zeigte ihnen an, daß sie dem Auge nicht trauen durften, welches ihnen ein bewegungsloses Verharren im Eis vorspiegelte: Sie gerieten auf barographisch gezackten Kursen schon in den ersten zwei Monaten 500 Meilen weit in Gegenden, die kein Mensch zuvor gesehen hatte.

Ich sah sie nun, granitene Fjordwände, so einsam, daß von ihnen nicht einmal der Schrei der Skuamöwen herabwehte, sondern nur der Nebel; zerrissene Bergketten, an denen die Macht der Sonne deutlich wird: nackter schwarzer Fels an der dem Mittag zugekehrten Seite; stilles Wasser dazwischen, zuweilen nicht mehr als eine Schiffslänge breit. Darauf das sommerlich lockere Eis, wahllos hingestreut wie Aquamarine auf schwarzen Samt. Wir winden uns, vorsichtig navigierend, hindurch. Es knirscht manchmal bedrohlich, und dann bleibt häßliche rote Schiffsfarbe am reinen Eis zurück. Es ist so still, daß die nervösen Klingelsignale des Maschinentelegraphen die Robben auf den großen Schollen die Kegelkugelköpfe heben lassen.

Wer den von Fjorden zerrissenen patagonischen Süden des amerikanischen Doppelkontinents gesehen hat und dann in diese schönste antarktische Landschaft der Palmer-Halbinsel gerät, der braucht die Belehrung durch die Bücher nicht, um zu erkennen, daß die Anden, Südamerikas Rückgrat, hier nach Formation und Richtung ihr geologisches Steißbein haben. Nur die Art des einstigen Zusammenhangs ist ungewiß: Festlandbrücke oder die Knorpel einer Inselkette?

Es gibt eine radikale geologische Schule, die sagt: Alles Land, alle Kontinente der südlichen Hemisphäre, Südafrika und Südamerika, Asien und Australien und die Antarktis, müssen einmal eine einzige riesige Landmasse gewesen sein, die dann zu den Umrißformen der heutigen Kontinente aufbrach und zu den Positionen auseinandertrieb, die sie heute einnehmen. Und in der Tat, schneidet man sich aus den Kontinentsumrissen, wie sie uns vertraut sind, ein Puzzlespiel zurecht, so sieht man sogleich verblüfft: Sie passen aneinander, fast nahtlos Rand an Rand.

Um diese Theorie zu stützen, führte man den geologischen Beweis der Gesteinsstruktur, die die Antarktis zu einem nahen Verwandten der anderen Kontinente macht: Magma von unten, Erosion von oben. Aber das Eis gab noch andere, weit sensationellere Beweise im Sinne dieser Theorie frei: sporenartige Mikrofossilien im Kambriumgestein aus einer Zeit, als überall auf unserer Welt lebende Organismen erkennbare Reste im Sedimentgestein zu hinterlassen begannen. 1909 schon fand Shackletons Expedition das bis dato älteste Makrofossil der Antarktis, einen korallenartigen Seeorganismus, wie

er sich auch im Kambriumgestein Australiens, ja Sibiriens fand. Ein antarktischer Berg, der den Namen Flora bekam, gab Beweise einer subtropischen Vergangenheit her: Ablagerungen von Farnen, Süßwasserschnecken, Fischschuppen, Wasserkäfern — tonnenweise die herrlichsten Ammoniten! Die Antarktis, das wurde deutlich, mußte in der mittleren Jurazeit die Heimat von Süßwasserseen gewesen sein, die belebt waren von einer Fauna und umstanden von einer Flora subtropischen Charakters.
Es gibt auch einen fossilen Magnetismus: Jeder Stein enthält magnetische Teilchen, die, sozusagen, den Fingerabdruck der Polarität des magnetischen Feldes der Erde bewahren, wie es zur Zeit der Ablagerung des Steins bestand. Untersuchungen solcher Magnetfossilien lassen darauf schließen, daß die antarktische Halbinsel vor dem Tertiär auf einer Breite von 35 bis 40 Grad Süd gelegen war, und dort liegt Buenos Aires.
Im Tertiär kam aber auch das Ende dieser Herrlichkeit; von Säugetieren, die in anderen Teilen der Welt Leittiere des festen Landes geworden waren, fand sich in der Antarktis keine Spur. Bevor dieser Höhepunkt in der Tier-Evolution einsetzen konnte, kam das Eis — gleichzeitig etwa mit der Pleistozän-Eiszeit, die den Norden der Erde heimsuchte. Das liegt eine Million Jahre zurück, und während das Eis seither den Norden weitgehend freigab, hielt es den Süden bis heute umklammert. 90 Prozent des Welteises liegen hier...
Palmer kam in Sicht, eine kleine verlorene Ansammlung von Baracken unter dem Sternenbanner, mit spinnenfingerigen Antennen, Öltanks und — Pinguinen. Ich konnte sie schon wieder riechen, und ich glaubte längst, was ich für Seemannsgarn gehalten hatte, als ich es zum erstenmal hörte: daß nämlich der Gestank, der von den Kolonien dieser Vögel ausgeht, eine Navigationshilfe sei, die schon so manches Schiff im Nebel dieser südlichen Breiten vor dem Stranden bewahrt habe.

Wer aus der Antarktis zurückkehrt, hat immer wieder diese eine Frage zu beantworten: Wie kalt ist es da nun eigentlich?
Das kommt, wie immer, darauf an: An der Küste, wo die Ozeane für Milderung sorgen, fällt im Sommer das Thermometer selten unter —10° C, und Hemdsärmelwetter ist nichts Ungewöhnliches. Auf dem kontinentalen Festlandeis, das den Großglockner, wie man weiß, unter sich begraben würde, herrscht ewiger Frost, niemals geht das Thermometer an den Nullpunkt heran oder gar darüber hinaus. Der Winter bringt hier Temperaturen von mehr als 80 Grad minus, wenn das freilich auch Rekordmessungen, keine Durchschnitte sind; insbesondere die Küstenregion hat mildere Wintertemperaturen (denen freilich immer noch jedes ungeschützte Ohr in Sekundenschnelle zum Opfer fiele).

Und da leben Tiere? ist in aller Regel die nächste Frage an den Heimkehrer aus der Antarktis. Das kommt, schon wieder einmal, darauf an: Dauerbewohner, auf die Antarktis beschränkt, sind nur zwei Tiere: neben der Weddell-Robbe der Kaiser-Pinguin, der größte dieser fluglosen Vogelfamilie. Er findet sich erst sehr weit im Süden der Antarktis, und sein Brutgeschäft fällt ausgerechnet in den lichtlosen, bitterkalten Polarwinter, den nichts als wütende Schneestürme beleben. Das wird uns noch beschäftigen. Alle anderen Tiere sind Sommergäste. Kommt die sechs Monate dauernde Nacht heran, wandern sie, ein jedes in seinem Element, nordwärts, was hier gleichbedeutend mit Wärme ist.

Die dritte Frage, die unausweichlich kommt, lautet: Man hört stets, daß die Antarktis vegetationslos sei; es soll auch keine Insekten geben, also muß alle Nahrung aus dem Meer kommen — aber so viel Nahrung? Daran ist richtig, daß Vegetation dort unten mehr den Wert von Kuriosa hat, desgleichen die Insekten; als Nahrung scheiden beide aus, es lebt dort auch niemand, der sich für sie interessierte, sieht man von den Botanikern und Zoologen ab.

Es kommt also in der Tat alle Nahrung aus dem Meer, und staunt der Laie, daß dieses Wasser bei Temperaturen um Null überhaupt Leben produziert, so wundert sich der Fachmann über die ungeheuren Mengen von *Euphausia superba*, einem fingergliedlangen garnelenartigen Lebewesen, das die südlichen Ozeane mitunter weithin rot färbt. Man nennt es Krill, und die Lebenskette, in der es ein wichtiges Glied ist, geht so: 100 Pfund Plankton ergeben zehn Pfund Krill, die wiederum ein Pfund Blauwal produzieren, denn nicht nur die Seevögel und die Pinguine, auch die Wale schaufeln Euphausia zentnerweise in sich hinein. Es ist das Grundnahrungsmittel der antarktischen Fauna, vergleichbar den Spaghetti der Italiener und dem Reis der Asiaten. Und wer sich angesichts von Fotos, die riesige Pinguinkolonien zeigen, je gewundert hat über diese Massierung von Vögeln in einem Land, das doch als Synonym für Lebensfeindlichkeit gilt, der findet im Krill die Erklärung. Die Ozeane, allen voran die antarktischen Gewässer, sind der größte Nahrungsmittelproduzent der Welt. Die fünf Millionen Adélie-Pinguine der Laurie-Insel in den Südorkneys haben einen täglichen Nahrungsmittelbedarf von 9000 Tonnen, der Ladungskapazität von 70 modernen Fischtrawlern. Und doch hält das Meer weit mehr bereit, als die Pinguine und alle anderen Tiere ernten können. Es ist nicht Nahrungsmangel, was ihre Ausbreitung begrenzt, sondern Mangel an Lebensraum.

Das ist merkwürdig genug auf einem Kontinent, der die doppelte Größe von Australien hat, doch muß man bedenken, daß Pinguinkolonien nur an den Rändern des Kontinents leben können, denn das Innere gibt keine Nahrung her. Die Küste hinwiederum eignet sich auch nur an wenigen Stellen zur

Koloniebildung, steigt sie doch fast überall als dreißig, vierzig Meter hohe Eiswand aus dem Meer. Und so nimmt es nicht wunder, daß die zwei Millionen Adélie-Pinguine von Mawson auf drei Fuß hohen, von der Kälte konservierten, von der trockenen Luft mumifizierten Kadavern ihrer Vorfahren hausen. Ein makabres Bild, das am wenigsten zu diesem kleinen Clown der Antarktis passen will, dem der Franzose d'Urville, als er ihn 1839 entdeckte, den Namen seiner Frau Adélie gab (weshalb sich seither alle Welt fragt, wie diese Dame wohl ausgesehen haben mag).

Pinguine sind des Menschen liebste Tiere; wo er ihnen begegnet, im Zoo oder in freier Wildbahn, gerät er in Verzückung. Peter Scott, der unsere Exkursion leitete, sah sich sogar in dieser Gesellschaft von Fachleuten veranlaßt, seines Amtes als Präsident des World Wildlife Fund zu walten und eine Notiz ans Schwarze Brett unseres Expeditionsdampfers zu zwicken: „Ich bitte, vom Berühren der Pinguine Abstand zu nehmen!" Das kommt, natürlich, vom aufrechten Gang dieser Fluglosen, von ihren Stummelflügeln, die sie bewegen wie ein Mensch, der sich die Arme vor Kälte um den Leib schlägt (wogegen die Pinguine in Wirklichkeit auf diese Weise sommers „hecheln", also eine Wärme abgeben, die durch den Fettmantel unter der Haut und die enganliegenden Federn nur schlecht entweichen kann). Und es kommt diese unermüdliche Aufmerksamkeit, die der Mensch den Pinguinen widmet, nicht zuletzt von deren Streitsucht her, die eine Folge des Hausens dicht an dicht ist. Über der selbstvergessenen Beobachtung, die mancher von uns beispielsweise dem trickreichen Diebstahl von Nestmaterial widmete, waren nicht wenige in Gefahr, den Dampfer zu verpassen — eine dumme Sache, wenn der nächste erst sieben Monate später geht.

Natürlich ist die Ähnlichkeit des Pinguin-Verhaltens mit dem menschlichen wieder einmal hineingedacht worden: Aus der richtigen Beobachtung folgte der falsche Schluß. Das ist besonders gut an einem Märchen zu sehen, das in der Pinguin-Literatur nicht aussterben will. Man weiß, daß die Leopardenrobbe der größte Feind der Pinguine ist. Sie lauert nahe den Kolonien im Wasser, und hat sie einen geschnappt, dann schlägt sie die Beute so lange auf die Wasseroberfläche, bis der Balg platzt und das Pinguinfett mitsamt dem Gedärm herausgleitet, denn nur dieses frißt die Robbe.

Nun wird gesagt, daß Pinguine, die sich ins Wasser zur Nahrungssuche begeben möchten, zuvor stets ängstlich am Ufer herumstehen und schließlich erst einmal einen der ihren ins Wasser stoßen, um zu sehen, ob ihn der Teufel von Leopardenrobbe holt. Also, ich muß sagen: Kein Mensch wird einem Pinguin den fröhlichen Zynismus zutrauen, den solche Handlungsweise zur Voraussetzung hätte. Man schloß, einmal wieder, von sich auf andere. Richtig ist nur, daß die Pinguine als ausgesprochen gesellige Wesen nicht eher ins

Wasser gehen, bis sie es mit etlichen anderen zusammen tun können. Das ergibt ein Gedrängel am Uferrand, bei dem es schon mal passieren kann, daß einer die Balance verliert und in den Bach kippt. Das ist alles. Und sollten Sie je wieder hören: „Pinguine sind wie du und ich, denn sie zanken sich um die Wohnung, bestehlen ihre Nachbarn, verprügeln ihre Weiber und kommandieren ihre Kinder herum!", so wäre darauf die richtige Antwort: „Es ist genau umgekehrt — Pinguine haben nicht teil an den höheren Gedanken der Menschen, es hat der Mensch vielmehr teil an den primitiveren Regungen der Pinguine." Es machte sie noch etwas anderes zum Liebling insbesondere der Damen: Pinguine, so sagt man, seien monogam. Stonehouse, dem ich manchen guten Pinguin-Tip verdanke, hat das genauer untersucht. Was dabei herauskam, gibt nun wirklich Veranlassung zu dem Spruch, Pinguine seien wie du und ich. In großen Kolonien, das steht fest, wechseln sie manchmal den Partner, und da Pinguinkolonien selten klein sind, kann man auch nicht gut von der Ausnahmemoral der Großstädte reden. Die Scheidungsrate unter Pinguinen schätzen Ornithologen auf 17 Prozent. Auch im Detail geht der Frauentausch auf bekannte Manier vor sich: Man schweift weniger in die Ferne, sondern bedient sich der Nachbarin. Was nicht ausschließt, daß man die Geschichte im Jahr darauf wieder rückgängig macht und ein jeder zu seiner, fast hätte ich gesagt: Angetrauten zurückkehrt. Doch wurde auch beobachtet, daß ein Männchen, nachdem es sich mit einer Neuen gepaart hatte, in ernste Schwierigkeiten geriet, als die Alte — verspätet — in der Kolonie ankam. Kämpfe sind dann die Regel unter den Hennen.

Die Verliererin hält alsbald Ausschau nach einem Hahn, der das vorführt, was man die Ekstasehaltung genannt hat: Ähnlich der sich tarnenden Rohrdommel nimmt der Pinguin eine Pfahlstellung ein und kräht wie der Haushahn auf dem Mist, freilich im Ton sehr verschieden. Doch hat das mit Ekstase nichts zu tun; es ist nur die aus der Herde herausragende Signalstellung, die mannbaren Weibchen anzeigt, daß dort ein Nest bereitet wurde und eine Ehe zu haben sei. Stonehouse hat beobachtet, daß selbst verheiratete Pinguinhennen solchem Angebot nähertraten — womit kein moralisches Wort gesagt sein soll.

Diese Paarbildung, diese häufige Rückkehr zum Partner des Vorjahrs, setzt die Fähigkeit voraus, sich zu erkennen, wenn man nicht an die automatische Rückkehr beider Partner zum alten Nest als dem alleinigen Motiv zur Treue glauben will. Pinguine erkennen sich am Gesicht wie die Gänse, die Schwäne auch. Wichtiger aber, so meint man, sei die Stimme, und das wird gestützt durch Beobachtungen, die dem Fütterungsverhalten galten. Wenn eine Henne mit vollem Kropf aus dem Wasser an den Rand der Kolonie zurückkehrt, dann stößt sie Rufe aus, die unter den Tausenden von Jungen nur eines zur

Henne eilen läßt, und diesem einen nur würgt sie die Nahrung vor (die von einer Schleimhaut vor der Verdauung bewahrt wurde). Fremde Junge, die abstauben wollen, werden weggebissen. Erst wenn das eigene zu Tode kam, hat die Pinguinhenne Augen für andere Junge; sie wird dann im Versuch, ein fremdes Küken zu bemuttern, nicht selten so rabiat, daß die Kleinen vor ihr und ihrer Liebe flüchten — in Felsspalten, in denen sie oft zugrunde gehen. Überhaupt ist die Sterblichkeit unter Pinguinjungen unglaublich hoch; die Prozentzahlen schwanken zwischen 70 und 80. Unter den Todesursachen stehen die Kälte, der Schneesturm, die Skua-Möwe, die Unachtsamkeit der Elterntiere obenan. Ein Pinguinpaar braucht viele Jahre, bis es ein Pärchen Junge, das es in der Generationenfolge ersetzen kann, großgebracht hat.

Während ich in der Adélie-Kolonie bei der amerikanischen Palmer-Station auf der Anvers-Insel inmitten der Pinguine hocke und fotografiere, rollt mir beim Filmwechseln eine Spule fort, dicht vor ein Nest. Ich strecke ganz vorsichtig meine Hand danach aus, erreiche die Spule auch, ohne daß ich einen Angriff des auf dem Nest hockenden Pinguins ausgelöst hätte, schließe die Finger um die Spule und denke: mal sehen, was geschieht, wenn ich mit der Faust den Vogel berühre. Als diese Faust endlich im Nest lag, rutschte der Vogel ein bißchen hin und her, bis er schließlich zufrieden auf ihr saß wie auf einem Ei. Er brütete mir ein paar hübsche Bilder aus.

So zutraulich, so wenig menschenscheu sind die Tiere der Antarktis. Sie haben uns noch nicht kennengelernt. Aber sie sind schon dabei. Mit den Krankheitskeimen, mit der Unruhe, die der Mensch bringt, bringt er auch seine Zivilisation. Im McMurdo-Sund watschelten die Pinguine in die Flammen der brennenden Kehrichthaufen, denn sie kannten das Feuer nicht. Schon tauchen bei den Kolonien, die nahe an den großen Stationen liegen, die ersten Schilder auf: „Schützt die Tiere der Antarktis. Haltet Abstand!“ Nirgendwo gingen die Politiker, die Senatoren, die Abgeordneten, die Journalisten, die auf Besuch kamen, näher mit den Kameras an die Tiere heran als hier, denn so ein Schild in der Antarktis, das ist schließlich was . . .

Unbehelligt in seinem Brutgeschäft ist allein der Kaiser-Pinguin, denn sein Lebensfrühling ist die tiefe Polarnacht, wenn die Temperaturen so absinken, daß sie der forschende Mensch nur noch im Eis vergraben, am Ölofen aushält. Schneestürme heulen mit Orkanstärke über die Tiere hin, die eng zusammenrücken. Aufs blanke Eis legt die Henne ihr einziges Ei, denn der Sturm duldet keine Nester. Der Hahn rollt es sich auf die Füße und stülpt die lose Bauchhaut wärmend darüber, und sinkt die Temperatur auf 30 Grad minus, so muß seine Körperwärme 60 Grad überbrücken, denn unter 30 Grad plus darf sich das Ei nicht abkühlen. Und so steht der Pinguin 60 Tage über dem Ei, fastend, während die Henne sich auf den Weg machte zum oft meilenweit entfernten offenen Meer, wo sie sich mit der im Winter spärlich gewordenen Nahrung fett zu machen sucht. Schlüpfen dann, zu Hause in der Kolonie, die Jungen, so haben die ausgemergelten Hähne noch immer genug im Kropf, um die Jungen noch einmal sechs Wochen lang, bis zur Rückkehr der Hennen, atzen zu können. Als körperliches Wrack wandert dann der Hahn dem Meere zu . . .

Was mir aber das größte Wunder der Natur zu sein scheint: Diese Jungen werden nackt geboren, ohne jeglichen Flaum. Doch was angesichts der Kälte widersinnig anmutet, ist Weisheit: Jeglicher Bewuchs der Haut müßte den raschen Wärmefluß vom Alten zum Jungen stören. Erst wenn das Junge für die Bauchfalte des Elterntieres zu groß zu werden droht, fangen die Federn rasch zu sprießen an.

Es ist in der Tierwelt kein Bild denkbar, das mehr ans Herz griffe als dieses: Pinguine stehen, leise miteinander redend, am Grunde der Erde, an einem schrecklichen Ort, wo kein Gedanke sie mehr erreicht. Die Polarnacht ist sonnenlos schon seit langem und vor Alter grau. Eis ist überall, und manchmal regt sich mit drohender Sachtheit der Ozean unter dem Totenlaken des Packeises. Fällt dann der Wind noch vom Hochland herab, zerspringt der blankgefegte Spiegel wie unter dem Schlag einer flachen Hand, und die Risse laufen knisternd an den Horizont. Unruhig horchend, rücken die Pinguine zusammen und senken vor dem Ansturm des Windes die Köpfe, wie eine gefährdete Gemeinde im Gebet. Die Füße, auf denen das Ei reift, treten auf der Stelle, denn wohin sollten sie auch gehen, ist doch ein Ort dem anderen an Schrecklichkeit gleich. Und das Gedächtnis der Art bewahrt die Gewißheit, daß der Wind auch die Zeit verweht, Stunde um Stunde.

Pinguine schwimmen, indem sie die Flügel gebrauchen, nicht die Füße, die nur dem Steuern dienen. Die nahezu ideale Stromlinienform, die ihr Körper mit seiner größten Breite nahe dem Kopf erreicht, läßt sie unter Wasser um ein Mehrfaches schneller und leichter vorankommen als auf dem Wasser, wo sie tief eingetaucht schwimmen. Gilt es, größere Entfernungen zu überwinden, so machen sie es wie die Delphine und Robben: Langgezogene S-Kurven führen sie mal unter, mal über Wasser, wo sie die Gelegenheit zum Atmen benützen.

Pinguine tauchen bis zu 20 Meter tief. Pinguine erreichen kurzfristig Geschwindigkeiten von etwa 50 km/h. Pinguine navigieren auf ihren Wanderungen über das Eis nach der Sonne. Pinguine watscheln, weil sie keine Taille haben. Pinguine wurden schon 400 Kilometer von der offenen See entfernt gefunden. 3800 Kilometer von ihrer Kolonie entfernt, vom Menschen ausgesetzt, fanden sich drei von ihnen zehn Monate später wieder am heimischen

Nest ein. Pinguine verbringen zwei Drittel ihres Lebens unter Wasser. Pinguine in ihrer Kolonie veranstalten einen Lärm, der einem Fußballstadion während des Europa-Cups zur Ehre gereichen würde. Pinguine stinken. Aber dies erstaunte mich an Pinguinen am meisten: Dieser fluglose Vogel ist verwandt mit dem größten Flieger, den die Erde kennt — dem Albatros. Nicht nur brüten sie zusammen in den großen Kolonien der subantarktischen Inselwelt, nicht nur haben sie ein ähnliches Balzverhalten, es zeigte sich nach Meinung der Ornithologen auch an fossilen Knochenfunden, daß die Pinguine und die Röhrennasigen sich vor 100 Millionen Jahren trennten — nicht viel anders, als Mensch und Affe sich einstmals trennten, was immer Sie davon halten mögen.

Es gab Sekt. Ein spleeniger Brite aber nippte zur Feier der Stunde am Seewasser im Becher des Thermometers, das Dr. Berry, der Meeresbiologe aus Miami, an der Schiffswand herabgelassen hatte: Von der Brücke war der 60. Breitengrad Süd, die Grenze zwischen der Subantarktis und Antarctica proper, ausgerufen worden.
Auf unserer Route verlief diese Grenze in der Mitte zwischen den Kaps von Südamerika und der antarktischen Halbinsel, und sie deckte sich hier mit der Linie der antarktischen Konvergenz, einem biologischen Phänomen, das das Thermometer auf die Meile genau bezeichnet. „4,9 Grad Celsius“, überschrie Berry den heulenden Wind. „Die Wassertemperatur ist in drei Stunden um 2,2 Grad gefallen.“

Rings um den vereisten Kontinent wandert, von westlichen Winden getrieben, eine um null Grad kalte Wassermasse östlich. An ihrer nördlichen Grenze, die sich unregelmäßig wie eine Girlande um den 60. Breitengrad windet, sinkt dieser kalte Wasserkörper fast schlagartig unter das wärmere Wasser der subantarktischen Region. Hier scheidet sich ozeanisches Leben so deutlich wie der Tag von der Nacht. Ist der Artenreichtum und die relativ geringe Kopfzahl der Spezies das Kennzeichen der gemäßigten Zone, so herrscht südlich der antarktischen Konvergenz das Gesetz der großen Zahl bei wenigen Arten.
Die Falkland-Inseln, außerhalb dieses Kaltwassergürtels gelegen, sind milde Eilande, eisfrei das ganze Jahr und im Monatsmittel mit Temperaturen, die nicht unter den Gefrierpunkt sinken. Insekten und Süßwassertiere sind zahlreich auf ihnen. 150 Arten von Blütenpflanzen gedeihen in Mooren, Sümpfen, an Bächen und auf Weideland. 40 der 65 hier brütenden Vogelarten leben ganz vom Lande.
Und nun das nicht sehr weit entfernte, ja fast mit den Falklands auf gleicher geografischer Breite, jedoch schon im Kaltwassergürtel liegende Südgeorgien:

vergletschert, mit Temperaturen, die deutlich unter denen der Falklands liegen; es gibt nur 16 Arten von Blütenpflanzen, das harsche Tussoc-Gras überwiegt; von den 25 ansässigen Vogelarten holen schon 23 ihre Nahrung aus dem Meer.

Schließlich die Antarktis selber: Die Artenzahl der Brutvögel ist auf acht abgesunken, die Zahl der Blütenpflanzen auf zwei, deren wissenschaftliche Namen ich mir bei den Botanikern der Palmer-Station notierte, wie man sich ein Zitat notiert, das dem Eingeweihten eine ganze geistige Landschaft erhellt: *Deschampsia antarctica* und *Colobanthus crassifolius*.

Hier, auf Palmer, war es auch, wo mir die Symbiose, die Hilfestellung der Natur für das Leben zu zweit, faßlich wurde wie nie zuvor. Die Alge und der Pilz, dem Lichttod ausgesetzt die eine und dem Hungertod der andere, gehen eine kryptogame Ehe ein, die sie als Flechte glücklich überleben läßt in der extremsten Landschaft der Erde. Man findet sie sommers in den Klüften der eisfreien Gletschermoränen, wo sie den schwarzen Stein in papierdünner Schicht mit den Farben der Malerpalette überziehen. Es sind zwei sehr verschiedene Organismen, deren Hilfe füreinander sich, wenn man den Vorgang vergröbert, so darstellen läßt: Die Alge hielte dem Lichtansturm des antarktischen Sommers nicht stand, und der Pilz fände in dieser sterilen, tockenen Luft keine Nahrung. Also überkriecht der Pilz mit filternden Farbpigmenten die Alge, die zum Dank mit dem Mittel der Photosynthese ausreichend Glukose für den Nahrungsbedarf beider produziert.

Neben solchem feinsten Räderwerk der Natur hatten die Amerikaner das nicht minder erstaunliche Wunder einer Computer-Filiale aufgebaut. Der Gegenwert von 100 000 Mark stand hier in Form von Kisten und Kasten, die gefüllt waren mit einer Art von elektronischer Holzwolle, unmotiviert in der Gegend herum. Ich verstehe nichts davon, aber die Konfrontation zwischen einer Technik von morgen und einer Landschaft von gestern zeigte schlaglichtartig die Kunst der Amerikaner auf, die Wissenschaft dort zu improvisieren, wo sie sich, bedingt durch eine feindliche Umwelt, nicht organisieren läßt.

Sie füllten Pflanzen in suppenschüsselgroße Tiegel, schlossen sie hermetisch mit lichtdurchlässigen Deckeln und überließen es der Sonne, den Flechten und Moosen flüchtige, die Atmosphäre verändernde Essenzen zu entziehen, deren Wesensart von feinsten elektronischen Spürnasen einem Gaschromatographen und weiter dem Computer mitgeteilt wurde. Der Computer seinerseits brachte seine Erfahrungen in Form von Lochstreifen zu Papier, die von den menschlichen Botanikern dem elektronischen Kollegen entnommen und via Eisbrecher und Flugzeug nach Washington geschafft wurden. Dort schlingt sie ein Obercomputer in sich hinein, vergleicht ihre Informationen aus dem

fernen Eisland mit dem Wissen, das man ihm eingefüttert hatte, und gibt dann in Form von neuen Lochstreifen bekannt, ob diese Moose oder Flechten von der Palmer-Station lediglich dort vorkommen, welcher Familie sie wohl zugerechnet werden sollten, ob sie wohl taugen könnten für die Nahrung oder gar für die Medizin.
„Und welchen praktischen Wert nun hat hier das Moos?" wollte ich wissen. Der Harvard-Professor führte mich, fein lächelnd, ins Labor und wies auf eine dem „Playboy"-Magazin entnommene Nackte, die da an der Wand hing zwischen Mikro- und Makroklimakurven und der Mitteilung, daß heute abend „Doktor Schiwago" gegeben werde. Man hatte dem Schamberg der Dame mit Büscheln des Mooses *Neuropagon* zu einigem Realismus verholfen. „Das ist", sagte der Professor, „vorerst alles an praktischem Wert. Wir sind nur neugierig, betreiben nur Grundlagenforschung, you know, und was dabei herauskommen mag, weiß kein Mensch . . ."
Ich notierte noch fix: „Makroklima, also Luft: 0° C. Mikroklima, also Temperatur im Moos: plus 16° C, durch Sonneneinstrahlung." Dann stehle ich aus der Sammlung der Station rasch noch einen moosbewachsenen Stein zu näherem Studium daheim und renne zum Boot, denn die Schiffssirene heult schon wieder. Zu der Frage an den Professor, ob meine Überlegung richtig sei, daß insbesondere die schwarzen Steine so stark von Pflanzen bewachsen seien, weil Schwarz wenig Sonne abstrahle, bleibt keine Zeit mehr.
Auf dem Schiff komme ich gerade zurecht zu einer Vorlesung Berrys über die Vorliebe von *Euphausia superba* für kaltes Wasser, je kälter, je lieber. Dieses garnelenartige Tierchen mit dem Vulgärnamen Krill ist, ich sagte es schon, das Grundnahrungsmittel aller antarktischen Tiere vom Blauwal bis zum Pinguin. Der Meeresbiologe, der es mit dem Netz aus der See heraufholt, weiß mit Sicherheit, daß er sich innerhalb des antarktischen Kaltwassergürtels befinden muß. Krill färbt den Ozean rot, so massiert kommt es vor. Jedenfalls sagen das alle Bücher, doch Berry konnte auch an unserem sechsten Tag in antarktischen Gewässern nicht einmal eines dieser Tierchen vorführen. Noch war *Euphausia superba* anwesend, kein Zweifel, denn die Kolonien der Pinguine waren rot vom krillhaltigen Kot. Mary Hooten-Heftel, eine bizarre Rechtsanwältin aus Chicago, die es aus Gründen, die nur sie allein kannte, unter diese zoologische Gesellschaft verschlagen hatte, machte Berrys Not resolut ein Ende: Mit manikürten Fingern hatte sie sich aus der Futtermasse, die ein Adélie-Pinguin seinem Jungen vorwürgte, ein guterhaltenes Exemplar von *Euphausia superba* herausgeschnappt und es aufs Schiff entführt, wo es, in Plastik eingesargt, fortan die Diskussionen belebte.
Je kälter also, je lieber. Berry doziert: 1908 schon habe Jaques Loeb an der Universität von California demonstriert, daß Lebensdauer und Entwicklungs-

geschwindigkeit auf Temperatur unterschiedlich reagieren. Indem er mit den Eiern von Seeigeln arbeitete, stellte er fest, daß die Verminderung der Temperatur um zehn Grad Celsius die Lebensdauer theoretisch tausendmal verlängere, wohingegen die entsprechende Entwicklungsperiode nur um das Dreifache zunahm. Hieraus schloß er, daß die chemischen, die Entwicklung beeinflussenden Prozesse grundverschieden von jenen sein müssen, die hohes Alter und Tod verursachen. Was, so Berry, in den antarktischen Gewässern demonstriert werde, denn hier, in Wassertemperaturen um null Grad Celsius, hätten Einzelorganismen ein längeres Leben, was zur Folge habe, daß von jeder Spezies mehr Generationen gleichzeitig lebten, als dies in wärmeren Gewässern der Fall sei... Leises Schnarchen hier und da; der antarktische Tag hat für uns 15, 16 Stunden, und man soll nichts übertreiben. Es ist auch sehr warm in der Messe. Ich nehme das Eis aus meinem Gin in die Hand. Eis, so lernte ich neulich, entzieht dem menschlichen Körper die Wärme 23mal rascher als Luft gleicher Temperatur.

Am Abend hängt eine Notiz am Schwarzen Brett, die Peter Scotts Mahnung parodiert, die Pinguine nicht anzufassen: „Es wird gebeten, nicht erneut den Krill zu stören, es geht diesen Tieren angesichts der vielen Pinguine schon schlecht genug.“ — „Merkwürdiger Humor“, sagt Scott dazu. Drei Wochen auf einem kleinen Schiff machen Spannungen sichtbar.

Ich habe mich noch eines Auftrags zu entledigen, den mir der KOSMOS-Verleger mit auf den Weg ins Eis gab. Wernher von Braun, der 1967 die Goldene Bölsche-Medaille in Stuttgart empfing, war kurz zuvor aus der Antarktis zurückgekehrt, stark beeindruckt insbesondere von einem unerwarteten Insektenleben im ewigen Eis. Ich sollte danach schauen — was keine geringe Aufgabe war, denn das häufigste Tier der Antarktis, das in der Lage ist, ausschließlich vom Lande zu leben, ist beträchtlich kleiner als eine Stubenfliege: *Nanorchestres antarcticus Strandtmann,* entdeckt 1963, ist der häufigste Gliederfüßer der Gegend und bis auf weiteres das südlichste Landtier der Welt. Es mißt 0,25 mm in der Länge und lebt von mikroskopisch winzigen Algen und Pilzen. Das Honolulu-Museum Bishop sammelte 10 000 Stück aller Lebensstadien auf, indem man die Kadaver von Pinguinen umdrehte, an deren Federn Algen wuchsen.

Weit interessanter und von Braun wohl auch gemeint ist eine Diptera-Art, eine zweiflügelige Fliege, zu der meist weder dies Adjektiv noch die Bezeichnung Fliege paßt: Da die starken Winde der Antarktis nichts anderes bewirken würden, als eine fliegende Fliege ins Meer zu treiben, gewöhnt die Art sich in einem Schulbeispiel der Anpassung die Flügel und das Fliegen ab.

Federlinge und Läuse als Gäste auf Vögeln und Robben vervollständigen die überaus artenarme Insektenfauna, die ein Leben führt, das man gewiß

selbst einer Laus nicht wünscht: Die Bodentemperaturen übersteigen den Nullpunkt nur zwei Stunden am Tag und nur wenige Wochen im Jahr; die Starre, in die die Tiere sich retten, hat ihre Grenze bei 50 Kältegraden, die das Thermometer durchaus zuweilen und an manchen Orten unterbietet; eine relative Luftfeuchtigkeit von nur zehn Prozent kommt vor und ist desgleichen tödlich. Schließlich gefriert winters die Erde, die spärlich genug ist, tief und nachhaltig: Man maß in ihr schon — 55 Grad Celsius.
Wo sie herkamen, die Insekten? Man vermutet, durch die Luft, denn in Netzen, die zwischen den Masten der Forschungsschiffe ausgespannt sind, fing man Arten, die sich in der Antarktis finden. Schließlich sind die Wirte selber gute Transporteure, so verursacht auch die Ankunft eines ordinären Flohs auf dem siebenten Kontinent den Entomologen längst schon kein wissenschaftliches Rätselraten mehr.

Ich gewöhnte mich nur langsam daran, die Robben der Gegend voneinander zu unterscheiden, wenn sie mir, zum Stolpern nahe, im Weg lagen und nicht wichen oder wenn sie sich durch wellenförmige Kontraktionen ihrer vor Fett bibbernden Leiber auf dem Eise davonmachten; die Flossenfüße sind ja an Land zu nicht viel nütze, und die hinteren Extremitäten taugen ganz und gar nur etwas im Wasser.
Die meiste Aufmerksamkeit erregte immer die gefleckte und darum danach benannte Leopardenrobbe. Das Raubtier steht ihr deutlich im Gesicht geschrieben, einem scharfbissigen Schlangenkopf, der wenig mit den friedlichen Opa-Gesichtern der zwei anderen Robbenarten gemein hat, die ich noch sah: der Weddell-Robbe und des Krabbenfressers. Nummer vier der dortigen *Phocidae*-Art ist der seltene Roß-Seehund, der auf weniger als 50 000 Stück geschätzt wird.
Neben dem Kaiser-Pinguin haben wir in der Weddell-Robbe noch ein Tier, das dem südpolaren Winter trotzt und nicht auswandert. Ihr Gebiß ist eine hervorragende Eissäge, von der sie mit im Halbkreis geschwungenem Kopf Gebrauch macht, wenn es gilt, ein Loch ins Eis zu schneiden, um an Nahrung, an Atemluft oder ins — warme Bett zu gelangen, ins Wasser, das im Winter, weil bedeutend wärmer als die Luft, die einzige Überlebenschance bietet. Robert Falcon Scott, der Vater unseres Exkursionsleiters, der 1912 tragisch im Eis umkam, fand die Mumien von Weddell-Robben 1000 Meter hoch auf dem Inlandeis, 2000 Jahre alt, wie Untersuchungen ergaben. Eindeutige Opfer verzweifelter Wanderungen auf der Suche nach rettendem Wasser.
Acht Millionen Krabbenfresser soll es geben, eine ungeheure, zutrauliche, den Menschen nicht fürchtende Masse Leiber, deren Unbeholfenheit an Land die Grausamkeit verdoppelt, mit der die Robbenschlächter des 19. Jahrhunderts

die nördlichen Vettern dieser Tiere, die Pelzrobben, an den Rand des Aussterbens brachten. Captain Edmund Fanning, einer amerikanischen Chronik nach ein bescheidener und warmherziger Mann, welcher niemanden an Bord nahm, der fluchte, nahm jedoch während einer einzigen Reise nach Südgeorgien 5700 Pelzrobben die Haut und verkaufte sie um fünf Dollar das Stück nach China. Und er war nur einer. Von Hunderten.
Von 1821 auf 1822 knüppelten sie in den Südshetlands, vor der antarktischen Haustür, 320000 Pelzrobben nieder. Sie töteten nur die erwachsenen Tiere. 100000 Junge überließen sie dem Hungertod. In weniger als 50 Jahren erreichten allein London 1,2 Millionen Häute und 20000 Tonnen Öl, das aus dem Blubber der See-Elefanten stammt. Man hatte es über Feuern ausgekocht, die mit den erschlagenen Kadavern ganzer Pinguinkolonien genährt worden waren.
Und auch über Wale hatte ich Ihnen berichten sollen. Wir alle hielten scharfen Ausguck und die Telelinsen schußbereit. Aber es hatten andere lange vor uns zu scharfen Ausguck gehalten und zu gut mit Harpunen geschossen. Ich bekam den Blas auch nicht eines einzigen Wals zu Gesicht.
Es ist sinnlos, hier die Leidensgeschichte dieser großen Leviathane zu erzählen. Sie ist zu oft erzählt worden, ohne daß es, bis auf den heutigen Tag, auch nur das geringste genutzt hätte. Neulich sah ich im Fernsehen, wie sie die Harpunenschiffe nun schon von Hubschraubern aus lenken. Die Tiere haben keine Chance mehr. Als die Fänger auf dem ersten toten Wal der Saison den Sektkorken knallen ließen, drehte sich mir der Magen um. Ich stellte ab. Man kann wohl mehr nicht tun. Wir hatten auf unserer Reise einen guten Menschen dabei, der an alle, die mit den Walen leiden, Listen verteilte; sie enthielten die Namen von Produkten, in denen Waltran verarbeitet wird. Das gute Unterfangen erinnerte an die Heilsarmee.

„Sei nett zu deinen Freunden, den Hunden. Wer weiß, ob du sie nicht mal essen mußt." Dieses Schild an der Stationswand hatte dicken Staub angesetzt. Es stammte aus den Tagen, da der Traktor in der Antarktis noch ein Kuriosum war, das sich nach wenigen hundert Metern meist in einer Eisspalte zum Kältetod niederzulassen pflegte. Dann grunzten die echten Nachfahren der Amundsen und Scott verächtlich und pfiffen ihren Hunden, die sie liebten und prügelten, fütterten und aßen.
Amundsen siegte im Rennen zum Südpol nicht zuletzt deswegen über Scott, weil er der bessere, von keiner Sentimentalität angekränkelte Hundemann war. Er regierte die Rudel mit harter, peitschenbewehrter Hand. Scott dagegen wurde nicht Herr über seine traditionelle englische Hundeliebe. Er mochte auch die wölfischen, raufllustigen Huskies der Eskimos nicht, die

Amundsen vorzog. Scott experimentierte mit dem sibirischen Samojed, einem sahnefarbigen Hund, der kleiner war und sanfter. Die Tiere befriedigten nicht, und so setzte Scott sibirische Ponys ein. Er mußte sie alle töten, und da er und seine Männer danach die schweren Schlitten selber ziehen mußten, kamen sie vor Schwäche um — elf Meilen vom nächsten Depot entfernt.

Amundsen machte aus seiner Verachtung für diese weiche Veranlagung im Charakter seines Konkurrenten keinen Hehl, „Die wahre Grausamkeit", schrieb er, „liegt nicht darin, Hunde für Hunde zu töten, sondern sie nicht ausreichend zu ernähren." Er führte 24 Hunde mit — als Futter für Hunde. Als es soweit war, griff er zum Revolver. Er kehrte als Sieger und von den Strapazen kaum gezeichnet vom Pol zurück. Doch muß man gerecht sein und sagen, daß der arktische Hund in jenen Tagen wahrlich mehr Wolf als Menschenfreund war, und es konnte auch einen weniger tierliebenden Mann als Scott grausen vor der Behandlung, die diese Tiere nach Meinung der Eskimos und Trapper brauchten. Nach langen Reisen mußte man nicht selten die Hunde töten, denn unter den vielen Peitschenhieben, die sie zur Bekämpfung der Rauflust und zur Anfeuerung auf langen Reisen erhalten hatten, war das Fell in Fetzen davongeflogen. Man wußte von Peitschengriffen, die auf den Köpfen der aufsässigen Tiere zerschlagen worden waren; besonders bissigen Rüden hatte man die Zähne stumpf gefeilt. Während der Rast ließ man sie laufen, damit sie sich durch Reißen von Wild selbst ernährten.

In den Hundezwingern der Antarktis wurde der Wolf in diesen Tieren dann allmählich durch Züchtung verdrängt. Heute sind Eigenschaften wie Zerbeißen des Geschirrs, unmäßige Rauflust, Fressen von Kot zumeist psychologische Störungen, die ihre Ursache in einem gespannten Verhältnis zwischen Mensch und Hund haben. Es gilt heute, wo man noch immer nicht auf die Dienste der Schlittenhunde verzichten kann, der Satz: „Das Benehmen eines Hundeteams spiegelt die Persönlichkeit des Fahrers wider."

Knapp 150 Kilogramm sind das Maximum an Zuggewicht, das ein Team von neun Hunden bewältigen kann. Sucht man für den antarktischen Schlittenhund und seine Leistung nach einem Vergleich aus menschlichem Bereich, so bietet sich dafür die Zugkraft an, die jedes Mitglied eines olympischen Achters zu geben hat. Robbenfleisch und Blubber sind für die Hunde die beste Nahrung. Bekommen sie 6000 Kalorien pro Tag und ist das Wetter kalt, die Luft sauerstoffreich, so gelten diese Tiere als praktisch unermüdlich: 150 Kilometer pro Woche schaffen sie einen Monat lang, erst dann zeigen sie deutlich Unlust. Man hat allen Ernstes der Monotonie der Landschaft die Schuld gegeben, doch neigen die Praktiker zur Erhöhung der Fleischration; in einer Zeit, da Hundefutter unterwegs von Hubschraubern abgeworfen wird, ist das nicht mehr schwierig.

Es sind die Hunde überhaupt kein Problem mehr heutzutage. „Es ist", so hörte ich, „viel schwerer, den richtigen Herrn zu züchten als den richtigen Hund!"

Das Angebot an, wenn das Wort erlaubt ist: Menschenmaterial für die Antarktis ist nicht mehr so groß wie ehedem. Konnten die wissenschaftlichen Institute und die Marine sich vor ein paar Jahren noch nicht retten vor Freiwilligen, die das romantische Abenteuer eines Winters im Eis erleben wollten, so muß heute zumindest die amerikanische Navy die Hilfskräfte für die Stationen schon abkommandieren.

Es ist nicht leicht, Polarbewohner zu werden, und es ist noch schwerer, es zu sein. Applikanten für einen Job „da unten" absolvieren einen geistigen Spießrutenlauf von Psychiater zu Psychiater, die sich bemühen, die Labilen auszusondern, die zur Gewalt neigen oder zur Depression. Und selbst von den Harten, Nüchternen, Gleichmütigen, die dann ins Eis und in die sechsmonatige Nacht gehen, kommen nicht alle ganz ohne Selbstbetrug aus: Die Lagerverwaltung von McMurdo zum Beispiel hält Wachsblumen in Töpfen bereit, die gegen Quittung wochenweise ausgeliehen werden, und ganz besonders Grünhungrige können sich einen Grasteppich geben lassen, dem nicht einmal das Schild „Betreten verboten" fehlt.

Man hat versucht, die Schwierigkeit eines Lebens in der Antarktis in Zahlen zu fassen. So muß ein Mann, der einen dunklen Pullover trägt, während die — ungefilterte — Sonne scheint, mit 49° C Temperaturdifferenz zwischen Brust und Rücken rechnen, denn bei einer Außentemperatur von —7,5 Grad maß man auf der schattigen Brust zwölf, auf dem sonnigen Buckel 61 Plusgrade. Die Fingernägel wachsen langsamer hier unten, die Haare dagegen, obwohl sie doch demselben Ektodermalgewebe entstammen, im Winter schneller. Man sieht darin die Evolution, die Anpassung an die veränderte Umwelt: Kriegen denn die Tiere in der Kälte nicht auch ein dickeres Fell?

Vor der Station Palmer fotografiere ich den „Adler der Antarktis", die Skua-Möwe. Sie faucht mich furchtlos an. *Catharacta skua lönnbergi* ist bipolar. Raubvogelgleich fürchtet sie niemanden, niemals versucht sie, unauffällig zu bleiben, und so ist sie vom Adlerkopf bis zur Schwimmzehe der Herrscher des Südens — eine Möwe, die sich in einen Falken verwandelt hat. Sie ist der Feind von allen und jedem, den sie bezwingen kann; rauben und töten sind ausgeprägte Wesenszüge, und auch im Äußeren tritt das Raubvogelhafte deutlich genug hervor: in der Farbgebung des Federkleids, im abspreizbaren Nackengefieder, im Krummschnabel und in den langen, scharfen, gekrümmten Klauen, die zu den Schwimmhäuten nicht recht passen wollen.

Skuas sind starke, schwere, vitale Vögel, die in der Luft eher massiv als schnell aussehen; der die Antarktis besuchende Ornithologe zeigt sich immer wieder überrascht, daß sie dennoch in freiem Flug solche behenden, langflügligen Sturmvögel wie *Procellaria aequinoctialis* zu überholen imstande sind. Kraft drückt sich in jeder Bewegung aus; ich sah Skuas inmitten von Pinguinen landen, die Schwingen drohend abgespreizt, den Krummschnabel geöffnet, und die gewiß nicht ängstlichen Pinguine wichen zu einer breiten Gasse zurück, durch die der Skua gravitätisch zu einem Kadaver schritt. Kranke Pinguine treibt der Vogel mit Flügelschlägen an den Kolonierand und tötet sie dort. Kein Ei ist sicher, das unbewacht bleibt, denn ständig patrouillieren diese Räuber im Tiefflug über den Pinguinkolonien, deren kommunale Wachsamkeit indessen groß ist, wenn es das lebendige Ei, das lebendige Junge zu schützen gilt. Zehn Skua-Paare brauchen schon eine hunderttausendköpfige Pinguinkolonie, um von ihr allein leben zu können.

Ich trug einen schmerzhaft gezerrten Brustmuskel aufs Schiff zurück; ein Skua war im entschlossenen Sturzflug auf mich herabgestoßen, so daß ich ebenso instinktiv wie ungeschickt den Kopf in den Armen geborgen hatte. Danach fiel es mir noch schwerer, diesen Vögeln gegenüber sachliche Haltung zu bewahren, hatte ich doch gesehen, wie sie geierhaft zu viert um einen verletzten Artgenossen herumgestanden waren und auf die Agonie gewartet hatten, den Zeitpunkt für den Gnadenstoß und das Fressen. Sie fressen auch das zweite eigene Junge und ziehen nur eines auf, doch wertet mancher dies als einen Schutz vor zu großer Vermehrung der räuberischen Art.

Ich spürte aber noch einen anderen Stich in der Brust: Wir hatten mittlerweile den tiefsten, südlichen Punkt erreicht, bis zu dem unser für die Eisfahrt nur ungenügend gebautes Schiff vordringen konnte; es stand uns lediglich noch eine Renommier-Schleife auf dem Südpolarkreis bevor, in offenem Wasser schon; und das würde dann der Abschied sein von einem Kontinent, den noch niemand verließ, ohne sich ein Wiedersehen mit ihm zu wünschen. Seine Großartigkeit ist auch mit mehreren Reisen nicht auszuschöpfen. Und so hing ich denn trüben Gedanken nach, als das Schiff durch die letzten Eisszenerien der Reise glitt. Es wurde Nacht. Achteraus lag der Mond fett und gelb auf dem schwarzen Wasserhorizont, eine große Kugel, die vor dem Himmel zu stehen schien, so rein war die Atmosphäre und die Nacht so unwirklich, die gewohnte Welt so fern, daß niemand sich gewundert hätte, wäre diese Mondkugel auf ihrer eigenen Straße, die sie zu uns herüberschickte, ins Rollen gekommen. Vor dem leise murmelnden Bug zog sich der Himmel zu wie ein Helmvisier, und bevor es uns ganz vom Tag trennte und in die erzene Schwärze des Helminneren einschloß, gewährte es uns noch einen raschen Blick auf einen schmalen Streifen blaugrünen Lichts. Eisberge schimmerten an den Seiten, die diesem Lichtband zugewandt waren, wie Porzellan, während der Mond ihre Rücken mit düsterer Goldbronze einfärbte — stoffliche Alpträume auf der deutlich atmenden Brust eines schlafenden Meeres, über das, eine Handbreit über dem Wasser, Kaptauben dahinglitten, ohne Flügelschlag, ohne Laut. Ich wußte nun, warum die Seeleute in ihnen die Seelen der Verschiedenen suchen: Das Stoffliche an ihnen scheint, da es sich nicht regt, tot; und sie bewegen sich, fliegend, doch.

„Ich gehöre nun einer höheren Ordnung von Menschen an, denn ich habe den Albatros gesehen ...“

So emphatisch kann ein Forscher werden, dessen Welt gemeinhin aus hochinteressanten Knochen gefügt ist. Robert Cushman Murphy, Ornithologe und Kustode großer nordamerikanischer Museen, schrieb den Satz, nachdem er die Schatten der Albatrosschwingen, die bis zu drei Meter spannen, über das Schwarzblau des Südmeers hatte huschen sehen.

Kein Vogel dieser hohen Breiten, wohl kein Vogel überhaupt, hat mehr zur Bildung einer Legende beigetragen. Insbesondere die Seeleute wissen fürwahr Erstaunliches zu berichten: Er schlafe im Fliegen (was nicht richtig ist, denn der Vogel ruht sich, lange Zeit bewegungslos gleitend, nur aus); er bringe die Mittelwache von Mitternacht bis vier Uhr früh schlafend auf den Rahen der Schiffe zu (was desgleichen nicht stimmen kann, denn der Albatros ist nicht in der Lage, die Schwimmzehen um ein Rundholz zu krümmen); er spritze aus den Nasenlöchern Öl auf die stürmischen Wogen, um ruhiger zu schwimmen (ein hübscher Gedanke und ein richtig beobachteter Vorgang, doch eine zumindest kühne Interpretation, denn vermutlich dient dieses ölige Sekret, das die Vitamine A und D enthält und von den Maoris auf Neuseeland als Salatöl geschätzt ist, der Gefiederpflege). Die erstaunlichste Behauptung aber: Die Jungen der Albatrosse säßen neun Monate auf dem Nest und verbrächten ohne Nahrung und mit reduziertem Kreislauf den subantarktischen Winter von Juni bis November — das winterschlafähnlichste Verhalten, das aus der Vogelwelt bekannt sei.

Nun ist der subantarktische Winter nicht gleichzusetzen mit der sechs Monate währenden Nacht des antarktischen. Der Albatros brütet nicht in der Eisregion. Ich sah seine Nester auf den Falkland-Inseln, und dort ist eine Atzung der Jungen durch die Altvögel, wenn auch nur in langen Zwischenräumen, beobachtet worden.

Diese spaßigste Albatros-Legende schließlich noch: Geraten diese Vögel an Deck eines Schiffes — was durchaus vorkommt —, so würden sie auf der Stelle seekrank. Das ist wiederum richtig beobachtet, aber falsch interpretiert. Der Mainzer Professor Netter, der die Seekrankheit studiert hat, belehrte mich, daß Vögel physiologisch nicht seekrank werden können. Da sie aber dennoch erbrechen, bleibt nur diese Erklärung: Albatrosse tun sich schon bei

einem Start vom Wasser ziemlich schwer, um wieviel schwerer erst muß ihnen das Abheben vom verbauten Deck eines Schiffes fallen; sie würgen also Nahrung heraus, um Ballast abzuwerfen für einen Notstart auf kürzeste Distanz.
Es gibt eine wissenschaftliche Aerodynamik des Albatrosfluges, denn immer schon hat das Gleiten dieses Vogels auf dem Wind die Menschen fasziniert. Ich sah die beglaubigte Fotoserie von einem Albatros, der dem britischen Kreuzer YORK vier Tage lang bei einer Geschwindigkeit von 18 Knoten (circa 32 km/h) folgte. Man sah ihn nie die Schwingen regen — doch wird man ihn auch nicht dauernd beobachtet haben. Im Museum der Brown-Universität in den USA wird ein Manuskript bewahrt, das sich, als Botschaft des vor Neuseeland operierenden Walfängers „Euphrates", in einer Hülse fand, die am Hals eines Albatros befestigt worden war; man hatte ihn an Chiles Küste geschossen — nach zwölf Tagen und 3150 Meilen.
Vom Wanderalbatros glaubt man zu wissen, daß er das Südpolargebiet öfter als einmal im Jahr umfliegt: Einer dieser Vögel, der als Junges am 20. Juli 1952 auf den Kerguelen beringt worden war, fand sich am 1. Oktober 1953 bei Patache in Chile. Die kürzeste Entfernung zwischen beiden Punkten: 13 000 Kilometer. 18 000 sind wahrscheinlicher, wenn man annimmt, daß der Vogel vor dem Wind segelte und dann Chiles Westküste folgte.
Ein Albatros, der 20 Pfund wiegt, bringt als Skelett mit Kopf und Füßen noch nicht einmal drei Pfund auf die Waage. Die Knochen enthalten eine Menge Luft. Nur jedes zweite Jahr brüten diese großen Flieger, denn die Aufzucht des einzigen Jungen dauert weit ins neue Brutjahr hinein. Albatrosse werden auch sehr alt: 30 Jahre und mehr sind möglich.
Seit ich ihnen auf den Falklands beim Brüten auf Armlänge gegenübersaß, kann ich das höhere Lebensgefühl Murphys begreifen. Wer den Luftzug der Schwingen dieser legendären Ozeanflieger auf der Wange spürte, kommt als ein anderer heim ...

Diese Tagebuchnotizen von einer Reise im Jahre 1967 nach der merkwürdigsten Insel des Kanarischen Archipels lesen sich inzwischen wie Erinnerungen an eine längst vergangene Zeit. Aus der Asche Lanzarotes stieg ein Phoenix aus Beton: Hotels, Appartementhäuser, Bungalows. Zum prominenten bisherigen Tier der Inselfauna, dem Kamel, gesellten sich zwei neue: Rendite-Fuchs und Bauland-Hyäne.

Lanzarote, 1. März

Ich nahm heute morgen das Flugzeug von Gran Canaria, und meine Neugier auf Lanzarote setzte ein mit einer Musterung der Passagiere, die mit mir die klapprige zweimotorige Douglas bestiegen. Schwarze pomadisierte Haare, Obsidianaugen, Gesichtshäute von der Textur der Olive, schmale, nicht der Nase und nicht der Lippe zugehörige Bärtchen, Rüchlein von Knoblauch, patinierte Aktentaschen, von Profis gepflegtes Schuhwerk — keiner, der nicht wenigstens eine dieser Signaturen des in Geschäften reisenden Einheimischen trug. Ich nahm nur an mir die Zeichen der Touristen wahr: Kameras, das am Halse offene Hemd, die zerdrückte, um 25 Breitengrade zu warme Kleidung. So faßte ich eine starke Hoffnung auf Landschaften ohne touristische Faulstellen und legte, blicklos für die nach unten wegsackende Szenerie aus Meer, Brandung und Porphyr, das Gesicht in die dröhnende kanarische Sonne.
Ich mag diese saharisch einsamen Dorfflugplätze sehr. Eine verlassene Handvoll weißgetünchter Wände unter welligen Barackendächern, ein Windsack, ein Geranienbeet, ein versteckter Lautsprecher, aus dem eine Frauenstimme plärrt; mit den magischen Namen ferner Städte wird der Zusammenhang mit einer Welt beschworen, die hier zu enden scheint: zwischen Meer und Bergen eine staubige Ebene, ein menschenleeres, mausbewohntes Feld und der Flugplatz darin wie ein Pfahl, auf dem der Bussard fußt. Und so streckt denn die Douglas auch die Ständer vor, spreizt die achteren Flügelkanten bremsend in den Passat und fällt, im Staub der unbefestigten Piste grotesk hüpfend, auf Lanzarote ein.
Die Hitze verschlägt mir den Atem. Meine Mitreisenden eilen mit Alltagsgesichtern in den Schatten der Schalterhalle. Ich dagegen stehe wie betäubt inmitten meiner Siebensachen und versuche, wie ich es vom Segeln her gewohnt bin, meine Position zu fixieren. In Gedanken fälle ich die Standlinien von Afrika her im Osten und von den plutonischen Inselbergen im Westen; ihr Schnittpunkt weist aus, daß ich die Glut der Sahara 70 Meilen hinter dem

östlichen Horizont und Lanzarotes Vulkane im Angesicht habe. Die Flugplatzbar führt bayerisches Bier.

Arrecife, 3. März

Es ist immer wieder dasselbe: Durch den Genuß von Reiseliteratur jeglichen Niveaus nährt man in sich von den Plätzen, die man aufzusuchen gedenkt, ein Bild, das von der Wirklichkeit zerblasen wird. Arrecife, Lanzarotes Hauptstadt, erlas ich mir als eine weiße Anhäufung afrikanischer Kuben um einen lockersandigen, von mageren Hunden durchwühlten Markt. Ich meinte bei der Lektüre, den Esel klagen zu hören und das Darmgerumpel der liegend wiederkäuenden Kamele. Ich erwartete also Afrika und fand — zum wiederholten Mal auf meinen Reisen — Amerika: Selbstbedienungsläden, „Bebe Coca Cola!“, Chevrolets und Fords, Chrom in den Bars, Neonlicht über der gepflasterten Promenade am Meer, und in den Läden der Tinnef aus den Dreigroschenkaufhäusern aller Herren Länder.

Parador de Arrecife, 4. März

Lanzarote, Arrecife, Parador — die Ortsangaben beim Tagebuchdatum täuschen einen Fortgang vor, der bisher nicht stattfand. Ich bin immer noch, seit der Stunde meiner Ankunft auf der Insel, im Parador, dem staatlichen Hotel in Arrecife. Ich vergeude meine Zeit mit Baden und Dösen, tue Buße für die Eile, der ich in letzter Zeit so oft beruflich ausgesetzt war: durch die Luft geschleudert an ein fernes, exotisches Ziel und sogleich hingestellt vor Sehenswürdigkeiten, deren Ausstrahlung mich nicht erreichte im Geschwätz der Dragomane, im Gerassel der kollektiv ausgelösten Kameraverschlüsse, im Geblök der zur Weiterfahrt treibenden Omnibushupen. Schon tuschelt das Hotelpersonal: Vier Tage auf der Insel und noch keinen Fuß vor die Stadt gesetzt! Ich kapituliere und beschließe, mich morgen zu den Vulkanen aufzumachen.

Montañas del Fuego, 5. März

Ich miete mir ein kleines, offenes Auto, klemme mir ohne Rücksicht auf spanisches Würdegefühl einen breitkrempigen Frauenstrohhut auf den Kopf, werfe Kameras und Bananen, Notizbücher und ein halbes Huhn in den Kofferraum und staube, nach Landessitte jeden zwei- und vierbeinigen Esel anhupend, den Montañas del Fuego, den Feuerbergen entgegen.
Lanzarote unterscheidet sich gründlich von den anderen Inseln des kanarischen Archipels, die trockene Wüstenei Fuerteventuras allenfalls ausgenom-

men. Lanzarotes Berge, schlummernde Vulkane allesamt, reichen mit ihren Gipfeln, die durchweg nur wenige hundert Meter ansteigen, nicht hoch genug, als daß sich die Passatwolken an ihnen abregnen könnten. Sind Gran Canaria, Tenerife, La Palma eben deswegen Paradiese vegetativer Wollust, so ist die östlichste der Inseln, Lanzarote, der Garten des Bösen, das Malpais. Seine Beete sind die zum Meer hinableckenden Zungen des schwarzen Lavagesteins, und die Blumen, die aus ihnen sanft rot erblühen, sind die alten Krater; ihre im Giftatem der Ausbrüche oxydierten Flanken aus Lockergestein schließen sich wie Blütenblätter um Kelche, aus denen an einem Septembermorgen des Jahres 1730 die Insel den Tod trank.

Ich erkletterte, im Grus der Lapilli rutschend, einen der erloschenen Krater und blickte der Insel in ihr wahres Gesicht, ein Mondgesicht, das der Mensch mit den Griffelstrichen seiner Straßen noch kaum anritzte. Während ich die auf einer riesigen Ebene aufgehäuften Krater besah, wurde ich gewahr, daß mein über das Panorama gleitendes Auge zur Schreibnadel eines Seismographen wurde: Es strich ruhig über die unversehrte Ebene, um dann in heftigen Erschütterungsstößen an den Konturen der Krater aufzugleiten. Die Kurven, die der Blick dabei schrieb, entsprachen in ihrer Formensprache durchaus dem mehr oder minder heftigen Charakter der einzelnen Vulkane: Die Augenkurve blieb sanft gebuckelt, wo das Magma der Ebene nur eine geschwürige Beule aufgesetzt, sie aber nicht durchstoßen hatte; die Lineatur wurde steil und spitz, einer gefährlichen Fieberkurve gleich, wo das Gas aus den Magmakammern die Erdkruste mit ungeheuerlichem Druck gesprengt und das schmelzflüssige Gestein nicht als breitfließenden Lavastrom, sondern als Aschenregen und Lapillihagel an die Luft befördert hatte; und da war schließlich im Diagramm, das mein Auge auf das Blaupapier des Himmels schrieb, die stumpfkegelig breite, in ihrem oberen Verlauf zackig zerrissene Kurve, die der Caldera zugehört, einem weiten Kraterkessel, der, nachdem er sich von Lava entleert hatte, in sich zusammengestürzt war.

Es ist leichter zu sagen, was ein Vulkan nicht ist, als zu sagen, was er ist. Er ist kein brennender und nicht immer ein feuerspeiender Berg. Sein Auswurf ist nicht immer Lava, und in keinem Fall wird ihm seine Speise aus dem schmelzflüssigen Erdkern zugeführt. Es ist auch selten das Magma, das die Erdkruste sprengt; es ist das Gas, das, durch chemische Reaktionen entstanden, im Magma gelöst ist und, vom Druck des auf ihm liegenden Gesteins an weiterer Ausdehnung gehindert, zur plutonischen Preßwehe wird, die den Leib der Erde zerreißt, um durch und durch Böses zu gebären.

Eiterherden gleich sitzen diese Magmakammern in sehr unterschiedlicher Tiefe im basaltischen Teil der Erdkruste. Eine Herdtiefe von nur zwei Kilometern nimmt man beim Vesuv, eine solche von 50 bei einem Vulkan auf

Kamtschatka an. Ich schreibe mir noch ein paar Zahlen auf: Rund 550 tätige Vulkane weist die Liste aus, die die historische Zeit umfaßt. Nach einer Statistik, die sich mit der Tätigkeit von 450 Vulkanen seit dem Jahr 1500 beschäftigt, waren nur 13 Prozent der gesamten Eruptionsmasse Lava, 87 Prozent entfielen auf Lockerprodukte, Aschen also, Bimssteine, Schlacken, Magmateile oder Gestein aus den Schlotwandungen, mitgerissen vom ausbrechenden Gas.
„Excuse me", spricht mich, der ich schreibend auf einer Lavabombe sitze, eine englische Stimme an. Es stellt sich heraus, daß ihr Besitzer, ein Tourist wie ich, mich beim Ausfüllen von Ansichtskarten wähnte. Überwältigt von der Szenerie, hätte er gern von mir gewußt, wo es die Postkarten davon zu kaufen gebe. Der Tag hatte mir, trotz dieser kleinen Faulstelle, großartig geschmeckt.

Parador, 8. März

Ich muß den Ansturm der Bilder verdauen; döse und bade wieder. Womit ich nicht fertig werde: die Nichtigkeit dieser Stadt Arrecife hart am Rande einer Landschaft von luziferischer Schönheit. Doch bezieht der flüchtige Besucher seine Bilder aus einer kurzen und heftigen Konfrontation; er läßt außer acht, daß der langsame Prozeß der Verwitterung nicht nur die Steine, sondern auch menschliches Grauen ergreift.
Die Anhäufung weißer Kuben an einer Meeresbucht — nur nachts, wenn ich die Stadt vom weitausholenden Arm der Mole aus betrachte, finde ich diese Traumvorstellung verwirklicht, und über dem Fort San Gabriel hängt in tintigem Himmel ein Eidottermond. Das Bild ähnelt so sehr einem bemalten Sofakissen meiner Großmutter, daß mir meine Begeisterung suspekt ist. Ich gehe zu Bett. Die Fischmehlfabrik hinter dem Fort sendet Dünste aus, die der Passatwind über mich breitet wie ein von fremder Haut fettiges Laken. Morgen geht es wieder in die reine Luft der Vulkanlandschaft.

Islote de Hilario, 9. März

Lanzarote hält eine Landschaft bereit, in der man den Giftatem des plutonischen Untiers, das die Insel 1730 fast verschlang, durchaus riechen kann: Aus zweien seiner Nasenlöcher, die man in bequemer Nähe eines Ausflugslokals mit Schlacken umwandete, strömt es heiß ins Freie. Der Schaustellcharakter des Platzes datiert von einem Franco-Besuch her; es wurde eigens für ihn eine Straße auf diesen Mond gebaut und nach ihm benannt: Pista del Generalisimo. Davor muß dies einer der wenigen Orte auf der Erde gewesen sein, an dem die Genesis nacherlebt werden konnte. Lava ist, wie jeder Stein, ein schlechter Wärmeleiter. Eine Lavaschicht von neun Meter Dicke braucht 30 Jahre, um sich von ihrer Austrittstemperatur von 1100° C auf immerhin noch 750° C abzukühlen. Die Temperatur in den Solfataren von Islote de Hilario wurde in 20 cm Tiefe mit 140° C und in 60 cm mit 360° C gemessen. Ich werte es als ein Zeichen der relativen Unversehrtheit des Platzes, daß diese Daten nicht zum Staunen eines gelegentlich hier heraufkommenden Publikums angeschrieben stehen. Doch liegt Reisig bereit, das sich lodernd entzündet, wenn man es in die Austrittsspalten der vulkanischen Dünste legt.

Mozaga, 11. März

Man kommt auf Lanzarote um eine Beschäftigung mit der kargen Landwirtschaft nicht herum. Wohin man sich auch wendet, den unversehrten Norden der Insel ausgenommen, man wird überall auf das schwarze Hephaistosgesicht der Feuerinsel stoßen, und auf ihm wölben sich zu Tausenden die Brauen der Windmauern, in deren Schutz jeweils ein einziger Rebstock, eine einzige Feige ihr Reptilienschicksal fristet. Diese Mauern stemmen sich nach Nordosten, dem Passat entgegen, und sie entlassen die Hitze, die sich in ihnen staut, nach Südwesten. Die Pflanzen wurzeln in Picón, dem Lockerprodukt der Vulkane, das die Bauern auf die Felder karren. Die hygroskopische Struktur des Picón, im Verein mit dem feuchten Passat, ist es, die den krüppeligen, am Boden dahinkriechenden Pflanzen das Unumgängliche an Wasser zuführt und erhält.

Ich meine, diese saharische Härte auch in den Gesichtern der Frauen zu lesen, denen man zwischen den schwarzen Äckern begegnet. Es fehlt ihnen der mohammedanische Schleier, doch wird er in seiner Wirkung übertroffen durch die Versteinerung der Gesichter, die bei jeder Begegnung einsetzt.

Ich verbrachte den Abend mit einem englischen Geologen, den ich an seinem stets mitgeführten Hammer identifizierte. Wir redeten von der Wasserarmut des Landes, von der ich, wie man eben so redet, sagte, daß sie eigentlich nicht wundernehmen könne bei dem feurigen Untergrund der Insel. Der Gelehrte lächelte fein, drehte nachdenklich seinen Malvasier im Glas und kam schließlich heraus mit der Sprache: „Wissen Sie", sagte er, „es gibt da in unseren Kreisen eine Theorie, eine ebenso merkwürdige wie verblüffende, die das Wasser aller Ozeane — and, you know, it's quite a lot of water — aus dem Feuer der Vulkane erklären will." Ich spürte die Belehrung kommen und trank mir Mut zu.

„Es ist also eine Menge Wasser in den Gedärmen der Vulkane", fuhr er fort. „Allein am Gas, das die ganze Sache in Bewegung setzt, hat das Wasser einen Anteil von fast 70 Prozent. Das um 1000 Grad heiße Magma enthält vier Prozent Wasser, komisch, nicht wahr? — und das erkaltete Magmagestein ein Prozent. Wenn man unter diesen Gesichtspunkten zu rechnen beginnt, dann hat die 40 Kilometer dicke Erdkruste beim Übergang vom flüssigen zum festen Zustand drei Prozent Wasser abgegeben — genug, um damit alle Ozeane dieser Erde zu füllen . . .“

Parador, 19. März

Meine Gänge werden seltener; die Szenerien der Landschaft sind zu dramatisch, als daß man täglich mit ihnen umgehen könnte. Und schließlich kam der Tag, an dem ich, um mit Ernst Jünger zu reden, „das Zimmer besah, das ich im nächsten Jahr bewohnen soll — doch würde ich zurückkehren? Es gibt noch zahllose Inseln auf dieser Erde und in ihren Meeren, und auf vielen wohnen Menschen, weiße, braune und schwarze, die unversehrt sind und an denen man sich noch das Maß nehmen kann. Das sind die wahren Erholungen.“

Wellen, die der Sturm aufrührt, jagen mit dem Getöse und der Geschwindigkeit von Expreßzügen über die Ozeane. Ihre Wucht zerschlägt Eisen und Beton. Dennoch segeln kleine Yachten über den Atlantik. Wie können sie das?

Windsee

... stehen auf 38° 10′ Nord 19° 12′ West — halbwegs zwischen Portugal und den Azoren, mit 5000 m Wasser unter dem Kiel. Der Wind ist WNW 6, in den Böen wohl 7. Das ist die falsche Richtung und die falsche Stärke für eine kleine, verzweifelt West machende Segelyacht auf dem Nordatlantik. R. kam den Niedergang herauf an Deck, schwerfällig in Ölkleid und Seestiefel, den Sextanten in der Hand, die wasserhellen Augen unter dem weißen Haar beutelustig auf die unseren Schiffsort verheißende Venus gerichtet, die im Morgengrauen gelb und groß wie ein aufkommendes Dampferlicht über unserem schäumenden Kielwasser schwankte. „Wer das Alter der Erde erfahren will, der schaue bei Sturm auf die See!“ Er schrie mir das Conrad-Zitat mit dem Winde zu, Ironie gegen das Pathos der hochgehenden See setzend. Wir haben es verlernt, ein großes Wort gelassen auszusprechen. R. fesselte seinen von überkommendem Wasser triefenden Leib mit einer Sorgleine an den Großmast; er brauchte einen sicheren Stand und beide Hände, um das rasch verblassende Bild des Morgensterns zur Winkelmessung im Spiegelsystem seines Instruments auf den schwer atmenden Wasserhorizont herabzuholen. Ich legte die Yacht mit dem Ruder ganz hoch an den Wind, damit er sie nicht allzuweit am Hebelarm ihrer Segel aus der Senkrechten krängte. „Gut so, Odysseus?“ schrie ich gegen den Wind zum Mann am Mast. Er schwieg, versunken in sein zauberisches Handwerk, mit dem er einem feindlichen Himmel eine Antwort auf die Frage nach dem rechten Weg in einer zeichenlosen Urwelt abzuringen hoffte. Ich fror vor Verlassenheit. Meine Ablösung kam an Deck. Ich ging nach unten mit einem ungewissen Blick auf die heranrollende Prozession schrundiger, von weißem Schaum bespeichelter Greisengesichter, von denen nichts abzulesen war, für das ich ein Wort gehabt hätte. An Schlaf war nicht zu denken ...

(Aus meinem Logbuch)

Windseen donnern mit Geschwindigkeiten von 70—80 Stundenkilometern über die Meere, wenn der Wind nur stark genug, lange genug und von weit genug her weht. Die atlantischen Graubärte, die ein schwerer Sturm von

Kontinent zu Kontinent jagt, türmen sich zu Höhen von 15 Metern und mehr auf. Die Stereofotogrammetrie, also die fotografische, maßstabgerechte, plastische Zusammenschau eines Wellenberges mit Hilfe zweier im Abstand von etwa 20 Metern postierter Kameras, ergab die sichere Höhe von 16 m. Und als man daranging, solche Bilder auszumessen, fielen auch die Gewichte der Wassermassen mit ab: 19 000 Tonnen mußte ein Wellenberg wiegen, den ein Wind von nur 6—7 Beaufortgraden zusammengeweht hatte.

Wie behaupten sich Schiffe gegen solche Monstren, wie ist es möglich, daß kleine Segelyachten gegen 19 000 Tonnen Wasser, das mit Eisenbahngeschwindigkeit über sie kommt, nicht nur nicht unterliegen, sondern durchaus Fahrt voraus machen, obwohl sie doch nichts treibt als die schwache Kraft, die diesen Booten aus der Unverzagtheit ihrer kleinen, die Segel setzenden Crews kommt. Die Antwort bedarf keines wissenschaftlichen Aufwands, sie erschließt sich jedem Seefahrer, der sich angesichts seines entfesselten Elements Mutzuwachs aus der Rumbuddel holt: Der außenbords fliegende Korken beendet seine Reise ungefähr dort, wo er sie begann, und auf lachhafte Weise wird klar, was allein die Meere schiffbar macht: Es bewegt sich nicht das Wasser, es bewegt sich die Welle. Der Binnenländer denkt an das unter dem Augustwind wogende Kornfeld und ist richtig im Bilde. Jedes Wassermolekül auf der Oberfläche des Meeres folgt beim Durchgang einer Welle einer Orbitalbewegung, vergleichbar der Schwingung eines Pendels, das infolge kräftigen Anstoßes ganz herumschwingt. Während der Wellenkamm vorwärts stürmt, bewegen sich die Wassermoleküle mit ihm in dieser Richtung, aber schon im Wellental werden sie durch den Einfluß der Schwerkraft der Erde rückläufig. Die tatsächliche Versetzung der Wasserteilchen in der Richtung der Welle ist nur gering. Wäre es anders, keine Küste hielte dem Ansturm der Wassergebirge stand.

Es ist so schon schlimm genug.

Grundsee

... entschließe ich mich mit einem Geschmack im Mund, der nicht vom Salzwasser allein herrührt, das Rennen abzubrechen. L. setzt auf einen Wink von mir die Nationalflagge, Zeichen der Kapitulation nach den Gesetzen der Seeregatten. Seit nahezu fünf Stunden kreuzen wir an gegen eine steile, von gut sieben Windstärken zu Schaum geschlagene See und, was schlimmer ist, einen einsetzenden Ebbstrom, der mit 5 Knoten von Hoek van Holland her gegen uns läuft. 5 kn — das ist exakt unsere Fahrt durchs Wasser, die Fahrt über Grund also gleich Null, „Die Nordsee“, sagt L., „ist an Ostern noch eine sehr holperige Chaussee. Was meint denn das Hafenhandbuch zu

Scheveningen, ich kenne da ein China-Restaurant, das ..." Das Hafenhandbuch (als ob er das nicht, wie jeder von uns, wüßte) warnt kleine Schiffe vor der Einfahrt nach Scheveningen, wenn starker auflandiger Wind Grundseen vor dem engen Hafenloch auftürmt. Als den spärlichen Ostergästen des Bades klar wird, daß wir einlaufen wollen, strömen sie auf der Mole zusammen und wählen mit Genuß Blende und Verschlußzeit für ein hübsches Erinnerungsfoto von der erwarteten Katastrophe. Die Rumpfgeschwindigkeit meines Bootes ist etwa 9 Knoten. Als die erste Grundsee uns zwischen den Molenköpfen auf den Rücken nimmt und vorwärts katapultiert, zeigt der Geschwindigkeitsmesser 13 Knoten. Das Boot steckt die Nase weg, und eine braune Sturzflut, die zur Hälfte aus Sand besteht, droht L. von Deck zu spülen. Er hält sich am Mast. Wir sind, ohne quergeschlagen zu sein, durch. Mein Gott, sie klatschen dort oben auf der Mole, wie die Passagiere in den Düsengiganten nach glücklichem Aufsetzen auf der Landepiste früher den Piloten applaudierten. „Also, ich kenne hier ein China-Restaurant ...", sagt L. (Aus meinem Logbuch)

Das Drama der Brandung beginnt, wenn die Welle den Boden fühlt. Sie läuft auf ihn auf, ihre Fahrt wird gebremst; die eben noch nach vorn gerichtete Kraft weicht nach oben aus: die Welle wird langsamer und höher. Der Schock, den die Landberührung ihr versetzt, macht sie labil. Taumelnd verharrend, beugt sie sich über sich selbst, gleichsam um zu sehen, was ihr dort unten geschieht; ihre Brust wird hohl, und schon erbricht sie sich schaumig, stirbt. Bowditch * sagt, daß eine Brandungswelle, eine halbwüchsige nur von nicht mehr als vier Fuß Höhe, eine kinetische Energie freisetzt, die für jede Strandmeile 35 000 Pferdestärken ergibt. Und er sagt weiter, daß Amerikas Hoover-Damm, ein Kraftwerk wahrlich von Weltrang, nicht mehr Energie abzugeben vermag, als die Brandungswellen auf 56 Strandmeilen in ewiger Folge spielerisch in den Sand werfen. 1877 trug die Brandung vor Wiek einen 2600 Tonnen schweren, fest verankerten Wellenbrecher aus Steinen und Beton als Ganzes von seinem Fundament fort, und er maß 12,5 m in der Länge, war 8 m breit und 4,5 m dick. Eine solche Brandung geht 18 m hoch. Als ich in einer Winternacht, die ein Weststurm nicht zur Ruhe kommen ließ, vom tosenden Westerländer Strand in mein Hotel zurückkehrte und die Haustür sorgsam verschließen wollte, sagte der Hausdiener still: „Ach bitte, lassen Sie doch offen, es geht in einer Nacht wie dieser mancher gern zum Beten."
An der dänischen Nordseeküste bestieg ich einen Leuchtturm. Die See war unruhig, doch das konnte der Grund nicht sein für ein deutlich irritiertes Ge-

* U. S. Navy Hydrographic Office Publication No. 9: Bowditch, „American Practical Navigator" – der Welt umfassendstes Buch über Navigation.

fühl, das zunahm, je länger ich das Wasser betrachtete. Irgend etwas stimmte da unten nicht; das von Natur aus unordentliche Aussehen des Meeres war auf eine, so schien es mir, außernatürliche Weise in Unordnung geraten. Als ich merkte, daß ich schon nach der Antwort suchte, noch bevor ich im Besitz der Frage war, formulierte ich vor mich hin: Die Küste verläuft von Süd nach Nord, der Wind ist Südsüdwest, man sieht es deutlich an den Wellenzügen dort weit draußen, wo ihre Marschrichtung in sehr spitzem Winkel zur Küstenlinie verläuft. Und doch ... und doch ... — da hatte ich, was ich suchte: Die Brandungswellen trafen genau rechtwinklig auf die Küste, sie kümmerten sich nicht um die Richtung des Windes. Immer und überall auf der Welt treffen Brandungswellen rechtwinklig den Strand — was zwingt sie aus der Richtung des Windes?

Erscheinungen wie diese überhaupt zu bemerken, das macht, meine ich, das Glück des intelligenten Reisens aus. Freilich kann man nicht mehr hoffen, eine echte Entdeckung gemacht zu haben. Und so wußte ich schon, noch während ich nach der Antwort suchte, daß die Ableitung der Welle zur Brandung längst bemerkt, benannt und veröffentlicht sein würde. Doch hat man seinen Laienstolz, und ich notierte fern jeder Bibliothek: Wellen, die der Wind unter einem Winkel auf die Küste zutreibt, exerzieren wie in Linie schwenkende Garden — der küstennahe Flügel gerät auf Grund und tritt kurz, der seewärtige Flügel aber, noch in tiefem Wasser, schwenkt rapide herum, bis, sozusagen, die Richtung stimmt für den Frontalangriff auf den Strand.

Refraktion heißt im Bowditch dieses der Optik verwandte Phänomen. Ein alter Hut. Ich hatte es ja gewußt. Manchmal möchte man die gelehrten Herren in die Ecke feuern; sie sind von lähmender Allwissenheit.

Sturmsee

„... Skagerrak 8 bis 9, zunehmend ...“, quakt der Wetterfrosch aus dem Radio, so teilnahmslos, als verläse er die Schweinepreise und nicht unser Schicksal. Wir haben Skagen an Backbord voraus, schicken uns an, aus dem Fegefeuer des Kattegats in die Hölle des Skagerraks zu laufen. Als wir vor Stunden Anholt-Feuerschiff rundeten, war das Feld der Yachten noch beisammen: an die dreißig wild steigende, Schaum von den Flanken schleudernde, im Sprung die Fühlung mit dem Element fast verlierende Rösser, und auf ihre triefnassen Rücken hingekauert und in die knatternden Segelmähnen verklammert ein Häuflein Menschen zwischen Angst und Jubel. So sah uns der Alte auf dem Feuerschiff, und so sah ich ihn: in Lee seines Brückenhauses, Pfeife rauchend und kummervoll den schlohweißen Kopf schüttelnd. An diesem stillen Menschengesicht inmitten des Aufruhrs wurde das Pandämonium greifbar; ich wußte mit einem Schlage: Es geht nicht mehr um Sieg, es geht ums Überleben. Ich erbrach mich nach Lee.

(Aus meinem Logbuch)

Bei Rachel Carson lese ich: „Im Februar 1933 geriet die USS ‚Ramapo' auf ihrer Fahrt von Manila nach San Diego in einen siebentägigen Sturm. Der Sturm war ein Teil einer Tiefdruckstörung, die sich über die ganze Entfernung von Kamtschatka bis nach New York erstreckte und den Winden eine ununterbrochene Wirklänge von mehreren tausend Meilen gab. Im Höhepunkt des Sturms wählte die ‚Ramapo' einen Kurs, der mit dem Wind und der See verlief. Winde von 68 Knoten kamen in den Böen heran. Während einer der Offiziere die Frühwache ging, sah er im Mondlicht von achtern eine See aufsteigen, die ihn mit Grauen erfüllte, denn ihr Kamm überragte ein eisernes Band, das das Krähennest hoch oben am Topmast hielt und dessen Höhe ihm bekannt war. Das Schiff lag zu dieser Zeit auf ebenem Kiel und befand sich im Wellental. Eine einfache Berechnung, die auf den Abmessungen des Schiffes beruhte, ergab die Höhe dieser Monsterwelle. Sie betrug 34 Meter."

Dieser Bericht ist von der Wissenschaft angezweifelt worden. Man errechnete, daß das Zustandekommen einer solchen Welle einen Wind von mehr als 100 Knoten voraussetzt — die Beaufort-Sklala endet bei 64 Knoten oder Windstärke 12. Das bedeutet nicht, daß es höhere Windstärken nicht gäbe, sie treten sogar im Binnenland auf, um wieviel mehr erst auf den hindernislosen Weiten der Ozeane. Doch hätte dieser 100-kn-Wind mehr als 30 Stunden lang unvermindert anhalten müssen, und zwar über eine Anlaufstrecke von 1000 Seemeilen und mehr, um eine Welle von 34 m zusammenzuwehen.

Wellen indessen von etwa 25 m Höhe sind, als Ausnahmen, allzuoft beobachtet und gemessen worden, um noch bezweifelt werden zu können. In den Roaring Forties, den brüllenden vierziger Breitengraden am Kap Hoorn, wo kein Land den Winterstürmen die Stirn bietet, da türmen sie sich auf, diese Riesen, und mit Längen von 800 Metern und mehr rasen sie im Eilzug-Tempo dahin. Was kann einen Menschen so ruhelos machen, daß er aus freien Stücken diese Hölle aufsucht? *Routa impossible* steht in den alten Seekarten der einsamen Räume zwischen Kap Tasmanien und dem Hoorn.

Das Erlöschen des Windes ist nicht der Tod der Welle. Die Sturmsee, ihres Antriebs beraubt, wird zur Dünung, die aus sich selber lebt. Und sie lebt lange. Zwar macht das Alter ihren Rücken rund, doch büßt sie nichts an Geschwindigkeit ein, im Gegenteil: Immer läuft die Dünung schneller als das Sturmfeld, dem sie entstammt, und so zeigt sie dem Seefahrer, dem sie das

Schiff zum unerträglichen Rollen bringt, die Gefahr an, die für ihn mit dem aufziehenden Sturm herankommt. St. Helena, die Napoleon-Insel im Südatlantik, ist unzugänglich, wenn die Roller einer Dünung gegen sie anbranden, die ihren Ausgang in den nordatlantischen Stürmen nahm. Und in den windarmen Hochdruckgebieten, die an den polwärtigen Rändern des Nordostpassatgürtels liegen, in den dreißiger Breitengraden, dort ließ die weitgereiste Dünung die der Stütze des Windes beraubten Galeonen der nach Westindien fahrenden Spanier so bösartig rollen, daß die Besatzungen die vor Durst und Geworfensein dem Wahnsinn nahen Pferde der Soldaten über Bord warfen, woher sich wohl der Name Roßbreiten erklärt.
Nur die Tropenbewohner wissen der Dünung Dank, ist sie doch für diese jedweder Raserei des Himmels ausgesetzten Gegenden der selten trügende Vorbote eines nahenden Wirbelsturmes. Dann schlägt die Welle mit tödlicher Ruhe auf den Strand, nicht öfter als zwei, drei Mal in der Minute, wohingegen das weithin friedliche Meer an die fünfzehnmal in dieser Zeitspanne ausatmet. Dem Aufmerksamen verkehrt das Schicksal nach Fahrplan.

Tsunami

Hawaii — 1. April 1946. Drei Flutwellen von gigantischer Wucht und Größe fielen heute in den Mittagsstunden ohne Warnung über die Inseln her und richteten Zerstörungen an, die sich nur mit dem Desaster des Krakatau-Ausbruchs von 1883 vergleichen lassen. Die Wellen, deren Kämme an die 15 m über die Springflutmarke hinwegreichten, stürmten weit in das Land hinein und rissen Häuser und Menschen mit sich ins Meer zurück. Es ist mit weit über 100 Toten zu rechnen. Der Sachschaden wird viele Millionen Dollar betragen. („New York Times“ vom 2. April 1946)

Es war, nur einen Tag nach dem Desaster, noch zu früh für mehr als diesen Schlagzeilenschrei, der damals um die Erde lief. Bald aber artikulierte sich das Entsetzen zu erstaunlichen Einzelheiten. Ein Seebeben, dessen Epizentrum bei den Aleuten gelegen war, hatte dem Pazifik Stöße versetzt, die an der Oberfläche des Ozeans Wellen von furchterregenden Eigenschaften in Bewegung setzten.
Dabei fingen sie harmlos genug an: Bei einer Wellenlänge von 180 Kilometern und einer Höhe von nicht mehr als 60 Zentimetern fielen sie keinem Schiff sonderlich auf, und so blieben die gefährdeten Küsten ungewarnt. Zudem — und nur dies machte diese Wellen tödlich — eilten sie mit einer Geschwindigkeit von 490 Meilen in der Stunde dahin. Das ist nicht viel weniger, als die Düsengiganten der zivilen Fliegerei erreichen.

Als diese Tsunamis — so nennt der Japaner die seismischen Wellen — nach nur viereinhalb Stunden Reisezeit in das flacher werdende Wasser um die Hawaii-Inseln gelangten, da türmte die Bremskraft des Grundes diese Babywellen im Verlauf eines Lidschlags zu apokalyptischer Höhe auf. Wie Keulenschläge fielen die Brecher über die ungewarnten Inseln her.
Doch meldeten sich Leute, die eine Warnung erhalten haben wollten. Das Donnern der Brandung, so sagten sie, das doch die Inseln begleite wie das Lied den Vogel, habe plötzlich ausgesetzt, und der Ozean sei vor der Ankunft der Tsunamis vom Strand zurückgewichen, so, als habe es selbst dem großen Vater Pazifik den Atem verschlagen, als er das Unheil spürte, das ihn von Grund auf verstörte.

Lore Anderlik

Ein Weg für alle!

Leben mit Montessori

Montessori-Therapie und -Heilpädagogik in der Praxis

Lore Anderlik

Ein Weg für alle!

Leben mit Montessori

Montessori-Therapie und -Heilpädagogik
in der Praxis

verlag modernes lernen - Dortmund

Dieses Buch kann und will keine Montessori-Ausbildung ersetzen, es möchte einige Aspekte vorstellen und Anregungen vermitteln.

---

2. Aufl. 1999 (4.-5. Tsd.)
Herstellung: Löer Druck GmbH, 44139 Dortmund

Bestell-Nr. 1173 ISBN 3-8080-0375-8

Inhalt

Vorwort

Es gehört zu den Merkwürdigkeiten im pädagogischen Raum, daß das einzige international geschlossene pädagogische System der italienischen Ärztin Maria Montessori weltweit nur für nichtbehinderte Kinder angewandt wird. Die Association Montessori Internationale (AMI) und andere prominente Organisationen, die sich mit der Montessori-Pädagogik befassen, legen Wert darauf, daß die Montessori-Pädagogik nur für gesunde Kinder angewandt wird.

Für mich als Kinderarzt war es ein beglückendes Erlebnis, als ich zufällig mit der Montessori-Pädagogik Bekanntschaft machte und erkannte, daß in diesem System ungeahnte und deswegen nicht genutzte Möglichkeiten liegen, mehrfach und verschiedenartig behinderten, auch von Behinderung bedrohten Kindern maßgeblich zu helfen.

In der Einführung dieses Buches ist dies beschrieben. Es handelt sich um den Abdruck unseres Buches „Klinische Sozialpädiatrie", ein Lehrbuch der Entwicklungs-Rehabilitation (Springer Verlag, Heidelberg, 1981).

Meine Vorstellungen wurden dann mit Hilfe von Frau Margarete Aurin, einer direkten Schülerin von Maria Montessori, in München in die Praxis umgesetzt. Daraus entstand das System der Montessori-Heilpädagogik mit den Komponenten Einzeltherapie, Kleingruppentherapie und gemeinsame Erziehung mehrfach und verschiedenartig behinderter Kinder mit nichtbehinderten Kindern in Kindergarten und Schule.

Wir gründeten in München den ersten Kindergarten und die erste Montessori-Schule der Welt, in der systemisch neben nichtbehinderten Kindern auch das behinderte Kind pädagogisch gefördert wurde. Unabhängig davon entstand ein Kreis von engagierten Erzieherinnen (insbesondere Frau Lore Anderlik und Frau Brigitte Schumann), die nach und nach aus der Praxis heraus die Montessori Einzeltherapie und Kleingruppentherapie erarbeiteten. Dabei wurde das vorhandene international verbreitete Montessori-Material zum Teil adaptiert, so daß es für bestimmte Störungen oder Schäden von spezifisch gestörten Kindern – z.B. blinde, geistig zurückgebliebene Kinder, etc. – besser begriffen werden konnte.

In diese Tätigkeit schaltete sich ab 1980 Frau Vijaya Varadarajan aus Indien ein. Gemeinsam mit Frau Lore Anderlik hat sie das Konzept systematisch nach Indien übertragen. In Hyderabad entstand im Rahmen eines Tochterzentrums des Kinderzentrums München der Aktion Sonnenschein der erste indische Montessori-Kindergarten, in dem auch behinderte Kinder systematisch aufgenommen wurden. Daneben entstand in Hyderabad eine Einzel- und Kleingruppentherapie.

Das System der Entwicklungs-Rehabilitation, wie ich es vor 25 Jahren in München nach und nach realisieren konnte, setzt systematisch auf die Hilfe der Eltern. Therapeuten und Heilpädagogen haben die Aufgabe, den Eltern die notwendigen Übungen so zu vermitteln, daß sie systematisch zu Hause durchgeführt werden können. Dies gilt auch für die Montessori-Therapie. Die ganze familiäre Umgebung wird so zu einem „Therapeutikum", ohne daß sie vom Kind her gesehen verändert werden muß. Es entsteht also keine „Medizinierung" oder „Pädagogisierung" der Familie, sondern die in der Familie vorhandenen natürlichen Lernprozesse werden den Eltern erklärt, systematisch angewandt und so verstärkt. Das gilt insbesondere für die Tätigkeiten des praktischen Lebens, die ja in der Montessori-Pädagogik einen großen Teil der Arbeit des Kindes ausmachen.

Die in Indien und Deutschland auch mit den Eltern gewonnenen Erfahrungen haben Frau Lore Anderlik und Frau Vijaya Varadarajan in dem vorliegenden Buch zusammengefaßt. Es ist die erste Publikation, in der die Praxis der Montessori-Therapie dargestellt wird. Man erkennt leicht, daß dies unabhängig von Kultur, Rassen und Nationen erfolgt.

Mit diesem Buch hoffe ich, daß vielen behinderten Kindern geholfen wird. Das Buch erschien in der Erstfassung zunächst in Indien und zwar in unserem Tochterzentrum in Trivandrum, das unter der Leitung von Pater Thomas Felix sich im Aufbau befindet. Da die Hauptsprache in Trivandrum neben Malayalam Englisch ist, erschien dieses Buch zunächst in dieser Sprache. Es wird dann in indische Sprachen übersetzt, z.B. Telugu, Hindi Malayalam; eine japanische Ausgabe wird folgen. Hier liegt nun die deutschsprachige Fassung vor.
Jeder wird verstehen, daß ich als Kinderarzt über eine solche Arbeit besonders glücklich bin. Wird dieses Buch doch helfen, vielen behinderten Kindern der ganzen Welt und ihren leidgeprüften Eltern Hilfe zu geben. Frau Lore Anderlik und Frau Vijaya Varadarajan sei für ihre Mühe ganz herzlich gedankt.

Professor Dr. Dr. h.c. Theodor Hellbrügge
(em. Ordinarius für Sozialpädiatrie der Universität München
und Direktor des Kinderzentrums München)

Einführung

Neuentdeckung der Montessori-Pädagogik als Heilpädagogik

„Die Neuentdeckung der Montessori-Pädagogik als heilpädagogische Methode beruht auf einem Erlebnis:

Als Mitglied des Ausschusses 'Vorschulerziehung' des Deutschen Bildungsrates hatte ich (Hellbrügge) im Jahre 1967 in Frankfurt ein Schlüsselerlebnis. Erstmalig sah ich einen Montessori-Kindergarten, und zufällig befanden sich darin zwei Kinder mit Morbus-Down-Syndrom. Meine erstaunte Frage, ob diese geistig behinderten Kinder denn nicht störten, wurde von Frau Spelten mit einer fast ebenso erstaunten Gegenfrage beantwortet: Warum diese Kinder in der Montessori-Pädagogik denn stören sollten.

So prägte sich mir der Eindruck auf, daß es in der Montessori-Pädagogik möglich sein müßte, behinderte Kinder in die Gemeinschaft gesunder Kinder zu integrieren. Dies war der Grund, warum unserem Kinderzentrum München von vornherein ein Montessori-Kinderhaus eingegliedert wurde (*Hellbrügge* 1978c).

Einführung der integrierten Erziehung in die Montessori-Pädagogik

Dieses Erlebnis führte dazu, die gemeinsame Erziehung gesunder mit mehrfach und verschiedenartig behinderten Kindern als heilpädagogische Aufgabe in die sozialpädiatrische Klinik zu integrieren, von der Vorstellung aus, daß behinderte Kinder gesunden Kindern im täglichen Umgang die soziale Aufgabe des Helfens vermitteln sollten, womit ihrerseits die Erziehung zur Selbständigkeit verstärkt werden sollte.

Die gleichzeitige Erziehung verschiedenartig behinderter Kinder sollte diese sozialen Lernprozesse auch bei den behinderten Kindern zulassen. Sie sollten nicht allein in die Passivität des Geholfenwerdens gedrängt werden, sondern ihrerseits entsprechend ihren Fähigkeiten auch aktive Helfer sein dürfen. Dieser sozialpädiatrische Ansatz der Montessori-Pädagogik berücksichtigt weniger die kognitiven Fähigkeiten der Kinder, sondern in erster Linie ihre Sozialentwicklung, d.h. die Entwicklung der Selbständigkeit und die Entwicklung der Gruppenfähigkeit.

Im Umgang mit den Kindern und durch die systematische Beschäftigung mit den Möglichkeiten der Montessori-Pädagogik konnten wir pädagogi-

sche Gesetzmäßigkeiten neu lernen, die erst von der Lernforschung, insbesondere der Neurophysiologie und der Ethologie, neuerlich aufgedeckt werden.

Erwähnt seien:

- *Prägung in sensiblen Phasen,*
- *Zusammenhänge zwischen assoziativen und operanten Lernformen,*
- *Zusammenhänge zwischen sozialen und kognitiven Lernvorgängen.*

Anpassung des Montessori-Materials

Die systematische Beschäftigung mit der Montessori-Pädagogik in der sozialpädiatrischen Hilfe des behinderten Kindes führte auch dazu, das Montessori-Material für das behinderte Kind zu adaptieren, d.h. den sinnesphysiologischen Ansatz von Séguin, der in das Montessori-Material eingeflossen ist, für verschiedenartig behinderte oder gestörte Kinder zu verändern, daß die dadurch möglichen Therapieprozesse noch verstärkt werden.

In der unmittelbaren Praxis zeigte sich mit Kindern welche Bereiche des Montessori-Materials bei welchen funktionellen Störungen geändert werden mußten. Dabei entdeckten wir die einzigartigen Möglichkeiten des Montessori-Materials z.B. an der Behandlung von Perzeptionsstörungen praktisch neu.

Neuschöpfung der Montessori-Heilpädagogik

In der Hilfe für mehrfach und verschiedenartig behinderte Kinder durch die Elemente der Montessori-Pädagogik mußte aber nicht nur das Original Montessori-Material adaptiert werden, sondern es mußten und müssen auch die Art der pädagogischen Darbietung und die Haltung bzw. Einstellung des Montessori-Erziehers modifiziert werden. Hierbei werden Erfahrungen mit einbezogen, wie sie in der Psychologie und der Sonderpädagogik des Kinderzentrums München in den vergangenen Jahren bei behinderten Kindern gewonnen wurden.

In der unmittelbaren Begegnung mit verschiedenartig gestörten und behinderten Kindern soll im Kinderzentrum München in den nächsten Jahren durch die enge Zusammenarbeit von Pädiatern, Pädopsychologen und

Montessori-Pädagogen die international angewandte Montessori-Pädagogik als Montessori-Heilpädagogik ausgebaut und erweitert werden."

Mit diesem Wortlaut aus dem Buch „Klinische Sozialpädiatrie", erschienen im Jahr 1981, möchten wir unseren großen Chef und Gönner,

Herrn Prof. Dr. Dr. h.c. Hellbrügge

ehren und danken. Er erkannte die Möglichkeiten, die in der Montessori-Pädagogik liegen, und gab uns gleichzeitig den Mut und die Freude in die alte und doch neue Richtung weiterzugehen, Neuland zu entdecken und zu erforschen.

15 Jahre später sind diese Zeilen noch genau so aktuell wie sie es damals waren. Wir haben weitere Erfahrungen gesammelt, und die Einsatzmöglichkeiten der Montessori-Heilpädagogik weit ausgedehnt.

Die Montessori-Therapie wurde auf der Basis der Montessori-Heilpädagogik zu einem selbständigen Berufszweig weiterentwickelt.

Durch Montessori-Therapie können wir heute den Eltern von schwerst mehrfachbehinderten Kindern Anregungen geben, wie sie ihr Kind bereits ab einem Entwicklungsstand von wenigen Wochen mit ganz alltäglichen Dingen in Kontakt bringen können, um so den Geist anzuregen, Interesse zu fördern.

Kindern mit unerwarteten Besonderheiten erwächst über das adaptierte Montessori-Material und die Montessori-Therapie eine wunderbare Möglichkeit ihre Umgebung und damit die Welt selbst zu greifen, zu er-greifen und damit zu be-greifen. Sie sind dadurch nicht auf die Wissensvermittlung über Dritte angewiese,n sondern können elementare Erfahrungen selbst sammeln und ihr Denken darauf aufbauen.

Ein großes Einsatzgebiet geben uns die Schulprobleme der Regelschulkinder. Kinder mit Teilleistungsstörungen fallen ebenso aus der Norm wie Kinder mit physischen, emotionalen oder sozialen Problemen. Im Rahmen der Montessori-Therapie wird behutsam das Selbstwertgefühl des Kindes aufgebaut, so daß es allmählich selbstbewußt zu seinen Problemen stehen lernt. Gleichzeitig werden Strategien entwickelt, die dem Kind helfen, seine Aufgaben zu strukturieren und damit übersichtlicher zu gestalten sowie Erfahrungslücken aus frühester Kindheit durch den Umgang mit konkretem Material aufzuarbeiten.

In der Rehabilitation Jungendlicher und Erwachsener nach schwersten Schädel-Hirnverletzungen werden durch Montessori-Therapie gute Erfolge erzielt. Hier fließen besonders die Erkenntnisse der Neurophysiologie und Neuropsychologie mit ein.

Denkbar wäre die Ausdehnung des Aufgabenkreises auf die Geriatrie und Psychiatrie. Einzelne, sehr positive Erfahrungen liegen vor. Sinnvoll wäre auch die Begleitung von Menschen, die in Einrichtungen untergebracht sind und hier Fähigkeiten und Fertigkeiten ablegen, die sie früher z.T. sehr mühsam erworben haben.

In allen Bereichen ist eine Zusammenarbeit mit dem Arzt und den direkten Bezugspersonen des Patienten sowie nach Erfordernis mit Psychologen und/oder Therapeuten anderer Fachrichtungen, Pädagogen und Behörden prägend für das Berufsbild.

Internationale Erfahrungen

Von München ausgehend haben viele Kolleginnen und Kollegen ihr Wissen in andere Länder und Kontinente getragen. Sie fanden weltweit Kinder, die sich in gleicher Weise mit gleichen oder ähnlichen Materialien beschäftigten, arbeiteten, Erfahrungen sammelten und dabei Ruhe, Konzentration und tiefe Befriedigung fanden. In diesem Buch beweisen dies Kinder aus Indien, Äthiopien und Deutschland. Drei wirklich verschiedenartige Kulturen, dreimal völlig unterschiedliche Lebenssituationen:

Kinder, die eben aus der Todesbedrohung von Krieg, Krankheit und Hunger gerettet waren – Kinder von Arbeitern und Angestellten, die unter den sehr harten Bedingungen des Subkontinentes ihren Lebensunterhalt verdienen – Kinder aus dem reichen Europa, deren Eltern in der Lage sind alle, für wichtig erachteten, Möglichkeiten für das Wohlergehen des Kindes auszuschöpfen.

Wir danken allen diesen Kindern und ihren Müttern, daß wir sie ein winziges Stückchen begleiten durften und dabei erleben konnten.

Überall in der Welt gilt Montessoris Ausspruch:

> „Der Weg auf dem die Schwachen sich stärken, ist der gleiche wie der Weg, auf dem die Starken sich vervollkommnen!"

Lore Anderlik
Vijaya Varadarajan
Montessori Therapeutinnen

Teil I

Vorstellung

der Montessori – Heilpädagogik
und Montessori – Therapie

Maria Montessori – eine wunderbare Pädagogin!

Maria Montessori wurde am 31. August 1870 in Chiaravalle, Italien, als einziges Kind Ihrer Eltern geboren. Ihr Vater, Alessandro Montessori, war erfolgreicher bürgerlicher Staatsbeamter, in der Finanzverwaltung tätig – er brachte konservatives Denken in die Familie. Die Mutter, Renilde Montessori, kam aus einer Gutsbesitzersfamilie und war für diese Zeit ungewöhnlich gebildet und liberal denkend. Sie bestärkte und unterstützte Maria in ihren Wünschen und bahnte damit den Weg zu einer großartigen Karriere.

Die Ausbildung war hart und umfangreich

Maria Montessori war die erste Frau Italiens, die Medizin studierte. Sie belegte Kinderheilkunde und arbeitete während des Studiums als Hilfs- und Assistenzärztin am Frauen- und auch am Männerkrankenhaus. Sie besuchte die Psychiatrische Klinik, wo sie Material für ihre Doktorarbeit sammelte. Im letzten Jahr ihrer Ausbildung und auch noch im Jahr danach arbeitete sie in der Ambulanz und auf der Unfallstation des Kinderkrankenhauses, wo sie Diagnosen erstellte, Behandlungen verschrieb aber auch bei Operationen assistierte. Sie wurde zur Expertin für Kleinkinderkrankheiten und schloß ihr Studium mit dem Diplom eines Doktors der Medizin und der Chirurgie ab.

Ihre Leistungen waren so gut, daß sie, obwohl der Arbeitsmarkt ein „Heer gebildeter Arbeitsloser“ aufwies, sofort nach dem Bestehen ihres Examens die Stelle im Kinderkrankenhaus angeboten bekam.

Öffentlicher Einsatz für die, die sich selbst nicht wehren können

Im September 1896, einen Monat nachdem Maria ihr Studium so glanzvoll beendet hatte, fand in Berlin der Internationale Frauenkongreß statt. Maria Montessori setzte sich dort als Delegierte Italiens leidenschaftlich für die Rechte der arbeitenden Frau ein. 1900, bei einem Londoner Kongreß, prangerte sie die Kinderarbeit in den englischen Bergwerken an.

Im Rahmen ihrer Forschungsarbeit an der psychiatrischen Klinik in Rom besuchte sie auch die Anstalten für schwachsinnige Kinder. Hier waren Kinder untergebracht, die in der Familie und in der Schule untragbar waren.

Mortimer Standing beschreibt in einer Biographie:

„In einem der Irrenhäuser fiel ihr eine Gruppe schwachsinniger Kinder auf, die in einem kerkerartigen Raum wie Gefangene zusammengepfercht waren. Die Aufseherin gab sich keine Mühe, ihre Abneigung gegen die Kinder zu verbergen, und als die junge Ärztin sie fragte, warum sie die Kinder nicht leiden möge, antwortete die Frau: 'Weil sie sich, kaum daß sie aufgegessen haben, auf den Boden stürzen und die Krümel aufklauben.'

Maria Montessori sah sich im Raum um: Er enthielt nicht nur keinerlei Spielzeug, sondern überhaupt keinerlei Gegenstände, nichts, was die Kinder in die Hand nehmen, womit sie sich hätten beschäftigen können."

Dieses Schlüsselerlebnis führt Maria Montessori deutlich vor Augen, daß zur menschlichen und intellektuellen Entwicklung eines Kindes mehr gehört als nur Nahrung und Kleidung.

„Es wurde mir zunehmend klar, daß die geistige Unzulänglichkeit weitaus mehr ein pädagogisches Problem ist als ein medizinisches".

Ihr Interesse war nun zusätzlich auf die Pädagogik gerichtet und sie versuchte, alle ihr möglichen Quellen auszuschöpfen.

Anregungen durch die Arbeit Jean-Marc-Gaspard Itard und Edouard Séguin

Jean-Marc-Gaspard Itard war ab dem Jahr 1800 Arzt an der Taubstummenanstalt in Paris. Er bemühte sich um die Erziehung eines etwa zwölfjährigen Jungen, der in den Wäldern von Averyon völlig wild aufgewachsen war. Itard war überzeugt, daß das idiotische Verhalten dieses Jungen nicht ausschließlich angeboren sei, wie führende Wissenschaftler behaupteten, sondern daß es durch das fehlende kulturelle Angebot mindestens mitbestimmt war.

Er entwickelte Methoden und Materialien und förderte diesen Jungen. Leider wurden diese Bemühungen nur mit bescheidenem Erfolg gekrönt, doch bewiesen bereits die geringen Fortschritte, daß eine Förderung geistig behinderter Kinder möglich ist!

Edouard Séguin studierte bei Itard Medizin. Er gründete eine „Schule für Idioten", in der er sehr erfolgreich arbeitete. 1846 veröffentlichte er das für diese Zeit wegweisende Buch über seine Methode: *Traitment Moral, Hygiène et Education des Idiots et des autres Enfants arriérés* – Die moralische Behandlung, Hygiene und Erziehung von Idioten und anderen zurückgebliebenen Kindern.

Verbreitung der Ideen und Erkenntnisse in Rom

1899 fand in Turin ein Pädagogik-Kongreß statt.

Hier brachte Maria Montessori ihre Überzeugung zum Ausdruck, daß es ihr fester Glaube sei, daß gestörte Kinder nicht unsoziale Wesen seien, sondern daß sie, mindestens ebenso wie normale Kinder, Erziehung brauchen, wenn nicht sogar mehr!

Ihre Ansprache hinterließ so großen Eindruck, daß der Erziehungsminister sie nach Rom verpflichtete, wo sie die Ausbildung von Lehrern für geistig Behinderte übernahm und gleichzeitig praktisch arbeitete.

1899-1901 beobachtete sie geistig behinderte Kinder in ihrer Arbeit, in ihrem Lernverhalten. Sie entwickelte, auf diese Beobachtung aufgebaut, besondere Hilfen und Materialien und förderte dadurch diese „Idioten" so gut, daß sie nach zweijährigem Training die öffentliche Prüfung der Normalschule bestanden.

Hinwendung zum gesunden, nichtbehinderten Kind

Maria Montessori war natürlich über diesen Erfolg glücklich – gleichzeitig legte er jedoch Zweifel an der üblichen pädagogischen Förderung der nichtbehinderten Kinder. Weshalb sind ihre Kenntnisse so gering, daß sie von gut geförderten behinderten Kindern eingeholt werden können?

Die Dotoressa griff erneut auf Schriften von Itard und Séguin zurück und übersetzte sie in die italienische Sprache, suchte nach allen erreichbaren Quellen und verglich sie. So formte sich die Basis einer neuen Pädagogik, deren Grundlage Erziehungsmethoden sind, die auf physiologische und psychologische Beobachtungen behinderter wie nichtbehinderter Kinder zurückzuführen ist.

Studium in Pädagogik und Psychologie

Zu diesem Studium beendete Maria Montessori 1901 ihre bisherige Arbeit, sie schrieb sich erneut an der Universität ein, um nun Kurse in Pädagogik, Philosophie und Psychologie zu belegen. Sie beendete diesen Abschnitt 1904 mit dem Erwerb des Professorentitels in Anthropologie und der Veröffentlichung des Buches „Pädagogische Anthropologie".

Ein neuer Abschnitt: Die Arbeit mit nichtbehinderten, gesunden Kindern im Kinderhaus (Casa dei Bambini)

Die Gelegenheit ergab sich im Jahre 1906, als im Römischen Elendsviertel „San Lorenzo" nach einer Möglichkeit gesucht wurde, um Familien bestmög-

lich in den Arbeitsprozess einzugliedern und gleichzeitig die Kinder und auch die neugebauten Häuser vor völliger Verwahrlosung zu schützen.
Maria Montessori organisierte einen hübschen Raum für diese noch nicht sechsjährigen Kinder und eröffnete am 6.1.1907 das erste „Kinderhaus". Sie bot zunächst die gleichen Materialien an, die sich bereits bei den behinderten Kindern bewährt hatten. Die Kinder arbeiteten gerne damit, es stellte sich aber heraus, daß diese Kinder das Material anders verwendeten als die behinderten. Sie wählten selbständig und arbeiteten spontan.

In diesem Kinderhaus entdeckte Dr. Montessori, „daß die Kinder über verschiedene und entschieden höhere Qualitäten verfügen als allgemein angenommen wird. Es war, als ob eine höhere Form der Persönlichkeit befreit würde und ein neues Kind entstünde".
Maria Montessori folgte nicht irgendwelchen Theorien, sondern sie beobachtete die Bedürfnisse und Handlungen der Kinder. Im Rahmen ihrer Beobachtungen öffnete sie den Kindern viele Möglichkeiten:

- ⇨ Sie stellte die Materialien her, die für die Kinder interessant waren,
- ⇨ beschaffte Möbel, die den kindlichen Maßen angepaßt waren,
- ⇨ verschaffte den Kindern Frieden und Freiheit zur Arbeit, zum Sammeln von Erfahrungen, sich zu bewegen,
- ⇨ sie entwickelte die „vorbereitete Umgebung".

Die Kinder zeigten ein spontanes Arbeitsverhalten, tiefe Konzentration, Disziplin sowie Sinn für Ordnung.
Montessori definierte Erziehung als eine liebende Hilfe zur Entwicklung des Kindes, die das innere Potential des Kindes unterstützt und sich entwickeln läßt:

„Erziehung des sehr jungen Kindes muß Hilfe zur spontanen geistigen, seelischen und körperlichen Entwicklung sein".

Eine neue Pädagogik war geboren

Eine revolutionäre Richtung der Pädagogik, in der das Kind im Mittelpunkt steht, in der das Kind befähigt wird, die Welt aufzubauen: „... das Kind ist der Vater des Mannes" (M.M.).

Die neue Pädagogik findet weltweit Anerkennung

Maria Montessori reist in viele Länder und unterrichtet über Ihre Methode. Sie findet viele Anhänger, so daß wir heute in allen Erdteilen Montessori-Kinderhäuser und glückliche Montessori-Kinder finden.

Der italienische Staat ehrt seine große Pädagogin

Montessori-Pädagogik – Erziehung, eine Hilfe zum Leben

Die Montessori-Pädagogik ist eine kindorientierte Methode, die das Kind in seiner Gesamtheit sieht und würdigt. Ihr Angebot befriedigt alle Bedürfnisse des Kindes zu seiner bestmöglichen Entwicklung.

Das Hauptanliegen dieser Pädagogik ist es, dem Kind in allen Bereichen Hilfe zu geben, von Geburt an, bis zu seinem psychischen und physischen Erwachsenwerden. Mit anderen Worten: Erziehung ist eine Hilfe zum Leben, zu einem Leben in Menschlichkeit.

Das Kind ist mit einem großen angeborenen Potential ausgestattet, sich selbst zu entwickeln – „es ist sein eigener Baumeister" (M.M.). Um dieses Potential nutzen zu können, benötigt es eine ihm angepaßte Umgebung und das liebevolle Mitdenken seiner Bezugspersonen. Die besten Chancen zu einer guten Entwicklung hat ein Kind bei Eltern, die um seine Bedürfnisse wissen, ihm die Möglichkeiten schaffen und ihm dann den Frieden zu seinem Selbstaufbau geben.

Das körperliche Wachsen des Kindes ist durch die natürlichen Gesetze der Entwicklung bestimmt, klar erkennbare Perioden, die bis zum Erwachsensein ständig wechseln. In gleicher Weise ist die psychische Entwicklung des Kindes durch vorgegebene Zeiten gegliedert, die nicht immer so klar ersichtlich sind. Zur körperlichen Entwicklung braucht das Kind Nahrung und Raum, zur geistig-seelischen Entwicklung braucht es eine anregende Umgebung und liebevolle Menschen, die ihm das Handeln in dieser Umgebung möglich machen – und es braucht Frieden, um seine Kräfte zu Selbstaufbau und Persönlichkeitsentwicklung einsetzen zu können.

Frieden vermittelt der Erwachsene, der den großen kreativen Selbstaufbau des Kindes erkennt und diesen Prozeß mit Verständnis begleitet. Hemmnisse und Hindernisse werden später in einem gestörten Persönlichkeitsbild sichtbar. Deshalb nennt Dr. Maria Montessori zwei Erziehungsziele aus biologischer und aus sozialer Sicht:

- ⇨ Das biologische Ziel ist es, dem Kind zu einer natürlichen, gesunden Entwicklung zu verhelfen.
- ⇨ Das soziale Ziel ist erreicht, wenn sich später der Erwachsene in seiner Umwelt sicher bewegen kann.

Maria Montessori sagt: „Alle Erziehung von kleinen Kindern muß sich den Forderungen einer natürlichen, geistig-seelischen und einer gesunden, körperlichen Entwicklung unterordnen ... Unser Erziehungsziel für sehr junge Kinder sei die Hilfe, ihren Aufbau zu einer geistigen, seelisch und körperlich gut entwickelten Persönlichkeit, aus eigener Kraft leisten zu können."

Die Anweisungen für ihre Pädagogik folgen der natürlichen physiologischen und psychologischen Entwicklung des Kindes, mit dem Ziel, den ganzen Menschen durch motorische, sensorische und intellektuelle Aktivitäten zu fördern. Ihre ersten Überlegungen zu Erziehung basieren auf der Beobachtung des Kindes in seinem normalen Verhalten. Die Kenntnisse von der menschlichen Entwicklung, auf ärztlichem und psychologischen Wissen begründet, formten den Kernpunkt der Pädagogik. Ihre Philosophie wurde zur Erziehungsmethode:

Erziehung muß Hilfe zum Leben, eine Vorbereitung auf das Leben sein

Das Kind lernt durch Handeln und Erfahrungen, die es durch das Handeln gewinnt. Deshalb benötigt das Kind eine besondere Umgebung und eine Reihe von verschiedenen, kulturabhängigen Angeboten.

Die wichtigsten Elemente der Montessori-Pädagogik sind
⇨ die vorbereitete Umgebung mit ihren sozialen Kontakten und dem Entwicklungsmaterial,
⇨ ein sich zurückhaltender Lehrer.

Die vorbereitete Umgebung spielt eine Schlüsselrolle für die Entwicklung des Kindes. Sie ist so ausgerichtet, daß sie die lebendigen, momentanen Bedürfnisse des Kindes erfüllt und es zu einer Persönlichkeit heranwachsen läßt. Hier hat das Kind die Gelegenheit, all das bewußt zu erfahren, was es bereits früher durch seinen absorbierenden Geist im Alter von 0-3 Jahren aufgenommen hat. Es speichert, vertieft und verfeinert sein Wissen für die weitere Entwicklung.

Das Kind kann seine wirkliche Persönlichkeit und Entwicklungsstufe nur zeigen, wenn es in Freiheit und Frieden in seiner Umgebung handeln darf:

- Freiheit und Frieden in der Bewegung
- Freiheit und Frieden zur Wahl
- Freiheit und Frieden zur Wiederholung
- Freiheit und Frieden den Gefühlen Ausdruck zu verleihen
- Freiheit und Frieden zu sozialen Kontakten.

Freiheit und Frieden geben dem Kind die Gelegenheit zu leben und sein Leben nach seinen eigenen, inneren Gesetzen und Bedürfnissen zu gestalten.

- *Freiheit der Bewegung:* Das Kind gewinnt durch die Bewegung und das Handeln Erfahrungen. Alle Kinderhäuser, Montessori-Schulen und auch die Montessori-Therapien planen diesen Aspekt bewußt ein, so daß das Kind in der Bewegung und durch sein Handeln den Grundbedürfnissen seiner Kindheit nachkommen kann. Das Kind erobert seine Umwelt durch Bewegung. Die natürliche und spontane Bewegung wiederum formt Geist und Seele.

- *Freiheit zur Wahl:* Bei freier Wahl wird das Kind durch eine innere Motivation geleitet. Diese innere Motivation läßt es zu den Dingen greifen, die seinen Bedürfnissen entsprechen, sie befriedigen. Eigenmotivation ist der Schlüssel zu jedem psychisch ausgeglichenem Lernen.

- *Freiheit zur Wiederholung:* Das Kind braucht Zeit und Gelegenheit, die unterschiedlichsten Handlungen zu wiederholen, um in seiner Entwicklung weiter zu kommen. Spontane, oftmalige und unaufgeforderte Wiederholung ist ein Phänomen, das immer dann auftritt, wenn alle Bedingungen passen: das Kind findet genau das Material, das seinen inneren Bedürfnissen, seiner sensiblen Phase, entspricht – und die äußeren Umstände gestatten es. Es wiederholt dann so oft, bis es gesättigt ist. In dieser Wiederholung lernt es die Gegenstände seines Interesses intensivst kennen und handhaben, es entwickelt zudem Ausdauer und Konzentration.

- *Freiheit den Gefühlen Ausdruck zu verleihen:* Gemütsbewegungen und Gedanken sind wesentlich an der sozialen und geistigen Entwicklung eines Kindes beteiligt, der Aufbau der Sprache hängt direkt davon ab. Das Kind braucht die Gelegenheit seine Gefühle zu zeigen, um Sprache zu entwickeln. Es braucht einen Erwachsenen, der mit ihm fühlt, spricht, handelt, der es spiegelt.

- *Freiheit zu sozialen Kontakten:* Kinder brauchen die Freiheit, in ihrem eigenen Sozialgefüge zu leben und zu arbeiten. Sie lieben es, ihre Probleme selbst zu lösen, oft entsteht Kummer erst durch Eingreifen der Erwachsenen. Das „unverbogene“ Kind hilft spontan dem anderen und wächst daran. Die Haltung zu kooperieren ist um vieles besser ausgebaut, als die zu konkurrieren. Kinder entwickeln einen Sinn dafür, andere und ihr Werk zu respektieren, ein Gefühl, ob der andere voll in seiner Arbeit aufgeht und Störung mehr als nur eine kurze Unterbrechung wäre, ob der andere Hilfe braucht oder ob Hilfe eine Beleidigung wäre, ein ausgeprägtes Gefühl für Gerechtigkeit. Freiheit und aktive Arbeit in einer guten Umgebung sind die Bedingungen, die dieses Sozialverhalten wachsen lassen.

Kinder, die Freiheit und Frieden genießen dürfen, entwickeln ihre Persönlichkeit, sie werden unabhängig, zuverlässig und selbstverantwortlich. Diese Freiheit ist keine grenzenlose Freiheit, die Grenzen werden weniger von außen gegeben, sie sind im Kind angelegt, sie leiten sein Handeln ebenso wie seine Gemütsregungen, seine Gedanken. *Freiheit in Grenzen führt das Kind zum Verstehen der Gesetze des Lebens.*

Das Montessori-Material

Die vorbereitete Umgebung ist mit Materialien ausgestattet, die das Kind zum Handeln „verführen", weil sie dem inneren Bedürfnis eines Kindes angepaßt sind. Sie sind so gewählt, daß sie die ganzheitliche Entwicklung des Kindes zu einer Persönlichkeit fördern.

Die Effektivität der Materialien und damit die Fortschritte der Kinder steigen wesentlich, wenn mit genauer Kenntnis der Einsatzmöglichkeiten gearbeitet wird. Dieses Buch kann und will eine Ausbildung nicht ersetzen, es kann nur Ideen und Anregungen vermitteln.

Montessori-Material ist für fünf Bereiche entwickelt:

1. Übungen des praktischen Lebens
2. Sinnesmaterial
3. Sprachmaterialien
4. Mathematikmaterialien
5. Material für die kosmische Erziehung.

Alle diese Materialien sind im Kinderhaus und der Montessori-Therapie nur einmal vorhanden, da hier grundlegende soziale Verhaltensweisen entwikkelt werden. In Schulklassen stehen viele Materialien mehrfach zur Verfügung, dies erleichtert u. U. den Unterricht.

1. Übungen des praktischen Lebens

1.1 Bewegungserziehung:	gehen, Gegenstände tragen, sich vorsichtig in einem Raum bewegen, in welchem andere bereits arbeiten ....
1.2 Pflege der eigenen Person:	an- und ausziehen, sich waschen Schuhe putzen, die eigene Kleidung bügeln ....
1.3 Sorge für die Umgebung:	waschen, putzen, kehren, im Garten arbeiten, Blumenpflege, Tisch decken, abstauben ....
1.4 Sozialverhalten:	Höflichkeitsformen unserer Kultur, andere bei Tisch bedienen, Regeln aufstellen und einhalten, für andere Putzarbeiten übernehmen ....

Bewegungserziehung: der Teppich soll gleichmäßig aufgerollt werden, beim Aufräumen soll er nirgends anstoßen, richtig aufgeschichtet werden.

Einem jungen Kind werden bei Eintritt in das Kinderhaus, oder bei Beginn einer Montessori-Therapie, in der Regel als erstes Übungen des praktischen Lebens angeboten. Die einzelnen Elemente dieser Übungen sind den meisten Kindern bereits vertraut, da dies die Arbeiten sind, die die Mutter täglich verrichtet, Materialien, die die Mutter täglich benutzt. Die Übungen sind einfach gestaltet und für das Kind klar durchschaubar. Es erkennt sehr schnell die Regeln ihrer Handhabung und wird dadurch unabhängig. Die Fehlerkontrolle ist „auf den ersten Blick“ sichtbar, das selbständige Verbessern, das Nicht-mehr-vorhanden-sein eines Fehlers (ein großer Unterschied zur schulischen Verbesserung) wird bereits bei der Darbietung gezeigt, das Selbstbewußtsein kann damit wachsen.

Übungen des praktischen Lebens vermitteln die Kultur des Landes, in dem das Kind lebt. Sie sind ansprechend gestaltet, farblich gut stimmig, in Größe und Form an die Handhabung durch Kinder angepaßt. Sie sind prägend für den Farb- und Formensinn, die Harmonie und Ausstrahlung eines Lebensraums. Sie sind so vielgestaltig, daß die inneren Bedürfnisse jedes jungen Kindes erreicht werden und damit immer wieder sensible Phasen angesprochen werden.

Die Elemente der „Kontrolle der Bewegung“ sind in jeder einzelnen Übung vielfältig enthalten. Bewegungen werden gesteuert weil eine echte, dem Kind einsichtige Notwendigkeit vorliegt, sein Intellekt beansprucht wird. Durch das Interesse an der Übung ist es nicht der Erwachsene, der bestimmte Verhaltensweisen verlangt, sie sind in der Sache begründet. Viele Reibungspunkte zu Erwachsenen entstehen gar nicht mehr.

Die Übungen des praktischen Lebens sind die richtige Antwort auf die Bedürfnisse des jungen, oft auch noch des älteren Kindes und seine sensiblen Phasen, zum Aufbau von Unabhängigkeit, Selbstsicherheit, Offenheit und Selbstbewußtsein.

2. Sinnesmaterial

2.1 Gesichtssinn: Unterscheidung der Dimensionen
- Zylinderblocks
- rosa Turm
- braune Treppe
- lange Stangen

2.2 Gesichtssinn: Unterscheidung der Farben
- Farbtäfelchen

2.3 Gesichts- und stereognostischer Sinn: Unterscheidung der Formen
- geometrische Kommode, geometrische Körper
- geheimnisvolle Beutel
- Unterscheidung von Samenkörnern

2.4 Tastsinn: taktile, haptische Unterscheidung
- rauhe und glatte Flächen
- Graduierungskarten
- Kasten mit Stoffen

2.5 Barischer Sinn: Sinn für Schwere
- barische Brettchen

2.6 Gehörsinn: akustische Diskriminierung
- Geräuschdosen
- Glocken

2.7 Wärmesinn: thermische Unterscheidung
- Wärmefläschchen
- Wärmeplättchen

2.8 Geschmackssinn: Sensibilisierung des Geschmackes
- Geschmackskrüglein

2.9 Geruchssinn: olfaktorische Sensibilisierung und Isolation
- Riechgläser

2.10 Gesichts- und Formensinn: visuelle Unterscheidung
- konstruktive Dreiecke, knopflose Zylinder
- binomische und trinomische Kuben

Für das Sinnesmaterial interessiert sich das junge Kind, wenn es, durch die Übungen des praktischen Lebens, bereits ein gutes Potential an Bewegungskoordination erreicht hat.

Das Sinnesmaterial ist das Material der „Abstraktion", in ihm sind die einzelnen Eigenschaften isoliert dargestellt, sie werden so im wörtlichen Sinn „begriffen" und dann in allen Gegenständen des täglichen Gebrauchs wiedergefunden. Das Sinnesmaterial ist der „Schlüssel zur Welt" (M.M.), es öffnet die Wahrnehmung für eine gerade begriffene Aussage in unserer Umgebung.

Die intellektuelle Entwicklung des Kindes wird durch diese Arbeit wesentlich gefördert: wahrnehmen, einordnen, abspeichern, wieder abrufen, vergleichen sind geistige Leistungen, ist Denken. Sie bildet eine Grundlage, auf der sich sprachlicher Ausdruck und mathematisches Denken weiterentwickeln.

3. Sprachmaterial

Vorausgehend: Fingerspiele, Lieder, Reime, Bücher

3.1 metallene Einsätze
3.2 sprachliches Nutzen der vorbereiteten Umgebung
3.3 sprachliches Nutzen der Übungen des praktischen Lebens
3.4 sprachliches Nutzen des Sinnesmaterials
3.5 Geschichten erzählen
3.6 Gespräche
3.7 Sandpapierbuchstaben
3.8 Lautunterscheidungen
3.9 bewegliches Alphabet
3.10 Schreiben
3.11 Lesen
3.12 Wortanalyse
3.13 Grammatikkästen
3.14 Satzanalyse

Das Kind hat bis zum Eintritt in eine Montessori-Einrichtung überwiegend sprachliche Eindrücke in seiner Muttersprache, die durch die Verhältnisse seiner Familie geprägt sind.
Die Beschäftigung mit den Übungen des praktischen Lebens bringt oft erstmals Dinge „zur Sprache", die alltäglich sind. Durch den Umgang mit dem Sinnesmaterial werden Wahrnehmungen konkret und damit besprechbar.

Im Gespräch werden Erlebnisse berichtet, man kann seinen Gefühlen Ausdruck verleihen, sich mitteilen und verständlich machen, sich in der Haltung des anderen spiegeln. Geschichten stellen fortlaufende Ereignisse dar, sie bauen auf Eindrücke auf und zeigen Folgerungen.

Das Sprachmaterial ist, ebenso wie alle anderen Materialien, an den Bedürfnissen des Kindes ausgerichtet: ein junges Kind braucht den konkreten Gegenstand, um sich daran zu orientieren und exakt darüber zu sprechen. Das ältere Kind kann mit der Zwischenlösung einer Bildkarte recht gut umgehen, seine Vorstellung ist über viel konkretes „Begreifen" so gefestigt, daß das Bild zur Vorstellung ausreicht. Das Schulkind hat bereits soviel Erfahrung, daß die rein schriftliche Darstellung genügt, um die Vorstellung zu haben, um mit dieser Vorstellung zu arbeiten.

Sandpapierbuchstaben trainieren die Beweglichkeit, wirken auf das Muskelgedächtnis. Metallene Einsätze und Sandpapierbuchstaben sind direkte Vorbereitungen für das Schreiben.

Sprache ist ein Teil unserer Kultur. Über die Sprache wird viel an Verständnis und Mitfühlen vermittelt, sie gibt eine Chance, um bereits kleinen Kindern das Verständnis für andere nahezubringen.

Ein Exkurs nach Indien: alle Kinderhäuser werden dort mindestens zweisprachig geführt: die eigentliche Muttersprache des Kindes und Englisch als offizielle Landessprache. Die meisten Kinder werden im Kinderhaus erstmals mit der englischen Sprache konfrontiert. Sie lernen schnell und ebenso selbstverständlich wie alle anderen Übungen und Spiele. Vielleicht liegt darin die gute Sprachbegabung so vieler (gebildeter) Inder begründet, die zwischen fünf und mehr Sprachen problemlos wechseln.

4. Mathematikmaterial

4.1 Aufbau des Zahlen- und Mengenverständnisses
- 4.11 Numerische Stangen
- 4.12 Sandpapierziffern
- 4.13 Spindelkasten
- 4.14 Zahlen und Chips
- 4.15 Seguinbretter
- 4.16 Einführung des Dezimalsystems
- 4.17 Dezimalsystem (statistisch)
  - Perlen 1 – 1000
  - Karten 1 – 1000
- 4.18 Dezimalsystem (dynamisch)
  - Perlen 1 – 9000
  - Karten 1 – 9000
- 4.19 Hunderterbrett
- 4.19a Perlenketten und Pfeile

4.2 Rechenoperationen
- 4.21 Addition
- 4.22 Subtraktion
- 4.23 Multiplikation
- 4.24 Division
  - mit Perlen und Kartensätzen
    - Streifenbrettern
    - Kontrollkarten
    - Markenspiel
    - Punktspiel
    - Multiplikationsbrett
    - Divisionsbrett

Rechenrahmen
Schachbrett
große Division
Bankspiel

4.3 Arbeit mit Brüchen
- 4.31 Bruchrechenkegel
- 4.32 Bruchrechenquadrate
- 4.33 Bruchrechenkreise
- 4.34 Arbeitsbretter für Dezimalbrüche

4.4 Arbeit mit Potenzen
- Darstellungskästen der Potenzen
- arithmetische Darstellung
- geometrische Darstellung

4.5 Wurzelziehen
- 4.51 Wurzelbretter
- 4.52 Materialkästen

4.6 Flächen- und Körperberechnung
- 4.61 Gradmesser
- 4.62 Umwandlungskreis für Brüche
- 4.63 Material zur Oberflächenberechnung
- 4.64 Material zur Inhaltsberechnung
- 4.65 Geometriematerial
- 4.66 aufgeteilte Dreiecke
- 4.67 Satz des Pythagoras
- 4.68 eingeschriebene und umschriebene Formen

Übungen des praktischen Lebens und Sinnesmaterial bilden die Grundlagen für das Verständnis von Mathematik. Die Übungen des praktischen Lebens üben unbewußt alle vier Grundrechnungsarten. Viele Grundschulkinder verzweifeln an den abstrakten Formen des Unterrichts – und verstehen das Wort Addition erstmals, wenn sie an einer Waage arbeiten.

Das Sinnesmaterial ist sowohl arithmetisch wie auch geometrisch angelegt. Das junge Kind benützt es sensorisch, das Schulkind betrachtet das ihm gut bekannte Material nochmals und findet erstaunt eine Anwendung des Dezimalsystems vor. So erarbeiten sich die Kinder die Grundlage auf vielfältige Weise.

Das Mathematikmaterial ist ebenso, wie alle anderen Materialien auch, auf das Handeln ausgerichtet. Einen breiten Raum nimmt das Erfassen von

Zahlen- und Mengenbegriffen ein. Das Kind muß sich erst eine Vorstellung erarbeiten, ehe das Rechnen, bei dem das Ergebnis wirklich stimmen soll, erwartet werden kann. Bei Einführung jeder neuen Rechenart wird auch bei älteren Kindern großer Wert auf das Erarbeiten der Vorstellung gelegt.

Viele Gegner Montessoris finden den Aufwand an Material zu groß, den Umgang damit als Zeitverschwendung – heute, in der Zeit der Taschenrechner und Rechencomputer. *Vielfach wird dabei übersehen, daß moderne Technik nur dann sinnvoll eingesetzt und auch wirklich verwendet werden kann, wenn eine Vorstellung dessen vorhanden ist, was geschehen soll.*

5. Materialien für die kosmische Erziehung

Kosmische Erziehung umfaßt die Bereiche

Botanik
Zoologie
Geographie
Geschichte
Geometrie
Ethik
Kunst
Anthropologie
Evolution
Umweltschutz

Es sind für jeden Bereich viele Materialien entwickelt, die den Kindern dieses weite Feld „begreifbar“ machen.

Alle Materialien sind so ausgerichtet, daß das Kind zunächst einen Eindruck des Gesamten erhält. Aus ihm kann es sich dann einzelne, kleine Gebiete wählen, die es besonders interessieren. Als Beispiel seien Materialien aus dem Gebiet Geographie aufgezählt:

- 5.1 Globen
  - 5.11 Globus – Land Wasser
  - 5.12 Globus – Erdteile
  - 5.13 Globus – Erdformationen
  - 5.14 Globus – politische Einteilung
- 5.2 geographische Grundbegriffe
  - 5.21 Erdteilkarten
  - 5.22 Grundbegriffe

5.3 Puzzlekarten
  5.31 Weltkarte
  5.32 jeweils ein Erdteil
  5.33 ein einzelnes Land
5.4 Fahnen
  5.41 Nationalflaggen nach Erdteilen getrennt
  5.42 entsprechende Landkarten
  5.43 Namensschilder und Beschreibungen
5.5 Landkarten
  5.51 Erdteilkarten
    Ländereinteilung
    Hauptstädte
    Flaggen
  5.52 Karte eines Landes
    Regierungsbezirke
    Regierungssitze
    Wappen
5.6 Alben, die mit den Kindern gemeinsam hergestellt werden
  Erdteile
  einzelne Länder
  das eigene Land
  der eigene Regierungsbezirk
  die eigene Stadt
  die eigene Straße

Die kosmische Erziehung will aber nicht ausgrenzen, wie es an diesem Beispiel leicht mißverstanden werden könnte, und (in diesem Fall) reine Geographie vermitteln. Kosmische Erziehung sucht auch immer die Verbindung zu allen Ebenen des Lebens. Schon sehr junge Kinder interessieren sich für die Erdteilkarten, sie stellen kleine Plastiklöwen auf das „grüne" Land und Elefanten sowohl auf das „grüne" als auch auf das „gelbe" Land. Sie unterscheiden also schon Lebensbereiche, noch ehe sie sich für die Namen Afrika und Asien interessieren. Gespräche werden weiter geführt: was fressen die Tiere? (führt in die Botanik); welche Menschen leben dort? welche Sprachen sprechen sie? wie schreiben sie? wie sind sie gekleidet? welche Musik spielt man dort? welche Probleme belasten sie?

Kosmische Erziehung bietet eine wunderbare Gelegenheit, Verständnis und Freundschaft für andere Kulturen und andere Lebensbereiche aufzubauen.

Jeder Gruppenleiter wird das Material so vorbereiten, daß es dem Vermögen der Kinder angepaßt ist. Für Leseanfänger ist das Entziffern der Erdteilnamen bereits eine große Arbeit, größere Kinder arbeiten mit Textstreifen, Lückentexten, Büchern, Lexika. So findet jedes Kind genau den Lesetext, für den es sich interessiert und den es bewältigen kann.

Kosmische Erziehung wird in jeder Klasse anders aussehen, denn dies sind die Bereiche, in welchen sich nicht nur die Kinder sondern auch der Erwachsene voll entfalten und ausbreiten kann. Eine Urlaubskarte aus einem weit entfernten Land kann einen Interessenschub für diese Region auslösen, die viele interessante Übungen nach sich zieht. Es gibt keine langweiligen Unterrichtsstunden, denn jedes Kind findet einen für sich interessanten Bereich.

Die vorbereitete Umgebung

ist eine genau durchstrukturierte Umgebung in einer bestimmten Ordnung. Alle Materialien sind so arrangiert, daß sie das Kind von einer leichten zu immer schwieriger werdenden Übungen führen, von konkretem Material zur Abstraktion, also von einem niedrigeren zu einem anspruchsvolleren Level. Kinder wissen um diese Ordnung und können damit auch bewußt, ihrer Tagesverfassung entsprechend, wählen, sie sind unabhängig vom Vorschlag des Erwachsenen.

Ordnung hilft, selbständig zu werden

Jedes Material hat seinen eigenen Platz, der nur gemeinsam mit den Kindern verändert werden darf.
Alle für das junge Kind bestimmten Übungen sind auf einem Tablett, in einem Korb, in einer Schachtel so zusammengestellt, daß es alle zur Übung gehörenden Teile mit einem Griff nehmen und zu seinem Arbeitsplatz tragen kann. So entfällt mühsames Suchen, die erste Motivation zu einer Arbeit kann voll genützt werden.
Jedes Material ist sauber, vollständig und intakt. Nur so sehen Kinder einen Sinn im sorgfältigen, vorsichtigen Arbeiten, kann eine Arbeit problemlos zu Ende gebracht werden.
Alle Materialien sind formschön, ansprechend und farblich abgestimmt, sie sollen Aufforderungscharakter haben, um die Kinder zum Üben zu „verführen“. Die farbliche Gestaltung ist zudem Leitlinie für das Kind: es merkt sich leicht: die rote Schüssel, die rote Kanne, der Schöpflöffel mit dem roten Griff gehören zusammen. Die Farbe ist also eine sehr gute Hilfe zur Ordnung, so kann das Kind, unabhängig vom Erwachsenen, seine Übung selbst beenden und wegräumen, es weiß Bescheid!

Sicht- und Reichweite steuern Wünsche

Alle Übungen sollten in offene Schränke oder Regale eingeordnet sein, in Sicht- und Reichweite der Kinder. Sichtbare Gegenstände wecken Wünsche, die Werbung macht von dieser Kenntnis regen Gebrauch. „Aus den Augen – aus dem Sinn“ ist ein altes Sprichwort. So kann man auch, für das Kind fast unbemerkbar, eine bestimmte Übung hervorheben, wenn man diese Übung als besonders wichtig für ein Kind ansieht. Andererseits verlieren Übungen auch ihren Aufforderungscharakter, wenn sie nicht mehr so offensichtlich sind. Der Therapeut wird dies besonders nützen, wenn Kinder immer wieder zu sehr einfachen Übungen greifen, um einer Anstrengung aus dem Wege zu gehen.

Das Beachten der Reichweite ist besonders wichtig bei der Arbeit mit sehr jungen und mit körperbehinderten Kindern.
Nichtbehinderte Kinder sind meist sehr erfinderisch, um einen begehrten Gegenstand zu erreichen. Das körperbehinderte Kind ist hier echt behindert – in seiner Aktivität noch weiter eingeschränkt. Deshalb sollte mit der ganzen Gruppe gemeinsam der günstigste Platz erarbeitet werden, den auch dieses Kind gut erreichen kann. Aus diesem Grund ist es sogar sinnvoll, alle anderen Ordnungskriterien umzustoßen.

Die Beschränkung des Materials gibt Anlaß zu vielen Sozialkontakten

Fast alle Übungen sind nur einmal vorhanden, dies fördert das Sprechen, Besprechen des Problems, also den Sozialkontakt der Kinder untereinander ganz wesentlich. Alle Kinder orientieren sich am Tun der anderen. Sie wünschen sich immer wieder etwas, was andere bereits geholt haben – welche Problemlösungen bieten sich an: zuschauen – abwarten – einen Kompromiß aushandeln – den Wunsch auf den nächsten Tag verschieben – verzichten. Über das Zuschauen, beobachten, gewinnt das Kind bereits etliche Informationen, es lernt indirekt. Es wir außerdem die Arbeit des anderen achten, den anderen respektieren. Abwarten ist ein Training der Ausdauer, wie kann diese Zeit genützt werden? Das Kind steht wieder vor der Wahl: solange zusehen, bis der andere fertig ist, vielleicht dabei moralischen Druck ausüben, daß der andere sich beeilt, oder einstweilen eine Ersatzbeschäftigung beginnen, um dann zum eigentlichen Wunsch zurückzukehren? Einen Kompromiß aushandeln, erfordert sprachlichen Einsatz, Einfühlungsvermögen und Überzeugungskraft; dies sind sehr hohe Anforderungen, aber auch die beste Vorbereitung auf ein späteres Leben in Demokratie. Einen Wunsch auf den nächsten Tag verschieben, verlangt viel Willenskraft, es kommen ständig neue Ablenkungen, die Motivation muß über eine lange Zeit aufrecht erhalten werden. Verzicht kann die unterschiedlichsten Gründe haben: Einfühlungsvermögen in den Besitzenden, Beleidigtsein, Resignation. Hier ist es notwendig, nach dem Grund des Verzichts zu forschen, vielleicht braucht das Kind Hilfe. *Unerfüllbare oder im Moment nicht umsetzbare Wünsche begleiten den Menschen das ganze Leben, das Ringen um eine Lösung wird hier schon beim jungen Kind angebahnt und geübt.*

Die Fehlerkontrolle macht das Kind unabhängig vom Erwachsenen

Allen Materialien ist eine Fehlerkontrolle eingebaut – ein sehr wichtiges Prinzip der Montessori-Pädagogik. Sie zeigt dem Kind ganz offensichtlich: hier stimmt etwas nicht!

Am deutlichsten ist die Fehlerkontrolle bei den Einsatzzylindern: Zylinderdurchmesser und Höhe müssen dem Durchmesser und der Tiefe der Bohrung entsprechen, sonst paßt es sichtlich nicht.
Bei Schütt- und Löffelübungen zeigen verlorene Körner den Fehler, verschüttetes Wasser läßt die Flaschen nicht mehr voll werden, beim Rechenmaterial stimmt die Anzahl der Materialien nicht. Bereits während der Darbietung wird das Kind auf die Harmonie einer korrekt gelösten Aufgabe hingewiesen. Man fühlt kontrollierend über die eingesetzten Zylinder, bemerkt, daß alle Körner in der Schüssel Platz fanden, freut sich über die voll gewordene Flasche oder daß beim Rechenmaterial keine Spindel übrig blieb oder fehlte.

Sind Fehler entstanden werden sie, u. U. wieder durch eine Darbietung, berichtigt. Einsatzzylinder im falschen Loch können gezeigt oder entfernt werden, so kann das Kind an einen neuen Versuch gehen. Verlorene Körner werden entweder einzeln, im Pinzettengriff, aufgenommen und in die Schüssel gelegt, oder das Tablett wird sorgsam geleert. Verschüttetes Wasser wird aufgewischt, die Menge nach Beendigung der Arbeit wieder ergänzt. Der Rest Spindeln, oder das Fehlen einer Spindel zeigt: alle Einheiten müssen noch einmal nachgezählt werden.

Die Fehlerkontrolle erzieht Kinder, ganz ohne direktes Eingreifen eines Erwachsenen, ohne Ermahnung, zum sorgfältigen, selbständigen und konzentrierten Arbeiten.

Sobald Kinder das Prinzip der Fehlerkontrolle verstanden haben sind sie in ihrer Arbeit unabhängig vom Erwachsenen. Sie können ihn zur Begutachtung rufen – wenn sie dies wünschen. Sie erkennen aber selbst, ob sie gut oder schlecht gearbeitet haben.

Die vorbereitete Umgebung prägt das Verhalten des Kindes und des Erwachsenen

Es ist eine große, wichtige und zeitaufwendige Aufgabe eines Erziehers eine gut vorbereitete Umgebung zu gestalten. Er beeinflußt damit das Arbeits- und das Sozialverhalten, er prägt das Empfinden für Schönheit und Harmonie.
Eine gute Vorbereitung erleichtert aber auch die Arbeit. Wenn fast alle Kinder selbständig arbeiten können, unabhängig sind, bleibt Zeit für eine kleine Gruppe, ein einzelnes Kind, um hier zu helfen, eine Darbietung zu geben oder auch für ein Gespräch. Der Erzieher selbst kann ruhiger arbeiten, ist nicht zerrissen von tausend Wünschen gleichzeitig, und gibt damit eher ein Vorbild an Ruhe und Ausgeglichenheit.

Die Rolle des Erwachsenen in der Montessori-Pädagogik

Dr. Maria Montessori legt einen strengen Maßstab an das Aussehen und Verhalten der Erwachsenen in den Kinderhäusern. Der Erwachsene ist Vorbild für alle Kinder – sie spiegeln sein Auftreten, sein Aussehen, sein Verhalten, seine Einstellung, seine Mimik und Gestik, seine Wortwahl und den Tonfall. Jeder Erzieher muß sich dessen bewußt sein und sein Verhalten danach ausrichten.

Die Kunst der indirekten Führung

Das Kind soll seine Persönlichkeit selbst aufbauen, seinen eigenen Rhythmus finden, selbst entscheiden und unabhängig werden. Dazu braucht es Hilfestellung: angemessenes Lob, wenn das Kind dies braucht; genügend Zeit, aber auch Ansporn, wenn es sich alleine verliert; Wahlmöglichkeiten, aber auch Angebote, solange es alleine keine Wahl treffen kann.

Durch die Fehlerkontrolle kann ein Kind unabhängig arbeiten, es sieht selbst: ich habe gut gearbeitet! *Ein ausgeglichenes, selbstbewußtes Kind braucht keine Bestätigung durch einen Erwachsenen.* Viele Kinder müssen dieses Selbstbewußtsein erst aufbauen, sie sind gewöhnt nach Ge- und Verboten zu leben, sie haben eine gute Technik entwickelt, Anforderungen aus dem Wege zu gehen. Es stellt ein hohes Maß an Einfühlungsvermögen an den Erwachsenen, diesen Verhaltenskreis zu durchbrechen. Erst dann, wenn das Kind begriffen hat, daß Ge- und Verbote nicht willkürlich aufgestellt sind, sondern durch die Gruppe und das Material bedingt sind, erst dann kann das Kind sein Verhalten danach ausrichten. Je zurückhaltender aber überzeugender der Erwachsene hier wirkt, um so eher wird es gelingen.

Jedes Kind spielt und lernt in seinem eigenen Rhythmus. Oft stehen dem die Anforderungen der Umwelt entgegen. Ständiges Drängen erzeugt eher ein Ausweichverhalten, ständiges Dämpfen erzeugt Aggressionen. Der Erwachsene muß nun versuchen, über ansprechende Angebote an Material und Beschäftigungen einen Ausgleich zu schaffen, der einerseits dem Kind den nötigen Raum gibt, es aber auch langsam an das allgemeine Tempo heranführt.

Die vorbereitete Umgebung bietet eine Vielzahl an Anregungen. Jede sensible Phase könnte – theoretisch – aufgefangen werden. Es ist die Kunst des Erwachsenen, eine sensible Phase zu erahnen, und dann passendes Material in Sicht- und Reichweite zu stellen.

Die beste Hilfe zur indirekten Führung ist die Beobachtung

Richtige Angebote, richtiges Material zur richtigen Zeit!
Stets das Richtige zu treffen – es wäre ideal. Um dem Ideal möglichst nahe zu kommen, hilft nur genaue Beobachtung:

- des Entwicklungsstandes eines Kindes
- seiner besonderen Interessen
- seiner Vorlieben
- seiner Kontakte zu anderen Kindern
- seiner Probleme mit anderen Kindern
- seiner Ängste
- seiner Probleme mit bestimmten Materialien
- seines Verhaltens beim Kommen und Gehen
- von Konzentration und Ausdauer
- der Sprachentwicklung und Sprechfreudigkeit
- der Eßgewohnheiten ...
- des familiären Hintergrundes.

Je genauer die Beobachtung, desto einfacher ist es, die Umgebung so vorzubereiten, daß das Kind sich angenommen und angesprochen fühlt, daß es Materialien findet, die seinem Entwicklungsstand entsprechen, es fordern und fördern.

Der Erwachsene muß berechenbar sein

Er sollte freundlich, lustig und immer gut aufgelegt sein, lieb, sanft, zurückhaltend, vorsichtig in Stimme und Bewegung, ruhig, geduldig, sauber und adrett gekleidet – alle diese Eigenschaften werden, in unterschiedlicher Reihenfolge, gefordert, um den Kindern ein gutes Vorbild zu geben.
Mir erscheint als wichtigste Eigenschaft: die Ehrlichkeit!

Das Kind will und muß sein Verhalten am Verhalten des Erwachsenen ausrichten. Es hat selbst meist ein gutes Gespür, ob Lob berechtigt ist, oder aus Gewohnheit gespendet wird. Es sucht seine Grenzen und kann sie nur entdecken, wenn der Erwachsene klar reagiert. Kinder brauchen eine Linie, an der sie sich ausrichten können. Sie sind über schwer verdientes Lob glücklich und verstehen eine berechtigte Zurückweisung. *Aber sie finden sich nicht zurecht und werden grenzenlos, wenn auf gleiches Verhalten unterschiedlich reagiert wird.*

Das Vertrauen des Erwachsenen in das Kind

Jeder Mensch, ganz besonders ein Kind, braucht Freiraum, um sich selbst entwickeln zu können. Ständige Kontrolle macht aggressiv oder passiv, je nach Veranlagung und Situation.
Jeder Mensch lernt aus Fehlern, auch ein Kind! Erwachsene wissen aus ihrer jahrzehntelangen Erfahrung viele Fehlerquellen im voraus und versuchen dem Kind zu helfen, indem sie es hindern, einen Fehler zu begehen. Sie verhindern so aber auch die Erfahrung, die das Kind machen könnte: die Erfahrung, was falsch läuft und die Erfahrung, wie es einen Fehler korrigiert. Sie verhindern damit den Selbstaufbau des Kindes.

Vertrauen ist eine der hervorragenden Eigenschaften, die einen guten Pädagogen ausmachen. Vertraut man einem jungen Kind, dann wird es sich immens anstrengen und Glaskannen sicher zum Tisch tragen. Gibt man ihm Zeit und Raum, dann wird es sein bestes tun, um einer Darbietung zu folgen, sie nachzuahmen.
Vertraut man einem älteren Kind, dann wird es Verantwortung übernehmen und Gelegenheiten nicht ausnützen.
Vertraut man einem Schulversager, läßt man ihm Zeit und schafft Freiraum gegen ständige, weitere Frustrationen, dann wird er Vertrauen gewinnen und sich helfen lassen.

Vertrauen heißt, sich zur rechten Zeit zurückzuziehen – gewähren lassen und trotzdem den Überblick über das Geschehen zu behalten, um dann eingreifen zu können, wenn es nötig ist.

Das Vertrauen des Pädagogen in sich selbst

Ein guter Pädagoge vertraut nicht nur den ihm anvertrauten Kindern, sondern auch sich selbst! Er weiß um die Notwendigkeiten und Bedürfnisse, bemüht sich täglich, aber er kann sich auch zugestehen, daß er, ebenso wie seine Kinder, Fehler macht und sie wieder berichtigen darf. Kinder sind verständnisvoll und einfühlsam. Sie beobachten Fehler und ignorieren sie, wenn auch ihnen und ihren Fehlern Verständnis entgegengebracht wird. Die Rolle des Montessori-Pädagogen kann nicht gespielt werden, sie muß gelebt und verinnerlicht werden. Dann führt sie zu einem wunderschönen Miteinander, in dem es weder Sieger noch Besiegte gibt, sondern nur Menschen, die mit ihrer Umwelt im Einklang leben möchten.

Die Zusammensetzung der Gruppen im Kinderhaus

Montessori-Gruppen sollen so heterogen wie nur irgend möglich zusammengestellt werden: ideal ab einem Alter von 2 1/2 Jahren, wenn sich das Kind schon von der Mutter lösen kann (vielleicht auch bereits ein Geschwister in der Gruppe ist), bis zum Schuleintritt, dabei Buben und Mädchen etwa in der gleichen Anzahl.

Viele Kontakte ergeben sich durch die Altersmischung

Alter ist hier stets als Entwicklungsalter zu verstehen Es beschreibt die Entwicklung der Grob- und Feinmotorik, der Wahrnehmung, der Perzeption, des Sprachverständnisses und der aktiven Sprache sowie des Sozialalters. Die einzelnen Bereiche können um Monate oder Jahre auseinander klaffen.

Jedes Kind dieser altersgemischten Gruppe weist einen anderen Entwicklungsstand auf, dadurch ergeben sich viele soziale Kontakte:

- ältere Kinder helfen spontan den jüngeren,
- jüngere Kinder beobachten das Tun der Älteren und versuchen es ihnen gleichzutun,
- jüngere Kinder stellen sich unter den Schutz eines Älteren,
- ältere Kinder übernehmen Verantwortung.

Das ältere Kind, welches ein jüngeres in eine Arbeit einführt, hilft damit nicht nur dem jüngeren, es festigt damit auch sein eigenes Wissen. Erklärungen werden nur verstanden, wenn der Erklärende sein Gebiet sicher beherrscht. Somit hinterfragt, wiederholt und festigt das ältere Kind sein Können und wird dadurch noch sicherer. Es lernt aber auch, seine Hilfe zurückzunehmen, wenn sie nicht mehr gebraucht wird, und entwickelt dadurch ein sehr feines soziales Empfinden.
Das jüngere Kind beobachtet das Tun des älteren, es zeigt dabei Interesse und Bewunderung und stärkt damit das Selbstbewußtsein des Älteren. Es übernimmt gerne Hilfsdienste, die das ältere Kind gönnerhaft anbietet und wächst damit frühzeitig in die Arbeit hinein.
Das jüngere Kind hat sich noch nicht ganz von seiner Mutter gelöst – in gewohnter Umgebung, bei gleichbleibender Situation mag alles gut sein, eine Veränderung kann große Unsicherheit auslösen. Wie gut ist es dann, wenn es sich unter den Schutz eines „Großen" stellen kann. Der kann dann auch über sich hinauswachsen, er kann dem „Kleinen" unmöglich zeigen, daß auch er Angst hat.

Ältere Kinder übernehmen Verantwortung, sie beweisen damit sich und den anderen, wie erwachsen sie schon sind. Bestimmte Aufgaben können nur von den „Großen" übernommen werden – ihr Selbstbewußtsein wächst. Die „Kleinen" verstehen dies, es fehlen ja wirklich einige Zentimeter, sie fühlen sie deshalb nicht zurückgesetzt, aber sie sind sehr angespornt, in die Rolle der Großen zu wachsen.

Ein Kind mit niedrigerem Entwicklungsstand bleibt in einer altersgemischten Gruppe kein Außenseiter.

Kinder sind in der Regel hilfsbereit. Sie sehen dabei nicht das Lebensalter, sie sehen die Notwendigkeit. Ob ein Kind größer oder kleiner ist, ob es behindert oder nichtbehindert ist, spielt dabei nur eine untergeordnete Rolle. Erwachsene haben hier weitaus mehr Probleme, sie schätzen meist das Leistungsvermögen eines Kindes nach der Größe und überfordern damit oft sehr groß gewachsene, oder unterfordern minderwüchsige Kinder.

Heterogene Gruppen bieten eine ideale Basis zur Entwicklung von Selbständigkeit und Selbstbewußtsein, zu demokratischem Verhalten.

Die soziale Interaktion fördert ein Leben in harmonischer Gemeinschaft. Es gibt wesentlich weniger Konkurrenz und damit Reibungspunkte als in einer altersgleichen Gruppe. Freundschaften werden ohne den Druck der Konkurrenz geschlossen, sie sind keine „Kampfgemeinschaften" sondern eher Neigungsgruppen, die sich nach außen öffnen können. Probleme können oft durch die Kinder selbst gelöst werden. Einzelne „Große" besitzen Anerkennung, ihr Rat, ihre Entscheidung kann angenommen werden. Diese Kinder fühlen sich dann aber auch so verantwortlich, daß sie nicht nur zu ihrem eigenen Vorteil entscheiden, sondern versuchen, gerecht zu sein.

Der Erzieher hat anfangs ein sehr großes Maß an Mehrarbeit zu leisten, als in einer altersgleichen Gruppe. Er muß die Bedürfnisse von vielen Entwicklungsstufen berücksichtigen, seine Angebote flexibel darauf abstimmen. Sobald sich die Kinder in der Gruppe eingewöhnt haben, die Kontakte untereinander geknüpft sind, wird es leichter. Entsprechend der Arbeit für eine gut vorbereitete Umgebung bleibt den Erwachsenen dann Zeit für einzelne Kinder mit Problemen, für die Anleitung einer kleinen Gruppe.

Montessori-Pädagogik – Montessori-Heilpädagogik – Montessori-Therapie, ein Vergleich

Montessori-Pädagogik ist weltweit verbreitet

Sie wird in allen Kontinenten nach Richtlinien der AMI – Association-Montessori-Internationale –, gegründet von Frau Dr. Maria Montessori, in ihren Grundprinzipien einheitlich gelehrt. Die in der Ausbildung erworbenen Kenntnisse werden, durch von der AMI bestimmte Prüfer einheitlich kontrolliert. Zusätzlich haben sich nationale Vereine gebildet, die zum Teil mit der AMI zusammenarbeiten, deren Arbeit von der AMI anerkannt ist. Durch diese straffe Organisation ist eine hohe Qualität der Ausbildung im Sinne Montessoris gesichert. Ein weiterer Vorteil liegt in der Austauschbarkeit: ein in München ausgebildeter Montessori-Erzieher kann – wenn er die Sprache beherrscht – problemlos in Japan oder Amerika eine Stelle antreten. Kinder können nicht nur im eigenen Land, sondern auch international, z.B. aus einem Kinderhaus in Osaka in eines nach Bombay wechseln und finden sich zurecht, obwohl sie die Sprache nicht beherrschen. Aus diesem Grund sind Kinderhäuser oft international geführt. Diese Freizügigkeit ist ein großer Vorteil für Kinder, deren Eltern, meist aus beruflichen Gründen, oft von einem Land in ein anderes übersiedeln.

Die kulturellen Angebote dieser Kinderhäuser sind dann auch sehr vielfältig – weltoffen. Alle diese Vorteile führen dazu, daß, besonders in Entwicklungsländern, überwiegend die Kinder reicher Eltern Montessori-Einrichtungen besuchen. Sie sind in der Regel gut gefördert, immer gut gekleidet, gut ernährt. Die „Oberschicht" hält das Privileg einer guten Erziehung für ihre Kinder möglichst fest. Es ist verständlich!

Montessori Pädagogik ist umfassend, überall einsetzbar. Dies beweist eine Montessori-Ausbildung in Nairobi, in der Erzieherinnen auch für das harte Leben in der großen Weite des Landes ausgebildet werden. Die Teilnehmer lernen dort alle Materialien selbst herzustellen, damit ist eine kontinuierliche Weiterarbeit gewährleistet, auch wenn das Nachkaufen einzelner Ersatzteile nicht möglich ist.

Montessori-Heipädagogik hilft bei besonderen Bedürfnissen

Montessori-Pädagogik ist aber nicht nur weltweit für das „normale Kind" einsetzbar, sondern auch für „Problemkinder" – „Sorgenkinder" – „Kinder mit besonderen Bedürfnissen".

Viele Probleme lassen sich alleine schon durch die geniale Pädagogik beeinflussen. So lösen sich oft Schulprobleme „wie von selbst", alleine durch das Zurücknehmen des Drucks (Beispiele aus einem „Regel-Schulaltag“: die Aufgabe muß in und zu einer bestimmten Zeit gerechnet sein – wer Finger als Hilfsmittel verwendet wird verlacht – zum Absolut-selbst-rechnen werden Wände aufgebaut – Rechenkönig und Rechenesel werden herausgestellt.)

Viele Probleme lösen sich aber nicht einfach auf, hier müssen besondere heilpädagogische Maßnahmen einsetzen. Als Beispiel: völliges Fehlen einer Mengenvorstellung – lang aufgebaute Verhaltensstörungen, wie sich verweigern – die Auswirkungen von zerstörter Ich-Liebe – Leistungsverweigerung aufgrund einer Körperbehinderung. Hier müssen Hilfen eingesetzt werden, die medizinische und psychologische Kenntnisse einbeziehen, die oft für ein Kinderhaus, eine Schule recht unüblich erscheinen und für unvollständig ausgebildetes Personal eine Überforderung sind. Diesen Problemen wird in der Montessori-Heilpädagogik Rechnung getragen, die am Kinderzentrum München in einer offiziellen Montessori-Heilpädagogik-Ausbildung gelehrt wird. Das Hauptziel dieser Ausbildung ist es, die Integration in Kinderhäusern und Schulen zu erreichen. Das gemeinsame Aufwachsen, Leben und Lernen von behinderten und nichtbehinderten Kindern, die sich gegenseitig stützen und anerkennen, helfen, fordern und fördern, bereichert das Leben jedes einzelnen.

Montessori-Therapie sucht nach Hilfe für jeden einzelnen Klienten und seine Bezugspersonen

Leider können viele behinderte Kinder und Erwachsene die Vorteile der Integration nicht genießen. Dies kann sehr unterschiedliche Gründe haben: es gibt weit und breit keine Integrationseinrichtung – die Behinderung ist so gravierend, daß das Zusammenleben für alle Beteiligten ein Übermaß an Frustrationstoleranz verlangen würde – sie sind weit über oder unter einer Altersgrenze, in der Montessori-Einrichtungen arbeiten. Für all diese Menschen müssen besondere, „maßgeschneiderte“ Lösungen gefunden werden – dies ist die Aufgabe der Montessori-Therapie. Montessori-Therapie wird ebenfalls am Kinderzentrum München gelehrt. Die Fortbildung ergänzt die Kenntnisse aus der Montessori-Pädagogik und Montessori-Heilpädagogik und setzt sie, unter anderem, in Bezug zu neuesten Erkenntnissen in der Neuropsychologie, Neurophysiologie und Genetik.

Aufgaben der drei Richtungen

Hilf mir, es selbst zu tun!

ist einer der wichtigsten Leitsätze. Er gilt für behinderte wie nichtbehinderte Kinder und Erwachsene.
Die Wege zum Ziel unterscheiden sich.

Das nichtbehinderte Kind ist in der Regel neugierig, an seiner Umwelt interessiert, ist bestrebt sie zu erobern. Bereits das Baby faßt in die Haare seiner Mutter und hält sie fest – nicht weil es die Mutter verletzen oder ärgern möchte, sondern weil es durch einen sinnesphysiologischen Reiz geführt wird, der die Bewegung lenkt, die Händchen öffnen und schließen läßt, so daß es einen Eindruck, eine Empfindung erhält. Das Krabbelkind erobert die Welt auf seine Weise, es nimmt alles Erreichbare in die Hand, führt es zum Mund. Die Palette der Eindrücke wächst ständig.

Das behinderte Kind kann seinen Lebensraum nicht ohne weiteres erkunden, seine Motorik entwickelt sich unvollständig oder wesentlich langsamer, – viele Eindrücke gehen auf diese Weise verloren.

Montessori-Therapie versucht nun, bereits in diesem frühen Entwicklungsalter, fehlende Möglichkeiten auszugleichen und verwendet dabei die selben Ansätze, die in der Montessori-Pädagogik angewandt werden.

Kinder stärken sich durch gegenseitige positive Beeinflussung

Der Kindergarten, das Kinderhaus, ist für viele Kinder die erste Institution, die einen festen Platz in ihrem Leben einnimmt – die sie alleine, auf sich gestellt, erleben. Das nichtbehinderte Kind braucht dazu keine besondere Vorbereitung. Es konnte sich in den Jahren vorher durch Beobachtung, Nachahmung und manchen Versuch die Regeln und Grenzen auszuprobieren, bereits einen Standpunkt erwerben. Es kann sich auf eine unbekannte Situation einstellen, hat Verhaltensmuster entwickelt. Die vorbereitete Umgebung hilft dem Kind dann ganz gezielt, denn hier findet es viele Dinge, deren Gebrauch es von Zuhause kennt, mit denen es vielleicht sogar schon umgehen kann. Es beginnt, sich für etwas zu entscheiden. Das sich zurücknehmende, abwartende Angebot der Montessori-Erzieherin läßt dem Kind Zeit und drängt es nicht durch Forderungen in Opposition.

Dem behinderten Kind sind viele Wege zur Selbstfindung verschlossen. Durch seine Behinderung ist es vielleicht in seinem Wesen anders als andere. Dies fällt Zuhause nicht auf, denn die Familie hat sich längst daran gewöhnt. In einer anderen Gemeinschaft können massive Probleme entstehen.

Ein Beispiel: eine Hörbehinderung erschwert die Eigenkontrolle der Lautstärke der eigenen Stimme. Je mehr sich ein hörbehindertes Kind in sein Spiel vertieft, sich darin verliert, um so lauter können seine Äußerungen werden. Verkörpert es im Rollenspiel gerade einen Hund, dann kann das Bellen im wörtlichen Sinne „schrecklich laut" werden, obwohl dieser Hund keine aggressiven Absichten hat. Andere Kinder fürchten sich, lehnen das hörbehinderte Kind schließlich ab, schließen es aus ihrem Spiel aus. Ein Teufelskreis beginnt.

Hier ist es Aufgabe der Montessori-Heilpädagogik, dem hörbehinderten Kind Zeichen zu geben, wann und wie es durch sein Verhalten die anderen Kinder beunruhigt. Sie muß auch die anderen Kinder für die Probleme des hörbehinderten Kindes sensibilisieren, Verständnis geben, daß Lautsein nicht gleichbedeutend ist mit Aggression, daß es sehr mühsam ist, unklare Signale wahrzunehmen und daß dadurch oft Mißverständnisse auftreten können.

Das Ziel der Montessori-Heilpädagogik ist hier: alle Kinder sollen sich gegenseitig so beeinflussen lernen, daß sie in Frieden und Ausgeglichenheit miteinander arbeiten können.

Aufbau von Selbstbewußtsein durch größtmögliche Selbständigkeit

Manche Kinder sind so pflegebedürftig, daß eine Ablösung von der Bezugsperson gar nicht möglich ist. Hier ist wieder der Ansatzpunkt der Montessori-Therapie: gemeinsam mit der Bezugsperson nach Wegen zu suchen, die dem Kind Selbständigkeit in der ihm möglichen Form erreichen läßt.

Was heißt Selbständigkeit?

Ein nichtbehindertes Kind sieht einen Gegenstand und will ihn haben. Dies ist eines der großen Probleme des Trotzalters.
Genervte Eltern und Erzieher sehen dabei meist die schädlichen Auswirkungen:

- der Gegenstand könnte zerbrechen, also ein materieller Schaden entstehen
- das Kind könnte sich verletzen, sie kämen mit ihrer Aufsichtspflicht in Konflikt
- das ist einfach nichts für Kinder in diesem Alter – ohne ein weiteres Nachdenken.

Was bedeutet dies für das Kind? Es wird angelockt durch irgend einen Reiz: die Farbe, die Form, den Duft, einen Ton, der davon ausgeht, eine angenehme Erfahrung, die es früher gemacht hat, oder die Beobachtung wie andere damit umgehen. Es ist jedenfalls lebhaftes Interesse – das oft einfach abgeschnitten wird!

Ein nichtbehindertes Kind wird trotzdem Mittel und Wege finden, Erfahrungen zu sammeln. Es wird selbständig immer wieder nach Wegen suchen, seine Wünsche, seine Bedürfnisse zu erfüllen und dabei seine Wahrnehmung, sein Ich-Verständnis, seine Kreativität, sein Denkvermögen, also seine Intelligenz schulen.

Die Montessori-Pädagogik hilft dabei ganz gezielt durch die „Vorbereitete Umgebung". Hier werden möglichst viele Punkte des Interesses so angeboten, daß das Kind seine Erfahrungen sammeln kann, seine Motorik schult, seinem Bedürfnis nach Wiederholung und Sicherheit nachgehen kann, in der es dann, aus der Sicherheit heraus, Kreativität, Selbstbewußtsein und Selbstverantwortung entwickeln kann.

Das behinderte Kind ist nicht nur in der Durchführung seiner Wünsche behindert. Ansprüche, Wünsche können nur entstehen, wenn Möglichkeiten erkannt, also wahrgenommen werden! Hier ist ein Ansatzpunkt sowohl der Montessori-Heilpädagogik als auch der Montessori-Therapie. Beide versuchen sensible Phasen des Kindes zu erkennen, suchen nach Gegenständen und Handlungsabläufen, die das Kind gerade jetzt interessieren könnten und versuchen so, Bedürfnisse zu wecken und im nächsten Schritt das Erfüllen dieser Bedürfnisse zu ermöglichen.

Das Maß der möglichen Selbständigkeit ist in jedem Fall vom einzelnen Klienten in seinem Lebensraum und seinen Bezugspersonen abhängig.

Für ein Kind kann Selbständigkeit bedeuten:

- ich will spielen!
- was will ich spielen – wo will ich spielen?
- draußen!
- welches Wetter ist gerade – was muß ich anziehen?
- wie ziehe ich mich an – kann ich es alleine?
- bin ich richtig angezogen?
- jetzt geht's los!

Für einen anderen Klienten kann Selbständigkeit in der Form bestehen:

- ich fühle mich nicht wohl – warum?
- mir ist heiß!
- kann man daran etwas ändern?
- wie kann ich etwas ändern – wer kann mir helfen?
- wen kann ich zu Hilfe rufen – wie mache ich mich bemerkbar?
- wie äußere ich mein Bedürfnis?

Selbständigkeit ist also ein sehr unterschiedlich aufzufassender Begriff, der immer von den Umständen des einzelnen Klienten abhängt.

Selbständigkeit und Achtung voreinander sind Begriffe, die nicht getrennt werden können.

In der Achtung der Persönlichkeit des anderen, und damit auch seiner Selbständigkeit – gleich auf welchem Gebiet – liegt der Schlüssel zum friedlichen Miteinander und Füreinander.

Das Ziel ist in Montessori-Pädagogik, Montessori-Heilpädagogik und Montessori-Therapie wieder einmal das gleiche – nur die Wege unterscheiden sich!

Wie kommt der Klient, das Kind zur Selbständigkeit?

Ein wichtiges Merkmal der Montessori-Materialien ist die (eingebaute) Fehlerkontrolle. Das heißt: alle Einführungsmaterialien und viele Folgematerialien sind so konzipiert, daß das Kind selbständig einen Fehler erkennen und beheben kann. Für Folgematerialien, die keine direkte Fehlerkontrolle haben, gibt es Kontrollkarten oder andere Vergleichsmöglichkeiten.

Das macht das Kind vom Erwachsenen unabhängig – es braucht nicht Lob noch Tadel zu fürchten, es geht zum Erwachsenen, wenn es positive Zuwendung wünscht. Es muß nie bange fragen: „ist das richtig?". Es kennt die Antwort selbst und kann sie bestätigen lassen, ... wenn es dies wünscht!

Nicht- oder nicht so sehr behinderte Kinder erkennen dies sehr schnell und bedienen sich ihrer Unabhängigkeit.

Schwer geistig behinderte Kinder erkennen die eigene Leistung manchmal nicht als solche – dann funktioniert dieses Prinzip nicht, dann muß die Montessori-Therapie nach anderen Wegen suchen. Unter Umständen sind diese Patienten durch die erwartete Selbständigkeit sogar überfordert und fühlen sich in einer absolut beschützten Umgebung wesentlich wohler.

Trotzdem ist es die große Aufgabe der Montessori-Therapie, auch für diese Patienten die Basis zu legen. Jeder Mensch braucht Konzentration und Ausdauer, um sein Empfinden zu erkennen und in Wohlbefinden zu wenden. Montessori-Therapie wird dann vielleicht Elemente der Verhaltenstherapie mit einbeziehen, um später mit anderen Mittel weiterarbeiten zu können.

Schwer körperbehinderte Kinder erkennen in der Regel sehr wohl ihre Anstrengung und sind dann oft mit dem Ergebnis nicht zufrieden. Leider wiederholt sich dieser Frust ständig, so ist es gut verständlich, daß diese Erlebnisse früher oder später zu Leistungsverweigerung führen.

Um „einfachste“ Greifübungen durchzuführen, die ein Kind später vielleicht einmal befähigen einen Löffel zu halten – einen Löffel allein zum Mund zu führen –, sind Motivation und Konzentration nötig. Beides kann um so besser gefördert werden, je intensiver eine Regel der Montessori-Pädagogik beachtet wird:

Die Isolation der Schwierigkeiten

- Ich verwende einen Löffel in einer Farbe, die das Kind kennt und liebt und vermeide damit die erste Aversion.
- Ich verwende ein Material, das dem Kind angenehm ist: Plastik oder Metall, leicht oder schwer, warm oder kühl anzufassen. Ein Material, das das Kind aufmerksam werden läßt, aber nicht erschreckt.
- Ich beachte die Größe des Löffels: er muß gut in der Hand des Kindes liegen, der Schwerpunkt muß so liegen, daß die Schaufelwirkung erleichtert wird, daß der Löffel nicht schnell kippt.
- Ich beachte die Form des Löffelstils: er muß in der Kinderhand Halt finden. Ist sie zu rund oder zu platt, dann rutscht alles weg, die Frustration ist vorgegeben.
- Ich beachte die Körperhaltung des Kindes: sitzt (oder liegt) es bequem und sicher? Hat es bei drei guten Stützpunkten die Bewegungsfreiheit für die Hand, den Arm, der dann die Bewegung durchführen soll.
- Ich beachte schließlich den wichtigsten Punkt: die seelische Verfassung des Kindes: ist es „offen“ für mein Angebot oder abgelenkt durch Hunger, durch eine nasse Windel, oder gar durch die Trennung von der Mutter verunsichert?

Ich will eine „Schwierigkeit“ mit dem Kind erarbeiten: das Bewußtsein – ich halte einen Löffel in der Hand – der Löffel ist ein Hilfsmittel, auf das ich etwas aufladen kann, mit dem ich etwas befördern kann. Daß man mit dem Löffel auch Essen zum Mund bringen kann, weiß es vielleicht schon, aber es hat keine Vorstellung, wie dies geschehen könnte. Dies ist ein noch weit entfernter Schritt.

Der erste Schritt wird um so besser gelingen, wenn alle aufgezählten Punkte beachtet sind. Je schneller ein Kind zum Erfolg kommt um so besser ist seine Motivation weiter zu machen, um so geringer das Abschweifen, die Flucht in andere Inhalte: seine Konzentration steigt. Die Übung im ersten Schritt bereitet auf das weit entfernte Ziel, selbständiges Essen, ein winziges Stückchen vor.

Diese „Isolation der Schwierigkeiten“ gilt für alle Bereiche, für alle Klienten, für alle Kinder, ob behindert oder nichtbehindert!

Montessori-Heilpädagogik und Montessori Therapie müssen sich damit nur wesentlich intensiver auseinandersetzen, als die Montessori-Pädagogik.

Ein nichtbehindertes Kind kann einen Löffel voll Schokoladenpudding zum Mund führen und mit Genuß verzehren, auch wenn es schief auf dem Stuhl sitzt, seine Haltung ausbalancieren muß, keinen Halt für die Beine findet, durch Geschrei oder Getobe anderer abgelenkt sein könnte, der Löffel viel zu groß ist! Es kann trotzdem seine volle Konzentration auf den süßen Genuß lenken. Ein behindertes Kind hat es da viel schwerer!

Montessori-Therapie hat in diesem Fall die Aufgabe, diese Probleme so zu verkleinern, sowohl Umgebung als auch das Material so zu gestalten, daß auch das behinderte Kind seinen Möglichkeiten entsprechend zur Selbständigkeit kommt.

Die Isolation der Schwierigkeiten ermöglicht allen Kindern, allen Klienten, ihre Konzentration genau auf den einen Punkt ihres Interesses und Bedürfnisses zu legen, den Punkt, der sie im Moment beschäftigt. Montessori-Pädagogik, Montessori-Heilpädagogik und Montessori-Therapie unterscheiden sich hier nur im Grad der Aufteilung und Abstufung.

Vorbereitete Umgebung, was ist das?

Kinderhaus und Montessori-Schule unterscheiden sich bereits beim ersten Hinsehen wesentlich von Regel-Kindergärten und Regel-Schulen. Ein üppiges Materialangebot liegt offen in Regalen, jeder Winkel ist genutzt, die Vielfalt erstreckt sich von einfachsten Schütt- und Löffelübungen über Ständer mit Reagenzgläsern, zu vielen verschiedenartigen Tabellen, sogar Putzeimer und Schaufel und Besen stehen griffbereit, nicht versteckt, wie sonst üblich.

Vielfalt? Ordnung? Ablenkung? Überforderung?

Jedes Kind – behindert oder nichtbehindert – entwickelt „sensible Phasen“. Dies sind Zeiten, in welchen es für bestimmte Eindrücke ganz besonders aufgeschlossen ist.

Vergleichbar ist dies mit einem Erwachsenen, der sich ein neues Auto kaufen will oder muß. In „normalen Zeiten“ ist ein Auto ein bequemer Gebrauchsgegenstand, der benutzt, gepflegt, manchmal geliebt, oft auch beschimpft wird. Der Anteil der Aufmerksamkeit, den man ihm schenkt, ist zwar von Person zu Person unterschiedlich, aber für jeden einzelnen doch in einem bestimmten Maß. Andere Autos werden wahrgenommen, auch eingeordnet, aber hier geht die Aufmerksamkeit bis zu einem gewissen Grad und selten weiter.

Dies ändert sich schlagartig, wenn wirklicher Bedarf entsteht, wenn ein neues Auto gekauft werden soll: alle Wahrnehmungen sind auf das Objekt Auto gerichtet:

- man sieht Formen oder Details die man vorher nicht gesehen hat,
- man hört den Sound aus dem allgemeinen Verkehrslärm,
- man findet viel mehr Informationen als man für möglich hielt, ändert vielleicht sogar unbewußt eine normale Wegstrecke, um ganz erstaunt festzustellen: hier wird ja mein Traumauto verkauft,
- alle Gespräche nehmen, gewollt oder ungewollt, immer wieder eine Richtung: ein neues Auto.

Ähnlich ergeht es unseren Kindern, mit einem Unterschied: Ihr Interesse und Bedürfnis ist nicht von außen geleitet, es ist in Ihrer Entwicklung angelegt.

Kann ein Kind, das sich in einer sensiblen Phase befindet, seinen Interessen ohne Druck von außen folgen, bekommt es in dieser Zeit die Angebote, die es braucht, so wird es einen riesengroßen Entwicklungsschritt tun! Ermahnungen, Belehrungen oder Verbote stören – sie zwingen ein Kind eigentlich nur zum Ungehorsam! Es hat das Bedürfnis und sucht nach Möglichkeiten – ohne dabei die Wünsche und Erwartungen der Erwachsenen einzukalkulieren.

Eine vorbereitete Umgebung wird so gestaltet, daß möglichst alle Bedürfnisse eines Kindes aufgefangen werden können. In vielen intensiven Beobachtungen sah Montessori beispielsweise das große Interesse des Kindes am Tun seiner Mutter. Jede Mutter oder pflegende Bezugsperson verrichtet täglich ähnliche Arbeiten: sie bereitet Essen zu, sie räumt auf, wäscht oder putzt. Tätigkeiten, die sich zwar ständig wechselnd, aber doch täglich wiederholen. Die eine Ordnung im Leben des Kindes herstellen und aufrecht erhalten, ganz gleich, ob es daran direkt beteiligt ist oder nicht. Der Bezugsperson und diesen Arbeiten gilt das große Interesse. Das Kind will das gleiche tun, es will genau so sein wie die geliebte Person.

Im Kindergarten stellt man den Kindern aus diesem Grund Puppenecken zur Verfügung, Spielzeugherde, Holzbügeleisen, viele hübsche Dinge zum So-tun-als-ob. Die Kinder spielen sich in die Rolle des Erwachsenen.

Die Montessori-Pädagogik sieht das Bedürfnis ernster, sie gibt dem Kind nicht eine Scheinwelt, sondern ganz konkrete „Materialien“, mit welchen das Kind „arbeiten“ kann. So steht in der vorbereiteten Umgebung kein

Holzbügeleisen, sondern ein richtiges elektrisches Bügeleisen, das leicht und handlich von Kindern bedient werden kann. Neben dem Bügelbrett, das so mit Stoff bezogen ist, daß darauf echt gebügelt werden kann, liegt der Wäschesprenger, im Wäschekorb ist Bügelwäsche bereit gelegt. Wenn ein Kind nun, durch die Tätigkeit der Mutter angeregt, Wäsche bügeln will, hat es im Kinderhaus die Möglichkeit dazu. Die Erzieherin gibt eine Darbietung, in der die Arbeitsweise exakt genau gezeigt wird, das Kind kann dann wiederholen, sooft es will.

Ein behindertes Kind? Kann das auch bügeln? Ist die Gefahr, sich zu verbrennen, nicht schon beim nichtbehinderten Kind riesengroß? Kann ein behindertes Kind die Gefahr erkennen, oder wird es sich verletzen?

Für das behinderte Kind muß die „vorbereitete Umgebung" so gestaltet werden, daß auch dieses Kind seinen Möglichkeiten entsprechend seine Wünsche erfüllen kann. Vielleicht ist es nicht sinnvoll, am Bügelbrett zu bügeln, dieses könnte zu schmal sein – vielleicht ist ein Tisch mit der entsprechenden Auflage besser geeignet. Vielleicht muß am Tisch eine Schutzleiste angebracht werden, die verhindert, daß das Bügeleisen in Richtung des Kindes abrutscht. Vielleicht sollte das Eisen sogar schwer sein, so schwer, daß es nicht gehoben, sondern nur geschoben werden kann – all dies hängt von dem Vermögen des Kindes ab.

Ebenso muß sich die Darbietung nach der Konzentrationsfähigkeit des Kindes richten. Vom nichtbehinderten Kind wird erwartet, daß es genau zusehen und abwarten kann, daß es sich einzelne Sequenzen merkt, um sie dann nachvollziehen zu können. Jede Darbietung muß sich nach dem Vermögen jedes einzelnen Kindes richten: kleine Teilschritte, die nachvollzogen werden können, aber doch groß genug sind, um die ganze Aufmerksamkeit zu beanspruchen.

Was passiert, wenn sich das Kind wirklich verbrennt, im wörtlichen, wie im übertragenen Sinn? Auch dafür ist in der vorbereiteten Umgebung Vorsorge getroffen: eine kleine Brandblase ist eine Fehlerkontrolle, sie wird festgestellt, behandelt mit viel kaltem Wasser, mit Pflaster, mit Trost von allen Seiten, aber auch mit dem Bemerken: das ist passiert weil .... – das nächste Mal probierst Du es bitte so ....

Für diesen Bereich ist festzustellen:

Die Montessori-Pädagogik bietet die Möglichkeit zum vorstürmenden Erobern der Welt,
die Montessori-Heilpädagogik erarbeitet Hilfen, Änderungen und Teilschritte um das Gewünschte möglich zu machen,
die Montessori-Therapie muß erst den Boden schaffen, Eltern und Be-

zugspersonen davon überzeugen, daß es für das behinderte Kind wichtig ist, Erfahrungen zu sammeln, auch wenn diese Tätigkeiten nie selbständig durchgeführt werden können.

Der Inhalt der Angebote aber gleicht sich, denn er richtet sich nach dem natürlichen Bedürfnis des Kindes: das zu tun, was es bei seinen Eltern, seinen Freunden oder sonstigen Bezugspersonen sieht.

Die „vorbereitete Umgebung“ macht jedem Kind viele Angebote, zum Arbeiten, zum Spielen, zum Beobachten, zum Verweilen – welches ist das richtige? Ein Außenstehender, auch die beste Erzieherin, kann dies unmöglich jeden Tag für jedes Kind richtig beurteilen.
„Normalisierte“ Kinder wissen selbst sehr genau was sie möchten und auch was sie zur ihrer Entwicklung brauchen. Selbst nach über fünfundzwanzigjähriger Tätigkeit bin ich immer wieder neu erstaunt, wie gezielt Kinder ihre Materialien wählen, die genau ihrem Entwicklungsstand entsprechen, die ihnen bei der Aufarbeitung ihrer Probleme helfen.

Montessori spricht von *„Normalisation“,* wenn ein Kind selbst in der Lage ist, über sich und seine Bedürfnisse zu entscheiden. Wenn es offen ist für seine Umwelt und sich darin zurecht finden kann. Dies hat mit Behinderung nichts zu tun – wir finden unter den Gesunden wie unter den Kranken, unter den Nichtbehinderten wie unter den Behinderten, auch unter den Jugendlichen und Erwachsenen viele Menschen, die durch Umwelteinflüsse so verbogen sind, daß sie selbst keine Initiative ergreifen, um etwas zu entdecken. Die sich berieseln lassen von unzähligen Attraktionen und selbst zu keinem konstruktiven Spiel finden, keiner eigenverantworteten Arbeit mehr kommen. Diese Menschen finden sich alleine auch in einer vorbereiteten Umgebung nicht zurecht.

Für diese Klienten muß eine Regelung getroffen werden, die in der Montessori-Therapie entwickelt wurde und sich in der Montessori-Heilpädagogik bestens bewährt: die Einschränkung der freien Wahl. Einmal wünscht sich das Kind, der Klient, einmal der Erzieher, der Therapeut welche Arbeit als nächstes angegangen wird. Auf diese Weise gleichen sich Anspannung und Entspannung gut aus. Das Kind holt sich eine Tätigkeit, bei der das Erfolgserlebnis garantiert ist. Es holt sich Sicherheit und Ruhe. Auch der erwachsene Patient sucht in erster Linie den Erfolg und die Anerkennung durch die Sicherheit. Der Pädagoge wählt Übungen, die die Leistungsgrenze erreichen lassen, sie aber nicht überschreiten. Dann ist wieder das Kind, der Klient am Zuge und entscheidet sich mit größter Wahrscheinlichkeit für eine Übung ohne großen Anspruch. So baut sich langsam ein reichhaltiges Repertoire auf, die Fähigkeiten und Möglichkeiten vergrößern sich. Durch viele Erfolgserlebnisse wächst allmählich die

Freude am Tun, am Ausprobieren – sehr langsam sogar die Anstrengungsbereitschaft. Der Klient, das Kind übernimmt selbst Verantwortung für sein Tun. Dies wirkt sich positiv auf die Interaktion mit den Bezugspersonen aus. Eltern sind eher bereit und in der Lage, dem Kind einen größeren Freiraum zu gewähren, Lebenspartner stehen nicht mehr so sehr unter Druck und finden Raum für andere Gedanken.

Zusammenfassung

Montessori-Pädagogik, Montessori-Heilpädagogik und Montessori-Therapie ruhen auf den gleichen, von Dr. Maria Montessori beobachteten und entwickelten Prinzipien:

„Hilf mir, es selbst zu tun“ (M.M.)

um über *„Be-greifen* (handeln) *zum Begreifen zu kommen“.*

Das Ziel ist immer das gleiche:

die größtmögliche Selbständigkeit,
die Selbstbewußtsein und
Selbstverantwortlichkeit aufbauen und entwickeln läßt.

Der Weg zu diesem Ziel muß für jedes einzelne Kind und seine Eltern gangbar sein und Freude bereiten, sei es in großen oder in kleinen Schritten.

Montessori-Therapie, eine Weiterentwicklung der Montessori-Heilpädagogik

Im Kinderzentrum München begann im Jahr 1968 der Versuch, behinderte und nichtbehinderte Kinder gemeinsam in einem Montessori-Kindergarten aufwachsen zu lassen, zu erziehen, zu fördern. Bei einigen Kindern erwies sich dieser Versuch als sehr erfolgreich, sie waren so gut in die Gruppe aufgenommen, daß ein Außenstehender kaum erkennen konnte, welches Kind behindert, welches nichtbehindert war.

Andere Kinder hatten Probleme im Sozialverhalten, im Arbeitsverhalten, sie wurden mit Schwierigkeiten konfrontiert, die ihre Zukunft über Monate und Jahre negativ belasteten. Auch in dieser Gruppe fanden sich behinderte und auch nichtbehinderte, z.B. junge Kinder. Es waren Kinder, die viel persönliche Zuwendung brauchten, um sich wohl fühlen zu können, die noch kaum Selbstbewußtsein und Selbstwertgefühl aufgebaut hatten, also noch sehr vom Erwachsenen abhängig waren.

Ärzte, Psychologen und Pädagogen beobachteten und modifizierten dieses Integrationsmodell ständig. Sie erkannten schnell, wie irritierend der ständige Wechsel im Erziehungsstil auf ein Kind wirkt: die Montessori-Erzieherin gibt größtmögliche Freiheit, um das Kind zum Nachdenken, zur Selbstverantwortung zu führen, die Eltern bleiben bei ihrem gewohnten Erziehungsstil, der oft überbehütend, inkonsequent und hilflos ist. Ebenso irritierend war für manche behinderten Kinder das Zusammenleben mit den nichtbehinderten Kindern. Sie waren überfordert, ihre sozial-emotionale Entwicklung war ebenso gefährdet, wie die der nichtbehinderten Kameraden, die auf einen großen Teil Zuwendung verzichten mußten.

Hilfe durch therapeutische Vorarbeit

Eine systematische Vorbereitung, sowohl der behinderten Kinder auf die Gruppe, als auch der aufnehmenden Gruppe auf das einzelne behinderte Kind erwies sich als notwendig. Aus dieser Arbeit erwuchsen im Laufe der Jahre die Grundsteine der Montessori-Heilpädagogik und der Montessori-Therapie:

- die integrierte Erziehung von behinderten und nichtbehinderten Kindern im Kindergarten- und Schulgruppen

- die exakte Anpassung der Angebote und Forderungen an die Möglichkeiten des einzelnen Klienten und seiner Bezugspersonen.

Integrierte Erziehung heißt soziales Lernen

Die Lernbedürfnisse jeden Kindes sind von einer anregenden Umgebung abhängig.
Die Umgebung eines Kindes ist die Familie, die Nachbarschaft, der Kindergarten, die Schule. Interessierte, wache Kinder erobern ihre Umgebung und erweitern sie selbständig, oft zum großen Kummer ihrer Eltern. Behinderte Kinder sind meist dazu nicht in der Lage: sie sind motorisch an den Platz gebunden, an dem sie „abgelegt" wurden, sie sind geistig nicht frei genug, um sich selbständig aus ihren Grenzen zu bewegen.

Eine Integrationsgruppe muß dem Rechnung tragen. Ganz gleich, ob Kindergarten oder Schule, die Umgebung muß so vorbereitet werden, daß jedes Kind Anregung findet: durch Eigeninitiative oder durch die Nachahmung der anderen.

Maria Montessori beobachtete das Phänomen: Einmaligkeit eines Materials weckt den Nachahmungstrieb. Aus diesem Grund ist in Montessori-Kinderhäusern jedes Arbeitsmaterial nur einmal in jeder Gruppe vorhanden. Für nichtbehinderte Kinder stellen sich hier bereits Probleme: sie sehen eine Übung bei einem Kameraden, haben den dringenden Wunsch das gleiche zu tun, was nun?

- Verbal Kontakt aufnehmen, nach einer Lösung suchen,
- abwarten, beobachten oder sich langweilen,
- einstweilen Ersatz suchen und später auf den Wunsch zurückkommen.

All dies sind Lernprozesse, die sehr hart sind, aber auf ein zukünftiges Leben in der Gemeinschaft vorbereiten.

Ein behindertes Kind findet die gleiche Situation vor. Seine Probleme sind aber wesentlich schwerwiegender:

- Die sprachliche Verständigung ist oft gestört, es muß andere Mittel finden;
- nur wenige behinderte Kinder kennen das Abwarten-müssen, weil sie in der Familie (notgedrungen) meist im Mittelpunkt stehen;
- das Finden anderer Lösungsmöglichkeiten erfordert Kreativität und Selbstbewußtsein – beides ist meist, durch Behinderung bedingt, nicht vorhanden;
- viele Materialien können nicht in der gleichen Weise benützt werden, eine Frustration folgt vielen vorhergegangenen;

- Konzentration und Ausdauer sind oft nicht so ausgeprägt, daß ein momentan aufflackernder Wunsch bis zur Erfüllung bestehen bleibt. Energie verpufft ungenutzt.

Um den nichtbehinderten wie den behinderten Kindern die gleichen Chancen einzuräumen, bedarf es Einfühlungsvermögen in die Mentalität der Kinder und ihrer Eltern, ein fundiertes Wissen über die Möglichkeiten der Montessori-Pädagogik: Materialien und auch die Art der Darbietung so zu geben, daß jedes(!) Kind Zugang finden kann. Es müssen Grenzen gezogen werden, die klar gesehen und eingehalten werden können, das Verhalten, die Reaktion der Erwachsenen muß für alle Kinder durchschaubar und vorhersehbar sein.

Die „Freie Arbeit“

lebt durch eine Kettenreaktion: ein Kind wird durch die vorbereitete Umgebung zu einer Tätigkeit angeregt und beginnt zu arbeiten. Durch seine Tätigkeit wird es zum Impulsgeber für andere Kinder. Jedes Kind soll in dieser Zeit die „Arbeit“ finden, die ihm liegt, ihm Freude bereitet, Erfolg beschert. Montessori-Pädagogik baut, im Gegensatz zu vielen anderen Richtungen, nicht auf das Nichtkönnen auf, sondern gibt eine Basis der Sicherheit, aus der heraus ein Schritt ins Unbekannte gewagt werden kann, ohne Angst und Schrecken zu verbreiten.

Nichtbehinderte Kinder sind von Natur aus neugierig. Sie entdecken neues Material sehr schnell und wollen wissen um was es dabei geht. Behinderte Kinder suchen in der Regel zunächst ihre Sicherheit, sie wählen ein Material, von dem sie wissen was es ihnen abverlangt. In der erfolgreichen Wiederholung gewinnen sie ihr Selbstvertrauen, dann kann von außen der Wunsch nach einer neuen Auseinandersetzung mit einem anderen Material an sie herangetragen werden.

Behindert – Nichtbehindert, was bedeutet dies eigentlich?

Offiziell sind klare Linien gesetzt:

⇛ Mehrfachbehinderte
⇛ Körperbehinderte
⇛ geistig Behinderte
⇛ Lernbehinderte
⇛ seelisch Behinderte
⇛ Nichtbehinderte

In einer gut funktionierenden Gruppe sind andere Kriterien feststellbar und wichtig:

⇛ Kinder, die sich ihrer selbst sicher sind
⇛ zaghafte Kinder
⇛ Kinder mit massiven Verhaltensproblemen
⇛ von Behinderung bedrohte Kinder (dies ist keine offizielle, aber eine sehr ernst zu nehmende Bezeichnung für Kinder, die u. U. sehr schnell „abrutschen")
⇛ „behinderte Kinder", die durch viele negative Erfahrungen, wie unglückliche Familienverhältnisse, übersteigerte Erwartungshaltung der Eltern oder andere schwierige Konstellationen, psychisch wie physisch bedingte Lernstörungen aufgebaut haben und sich damit selbst „im Wege stehen".

Alle diese Kinder sind „Kinder mit besonderen Bedürfnissen", sie alle sollen durch das Angebot der „vorbereiteten Umgebung" so gefesselt werden, daß sie aus Freude an einer Aufgabe arbeiten. Die „vorbereitete Umgebung", gestaltet durch einen Montessori-Pädagogen, ist also eine sehr lebendige Umgebung für die Integrationsgruppe, die sich ständig den möglichen Interessen der Kinder anpaßt, sie weiterführt, ihnen aber auch Grenzen aufzeigt und Halt gibt.

Die Montessori-Therapie

bietet, neben vielen anderen Aufgaben und Zielen, dem behinderten Kind eine Eingangsstufe für die Integrationsgruppe. Vorarbeit zur Integration bedeutet aber viel mehr: zunächst muß das behinderte Kind in seiner Familie integriert, als Mitglied anerkannt, nicht als „Püppchen" versorgt sein. Es muß sich in seinem Umfeld auskennen, seine Wünsche erkennen und verbalisieren können. Daraus ergeben sich folgende Therapieziele:

Aufbau von Selbständigkeit, besonders in den lebenspraktischen Fähigkeiten

- Üben der Grob- und Feinmotorik
- Üben der Wahrnehmung und der perzeptiven Leistungen
- Wecken der Sprechfreudigkeit, Erweitern des Wortschatzes
- Üben von Konzentration und Ausdauer
- Aufbau von Spiel-, Arbeits-, Lernverhalten
- Anbahnung der Gruppenfähigkeit
- Hilfe zur Verbesserung der Eltern-Kind-Interaktion.

Besuchen Kinder bereits die Regelschule, kann durch Montessori-Therapie gut Hilfestellung gegeben werden zum

- Aufbau von Selbstbewußtsein und Selbstachtung
- Verbessern der Wahrnehmung in allen Bereichen
- Strukturieren der Einzelaufgaben
- Verbessern des Vorstellungsvermögens, besonders bei Teilleistungsstörungen in Mathematik
- Anbahnen des sinnentnehmenden Lesens
- Verstehen der grammatikalischen Grundregeln
- Umgang mit den eigenen Schwierigkeiten.

Die Montessori-Therapie besteht aber nicht nur im direkten Eingehen auf das Kind, also der individuellen Behandlung des behinderten Kindes, sondern auch im intensiven Kontakt zu den Eltern und eventuell anderen Bezugspersonen. Dies ist nötig, da aufgrund von Belastungen, die aus einer Behinderung oder/und Schulproblemen entstehen, die Interaktion zwischen Eltern und Kindern oft gestört ist.

Die Zusammenarbeit mit den Eltern

Die Eltern sind die Hauptbezugspersonen, der Therapeut, die Therapeutin treten immer nur stundenweise in das Leben des Kindes ein. Ohne eine echte Zusammenarbeit ist ein Therapieerfolg nicht zu erwarten.
Beim jungen Kind ist die Mutter unmittelbar am Therapiegeschehen beteiligt: sie sitzt beobachtend dabei oder ist direkt in das Spiel einbezogen. Gegen Ende der Arbeitszeit mit dem Kind besprechen Mutter und Therapeut Durchführung und Ziel der eben erlebten Stunde, sie überlegen ob es sinnvoll ist, mit dem Kind in ähnlicher Weise weiterzuarbeiten und wie dies zu Hause, im Rahmen des täglichen Lebens, übernommen werden kann.
Das Schulkind möchte gerne selbständig sein, es fühlt sich durch die ständige Anwesenheit der Mutter klein gehalten. Hier ist es sinnvoll, wenn Therapeut und Kind alleine arbeiten, der Kontakt zum Elternhaus entweder nach Beendigung der Stunde im Gespräch erfolgt, oder oft auch nur mehr per Telefon.

Der beste Erfolg wird erzielt, wenn beide Eltern mitarbeiten, Vater und Mutter gleich gut über die Probleme ihres Kindes und eine mögliche Hilfestellung Bescheid wissen. Dies ist jedoch nur in Ausnahmefällen möglich, meist muß es genügen, wenn ein Elternteil direkt in die Therapiesituation eingeschlossen ist, der andere Elternteil „aus zweiter Hand“ darüber erfährt.

Umsetzen von Therapieangeboten in den häuslichen Bereich

Jede Therapiestunde ist eine Ausnahmesituation:

- das Kind arbeitet in der „Vorbereiteten Umgebung“, d.h. in einem gut strukturierten Umfeld
- es erfährt durch die vorbereitete Umgebung Angebote, die sein Interesse wecken und locken
- es erfährt eine intensive Verstärkung seiner Bemühungen durch pädagogisch richtiges Verhalten des Therapeuten
- im Material findet es die optimale Fehlerkontrolle und auch Hilfe zum weiterführenden Handeln.

Die Arbeit in der häuslichen Umgebung ist nicht immer so ideal:

- das Kind arbeitet in einem Umfeld, das meist für andere Bedürfnisse gestaltet wurde
- es erfährt auch hier interessante Angebote, die es zum Handeln verlokken, nur sind dies meist Angebote, die das Kind nicht in der gewünschten und notwendigen Richtung führen
- es erfährt Zuwendung unterschiedlichster Art, die oft, den Eltern unbewußt, unerwünschtes Verhalten verstärken
- Fehlerkontrolle durch das Kind wird meist nicht zugelassen, der Erwachsene greift oft schon vorzeitig ein.

Eine Aufgabe der Therapie liegt nun darin, die Eltern für gute Hilfestellung und Angebote zu sensibilisieren. Dazu sprechen Mutter und Therapeutin den Verlauf der Stunde noch einmal durch. Sie überlegen Schritt für Schritt, welches Material für das Kind wichtig und interessant war, welcher Übungseffekt damit erzielt wurde und ob es sinnvoll ist, diese Übung Zuhause zu wiederholen. Ist dies der Fall, so gilt die nächste Überlegung der Umsetzung auf die häusliche Umgebung. Die Übung muß sich den gegebenen Verhältnissen anpassen, sie soll, wenn möglich, aus Gegenständen bestehen, die Zuhause vorhanden sind – vielleicht sogar im täglichen Gebrauch sind.

Am Beispiel einer Löffelübung sei dies kurz erklärt

Das Kind wählt selbständig eine Übung, die wie folgt zusammengestellt ist: auf einem Tablett stehen zwei gleich große Schüsseln, eine davon mit getrockneten Bohnenkernen gefüllt. Es liegen zwei Löffel zur Auswahl bereit: ein Suppenlöffel und ein Teelöffel.

Nach einer Darbietung arbeitet das Kind zunächst mit dem Teelöffel, versucht den Gebrauch des Suppenlöffels, kehrt dann wieder zur Arbeit mit dem Teelöffel zurück. Nach gut 20 Minuten verliert es das Interesse, es läßt alles liegen, will aufstehen, weggehen.

Die Therapeutin führt nun, über das Zurückschütten, das Interesse noch einmal zur Sache. Das Kind geht bereitwillig darauf ein und räumt die Übung, nach einmaliger Aufforderung, in den Schrank zurück.

Was hat das Kind in dieser Arbeit gelernt?

- Es übte seine Wahrnehmung und seine Motorik
- es machte Erfahrungen mit einem großen und einem kleinen Löffel
- bemerkte mit welcher Löffelgröße es besser arbeiten kann
- es zeigte Konzentration und Ausdauer
- es erlebte, daß jede Arbeit ein Ende findet, daß sie aber erst dann wirklich beendet ist, wenn bestimmte Regeln eingehalten sind.

Soll diese Übung wiederholt werden?

Das Kind lernt durch Handeln.
Seine Motorik verbesserte sich während der Arbeit ständig, solange die Konzentration anhielt. Sie verschlechterte sich schlagartig, als das Interesse nachließ.
Es ist anzunehmen, daß sich im weiteren Üben die Motorik weiterhin verbessert.
Die Wahrnehmung „Ich kann den kleinen Löffel besser handhaben" wurde einmal gemacht und führte, aufgrund des positiven Erlebnisses, bereits zur Weiterführung der Arbeit mit dem geeigneten Material. Diese Erkenntnis bleibt sicher einige Tage im Gedächtnis, sie verwischt wieder, wenn sie nicht mehr gebraucht wird.
Konzentration und Ausdauer sind vom Erfolg abhängig. Erfolg ist von guter motorischer Leistung und genauer Wahrnehmung abhängig. Beides verbessert sich durch Übung.
Regeln werden von außen gegeben, sie helfen dem Kind zwar, sich in seiner Welt zurecht zu finden, sie werden aber in dieser Art nicht vom Kind selbst aufgestellt. Das Kind befolgt sie aus Zuneigung, aus Achtung, aus Angst. Sie sind zunächst kein inneres Bedürfnis des Kindes und werden deshalb auch wieder vergessen. Mehrmalige Wiederholung verhindert dies.
Ein Wiederholen dieser Übung ist also sinnvoll!

Soll diese Übung zu Hause wiederholt werden?

Lernen und speichern erfolgt durch Wiederholung.
Die Wiederholung muß einsetzen, ehe das Gelernte völlig vergessen ist.
Ist der Abstand zu lang, muß jede Erkenntnis wieder neu gewonnen werden.
Deshalb ist es sinnvoll, mit der nächsten Wiederholung nicht erst bis zur nächsten Therapiestunde zu waren, sondern das eben gewonnene Interesse auszunützen und Wiederholung anzubieten, sooft das Kind dazu motiviert ist.

Wie soll diese Übung zu Hause durchgeführt werden?

Das Übungsmaterial in der „Vorbereiteten Umgebung" ist ideal gestaltet:

Die Schüsseln sind standfest, kaum zum Kippen zu bringen

- die Mulden der beiden Löffel sind so tief, daß die Bohnen problemlos liegen bleiben, wenn das Kind das Gleichgewicht halten kann
- die Feuerbohnen heben sich attraktiv von der andersfarbigen Schüssel ab
- das Tablett ist so groß, daß beide Schüsseln bequem nebeneinander Platz haben
- der Rand des Tabletts gibt Sicherheit, stört aber nicht
- der Arbeitsplatz des Kindes ist so, daß es bequem, ohne zusätzliche körperliche Anstrengung, arbeiten kann
- und daß es die Arbeit gut überblicken kann.

Die Therapeutin erklärt – nach Beendigung der Arbeit, um das Kind in seiner Konzentration nicht zu stören – die einzelnen, für dieses Kind wichtigen Punkte, sie regt die Mutter an, mit zu überlegen was in ihrem Haushalt ohnehin vorhanden ist:

- Die unterschiedlichsten Schüsseln – entsprechen sie den gestellten Anforderungen? Muß wirklich Neues gekauft werden, oder erfüllen z.B. Blumenuntersetzer den gleichen Zweck?
- Welche Löffel sind vorhanden? Meist ist es eine Vielfalt, der sich kaum jemand bewußt ist.
- Ein Tablett ist oft in der richtigen Größe nicht vorrätig. Bei dieser Übung kann aber ebenso der Deckel einer Schuhschachtel den gleichen Zweck erfüllen, er muß nur durch Kartoneinlagen so versteift werden, daß er sich nicht verwindet.
- Große Bohnen – in der Familie ist es nicht üblich Bohnen zu kochen! Die gemeinsame Suche nach anderen, passenden Materialien regt die

Kreativität an. Es muß dabei sowohl die Förderung als auch die Sicherheit des Kindes bedacht werden.

- Wo ist der Arbeitsplatz des Kindes? Hat es überhaupt einen festen Platz?
- Ist dieser Platz in Rufnähe der Mama, kann das Kind dort selbständig arbeiten und sich trotzdem sicher und geborgen fühlen?
- Ist dieser Platz so groß, daß es eine Sache darauf ausbreiten kann, ohne mit den Geschwistern in Konflikt zu geraten?
- Kann es an diesem Platz gut sitzen, kann es die Füße aufstellen, kann es in normaler Armhaltung arbeiten, oder muß der Sitz erhöht werden?
- Fast alle Eltern sind sehr erfinderisch in der Suche nach Möglichkeiten, sie entdecken auf einmal, was alles für das Kind interessant und wichtig sein kann, sie lernen aber auch ihr eigene Arbeit mit dem Kind und für das Kind mit ganz anderen Augen zu betrachten.

Wie oft soll Therapie stattfinden?

Die Häufigkeit der Therapieangebote ist von vielen Umständen abhängig:

- Von der Relation zwischen Aufwand und Gewinn – ist es sinnvoller, die Mutter arbeitet zu Hause mit dem Kind oder bringt die Arbeit mit dem Therapeuten so wesentlich mehr Nutzen?
- Von der Belastbarkeit des Kindes – kann es immer wieder neue Bezugspersonen problemlos annehmen, ohne dabei distanzlos zu werden?
- Von der Belastbarkeit der Mutter – kann sie Angebote, die im Rahmen der Therapiestunde gemacht werden, in ihre eigene Situation umsetzen, ohne dadurch unter massiven Druck zu geraten?
- Von der Entfernung des Wohnortes zur Therapiestelle – wie aufnahmefähig ist ein Kind, das bereits mehr als eine Stunde in öffentlichen Verkehrsmitteln verbrachte?
- Wie groß ist das Interesse der Eltern, ihren eigenen Lebensstil, ihre Zeiteinteilung so zu ändern, daß sie mit dem Vorschlägen der Therapie in Einklang gebracht werden können?
- Welche Stellung hat das behinderte Kind in der Familie – werden nichtbehinderte Geschwister u. U. durch ständigen Entzug der Aufmerksamkeit und Zuwendung zu behinderten Kindern?
- Von der Bezahlung der Leistung durch einen Kostenträger.

Verschiedene Arten Montessori-Therapie

Bisher hat sich Montessori-Therapie in folgenden Bereichen bestens bewährt:

Beratungsgespräche

Eltern von sehr jungen behinderten Kindern sind oft verunsichert: ist wirklich alles an Förderungsmöglichkeiten für das Kind ausgeschöpft? Die Therapeutin beobachtet das Kind in der vorbereiteten Umgebung, sieht, wovon es angezogen ist und schließt daraus auf die sensible Phase dieses Kindes. Sie klärt dann im Gespräch mit den Eltern verschiedene Möglichkeiten, die das gezeigte Interesse vertiefen und erweitern.
Wenn die Eltern dies wünschen, können Beratungsgespräche in größeren Abständen wiederholt werden. Regelmäßige Termine sind bei diesen jungen Kindern noch nicht angezeigt, weil sie zu ihrer Entwicklung mehr Zeit brauchen und die Zeit sehr sorgfältig geplant sein soll: Was ist wesentlich: zu Hause in Ruhe spielen oder eine Therapiestunde um den hohen Preis eines Hin- und Rückfahrtweges?

Kombination mit der Vojta-Therapie

Die Vojta-Therapie stellt kurzzeitig sehr hohe Anforderungen an das Kind und den die Behandlung Durchführenden. Das Kind wird in einer Lage gehalten, die ihm unangenehm ist, weil es sie nicht selbst bestimmen und nach Wunsch verändern kann.
Diese Einengung wird durch das Angebot der freien Wahl in der Montessori-Therapie ausgeglichen: es steht eine den Möglichkeiten des Kindes angepaßte, Auswahl an Spielen und Übungen bereit, Kind und Eltern können nun entscheiden.
Eine Hauptaufgabe der Montessori-Therapeutin liegt im „Erfühlen" von sensiblen Phasen, die ein schwerkörperbehindertes Kind fast nicht zeigen kann, die aber ebenso erscheinen und vorübergehen wie beim nichtbehinderten Kind. Gelingt es der Montessori-Therapeutin, das richtige Material zur richtigen Zeit so anzubieten, daß das Kind damit hantieren kann, dann bahnt sich ein Entwicklungsschub an: der Aufforderungscharakter des Materials ist so groß, daß das Kind alle Kräfte mobilisiert, um zu spielen. Es übt damit seine Motorik, die durch die vorangegangene Vojta-Therapie gebahnt wurde.

Einzeltherapie bei Kindern

Diese kann aus den unterschiedlichsten Gründen angesagt sein.
Hier arbeitet immer eine Therapeutin mit einem Kind, meistens im Beisein der Mutter.

- Anbahnung von Spielverhalten
- Förderung bei Entwicklungsrückstand oder Teilleistungsstörungen
- Aufbau von Selbstachtung und Selbstbewußtsein können Therapieziele sein.

Die Bezugsperson ist klar über die Therapieziele informiert, es besteht ein Austausch über die Möglichkeiten des Umsetzens zu Hause oder in der Schule. Therapieinhalte richten sich z.T. auch nach den Wünschen der Bezugsperson (z.B. selbständiges Anziehen) oder den Vorgaben von Institutionen (z.B. Erarbeitung des Mengenbegriffs bei Schulkindern). Trotzdem wird größter Wert auf die Selbstbestimmung des Kindes, die freie Wahl gelegt. Meistens ergibt sich der Rhythmus: einmal wählt das Kind, einmal der Therapeut. So können die Ziele beider Partner verfolgt werden: das Kind wählt die Übungen, an welchen es besonders Spaß hat, in welchen es seine Bestätigung findet, der Therapeut wählt Materialien, die er für die Weiterentwicklung des Kindes als notwendig erachtet.
Einzeltherapie kann ambulant stattfinden: das Kind kommt mit seiner Bezugsperson wöchentlich (zweiwöchentlich oder seltener) für eine Stunde zur Einrichtung.
Oder Kinder sind stationär aufgenommen: der Therapeut arbeitet täglich mit dem Kind, die Bezugsperson wird gegen Ende des Klinikaufenthaltes in mehrere Therapiestunden einbezogen und sowohl durch Beobachtung als auch durch Gespräche genau über die Therapieinhalte und deren Umsetzung informiert.

Arbeit mit Erwachsenen

Bisher liegen nur Erfahrungen in Einzeltherapie vor.
Sowohl Dauer als auch Häufigkeit der therapeutischen Arbeit wird weitestgehend vom Klienten bestimmt. Er muß bewußt erleben, daß ein Therapieerfolg von seiner Mitarbeit abhängt, daß auch die Therapieeinhalte durch seine Motivation bestimmt werden. Auf diese Weise ist eine Übertragung der Therapieeinhalte auf das Alltagsleben am ehesten gewährleistet.

Gruppentherapien

Ziele aller Gruppentherapien sind die Anbahnung oder Festigung von Sozialverhalten, Selbständigkeit und auch Selbstbewußtsein. Sie finden in der Regel einmal wöchentlich statt und werden von zwei Therapeuten geleitet.

- Eltern-Kind-Gruppen
  Die Bindung junger Kinder zu ihren Eltern ist gelegentlich so stark, daß eine schnelle Ablösung sehr belastend wäre. Auch manche Eltern bauen zu ihren behinderten Kindern so starke Bindungen auf, daß sie

damit der Weiterentwicklung des Kindes zur Selbständigkeit im Wege stehen.
Zur langsamen, äußerst vorsichtigen Ablösung wurden Gruppen geschaffen, in welchen zunächst die Eltern mit ihren eigenen Kindern, unter einer sehr zurückhaltenden Führung, spielen. Das pädagogische Prinzip Montessoris „jedes Material ist nur einmal vorhanden", lockt die Kinder ganz allmählich von der Bezugsperson weg, zu einer anderen Gruppe. Systematisch wird diese räumliche Trennung vergrößert und zeitlich ausgebaut. Das Ziel dieser Gruppen ist erreicht, wenn sich Kinder und Bezugsperson ohne Zwang darüber austauschen können: heute möchte ich gehen, weil .... oder auch: heute wünsche ich, daß Du bleibst, weil ....Damit ist die Sicherheit erreicht, in der freies, kreatives und weiterführendes Spielen und Leben möglich ist.

- Vorbereitung auf andere, größere Gruppen
  Sowohl Kindergarten als auch Schule stellen gleich zu Beginn große Anforderungen an das einzelne Kind: es soll sich in die Gruppe einfügen und gleichzeitig seine eigene Persönlichkeit bewahren.
  Das Ziel dieser Gruppen ist erreicht, wenn die Kinder ein Gruppengefühl entwickelt haben. Wenn sie die Bedürfnisse des Nachbarn erkennen und respektieren ohne ihre eigenen Wünsche dabei völlig zu mißachten. Wenn sie in der Lage sind Konflikte so zu betrachten, daß nach einer für alle befriedigenden Lösung gesucht werden kann. Wenn sie innerhalb dieses geschützten Rahmens selbständig arbeiten und spielen können.

- Schulgruppen
  Schulversagen kann durch vielfältige Ursachen ausgelöst werden: Teilleistungsstörungen, Wahrnehmungsstörungen, Interaktionsstörungen, Wissenslücken, fehlendes Selbstwertgefühl und Selbstbewußtsein, eine „Schul-Intelligenz", die gerade noch ausreicht in Verbindung mit einer Interaktionsstörung, sexueller Mißbrauch, häusliche Probleme und vieles mehr. Kinder mit diesen Problemen brauchen die konkrete Hilfe durch das be-greifbare Material, den geleiteten Kontakt zu anderen Kindern und ein ausgewähltes feedback ihres eigenen Verhaltens. In der Montessori-Therapie bewähren sich „Schulgruppen", in welchen zwei Therapeuten mit vier Kindern arbeiten. In dieser Zusammenstellung bleibt genug Zeit für persönliche Anleitung, und für ein feedback; die Kinder sehen aber auch, daß sie bis zu einem gewissen Maß selbst zurecht kommen müssen. Sie erkennen ihre Vorzüge und die Schwächen der anderen. Im gegenseitigen Helfen stärken sie ihr Selbstvertrauen, Lerninhalte werden durch Spiele vertieft.

Anwendungsbereiche der Montessori-Therapie

Montessori-Pädagogik richtet sich weltweit überwiegend an das gehfähige Kind, das seine Wünsche in irgend einer Art äußern kann.

Das Hauptangebot des Materials beginnt bei einem Entwicklungsalter von etwa 2 1/2 Jahren, also für die Zeit, in der die Grobmotorik soweit ausgereift ist, daß zur Fortbewegung nicht mehr die volle Konzentration benötigt wird. Das Laufen, Klettern, Springen ist dann soweit gesichert, daß neue, zusätzliche Schwierigkeiten aufgenommen werden können: das Tragen eines Tabletts – vom Hocker klettern und dabei auf einen mit Wasser gefüllten Topf achten – springen und trotzdem auf einen Teppich achten, der den Arbeitsplatz eines anderen Kindes sichert.

Nun ist das Kind hochmotiviert, mit seinen Händen und Fingern zu arbeiten. Es ist frei, das Material in seinen Händen zu sehen, Veränderungen zu beobachten, die seine Hände mit dem Material bewirken.
Das Materialangebot ist bestens ausgearbeitet für das noch nicht schulpflichtige Kind im Kindergarten und später für das Grundschulkind.

Die Montessori-Therapie sieht auch einen Schwerpunkt in dieser Zeit, in der das Kind in der vorbereiteten Umgebung seine Arbeit selbständig zu wählen lernt, Spiel- und Arbeitsverhalten aufbauen und Selbstbewußtsein entwickeln würde – wenn es dazu in der Lage wäre. Ein weiterer Schwerpunkt ist heute die Arbeit mit Säuglingen und Kleinkindern, die durch genetisch bedingte Besonderheiten bereits sehr früh abgestempelt werden oder lange Zeit in frühkindlichen Bewegungsmustern bleiben und eine motorische Behinderung entwickeln. Für Jugendliche und Erwachsene, die durch ein Schädel-Hirn-Trauma einen Großteil ihrer mentalen Fähigkeiten einbüßten, gibt Montessori-Therapie die Chance, verschüttetes Basiswissen zurückzuholen, mit Hilfe des Materials zu ordnen und anzuwenden.

Aus eigener Erfahrung kann ich zusätzlich berichten, daß sich Montessori-Therapie sehr erfolgreich in der Geriatrie einsetzen läßt.

Therapeutisches Arbeiten

Die Montessori-Therapie nützt die Eckfeiler der Montessori-Pädagogik:

- das Montessori-Material
- die Vorbereitete Umgebung
- die Grundhaltung des Pädagogen.

Das klassische Material ist auf Selbsterfahrung aufgebaut, die Fehlerkontrolle spielt eine entscheidende Rolle.

Es ist geistige Leistung, einen Fehler wahrzunehmen und einen Schluß daraus zu ziehen.

Diese geistige Leistung soll auch Kindern ermöglicht werden, die z. B. aus einer motorischen Behinderung heraus nie selbst zum Material greifen können, oder, aus welchen Gründen auch immer, die sich nie mit Material wirklich auseinandersetzen.

Daraus ergibt sich:

- das klassische Material kann für das ganz junge Kind nur sehr bedingt eingesetzt werden
- die Idee, die im klassischen Material steckt, muß aber trotzdem, für das Kind passend, umgesetzt werden.

Die vorbereitete Umgebung ist ein vielgebrauchter Begriff, von dem Insider eine ungefähre Vorstellung haben: offene Regale, in welchen auf Tabletts korrekt aufgestellt, sehr hübsch und ansprechend aussehende Übungen stehen. Das junge, körperbehinderte Kind hat davon ebensowenig, wie ein motorisch sehr aktives junges, mongoloides Kind: das eine Kind kann die schönen Dinge nicht erreichen und wird deshalb „ungnädig“, das andere Kind ist durch die Vielfalt der Eindrücke überfordert und dadurch noch mehr in seiner Umtriebigkeit bestärkt.

Eine vorbereitete Umgebung kann aber, in der Therapiesituation und dann in der Zusammenarbeit mit den Eltern zu Hause, so gestaltet werden, daß sie wirklich für jedes Kind das richtige Maß an Anregung bietet.

Daraus ergibt sich:

> Die vorbereitete Umgebung ist ein wesentlicher Faktor im Zusammenleben des schwerbehinderten Kindes mit seinen Eltern. Es gibt kein Patentrezept, kein klassisches Vorbild. Sie muß in jedem Fall, nach Beobachtung der Bedürfnisse des behinderten Kindes, neu gestaltet werden.

Der Grundhaltung des Pädagogen mißt Montessori mindestens ebensoviel Bedeutung zu wie dem Einsatz des Materials oder der vorbereiteten Umgebung.

Montessori sieht den Erzieher als Helfer zum Leben des Kindes, der anerkennt: da ist ein lebendiges Wesen, das von seinem „Elan vital“ (M.M.) her sich selbst aufbaut, dabei aber auf einen helfenden Mitmenschen angewiesen ist.

Diese Haltung bedeutet ein Zurücktreten und Raumgeben – aber es bedeutet nicht, daß das Kind sich selbst überlassen bleibt!

Montessori schreibt in „Grundlagen meiner Pädagogik“:

> „... die menschliche Vollkommenheit wird immer einer Autorität bedürfen, die uns die Wahrheit lehrt, uns den richtigen Weg zeigt, damit wir nicht irregehen. Der Erzieher, ob Vater, Mutter oder Lehrer, soll sich aber hüten seine Macht zu mißbrauchen. Es gibt kein größeres Hindernis für die Entfaltung der kindlichen Persönlichkeit als einen Erwachsenen, der mit seiner ganzen überlegenen Kraft gegen das Kind steht.“
>
> „Es handelt sich um die Begrenzung des Einschreitens. Dem Kind muß geholfen werden ... doch schon ein Zuviel dieser Hilfe stört das Kind“.

Daraus ergibt sich:

- jedes Kind, auch das schwerstbehinderte, junge Kind braucht Angebote
- es braucht Hilfestellung, daß es die Angebote nutzen kann
- die Hilfestellung muß so bemessen sein, daß das Kind zum Erfolg kommt, aber dabei in seiner Selbsterfahrung nicht behindert ist.

Wie sieht dies praktisch aus?

Ein Beispiel eines Mädchens mit Tetraparese, 2 Jahre korrigiertes Alter

- hingebungsvoll von der Familie versorgt
- in krankengymnastischer Behandlung
- gezielte Bewegungen sind nicht eigenständig möglich
- die weniger betroffene Hand läßt sich durch Lockern soweit öffnen, daß man einen Babyring einschieben kann
- es bringt keine der beiden Hände zum Mund
- beide Hände erreichen nicht die Körpermitte

- bewußt gesteuerte Lautäußerungen sind nicht möglich
- die Nahrungsaufnahme ist problematisch und mühsam
- der Schlafrhythmus ist gestört und damit auch die Nachtruhe der Mutter
- sie kennt 2 verschiedene Liegeflächen (ihr Bettchen und eine Matte) und bevorzugt davon die glatte Unterlage
- sie ist oft quengelig, sichtlich unausgeglichen.

Das Mädchen hat hellwache Augen, man spürt, wie sie ihre Umgebung mit Blicken zu erforschen versucht – sie ist nur leider sehr, sehr schnell an ihren Grenzen.

An Spielsachen kennt sie

- ihre Kuscheltiere, die sie sehen kann
- den Babyring, der in ihre Hand paßt
- sie liebt Musik, hat eine Spieluhr und auch
- Lieblingsstücke auf der Kassette.

Ein nichtbehindertes Kind in diesem Alter, hat bereits viele interessante „Forschungsreisen" hinter sich und ist dabei über unterschiedlichste Flächen gerobbt, gekrabbelt, gerutscht, gelaufen. Dabei fand es unzählige Gegenstände, die es in seine Händchen und seinen Mund nahm – und sammelte vielfältigste Eindrücke: Geschmack, Konsistenz, Wärme oder Kälte, Erschrecken, Panik oder Wohlwollen der Bezugspersonen.

Durch Montessori-Therapie soll nun versucht werden, möglichst viele dieser Eindrücke darzubieten, um „Lücken" zu füllen.

Ein nichtbehindertes Kind erobert seine Welt:

- es ertastet groß und klein, hart und weich, rund, eckig, abgeschliffen, spitz, rauh und glatt, kantig,
- es fühlt warm und kalt,
- es riecht warmen Beton und feuchten Kies,
- es schmeckt Kies und Steine,
- es hört das Aneinanderreiben der Steinchen, das Auffallen auf verschiedene Unterlagen: Beton und Kies
- es spürt die allmählich durchkommende Kälte des unter ihm abkühlenden Betons
- es bekommt die erschrockene Zuwendung des Erwachsenen, wenn es Steine in den Mund steckt
- die liebevolle aber bestimmte Zuwendung „nein! in den feuchten Sand krabbelst Du nicht!“.

Ausgehend von den Erfahrungen, die ein nichtbehindertes Kind dieses Entwicklungsalters selbständig macht, fällt die Wahl der anzubietenden

Gegenstände auf vielfältige Sinneseindrücke: rauh und glatt, kalt und warm, hart und weich .... Der Unterschied muß so groß sein, daß er wirklich wahrgenommen werden kann, die Isolation der Schwierigkeiten ist dabei (so gut wie irgend möglich) zu beachten.

Das Mädchen sieht mich hellwach an, seine Stärke liegt also sicher im visuellen Bereich, deshalb biete ich jeden neuen Gegenstand zunächst so an, daß es ihn lange und gut betrachten kann. Anders als in der klassischen Montessori-Pädagogik benenne ich gleichzeitig die Eigenschaft des Gegenstandes, z. B. weich. Ich zeige weich an mir: führe die Watte über meine Hand, mein Gesicht und wiederhole dabei mehrmals: „weich".
Dann gebe ich die Watte in die geschicktere Hand des Kindes, wiederhole „weich" und gebe dem Kind Zeit, sich damit auseinanderzusetzen. Sobald das Interesse des Kindes erlahmt, nehme ich die Watte, führe sie an der Hand des Kindes entlang, über den Arm, über den Hals, das Gesicht, besonders die Mundregion, bis zur ungeschickteren Hand. Ich versuche auch hier den Eindruck „weich" zu vermitteln und benenne ihn. Sobald auch hier das Interesse erlahmt, nehme ich die Watte wieder und führe sie an der Seite entlang zu dem Bein, das an der Seite der ungeschickteren Hand liegt. Es fühlt die Watte an der Außenseite des Beines, an der Außenkante des Fußes, an der Fußsohle, an der Innenseite des Fußes, des Beines und schließlich entsprechend am anderen Bein, bis der Kreis bei der geschickteren Hand wieder geschlossen und der Gegenstand wieder vor die Augen geführt ist. In ruhigen Abständen wird der Begriff „weich" wiederholt, um eine Verbindung des Wortes mit der Empfindung zu schaffen.

Nach kurzer Pause folgt der Begriff „kratzend" in gleicher Weise. So erfährt sie die Gegensätze in ähnlicher Art wie ein nichtbehindertes Kind: mit den Händchen, um die Mundregion, visuell, an Armen, Beinen, Füßen.
Spannung, Erregung und Aufmerksamkeit lassen sich dabei deutlich an den Bewegungen, ganz besonders der Beine, erkennen.

„Weich" und „kratzend" werden nun mehrmals hintereinander angeboten – solange das Kind Freude daran hat.

Meist dauert es nur einige Tage, bis die Worte zu einem Gegensatz abgespeichert sind. Es ist deutlich zu sehen: die Andeutung eines Lächeln bei einem angenehmen Reiz, das Zurückziehen bei einem unangenehmen Reiz.

Ein nichtbehindertes Kind erfährt viele Reize „ganzkörperlich", auch das darf nicht vergessen werden: Bauch, Rücken, die ganze Region die überwiegend in Windeln gepackt ist, ist von der Haut bedeckt, also als Tastorgan geschaffen. Sinneswahrnehmung und deren Einordnung fördert das Gefühl für den eigenen Körper.

Sobald einzelne Reize zum Begriff wurden, sollten sie erweitert werden: was alles ist weich, was alles kratzend! Ein Fell, ein Seidentuch, eine Feder, ein Daunenkissen, Mohairpulli sind weich, alle anders und doch mit dem gleichen Begriff zu bezeichnen. Ein Massagehandschuh, Sandpapier, Baumrinde, ein Fichtenzapfen, trockene Baumflechten, ein Ziegelstein, die Schale einer Kokosnuß sind kratzend, unterschiedlich stark, aber doch alle etwas unangenehm.
So bringen diese beiden Begriffe eine Vielfalt an Erfahrungen, das Kind lernt Gegenstände und deren Eigenschaften kennen, an die es aus eigenem Antrieb nie käme. Die Eltern sehen ihren Haushalt, ihre Umgebung, mit anderen Augen: was alles kann ich meinem Spatz nahebringen. Der Erfahrungsbereich des Kindes erweitert sich, und ganz nebenbei auch die Kommunikationsmöglichkeiten zwischen Kind und Erwachsenen. Eine großartige Wortschatzbereicherung, die nicht mit künstlichen Mitteln erarbeitet werden muß.

Folgende Materialien sind Beispiele für Erfahrungswerte

- weich – kratzend

Watte und Topfkratzer von gleicher Farbe.
Watte eignet sich gut, wenn das Kind die Gegenstände noch nicht selbständig zum Mund führt. Sonst ist sehr sorgfältig auf Faserreste im Mund zu achten.

- weich – hart

Watte in ein Seidentuch eingeschlagen und Baustein von gleicher Farbe

- glatt – rauh

Plastikseifenschale und Bimsstein von gleicher Farbe.
Die Seifenschale soll möglichst glatt, ohne Rillen oder Luftlöcher sein. Bimsstein wird zum Entfernen von Hornhaut und Schwielen verwendet. Er ist sowohl als natürlicher, zugeschnittener Stein als auch aus Kunststoff, sehr farbenfreudig hergestellt, erhältlich. Vorsicht, sobald ein Kind beginnt daran zu nagen!

- schabend – kratzend

Küchenschwamm, beidseitig verwendet

- naß – trocken

Zwei gleiche Schwammtücher.
Eines davon eingetaucht und ausgewrungen, das andere bleibt trocken. Ich verwende zur Darstellung „trocken“ stets das gleiche Tuch. Ist ein

Schwammtuch einmal eingetaucht und wieder getrocknet, verändert sich seine Aussagekraft.

- biegsam – starr

Zwei gleiche Schwammtücher.
Eines neu, das andere in Wasser getaucht und wieder getrocknet.

- warm – kalt

Gekochte Kartoffel und Eiswürfel, zwei gleiche Taschentücher; die gut warme Kartoffel in ein Stück schneiden, das etwa der Größe des Eiswürfels entspricht, in eines der Taschentücher wickeln. Den Eiswürfel ebenfalls in ein Taschentuch wickeln.

- glatt – glitschig

2 Stück gleiche Seife.
Ich wähle die Seife in der Größe, die das Kind in die Hand nehmen kann, ohne Namensprägung! Ein Stück bleibt trocken, das andere wird etwas in Wasser eingeweicht.

- leicht – schwer

Watte in ein Seidentuch eingeschlagen und ein in gleicher Farbe angemalter großer Bachkiesel.

- hell – dunkel

2 Seidentücher
Eines gelb oder weiß, durchscheinend gewebt, das andere möglichst dunkel und dicht gewebt.

Ein Beispiel für die Arbeit mit einem Grundschulkind, 3. Klasse

Der Junge wurde bereits im Kindergarten als schüchtern und introvertiert beschrieben. Er fiel niemals auf, war niemals frech, gelegentlich hilfsbereit, eigentlich wurde er fast nicht bemerkt. Die Eltern waren recht zufrieden mit ihrem „unkomplizierten“ Kind.

Dies blieb auch zunächst in der ersten Klasse so. Er tat sich schwer, hatte Mühe, das Zusammenziehen von Buchstaben zu einem Wort zu lernen, war unsicher im Mengenbegriff, entwickelte aber bald eine Technik, die Finger zu Hilfe zu nehmen. Im ersten Zeugnis wurde seine Unsicherheit in allen Bereichen beschrieben, mit der Aufforderung mehr zu üben. Die Mutter nahm sich dies sehr zu Herzen, aus den täglichen 2 Stunden Hausaufgabenzeit wurden mindestens 3 Stunden. Spielnachmittage mit Freunden oder auch das Fernsehen wurden gestrichen. Der Junge zog sich immer mehr in sich zurück, begann seine Nägel abzubeißen, entwickelte

Tiks, wie Augenzwinkern und Hüsteln und wurde schließlich zum Bettnässer.

Die Eltern waren verzweifelt und auch erbost über die Ungezogenheiten, wie sie die Tiks interpretierten. Sie verstanden auch nicht, weshalb sie das Bettnässen und Nägelbeißen nicht „in den Griff" bekamen, obwohl sie alles versuchten: schimpften, verboten, gut zuredeten, Belohnungen versprachen, mit Verachtung reagierten, drohten – die ganze Palette an Verhaltensmöglichkeiten durchprobierten.

Die Hausaufgabensituation spitzte sich ebenfalls zu. Kein Tag verging mehr ohne Streit, Tränen auf beiden Seiten, anschreien und beleidigt sein. Alleine beim Gedanken an die Hausaufgaben spürte die Mutter Magenbeschwerden. Der Junge äußerte sich nicht, verweigerte aber das Essen, sobald das Gespräch auf die Schule kam und das war täglich.

Es wurden Nachhilfestunden organisiert, die auch einigen Erfolg brachten. Der Junge lernte stockend die Worte zu lesen, verwechselte immer wieder Buchstaben, aber nach vielem Üben konnte er einen Text halbwegs flüssig „lesen". Die Rechenaufgaben löste er im Zahlenraum bis 20 mit Hilfe seiner Finger.

Die Versetzung in die dritte Klasse war gefährdet, der Familienfriede war wesentlich gestört, sogar die Eltern litten bereits unter Minderwertigkeitsgefühlen, denn sie wurden von ihren Eltern und Geschwistern als unfähig angesehen, einen Jungen richtig zu erziehen. Außerdem waren die Nachhilfestunden eine nicht unwesentliche Belastung der Familienkasse.

Endlich wurde der Schulpsychologe eingeschaltet, wurde nach Ursachen geforscht. Im Test ergab sich eine ausgeprägte visuelle Wahrnehmungsschwäche in der Figur-Grund-Wahrnehmung, in der Wahrnehmungskonstanz, hier besonders der Formkonstanz und der Raum-Lage-Wahrnehmung. Unter diesen Bedingungen wäre es ein Wunder gewesen, wenn sich keine Probleme eingestellt hätten!

Durch intensives Nachfragen stellte sich nun auch heraus: der Junge nahm im Kindergarten nie Puzzles zur Hand, spielte am liebsten in der Puppenecke mit jüngeren Kindern, versuchte sich um alle kreativen Beschäftigungen, wie Malen, Basteln, Kneten zu drücken, und räumte dafür bereitwillig die Puppenecke auf. Die Erzieherinnen betrachteten diese Angebote als freundliches Entgegenkommen und bemerkten das Ausweichen nicht. Auch heute noch habe er „zwei linke Hände", sei recht ungeschickt und würde am liebsten vor dem Fernseher sitzen.

Die erste Beobachtung in der Montessorie-Therapie

Allgemeines Erscheinungsbild: ein schmaler, blasser Junge, der hinter der Mutter eintritt. Er trägt teure Markenschuhe, doch die Klettverschlüsse sind nicht richtig übereinandergesetzt. Der Anorak wird „irgendwie" über den Kleiderhaken gehängt, beim ersten Mal hält er nicht, rutscht wieder ab, auch der zweite Versuch mißlingt, die Mutter bemängelt die Schlamperei, nimmt seufzend das Kleidungsstück auf und hängt es selbst an den Haken.

Mein erster Eindruck: der Junge kennt seine Mutter, weiß, daß sie schimpft und nachräumt. Er wirkt sehr bedrückt aber auch „verdrückt". Er schaut mich nicht richtig an, geht an mir vorbei.

Seine Wahrnehmung: er schaut sich nicht im Therapieraum um, steht zunächst unentschlossen herum und wartet. Mein Angebot: „Du kannst Dir alles anschauen, kannst Dir suchen, womit Du gerne spielen möchtest, es gibt nur wenige Regeln, die Du leicht einhalten kannst" ändert nichts an dieser Situation, nach einiger Zeit sagt die Mutter, er solle sich hinsetzen, das macht er dann.

Arbeitsverhalten: nachdem er sich, auch nach mehrmaligen Angeboten und 15 Minuten langem Abwarten, zu nichts entschließen konnte, entschied ich mich für ein Tablett mit Halbedelsteinen, das ich der Mutter zeigte. Ihr gefiel eine Kugel aus Rosenquarz in besonders schöner Maserung. Nun endlich konnte der Junge einsteigen: dies hatte nichts mit der Schule, mit Versagen, mit Lernen zu tun, endlich konnte er erzählen, daß er selbst auch Halbedelsteine besitzt und deren Bedeutung kennt. Er habe zwei Sendungen im Fernsehen darüber gesehen und sammle seither schöne Steine aller Art! – Das Eis war gebrochen! Nun konnte ich ihn nach seinen Problemen fragen, er konnte davon erzählen, wir konnten beginnen zu arbeiten.

Der Arbeitsansatz:

- Kontakt zum Lehrer, um eine Schonfrist zu erreichen, in der die allgemeinen Hausaufgaben in Mathematik nicht verlangt werden, wohl aber der Nachweis, daß etwas gemacht wurde.
- Einführung des goldenen Perlenmaterials, des Dezimalsystems
- Motivierung der Eltern zum Herstellen des Perlenmaterials für das Arbeiten zu Hause: in die Herstellung wurde bewußt der Junge mit einbezogen.
- Einführung der Grundrechenarten durch das goldene Perlenmaterial, hierbei stellte sich heraus, daß der Junge zwar mit den einzelnen Rechenoperationen jongliert, aber die Bedeutung des = Zeichens,

eines Platzhalters, des Multiplikationszeichens nicht verstanden hatte.

- Gleichzeitig das Nutzen aller Wochenenden und Ferientage für Übungen des täglichen Lebens:
  - ⇨ gemeinsames Kochen, um den Umgang mit der Waage zu üben,
  - ⇨ Staubwischen, um den Unterschied von rauhen und glatten Flächen zu erspüren, um Formen zu erfahren,
  - ⇨ Auto putzen, auch hier sind ähnliche Erfahrungen zu machen, wie beim Staubwischen, dieses Mal ist aber der Vater die Bezugsperson, eine ganz wichtige Veränderung
  - ⇨ Gartenarbeit, Unkraut zupfen
- Die Wahrnehmung der Eltern für positive Ereignisse stärken
- zusätzliche Hilfestellung durch einzelne Elemente aus der Verhaltenstherapie
- Übertragung der mit dem Perlenmaterial erworbenen Kenntnisse auf andere Medien, bewußtes Einbeziehen der Finger und Handstellung als Hilfe
- Einführung erster Textaufgaben
- erneuter Kontakt zum Lehrer.

Der Lehrer hat zwischenzeitlich eine Veränderung festgestellt: der Junge wurde offener, freier, fand besser Kontakt zu anderen Mitschülern – und schrieb trotzdem eine Sechs in der Mathematikprobe!

Mit dem Perlenmaterial wurde das Grundverständnis für die Rechenvorgänge erarbeitet. Die Einübung erfolgte sowohl mit dem Perlenmaterial, das zu Hause für jede Hausaufgabe benutzt wurde, als auch mit vielen, unterschiedlichen Zusatzmaterialien. Jede Aufgabe wurde durch Kontrolltafeln selbständig kontrolliert, damit erübrigte sich nach und nach die ständige Anwesenheit eines Erwachsenen, der Junge wurde selbstsicher und selbstbewußt.

Obwohl erste Rechenerfolge mit dem be-greifbaren Montessori-Material erreicht waren, waren die Wahrnehmungsprobleme immer noch gravierend. Dies zeigte sich in der vorbereiteten Umgebung sehr deutlich. Immer wieder kamen Unsicherheiten im Sprachbereich, z.B. bei den Präpositionen auf: Altpapier wird *unter* den Papierkorb gelegt, Schnipsel kommen *in* den Papierkorb, Material liegt rechts oder links *neben* einer klar definierten Sache.

Es wurden also ganz bewußt wieder Arbeiten im Haushalt gesucht, die die visuelle Wahrnehmung schulten und trotzdem nicht als Therapie, sondern als Hilfe für Papa und Mama empfunden wurden.

- Unkraut jäten schult die Wahrnehmung der Formkonstanz
- Tisch decken erfordert ein Gefühl für die räumlichen Beziehungen
- im Bügeln erfährt man die Formkonstanz bei Umkehrungen und Drehungen, die Teilbarkeit einer ganzen Fläche in mehrere, kleinere Teilflächen.

Dieses konsequente Helfen veränderte die Grundstimmung in der Familie. Die Schulnoten waren immer noch nicht gut – aber!!! der Junge konnte vieles andere mehr!

Er bekam positive Rückmeldungen und baute darauf sein Selbstbewußtsein auf. Die Eltern bewerteten seine Leistungen nicht mehr ausschließlich nach den schulischen Leistungen – sahen jetzt auch seine anderen Fähigkeiten. Fast unbemerkt verbesserte sich auch seine visuelle Wahrnehmung etwas.

Abschluß der Montessori-Therapie nach 2 Jahren:

- es wurde wöchentlich eine Stunde im Beisein einer Bezugsperson gearbeitet
- als Bezugspersonen kamen abwechselnd Vater und Mutter, aber auch die Großeltern, bei welchen der Junge sehr gerne Ferientage verbringt
- es wurden fast 100 Therapiestunden geleistet, da der Junge freiwillig auch während der Ferien kommen wollte
- ein Therapieerfolg war nur möglich, weil fast alle Anregungen aus der Therapiestunde zu Hause umgesetzt wurden, wodurch ein reichhaltiges und interessantes Übungsfeld geschaffen war
- Wiederholungsübungen ergaben sich von selbst und waren natürlicher Arbeitsablauf:
    - Unkraut wächst nach
    - der Tisch wird täglich gedeckt
    - es fällt immer wieder Bügelwäsche an!

Für den Jungen war ausschlaggebend, daß er nicht an seinem Defizit therapiert wurde, sondern, daß er als vollwertiges Familienmitglied einen Beitrag zum Wohlergehen aller leisten konnte. Damit baute er sein Selbstbewußtsein, seine Selbstsicherheit auf. Seine schulischen Leistungen sind immer noch nicht gut, denn trotz verbesserter Wahrnehmung braucht er immer noch wesentlich länger als andere Kinder, um sich eine Vorstellung zu machen und damit den Überblick zu haben. Sehr oft beherrscht er Rechenvorgänge erst dann, wenn dieses Thema bereits abgeschlossen ist, wenn die Schulaufgabe schon wieder eine schlechte Note ergab. Schlechte Noten belasten ihn immer noch, er findet sie immer noch ungerecht – aber er zerbricht nicht mehr an ihnen! Er muß sich nicht mehr selbst zerstören, seine Nägel „in sich hinein fressen", seine Not in der Nacht so tief verdrängen, daß er sich ausschaltet und nichts mehr fühlt.

Ein Beispiel für den Einsatz der Montessori-Therapie in der Geriatrie

Eine Frau im Alter von 89 Jahren wurde nach einem Schwächeanfall in ein Krankenhaus eingeliefert nach drei Wochen nach Hause entlassen.

- sie ist stark sehbehindert
- in ihren Bewegungen durch Arthritis und Arthrose eingeschränkt
- sie wurde medikamentös optimal eingestellt
- drei Wochen lang gut gepflegt und versorgt und
- verlernte dabei jede Eigenverantwortlichkeit,
- das Interesse und die Freude an der Nahrungsaufnahme
- das Interesse an jeder Bewegung
- das Interesse an ihrer Umgebung.

Eigentlich wünscht sie nur ihr Ruhe – liegen bleiben – trotz aller Medikamente verschlechtert sich ihr Zustand, die Atmung wird flacher, eine Lungenentzündung bahnt sich an.

In ihrer eigenen Wohnung kennt sie den Weg vom Bett zu ihrem Lieblingsplatz am Küchentisch. Diesen Weg war sie schon so oft gegangen, daß sie überredet werden kann, ihn mit Unterstützung zu gehen, auch wenn ihr vor Schwäche die Beine versagen.
Am Küchentisch ist das Frühstück vorbereitet:

- der Teller, mit einer winzigen Scheibe Brot, ohne Rinde
- exakt vor ihrem Sitzplatz
- die Kaffeetasse an der linken Seite des Tellers, da sie mit der rechten Hand nicht mehr die Kraft hat, zentimetergenau an ihre Bewegungsmöglichkeit angepaßt, den Henkel nach außen gerichtet und nur halb gefüllt
- die Büchsenmilchdose (sie benützte ihr Leben lang keine Milchkanne) so ausgerichtet, daß sie beim Hingreifen die Dose richtig in der Hand hat und nicht erst nach dem Loch suchen muß
- die Butter in Zimmertemperatur, also gut streichbar
- die Marmelade, in einem Glas mit weiter Öffnung, über dem Teller angeordnet, so daß sie mit der linken Hand das Glas etwas schräg halten kann, um mit der rechten Hand das Messer zu führen.

Der Duft des Kaffees lockt nun doch, ohne Milch schmeckt er nicht – also kommt der Antrieb, ihn „trinkbar" herzurichten. Die Scheibe Brot ist so

winzig, daß sie gerade noch zu essen ist. Aber trockenes Brot, das erinnert an Notzeiten, die sind jetzt nicht – Gott-sei-Dank! Es ist die Lieblingsmarmelade, auch sie duftet und ist weich zu streichen.
Nach dem Frühstück ist sie müde, es war eine schwere Arbeit, aber sie freut sich auch etwas – auch die Pflegeperson freut sich: „Das war prima!". Der Weg zurück ins Bett geht wesentlich schneller, die Beine knicken nicht mehr ein, sie bemerkt sogar ein am Boden liegendes Taschentuch.

Montessori-Pädagogik will hier nicht erzieherisch wirken, trotzdem hilft sie

- durch genaue Beobachtung der Bedürfnisse
- die vorbereitete Umgebung
- das Aufteilen einer Aufgabe in kleine Teilschritte, die dem Vermögen des alten Menschen angepaßt sind
- durch an die Situation angepaßtes Üben der Motorik
- die Eigenverantwortlichkeit für das Wohlbefinden in diesem Teilbereich
- die Anregung zum Nachdenken.

Für den Pflegenden ergibt sich daraus zunächst eine Mehrbelastung: er muß Geduld und Einfühlungsvermögen aufbringen. Das Pflegen wird aber auch leichter, wenn es nicht zur mechanischen Tätigkeit abgleitet, sondern ein Austausch möglich ist: Aprikosenmarmelade schmeckt mir besser als Erdbeermarmelade. Wie gut, daß wir heute die Wahl haben, es gab Zeiten, in welchen wir um ein Stück trockenes Brot dankbar waren!

Elternarbeit im Rahmen der Montessori-Therapie

Montessori-Therapie ist, so wie sie im Kinderzentrum München und auch in einigen privaten Praxen angeboten wird, absolut auf die Mitarbeit im Elternhaus angewiesen. Diese Mitarbeit muß so gestaltet werden, daß sie für das behinderte oder von Behinderung bedrohte Kind möglichst ideale Bedingungen gewährt, andererseits aber nicht die ganze Familie unter Druck stellt. Es muß beachtet werden:

- Jedes Kind, ganz gleich ob gesund oder krank, nicht behindert, von Behinderung bedroht oder behindert, braucht Freiraum. Ihm angepaßte Bewegungsfreiheit, sowohl in motorischer als auch in geistiger Hinsicht.
- Es braucht Zeit, die nicht verplant ist, in der es seinen Wünschen nachgehen kann: spielen oder auch nichts tun – träumen.
- Es hat Phasen, in welchen es sich für bestimmte Dinge, Umstände oder Inhalte interessiert, in welchen es besonders aufnahmefähig ist. Montessori nennt diese Zeiten „sensitive Phasen“.
- Das Kind lebt nicht alleine!
  Auch jede Mutter, jeder Vater braucht einen gewissen Freiraum, ganz gleich, ob sie ein nichtbehindertes, sich fast problemlos entwickelndes Kind haben oder ein Kind mit besonderen Bedürfnissen.
- Viele behinderte Kinder leben in der Gemeinschaft mit Geschwistern, die selbstverständlich die gleichen Bedürfnisse haben, die selbst in ihrer Entwicklung gestört würden, wenn sie ständig verzichten müßten.

Bei der Ausschöpfung aller Therapiemöglichkeiten können oft verblüffende Ergebnisse erzielt werden. Wenn diese optimale Förderung eines behinderten Kindes aber die „Behinderung“ eines vorher nichtbehinderten Kindes nach sich zieht, so ist dieser Preis zu hoch bezahlt. Ebenso, wenn Eltern nach einem jahrelangen Sprint plötzlich zusammenbrechen, das Kind am liebsten irgendwo ablegen möchten, aber nicht einmal dies vermögen, da sie tief in ihren Pflichten verwurzelt sind, sich in Schuld fühlen.

Mit Montessori-Therapie versuchen wir nun beides zu verbinden: die Förderung des Kindes und die Berücksichtigung der Möglichkeiten in der Familie. Wir stellen dazu ausdrücklich keine „Hausaufgaben“, die nachgeprüft werden und erneut Druck ausüben würden. Wir versuchen, durch die Beobachtung jedes einzelnen Kindes, mit seinen Bezugspersonen einen Weg zu finden, der die wirklichen Interessen trifft und sich möglichst problemlos in das Familiengeschehen einfügt. Ein Schwerpunkt liegt hier in der Stärkung der Kreativität, sowohl des Kindes aber auch der Eltern.

Wie können die Prinzipien der Montessori-Heilpädagogik auf eine ganz normale Familiensituation übertragen werden?

Unsere Wohnungen sind klein, keineswegs kindersicher und kinderfreundlich gebaut. Trotzdem gibt es viele, relativ kleine Veränderungen, die es einem Kind erlauben, selbständig und damit selbstbewußt zu werden – wenn es in einer (teilweise) „vorbereiteten Umgebung“ leben und groß werden darf.

Als Beispiel sei hier eine Phase durchdacht, die jedes Kind durchlebt, ganz gleich ob es behindert oder nichtbehindert ist, die viele Mütter zum Stöhnen, bis zur Verzweiflung bringt: *das Interesse für Wasser.*

Beispiel 1

Ein zweijähriger, aufgeweckter, äußerst lebhafter Junge mit Morbus Down Syndrom, entdeckt im Badezimmer das Bidet. Es ist genau in der richtigen Höhe, er kann in idealer „Arbeitshaltung“ die Hähne erreichen um das Wasser auf- und abzudrehen, er kann den Ablauf verschließen, wenn er einen bestimmten Knopf anhebt. Er ist glücklich – und will sein Können oftmals hintereinander erproben. Sein Glück wird noch größer, wenn sich das Bidet allmählich mit Wasser füllt und er sowohl unter dem Wasserstrahl als auch im gefüllten Becken planschen kann.
Es stört ihn nicht im geringsten, wenn das Bidet überläuft, allmählich das ganze Badezimmer überschwemmt, er selbst vollkommen durchnäßt ist.
Die Mutter kann und will dies natürlich nicht dulden, sie verbietet (vergeblich), schimpft, ist sehr verärgert und sperrt schließlich die Wasserzuleitung ab. Sie putzt und wendet sich dabei demonstrativ von ihm ab.
Der Junge versteht die Welt nicht mehr: sein schönstes Spiel funktioniert nicht mehr – die Mama wendet sich von ihm ab – er ist „todunglücklich“ und weiß nichts mehr mit sich anzufangen. Auf spätere Ablenkungsangebote der Mutter reagiert er ungnädig, an diesem Tag gelingt nichts mehr.

Beispiel 2

Ein junger Mann von 22 Jahren, geistig- und körperbehindert durch Sauerstoffmangel während der Geburt, wird als sehr empfindsamer, sensibler und liebebedürftiger Mensch geschildert. Trotzdem gilt er als „unberechenbar“. Er beschäftigt sich nicht selbständig, läßt alle ihm in die Hand gegebenen Gegenstände sofort wieder fallen. Das einzige Tun aus eigenem Antrieb ist alles vom Tisch zu fegen, Spielsachen meist nach Minuten, jegliches Getränk aber in Sekundenschnelle. Er beobachtet dann mit sicht-

licher Freude, wie sich die Nässe über den Boden verteilt, wie vereinzelte Tropfen fallen. Es stört ihn nicht weiter, daß sich die ihn betreuende Person ärgert, daß sie auf ihn schimpft. Er beobachtet, wie die Pfütze aufgewischt wird, wie die Nässe wieder verschwindet.
Er hatte seine Abwechslung, wußte bereits im Voraus was sich ereignen wird und bekam es wieder bestätigt. Nun wartet er auf die nächste Gelegenheit.

Beispiel 3

Ein nichtbehindertes, dreijähriges, an allem interessiertes Mädchen beschäftigt sich, klammheimlich, allein in der Küche. Sie holt verschiedene Töpfe aus dem Schrank, etliche Löffel, Kochlöffel, Schneebesen und Lebensmittel. Sie ahmt das Tun der Mutter nach: mischt Salz mit Mehl, holt einige Prisen Gewürze und dann einen großen Topf Wasser. Sie schüttet erst nur ganz wenig Wasser an das Mehl/Salzgemisch. Beobachtet, wie das Wasser aufgesogen wird, wie allmählich ein Brei entsteht und fügt dann die ganze Menge Wasser auf einmal hinzu. Sie mischt und rührt und verteilt und schüttet wieder zusammen, erzählt dabei und fragt ihre (nicht anwesenden) Freunde, wie es schmeckt.
Sie bemerkt nicht, daß sie schon eine ganze Weile beobachtet wird und erschrickt richtig, als sie zufällig in Richtung der Mutter blickt.
Die Mutter ist über die „Mantscherei" nicht glücklich, eine große Menge Geschirr ist abzuspülen, Lebensmittel sind verdorben, die Küche ist putzreif. Sie schimpft, um ein Wiederholen zu vermeiden, aber doch nur mit halben Herzen, denn sie freute sich auch über die genaue Beobachtungsgabe ihrer Tochter, die ganze Redewendungen ihrer Mutter verwandte, das Mehl in die gleiche Schüssel schüttete, die auch die Mutter verwendet, mit dem gleichen Kochlöffel umrührte wie sie, die richtigen Deckel zu den jeweiligen Töpfen suchte.

Alle drei Kinder – ich möchte den jungen Mann hier auch als Kind einstufen, denn seine geistige Entwicklung ist auf der Stufe eines Kleinkindes – sind vom Medium Wasser angezogen. Sie beobachten wieder und wieder, wie sich Flüssigkeiten verhalten und welche Wirkung durch ihr Tun ausgelöst wird. Sie erfahren dabei manchmal neue Aspekte, meist jedoch die Bestätigung schon früher gemachter Erfahrungen. Sowohl in ihrem Tun als auch in der Auswirkung ihres Tuns. Eine angenehme, interessante Tätigkeit zieht unangenehme Folgen nach sich.

Die Mutter ist in jedem Fall ärgerlich, denn sie hat zusätzliche, unnötige Arbeit, die sehr oft auch mit Kosten verbunden ist und das Familienklima belastet. Die Überlegung: Wie können diese Situationen entschärft werden? Wie kann dieser Situation eine positive Richtung gegeben werden?

Wie kann das Kind sich weiter entwickeln und die Mutter trotzdem entlastet werden? Diese Fragen mit Gespür und Kreativität zu beantworten, ist der Ansatz der Montessori-Therapie.

Zu Beispiel 1

Der Junge hat sich einen Platz zum Spielen, zum Erproben gesucht, der für ihn angemessen erscheint. Er entspricht genau seinen Größenverhältnissen und seinen Interessen. In den Augen der Erwachsenen ist das Bidet absolut kein Spielplatz – warum eigentlich? Kann man den Eltern zumuten, für eine gewisse Zeit auf das Bidet zu verzichten und sich in der Badewanne oder am Waschbecken zu waschen? Können sich Eltern darauf einlassen, dann kann sich alles zum Guten wenden.

- Das Bidet wird zum „Arbeitsplatz" erklärt, an dem man besonders sorgfältig „arbeitet".
- Es erhält etwa in der halben Höhe der Schüssel eine gut sichtbare Markierung aus Nagellack (die später problemlos mit Nagellackentferner wieder verschwindet). Der Junge erhält die genaue Einführung: bis zu diesem Strich darfst Du Wasser einlassen – nicht weiter! Dies wird sehr klar und konsequent eingeübt.
- Diese Wassermenge wird nun genützt, dadurch verliert sich das Interesse, ständig nur den Wasserhahn auf- und zuzudrehen.
  - Schiffchen oder Entchen schwimmen
  - sie werden über die Wasserfläche geblasen (Förderung der Mundmotorik)
  - Papierschiffchen werden gefaltet – wie lange schwimmen sie, wann gehen sie unter?
  - Papierschiffchen werden aus unterschiedlichem Papier gefaltet – welches schwimmt am längsten?
  - Korken, Tischtennisbälle werden in das Becken geworfen (gezieltes Loslassen, gezieltes Werfen)
  - unterschiedliche Gegenstände werden in das Becken gelegt, was schwimmt, was geht unter? (Erweiterung der Beobachtung und des Wortschatzes)
  - Walnußschalenhälften werden als Schiffchen benützt, eine wacklige Angelegenheit (Förderung der Feinmotorik)
  - in 2-3 Walnußschalenhälften wird ein winziger Kerzenstummel eingeklebt und angezündet – was passiert, wenn sie gemeinsam schwimmen? (Förderung von Ausdauer und Konzentration)

Dies sind nur einige Beispiele, über das Spiel wächst die Kreativität, es findet noch viele Erweiterungen:

- ein kleiner Putzeimer und Putzlappen stehen bereit, denn kleine Mißgeschicke lassen sich nicht vermeiden. Es folgt eine klare, fast übertriebene genaue Einführung: wie wische ich eine Pfütze am Boden wieder weg?
- neben dem Bidet werden zwei Klebehaken an die Wand geklebt, der Platz für ein Schwammtuch und kleines Frottiertuch. Beides wird benötigt, um das Bidet nach der „Arbeit“ wieder trocken zu wischen.
- ein Abfalleimer, der aufgeweichte Schiffchen aufnehmen kann, steht an einer Stelle, die das Kind erreichen kann – seine Mechanik kann vom Kind bedient werden.
- ein besonders schöner Klebehaken, ein Stückchen entfernt, ist für das Handtuch des Kindes bestimmt.
- eine winzige Dose Hautcreme (vor großen Dosen warne ich: sie verführen zu allzu reichlichem Gebrauch) steht an einer Stelle bereit, die das Kind gut erreichen kann. Nach Beendigung der „Arbeit“ werden die Hände sorgfältig eingecremt, Hautpflege ist für Kinder mit Morbus Down Syndrom noch wichtiger als für alle anderen Kinder.

Die Anschaffung für diese „vorbereitete Umgebung“ halten sich in Grenzen: drei Klebehaken und ein kleiner Putzeimer. Alles andere ist in der Regel im Haushalt vorrätig.

Was gewinnt das Kind dabei:

- einen wunderschönen Spielbereich
- viele Möglichkeiten zur Beobachtung und dadurch eine Förderung von Konzentration, Ausdauer und innerer Ruhe
- die Förderung der Feinmotorik und der Mundmotorik
- die Erweiterung von Spielmöglichkeiten, eine Anregung zur Kreativität
- das Einüben von folgerichtigem Handeln: wenn der Boden naß ist, muß er wieder trocken gewischt werden
- selbständiges Handeln: ich sehe selbst, daß der Boden naß ist, ich weiß was zu tun ist
- Anfang und Ende eines Ablaufs: die „Arbeit“ ist erst beendet, wenn das Becken ordentlich trocken gewischt ist

- Verantwortung für die eigene Person: nach der „Arbeit mit Wasser" creme ich meine Hände ein.

Was gewinnt die Mutter dabei?

Nach längerer Einführungszeit ein ausgeglichenes Kind, das sich, für einen gewissen Zeitraum, selbständig beschäftigen kann.

Zu Beispiel 2

Der junge Mann freut sich, wenn etwas zu Boden fällt, über den Krach, den der fallende Gegenstand verursacht. Der Reiz ist verstärkt, wenn es zusätzlich etwas zu beobachten gibt: sich ausbreitende Flüssigkeit, fallende Tropfen, vielleicht sieht er die Farbveränderung zwischen Naß und Trocken, vielleicht sieht er den Glanz auf einem Tropfen – wir wissen es nicht.
Sicher wissen wir: er genießt auch die Hektik, die Geschäftigkeit, das veränderte Verhalten der Bezugsperson sowie die persönliche Zuwendung, die er in diesem Moment erfährt (er wird ausgeschimpft, aber doch intensiv beachtet).

Was empfinden seine Hände dabei? Einen kurzen Schlag? Wie sensibel sind seine Hände? Seine Finger?

Es bietet sich der Einsatz von „Wasserübungen" an, z.B. Händewaschen, die Hände mit Hilfe einer Pipette betropfen, Unterscheidung warm – kalt, da er sichtlich an Flüssigkeiten besonders interessiert ist.

Der ideale Übungsplatz ist das Waschbecken im Bad – er kann es nicht umwerfen, nicht vom Tisch fegen.

- Vor Beginn der Übung sind alle Gegenstände, die er abräumen könnte, wegzuräumen.
- Sein Stuhl vor dem Waschbecken sollte in der Höhe sein, daß er bequem seine Hände in das Becken halten kann.
- Ein Klebehaken hält das Handtuch in Augenhöhe.
- Eine wasserundurchlässige Schürze (z. B. aus einer alten Plastiktischdecke geschnitten) schützt vor durchnäßten Hosen.
- Alle Gegenstände, die durch Wasserspritzer geschädigt würden, sind außer „Spritzweite" zu stellen.

Warmes Wasser, eine angenehm weiche, duftende Seife lenken seine Aufmerksamkeit auf die Hände. So kann er sich erstmals seiner Hände bewußt werden, außerdem führt die „Händewaschübung" in der Regel zu Ruhe und innerer Ausgeglichenheit.

Zwanzigjährige Gewohnheiten brechen aber immer wieder durch, deshalb ist hier zunächst eine Wasserschlacht zu befürchten. Sie muß gleich beim ersten Versuch vermieden werden: bei der ersten „Fegebewegung“ wird das Handtuch vom Haken genommen, die Hände abgetrocknet, das Wasser ausgelassen: die Übung ist beendet.
Nach einiger Einübungszeit wird der Hinweis auf das deutlich sichtbare Handtuch genügen, um unerwünschte Bewegungen zu vermeiden. Die Verweildauer im angenehm warmen Wasser wird deutlich zunehmen.

Die Anschaffungen für diese Übung: ein Klebehaken, vielleicht eine besondere Seife, u. U. ein Stück Plastik, das zu einer Schürze wird, indem man zwei Zipfel an einer Seite mit je einem Band abbindet.
Ein Mehr an Arbeit fordert das Umräumen aller Utensilien, die zu Boden geworfen werden könnten, die nicht naß werden dürfen.

Was gewinnt der junge Mann dabei?

- ein Empfinden für seine Hände
- warme Zuwendung, im wörtlichen wie im übertragenen Sinne

Was gewinnen die Bezugspersonen dabei?

- Einflußnahme auf ein unerwünschtes Verhalten: konsequentes Abbrechen, sobald er beginnen würde, Wasser zu verspritzen
- bessere Zugänglichkeit zur Empfindung seiner Hände und damit mehr Möglichkeit ein anderes Spielverhalten aufzubauen
- das Einüben von konsequentem Verhalten, das dann später auf andere Situationen übertragen werden kann, auch wenn die Umgebung nicht mehr so gut strukturiert ist.

Beispiel 3

Das Mädchen hat die Mutter schon oft beim Kochen beobachtet, sonst könnte sie sie nicht imitieren. Sie interessiert sich für alle Lebensbereiche ihrer Mama, ihres großen Vorbildes.
Die Mutter sieht auch erstaunt, wie geschickt sie einige Bewegungen durchführt, was sie noch nicht kann. Was liegt näher, als das Mädchen an den täglichen Hausarbeiten zu beteiligen?
Jeden Tag werden neue Speisen zubereitet, somit ergibt sich die Vielfalt von selbst. In genauer Einführung zeigt sie wie Salat zerzupft wird, wie Puddingpulver zuerst mit Zucker vermischt und dann mit Milch angerührt wird, wie Gurken geschnitten, Kartoffeln geschält werden. Jeder Tag bringt ein neues Ereignis!

Zusätzlich räumt sie ihrer Tochter eine kleine Ecke in ihrer Küche ein, in der sie nach Herzenslust Kochen spielen kann:

- ein Fach im Schrank, in dem Flaschen, Töpfe, Trichter, ein Tablett usw. Platz finden
- einen „Arbeitsplatz" in richtiger Höhe, z.B. einen Küchenhocker mit abwaschbarer Oberfläche
- einen Putzeimer mit Putzlappen
- Schaufel und Besen
- Haken für zwei oder drei Wischtücher.

Die Mutter erklärt oder zeigt, was das Mädchen mit diesen „Schätzen" anfangen kann, zeigt auch genau und hilft anfangs, verschüttetes Wasser aufzuwischen, den „Arbeitsplatz" sauberzuhalten, alles wieder ordentlich in den Schrank zu räumen.

Große zusätzliche Ausgaben sind auch in diesem Fall nicht nötig. Die größten Probleme werden wohl durch den zusätzlichen „Arbeitsplatz" oder das zu leerende Fach im Schrank entstehen. Vielleicht schenkt sie einen besonders hübschen Topf, einen leuchtenden Trichter oder ähnliches, in der Regel sind aber alle Gegenstände im normalen Haushalt enthalten, denn das Kind orientiert sich ja an den alltäglichen Arbeiten der Mutter.

Was gewinnt das Kind dadurch?

- eine Unmenge an Anregungen durch das tägliche Einbeziehen
- Förderung der Fein- und Grobmotorik
- Kennenlernen einer Vielfalt an bisher nicht erreichten oder beachteten Lebensmitteln und Gegenständen
- eine Erweiterung des Wortschatzes
- Schärfung der Wahrnehmung
- Lob und Bestätigung für die „Hilfe", die das Selbstwertgefühl wachsen lassen
- Ausdauer zum Beenden einer Arbeit durch das ständige Vorbild der Mutter
- Erkenntnisse über folgerichtiges Handeln
- die Möglichkeit zum „Kochen spielen", ohne dabei ein schlechtes Gewissen zu haben,
- die Möglichkeit, Handlungen so oft zu wiederholen, wie es seinem Bedürfnis entspricht,

- ideale Bedingungen zum Rollenspiel
- selbstverantwortlich in seinem Bereich walten
- es lernt Fehler zu erkennen und selbst zu beseitigen.

Es baut seine Persönlichkeit auf.

Was gewinnt die Mutter dadurch?

- Ein ausgeglichenes Kind, das eine Vielfalt an Beschäftigungsmöglichkeiten kennt und weiter für sich entdecken kann.
- Ein Kind, das im Umgang mit „gefährlichen" Materialien wie Messer oder Gurkenhobel geschickt ist und auch bei kleinen Verletzungen nicht in Panik gerät.
- Die Möglichkeit, das Kind ohne großen Aufwand in viele Bereiche ihrer Kultur einzuführen.
- Durch das tägliche Miteinander wächst das Verständnis und die Achtung für die Leistung anderer.

In fast jedem Haushalt kann durch eine „vorbereitete Umgebung" Platz für die Bedürfnisse von Kindern geschaffen werden.

Die wichtigste Voraussetzung dazu ist das Einfühlungsvermögen und Verständnis der Eltern. Sich nicht in gewohnter Weise waschen zu können, das Rasierzeug nicht mehr am jahrelang gewohnten Platz abstellen zu können, einen zusätzlichen Hocker in der viel zu klein angelegten Einbauküche, all dies ist zunächst eine Beeinträchtigung.

Hat unser Kind Geschwister, dann haben diese selbstverständlich das gleiche Recht. Jede „Einführung" einer neuen Arbeit muß überaus genau, in den Bewegungen exakt und langsam geschehen. Dies verzögert z.B. die Zubereitung einer Mahlzeit. Der Anspruch an die Auseinandersetzung mit den Kindern ist sehr hoch, sowohl in zeitlicher, als auch in gedanklicher Hinsicht.

Trotzdem lohnt sich dieser Einsatz! Ein Spruch meiner Großmutter lautet:

„Beschäftigte Kinder sind brave Kinder!"

Dies gilt auch heute. Ein Kind, das sich selbst gut und sinnvoll beschäftigen kann, gibt den Eltern immer wieder die Freiheit z.B. ein Buch zu lesen, mit Freunden zu plaudern. Es muß nicht ständig im Mittelpunkt stehen. Es wird weniger Zeit vor dem Fernseher verbringen, weniger anfällig für Frustration und Aggression sein, die aus Langeweile entstehen.

… der Deckel kippt:

… ich muß ihn halten!

Diese logischen Folgerungen lernen Kinder ohne Ermahnungen der Erwachsenen – wenn sie dazu Gelegenheit haben!

Die optimale Übertragung der Montessori-Prinzipien auf den häuslichen Bereich (siehe Fotos Seite 98):

M. (3 Jahre) beobachtet ihre Mutter und Tante bei der Arbeit und beteiligt sich unaufgefordert daran.

Sie übernimmt bei dieser Arbeit auch Aufgaben, die bei Nichtgelingen ein echter Verlust wären.

Die Mutter beobachtet und greift nur ein, wenn der Mißerfolg für M demotivierend würde.

Was bedeutet dies für das Kind?

- es schult seine Motorik und Wahrnehmung
- es übt seine Ausdauer
- es arbeitet lustbetont
- es fühlt sich wohl, geborgen und anerkannt im Kreise der Familie
- es baut Selbstbewußtsein und Selbstwertgefühl auf.

Was bedeutet dies für die Erwachsenen?

- sie können ruhig ihrer Arbeit nachgehen
- sie bekommen reale Arbeitsleistung
- das Kind ist ausgeglichen und kommt gut mit sich und seiner Umwelt zurecht.

Die Entwicklung der Sprache in der Montessori-Heilpädagogik

Sprache ist, so ausgewogen und differenziert, eine rein menschliche Fähigkeit. Sprache ermöglicht die Kontaktaufnahme zu anderen, das Ausdrücken von Wünschen und Bedürfnissen, das Vermitteln von Emotionen. Sie ermöglicht die Erörterung von Problemen und damit das Zusammenleben.

Diese Ansprüche kann die Sprache nur dann erfüllen, wenn sie mit Inhalt gefüllt ist. Ein unkritisches Übernehmen von Ausdrücken ist auf Dauer gefährlich und führt zu zwischenmenschlichen Problemen.

Eine klare, genaue Ausdrucksweise erfordert genaue Beobachtung und richtiges Einordnen des Wahrgenommenen. Sprache erfordert Denkfähigkeit, fördert das Denken.

Maria Montessori entdeckte sogenannte „Schlüsselphänomene“: den absorbierenden Geist, sensible Perioden und die Polarisation der Aufmerksamkeit.

Das Kind hört schon im Mutterleib verschiedene Töne. Nach der Geburt wird es von einer Vielzahl an Geräuschen überschwemmt. Der absorbierende Geist gibt ihm die Fähigkeit, besonders die menschliche Stimme aufzunehmen, auf sie zu reagieren. Der absorbierende Geist wird von Maria Montessori als unbewußte Tätigkeit der Intelligenz bezeichnet, er ist der Beginn der menschlichen Entwicklung.

Wenn ein Kind sprachliches Angebot, Geräusche nicht aufnehmen kann, fehlt von allem Anfang an ein wesentliches Angebot zur Sinnesprägung. Es kann sein Handeln, aber auch sein Denken nicht genauso entwickeln wie ein nichtbehindertes Kind. Deshalb ist es absolut notwendig, eine Hörstörung so früh als nur irgend möglich zu erkennen und zu behandeln. Am Kinderzentrum München wurden Methoden und Geräte entwickelt, die eine Hörstörung schon im frühesten Babyalter erkennen lassen. Diese Geräte können heute in allen modernen Einrichtungen für Frühdiagnostik und Frühtherapie weltweit eingesetzt werden.
Sensible Perioden sind Zeiten, in welchen das Kind ohne Probleme, ohne besondere Anstrengung, Eindrücke aus seiner Umwelt in sich aufnimmt, Erfahrungen sammelt und Fähigkeiten entwickelt.

Sensible Perioden sind für alle Bereiche der Sinnesentwicklung bekannt, auch für die Sprache. Kinder erleben und lernen in ihr die Muttersprache. Das nichtbehinderte Kind benötigt keine von außen angebotenen Übungen, es entwickelt Freude an der Bewältigung von Schwierigkeiten und übt spielerisch für seinen nächsten Schritt.

Das behinderte Kind ist durch seine Behinderung verhindert, diese Zeiten der sensiblen Perioden zu nützen und ist dadurch in seiner Entwicklung verzögert oder eingeschränkt. Die Ursache der Behinderung ist unwesentlich, sie kann in einer mentalen Störung, einer Wahrnehmungsstörung oder auch in einer motorischen Behinderung liegen, die Auswirkung ist in jedem Fall die gleiche: das Kind kann die für die Entwicklung wichtige Zeit nicht nützen und muß später mit großen Anstrengungen versuchen, die gleichen Kenntnisse und Fähigkeiten zu erwerben. Meist gelingt dies nicht mehr vollständig.

Die Polarisation der Aufmerksamkeit, im modernen Sprachgebrauch Konzentration genannt, kann ein nichtbehindertes Kind unter günstigen Umständen immer wieder erreichen:

⇨ es muß zum richtigen Zeitpunkt das richtige Material finden, mit dem es sich beschäftigen kann und

⇨ es darf in dieser Beschäftigung nicht durch äußere Umstände gestört werden.

Das Kind kommt mit dieser intensiven Beschäftigung, die seinem Entwicklungsstand entspricht, einem inneren Bedürfnis nach. Es fühlt sich während dieser Arbeit glücklich und angeregt und anschließend zufrieden und ausgeglichen. Montessori spricht hier von Meditation und Normalisation.

Junge Kinder „verlangen“ von uns Erwachsenen eine oftmalige Wiederholung eines Wortes, sie schauen dabei gespannt zum Mund und imitieren die Mundbewegungen, aus welchen später der Laut entsteht. Auf diese Weise führt das Kind eine Konversation mit der Bezugsperson, obwohl noch keine Sprache im eigentlichen Sinne besteht. Bewegung und Laut werden gespeichert und später „aus Vergnügen“ abgerufen und geübt. Gleichzeitige Konzentration auf Blickkontakt und Imitation sind somit die Bausteine der Sprache. Das Kind erlebt Worte, Grammatik, Syntax und erobert seine Muttersprache.

Kinder werden oftmals von vielfältigen Lärmquellen überflutet, sie lernen als Selbstschutz abzuschalten, d.h. sie filtern sich ständig wiederholende Lautfolgen aus. Dieser Selbstschutz erschwert aber auch die Polarisation der Aufmerksamkeit.
Von diesen Problemen sind behinderte wie nichtbehinderte Kinder gleichermaßen betroffen. Für das behinderte Kind kommt die ihm spezifische Beeinträchtigung noch zusätzlich dazu.

Ansätze der Montessori-Therapie

Montessori-Therapie bemüht sich die sensiblen Phasen der zu therapierende Kinder frühestmöglich zu erkennen und zu befriedigen. Das junge Kind hat großes Interesse an schwierigen Worten. Taktile, orale und visuelle Stimulation müssen deshalb mit der akustischen übereinstimmen, so daß das Kind die Eindrücke mit der Sprache verbinden kann. Ein eindeutiges, klares Wort benennt den Eindruck. Babysprache oder stark vereinfachte Sprache beeinträchtigen das Kind ebenso wie die Überforderung, aus einem Wortschwall wichtige Informationen entnehmen zu müssen.

Dies sei am Beispiel der Isolation der Schwierigkeiten erklärt:

– erstes Anbieten einer taktilen Erfahrung:

- Das Kind wählt einen Gegenstand, es befühlt, betastet ihn, setzt sich damit auseinander.
  Die Therapeutin beobachtet, achtet auf den Punkt, an dem das Interesse erlahmt und führt durch Hinzufügen einer neuen Eigenschaft erneut zur Konzentration zurück.
- Sobald auch hier das taktile Interesse erlahmt, wird es durch Benennung der Eigenschaft nochmals neu geweckt.

Das Interesse wird in der Benennung der Eigenschaft klar und deutlich auf die Sprache gelenkt. Es erfährt die Zusammenführung von taktilem Reiz und sprachlichem Ausdruck in einem Wort, sein Sprachverständnis wächst.

Erleben der Sprache in den Übungen des praktischen Lebens

Übungen des praktischen Lebens sind wirklich aus dem täglichen Leben gegriffen: das Kind kann hier, in der vorbereiteten Übung, alle jene Tätigkeiten nachahmen, die (im Normalfall) die Mutter ausübt. Es ist ein natürliches Bedürfnis, die geliebte Person nachzuahmen, alle Kinder versuchen dies:

im Vater-Mutter-Spiel in der Puppenecke, in der in Phantasietöpfen gekocht wird und/oder mit realen, eigens dafür vorbereiteten Materialien.

Ein klassisches Beispiel sei hierzu vorgestellt:

Eine Löffelübung

Ein Ziel der Löffelübung ist es, im Umgang mit einem Löffel geschickt und sicher zu werden: Bewegungskoordination einzuüben. Es liegen jedoch viele weitere, indirekte Ziele in diesem Angebot, ich möchte hier nur auf die Sprache eingehen.

Die willkürlich gewählte Übung ist aus folgenden Gegenständen zusammengestellt:

1 Eisbecher
3 niedrige Schraubgläser
1 hohes Schraubglas
1 Kaffeelöffel
1 Tablett

Jeder Gegenstand hat einen Namen, zusätzlich findet sich noch die Bezeichnung: niedrig und hoch.

Eine Einheit davon, entweder der Eisbecher, das hohe Schraubglas oder die drei niedrigen Schraubgläser, ist mit Material gefüllt, das „gelöffelt“ werden kann. Was ist das? Woher kommt es? Wer benützt es außer Dir? Wie seht es aus? Wie schmeckt es?

Hier ist Roggen eingefüllt, es sind

- längliche Körner
- ähnlich, wie ein Ei, an einem Ende abgerundet
- am anderen Ende spitz zulaufend
- der Länge nach eingekerbt
- in unterschiedlicher Farbgebung:
  von grünlichen bis zu rehbraunen Tönen
- manche Körner sind angebrochen
- der weiße Mehlkörper ist sichtbar

- sie sind hart
- die Spitze ist gut fühlbar

- sie können zerbissen werden
- der Geschmack ist neutral
- im Zerbeißen bemerkt man zwei Qualitäten:
  die Schale
  und den Mehlkörper

fallen diese Körner auf den Boden, auf das Tablett, so fallen sie fast immer so, daß die Einkerbung unten liegt, von oben nicht zu sehen ist.

Diese Beschreibung kann selbstverständlich nicht von einem Kindergartenkind erwartet werden. Meine Schulkinder greifen auch zu diesen Übungen. Sie finden darin Entspannung und Sicherheit, oftmals fast Meditation vor oder nach einer „großen Arbeit“ (M.M.).

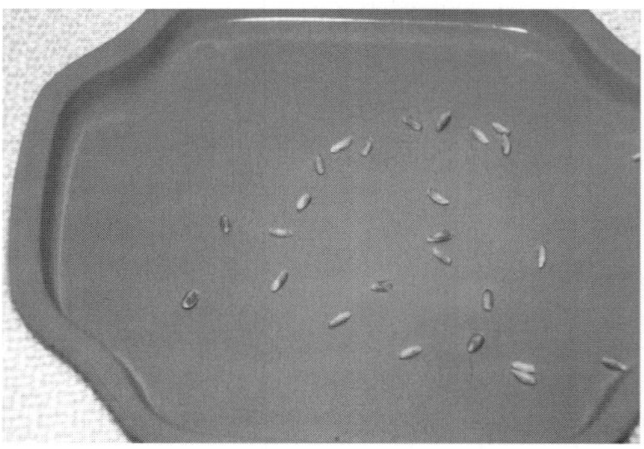

Sie trainieren dabei auch ihre meist schlecht ausgebildete Feinmotorik und ihre Wahrnehmung.

Das Schulkind kann nun weiterforschen: weshalb ist das so? Hat das eine besondere Bewandtnis?
Lexikonarbeit schließt sich hier ganz automatisch an.

Jeder einzelne Gegenstand hat einen Namen, er besteht aber zusätzlich aus vielen Details, die ebenfalls benannt werden können:

ein Schraubglas hat
einen oberen Rand
einen Boden
eine Glaswand
drei Glaswülste (zum Aufschrauben des Deckels)
eine Ausbuchtung oder Verengung (je nach Sichtweise)

der dazugehörige Deckel hat
die Abdeckfläche
den Rand

von innen gesehen:
Rillen und Erhöhungen in der Abdeckfläche
Ausbuchtungen am Rand

von außen gesehen:
verschiedene Farben
unterschiedliche Schriftzeichen
eine fühlbare Einbuchtung

er ist aus Metall gefertigt, innen mit Kunststoff überzogen

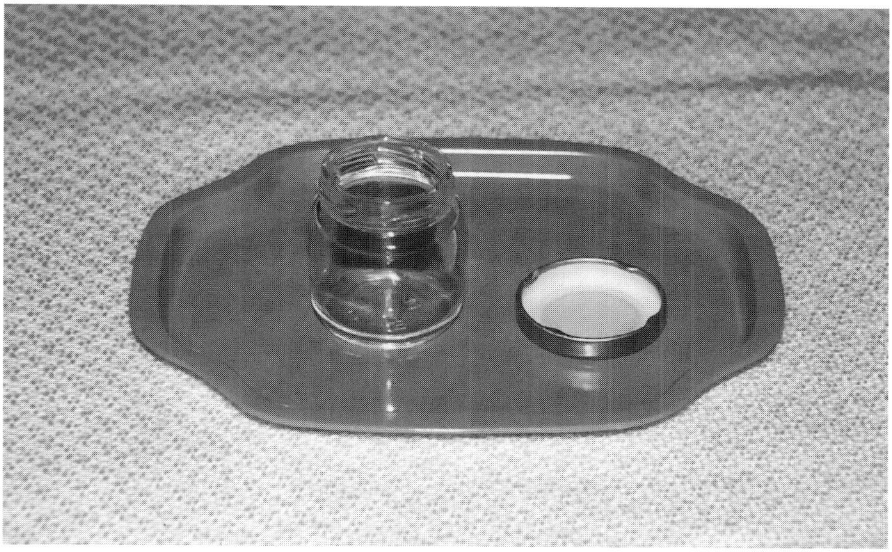

der Eisbecher hat

einen oberen Rand
eine Rundung
Platz für das Eis
einen Sockel
einen unteren Rand
eine äußere Wandung
er ist aus Metall gefertigt

das Tablett hat

eine Stellfläche
einen Rand
einen Greifrand
Bögen
eine Unterseite
eine Oberseite

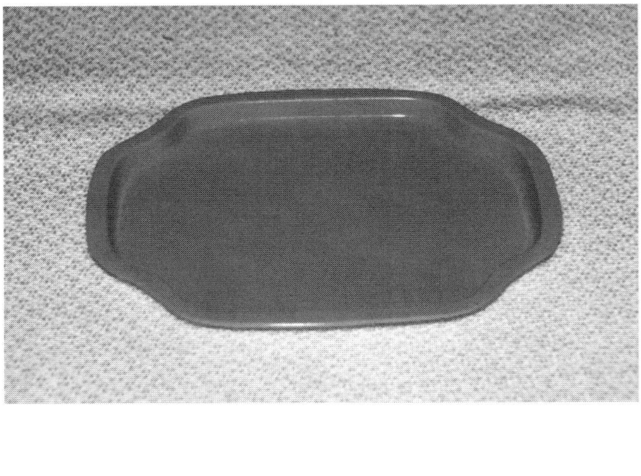

jeder Gegenstand kann genauer beschrieben werden.

ein Schraubglas ist

hoch oder niedrig
rund
durchsichtig
hohl
standfest
hart
kühl
glatt
leer oder voll
leicht oder schwer

der dazu passende Deckel ist

rund
am Rand golden, leicht glänzend
innen matt und weiß
die Ausbuchtungen sind golden
der gesamte Rand ist nach innen abgerundet
die Rillen sind leicht klebend
die Mitte ist völlig glatt

der Eisbecher ist

halbkugelförmig
metallisch glänzend
spiegelnd
feststehend
voll oder leer

das Tablett ist

türkisfarben
flach
länglich
gebogen
am Rand hochgezogen
gut greifbar
leicht
eben aufliegend

mit jedem einzelnen Gegenstand geschieht etwas:

das Schraubglas wird

genommen
aufgeschraubt
abgestellt
festgehalten
gefüllt
oder ausgeleert
zugeschraubt
beiseite gestellt

ein Deckel wird

aufgeschraubt
abgeschraubt
umgedreht
beiseite gelegt
gesucht

der Eisbecher wird

auf das Tablett gestellt
leer gelöffelt
(hoffentlich nicht) umgekippt
ausgeleert
ausgeschüttet
gefüllt
weggestellt

das Tablett wird

geholt
getragen
hingestellt
abgeräumt
benützt
ausgeleert
zurück getragen

Das Kind handelt und ist durch sein Handeln voll auf die Gegenstände konzentriert.

Bitte!!! Stören Sie diese Konzentration nie!!!

Sobald die Konzentration nachläßt, das Kind sich eher anderen Eindrükken zuwendet, kann das sprachliche Angebot das Interesse neu wecken. Bitte bieten Sie zunächst alle greifbaren Substantive an – es finden sich immer mehr, als man zunächst glaubt. Später werden diese Gegenstände näher beschrieben, wofür man sie erst nochmals bewußt in die Hand nehmen muß.

An einem anderen Tag wird gemeinsam überlegt:
Was machst du mit (dem Schraubglas)? Das Interesse wird auf die Tätigkeit gelenkt.

Sehr viel später – oft schon im Schulalter – ist die abschließende Frage sinnvoll: „Was hast Du gemacht?".

Das Kind hat das Material noch vor sich, es kann, wenn dies erforderlich ist, jeden einzelnen Vorgang noch einmal wiederholen, so kann es mit Hilfe des Materials seine Gedanken ordnen und formulieren. Ein folgerichtiges, beschreibendes Erzählen wird eingeleitet.

Die Entwicklung des mathematischen Geistes in der Montessori-Heilpädagogik

Der menschliche Geist, sagt Montessori, ist ein mathematischer Geist. Überall ist dieser wirksam, ob wir wohnen, ob wir die Treppe hinaufsteigen, die Straße überqueren, überall brauchen wir das Augenmaß und den Sinn für mathematische Verhältnisse. ... Montessori setzt ihn im Kind voraus, und sie will ihn früh bilden. Es gibt zwar Unterschiede in bezug auf mathematische Begabung, diese aber gehört schlechthin zum Menschen.

Die indirekte Vorbereitung auf dem Gebiet der Mathematik

Nun darf man sich nicht vorstellen, daß bereits kleine Kinder mit Rechenaufgaben geplagt werden. Montessori legte die „indirekte Vorbereitung" für eine weitere Fähigkeit in alle ihre Übungen, beginnend bei den einfachsten Schöpf- oder Löffelübungen, bis hin zu Sinnesmaterialien, die sehr viel mehr enthalten, als bei oberflächlicher Betrachtung ersichtlich ist.

In einem Ihrer Londoner Vorträge sagte sie 1946: „Man gewinnt Interesse für etwas, das man schon unterbewußt kennt. Wenn man eine vorhergehende Erfahrung hat und dann eine Führung bekommt, so erkennt man bewußt, was schon im Unterbewußten war."

Bewußt oder unbewußt kennt jedes Kind „Löffelübungen" von seiner Mama. Dies beginnt bereits im Babyalter: Die Mama füttert das Baby, es sieht den vollen Teller und erlebt, wie er löffelweise immer leerer wird. Eine große Menge wird verkleinert, verschwindet nach und nach. Später beobachtet das Kleinkind die Mutter beim Austeilen der Suppe: eine große Menge wird aufgeteilt in mehrere Teilmengen. Es hilft vielleicht bei Kuchenbacken: zum Mehl wird Zucker geschüttet, wenn ich etwas hinzufüge wird es mehr.

Montessori greift das Interesse des Kindes für diese Alltäglichkeiten auf, strukturiert sie und gibt dem Kind vorbereitete Übungen, in welchen es selbsttätig erfahren kann, was es bei der Mama beobachtet. Montessori bringt also zum visuellen Eindruck die Erfahrung der Hand, lockt das Kind aus der Rolle des Beobachters in die des Selbsttätigen und gibt dem Kind dadurch Gelegenheit seinem natürlichen Bedürfnis zur Eroberung der Welt nachzukommen. *Jedes (!!) Kind will spielen – arbeiten – experimentieren – handeln – manipulieren* – wie auch immer man es nennen will, oder wie es seinen Möglichkeiten entspricht. Welche Erfahrungen dabei gemacht werden, welche Lernprozesse daraus entstehen, das hängt wesentlich von der Umwelt ab, in der das Kind seinem Bedürfnis nach Bewegung und Tätigkeit nachkommt.

Ein grundlegender Materialbereich: Übungen des praktischen Lebens

In der Montessori-Pädagogik kennt man 5 Materialbereiche:

Übungen des praktischen Lebens
Sinnesmaterial
Mathematikmaterial
Sprachmaterial
kosmische Erziehung

Mathematisches Denken wird (indirekt) vorbereitet, wenn die Kinder intensiv mit den Übungen des praktischen Lebens und mit dem Sinnesmaterial arbeiten.

Als ein Beispiel möchte ich die gleiche Übung, die ich bereits unter dem Aspekt der Sprache vorgestellt habe, noch einmal – nun unter dem Aspekt der Mathematik – betrachten.

Für die Löffelübung sind auf einem Tablett bereitgestellt:

3 niedrige Schraubgläser
1 hohes Schraubglas
1 Eisbecher
1 Kaffeelöffel
exakt die Menge Roggen, die das große Schraubglas füllt

Das Fassungsvermögen der drei niedrigen Schraubgläser entspricht dem Fassungsvermögen des hohen Schraubglases.

Der Eisbecher faßt die Menge Roggen, die entweder das hohe oder die drei niedrigen Schraubgläser füllt, es bleibt dabei noch ein kleiner Rand frei, da sonst das Löffeln für junge Kinder zu mühsam und damit zu frustrierend wäre.

Das Kind trägt das Tablett mit der Übung vom Regal zu seinem Arbeitsplatz.
Bereits hier sammelt es mathematische und physikalische Eindrücke.

- das Tablett ist schwer
- das Tablett ist gleich oder ungleich belastet
- entsprechend muß das Kind seine Bewegungen anpassen, um auszugleichen
- das hohe Schraubglas kippt besonders schnell
- es kippt weniger, wenn es in die Mitte gestellt wird, mehr, wenn es am Rand des Tabletts plaziert ist
- der Löffel muß ganz auf dem Tablett liegen, sonst verliert man ihn sehr schnell
- in die leere Eisschale gelegt, rutscht er hin und her und verleitet dadurch zu Ausweichbewegungen
- in die volle Eisschale, knapp obenauf gelegt, liegt er nicht sicher, er nimmt beim Fallen sogar noch einige Körner mit sich
- in die volle Eisschale, tief eingesteckt, kann er problemlos befördert werden.

- die Übung steht in Sichthöhe, hoch oder tief im Regal, das Kind muß seine Blickrichtung und Körperhaltung anpassen
- der Weg vom Regal bis zum Arbeitsplatz kann lang oder kurz sein,
- frei und gerade
- oder durch Teppiche oder Einrichtungsgegenstände belegt sein, so daß man zu Umwegen gezwungen ist
- das Kind kann normal gehen
- oder zu einem extra langen Schritt gezwungen sein

Das Kind stellt die Übung an den von ihm frei gewählten Arbeitsplatz.

- es wählt einen noch nicht besetzten Platz
- u.U. sogar nach der gewünschten Nachbarschaft
- es nimmt die Höhe seines Arbeitsplatzes wahr
- koordiniert seine Bewegungen danach
- stellt die Übung mindestens soweit auf die Tischfläche, daß sie nicht abwärts kippt
- es rückt einen Stuhl in die für sich selbst passende Entfernung
- und setzt sich schließlich vor die Übung.

Das Kind beginnt mit seiner Arbeit:

- es überlegt, welcher Arbeitsvorgang durch das Material vorgegeben ist:
  befindet sich der Roggen in der Eisschale, dann kann es entweder das hohe Schraubglas oder die drei niedrigen Gläser füllen,
  befindet sich der Roggen in den drei niedrigen Gläsern, so kann es ihn entweder in die Eisschale schütten oder gleich in das hohe Glas füllen,
  ist das hohe Glas gefüllt, bestehen wieder zwei Möglichkeiten:
  in die Eisschale schütten oder nacheinander die drei niedrigen Gläser füllen.
- es stellt alle, im Moment nicht benötigten Gegenstände hinter oder neben sein Tablett und schafft sich damit Bewegungsfreiheit und Raum zum Arbeiten
- es löffelt

  a) aus der Eisschale in das hohe Schraubglas:
  es erkennt, daß das Fassungsvermögen der beiden Gefäße gleich ist, obwohl beide unterschiedlich gestaltet sind

b) es schüttet den Roggen in die Eisschale zurück:
das Ergebnis bleibt dasselbe, solange sich die Bedingungen nicht verändern

c) es füllt ein niedriges Glas und schüttet den Inhalt in ein anderes niedriges Glas:
beide Gläser sehen gleich aus, auch das Fassungsvermögen ist gleich

d) es löffelt aus der Eisschale in ein niedriges Glas:
die Menge verringert sich zwar, das Fassungsvermögen des niedrigen Glases ist zu gering für die ganze Menge

- es löffelt in ein zweites niedriges Glas:
das Fassungsvermögen von zwei Gläsern reicht immer noch nicht aus, um die Eisschale zu leeren

- es füllt das dritte niedrige Glas, die Eisschale wird leer:
das Fassungsvermögen der Eisschale ist etwas größer (Spielraum Rand),
als das Fassungsvermögen der drei niedrigen

e) es gießt den Inhalt eines niedrigen Glases in das hohe Glas:
die Füllhöhe entspricht nun der Füllhöhe eines der niedrigen Gläser, ein großer Raum bleibt leer

es gießt den Inhalt des zweiten niedrigen Glases in das hohe Glas:
die Füllmenge steigt zwar wesentlich, trotzdem bleibt noch Raum frei

es gießt den Inhalt des dritten niedrigen Glases in das hohe Glas, nun ist es voll: in das hohe Glas paßt dreimal soviel Roggen wie in ein niedriges Glas

f) es verteilt den Inhalt des großen Glases wieder auf die niedrigen Gläser: Aufteilen der großen Menge in drei gleiche Teilmengen, jedes kleine Glas faßt genau 1/3 der Menge des großen Glases

Kinder im Entwicklungsalter ab drei Jahren haben an dieser und ähnlichen Übungen großen Spaß. Sie erfahren in der Arbeit, rein sensorisch, viele mathematischen Gesetze. Wenn das Interesse dafür besteht, sollten diese Erfahrungen (dem Verständnis des Kindes entsprechend) verbalisiert werden.

Auch Schulkinder lieben diese Übungen. Sie üben dabei ihre meist ungenügend entwickelte Feinmotorik und sammeln die gleichen Erfahrungen. Gerade gestreßte Schulkinder suchen diese Übung, um dabei zur Sammlung, zur Konzentration zu kommen – fast als Meditation.

Oftmals besteht bei Schulkindern mit Problemen im Mathematikunterricht ein echter Nachholbedarf. Es wird immer wieder beobachtet, daß gerade diese Kinder in ihrer früheren Kindheit keine Gelegenheit zu ähnlichen Experimenten und Übungen hatten.

Sobald sich jedoch Schulkinder an diesen Übungen festhalten, um keine neuen Anforderungen befürchten zu müssen, ist ein neuer Aspekt für die gleiche Übung nötig:

das Einführen der Waage.

Alle Mengen werden nun gewogen, schriftliche Notizen halten das Ergebnis fest. Ab diesem Schritt ist der Übergang zur Mathematik leicht zu erkennen. Zusätzliche Schwierigkeiten:
die Einführung von Brutto, Netto und Tara ergibt sich zwangsläufig und wird von den Kindern selbst erarbeitet.

Wiegesteine sind konkrete Materialien. Gramm und Kilogramm kann man direkt nicht zur Hand nehmen. Man benötigt ein Medium, eine klare, vom Material unabhängige Aussage.

Montessori Mathematikmaterialien haben den gleichen, klaren mathematischen Charakter:
es wird mit Perlen gerechnet. Alle Perlen der Einführung in das Dezimalsystem sind gleich (golden, gleich groß, gleich schwer, gleich aussehend), so wird das Kind nicht von unwesentlichen Aussagen abgelenkt.

Mit dem klassischen Mathematik-Material befaßt sich das Kind wenn es dafür reif ist, seine sensible Phase für erste Abstraktionen hat. Diese Zeit wird gründlich durch den Umgang mit den Übungen des praktischen Lebens (und des Sinnesmaterials) vorbereitet. Auf diese Erfahrungen kann das Kind aufbauen und damit seine sensible Phase für das „Rechnen“ besser nutzen.

Beobachtung

Beobachtung ist beides: Wissenschaft und Kunst!

Die Wissenschaft besteht aus systematisierten Kenntnissen, die in sorgfältiger Beobachtung und durch das Vergleichen von Ereignissen erworben wurden.

Die Beobachtung des Verhaltens der Kinder und der Ereignisse, die zu diesem Verhalten führten, müssen systematisch und genau studiert werden. Dies hilft uns, ein späteres Verhalten der Kinder vorherzusagen.

Die Kunst liegt in der richtigen Reaktion auf eine Beobachtung, im Umsetzen von Kenntnissen auf das gegenwärtige Problem. Praxis und Erfahrung geben die Geschicklichkeit zum Handeln.

Beobachtung ist in der Montessori-Pädagogik, noch mehr in der Montessori-Heilpädagogik, eine der wichtigsten Aufgaben des Lehrers, Erziehers, Therapeuten.

Sein Verhalten, aber auch seine Vorbereitung der Umgebung, wird durch die Beobachtung des Kindes bestimmt. Das Kind, mit seinen augenblicklichen, echten Bedürfnissen steht im Mittelpunkt der Bemühungen. Wenn diese Bedürfnisse erkannt und erfüllt werden, kann das Kind sich selbst weiteraufbauen.

„Der Lehrer ist der Diener des Kindes“ (M.M.)

bedeutet nicht, daß der Lehrer, Erzieher, Therapeut dem Kind alle Steine aus dem Weg räumt, es über alle Schwierigkeiten hinweg trägt. Es bedeutet, daß der Erwachsene den Weg so vorbereitet, daß er vom Kind mit Anstrengung bewältigt werden kann. Der Erwachsene gibt eine Darbietung, zeigt, wie der Weg zu gehen ist, hilft wenn es vom Kind gewünscht wird. Er hilft aber nur soweit, daß das Kind seinen eigenen Weg dann selbst gehen kann.

Dies ist nur möglich, wenn der Erwachsene gelernt hat zu beobachten:

- was sind die echten Bedürfnisse des Kindes
- findet es Anregungen und Materialien in seiner (vorbereiteten) Umgebung, um diese Bedürfnisse zu erfüllen
- hat es genug Platz und Raum, um seinen Bedürfnissen nachzukommen
- will es einen Partner, findet es einen Partner
- oder braucht es Ruhe und einen Schlupfwinkel
- will es Hilfe oder möchte es sich alleine mit einer Aufgabe auseinander setzen?

Beobachtungsgabe ist ein Naturtalent. Richtiges Beobachten kann aber auch gelernt werden.

Folgende Kriterien sind für die Beobachtung der Arbeit in einem Montessori-Kinderhaus aufgestellt, der Katalog richtet sich an Besucher und Studenten.

1. Verhalten der Erwachsenen (Besucher) im Kinderhaus

1.1 Bitte seien Sie ruhig, nicht aufdringlich, unauffällig; bitte bewegen Sie sich nicht frei im Raum und bitte sprechen Sie nicht untereinander.

1.2 Bitte betrachten Sie das Material oder die Arbeit der Kinder nicht während der Arbeitszeit. Dies kann im Anschluß daran geschehen.

1.3 Bitte schreiben Sie sich die Fragen auf, die Sie an die Montessori-Lehrkraft stellen möchten. Sie können einen Termin mit ihr ausmachen, um Antwort auf Ihre Fragen zu erhalten.

1.4 Bitte sprechen sie die Kinder nicht an. Wenn ein Kind Sie etwas fragt, beantworten Sie diese Frage mit einem Minimum an Worten und ohne die Antwort unnötig auszudehnen.

2. Beobachtungskriterien

2.1 Atmosphäre und Einrichtung

- Platz und Arrangement des Materials
- ist das Material von den Kinder leicht erreichbar
- bietet der Aufenthaltsraum genügend Freiheit und Bewegungsraum
- gibt es Blumen, Pflanzen oder Tiere, wie werden sie versorgt?

2.2 Gruppenverhalten und Einstellung

2.2.1 der Kinder untereinander

- Einstellung und Verhalten der nichtbehinderten Kinder zu einem behinderten Kind

- das Verhalten der behinderten Kinder zu den nichtbehinderten
- das Verhalten der behinderten Kinder untereinander
- der nichtbehinderten Kinder untereinander

2.2.2 das Verhalten der Kinder zu den Erwachsenen

- zur Erzieherin
- zu den Hilfskräften
- zu den Besuchern

2.2.3 fühlen sich die Kinder für Ihre Umgebung verantwortlich

2.3 Verhalten des einzelnen Kindes

2.3.1 Arbeitsverhalten

- wählt das Kind das Material selbständig, arbeitet es unabhängig und bringt es das Material nach der Arbeit wieder ordentlich zurück
- wie befördert das Kind das Material, wie hält es die Gegenstände, wie stellt es sie ab
- was wählt das Kind, wählt es nach seinem inneren Bedürfnis
- hat es Probleme etwas Neues zu nehmen
- auf was achtet es besonders bei einer Darbietung – woran konnte man das erkennen
- wie oft wiederholt das Kind die Übung, folgt es genau den einzelnen Schritten einer Darbietung, variiert oder verändert es
- interessiert sich das Kind für die Aufgabe oder für etwas ganz anderes während es arbeitet
- was macht das Kind, wenn es an einer Arbeit kein Interesse mehr hat

2.3.2 Bewegungskoordination

- wie bewegt sich das Kind innerhalb des Raumes, inmitten der anderen Kinder
- wie bewegt es sich innerhalb des Raumes, z.B. an Engstellen

2.3.3 Sozialverhalten

- hat das Kind – im Vorbeigehen – Interesse an den Übungen der anderen Kinder, wie zeigt sich dies
- ist das Kind hilfsbereit, bitte geben Sie Beispiele
- stört das Kind andere, in welcher Weise
- ist das Kind ungehorsam, bei welcher Gelegenheit, wie und wann veränderte sich das Verhalten, was war der Auslöser

3. Arbeitsempfehlung

- bitte notieren Sie genau was Sie beobachtet haben, vermeiden Sie dabei Beurteilungen
- entscheiden Sie sich jeden Tag neu für einige wenige Beobachtungspunkte
- wenn mehrere Studenten gleichzeitig beobachten, schließen Sie sich bitte zu Zweier- oder Dreiergruppen zusammen, einigen Sie sich über die Beobachtungspunkte und besprechen Sie am Ende Ihre Beobachtungen
- fassen Sie bitte am Ende Ihrer Studienzeit ihre Einzelbeobachtungen zu einem Verlaufsbogen zusammen.

Teil II

Übungen des praktischen Lebens

Übungen des praktischen Lebens

Montessori-Pädagogik, die Pädagogik reicher Leute für privilegierte, nichtbehinderte, intelligente Kinder – diese Vorstellung ist oft anzutreffen, leider ist sie oft auch zutreffend.

Mit unserer Zusammenstellung der Übungen des praktischen Lebens wollen wir dieser Haltung entgegentreten. Sie entstand durch die Eindrücke an indischen Schulen in den „rural areas", dem Aufbau einer Therapieeinrichtung in Indien, der Arbeit mit äthiopischen Kindern, die eben durch die Hilfe der „sisters of charity" dem Tod entgangen sind und den Ideen vieler, hochmotivierter, deutscher Mütter von behinderten Kindern.

All diesen Müttern und Kindern möchten wir danken!

Bitte betrachten Sie diese Sammlung „Low-cost-material" – „Materialien für einen minimalen, finanziellen Betrag" nicht als vollständig.

Bitte nehmen Sie sie als Anregung, und verwirklichen Sie Ihre eigenen Ideen!

Gegenstände des täglichen Gebrauchs sind kein Spielmaterial im herkömmlichen Sinn! Sie geben dem Kind, nach sorgfältiger und exakter Einführung, die Möglichkeit:

- zum Sammeln von Erfahrungen und Erkenntnissen
- zur Schulung der Wahrnehmung
- zum Training der Grob- und Feinmotorik
- zum Erwerb eines großen Wortschatzes
- zum Erkennen von mathematischen Grundeinheiten
- zum gezielten Handeln

und damit zu einem kleinen Stückchen Selbständigkeit und Unabhängigkeit.

Einsteckübungen, hergestellt aus einer Umverpackung und zwei Blatt Zeitungspapier.

In einer Wohlstandsgesellschaft, bei „überfütterten Kindern“ ist es zweckmäßig, die Schachtel zu bekleben, um nicht vom eigentlichen Sinn der Übung abzulenken.

Einsteckübungen: Viele dünne Batterien werden durch ein kreisrund geschnittenes Loch im Deckel, in die Plastikdose eingesteckt.
Plastikdose oder Marmeladenglas:
bei durchsichtigem Material kann das Kind den Vorgang des Einsteckens genau verfolgen.

Steckübungen

Ziel aller Steckübungen ist die Auge-Handkoordination, das Erkennen von Größen und Formen, die Übung der Feinmotorik

Einsteckübungen

Übung 1:

Material: 1 Plastikdose mit Deckel aus Weichplastik, alte, dicke Batterien
1 Behälter für Batterien (Korb, Schüssel...)

Herstellung: In den Deckel der Plastikdose ist ein kreisrundes Loch zu schneiden. Der Durchmesser des Loches ist 2 – 3 mm größer als der Durchmesser der Batterien. Es werden so viele Batterien verwendet, daß auch die letzte noch voll in die Dose gesteckt werden kann.

Darbietung: Die Batterien werden eingesteckt.

Übung 2:

Material: Entspricht dem von *Übung 1*, es werden aber dünnere Batterien in entsprechend größerer Anzahl verwendet. Das Loch ist entsprechend kleiner zu schneiden.

Übung 3:

Material: Beide Dosen von Übung 1 und Übung 2, alle Batterien, einen Behälter, der entsprechend groß ist, um alle Batterien aufzunehmen.

Darbietung: Alle Batterien in die richtigen Dosen einstecken.
Das Interesse gilt hier dem Sortieren der Batterien.

Fehlerkontrolle: In jeder Dose darf nur eine Sorte Batterien sein.

> *Achtung! Batterien müssen ständig kontrolliert werden.*
> *Sobald sich Blasen ziehen oder Rost ansetzt, müssen sie sofort durch andere ersetzt werden!*
> *Gesundheitsgefahr!*

Übung 4:

Material:

1 Kaffeedose (250 gr. Dose)
griffigen Stoff oder Klebefolie
Knöpfe
1 Schale

Herstellung:

In den Deckel der Kaffeedose einen Schlitz schneiden, die Dose mit Stoff oder Klebefolie bekleben, um sie „greiffreundlicher“ zu machen.

Darbietung:

Die Dose zunächst so halten, daß die Schlitzrichtung der Handhaltung entspricht.
Bei besserer Geschicklichkeit die Schlitzrichtung verändern, so daß das Kind die Hand nach dem Schlitz ausrichten muß.

Übung 5:

Material: gleiche Dosen wie Übung 1 und Übung 2
gleiche Behälter
statt Batterien entsprechend große Steine, harte Früchte, Zapfen, Abschnitte von dicken und dünnen Ästen u.ä.m. verwenden.

Übung 6:

Material: 1 Zigarettenschachtel
kleine Steine, Zapfen, oder ähnliches
1 Faltschachtel

Herstellung: In die Klappe der Zigarettenschachtel ein Loch schneiden, groß genug, um die kleinen Materialien einstecken zu können.

Darbietung: Die vorbereiteten Gegenstände in die Zigarettenschachtel einstecken,
das Kind anregen, weitere, kleine Gegenstände zu suchen, die durch die Öffnung in die Schachtel eingesteckt werden können,
die Faltschachtel dient der Aufbewahrung dieser kleinen Dinge.
Von Interesse ist hier neben der Schulung der Feinmotorik, das Erkennen der Größen.

Übung 7:

Material: 2 Zigarettenschachteln
kleinere Gegenstände wie bei Übung 5
1 Faltschachtel

Herstellung:
- in die Klappe einer der beiden Zigarettenschachteln seitlich eine runde Öffnung schneiden um die Steine usw. einstecken zu können
- an der anderen Seite einen Schlitz, dessen Länge ca. 1 cm länger ist als der Durchmesser der runden Öffnung
- aus der zweiten Zigarettenschachtel Streifen schneiden, in der Breite etwa 2 mm schmaler sind als der Schlitz lang ist
- Steine und Pappestreifen gemeinsam in der Faltschachtel sammeln

Darbietung: Steine und Streifen in der jeweils passenden Öffnung einstecken.
Das Interesse gilt hier den unterschiedlichen Formen.

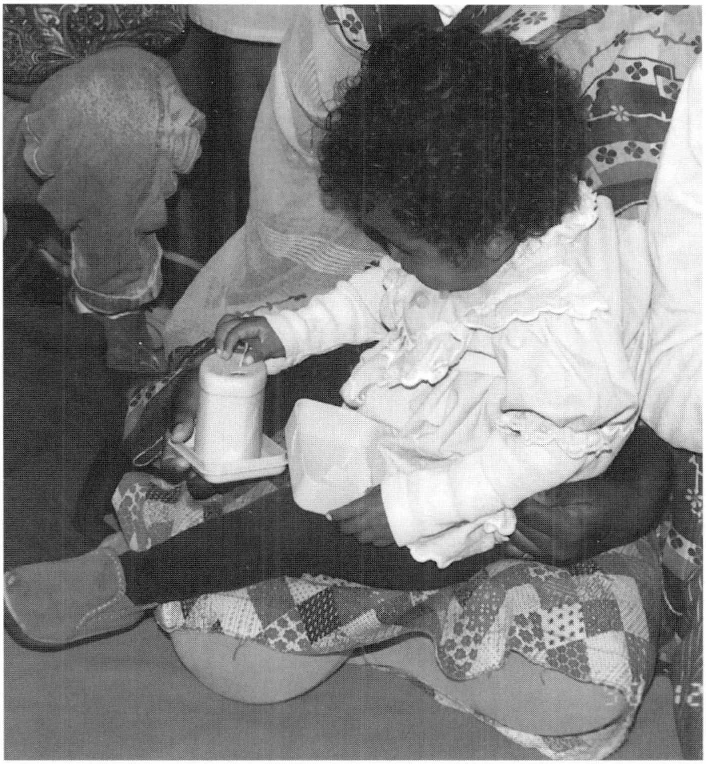

Das Interesse gilt den unterschiedlichen Formen:

- flache Gegenstände passen durch einen Schlitz,
- dickere Gegenstände erfordern ein entsprechend großes Loch.

Stecktürme

Übung 1:

Material: mehrere Armreifen
1 Trinkbecher, der sich von oben nach unten verjüngt, und dessen Durchmesser am Boden kleiner ist, als der Durchmesser der Armreifen
1 Körbchen oder eine Schale dafür (wenn nicht direkt die Armreifen benützt werden, die die Mama gerade trägt)

Darbietung: Die Armreifen werden auf den umgedrehten Trinkbecher aufgesteckt.

Übung 2:

Material: 1 Brett, ca. 15 cm im Quadrat, 1,5 – 2 cm dick
1 Stab oder Metallbolzen, Durchmesser ca. 8 mm Länge 21,5 cm
20 cm Plastik-Wasserleitungsrohr oder Gartenschlauch
1 Behälter für die Rohrabschnitte

Herstellung:

- In die Mitte des Brettes ist ein Loch zu bohren, das dem Durchmesser des Stabes entspricht
- der Stab wird eingeleimt – der Metallbolzen wird eingeschraubt. Bitte beachten Sie: das Brett muß dann noch plan aufliegen.
- das Wasserleitungsrohr ist in 5 Teile, zu je 4 cm zu schneiden

Darbietung: Alle Teile werden aufgesteckt.

Übung 3:

Material: 1 Brett, ca. 15 x 30 cm, 1,5 – 2 cm dick
6 Metallbolzen oder Stäbe, Durchmesser ca. 8 mm, Länge je 11,5 cm
60 cm Plastik-Wasserleitungsrohr oder Gartenschlauch
1 Behälter für die Rohrabschnitte

Herstellung:

- die 6 Metallbolzen oder Stäbe werden, wie bei Übung 2 beschrieben, gleichmäßig verteilt, im Brett verankert
- das Wasserleitungsrohr ist in 30 Ringe, zu je 2 cm Länge zu schneiden

Darbietung: Alle Teile werden aufgesteckt.
Ziel dieser Übung ist das Erkennen weiterer Möglichkeiten, wenn der erste Stab voll ist.

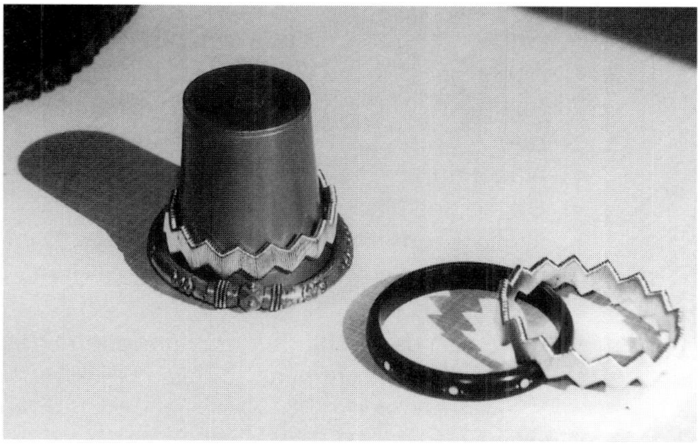

Der erste Steckturm mit dem ein indisches Kleinkind spielen kann: ein Trinkbecher und die Armreifen seiner Mama. Eine Idee, die alle Kleinkinder ansprechen wird!

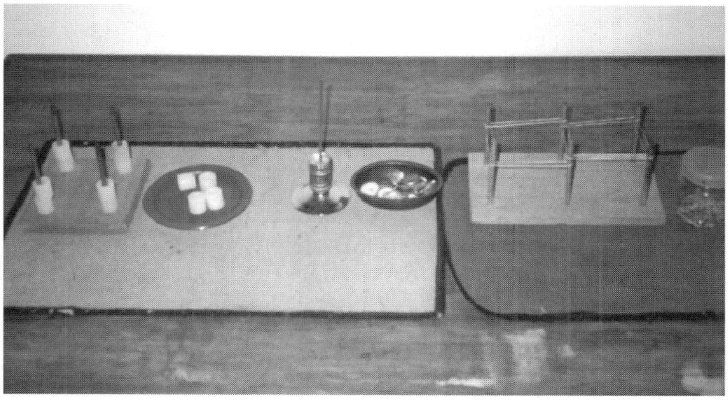

Stecktürme und Gummibandübungen, von indischen Therapeuten hergestellt

Übung 4:

Material:

1 Zettelhalter oder, wenn dieser nicht erhältlich:
1 Brett, ca. 10 cm im Quadrat, 1,5 – 2 cm dick
1 möglichst langer Nagel
Kronenkorken
1 Behälter für die Kronenkorken
Lackfarbe
Sandpapier oder Feile
1 Becher Gips oder Knetmasse

Herstellung:

- Spitze des Zettelhalters abrunden
- hohlen Fuß des Zettelhalters mit Gips oder Knete so ausfüllen, daß ein fester Stand erreicht wird
  oder
- Nagel durch das Brett schlagen
- Spitze des Nagels abfeilen
- in die Kronenkorken, mit Hilfe eines Nagels, Löcher schlagen, die etwas größer sind als der Durchmesser des Stiftes
- die durch das Schlagen entstandenen Grate abfeilen
- Kronenkorken anmalen

Darbietung:

Die Kronenkorken werden, mit den Zacken nach oben, aufgesteckt.
Es wird schwieriger, wenn der Korken umgedreht ist, also die Zacken nach unten zeigen.
Die Menge der Korken ist dem Vermögen des Kindes anzupassen.
Die Fehlerkontrolle liegt dann im leeren Vorratsbehälter und nicht am vollgesteckten Stift.

Übung 5:

Material:

gleicher Ständer wie Übung 4
veränderte Steckmaterialien,
z.B.:
leere Garnrollen
Bambusabschnitte
durchbohrte Muscheln
Perlen aus Ton
passender Vorratsbehälter

Strohhalmabschnitte brechen leicht – eine sehr schwierige, feinmotorische Übung.
Vor dem Schneiden sollten die Strohhalme einige Stunden in ein feuchtes Tuch eingeschlagen werden, dann brechen sie nicht.

Übung 6:

Material:	gleicher Ständer wie Übung 4 2 der bereits bekannten Steckmaterialien 2 Vorratsbehälter
Darbietung:	Die Steckmaterialien werden im Wechsel aufgesteckt.

Übung 7:

Material:	alle Materialien von Übung 5 Kartonstreifen in Länge des Zettelhalters Buntstifte Bleistifte
Herstellung:	Reihen aufzeichnen z.B.: ⇨ 1 Kronenkorken – 1 Garnrolle – 1 Kronenkorken ⇨ 1 Kronenkorken – 1 Perle – 1 Muschel usf. ⇨ 1 Kronenkorken – 2 Perlen – 1 Kronenkorken die Reihen in zweifacher Ausführung zeichnen: in den Farben der Materialien und neutral, einfarbig (Bleistift)
Darbietung:	Die Reihen mit dem Kind „lesen“, dann den ersten Gegenstand aufzeigen, alle anderen abdecken, das Kind steckt diesen Gegenstand auf den Stift. Mit dem zweiten und allen weiteren entsprechend fortfahren. Wenn der Ständer vollgesteckt ist, nochmals mit dem Kind „kontrollesen“. Zunächst wird nach der farbigen Vorlage gearbeitet, später nach der einfarbigen. Das Ziel dieser Übung liegt im Erkennen und Weiterführen von Reihenfolgen.

Fädelübungen

Fädeln ist die Fortsetzung des Steckens. Es übt neben der Feinmotorik und Auge-Handkoordination besonders die Koordination beider Hände. Um den Übergang vom Stecken zum Fädeln zu erleichtern, ist es sinnvoll zunächst auf einen Stab zu „fädeln“.

Bitte beachten Sie bei jeder Übung die Fähigkeit und Ausdauer der Kinder. Ziel ist immer: eine Arbeit fertig zu stellen, den Vorratsbehälter zu leeren. Sind zu viele „Perlen“ vorhanden, kann dieses Ziel nicht erreicht werden, sind es zuwenig, ist die Arbeit unbefriedigend.

Übung 1:

Material:

1 Kochlöffel oder
1 (Bambus-)Stab, Länge ca. 25 cm
etwas Ton
20 cm Plastik-Wasserleitungsrohr
oder Gartenschlauch
1 Behälter für die Rohr-(Schlauch-)abschnitte

Herstellung:

- aus Ton eine Kugel formen, die so groß ist, daß ein Kind sie gut in die Hand nehmen kann
- den Stab in die Kugel stecken
- den Ton an der Sonne trocknen lassen
- das Plastikrohr oder Schlauch in ca. 3 cm lange Stükke schneiden

Darbietung:

Alle Abschnitte werden aufgesteckt,
Kelle oder Kugel dienen als Griff und „Bremse“
zugleich. Die Wasserleitungsabschnitte können
durch andere, gut greifbare Elemente ersetzt werden.

Übung 2:

Material:	1 Stück Schnur, Länge ca. 35 cm 1 alter Filzstift oder Kugelschreiber Wasserleitungs- oder Bambusabschnitte, aneinander gereiht ca. 28 cm 1 Behälter, groß genug, um neben den Abschnitten auch Seil und Stift aufnehmen zu können
Herstellung:	• die Mine des Stiftes entfernen • das Seil in den nun leeren Stift einkleben • das Ende des Seils durch einen Knoten sichern
Darbietung:	Alle Teile werden aufgefädelt.

Übung 3: *Erste Ketten*

Material: Draht, Länge ca. 50 cm
Kronenkorken
1 Behälter um Draht und „Perlen" aufzunehmen
Feile
Lackfarben

Herstellung:
- das Ende des Drahtes durch einen Knoten sichern
- in die Kronenkorken, mit Hilfe eines Nagels, Löcher schlagen, die etwas größer sind als der Durchmesser des Drahtes
- die durch das Schlagen entstandenen Grate abfeilen
- Kronenkorken anmalen
- so viele Kronenkorken in den Behälter füllen, daß das Kind die Übung zu Ende führen kann

Darbietung: Alle „Perlen" werden aufgefädelt.

Übung 4:

Material: dicker Faden
1 abgestumpfte Nadel (Sticknadel)
Perlen der unterschiedlichsten Form
z.B.: aus getrocknetem Ton, aus durchbohrten Muscheln, aus Kartonabschnitten...
1 Behälter

Darbietung: Wie Übung 3

Übung 5:

Material: immer dünner werdende Fäden
bei Bedarf spitze Nadeln
Gras- oder Strohabschnitte als Perlen
1 Behälter

Darbietung: Wie Übung 3

Draht oder eine Stricknadel erleichtern das erste Fädeln wesentlich.

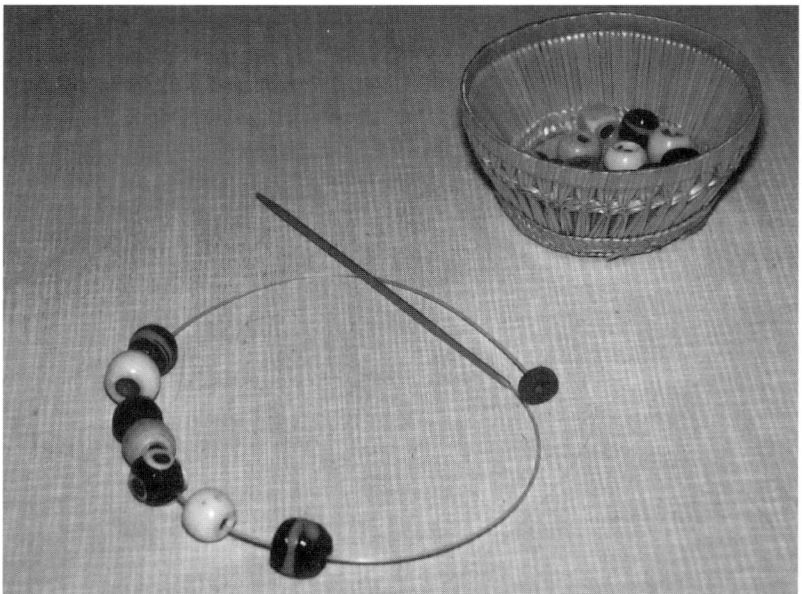

Übung 6:

Material: alle bisher benützten Materialien zum Fädeln in die Behälter sortiert

Darbietung: Nachdem die Technik des Fädelns bekannt ist, werden nun Muster in steigender Schwierigkeit gefädelt:

⇨ 1 Grasabschnitt – 1 Muschel – 1 Grasabschnitt 1 Muschel ...

⇨ 1 Grasabschnitt – 1 Perle – 1 Muschel - 1 Grasabschnitt ...

⇨ 1 Grasabschnitt – 1 Muschel – 1 Grasabschnitt - 1 Perle – 1 Grasabschnitt – 1 Muschel ...

⇨ 1 Grasabschnitt – 2 Perlen – 1 Muschel – 2 Perlen - 1 Grasabschnitt ...

Das Interesse wird hier von der Übung der Feinmotorik weitergeleitet zu den Anfängen des „mathematischen Geistes", dem Empfinden für regelmäßige Wiederholungen, Reihen, Serien.

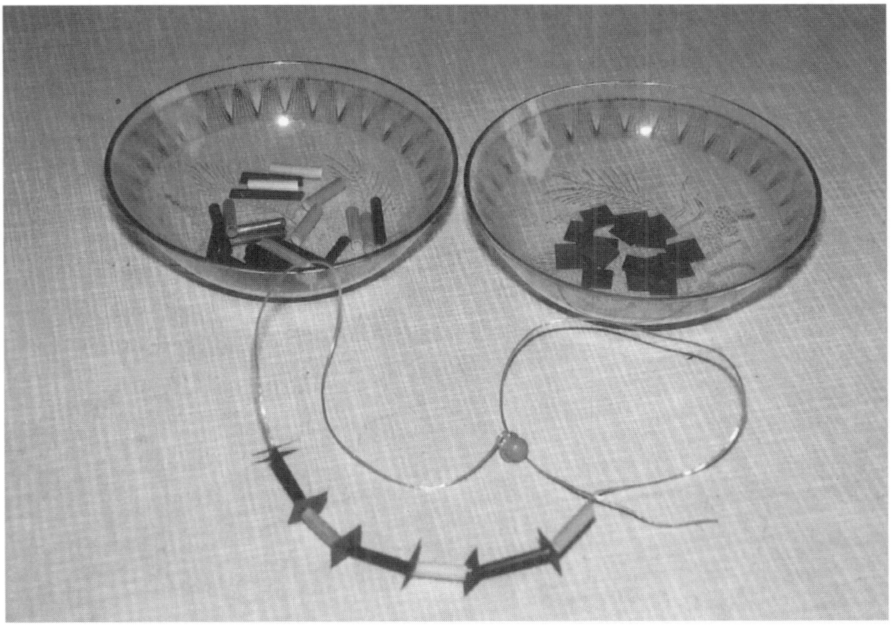

Europäische Tischkultur

Servietten rollen und in Serviettenhalter stecken erfordert:

- Feinmotorik und
- Wahrnehmung von Größe und Form.

Die Übung führt das Kind weiter zur Freude an einem schön gedeckten Tisch und lenkt die Aufmerksamkeit auf sein eigenes Verhalten beim Essen.

Übung 6a: Serviettenringe

Material: Plastikflaschen mit Schraubgewinde
die gleiche Anzahl Schreibpapierblätter
Sandpapier
1 Tablett

Herstellung:
- mit einem scharfen Messer das Gewinde von der Flasche abschneiden
- mit Sandpapier die Schnittstelle glätten
  wenn das Gewinde sehr lang ist kann es geteilt werden

Darbietung: Ein Blatt Papier sorgfältig aufrollen, durch einen der entstandenen Ringe stecken.
Das besondere Interesse gilt der Dicke der Papierrolle, sie soll in den Ring passen, ohne dabei eingeknickt zu werden.

Übung 7: ***Fädelbilder***

Material:

kleine Perlen
- in verschiedenen Farben
- oder unterschiedlichen Materialien
- jedoch immer von gleicher Größe

Faden
Stoffreste
1 dünner Stab
Karopapier
Buntstifte in den Farben der Perlen

Herstellung:

Das Bild, das später entstehen soll, auf Karopapier vorzeichnen. Dabei für jede Perle ein Karo verwenden, die Perle durch einen entsprechend farbigen Punkt darstellen.

Darbietung: Das Vorlagemuster so legen, daß die Reihen waagrecht vor dem Kind liegen und von links nach rechts „gelesen" werden (bitte Kulturtechnik berücksichtigen – hier soll die Lese-Schreibrichtung eingeübt werden), das ganze Vorlagemuster so abdecken, daß nur der erste Streifen sichtbar ist.

Den Faden länger abschneiden, als es einer Reihe entspricht.
Die Punkte einer Farbe zählen, entsprechend viele Perlen auffädeln. Die erste davon wird durch Knoten besonders gesichert.

Den Perlenstrang an den umgeschlagenen Stoffrest nähen.

Fertigstellung: Sind alle Perlenstränge gefädelt und angenäht, den Stoff zur Schlaufe nähen, Stab durchstekken, rechts und links einkerben und den Aufhängfaden daran befestigen.

Hier ist die Wahrnehmungsfähigkeit des Kindes besonders gefordert: bei Kindern mit guter Wahrnehmung genügt es, die Abdeckung jeweils nur um eine Reihe zu verschieben. Kinder mit Wahrnehmungsstörungen brauchen zusätzliche Hilfen: Abdecken der Zeichnung, so daß immer nur eine Reihe sichtbar ist. Es kann sogar notwendig sein, die bereits in einer Farbe gezählten Perlen zusätzlich abzudecken.

Nähen und Sticken

Nähen und sticken setzt voraus, daß das Kind bereits mit der Nadel umgehen kann. Neu wird nun das Feingefühl erarbeitet, einen Faden nur so fest anzuziehen, daß er straff anliegt, aber nicht Karton oder Stoff durchreißt, bzw. zusammenzieht. Hier bieten sich sehr gute Möglichkeiten, Figurgrundwahrnehmung und Figurkonstanz zu üben.

Stickkarten

Übung 1:

Material:
1 Stück Karton
1 stumpfe Nadel
Wolle oder Garn, zur Nadel passend
1 Stift
1 Nagel

Herstellung:
- auf den Karton beidseitig eine geometrische Figur zeichnen, z.B.: die Rundung eines Trinkbechers, eines Tellers nachziehen; bitte darauf achten, daß die beiden Kreise an genau der gleichen Stelle gezeichnet sind,
- den Karton auf eine nicht allzu feste Unterlage (Matte, Sandboden oder Teppichrest), legen, mit dem Nagel Löcher in ca. 1 cm Abstand einstechen.
  Die Löcher müssen auf der Vorder- wie auch auf der Rückseite direkt auf der Kreislinie liegen.

Darbietung: Die Löcher einfach oder auch doppelt nachsticken.

Übung 2:

Material: wie bei Übung 1

Herstellung: Die Figur wird jetzt nur auf einer Seite des Kartons gezeichnet. Das Kind muß also bereits eine Vorstellung der Figur haben, wenn es an der Rückseite weitersticken will.

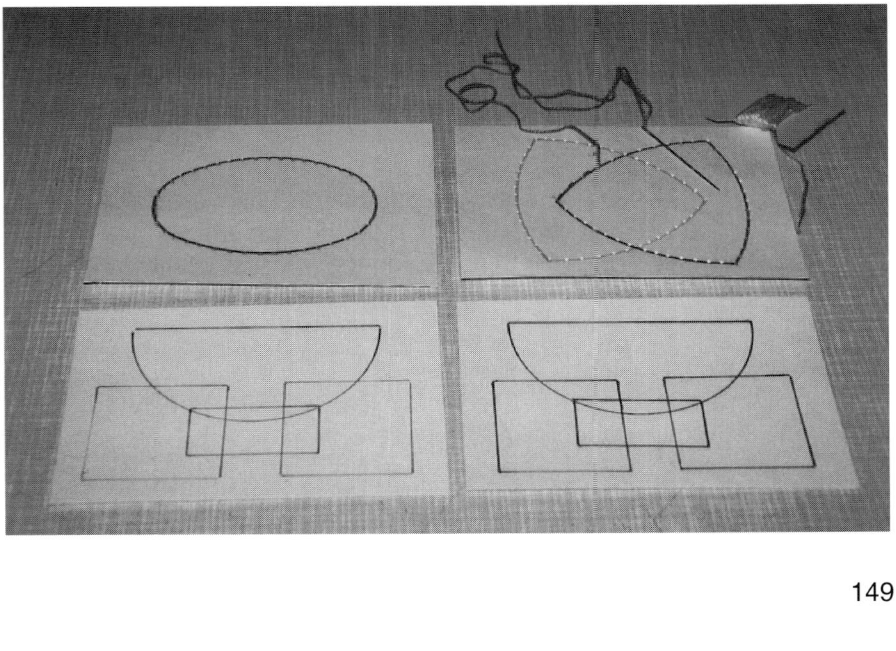

Übung 3:

Material: Karton
2 verschiedenfarbige Garne oder Wollen
2 entsprechend farbige Stifte
1 stumpfe Nadel
1 Nagel

Herstellung: beidseitig zwei verschiedene Figuren, ineinander liegend, mit jeweils einer anderen Farbe zeichnen, z.B.: ein Kreis und ein Dreieck

Darbietung: Das Kind stickt in der jeweils vorgezeichneten Farbe die Figur weiter.

Übung 4:

Material: wie Übung 3

Herstellung: Wie Übung 3, doch wird jetzt nur eine Seite gezeichnet, das Kind muß an der Rückseite den Weiterlauf der Figur selbst erkennen.

Übung 5:

Material: Karton
Buntstifte
verschiedene Garne
Nagel
Nadel

Herstellung: Bilder nach Lust und Laune zeichnen

Darbietung: Das Kind locht selbst und stickt dann, den Farben entsprechend nach.
Hier bietet es sich an, andere Sticharten einzuführen, z.B. das Umrahmen mit Schlingstich.

Übung 6:

Material: Karton
Bleistift
verschiedene Garne, Wollen, evt. auch Perlen oder andere stickbare Materialien

Darbietung: Die Farbigkeit und endgültige Ausgestaltung des Bildes entsteht hier erst im Fortgang der Arbeit.

Knüpfarbeit

Material:

hautfarbener oder gelber, leichter Karton
Wollreste
Schere
Buntstifte
Locher

Herstellung:

auf den Karton ein Gesicht zeichnen
ausschneiden
den Platz für Haare mit dem Locher lochen
Menge der Löcher abzählen
entsprechend viele „Haare“ vorbereiten
unterschiedliche Länge für
Kurz- und Langhaarfrisur
Wolle dabei in doppelter Länge abschneiden

Darbietung:

Ein „Haar“ der Länge nach halbieren:
beide Enden zusammenlegen,
die entstandene Schlinge durch ein Loch stecken,
etwas auseinander ziehen,
die beiden Enden durch die Schlinge stecken,
vorsichtig anziehen.

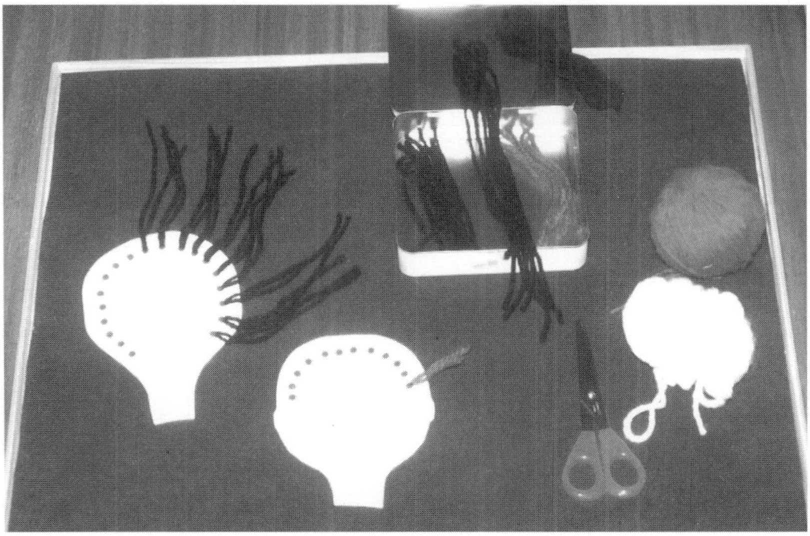

Bitte sowohl Jungen- als auch Mädchengesichter und verschiedene Altersgruppen vorbereiten. Kinder äußern gelegentlich ihre Probleme, wenn sie in ruhiger, entspannter Arbeitsatmosphäre nach dem Grund ihrer Wahl befragt werden.
Kurze Fäden sind wesentlich schwieriger einzuflechten als lange Fäden.
Die Arbeit kann erweitert werden:

lange Haare zu Zöpfen flechten,
Schleifen an die Zöpfe binden.

Ein Webrahmen aus einfachsten Mitteln hergestellt.
Der etwa 12jährige Junge übt dabei:

- die Raum-Lage-Wahrnehmung
- die Bewegungskoordination
- ein kritisches Kontrollieren seiner Leistung
- das Erkennen und Verbessern von Fehlern
- den Umgang mit einem nadelähnlichen Gegenstand (ein Plastikstäbchen mit Loch, das in der Wegwerfgesellschaft oft als Kaffeelöffel verwendet wird)

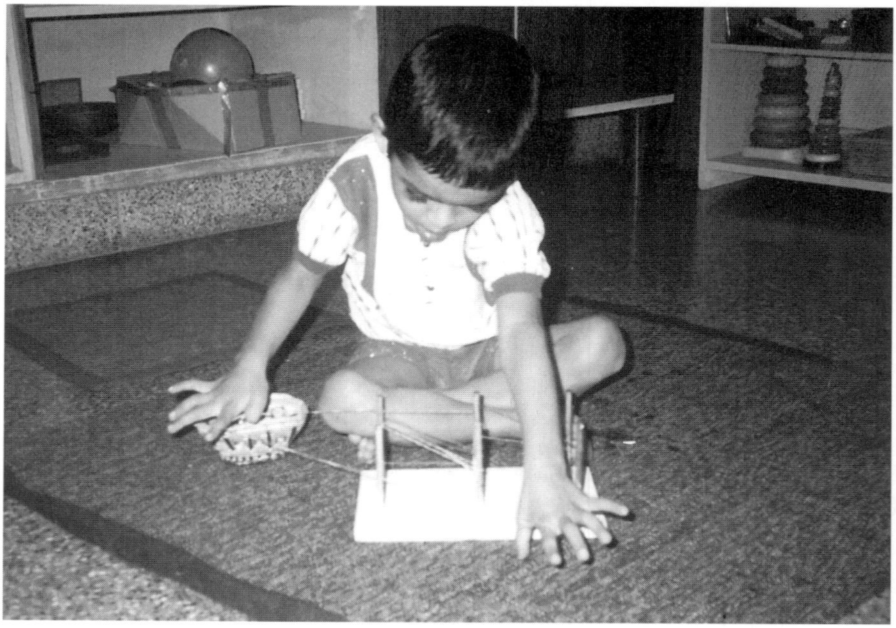

Gummibandübung: welcher Gummi liegt oben und kann zuerst abgenommen werden?
Eine Wahrnehmungsübung, die die Fehlerkontrolle sehr spürbar in sich trägt.

Gummibandübungen

Diese Übungen dienen der Beidhandkoordination, der Auge-Handkoordination, der Dosierung des Krafteinsatzes und der räumlichen Wahrnehmung.

Übung 1: ***Gummibandbretter***

Material:

1 quadratisches Brett, Seitenlänge 15 cm
4 Bambusstäbe oder Metallbolzen, etwa 5 cm Länge
10 Gummiringe, die leicht auf eine Länge von 16 cm gezogen werden können
1 Behälter für die Gummiringe

Herstellung:

Jeder der 4 Bambusstäbe wird an je einer der 4 Ecken eingeleimt. Werden Metallbolzen verwendet, sind diese einzuschrauben. Sie müssen dem Zug der Gummibänder standhalten.

Darbietung:

Man nimmt einen der Gummiringe im Pinzettengriff, die zweite Hand greift, ebenfalls im Pinzettengriff, das herabhängende Teil des Gummis. Mit gleichzeitigem Zug beider Hände zeigt man das Dehnen und wieder Zusammenziehen des Gummis.

Anschließend hängt erst eine Hand den Gummi über einen der Stäbe, dann zieht die andere Hand den Gummi über den zweiten Stab.

Das Abnehmen der Gummiringe erfolgt sehr sorgfältig: jeweils der oberste Ring wird durch eine Hand vom Stab weggezogen, während der Zeigefinger der zweiten Hand den Ring am zweiten Stab sichert, um ihn nicht hochschnellen zu lassen.

Übung 2:

Material:	1 Brett, 15 x 30 cm 6 Bambusstäbe oder Metallbolzen 20 Gummiringe, die sich leicht auf eine Länge von 16 cm ziehen lassen 1 Behälter
Herstellung:	Die sechs Stäbe oder Bolzen werden zu jeweils drei an jeder Längsseite gleichmäßig verteilt befestigt.
Darbietung:	Das Interesse dieser Übung gilt den unterschiedlichen Formen, die gebildet werden können.

Übung 3:

Material:	gleiches Brett wie zu Übung 2 Gummibänder von unterschiedlicher Länge und Zugfestigkeit 1 Behälter

Übung 4:

Material:	1 Schraubglas 5 Gummiringe, die sich bei leichtem Zug um das Schraubgewinde legen lassen 1 feuchtes Tuch
Darbietung:	Das Glas wird auf das feuchte Tuch gestellt, um ein Wegrutschen zu verhindern. Einen Gummiring mit Daumen, Zeigefinger und Mittelfinger beider Hände nehmen, an den hinteren Rand des Glases anlegen und langsam nach vorne ziehen, bis er um das Glas liegt.

Übung 5:

Material: 1 Schraubglas
5 Gummiringe
1 feuchtes Tuch
1 Flanelltuch, 25 cm im Quadrat
1 Behälter

Darbietung: Das Schraubglas wird wieder auf das feuchte Tuch gestellt.
Das Flanelltuch bedeckt das Schraubglas und wird durch die Gummiringe festgehalten.

Übung 6:

Material: 1 Brett ca. 15 x 20 cm
10 Gummiringe, die sich leicht auf diese Länge ausdehnen lassen
1 Behälter

Darbietung: Ein Gummiring wird an den Rand des Brettes gelegt, mit dem Zeigefinger festgehalten, Daumen, Zeige- und Mittelfinger der anderen Hand ziehen den Gummiring so lang, daß er über das Brett gezogen werden kann.

Weiterführung: So verschlossene Gläser eignen sich bestens zum Sammeln von vielen kleinen Gegenständen, die z.B. zur Lautanalyse oder zum ersten Schreiben verwendet werden.

Überraschungsschachteln: was wird wohl drin sein?

Übung 7: *Überraschungsschachteln*

Material:

5 Faltschachteln mit Deckel
10 Gummiringe, jeweils 2 von gleicher Länge und gleicher Farbe
1 kleine Überraschung (ein besonders hübscher, kleiner Gegenstand, keinesfalls eine Schleckerei! Das Kind würde sonst sehr schnell die Motivation zur Wiederholung verlieren, wenn es nicht jedesmal erneut Eßbares vorfindet).

Herstellung:

5 Schachteln mit Deckel sind so zu falten, daß jeweils eine kleinere in die nächst größere gelegt werden kann. Die kleinste Schachtel enthält die Überraschung.
Jede Schachtel ist mit 2 gleichen Gummiringen verschlossen, die so gelegt sind, daß sie alle vier Seiten einschließen, von oben gesehen ein Kreuz ergeben.

Darbietung:

Nach dem Öffnen werden die Gummiringe nach Länge und Farbe sortiert.
Die kleinste Schachtel wird mit den kürzesten Gummiringen verschlossen.

Überraschungsschachteln:

Wenn sich die Spannung und Neugierde gelegt haben wird alles wieder in Ordnung gebracht,

die Gummiringe nach Größe und Farbe sortiert
die Schachteln und Deckel einander zugeordnet.

So können problemlos die jeweils kleinste Schachtel und die beiden kleinsten Gummiringe gefunden werden.

Übung 8:

Material:

10 Faltschachteln mit Deckel
10 Gummiringe in 10 verschiedenen Längen, jeder einzelne so lang, daß er von der ihm zu bestimmten Schachtel locker überhängt
1 winzige Überraschung (keine Schleckerei!)

Herstellung:

Die Schachteln sind so zu falten, daß die Kantenlänge der Deckel jeweils um 1 cm abnimmt.

Bitte bedenken Sie, daß die Maße durch unterschiedliche Papierstärken variieren.

Alle Schachteln stecken ineinander, sind mit Gummiringen verschlossen, in der kleinsten Schachtel findet sich die Überraschung.

Darbietung:

Nach dem Öffnen werden die Gummis der Größe nach sortiert

- Schließen der kleinsten Schachtel,
- dann den kürzesten Gummi locker über die Schachtel hängen,
- mit Daumen und Zeige- oder Mittelfinger einer Hand an den gegenüberliegenden Schmalseiten fixieren,
- die zweite Hand nimmt den locker weghängenden Gummi und zieht ihn in die Länge,
- die erste Hand dreht sich mit der Schachtel soweit, daß der Gummi sich überkreuzt
- und hilft dann mit den Gummi weiter über die Schachtel zu ziehen.

Von oben und unten gesehen ist die Schachtel durch den Gummi nun in vier gleiche Teile geteilt.

Diese Übung stellt an Perzeption, Feinmotorik und Ausdauer große Anforderungen.

Übung 9:

Material: 1 Tablett
9 Spanplatten oder dicker Karton, Größe 7 x 10cm
3 Gummiringe, jeder so lang, daß er leichtem Zug über ein Päckchen von 3 Spanplatten gezogen werden kann.

Darbietung: 3 Spanplatten aufeinander legen, gemeinsam festhalten und mit einem Gummiring zusammenhalten.
Diese Übung erfordert die Aufmerksamkeit auf die „Haltehand", sie sollte also erst eingesetzt werden, wenn der Umgang mit Gummiringen bereits sicher ist.

Weiterführung: Für Leseanfänger können zwischen den 3 Platten 2 Karteikarten versteckt werden. Eine Karte ist beidseitig beschrieben, die zweite Karte zeigt als Fehlerkontrolle die entsprechenden Bilder.

Übung 10:

Material:	1 Tablett 10 Spanplatten oder Kartonteile, 7 x 10cm 5 Gummiringe, die wesentlich zu lang sind.
Darbietung:	Das Kind steht nun vor der Aufgabe, selbst eine Lösung zu finden, ob es überkreuzen, doppelt oder dreifach wickeln will.
Weiterführung:	Das Kind kann selbst Überraschungen für seine Freunde verpacken. Besonders geeignet sind Scherzfragen oder kleine Rätsel u.s.w. – Sozialkontakt und Übung zum sinnentnehmenden Lesen. –

Öffnen und Schließen

Sicherheitsnadeln

Übung 1:

Material: 1 „Riesen-Sicherheitsnadel“
(in Ländern, in welchen Materialien noch in Jutesäcken transportiert werden, findet man sie als Sacknadel,
in Ländern, in welchen Stricken als Hobby verbreitet ist, kann man sie als Strickhilfe, zum Abnehmen der Maschen kaufen)
1 locker gewebtes Stück Stoff (Jute)
evt. Sandpapier

Herstellung: Die Spitze der Sacknadel ist mit Sandpapier zu glätten und abzurunden, so daß keine Verletzungsgefahr besteht

Darbietung: Zunächst das Öffnen und Schließen der Nadel einführen, erst im zweiten Gang zeigen, wie die Nadel durch den Stoff gestochen wird.

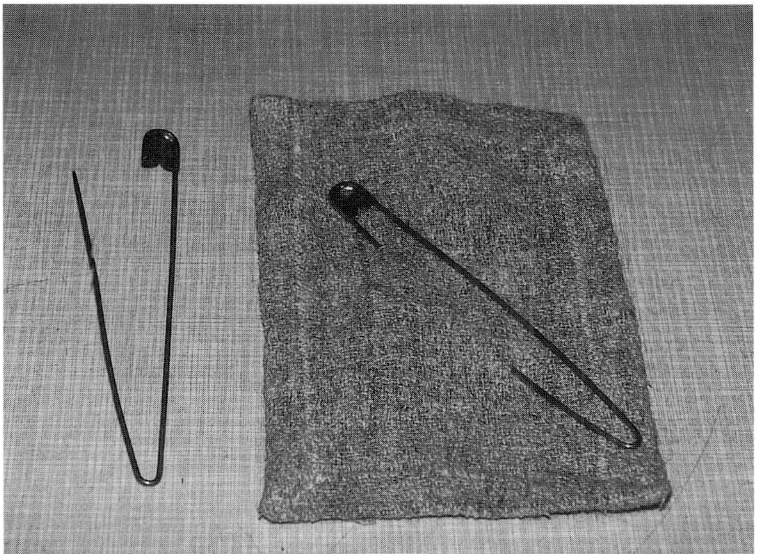

Übung 2:

Material:	5 verschiedene, locker gewebte Stoffreste 30 cm Vlieseline (wenn möglich) 5 Sicherheitsnadeln 1 Dose für die Nadeln
Herstellung:	Von jedem Stoff ein Teil 12 x 12 cm und ein Teil 8 x 8 cm zuschneiden. Die Teile 12 x 12 cm an einer Seite zusammennähen, das ganze Band säumen. Die Teile 8 x 8 cm (wenn möglich mit Vlieseline unterkleben) einzeln säumen.
Darbietung:	Die Stoffe werden gepaart und mit der Sicherheitsnadel fixiert.

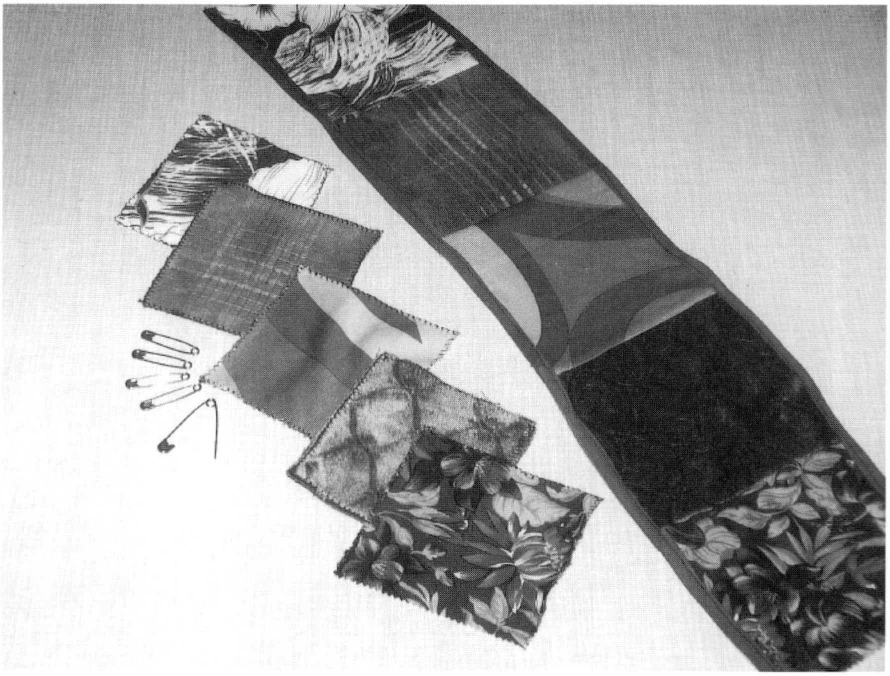

Übung 3:

Material: 12 verschiedene, verschieden dicht gewebte Stoffreste
einfarbiger Baumwollstoff 40 x 40 cm
12 Sicherheitsnadeln
1 Dose für die Nadeln
wenn möglich: 70 cm Vlieseline, 90 cm breit

Herstellung: Jeden Stoff in ein Teil 9 x 12 cm und ein Teil 7 x 10 cm zuschneiden
aus den Teilen 9 x 12 cm eine Patchworkdecke nähen: die Stoffteile mit dünnem Vlieseline unterkleben, an den Nahtzugaben (entspricht 1 cm) zusammennähen, mit nichtrutschendem Stoff, z.B. Baumwollstoff, füttern,
die Teile 7 x 10 cm einzeln, mit Vlieseline unterkleben, säumen.

Darbietung: Die Stoffe paaren und einzeln mit je einer Sicherheitsnadel fixieren. Dabei ist zusätzlich auf die Form des einzelnen Flickens zu achten.

Übung 4: ***Bänder einziehen***

Material: ein Rest Stoff, ca. 20 x 40 cm
2 Bänder, ca 80 cm lang
1 Sicherheitsnadel

Herstellung: Den Stoff erst an den Schmalseiten normal säumen, dann an den Längsseiten soweit einschlagen, daß sich 1 1/2 cm breiter Durchzug ergibt, festnähen
alle 4 Bandenden säumen.

Darbietung: Ein Bandende mit der Sicherheitsnadel anstechen, diese schließen.
Sicherheitsnadel in einen der beiden Durchzüge stekken, am Ende festhalten. Mit der anderen Hand soviel Stoff auf die Nadel schieben, wie eben möglich. Mit der zweiten Hand die Sicherheitsnadel durch den Stoff festhalten, die erste Hand läßt los und zieht dann den Stoff über das Band.
So fortfahren, bis die Sicherheitsnadel am anderen Stoffende wieder erscheint.

Übung 5:

Material:	verschiedene Gebrauchsgegenstände, in welchen üblicherweise Bänder eingezogen sind: Säckchen, Puppenröckchen in asiatischen Ländern: Hosen und Röcke entsprechende Bänder Sicherheitsnadel

Hier erkennt das Kind die eigentliche Funktion des Bandes: den Stoff auf die gewünschte Länge zusammenschieben, fixieren. Die Übung wird sinnvoll durch das Binden einer Schleife abgeschlossen.

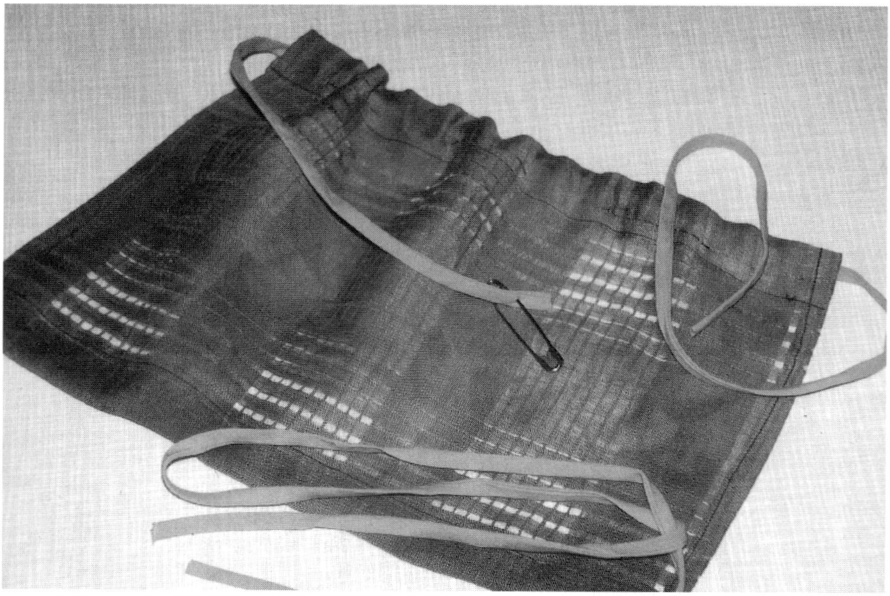

Hosenträgerklipse

Übung: ***Krokodil***

Material: Hosenträgerklipse
Stoffreste
Nadel und Faden

Herstellung: Bestens geeignet sind Hosenträgerklipse von alten, bereits ausgeleierten Hosenträgern, da sie bereits etwas leichter gängig sind als neue Klipse.
An jeden Klips ein keilförmig zugeschnittenes Stoffteil annähen.
Dünner Stoff sollte doppelt oder dreifach gelegt werden, bis er etwa der Stärke eines Hosenbundes entspricht.
Den Kopf aus ebenfalls keilförmig geschnittenem Stoff nähen, mit Watte oder Stoffresten füllen.

Das Krokodil ist eine Alternative zu den Montessori-Anziehrahmen, die wesentlich weniger Platz beansprucht.

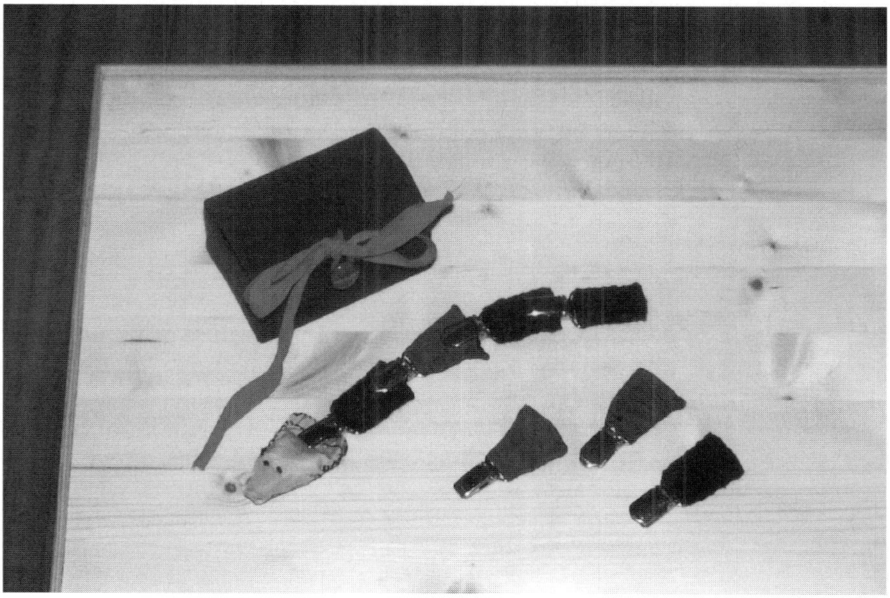

Schraubverschlüsse

Übung 1:

Material: 1 Schraubgefäß, dessen Deckel 4-5 cm Durchmesser beträgt.
Das Gewinde muß bereits beim ersten Aufsetzen „fangen“. Bitte verwenden Sie ein Glas- oder Porzellangefäß, beidseitige Plastikgewinde sind in der Regel sehr schnell ausgeleiert.

Darbietung: Öffnen und schließen.
Bitte geben Sie keine Überraschung in das Gefäß. Dies würde das Kind vom eigentlichen Punkt seiner Bemühungen ablenken.

Übung 2:

Material: 5 verschieden große Gefäße (z.B. Cremedosen, Flaschen) mit Schraubverschlüssen, deren Deckel so unterschiedliche Größen haben, daß sie keinesfalls vertauscht werden können.
1 Tablett

Darbietung: Die Gefäße werden der Reihe nach geöffnet, der Deckel jeweils genau zugeordnet abgelegt.
Bei späteren Übungen werden die Deckel vertauscht abgelegt, um das Kind auf die genaue Größenzuordnung aufmerksam zu machen.

Übung 3:

Material: 10 verschiedene Gefäße mit Schraubverschlüssen, deren Deckel sich durchaus ähnlich sehen dürfen, aber trotzdem nicht untereinander aufgeschraubt werden können.
Das Interesse liegt hier neben dem Schrauben auch in der Zuordnung von Deckel und Gefäß.

Übung 4:

Material:	1 große Flügelmutterschraube (Schraubbolzen mindestens 15 mm Durchmesser)
Darbietung:	Vollkommen ab- und wieder aufschrauben.

Übung 5:

Material:	3 Schrauben, (Schraubbolzen mindestens 15 mm Durchmesser) 3 passende Flügelmuttern 3 passende Muttern 3 Holzlatten, 30 cm lang, 6 cm breit 1 Behälter
Herstellung:	In die Latten, in gleichmäßigen Abständen, 3 Löcher von 20 mm bohren.
Darbietung:	Die Latten verschieden zusammenschrauben, dabei zwischen Muttern und Flügelmuttern wechseln.

Übung 6:

Material:	3 Schrauben, die sich in ihrer Größe wesentlich unterscheiden, aber von gleichem Material sind 3 passende Muttern 1 Dose
Darbietung:	Das Interesse gilt nun den unterschiedlichen Größen.

Übung 7:

Material:	10 verschieden starke Schrauben mit passenden Muttern, einheitlich aus einem Material 1 Brett etwa 20 x 15 cm 1 Dose
Herstellung:	In das Brett werden 10 Löcher gebohrt, jedes Loch im Durchmesser 2 mm größer als die dafür vorgesehene Schraube.
Darbietung:	Jede Schraube wird in „ihr“ Loch eingeschraubt.

Übung 8: *Blumenpresse*

Material:

2 quadratische Sperrholzbrettchen,
Kantenlänge 10 cm
4 Schrauben mit Flügelmuttern, Länge 8-10 cm
saugfähiges Papier

Herstellung:

In jede Ecke der Sperrholzbrettchen ein Loch bohren, dessen Durchmesser 2 mm größer ist, als der Durchmesser des Schraubbolzens. Die Löcher müssen an beiden Brettchen exakt übereinander liegen, so daß diese problemlos übereinander geschraubt werden können.
Das Papier so zuschneiden, daß es in das durch die Löcher beschriebene Quadrat paßt.

Darbietung:

Alle 4 Schrauben durch eines der Brettchen stecken, so daß sie hochstehen.
2 Blätter des zugeschnittenen Papiers darauflegen.
Kleine Blüten, Blätter oder Samenstände vorsichtig auflegen, mit zwei Blättern abdecken und so fortfahren, bis alle Materialien verbraucht sind.
Das zweite Brettchen aufsetzen und festschrauben.
Nach zwei bis drei Tagen können die gepreßten Blüten entnommen werden.

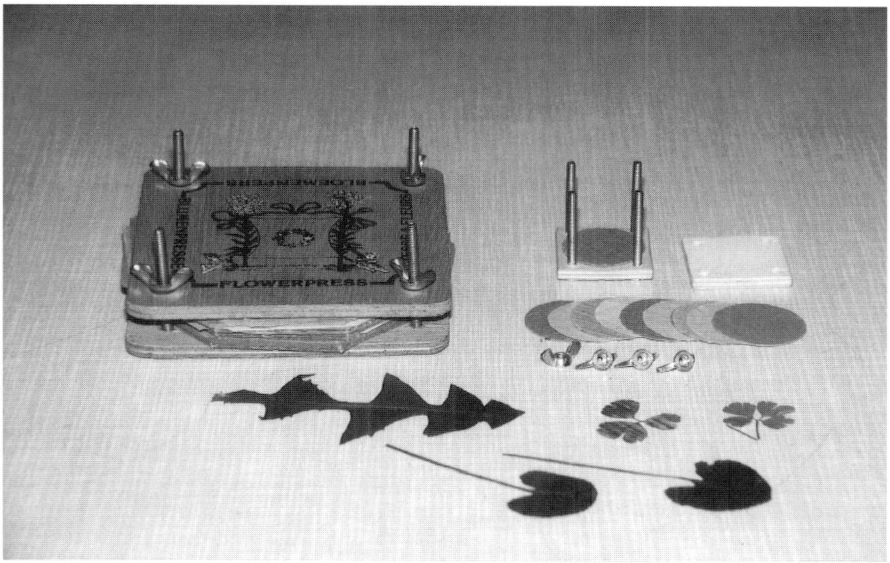

Schlösser aller Art

Übung 1:

Material:	1 großes Vorhängeschloß der dazu passende Schlüssel sollte innen hohl sein, als Gegenstück muß dann im Schloß ein Bolzen sein, der den Schlüssel „führt“.
Darbietung:	Der Schlüssel befindet sich im Schloß, er wird solange langsam und vorsichtig gedreht, bis der Schlüsselbart in der dafür vorgesehenen Öffnung sichtbar ist. Langsam den Schlüssel hoch ziehen. Erneut einstecken und drehen bis Widerstand spürbar ist, daran kurz anhalten, dann mit Schwung diesen Widerstand überwinden, Bügel öffnen.

Übung 2:

Material:	3 unterschiedlich große Vorhängeschlösser
Darbietung:	Das Interesse liegt hier in der richtigen Zuordnung des Schlüssels zum Schloß. Sind die Kinder im Umgang mit dem einzelnen Schlüssel bereits geschickt, dann sollten die drei Schlüssel zu einem Schlüsselbund vereint werden: „wie die Mama ihn hat!“.

Übung 3:

Material:	5 unterschiedliche Vorhängeschlösser 5 Holzleisten, 30 cm x 8 cm
Herstellung:	in jede Holzleiste 5 Löcher bohren, deren Durchmesser um mindestens 5 mm größer ist als der Durchmesser des Bügels des größten Schlosses.
Darbietung:	Die Holzleisten in unterschiedlichster Weise, verbinden, die Schlösser dienen als Halterung.

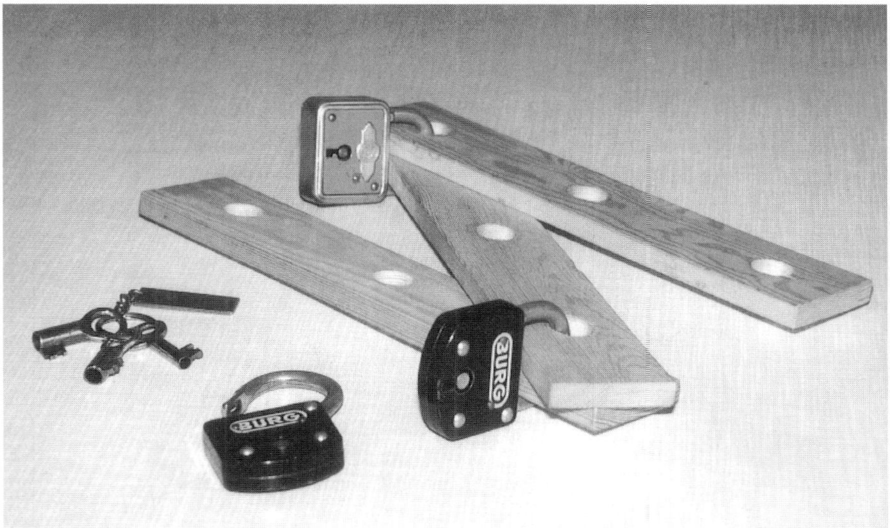

Übung 4:

Material: 3 unterschiedliche Vorhängeschlösser
1 Holzrahmen mit 3 Klappverschlüssen.

Herstellung:

- einen Holzrahmen (Bilderrahmen) 30 x 30 cm leimen
- auf diesen Rahmen 2 Türen, 14 x 30 cm, mit Klavierbandscharnieren aufschrauben
- Riegelklappen und Schelle anschrauben.
- Riegel schließen
- Vorhangschlösser in die Schellen einhängen und schließen

Darbietung: Ein Schloß nach dem anderen öffnen.
Das Interesse liegt in der Handlungsfolge beim Öffnen und Schließen.

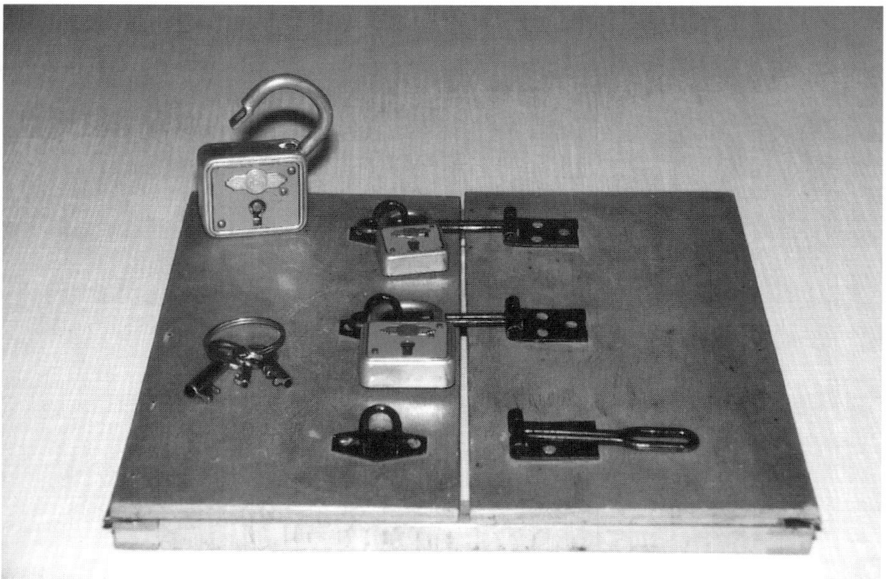

Viele verschiedene Verschlüsse

Übung 1: *Überraschungen*

Material:

10 verschiedene Behälter, mit den unterschiedlichsten Verschlüssen, z.B.:
1 Streichholzschachtel (zum Durchschieben)
1 Cremedose (Schraubverschluß)
1 kleine Flasche (Stöpsel)
1 Geldbörse (Druckknopf)
1 Überraschungsei (Deckel aufsteckbar, rund)
1 Blechdose (Deckel aufsteckbar, quadratisch)
1 Schlüsseltäschchen (Reißverschluß)
1 Schachtel (z.B. von Zahnpasta, Deckelteile einsteckbar)
1 Schuhcremedose (drehbarer Verschluß)
1 kleine Schmuckdose (Schnappverschluß)
10 verschiedene, hübsche Gegenstände, die in Größe den Behältern angepaßt sind
1 Korb, Tablett oder kleiner Koffer

Herstellung:

Jeder Behälter wird mit einen Gegenstand gefüllt.
Die Größe der Überraschungs-Gegenstände muß dem Behälter angepaßt sein.
Als Inhalt eignet sich entweder ein wirklich passender Gegenstand, z.B. Schlüssel in Schlüsseltasche, Ring in Schmuckdose.
Schwieriger ist es wenn eine Einheit, z.B. ein Satz Spieltiere, verwendet wird. Hier muß sich das Kind beim Wiedereinsortieren ausschließlich auf die Größen konzentrieren.

Darbietung:

- Der volle Korb steht direkt vor dem Kind, soweit an seinem Arbeitsplatz zurückgeschoben, daß Arbeitsfläche freibleibt.
- Ein Gefäß wird dem Korb entnommen, geöffnet, die Überraschung entnommen.
- Die Überraschung stellt man in die Mitte des Arbeitsplatzes, das Unterteil des Behälters links daneben, den Deckel rechts daneben.

- Das nächste Gefäß wird entnommen und geöffnet, das Unterteil wird unter dem des ersten Gefäßes abgestellt, der Deckel auch wieder unter den ersten Deckel, so daß allmählich zwei Reihen entstehen.
- Nachdem alle Gefäße geöffnet sind, werden sie wieder gefüllt und geschlossen. Das ordentliche Aufreihen hilft nun leicht den richtigen Deckel sowie den Inhalt wieder zu finden.

- Bei späteren Wiederholungen können alle Teile der Gefäße und der Inhalt vermischt abgelegt werden. Dies ist eine wesentliche Erschwerung der Übung! Bitte überfordern Sie dabei das Kind nicht.
- Das Interesse dieser Übung liegt sowohl im Zusammenfinden von Deckel und Dose, aber auch im Abschätzen von Dimensionen und Volumen.

Bitte tauschen Sie nach einiger Zeit die Behälter gegen andere aus und bitte achten Sie sehr genau, ob Ihr Kind bei einem dieser Verschlüsse besondere Schwierigkeiten hat. Ist dies der Fall, stellen Sie bitte mit dieser Art eine gesonderte Übungsreihe auf, mit sich langsam steigernden Schwierigkeitsgrad, wie dies bei den Schraubverschlüssen beschrieben ist.

Weiterführung: Arbeit mit den „gefundenen“ Gegenständen: z.B.

- Sortierübungen nach Material, nach Anfangsbuchstaben oder Lauten
- Rätselfragen nach den Gegenständen
- Fragen nach Herkunft und Gebrauch

Kneten

Töpfern ist eine uralte Kunst, sie ist in allen Kulturen vertreten. Kinder lieben den Umgang mit Ton, mit Lehm und, wenn dies nicht möglich ist, mit Knetmasse.

Wenn wir Kindern dieses Material in die Hände (bitte wörtlich zu nehmen) geben ist dabei an ein freudevolles Arbeiten (mit therapeutischem Effekt) gedacht, in dem oft wunderschöne Formen oder Gegenstände entstehen. Für uns sind dies kleine Kunstwerke, die ebenso wertgeschätzt werden, wie die „großer" Meister. Es muß aber keineswegs bei jeder Beschäftigung mit diesem Material ein sichtbares Ergebnis bleiben. Im Kneten und Formen erfahren die Kinder unterschiedlichste taktile Reize, sie wenden Kraft an, können dadurch vielleicht sogar Aggressionen abbauen. Sie schulen die Motorik einzelner Finger, setzen sich mit Formen auseinander, entwikkeln Kreativität und können ihre Arbeit solange fortsetzen, bis sie „gesättigt sind".

Vorbereitende Übungen, wie Ton glatt kneten oder Knetmasse weichkneten sind hier nicht beschrieben, sie sind jeweils vom verwendeten Material abhängig. Bitte führen Sie die Kinder auch hier durch eine Darbietung ein.

Rollen

Übung 1:

Material:	Knetmasse Unterlage der Klumpen Knetmasse muß der Kraft des Kindes angepaßt sein
Darbietung:	Knetmasse, auf der Unterlage, mit beiden, sehr steif und überstreckt gehaltenen Händen, ausrollen. Die Rollen sollen möglichst gleichmäßig dick und lang werden. Aus diesen Rollen Formen gestalten: Schnecke, Kringel, Bretzel ...

Übung 2:

Material:

Knetmasse
Unterlage
Messer
unterschiedlich lange Stangen
(z.B. Abschnitte von Besenstielen – ideal: rote Stangen)

Darbietung:

- Rollen formen
- Hände waschen
- eine der Stangen mit den Händen abmessen: jeweils das Ende der Stange mit den Flächen der geschlossenen Finger anheben, sich dabei auf die Länge konzentrieren, die zwischen den beiden Handflächen liegt
- diese Länge auf die Rolle aus Knetmasse übertragen
- mit dem Messer abschneiden
- Stange neben die abgeschnittene Rolle legen, Länge vergleichen.

Übung 3:

Material:

Knetmasse
Unterlage
Sandpapier – Druckbuchstaben oder Ziffern

Darbietung:

- einen großen Vorrat an Rollen aus Knetmasse herstellen
- Hände waschen
- gewünschte Buchstaben fühlen
- Längen dieser Buchstaben mit den Fingern „abmessen"
- Buchstaben oder Ziffern nun, nur mehr nach visueller Vorlage, formen

Übung 4:

Material:	Knetmasse Unterlage Sandpapierbuchstaben Schreibschrift
Darbietung:	entspricht Übung 2 In dieser Art können Kinder ihren Namen schreiben. Die Knetmasse kann sowohl an der Sonne als auch im Backofen bei leichter Hitze getrocknet werden, um sie haltbarer zu machen. Malt man Vokale blau und Konsonanten rot an, so entsteht in dieser Art ein Alphabetkasten, der die Kinder zum Legen von Worten und Geschichten anregt.

Kugeln formen

Übung 1:

Material:	Knetmasse Unterlage
Darbietung:	Der verwendete Klumpen Knetmasse muß der Hand des Kindes angepaßt sein. Die Knetmasse zwischen beide Hände legen, die Hände entgegengesetzt kreisend bewegen, dabei die Richtung beibehalten, bis sich eine Kugel formt. Unterschiedlich große Kugeln formen, der Größe nach sortieren und benennen.

Übung 2:

Material:	Knetmasse Unterlage Nadel Fädelgarn Farben
Darbietung:	Kugeln formen mit der Nadel durchstechen trocknen lassen bemalen Ketten fädeln

Übung 3:

Material: entspricht Übung 2

Darbietung: Kleine Perlen formen, wie in Übung 2 beschrieben als Zählmaterial (entsprechend der bunten Perlentreppe und dem goldenem Perlenmaterial) auffädeln:

O	O
OO	OOOOOOOOOO
OOO	
OOOO	
OOOOO	
OOOOOO	
OOOOOOO	
OOOOOOOO	
OOOOOOOOO	

Knetmasse ausrollen

Übung 1:

Material:
Knetmasse
Unterlage
Wellholz (Nudelholz – Teigrolle)
Ausstechformen

Darbietung:
- Knetmasse auf der Unterlage ausrollen
- Formen ausstechen

Übung 2:

Material:
Knetmasse
Unterlage
Wellholz
Modellierstäbchen
Messer
Teigrädchen

Darbietung:
- Knetmasse auf der Unterlage ausrollen
- nach eigener Vorstellung mit Messer oder Teigrädchen Formen schneiden
- Oberfläche mit Modellierholz formen

Übung 3:

Material:

Knetmasse
Unterlage
Wellholz
Messer
Lineal

Darbietung:

- Knetmasse auf der Unterlage sehr dick ausrollen
- einen Fuß oder eine Hand eindrücken, so daß ein Relief entsteht
- mit Hilfe des Lineals den Rand festlegen
- mit dem Messer Rand abschneiden

Übung 4:

Material:

Knetmasse
Unterlage
Wellholz
Messer
Lineal
Modellierstäbchen oder Gabel

Darbietung:

- Knetmasse wie bei Übung 3 vorbereiten
- Ränder abschneiden
- mit Hilfe des Modellierstäbchens Buchstaben, Zahlen oder auch Bilder einritzen.

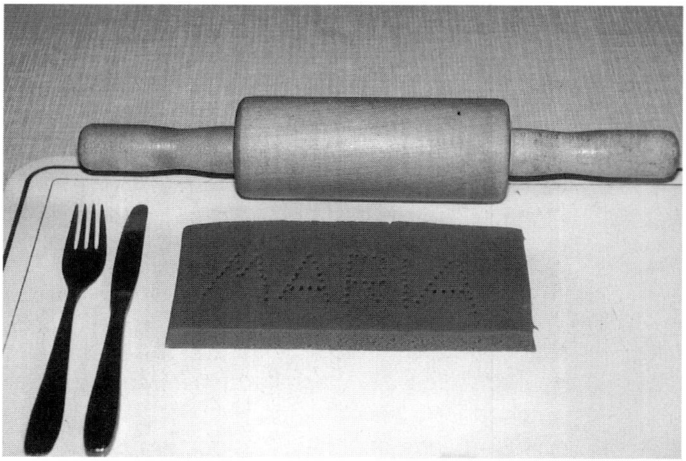

Übung 5:

Material:

Knetmasse
Unterlage
Wellholz
Messer oder Teigrädchen
plan aufliegende Formen
z.B. kurzes Lineal, flacher Deckel einer Dose,
ideal: metallene Einsätze

Darbietung:

- Knetmasse auf der Unterlage ausrollen
- Form auflegen
- mit Messer oder dem Teigrädchen ausschneiden
- Form weglegen, Reste entfernen
- aus den Resten schmale Streifen schneiden
- mit den Fingern die Maße der Form „abmessen“
- auf die Streifen übertragen, entsprechend lang abschneiden
- aus den Streifenabschnitten den Umriß der Form nachbilden
- die reale Form zur Kontrolle auf die Umrißform aus Knetmasse legen, vergleichen.

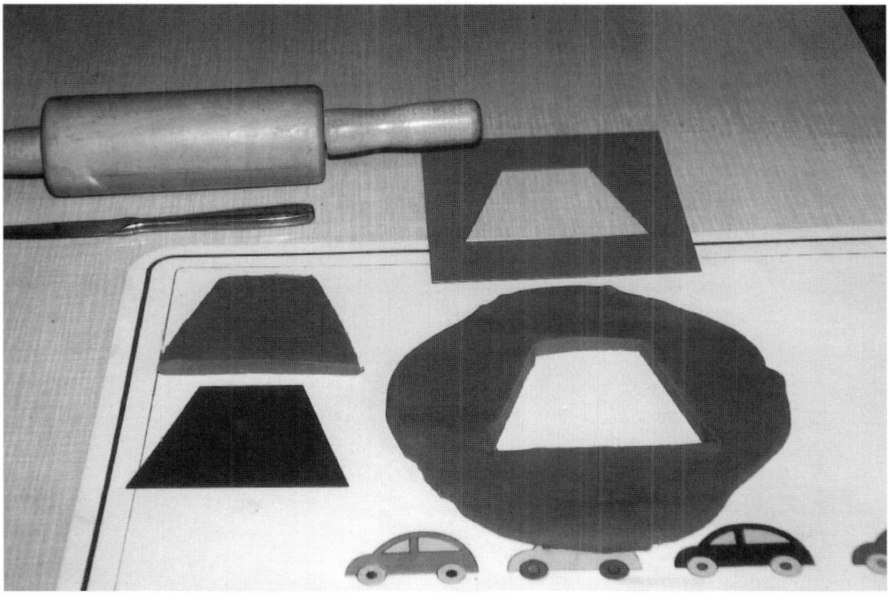

Formen von Körpern

Übung 1:

Material: Knetmasse
Unterlage

Darbietung: Nach der Phantasie unterschiedlichste Figuren modellieren.

Übung 2:

Material: Knetmasse
Unterlage
Gegenstände, die in ihrer Form sehr klar sind
z.B. Bauklötze, Kerze, Zündholzschachtel,
ideal: Geometrische Körper des Sinnesmaterials

Darbietung:

- die Größe des Körpers über das „Fingermaß“ abmessen, Schulkinder messen mit dem Lineal
- die vorgegebene Form möglichst genau nachbilden

Alle aus Ton oder Salzteig hergestellten Formen können an der Sonne oder im Backofen bei schwacher Hitze getrocknet und anschließend mit Wasserfarben bemalt werden. Diese von den Kindern selbst hergestellten Materialien sind echte „Kunstwerke“, die ihr Bemühen und Können beweisen. Sie sollten deshalb zu Hause auch als Spiel- oder Arbeitsmaterial weiter verwendet werden.

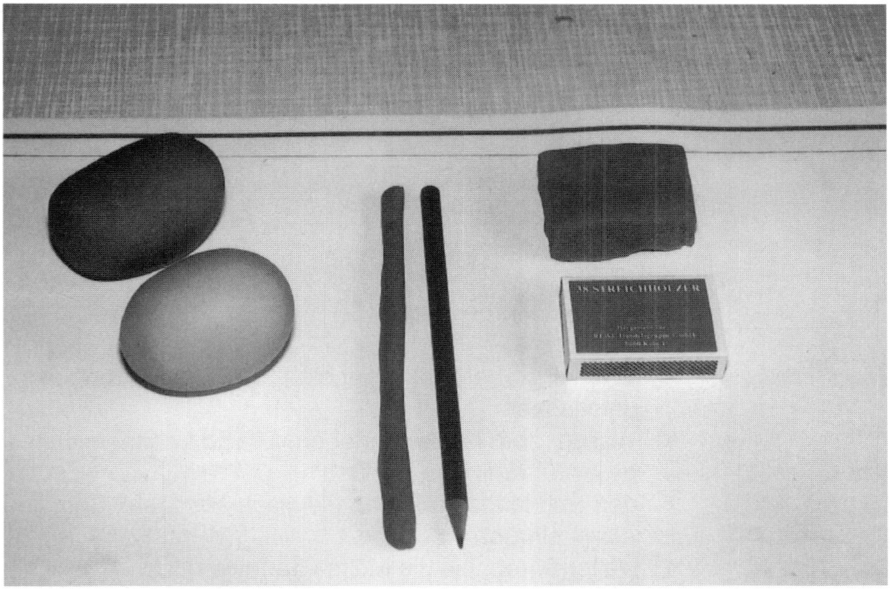

Rezept: Knetmasse

Knetmasse selbst hergestellt: ein tausendfach bewährtes Rezept

Material:

400 g Mehl
200 g Salz
2 Eßl Alaunpulver (ca. 11g, aus der Apotheke)
1 1/2 l kochendes Wasser
3 Eßl Öl
Lebensmittelfarbe

Herstellung:

- in einer großen Schüssel Mehl, Salz und Alaunpulver vermischen
- Wasser zum Kochen bringen, Öl und Lebensmittelfarbe einrühren
- den Sud langsam in das Gemisch aus Mehl, Salz und Alaun einrühren
- weiterrühren, bis die Masse handwarm ist
- kneten, bis die Masse geschmeidig ist.

Luftdicht, in einem Glas oder einer Plastiktüte, im Kühlschrank aufbewahren. Die Knetmasse bleibt geschmeidig und kann oft wiederverwendet werden, bis sie durch das ranzig werdende Öl einen unangenehmen Geruch bekommt.
Sie kann auch getrocknet und bemalt werden.

Vorschulkinder und Schulkinder stellen unter Anleitung diese Knetmasse selbst her. Sie üben dabei:

- sinnentnehmendes Lesen
- Materialkenntnis
- Abmessen, Abwiegen (brutto, netto, tara)
- Umgang mit Kochutensilien
- folgerichtiges Handeln
- Ausdauer
- Konzentration
- Handfertigkeit

Den Verfasser dieses Rezeptes konnte ich leider nicht ausfindig machen, ich möchte ihm hier für seine Idee danken, die schon sehr vielen Kindern sehr intensives und dabei freudiges Lernen ermöglichte.

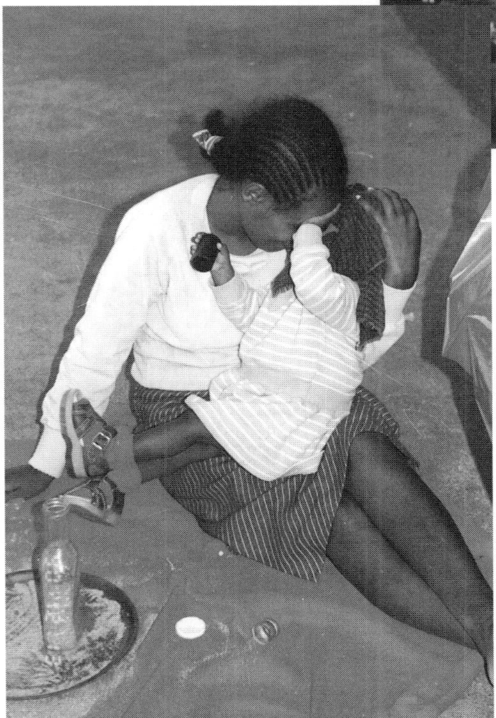

Erste Schüttübungen: Die Mama hilft und freut sich nach dem Gelingen mindestens ebenso wie das Kind.

Gießen durch einen Trichter

Ziel dieser Übungen ist die Auge-Handkoordination, und die Beobachtung vom unterschiedlichen Verhalten einzelner Materialien. Diese Beobachtungen führen zu Ruhe und Konzentration.

Übung 1:

Material:

1 Tablett
2 (Mineralwasser) Plastikflaschen
Sandpapier
Sand

Herstellung:

- eine der beiden Flaschen ist vom Flaschenhals abwärts, an der weitesten, aber noch nicht geriffelten Stelle, mit einem scharfen Messer zu durchschneiden.
  Umgedreht ergibt dieser Teil den Trichter.
- Der untere Teil der Flasche ist soweit zu kürzen, daß ein zylindrischer Behälter entsteht
- der untere Teil der zweiten Flasche ist entsprechend abzuschneiden
- alle Schnittstellen bitte mit Sandpapier glätten
- in einen der Behälter soviel Sand einfüllen, daß ein Kind ihn noch gut hochheben kann.

Darbietung:

Den Trichter auf den leeren Behälter setzen,
Sand eingießen.
Das Interesse gilt dem sich leerenden Trichter.
Endet der Fluß des Sandes, ehe der Trichter leer ist,
so ist dieser mit beiden Händen anzuheben.

Übung 2:

Material:

1 Tablett
2 Glasflaschen (mit Schraubverschluß)
1 Trichter, dessen Ausflußloch in den
Flaschenhals paßt
Sand

Darbietung:

Sand durch den Trichter aus einer Flasche
in die Andere gießen.
Das Interesse gilt hier dem Fluß des Sandes,
der durch das Glas sehr gut zu beobachten ist.

Ein Mädchen, etwa 2 Jahre, wiederholte hier gut 40 Minuten lang die gleiche Übung, dann war sie „gesättigt“.

Die Kostbarkeit der Glasflasche erfordert:

- gutes Standvermögen und Gleichgewicht
- Bewegungskoordination um zielsicher den Flaschenhals über der Trichteröffnung zu halten
- Konzentration und Ausdauer um abzuwarten bis die Flasche leer ist
- Kraft diese Zeit durchzuhalten und die Flasche anschließend sorgfältig abzusetzen.

Bei unsachgemäßem Umgang liegt die Fehlerkontrolle im Material selbst: die Flasche zerbricht.

Übung 3:

Material:
1 Tablett
1 Krug
mehrere kleine Flaschen
1 kleiner Trichter, dessen Ausflußloch in den Hals der kleinsten Flasche paßt
soviel gesiebter Sand, daß alle Flaschen gefüllt werden können und der Krug dann leer ist.

Darbietung:
Die Flaschen werden nacheinander gefüllt.
Das Interesse gilt hier dem Erkennen ob eine Flasche bereits voll ist sowie dem rechtzeitigen Stoppen der Bewegung.

Übung 4:

Material:
gleiche Gefäße und Trichter wie bei Übung 1-2-3
unterschiedliche Materialien zum Gießen:
feineren oder gröberen Sand
Wasser (möglichst gefärbt)
Grieß (für Kinder, die noch in der oralen Phase sind)

Darbietung:
Entspricht der bei den Übungen 1-2-3, das Interesse gilt hier dem unterschiedlichen Verhalten der verschiedenen Materialien.
Die Verwendung von Lebensmitteln zwingt zu noch sorgfältigerem Arbeiten.

Übung 5:

Material:
1 Tablett
1 kleine Flasche
2-3 Becher, deren gemeinsamer Inhalt in die Flasche paßt
1 passender Trichter
feiner Sand oder gefärbtes Wasser

Darbietung:
Wasser oder Sand werden aus der Flasche in die Becher gegossen und mit Hilfe des Trichters wieder in die Flasche zurück geschüttet.
Das Interesse gilt hier dem Einsatz des Trichters: bei den Übungen 1-4 begann die Arbeit mit dem Aufsetzen des Trichters, hier wird er erst beim Zurückschütten verwendet.

Übung 6:

Material:

1 Tablett
1 klare (Glas-)Flasche
1 passender Trichter
1 (Plastik)Schüssel
2 kleinere Schüsseln
1 Sieb
1 Löffel
2 verschiedenartige, möglichst auch verschiedenfarbige Schüttmaterialien, z.B.: feiner, dunkler Sand und kleine, helle Steine, in gleicher Menge – in der Gesamtmenge des Flascheninhalts.

Darbietung:

Sand und Steine befinden sich in der großen Schüssel. Das Gemenge löffelweise in das Sieb füllen und durch Umrühren über einer der kleineren Schüsseln aussieben, trennen. Die Steine in die zweite der kleinen Schüsseln geben. Sobald beide Materialien vollständig getrennt sind, werden sie durch den Trichter in die Flasche gelöffelt. Das Interesse gilt nun den unterschiedlichen Mustern, die entstehen, je nach der Menge des Materials das gerade verwendet wird. Ideal ist eine möglichst gleichmäßige Aufteilung.

Weiterführung:

Einführung der Begriffe: Gemenge, Menge, Teilmenge als Vorbereitung zur Mathematik.
Beobachtung der unterschiedlichen Platzverdrängungen von Steinen und Sand.

Übungen mit Wasser

Wasser ist Leben! Der Umgang mit Wasser muß deshalb schon dem jungen Kind bewußt gemacht werden – überall! – nicht nur in den Trockengebieten unserer Erde.

Kinder lieben Wasser. Ich kenne kein Kind, das sich nicht durch das Angebot von Wasser, Wasserspielen, aus der Reserve locken ließe.

- Wasser ist „das" Getränk, ein kostbares Nahrungsmittel
- Wasser kann in der unterschiedlichsten, von Kindern nachvollziehbaren Weise „verarbeitet" und benutzt werden
- Wasser löst angenehme, taktile Reize aus
- das Verhalten von Wasser kann gut beobachtet werden.

Wasser ist somit das Spiel-, Arbeits-, Beobachtungs-, Therapiematerial schlechthin.

Bitte verschwenden Sie Wasser nie!!!

Überlegen Sie bitte immer gemeinsam mit dem Kind, was mit dem restlichen Wasser geschehen soll. Ist es noch verwendbar, z.B. zum Blumen gießen, kann man damit noch den Boden wischen?

Von Region zu Region ist das Bewußtsein über den Wert des Wassers unterschiedlich. In einem Land, in dem mit jedem Tropfen Brauchwasser Bananenstauden gewässert werden, erübrigen sich Sparmaßnahmen. Hier ist es wichtig aufzuzeigen, welchen Genuß und welchen Erfahrungsschatz Kinder im Umgang mit Wasser erleben können. In der Mehrzahl der „reichen Länder" finden wir das Gegenteil. Kinder (und auch Erwachsene) pritscheln, benutzen Wasser, ohne auch nur einen Gedanken über die Herkunft oder den Verbleib des Brauchwassers zu verschwenden. Hier muß das Bewußtsein um die Gottesgabe schon beim ganz jungen Kind geweckt werden, daß es langsam in ein verantwortungsbewußtes Handeln wachsen kann.

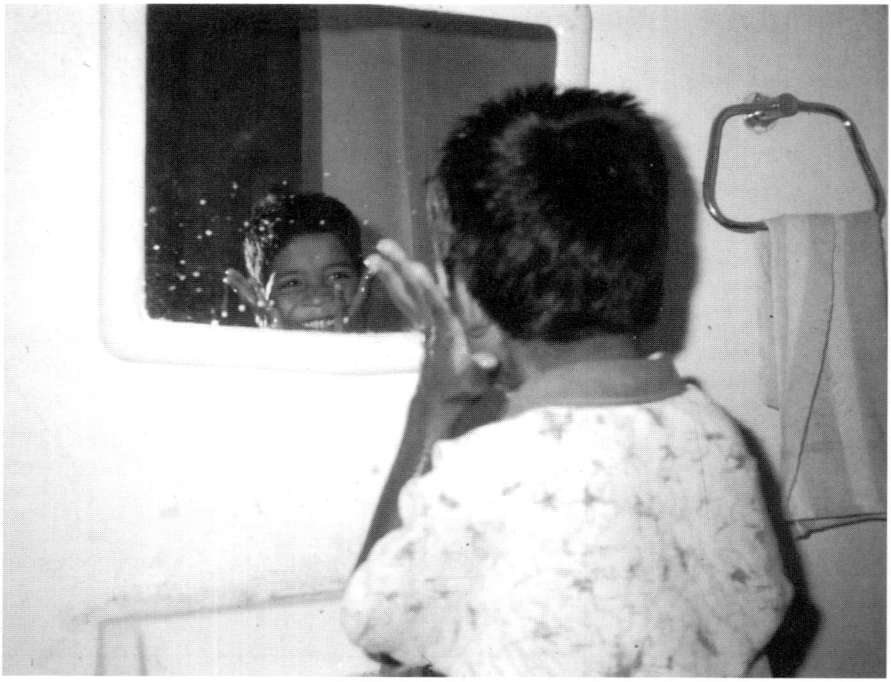

Ein Junge wäscht sich mit sichtlichem Vergnügen!

Er genießt die taktilen Reize und fühlt sich wohl und glücklich dabei, er lernt, auf sich, sein Aussehen und seine Hygiene zu achten. Positive Ausstrahlungen – die sicher positive Rückmeldungen finden.

Taktile Reize

Diese Übungen fördern das Körperbewußtsein, der Differenzierung von Wahrnehmungen. Die genaue Bezeichnung jedes einzelnen Körperteils unterstützt Wahrnehmung und Ausdrucksfähigkeit.

Übung 1: ***Hände waschen***

Material:

1 Krug voll (lauwarmes) Wasser
1 Schüssel
Seife (nach Möglichkeit 2 oder 3 verschiedene Seifen mit unterschiedlichem Duft) in einer Seifendose
Handtuch
Handcreme

Darbietung:

Wasser in die Schüssel gießen,
das Kind riecht an der Seife und wählt nach dem Duft.
Hände in die Schüssel legen, bewußt das Wasser empfinden, beobachten.
Hände einseifen und solange reiben bis viel, weicher Schaum entsteht.
Schaum über die ganzen Hände verteilen, beobachten, jeden Finger einzeln einschäumen, Handgelenk, Handrücken beachten.
Finger, Handrücken usw. dabei benennen.
Hände wieder in das Wasser legen, vorsichtig den Schaum abwaschen.
Hände über der Schüssel vorsichtig abschütteln mit dem Handtuch abtrocknen, dabei die gleiche Reihenfolge einhalten wie beim Einschäumen.
Hände eincremen und wiederum die gleiche Reihenfolge einhalten wie beim Einschäumen.
Brauchwasser mit dem Kind betrachten und überlegen: was geschieht jetzt damit?

Übung 2: ***Füße waschen***

entspricht der Übung Hände waschen

Übung 3: ***Waschen aller anderen Körperteile***

entspricht der Übung Hände waschen

Übung 4:

Material:

2 Schüsseln
warmes und kaltes Wasser
Eiswürfel
Tablett
Handtuch
Handcreme

Darbietung:

Eine Schüssel mit warmem Wasser, die andere Schüssel mit kaltem Wasser füllen und zusätzlich mit den Eisstückchen weiter abkühlen.
Die Hände abwechselnd im warmen und kalten Wasser bewegen.
Die Benennung „kalt“ und „warm“ erfolgt zunächst erst, wenn das Kind die Empfindung bereits aufgenommen hat, also Sekunden bis Minuten nach dem Eintauchen. Bei einer Wiederholung der Übung erfolgt die Benennung zuerst: „kalt“ – so kann sich das Kind auf den Reiz bereits einstellen, ehe es die Hände eintaucht.

Nach dieser Übung ist das Eincremen der Hände für die Pflege der Haut sehr wichtig. Taktile Reize werden dann auch besonders gut empfunden.

Weiterführung:

Erfahrung rauh – glatt .

Erfühlen von Stoffen unterschiedlichster Qualität.

Erfühlen von Sandpapierbuchstaben, wobei hier das Interesse an der Linienführung und nicht im Erlernen des Buchstabens liegt.

Ein behindertes Kind richtet seine volle Aufmerksamkeit auf seine Hände:
es fühlt „warm“ und „kalt“.

Die Mutter verfolgt das Geschehen voll Spannung, sie wird diese und ähnliche Übungen zu Hause fortsetzen und wiederholen und damit den Erfahrungsbereich des Kindes wesentlich erweitern.

Übung 5:

Material:

1 kleine Kanne aus der sehr genau gegossen werden kann
sehr kaltes (mit einem Eiswürfel kalt gehaltenes) oder gut warmes Wasser
1 Schüssel
Handtuch

Darbietung:

Einzelnen Finger über die Schüssel halten.
Wasser tropfenweise oder im feinen Strahl auf diesen Finger gießen.
Finger dabei benennen.
nacheinander die anderen Finger, die anderen Teile der Hand betropfen, begießen.
Hand abtrocknen, dabei die gleiche Reihenfolge einhalten.

Wasser in die Kanne zurückgießen.
Wiederholung an der anderen Hand.

Wiederholung an den Füßen, an anderen Körperteilen.

Übung 6:

Material:

1 Glas Wasser
1 Pipette
Handtuch

Darbietung:

Mit der Pipette einen oder mehrere Tropfen Wasser auf einen Körperteil tropfen, diesen benennen – abwischen.
Diese Übung eignet sich ganz besonders als Partnerübung!

Übung 7:

Material:

1 Glas Wasser
1 Strohhalm
1 Schale zum Auffangen des Wassers
Handtuch

Darbietung:

Wasser mit dem Strohhalm ansaugen,
über dem Schienbein, dem Knie ... abblasen
Wasser mit der Schale auffangen
(aber nicht mehr in das Glas zurückgießen!).

Diese Übung erfordert eine sehr geschickte Beidhändigkeit, da die Konzentration einerseits auf Mund und der den Strohhalm haltenden Hand liegt, andererseits die ungeschicktere Hand die Schale in Fließrichtung des Wassers halten muß.

Umfüllen von Wasser

Übung 1:

Material:

2 Schüsseln, eine davon mit Wasser gefüllt
1 Schwamm
1 Tablett

Darbietung:

Beide Schüsseln stehen nebeneinander auf dem Tablett.
Schwamm in das Wasser tauchen,
hochnehmen, leicht andrücken, so daß er nicht mehr trieft,
über der 2. Schüssel ausdrücken,
fortsetzen bis die erste Schüssel leer ist.

Übung 2:

Material:

2 Schüsseln, eine davon mit Wasser gefüllt
1 Wasch-(Seifen-)lappen
1 Tablett

Darbietung:

Beide Schüsseln stehen nebeneinander auf dem Tablett
den Wasch-(Seifen-)lappen eintauchen,
hochnehmen und leicht drücken, so daß er nicht mehr trieft,
über der zweiten Schüssel auswinden,
fortsetzen bis die erste Schüssel leer ist.

Das Interesse gilt hier der gegenläufigen Bewegung beider Hände.

Schöpfübung:

Das Kind lernt Materialien kennen, die sich im Wasser unterschiedlich verhalten: sie schwimmen, sinken schnell oder langsam zu Boden, haften dort oder flutschen weg, sobald sich das Sieb nähert.

Das Kind beobachtet, vergleicht und folgert. Ist das Interesse geweckt, wird es nach ähnlichen Gelegenheiten und Gegenständen suchen und experimentieren.

Schöpfen

Übung 1:

Material:

1 große Schüssel
1 kleine Schüssel
1 Sieb
kleine, schwimmende Gegenstände
z.B. Tischtennisbälle, kleine Zapfen,
Styroporstückchen ...
1 Krug Wasser
1 Tablett

Darbietung:

Das Wasser in die große Schüssel gießen,
die schwimmenden Gegenstände einzeln mit dem
Sieb herausfischen,
in der kleinen Schüssel ablegen.

Übung 2:

Material:

wie bei Übung 1
zusätzlich verschiedene Schöpflöffel, Siebe, Löffel

Darbietung:

Wie bei Übung 1,
es wird nun aber versucht, möglichst nur den Gegenstand auf dem Schöpflöffel zu halten und das Wasser vorsichtig ablaufen zu lassen.

Das Interesse liegt bei dieser Übung in den verschiedenen Schwierigkeitsgraden, je nach Gebrauch des Schöpfers.

M. 3 Jahre:
Es kostet Mühe und Konzentration, eine so schwierige Aufgabe wie „Wasser schöpfen“ zu erarbeiten. Verschiedene Möglichkeiten zu greifen, werden ausprobiert.

Endlich kann sie das Wasser an gewünschter Stelle abkippen, der Gebrauch eines Schöpflöffels wird souverän beherrscht!

Übung 3:

Material:	2 Schüsseln, eine davon mit Wasser gefüllt 1 Schöpflöffel 1 Tablett
Darbietung:	Möglichst viel Wasser aus einer Schüssel in die andere schöpfen, den Rest umschütten.

Übung 4:

Material:	2 Schüsseln, eine davon mit Wasser gefüllt verschiedene Schöpflöffel 1 Tablett
Darbietung:	Nacheinander werden die einzelnen Schöpflöffel ausprobiert. Das Kind soll so erleben, daß ein gutes Arbeiten wesentlich vom passenden Handwerkszeug abhängt.

Übung 5:

Material:	eine Auswahl an Schüsseln, Schöpflöffeln Flaschen Trichter
Darbietung:	Das Kind kann nun selbst seine Übung zusammenstellen und dabei auch die Erkenntnisse aus Übung 4 anwenden.
Weiterführung:	Das Kind bedient von nun an die Familie bei den Mahlzeiten und erntet dadurch Lob und Anerkennung.

Nach jeder Arbeit werden alle gebrauchten Gegenstände wieder ordentlich abgetrocknet und so an ihren Platz zurückgestellt, daß jederzeit ein anderes Kind neu mit seiner Arbeit beginnen kann.

Diese Ordnung:

- fördert Motorik und Wahrnehmung
- gibt jeder Arbeit einen Anfang und ein Ende
- wiederholt den ersten Arbeitsablauf im Aufräumen
- und festigt damit, entsprechend den Lerngesetzen, die eben erworbene Erfahrung
- gibt dem Kind Sicherheit und Unabhängigkeit, da es
- nicht zur Suche gezwungen wird und damit oft auf die Hilfe eines anderen angewiesen ist
- ermöglicht die volle Konzentration auf die eben gewählte Tätigkeit, da sofort mit der Arbeit begonnen werden kann.

Gießen

Übung 1:

Material: 2 kleine Kannen (wenn möglich Glaskannen)
gefärbtes Wasser
1 Tablett

Herstellung: Wasser mit ungiftigen Farben färben,
z.B. Zwiebelschalensud = lichtgelb bis braun,
Sud von roten Rüben mit einigen Tropfen Essig =
rosa bis rot

Übung 2:

Material: 1 schwere Glasflasche
1 Krug
1 Trichter
1 Tablett dessen Ecken so gestaltet sind,
daß verschüttetes Wasser gut ausgegossen
werden kann

Darbietung: Die leere Glasflasche steht auf dem Tablett,
den Trichter aufstecken,
das Kind holt selbst Wasser von der
Wasserleitung
und füllt es in die Flasche.

Das Interesse gilt hier der Menge des Wassers,
die gebraucht wird um die Flasche zu füllen.
In der Regel wird das Kind mehrmals gehen müssen,
zuerst gießt es die volle Menge in die Flasche,
dann aber muß es darauf achten, daß nur mehr
ein kleiner Teil in die Flasche paßt.

Übung 3:

Material:

1 kleine (Glas-)Kanne
2 kleine Gläser oder Becher
gefärbtes Wasser
1 Tablett
wasserfesten Stift oder Nagellack

Herstellung:

Gläser oder Becher erhalten eine Markierung, die genau anzeigt, wie weit das Wasser eingefüllt werden soll.
In die Kanne wird exakt soviel Wasser eingefüllt, daß beide Becher oder Gläser genau bis zur Markierung gefüllt werden können.

Darbietung:

Genaues Beachten der Markierung beim Einfüllen.

Das Interesse ist hier auf das Aufteilen einer größeren Menge und die Bewegungskoordination gerichtet, wenn kleinste Mengen bis zur Markierung fehlen.

Übung 4:

Material:

1 Flasche
1 Trichter
3 kleine Gläser oder Becher mit Markierung
gefärbtes Wasser
1 Tablett

Darbietung:

In der Flasche befindet sich exakt die Menge gefärbtes Wasser, die die 3 Becher oder Gläser bis zur Markierung füllt.

Das Interesse gilt hier der Verwendung des Trichters, der erst beim Zurückschütten des Wasser in die Flasche gebraucht wird.

Jede Übung wird an die Geschicklichkeit des Kindes angepaßt: solange seine Reaktionen noch langsam sind braucht es große Gefäße und eine große Menge Wasser um reagieren zu können.
Sobald sein Reaktionsvermögen verbessert ist und es schneller auf eine Beobachtung reagieren kann, werden die Übungen angepaßt: kleinere Gefäße und eine geringere Menge Wasser als neue Herausforderung.

Übung 5:

Material:

1 Kanne
mehrere kleine, unterschiedliche Flaschen
1 Trichter, dessen Ausfluß in die Flasche mit dem dünnsten Flaschenhals paßt
gefärbtes Wasser in der Menge, die dem Fassungsvermögen aller Flaschen entspricht
1 Tablett

Herstellung:

Bitte sammeln Sie verschiedenste Flaschen, z.B. Rasierwasser-, Aperitif-, Parfum-, Gebrauchsmusterflaschen.
Sie sollten sich in Größe, Form und Glasdicke unterscheiden.

Das Interesse gilt hier dem unterschiedlichen Fassungsvermögen sowie dem verschiedenartigen Verhalten beim Einfüllen und Zurückgießen.

Schütten...

schöpfen...

oder gießen...

Immer wieder neue Erfahrungen mit dem Medium Wasser!

Sobald man das Wasser zurückschüttet, kann jede Übung wiederholt werden – sooft man will!

Pipettenübung

Übung 1:

Material: 2 Gläser oder Becher
1 große Pipette (Laborbedarf)
gefärbtes Wasser
1 Tablett

Darbietung: Handhabung der Pipette:
das Drücken und Loslassen des Saugballes zunächst ohne Wasser einführen.
Wasser ansaugen und über dem leeren Glas abdrücken.

Übung 2:

Material: 1 kleines Glas
1 Fläschchen, auf das eine Pipette aufgeschraubt ist (z.B. vorher Ohrentropfen enthaltend)
gefärbtes Wasser im Fläschchen

Darbietung: Das Interesse gilt hier der besonderen Aktivität der „Schreibfinger“: Daumen, Zeige- und Mittelfinger.

Spritzenübungen

Übung 1:

Material: 2 Gläser oder Becher
1 möglichst große Spritze (ohne Nadel!)
gefärbtes Wasser
1 Tablett

Darbietung: Handhabung der Spritze:
das Aufziehen und Zurückdrücken des Kolbens zunächst ohne Wasser anbieten, da dies meist mit großem Kraftaufwand verbunden ist.
Wasser aufziehen und über dem leeren Glas abspritzen.

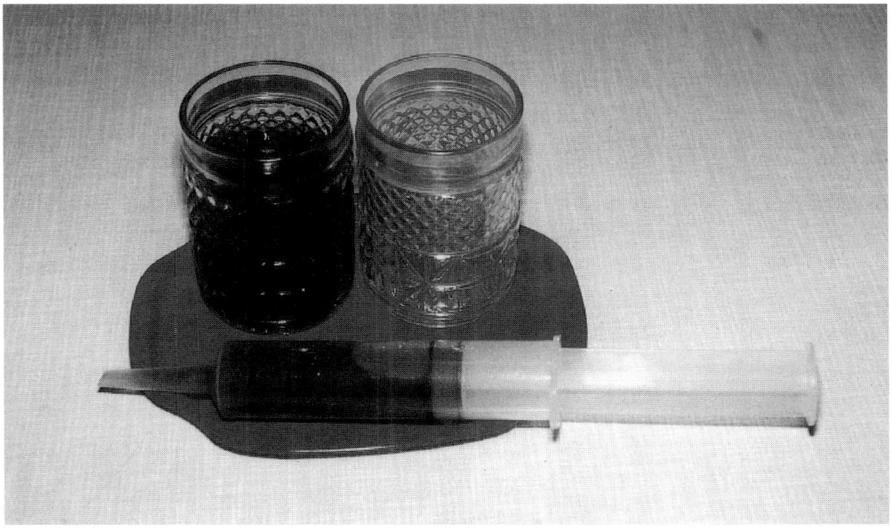

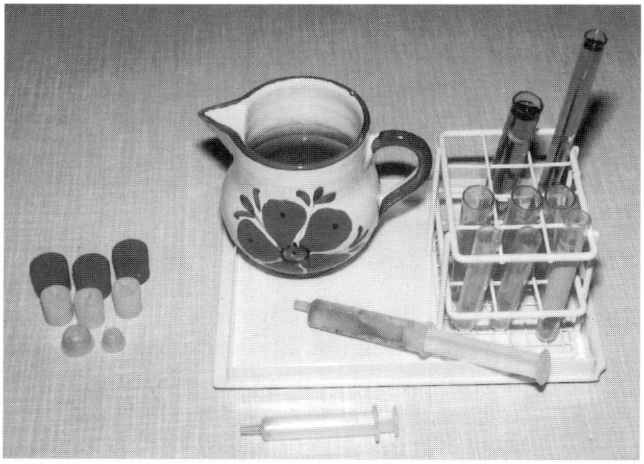

Übung 2:

Material:

1 größerer Topf
mehrere kleinere Flaschen
1 mittlere Spritze (ohne Nadel!)
gefärbtes Wasser, in der Menge die dem Inhalt aller Flaschen entspricht
1 Tablett

Darbietung:

Das Interesse gilt hier dem letzten Rest Wasser in der Spritze, wird er zu schnell durchgedrückt spritzt er und drückt u.U. sogar noch Wasser aus der fast gefüllten Flasche.
Fehlerkontrolle: das Wasser reicht nicht mehr.

Der Saugschlauch

Übung 1:

Material:	2 gleich große Schüsseln 1 Schlauch ca. 50 mm Durchmesser, 60 cm lang 2 Stöpsel, zum Schlauch passend gefärbtes Wasser
Darbietung:	Eine Schüssel voll Wasser steht auf dem Tisch, die andere Schüssel steht auf einem Stuhl, den Schlauch in der Schüssel auf dem Tisch in das Wasser einlegen, beide Enden so anheben, daß die Luft vollständig entweicht unter Wasser mit den Stöpseln verschließen, ein Ende unter Wasser halten, das andere Ende über die leere, kleine Schüssel hängen, zuerst den Stöpsel des unter Wasser gehaltenen Endes abziehen, dann des Stöpsel des in der Luft hängenden Endes abziehen – das Wasser läuft.

Übung 2:

Material:	1 große Schüssel 1 Saugschlauch 2 Stöpsel mehrere Flaschen gefärbtes Wasser, in der Menge, die dem Flascheninhalt entspricht 1 Tablett
Darbietung:	Entspricht Übung 9; bei guter Geschicklichkeit kann versucht werden, den Saugschlauch nur mehr mit den Fingern zu verschließen. Das Interesse gilt hier dem rechtzeitigen Stoppen des Wasserflusses, ohne dabei jedesmal den Saugschlauch aus dem Wasser zu ziehen und deshalb wieder neu ansaugen zu müssen.

Diese Übung funktioniert nur, wenn sehr sorgfältig gearbeitet wird!

Erst wenn wirklich jede Luftblase aus dem Schlauch „gelockt“ ist, läuft das Wasser. Dies wird durch das Verstöpseln gesichert.
Doch auch das Verstöpseln unter Wasser erfordert Geduld und Geschicklichkeit.

Arbeiten mit Papier

Papier findet sich überall. Wir haben uns angewöhnt, Altpapier zu sammeln, es zur weiteren Verwertung abzugeben. Vieles wird auch ganz einfach weggeworfen. Dabei ist Papier ein wunderbares Beschäftigungsmaterial, das dem Klienten viele Möglichkeiten zur Förderung seiner Fähigkeiten erschließt und die Kreativität anregt.

Sowohl die Auswahl als auch der Gebrauch von Papier muß überlegt sein. Jeder Knick bleibt sichtbar. Ein Fehler kann also nicht problemlos zurückgenommen werden, wie es bei vielen anderen Übungen möglich ist. Zur Darbietung und für die ersten Wiederholungen ist also in jedem Fall neues Papier zu verwenden. Zur weiteren Wiederholung ist es dann oft sinnvoll, gebrauchtes Papier bereit zu legen, denn damit steigt der Schwierigkeitsgrad.

Kinder verhalten sich auch im Gebrauch von Papier sehr unterschiedlich. Sie zeigen darin Wesensmerkmale, die sonst oft übersehen werden. Manche Kinder sind über den ersten Strich, der nicht gelingt, so erbost, daß sie das ganze Blatt sofort zerknüllen und wegwerfen. Andere kritzeln winzig klein in eine Ecke, verlieren bei Rechenaufgaben völlig die Übersicht, weil sie alles ineinander schreiben. Sie geraten fast außer sich, wenn man verlangt, sich ein neues Blatt zu nehmen. Andere Kinder können ihr Werk nicht beenden, sie sind nie zufrieden, radieren, bemühen sich und radieren, bis das Papier Löcher aufweist. Alle diese Beobachtungen alleine sind noch kein Punkt einzugreifen, sie sind aber ein Steinchen in der Beobachtungskette, die auf Störungen hinweist, die uns für weitere Beobachtungen sensibel machen muß.

Papier reißen

Übung 1:

Material:	1 Blatt Papier, das leicht eingerissen werden kann 1 Behälter (Faltschachtel)
Darbietung:	Ein Blatt Papier wird mit beiden Händen im Pinzettengriff so gehalten, daß sich die entsprechenden Fingerspitzen antippen. Zur Vorbereitung der Stifthaltung ist es besser, nicht nur den Pinzettengriff, sondern drei Finger jeder Hand: Zeigefinger, Mittelfinger, Daumen einzusetzen. Beide Hände bewegen sich gleichzeitig in entgegengesetzter Richtung und reißen damit einen Streifen Papier ab. Die Papierstreifen werden in der Faltschachtel gesammelt. Für sehr junge Kinder ist es sinnvoll, weißes, leeres Schreibpapier zu verwenden. Sie können zwischen wertvollen und wertlosen Drucksachen noch nicht unterscheiden. Mit etwas älteren Kindern kann erarbeitet werden, welche Reklamesendung beispielsweise verwendet werden darf.

Übung 2:

Material:	bedrucktes Papier, das großflächig jeweils eine Farbe aufweist Behälter
Darbietung:	Das Papier so reißen, daß die Farben getrennt werden. Die unifarbenen Schnipsel sammeln.

Übung 3:

Material: verschiedene Arten von Papier:
Zeitungspapier
Schreibpapier
Kreppapier
Glanzpapier
Packpapier
Behälter

Darbietung: Kennenlernen und Namengebung in der Drei-Stufen-Lektion:
Reißen wie unter Übung 1 beschrieben.
Das Augenmerk liegt hier in der Schwierigkeit zu reißen sowie im unterschiedlichen Geräusch, das beim Reißen entsteht.
Die Schnipsel im Behälter sammeln.

Übung 4:

Material: wie unter Übung 3
Augenbinde

Darbietung: Das Papier wird zunächst mit den Fingern ertastet, dann gerissen.
Sowohl im Fühlen als dann auch im Reißen soll die Art des Papiers erkannt werden.

Alle Papierschnipsel werden gesammelt.
Zu einem späteren Zeitpunkt werden diese Schnipsel nach Material und/oder nach Farbe sortiert.
Ältere Kinder sortieren die Schnipsel mit der Augenbinde. So ist jeweils unterschiedlich der Tastsinn, das Sehen oder das Gehör mehr angesprochen. Die sortierten Schnipsel werden später weiterverwendet.
Die Schnipsel sind das Werk harter Arbeit. Sie sollten also niemals weggeworfen werden!
Wegwerfen bedeutet Mißachtung des Materials, aber auch Mißachtung der Arbeit des Kindes!

Verwendung der Papierschnipsel

Die Menge und Größe der für eine Übung vorbereiteten Schnipsel muß dem Vermögen des Kindes angepaßt werden! Die Übung ist beendet, wenn auch der letzte Schnipsel verbraucht ist, deshalb bitte jeweils mit geringerer Menge und größeren Schnipseln beginnen, die Anforderung und damit die Ausdauer langsam steigern.

Übung 1:

Material:

Papierschnipsel in einem Schälchen
1 Blatt Papier in einer Kontrastfarbe
Klebestift
Unterlage

Darbietung:

Mit dem Klebestift einen Punkt auf das Papier tupfen, einen Papierschnipsel auf den klebenden Punkt drücken.

Das Interesse liegt hier in der Wahrnehmung der klebenden Stelle.
Für Kinder mit visuellen Wahrnehmungsstörungen ist es leichter farbigen Klebestoff zu erkennen.
Tapetenkleister kann mit Lebensmittelfarben oder Ostereierfarben in jeder gewünschten Tönung eingefärbt werden.

Übung 2:

Material:

Papierschnipsel in einem Schälchen
1 Blatt Papier in einer Kontrastfarbe
Klebeset (Beschreibung Seite 231)
Unterlage

Darbietung:

Auf das Papier wird ein Kreis gezeichnet,
ein Schnipsel wird mit der Farbseite nach unten auf die Unterlage gelegt,
der Schnipsel wird mit Klebestoff bestrichen,
in den Kreis geklebt.

Das Interesse liegt hier auf drei Punkten.
Der Schnipsel muß umgedreht werden, um auf die Unterseite Klebstoff zu streichen – ein zweites Mal um die klebende Seite auf das Papier zu bringen.
Alle Schnipsel müssen im Kreis kleben, die Linie sollte nicht überklebt werden.

Übung 3:

Material: wie Übung 2

Darbietung: Statt eines Kreises werden 2 parallele Linien gezogen.
Die „Straße“ wird gepflastert.

Das Interesse liegt in der genauen „Pflasterung“, es sollte kein Fleckchen Papier durchschimmern.

Übung 4:

Material: wie Übung 2

Darbietung: Es werden mehrere parallele Linien gezogen die Schnipsel werden direkt auf die Linien geklebt.

Das Interesse liegt hier in einer möglichst geraden, gleichmäßigen Linienführung.

Übung 5:

Material: wie bei Übung 2, die Schnipsel aber farbig sortiert.

Darbietung: Es werden zwei geometrische Formen aufgezeichnet. jede der beiden Formen in jeweils einer Farbe beklebt.

Übung 6:

Material: wie bei Übung 5

Darbietung:

- es wird ein Quadrat aufgezeichnet und exakt durch eine Linie in zwei Hälften geteilt
- eine der beiden Hälften wird in einer Farbe beklebt dann die zweite Hälfte in einer anderen Farbe
- nach Fertigstellung das Blatt jeweils um 90° drehen und beobachten wo die Farben jetzt liegen: oben – unten, rechts – links.

Das Interesse liegt hier in der Teilung:
zwei verschiedene Seiten, die beide gleich groß sind.

Übung 7:

Material: wie Übung 5

Darbietung: Es wird eine geometrische Figur aufgezeichnet und durch Linien in Segmente aufgeteilt.

Jedes Segment wird in einer Farbe beklebt.
Das Interesse liegt hier in der Harmonie der Farbeinteilung.

Übung 8:

Material: wie bei Übung 5

Darbietung: Verschiedene geometrische Figuren werden ineinander verschoben aufgezeichnet,
die Linien jeder einzelnen Figur wird mit einer Farbe beklebt, so daß jede Figur in einer anderen Farbe erscheint.

Das Interesse liegt hier in der Formerkennung.

Übung 9:

Material: unsortierte Papierschnipsel

Darbietung: Es werden einfache Motive, nach dem Wunsch des Kindes gezeichnet,
mit Schnipseln beklebt.

Das Interesse liegt hier in der Harmonie zwischen Papierqualität, Farbe und Motiv.

Papier knüllen

Übung 1:

Material: Seidenpapierschnipsel
1 Blatt Schreibmaschinenpapier
Klebeset

Darbietung: Einen nicht zu kleinen Seidenpapierschnipsel zwischen Zeigefinger, Mittelfinger und Daumen beider Hände zu einem möglichst kleinem Kügelchen knüllen, mit dem Pinsel einen Punkt Klebestoff auf das Papier setzen, das Kügelchen auf den Klebstoffpunkt drücken.

Das Interesse liegt hier darauf einen möglichst kleinen Klebstoffpunkt aufzusetzen und mit „spitzen“ Fingern zu arbeiten, um die Finger möglichst lange ohne Klebestoffreste zu halten.

Übung 2:

Material: wie Übung 1

Darbietung: Ein großflächiges Motiv nach den Wünschen der Kinder zeichnen,
dem Motiv entsprechend Seidenpapier reißen,
zu Kügelchen formen, in einem Behälter sammeln,
ein Teil des Motivs mit Klebstoff einstreichen,
eine Vielzahl der Kügelchen auf einmal andrücken.
Jedes Motiv sollte so dicht beklebt werden, daß der Untergrund nicht mehr sichtbar ist.

Das Interesse besteht hier im entstehenden Kunstwerk.
Jedes einzelne Kügelchen muß der Größe der Fläche angepaßt werden.
Um einen Mengenvergleich zu haben, ist es sinnvoll die Kügelchen immer im gleichen Behälter zu sammeln.
Diese Arbeit ist so umfangreich, daß sie besonders für Gruppenarbeit geeignet ist.

Die Übungen, die im Kapitel „Verwendung der Papierschnipsel“ bereits beschrieben sind, können ebenfalls mit Seidenpapierkügelchen nachgearbeitet werden.

Papier schneiden

Mit der Schere zu schneiden ist harte Arbeit! Kinderscheren, Lernscheren müssen vorne abgestumpft sein, aber trotzdem einwandfrei schneiden. Schlechte Scheren erschweren den Lernvorgang so sehr, daß der Lernende sehr schnell die Lust verliert, weil der Schnitt nicht zustande kommt oder unansehnlich ist. Gerade für den Anfang ist es wichtig, daß Papierqualität und Schnittführung der Schere aneinander angepaßt sind.

„Normalscheren" sind Rechtshänderscheren. Linkshänder haben damit große Probleme: sie verdecken sich die Schnittlinie und können damit nie exakt einer vorgeschriebenen Linie nachschneiden. Zudem verkanten sie das Papier, es gerät zwischen die beiden Schneideschenkel und wird eingeklemmt. Linkshänder brauchen „Linkshänderscheren" – obwohl diese wesentlich teurer sind als Normalscheren, leider!

Übung 1:

Material:

Papierstreifen, 1 cm breit,
Qualität des Papiers: Packpapier, Karteikarten,
Tonpapier, feste Kalenderblätter
Kinderschere
Behälter für die Abschnitte

Darbietung:

Der Papierstreifen wird in einem Schnittdurchgeschnitten
die Abschnitte werden bewundert und gesammelt.

Übung 2:

Material:

Karteikarte oder ähnlich steifes Papier
Schere

Darbietung:

Alle vier Seiten mit Einschnitten versehen,
so daß „Fransen" entstehen.

Übung 3:

Material:

1 Blatt Schreibpapier
Schere
Behälter

Darbietung:

Das Schreibpapier auf ein Viertel seiner Größe falten,
alle 4 Ecken abschneiden,
auffalten.

Übung 4:

Material: Papierstreifen, 3-4 cm breit
gleiche Qualität wie Übung 1
Schere
Behälter

Darbietung: Das Interesse liegt hier im Nachführen der Schere in der Schnittlinie.
Der Streifen muß nach dem zweiten oder dritten Ansetzen durchschnitten sein.

Übung 1-2-3 verlangen jeweils nur einen Schnitt um zum Ergebnis zu kommen. Sie können deshalb parallel eingesetzt werde. Ab Übung 4 muß die Schere im Schnitt nachgezogen werden.

Übung 5:

Material: wie Übung 4

Darbietung: Das Papier wie bei Übung 4 falten,
die Ecken abschneiden,
an die Seitenlinien Ecken einzeichnen,
diese ausschneiden,
öffnen.
Je nach Entwicklungsstand des Kindes:
die Löcher im „Deckchen“ betrachten,
zählen, beschreiben.

Das Interesse liegt hier in der vorgeschriebenen Schnittführung.
Die eingezeichneten Ecken sollen nicht größer sein als ein „gut greifbarer“ Schnitt durch das vierfach gelegte Papier.

Übung 6:

Material: unterschiedliches, quadratisches Papier
Schere

Darbietung: Das Papier auf viele verschiedene Arten falten, unterschiedliche Schnittlinien, so daß unterschiedliche Formen entstehen,
besonderes Augenmerk ist auf genaues Falten zu richten, sowie der Überlegung welche Seite aufgeschnitten werden darf, um die Figur nicht auseinanderfallen zu lassen.
Mit Transparentpapier hinterlegt ergeben diese Werke einen hübschen Fensterschmuck.

Sehr geehrte Leserin, sehr geehrter Leser,

uns interessieren Ihre ganz persönliche Meinung sowie Ihre Interessengebiete. Beides ist für die zukünftige Arbeit unseres Verlages sehr wertvoll. Vorteil für Sie: Über entsprechende Neuerscheinungen werden Sie regelmäßig informiert. Sie erhalten unsere Bücher im Buchhandel oder direkt beim Verlag.

Diese Karte entnahm ich dem Buch

Aufmerksam wurde ich durch

- ○ Empfehlung meines Buchhändlers
- ○ Empfehlung eines Bekannten
- ○ Schaufensterauslage
- ○ Pressebesprechung
- ○ Anzeige
- ○ Verlagsprospekt
- ○ Name des Autors
- ○ Geschenk

Mein Urteil:

Bitte informieren Sie mich ab sofort über folgende Sachgebiete:

- **O Psychomotorik/Sport**
- **O Frühförderung/Diagnose**
- **O Sonderpädagogik**
- **O Pädagogik/Sozialpädagogik**
- **O Ergotherapie/Neurologie**
- **O Sprachtherapie**
- **O Pädagogische Psychologie**
- **O Psycho-/Verhaltenstherapie**
- **O Familien-/Systemische Therapie**

Name

Vorname

Beruf

Straße

PLZ/Ort

Hiermit bestelle ich folgende Bücher:

Stück	Titel	Best-Nr.	Preis DM

Preisänderungen vorbehalten. Es werden die am Tag der Lieferung gültigen Preise berechnet.

(Absender auf der Vorderseite nicht vergessen!)

Datum Unterschrift

Antwort/
Postkarte

Bitte
freimachen

verlag modernes lernen
borgmann publishing

Hohe Straße 39

D - 44139 Dortmund

Klebeset

Material:

1 Schraubglas
1 kleines Schälchen
1 Löffel
1 breiter Pinsel
1 Malpinsel
1 Tablett
Tapetenkleister
Unterlage (z.B. Plastikset)

Herstellung: Im Schraubglas Tapetenkleister in Wasser auflösen.

Darbietung: Mit dem Löffel Kleister in das kleine Schälchen füllen,
der Klebefläche entsprechenden Pinsel wählen,
Papierschnipsel mit der Rückseite auf die Unterlage legen,
mit der ungeschickteren Hand festhalten,
mit den Pinsel mit Kleister bestreichen,
aufkleben.

Der nicht verwendete Kleister wird nach Beendigung der Klebearbeit wieder in das Glas zurückgegeben,
nach der Arbeit alle gebrauchten Gegenstände gereinigt.

Das Kind entscheidet, ob es viel oder wenig kleben möchte, nimmt die entsprechende Menge Kleister.
Es versucht nach der Darbietung selbst, welcher Pinsel für welche Arbeit günstiger ist.

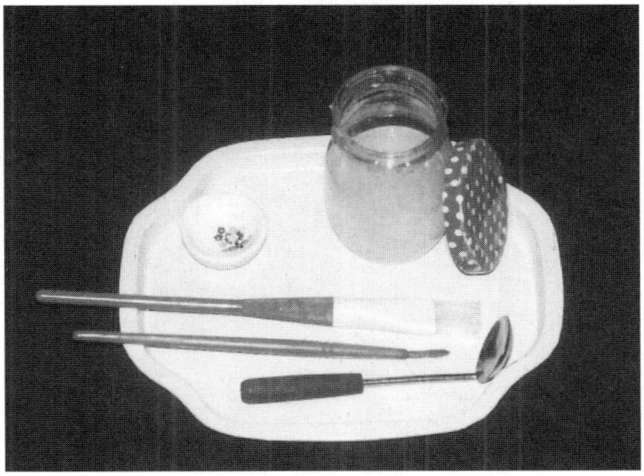

Die Verwendung von Tapetenkleister ist den modernen Klebestiften vorzuziehen:

er ist billig, geruchlos, umweltfreundlich und leicht aus der Kleidung auszuwaschen.

Der billigste Klebestoff ist Kleister aus Mehl, wie ihn unsere Großmütter herstellten:

1 Eßlöffel billigstes Mehl wird mit lauwarmen Wasser angerührt.
1 Stunde stehen lassen, dann nochmals durchrühren.

Alle Klebearbeiten fördern in besonderem Maße die Feinmotorik und Wahrnehmung.

Sandbilder

Material:

Schweißsand
Sieb und Löffel
Klebeset
Papier

Darbietung:

Mit Kleister Formen auf das Papier malen,
Sand in das Sieb füllen,
mit dem Löffel über das Papier verteilen,
trocknen lassen,
überschüssigen Sand abschütteln.
Sand kann durch alle siebbaren Materialien ersetzt werden:
Grieß – Mehl,
dem Farbpulver beigesetzt wurde – Kreidestaub.

Klebebox

Material:

1 Materialbox mit verschiedenen Fächern
in die Fächer passend:
1 Pinsel
1 Pinzette
kleines Tuch
1 Kleisterschälchen
kleine Karteikarten (oder passend geschnittenes Papier)
vorgeschnittene, geometrische und andere Abschnitte
Unterlage

Darbietung:

Kleister in das Schälchen füllen,
Karteikarte auflegen,
eine der kleinen Figuren mit der Pinzette auflegen
einkleistern und aufkleben.

Überschüssiger Kleister wird mit dem Tuch abgetupft.

Das Interesse liegt hier in der Arbeit mit der Pinzette. Da alle gebrauchten Materialien (mit Ausnahme des Kleisters) in der Box bereit liegen, ist dieses Material schon für jüngere Kinder geeignet. Die sehr geringen Ausmaße des Papiers verhindern eine Überforderung durch die kleinen Motive und die Arbeit mit der Pinzette.

Ausschneiden von Formen

Übung 1:

Material:

Ideal sind Rechteck, Quadrat, Dreieck, Fünfeck der metallenen Zeichenformen des Montessori-Materials.
Möglich sind auch: Innenform eines Geodreiecks und alle gradlinigen Formen.
Papier, ideale Größe: 14 x 14 cm
Buntstifte
Schere

Darbietung:

Den Rahmen der Zeichenform exakt auf das Papier legen,
die Außenkanten des Rahmens decken sich mit dem Papierrand,
die Innenkante des Rahmens mit einer Farbe nachziehen,
den Rahmen beiseite legen,
die Einsatzform exakt auf die gezeichnete Figur legen,
mit einer anderen Farbe die Außenkante dieser Form nachziehen.

Ist kein Montessori-Material vorhanden:
Außenkanten eines Lineals, einer Schachtel o.ä. nachziehen,
gezeichnete Form ausschneiden.

Je weiter zur Mitte des Blattes hin die Linien gezogen sind, um so schwieriger wird es, Papier und Schere im richtigen Winkel zu halten.

Übung 2:

Material: ein alter Katalog für Haushaltwaren
Schere
1 Blatt Papier
Klebeset

Darbietung: Hausgeräte mit klaren, geraden Linien suchen:
Waschmaschine, Spülmaschine, Herde ...
diese Bilder ausschneiden
Klebearbeit: Haushaltswarengeschäft.

Das Interesse gilt hier, neben dem Schneiden, auch der Konzentration, mit der ein bestimmter Artikel aus einem Riesenangebot an Ablenkung gesucht werden muß.

Übung 3:

Material: Alle metallenen Zeichenformen mit gebogenen Linien.
Möglich sind auch: Topfdeckel, die mit dem Außenrand auf dem Papier aufliegen, Untertassen und alle Formen des Haushalts, die plan aufliegen.

Darbietung: wie Übung 2

Übung 4:

Material: Kopien von Malbüchern
Schere
Papier und Klebeset

Darbietung: Es sind Bilder auszuwählen, die mit klaren, dicken Linien gezeichnet sind,
die Linien dürfen sich nicht überschneiden.
Die Bilder ausschneiden, aufkleben.

Übung 5:

Material:

Puzzlebilder
Schere
Papier und Klebeset

Herstellung:

Malbuchbilder, mit dicken klaren, sich nicht überschneidenden Außenlinien, ausschneiden, in 2, 3 bis zu 6 Teile zerschneiden, verdreht auf einem weißen Blatt anordnen, in einer Ecke ein verkleinertes Bild des zerschnittenen Bildes zeichnen, kopieren.

Darbietung:

- die Bilder zunächst besprechen, was ist oben – unten, was gehört zusammen
- die Puzzleteile ausschneiden
- die Puzzleteile zusammensetzen
- aufkleben

Für viele Kinder ist es recht schwierig, die Puzzleteile richtig zuzuordnen.
Es kann daher ausreichend sein, wenn ein Malbuchbild zunächst nur einmal zerschnitten und verschoben gezeigt ist.

Der Schwierigkeitsgrad ist sowohl dem motorischen Vermögen als auch der visuellen Wahrnehmungsfähigkeit des Kindes anzupassen.
Wahrnehmungsschwache Kinder brauchen beim Kleben Hilfestellung.

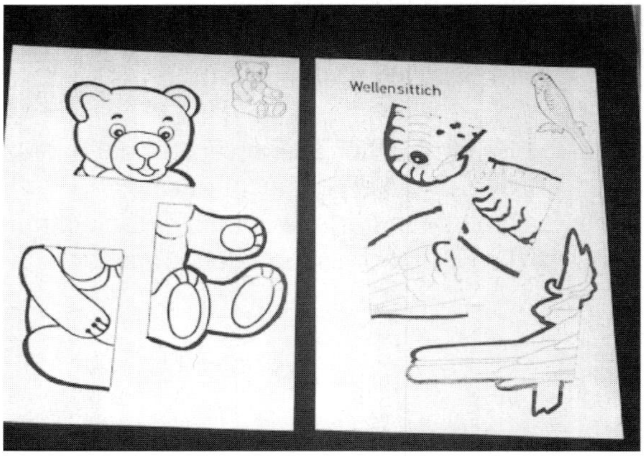

Papier schlitzen

Papier schlitzen erfordert gute Feinmotorik und Koordination beider Hände. Übung 2 ist eine indirekte Vorbereitung auf das Bruchrechen.

Übung 1:

Material:	Zeitungspapier Brieföffner
Herstellung:	Eine Zeitung in einzelne Blätter zerschneiden, Größe DIN A 4
Darbietung:	• ein Blatt einmal falten, • die ungeschicktere Hand liegt flach auf dem gefalteten Papier, hält es fest, • die geschicktere Hand nimmt den Brieföffner flach, schiebt ihn zwischen die beiden Blatteile und schlitzt nun zügig nach unten, • fortführen bis alle Blätter geteilt sind.

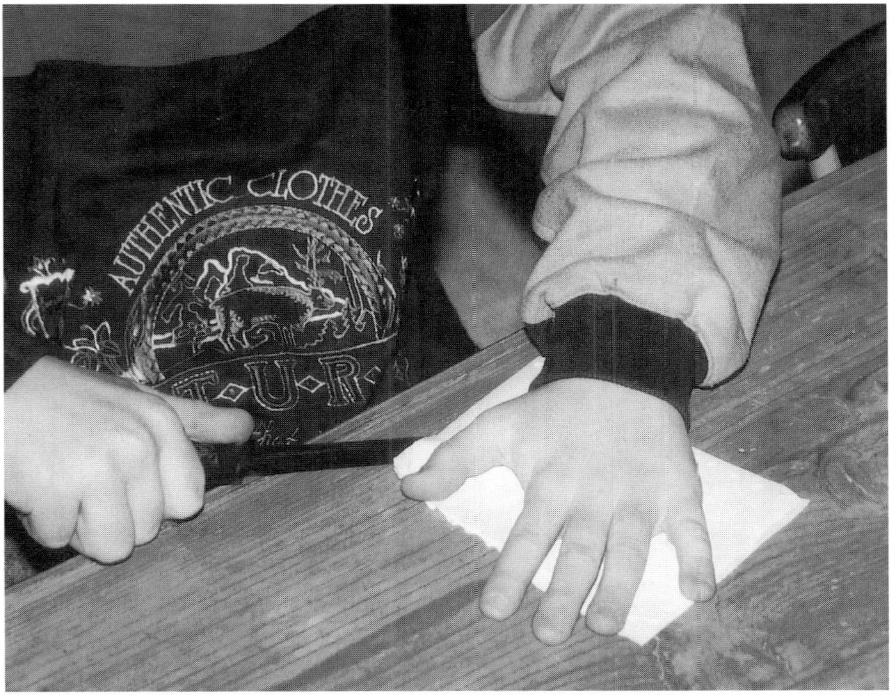

Übung 2:

Material:

1 Blatt (Schreib-) Papier
1 Blatt in anderer Farbe, etwa doppelt so groß wie das erste Blatt
Brieföffner oder Messer
Klebstoff

Darbietung:

- das Blatt falten und schlitzen
- ein Teil davon erneut falten und schlitzen
- fortfahren, bis es so klein ist, daß es nicht mehr weiter geschlitzt werden kann
- alle Teile der Größe nach sortieren
- in einer Reihe aufkleben

Vorschulkinder begnügen sich mit der Wortgebung:
groß – kleiner – kleiner –
Schulkinder erleben: ein Ganzes wird halbiert, es entstehen zwei gleich große Hälften – unabhängig von der Ausgangsgröße.

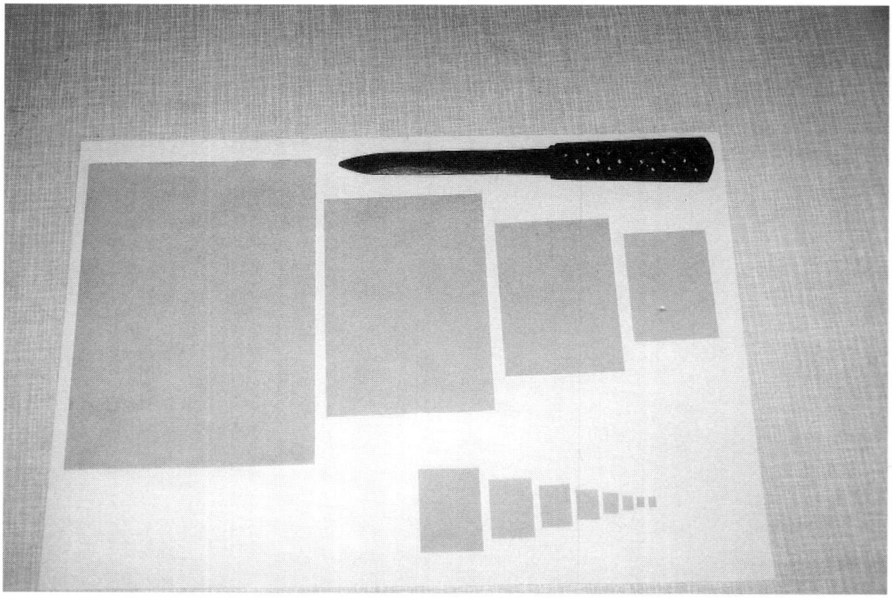

Puzzle aus Postkarten

Material:	2 Postkarten 1 Briefumschlag Klebeset Schere oder Messer und Schiene
Herstellung:	Die Postkarten sollen völlig verschiedene Motive und Farben aufweisen. Beide Karten, mit der Bildseite nach außen, fest verkleben, einen Tag beschwert trocknen lassen, zerschneiden, in den Umschlag stecken.
Darbietung:	Sortieren und zusammensetzen.

Die Herstellung dieser Puzzles ist mit so wenig Aufwand verbunden, daß jeder neue Entwicklungsschritt des Kindes beachtet werden kann. Man beginnt mit zwei Teilen und teilt ständig in kleinere Abschnitte – bis die Kinder ihr eigenes Puzzle selbst schneiden.

Musterpuzzle

Material:

sehr klein gemustertes Geschenkpapier
Karton, 3 Teile je 20 cm lang, 10 cm breit
Klebeset
Schere oder Messer und Reißschiene
Klebepunkte

Herstellung:

Eine Seite des Kartons mit Geschenkpapier bekleben beschwert trocknen lassen,
schneiden:
eine Karte in 2 Teile, jedes 10 x 10 cm
eine Karte in 4 Teile, jedes 5 x 10 cm
eine Karte in 4 Teile, zunächst 2 Teile 10 x 10 cm, die jedes noch diagonal geteilt werden, so daß 4 Dreiecke entstehen,
die jeweils zusammenpassenden Teile mit Klebepunkten markieren.

Darbietung:

Beginnend mit den quadratischen Teilen

- die ungeschicktere Hand hält ein Teil fest, die geschicktere Hand schiebt das zweite Teil an das erste
- man vergleicht, ob das Muster übereinstimmt wenn nicht, dann dreht die geschicktere Hand um eine Seite
- bei der vierten Wiederholung ist die erste Lage erreicht. Dann dreht die ungeschicktere Hand das erste Teil zur nächsten Seite
- fortsetzen, bis das Muster exakt übereinstimmt. Fehlerkontrolle auf der Rückseite.

Das Interesse gilt hier vor allem dem sinnvollen Handlungsablauf und der visuellen Wahrnehmung.
Die Darbietung muß sehr genau sein, da das Muster über Versuch – Irrtum kaum zu finden ist und Kinder dann sehr schnell die Lust verlieren.

Der Handlungsablauf verlangt volle Konzentration:
welche Seite bleibt fixiert, welche Seite wird gedreht?

Faltarbeiten

Faltarbeiten schulen die Feinmotorik, die visuelle Wahrnehmung in allen ihren Bereichen, Ausdauer und Konzentration, das exakt genaue Arbeiten wird trainiert.

„Geschickte“ Kinder haben daran Spaß, sie finden selbständig Motive. Faltanleitungen sind in vielfältiger Ausführung zu kaufen.

In diesem Buch sind nur einige Arbeiten vorgestellt, die direkt mit der vorbereiteten Umgebung in Zusammenhang stehen.

Sehr oft möchten Kinder das Produkt ihrer Arbeit mit nach Hause nehmen. Dies können Schnipsel oder Abschnitte sein, aber ebenso selbst gemahlener Getreideschrot, selbst geriebene Semmelbrösel und vieles mehr. Hier bietet es sich an, die Transportverpackung selbst herzustellen. Damit sind auch die Kinder motiviert, die sonst Faltarbeiten ablehnen.

Girlanden verschönern das Zimmer, den Arbeitsbereich. Faltschachteln dienen außerdem sowohl als Behälter bei unterschiedlichsten Übungen als auch als direktes Übungsmaterial.

Tüte falten

Material: 1 Blatt Schreibmaschinenpapier

Darbietung: Das Blatt liegt quer,
die linke obere Ecke mit dem linken Zeigefinger festhalten,
die linke untere Ecke mit der rechten Hand nehmen und nach oben ziehen, bis der linke Seitenrand und der obere Rand parallel liegen,
niederdrücken,
mit dem Zeigefinger die Kante entlang ziehen.
Am Zeigefinger kontrollieren, ob durch das Falten ein „Eindruck“ entstanden ist,
sonst wiederholen.
Das Blatt drehen, daß die „Spitze zum Bauch“ zeigt,
oben überstehendes Teil nach unten falten,
die Tüte wenden,
das letzte, überstehende Teil an die Tüte falten,
die Spitze nach oben schlagen.

Briefumschlag falten

Material: 1 quadratisches Blatt Papier
1 mittlerer Klebepunkt
Stift

Darbietung: Das Blatt zeigt mit der Spitze „zum Bauch“,
die untere Ecke wird auf die obere gelegt und festgehalten,
Bruch falten,
Faltung öffnen.
Das Blatt um 90° drehen,
wiederum die untere Ecke auf die obere Ecke legen, festhalten,
Bruch falten,
Faltung öffnen,
den Mittelpunkt mit dem Stift markieren,
nacheinander alle 4 Ecken zum Mittelpunkt legen, falten
eine Ecke wieder hochschlagen,
die restlichen 3 Ecken auf dem Mittelpunkt, mit dem Klebepunkt, so fixieren daß sie nicht an der Unterseite festkleben.

Schachtel falten

Material: 2 quadratische Blätter,
das Blatt für den Deckel hat um 5mm längere Seitenlängen als das Blatt für das Unterteil
Schere
Lineal
Stift
evt. Klebeset

Darbietung: Eines der Blätter zunächst zum „Brief" falten

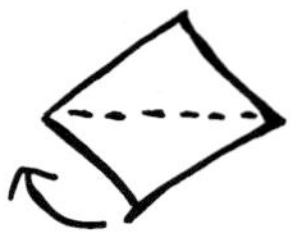

gedreht um 90^0

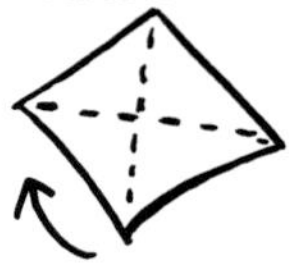

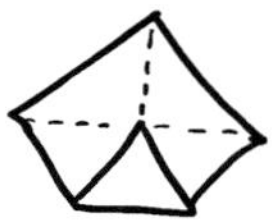

alle 4 Ecken zur Mitte falten

aus dem Brief den „Schrank" falten

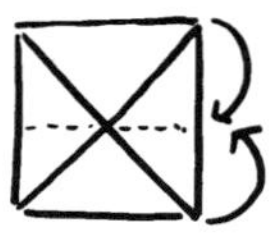

obere und untere Längsseite jeweils zur Mitte falten

Schrank öffnen, um 90^0 drehen

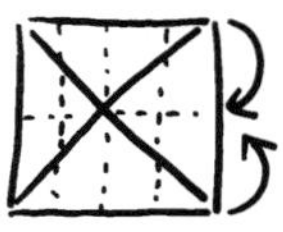

erneut „Schrank" falten

öffnen

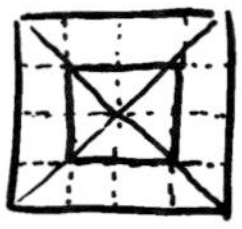

in der Mitte ist ein Quadrat sichtbar

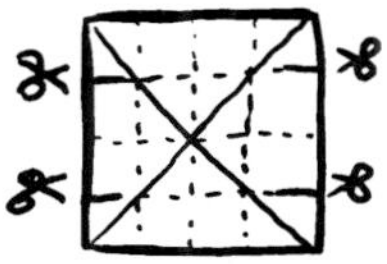

die seitlichen Verlängerungen des Quadrats einschneiden

– für wahrnehmungsgestörte Kinder sind die Linien durch das Anlegen eines Lineals und farbige Striche anzuzeichnen –

Seitenteile herausziehen

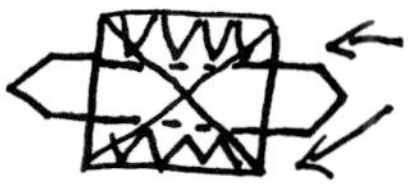

Seitenwände im Winkel von 90^0 aufstellen

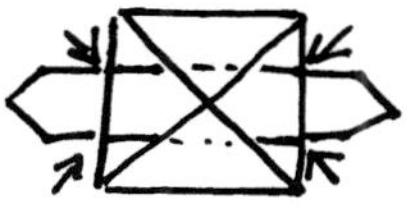

Schnittstellen nach innen klappen, damit entsteht auf der Form des Quadrats die Schachtelform

Seitenteile über die aufgestellte Seitenwand in das Schachtelinnere ziehen

Dreiecksenden am Schachtelboden festkleben

Boden evt. durch ein Kartonquadrat verstärken

Girlanden stecken

Material: quadratisches Faltpapier
Schablone
Bleistift
Schere
1 fertig ausgeschnittenes Teil als Vorlage
Tablett

Herstellung: Schablone auf Karton übertragen
ausschneiden

Darbietung:

- Faltpapier zweimal falten, es entsteht ein kleines Quadrat
- Schablone so anlegen, daß die Seite mit dem Einschnitt an den geschlossenen Falz kommt, die Schmalseite der Schablone an die Seite, die nur zwei Teile aufweist
- mit dem Bleistift umfahren
- ausschneiden

- mindestens zwei Elemente herstellen
- eines davon soweit halb öffnen, daß das richtige Aussehen sichtbar ist
- eines ganz öffnen,
- mit einer Hälfte durch das Loch des ersten stecken zusammenfalten

Besonderes Interesse:
Die Schablone muß seitenrichtig aufgelegt werden. Besonders wahrnehmungsgestörte Kinder benötigen hier zunächst begleitende Hilfestellung.

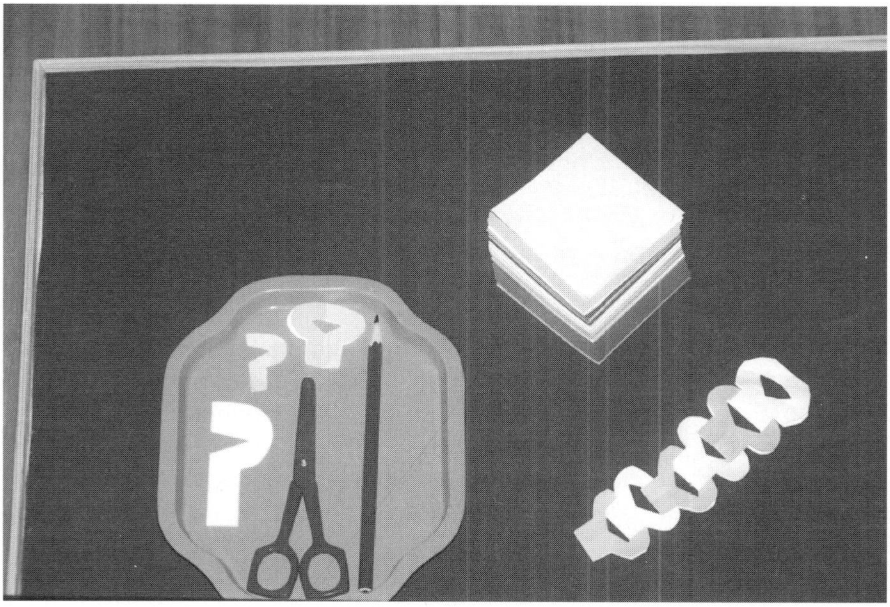

Bildbetrachtung

Material:

Reklamebilder
weißes Papier
Schere
Klebestoff
Ordner
evt. Klarsichthüllen

Herstellung:

Bilder ausschneiden,
jeweils ein Bild auf ein Blatt weißes Papier kleben.

Darbietung:

Das Bild betrachten, wenn vom Kind keine anderen Angebote kommen, bitte Reihenfolge einhalten:
„Wen“ oder „was“ siehst Du?
Was macht er?
Wie sieht die Person (der Gegenstand) aus?
Ist sie glücklich?
Woran erkennst Du, daß sie glücklich ist?
Was wird geschehen, wenn die gezeigte Tätigkeit erledigt ist?
Was mußte vorher geschehen sein, damit die am Bild gezeigte Tätigkeit ausgeführt werden kann?

Besonders jüngere und hyperaktive Kinder können sich so auf die Bilder gut einlassen. Ein Bilderbuch verlockt zum Blättern, hier spricht das einzelne Bild für sich.
Als besonderes Interesse versucht man hier das Wesentliche im Bild zu finden.
Nach der Beschreibung kann gerne die Phantasie ins Spiel gebracht werden, doch sollte dann wertfrei verbalisiert werden:

...das siehst Du!
...das denkst Du Dir aus!

Kajal

Ein indischer Beitrag, der uns über die Übungen des praktischen Lebens in die kosmische Erziehung führt.

Kajal ist eine indische Kosmetik, die zu Hause selbst zubereitet wird. Alle verwendeten Gegenstände müssen äußerst sauber und rein sein, weil die Augen ein sehr empfindliches Organ sind. Kajal wird benützt um die Augen zu schützen, aber auch um die Schönheit der Augen hervorzuheben.

Herstellung von Kajal

Material:

1 konvex gebogene Dachplatte, aus Lehm gebrannt
1 Diya (ein kleiner Schnabeltopf)
1 weißes, ungebrauchtes Stück Baumwollstoff, ca. 10 x 10 cm
1 Tasse castor oil (eine bestimmte Ölsorte, die problemlos gekauft werden kann)
1 Zwiebel
1 großer Korb um alles einzupacken
2 Ziegelsteine
etwas frische Butter
2 Blatt Löschpapier
1 Blatt Butterbrotpapier
1 Messer
1 Dose aus rostfreiem Stahl oder eine Silberdose

Herstellung von Ruß:

- Dachplatte, Diya, Baumwollstoff, Ziegelsteine, Korb und Zwiebel gründlich waschen, an der Sonne trocknen
- die Zwiebel waagrecht teilen
- Schnittstelle einer Hälfte der Zwiebel an der konvex gebogenen Seite der Dachplatte reiben und trocknen lassen
- weiterarbeiten sobald der Ziegel trocken ist, fortsetzen bis die Zwiebelhälfte aufgebraucht ist
- Schnittstelle der zweiten Hälfte am Stoff reiben und trocknen lassen, wiederholen sobald der Stoff trocken ist
- Stoff sehr eng zu einem „wick" einrollen
- castor oil in den Diya gießen
- wick eintauchen, ein Ende dabei herausstehen lassen
- wick anzünden
- beide Ziegelsteine rechts und links des Diya aufstellen
- alles mit dem vorbereiteten Dachziegel bedecken
- den Korb über alles stülpen.

Die Flamme soll nun solange brennen bis das gesamte Öl verbrannt ist. Der Ruß wird sich am Dachziegel festsetzen.

Achtung!!! Papier, Stoff und alle anderen brennbaren Gegenstände aus der Umgebung des Korbes entfernen!!!

Mischen des Kajal:

- Butter zwischen die Löschblätter legen um alles Wasser zu entfernen
- den Ruß aus dem Dachziegel kratzen und auf das Butterbrotpapier schütten
- mit dem Messer Butter und Ruß zu einer festen Masse vermischen
- die Masse zu einem kleinen Klumpen verkneten
- in einer Dose aus Silber oder rostfreiem Stahl aufbewahren

Anwendung des Kajal:

Vorbereitung: Es ist auf größte Sauberkeit zu achten, deshalb bitte vor Beginn Hände waschen, Nägel bürsten und bei Bedarf feilen.

Darbietung:

- ein Spiegel ist so plaziert, daß er das volle Licht auffängt, hell zurückgibt
- Kind und Erwachsener sitzen so vor dem Spiegel, daß beide sowohl sich, als auch den anderen gut beobachten können
- die Dose öffnen und die Kuppe des kleinen Fingers der rechten Hand leicht über den Kajal ziehen
- Dose schließen
- die vier Finger der linken Hand ziehen vorsichtig das untere Augenlid des linken Auges weg
- der kleine Finger der rechten Hand zieht den Strich vom inneren Augenwinkel nach außen am Lidsaum entlang.
- Wiederholung am rechten Auge, wobei zu beachten ist, daß der Lidstrich immer vom inneren Augenwinkel nach außen gezogen wird.

Fehlerkontrolle ist verschmierter Kajal oder nicht verbrauchter Kajal an der Fingerkuppe.

Diese Übung ist eigentlich für Mädchen geschaffen, oft haben aber auch Jungen ihren Spaß daran. Sie schmücken entweder sich selbst oder andere. Für Kinder ist empfehlenswert, nur den unteren Lidsaum nachzuziehen, das Pflegen des oberen Lidsaumes erfordert erheblich mehr Geschicklichkeit und könnte zu Verletzungen führen.

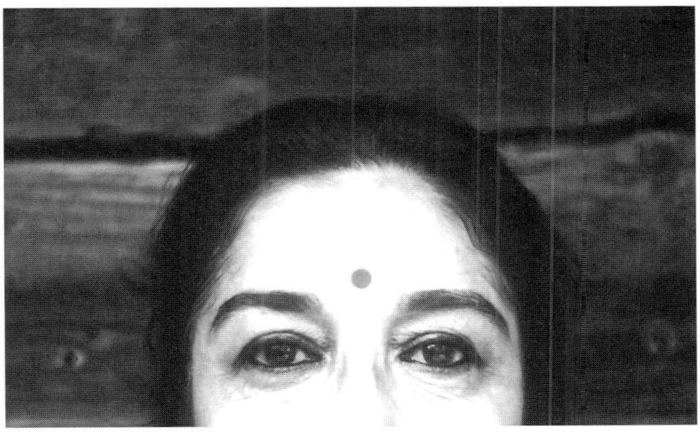

Rangoli

Rangoli ist eine in Südindien weitverbreitete Tradition. Indische Frauen schmücken an hohen Festtagen, aber auch zu vielen anderen Anlässen, die Straßen. Sie zaubern die schönsten Muster aus Kreidepulver, sowohl auf gestampften Lehmboden wie auf Asphalt. Das Kreidepulver kann weiß, oder auch mit Farbe vermischt, gekauft werden. Wenn das Geld auch dafür nicht reicht, kaufen die Frauen Kreidesteine und reiben das Pulver in mühseligster Arbeit selbst.

Rangoli wird auf zweierlei Art ausgeführt:

- es werden Punkte in gleichen Abständen auf den Boden gestreut und die Punkte, nach genau vorgeschriebener Art, miteinander verbunden.
- Oder die Kreide wird mit Hilfe einer Schablone ausgebracht.

Das Herstellen der Schablone ist Männersache, der Vertrieb und die Materialbeschaffung sind Aufgaben der Kinder. Als Rohmaterial dienen alle erreichbaren Blechreste, besonders aufgeschnittene Dosen. Ganze Familien leben von dieser Kunst.

Rangoli ist eine sehr reizvolle Arbeit – auch für unsere verwöhnten deutschen Kinder.

Sie schult in besonderem Maße die Feinmotorik, die visuelle Wahrnehmung, geometrisches Empfinden, die Kreativität. Werden Straßen oder Terrassen damit geschmückt, so sollte der Boden nicht staubtrocken sein, sonst verweht der nächste Windstoß die ganze Pracht. Ein Regenschauer wäscht alles wieder ab, ganz ohne Umweltverschmutzung.

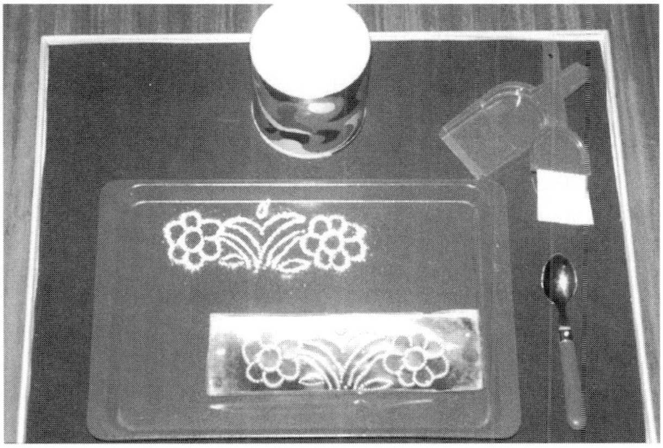

Einführung als Arbeit am Tisch:

Material:

Schablonen
Mehl (die billigste Sorte)
Dose
Löffel
Tablett
kleiner Besen oder Staubpinsel
feuchtes Tuch

Herstellung:

Muster auf das Blech aufzeichnen,
Löcher einschlagen, der durch das Einschlagen entstehende Grat wird nicht entfernt, er dient als „Trichter“.
Rand etwa 5 mm nach oben biegen,
Kanten entgraten.

Darbietung:

Schablone auf das Tablett legen,
mit dem Löffel Mehl auf der Schablone verteilen
Schablone mit beiden Händen nehmen.
und mit kurzem, festem Ruck auf das Tablett aufsetzen, wieder hochnehmen.

Die Muster dann mit dem Staubpinsel oder Besen zusammenkehren,
Mehl in die Mehldose zurückkippen,
Tablett feucht wischen – weiterarbeiten!

oder

Material:

1 Dose Mehl
1 großes Backblech

Darbietung:

1 Prise Mehl zwischen Zeigefinger, Mittelfinger und Daumen nehmen,
Punkte nach folgendem Muster auf das Backblech streuen.

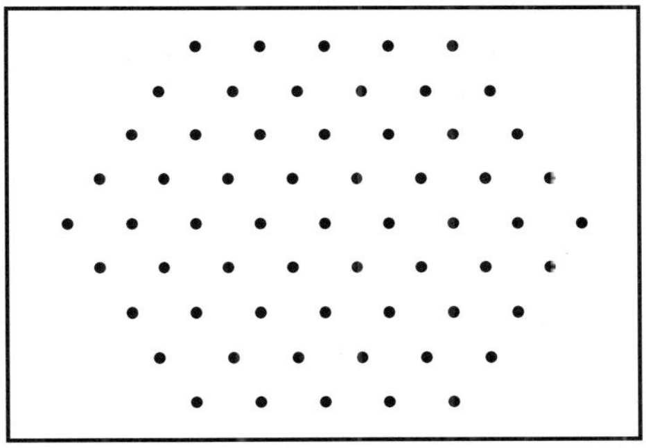

dann werden die Punkte miteinander verbunden, das Mehl dabei, ganz vorsichtig zwischen den Fingern verreibend, in einer Linie geführt.

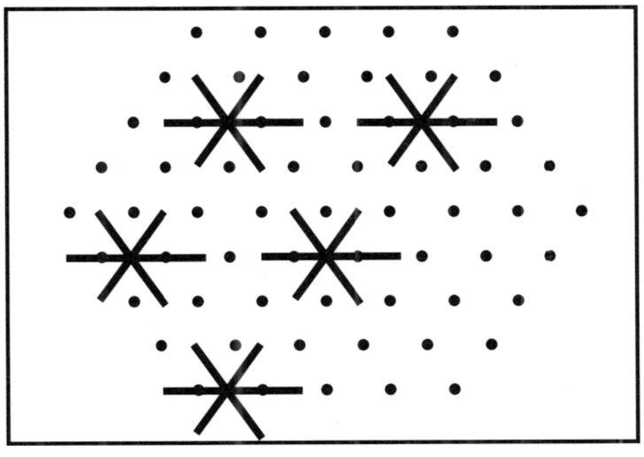

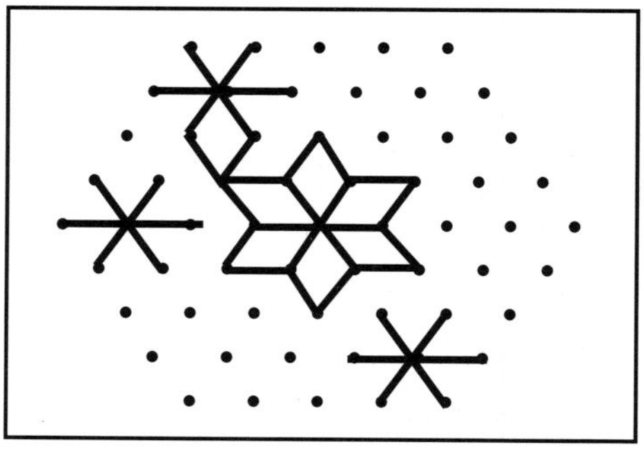

Das besondere Interesse gilt hier dem „Augenmaß“, die Punkte und Linien sollen möglichst gleichmäßig verteilt sein, um ein attraktives Muster zu ergeben.

Literatur

Das nachfolgende Literaturverzeichnis versucht die Literatur zusammenzustellen, die die Basis der Montessori-Heilpädagogik und Montessori-Therapie ist, bzw. deren Gedanken in dieses Buch mit eingeflossen sind, auch wenn dies nicht im Text zitiert ist (Ordnung nach Wichtigkeit, nicht alphabetisch):

Maria Montessori: Die Entdeckung des Kindes, Herder

Maria Montessori: The discovery of the child, Kalakshetra, Madras Indien

Maria Montessori: Das kreative Kind, Herder

E.M. Standing: Maria Montessori Leben und Werk, Finken-Verlag Oberursel

E.M. Standing: Maria Montessori Her Life and Work, Kalakshetra, Madras Indien

Mario Montessori: Erziehung zum Menschen Montessori-Pädagogik heute, Fischer

Theodor Hellbrügge: Klinische Sozialpädiatrie, Springer

Theodor Hellbrügge und Mario Montessori: Die Montessori-Pädagogik und das behinderte Kind, Kindler

Theodor Hellbrügge: Unser Montessori Modell, Kindler

Gino Gschwend: Die neurophysiologischen Grundlagen der Rehabilitation, Documenta Paediatrica, Hansisches Verlagskontor Lübeck

Vaclav Vojta/Annegret Peters: Das Vojta-Prinzip, Springer

Klaus Poeck: Klinische Neuropsychologie, Thieme

Katharina Zimmer: Das Leben vor dem Leben, Kösel

Frederic Vester: Denken, Lernen, Vergessen, Stuttgart

Fritz Jansen/Uta Streit: Eltern als Therapeuten, Springer

Felicie Affolter: Wahrnehmung, Wirklichkeit und Sprache, Neckar-Verlag GmbH

Marianne Frostig: Visuelle Wahrnehmungsförderung, Anweisungsheft, Schroedel

Marianne Frostig: Visuelle Wahrnehmungsförderung Heft 1-3, Schroedel

Anna Hofmann/Emma Jocham/Sabine Stengel-Rutkowski: Kinder mit Down-Syndrom, Klett-Cotta

Monika Jonas: Behinderte Kinder – behinderte Mütter? Fischer

Erika Schuchart: Warum gerade ich? Vandenhoeck & Ruprecht

Adressenliste

Internationaler Lehrgang für Montessori-Heilpädagogik
Deutsche Akademie für Entwicklungsrehabilitation e.V.
Heiglhofstr. 63
D-81377 München

Fortbildung zur Montessori-Therapie
Deutsche Akademie für Entwicklungsrehabilitation e.V.
Heiglhofstr. 63
D-81377 München

Verein Montessori-Heilpädagogik International e.V.
Deutsche Gesellschaft
Bürgermeister Koch Str. 25
D-82178 Puchheim

Montessori-Therapie wird an vielen Sozialpädiatrischen Zentren angeboten. Die personelle Besetzung ändert sich ständig, deshalb können hier keine Adressen genannt werden.
Bitte fragen Sie nach bei den für Sie nächsten Sozialpädiatrischen Zentren, beim Gesundheitsamt oder bei der

Deutschen Gesellschaft für Sozialpädiatrie e.V.
Akademie für Öffentliches Gesundheitswesen,
Auf'm Hennekamp 70
D-40225 Düsseldorf

Kontaktadressen

Bitte nur schriftliche Anfragen!

Mrs. Vijaya Varadarajan, B. A.
Director, N.V.A. Memorial Child Development and Rehabilitation Centre,
302, Pragathi Masion,
43, Margosa Road, Malleswaram
Bangalore 560003
Indien

Jeevan Prakash Child Centre
Murinjapalam
Medical College P.O.
Thiruvananthapuram – 695 011
Kerala – Indien

Yumiko Tachino
2- 30 – 1- 210
Shiginonishi Joto- Ku 536
Osaka- Shi
Japan

Lore Anderlik
Bürgermeister Koch Str. 25
D-82178 Puchheim

Raum für Notizen:

Raum für Notizen:

Raum für Notizen:

Klebeset

Material:

1 Schraubglas
1 kleines Schälchen
1 Löffel
1 breiter Pinsel
1 Malpinsel
1 Tablett
Tapetenkleister
Unterlage (z.B. Plastikset)

Herstellung: Im Schraubglas Tapetenkleister in Wasser auflösen.

Darbietung: Mit dem Löffel Kleister in das kleine Schälchen füllen,
der Klebefläche entsprechenden Pinsel wählen,
Papierschnipsel mit der Rückseite auf die Unterlage legen,
mit der ungeschickteren Hand festhalten,
mit den Pinsel mit Kleister bestreichen,
aufkleben.

Der nicht verwendete Kleister wird nach Beendigung der Klebearbeit wieder in das Glas zurückgegeben,
nach der Arbeit alle gebrauchten Gegenstände gereinigt.

Das Kind entscheidet, ob es viel oder wenig kleben möchte, nimmt die entsprechende Menge Kleister.
Es versucht nach der Darbietung selbst, welcher Pinsel für welche Arbeit günstiger ist.

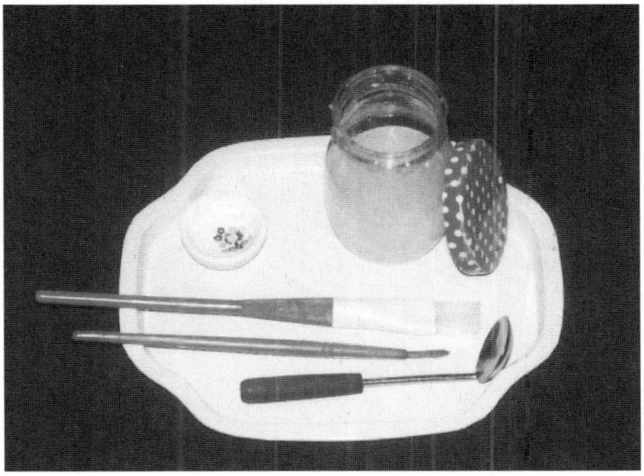

Die Verwendung von Tapetenkleister ist den modernen Klebestiften vorzuziehen:

er ist billig, geruchlos, umweltfreundlich und leicht aus der Kleidung auszuwaschen.

Der billigste Klebestoff ist Kleister aus Mehl, wie ihn unsere Großmütter herstellten:

1 Eßlöffel billigstes Mehl wird mit lauwarmen Wasser angerührt.
1 Stunde stehen lassen, dann nochmals durchrühren.

Alle Klebearbeiten fördern in besonderem Maße die Feinmotorik und Wahrnehmung.

Sandbilder

Material:

Schweißsand
Sieb und Löffel
Klebeset
Papier

Darbietung:

Mit Kleister Formen auf das Papier malen,
Sand in das Sieb füllen,
mit dem Löffel über das Papier verteilen,
trocknen lassen,
überschüssigen Sand abschütteln.
Sand kann durch alle siebbaren Materialien ersetzt werden:
Grieß – Mehl,
dem Farbpulver beigesetzt wurde – Kreidestaub.

Ihre Praxis ist unser Programm!

Sehen – Spüren – Hören

Wahrnehmung integrativ betrachtet

hrsgg. von Esther Rohde-Köttelwesch

1996, 200 S., 16x23cm, br,
ISBN 3-86145-093-3, Bestell-Nr. 8118, DM 38,00

Ein Weg für alle!

Leben mit Montessori

von Lore Anderlik

1996, 264 S., 16x23cm, viele Fotos, br,
ISBN 3-8080-0375-8, Bestell-Nr. 1173,
DM 38,00 bis zum Erscheinen, danach DM 42,00

Sinn und Sinne im Dialog

hrsgg. von Waltraut und Winfried Doering / Gude Dose / Mario Stadelmann

1996, 264 S., 16x23cm, br,
ISBN 3-86145-083-6, Bestell-Nr. 8116, DM 39,80

Bewegungsräume

Entwicklungs- und kindorientierte Bewegungserziehung

von Helmut Köckenberger

1996,180 S., 16x23cm, viele Abb., br,
ISBN 3-86145-088-7, Bestell-Nr. 8117, DM 36,00

„Sei doch endlich still!"

Entspannungsspiele und -geschichten für Kinder

von Helmut Köckenberger / Gudrun Gaiser

1996, 168 S., DIN A5, mit Illustr., br,
ISBN 3-86145-089-5, Bestell-Nr. 8373, DM 34,00

Portofreie Lieferung innerhalb von 48 Std. nach Bestelleingang durch:

verlag modernes lernen borgmann publishing

Hohe Straße 39 • D - 44139 Dortmund
☎ (0180) 534 01 30 • FAX (0180) 534 01 20